경영과학의 이해

An Introduction to Management Science

Quantitative Approaches to Decision Making

16e

Cengage

An Introduction to Management Science: Quantitative Approaches to Decision Making, Sixteenth Edition

David R. Anderson, Dennis J. Sweeney, James J. Cochran, Jeffrey D. Camm, Jeffrey W. Ohlmann, Michael J. Fry, Thomas A. Williams

Original edition © 2023 South Western, a part of Cengage Learning.
An Introduction to Management Science: Quantitative Approaches to Decision Making, Sixteenth Edition by David R. Anderson, Dennis J. Sweeney, James J. Cochran, Jeffrey D. Camm, Jeffrey W. Ohlmann, Michael J. Fry, Thomas A. Williams
ISBN: 9780357715468

This edition is translated by license from South Western, a part of Cengage Learning, for sale in Korea only.

ISBN-13: 978-89-6218-559-1

Cengage Learning Korea Ltd.
14F YTN Newsquare 76 Sangamsan-ro
Mapo-gu Seoul 03926 Korea

Printed in Korea
Print Number: 01 Print Year: 2024

An Introduction to Management Science

Quantitative Approaches to Decision Making

16e

Jeffrey D. Camm | James J. Cochran | Michael J. Fry | Jeffrey W. Ohlmann
David R. Anderson | Dennis J. Sweeney | Thomas A. Williams

경영과학의 이해

김종원 권영훈 김길환 김상원 이순희 이영찬 옮김

Cengage

Australia • Brazil • Canada • Mexico • Singapore • United Kingdom • United States

경영과학의 이해 -제16판-

An Introduction to Management Science *Quantitative Approaches to Decision Making,* Sixteenth Edition

제16판 1쇄 인쇄 | 2024년 1월 31일
제16판 1쇄 발행 | 2024년 2월 23일

지은이 | David R. Anderson, Dennis J. Sweeney, James J. Cochran,
Jeffrey D. Camm, Jeffrey W. Ohlmann, Michael J. Fry, Thomas A. Williams
옮긴이 | 김종원, 권영훈, 김길환, 김상원, 이순희, 이영찬

발행인 | 송성헌
발행처 | 센게이지러닝코리아㈜
등록번호 | 제313-2007-000074호(2007.3.19.)
이메일 | asia.infokorea@cengage.com
홈페이지 | www.cengage.co.kr

ISBN-13: 978-89-6218-559-1

공급처 | 초아출판사
주 소 | 서울시 성북구 정릉로 36길 41
도서안내 및 주문 | Tel 070) 8739-0036 Fax 0504) 178-5627
이메일 | choapublish@hanmail.net

정 가 | 38,000원

역자 머리말

경영과학은 기업의 경영 성과를 극대화하기 위하여 경영관리의 다양한 의사결정 문제들을 수학적인 방법을 사용하여 체계적으로 해결하는 데 도움을 준다. 복잡한 수학적 기법을 학습하지만, 이 교재는 이해하기 쉽게 되어 있고 실제 응용사례들을 제시함으로써 학생들이 각 기법을 어떻게 활용할 수 있는지를 잘 보여준다.

번역에 참여한 모든 역자의 어려움은 원서의 장점을 우리 글로 잘 표현하여 학생들에게 전달할 수 있을까 하는 것이었다. 지나친 의역은 원저자들의 의도에서 벗어날 수 있고, 직역에 따른 거친 문장들은 이해하기 어려울 수 있다. 이러한 점을 고려하여 모든 역자가 자신의 교육 경험과 전공지식을 바탕으로 원서의 내용을 충실히 살리면서 학생들이 쉽게 이해할 수 있는 교재를 만들기 위해 최선의 노력을 하였다. 또한 번역의 일관성과 오류를 수정하기 위해 오랜 기간 교정 작업을 하였다. 하지만 영어와 한글의 어감 차이, 문화적 특성 차이로 인해 매끄럽게 번역되지 못한 문장들도 있음을 이해해주길 바란다.

이 교재는 총 11개의 장으로 구성되어 있다. 1장의 들어가면서는 경영과학의 개념과 경영과학의 다양한 기법들을 간략하게 설명한다. 2~4장의 선형계획법은 기업 이익을 최대화하거나 비용을 최소화하는 선형계획 모형, 최적화 모형의 계수가 변화하면 최적해에 어떤 영향을 미치는지를 살펴보는 민감도 분석, 그리고 마케팅 · 재무관리 · 생산운영관리 분야에서 사용되는 선형계획법의 응용을 다룬다. 5장의 분배 및 네트워크 모형은 선형계획 모형의 특수한 형태인 수송문제, 경유수송문제, 할당문제, 최단 경로 문제, 최대 흐름 문제를 살펴본다. 6장의 정수계획법은 선형 모형 중 의사결정 변수가 정숫값을 가져야 하는 문제를 다룬다. 7장의 프로젝트 스케줄링은 프로젝트 일정 수립에 사용되는 주 경로 기법(CPM)과 프로그램 평가 및 검토 기법(PERT)을 설명한다. 8장의 대기행렬 모형은 서비스를 기다리는 여러 상황에서 적용될 수 있는 대기행렬 시스템을 제시한다. 9장의 시뮬레이션은 의사결정에 가장 널리 사용되는 정량적인 기법으로서 시스템의 모형을 실험하여 실제 시스템을 이해한다. 10장의 의사결정 분석은 기업 경영자가 의사결정 나무를 이용하여, 몇 개의 의사결정 대안과 향후 사건의 불확실한 상황에서 최적의 대안을 선택하도록 돕는다. 마지막으로, 11장의 다기준 의사결정은 여러 개의 기준을 고려하는 목표계획법과 계층화 분석법에 대해 살펴본다.

위에서 언급한 경영과학 기법들은 실무에서 가장 빈번하게 사용되는 기법들이다. 이 교재를 사용하는 학생들이 이러한 기법들의 개념과 내용을 잘 익히고, 졸업 후 회사생활을 할 때 이 기법들을 잘 응용하여 현명한 의사결정자가 되길 기대한다.

2024년 1월에
역자들을 대표하여
김종원

저자 머리말

약 30년 넘게 경영과학 분야의 선도적 역할을 해온 본 교재는 16판 개정을 맞이하게 되었다. 이전의 개정판과 마찬가지로, 본 개정판의 주요 목적은 의사결정 과정에서 중요한 역할을 하는 경영과학의 개념을 대학생과 대학원생에게 쉽게 제공하는 데 있다. 본 교재는 경영과학이 성공적으로 활용될 수 있는 응용 분야를 다룬다. 특히 이전 독자들의 의견에 따르면, 본 교재가 제공한 경영과학의 새로운 기법을 사용하여 자신들의 조직을 효과적으로 운영하고 있음을 보여준다.

『경영과학의 이해』(16판)은 경영과학 응용에 초점을 두며, 문제-시나리오 접근방법(problem-scenario approach)을 사용한다. 우리는 이러한 접근방법의 활용을 통해 특정 문제를 모형(수식)화한다. 그다음 모형화된 문제를 풀어 해를 구하고, 그 해를 토대로 경영자에게 가장 좋은 대안을 추천한다. 경험에 의하면, 이러한 방법은 의사결정 과정에 어떻게 도움을 주는지 그리고 그 절차가 어떻게 이루어지는지를 보여줌으로써 학생들에게 동기를 부여한다.

초판부터 지금까지 본 교재의 저자들은 경영학 또는 경제학을 공부하는 학생들에게 경영과학의 다양한 기법과 수리적 개념을 이해하기 쉽게, 그리고 문제해결에 도움이 되도록 최선의 노력을 하였다. 본 교재에 대한 많은 동료 교수들과 학생들의 반응에 의하면 이러한 노력의 결과는 꽤 성공적인 듯하다. 특히 본 교재가 좋은 평가를 받는 이유 중 하나는 충성도가 높은 분들의 유용한 의견이나 제안에 기인한다.

이 교재에 사용된 모든 수식과 표기는 경영과학 분야에서 일반적으로 사용되는 표기법을 따랐다. 그리고 본 교재 수준을 뛰어넘는 주제와 내용을 알고자 하는 학생들은 책 뒷부분의 부록에 있는 참고문헌을 참고하기 바란다.

감사의 글

우리는 이번 교재와 이전 판의 교재를 개발하는 동안 좋은 의견과 제안을 해준 많은 동료들과 친구들에게 도움을 받았다. 유익한 도움을 준 사람들의 이름이 아래에 서술되어 있다. 이들은 여러 가지 경영과학 실행 사례를 제공하여 본 교재에 큰 공헌을 하였다.

Art Adelberg(CUNY 퀸즈 대학)
Dan Matthews(트라인 대학교)
Joseph Bailey(메릴랜드 대학교)
Avarind Narasipur(첸나이 경영대학)
Ike C. Ehie(캔자스 주립대학교)
Nicholas W. Twigg(코스탈캐롤라이나 대학교)
John K. Fielding(오하이오 노스웨스턴 대학교)
Julie Ann Stuart Williams(웨스트 플로리다 대학교)
Subodha Kumar(메이즈 경영대학, 텍사스 A&M 대학교)

우리는 또한 본 교재를 작업한 센게이지의 전체 팀, 즉 수석 관리자인 Aaron Arnsparger, 선임 콘텐츠 관리자인 Conor Allen, 수석 학습 디자이너인 Brandon Foltz, 디지털 전송 품질 파트너인 Steven McMillian, 주제 전문가인 Nancy Marchant, 콘텐츠 프로그램 관리자인 Jessica Galloway, 콘텐츠 품질 보증 엔지니어인 Douglas Marks, MPS Limited의 프로젝트 관리자인 Shreya Tiwari의 편집 조언과 지원에 감사한다.

Jeffrey D. Camm
James J. Cochran
Michael J. Fry
Jeffrey W. Ohlmann
David R. Anderson
Dennis J. Sweeney
Thomas A. Williams

저자 소개

Jeffrey D. Camm Jeffrey D. Camm은 웨이크 포레스트 대학교(Wake Forest University) Inmar 경영대학 분석학부의 학부장 겸 부학장이다. 그는 오하이오주 신시내티에서 태어나 자비에르 대학교(Xavier University)에서 학사학위를, 클렘슨 대학교(Clemson University)에서 박사학위를 취득했다. 그는 신시내티 대학교(University of Cincinnati) 교수로 재직하다가 웨이크 포레스트 교수로 이직하였다. 또한 스탠퍼드 대학교와 다트머스 대학교의 방문 교수로 활동하였다.

Camm 박사는 운영관리와 마케팅의 최적화 응용 분야에서 45편 이상의 논문을 발표했다. 그는 *Science*, *Management Science*, *Operations Research* 및 기타 전문 저널에 자신의 연구논문을 게재하였다. Camm 박사는 신시내티 대학교에서 강의 우수자에게 수여하는 도른오프(Dornoff) 교수진에 이름을 올렸고, 2006년에는 경영과학 분야 강의자에게 수여하는 INFORMS 상을 받았다. 실용을 중시하는 독실한 기독교인으로서 그는 많은 기업과 공공기관에서 경영과학 관련 컨설팅을 수행하고 있으며, 2005년부터 2010년까지 *Interfaces* 편집위원장을 역임하였다. 2016년 Camm 교수는 경영과학 분야의 공로로 George E. Kimball 메달을 받았으며, 2017년에는 INFORMS 교수로 선정되었다.

James J. Cochran James J. Cochran은 앨라배마 대학교(University of Alabama)의 응용통계 교수이자 경영정보시스템, 통계학 및 경영과학 학과의 Rogers-Spivey Faculty 교수이다. 그는 오하이오주 데이턴에서 태어났으며, 라이트 주립대학교(Wright State University)에서 학사, 석사, MBA를, 신시내티 대학교에서 박사학위를 취득했다. 그는 스탠퍼드 대학교, 탈카 대학교, 남아프리카 대학교, 폴 레오나르드 다 빈치 대학교에서 방문 학자로 활동했다.

Cochran 교수는 경영과학 및 통계 방법의 개발 및 응용 분야에서 50편 이상의 논문을 발표했다. 그는 *Management Science*, *The American Statistician*, *Communications in Statistics-Theory and Methods*, *Annals of Operations Research*, *Statistics and Probability Letters*, *European Journal of Operational Research*, *Journal of Combinatorial Optimization* 등 전문 저널에 자신의 연구논문을 게재했다. 그는 2008년 INFORMS 경영

과학 실습 교육상, 2010년 Mu Sigma Rho 통계 교육상, 2016년 미국 통계학회 Waller 교육상을 받았다. Cochran 교수는 2005년 국제통계연구소 교수로 선출되었으며, 2011년 미국 통계학회 교수, 2017년 INFORMS 교수로 임명되었다. 그는 2014년 미국 통계학회 창립자 상 수상, 2015년 사회 발전에 공헌한 공로로 미국 통계학회 Karl E. Peace Award 수상, 2019년 INFORMS 회장상을 받았다.

Cochran 교수는 실제 문제 응용의 질적 향상을 위해 효과적인 경영과학 및 통계 교육의 중요성을 강조한다. 몬테비데오(우루과이), 케이프타운(남아프리카), 카르타헤나(콜롬비아), 자이푸르(인도), 부에노스아이레스(아르헨티나), 나이로비(케냐), 부에아(카메룬), 오시예크(크로아티아), 카트만두(네팔), 하바나(쿠바), 울란바토르(몽골), 키시너우(몰도바), 소조폴(불가리아), 세인트조지스(그레나다)에서 의장을 맡아 교육 워크숍을 주최하였다. 또한 수많은 기업 및 비영리 단체의 경영과학 또는 통계 컨설턴트로 활동하고 있다. Cochran 교수는 2007년부터 2012년까지 *INFORMS Transactions on Education*의 편집위원장을 역임했으며, *INFORMS Journal on Applied Analytics*, *Significance*, *International Transactions in Operational Research* 등 여러 저널의 편집위원으로 활동하고 있다.

Michael J. Fry Michael J. Fry는 신시내티 대학교의 교수이자 린드너 경영대학의 경영과학, 비즈니스 애널리틱스 및 경영정보시스템의 임시 학과장이다. 그는 텍사스주 킬린에서 태어났으며, 텍사스 A&M 대학교에서 학사학위를, 미시간 대학교(University of Michigan)에서 공학 석사학위와 박사학위를 받았다. 2002년 이후로 신시내티 대학교에서 근무 중이며, 코넬 대학교 사무엘 커티스 존슨 경영대학과 브리티시 컬럼비아 대학교 사우더 경영대학에서 방문 교수로 활동하였다.

Fry 교수는 *Operations Research*, *Manufacturing and Service Operations Management*, *Transportation Science*, *Naval Research Logistics*, *IIE Transactions*, *Critical Care Medicine*, *Interfaces* 등의 저널에 25편 이상의 연구논문을 게재하였다. 그는 또한 *Production and Operations Management*, *INFORMS Journal on Applied Analytics*, *Journal of Quantitative Analysis in Sports* 등의 저널 편집위원으로 활동하고 있다. 그의 연구 관심사는 공급사슬 애널리틱스, 스포츠 애널리틱스, 공공정책운영에 정량적 관리 방법의 적용 등이다. Fry 교수는 Dell, Starbucks, Great American Insurance Group, 신시내티 소방서, 오하이오주 선거위원회, 신시내티 벵골스 미식축구 팀, 신시내티 동물원 및 식물원과 같은 다양한 기관과 협력하여 연구를 수행하고 있다. 2008년에는 경영과학 실무의 탁월성을 인정받아 다니엘 H. Wagner Prize 수상 후보에 올랐으며, 신시내티 대학교의 연구와 교육 업적에 대한 인정도 받았다. 2019년에는 신시내티 대학교의 OBAIS 학과를 잘 이끌어 INFORMS UPS George D. Smith 상을 수상하였다.

Jeffrey W. Ohlmann Jeffrey W. Ohlmann은 아이오와 대학교(University of Iowa)의 티피 경영대학의 경영과학 부교수이자 Huneke 연구원이다. 그는 네브래스카주 발렌틴에서 태어났으며, 네브래스카 대학교(University of Nebraska)에서 학사학위를, 미시간 대학교에서 석사 및 박사학위를 받았다. 그는 2003년부터 아이오와 대학교에 재직 중이다.

의사결정 문제의 모델링과 최적해를 주로 연구하는 Ohlmann 교수는 그 연구 결과를 *Operations Research*, *Mathematics of Operations Research*, *INFORMS Journal on Computing*, *Transportation Science*, *European Journal of Operational Research*, *Decision Analysis*, *Decision Support Systems*, *Big Data* 등의 저널에 게재하였다. 그는 Transfreight, LeanCor, Cargill, 해밀턴 카운티 선거관리위원회, 3개의 미국 프로 미식축구 리그(NFL) 프랜차이즈 등과 같은 기업들과 공동연구를 진행하고 있다. 산업계와의 관련성으로 인해 그는 George B. Dantzig 논문상을 받았고, Daniel H. Wagner Prize의 경영과학 실무 부문의 최종 후보로 선정되기도 하였다.

David R. Anderson David R. Anderson은 신시내티 대학교 정량적 분석 전공의 명예교수이다. 그는 노스다코타주 그랜드 폭스에서 태어났으며, 퍼듀 대학교(Purdue University)에서 학사, 석사, 박사학위를 취득했다. Anderson 교수는 정량적 분석과 운영관리 학과장, 경영대학 부학장을 역임하였다. 또한 그는 경영대학 최초로 최고경영자 프로그램의 코디네이터를 맡았다.

Anderson 교수는 경영학과 학부생들에게 기초 통계학을, 대학원생들에게 회귀분석, 다변량 분석, 경영과학 등을 가르치고 있다. 그는 또한 워싱턴 D.C.의 노동부에서 통계학을 가르쳤다. 그는 교육 및 학생 단체에 대한 탁월한 봉사로 여러 상을 받는 영예를 안았다.

Anderson 교수는 통계학, 경영과학, 선형계획법, 생산운영관리 분야에서 10권의 교재를 공동 집필했다. 그는 샘플링 및 통계 방법론 분야의 컨설턴트로 열심히 활동하고 있다.

Dennis J. Sweeney Dennis J. Sweeney는 신시내티 대학교 정량적 분석 전공의 명예교수이다. 그는 아이오와주 디모인에서 태어났으며, 드레이크 대학교(Drake University)에서 B.S.B.A 학사를, 국방교육령(NDEA) 교수로 있었던 인디애나 대학교(Indiana University)에서 MBA와 박사학위를 취득했다. Sweeney 교수는 1978~1979년 동안 Procter & Gamble의 경영과학 그룹에서 일하였고, 1981~1982년 동안 듀크 대학교의 방문 교수이었다. 그는 신시내티 대학교의 경영대학 부학장 및 정량적 분석의 학과장을 역임했다.

Sweeney 교수는 경영과학 및 통계학 분야에서 30편 이상의 논문을 게재하였다. 국가

과학재단(National Science Foundation), IBM, Procter & Gamble, Federated Department Stores, Kroger, Cincinnati Gas & Electric 등의 기관이 그의 연구를 지원했다. 그의 연구논문은 *Management Science*, *Operations Research*, *Mathematical Programming*, *Decision Sciences* 및 기타 저널에 게재되었다.

Sweeney 교수는 통계학, 경영과학, 선형계획법, 생산운영관리 분야에서 10권의 교재를 공동 집필했다.

Thomas A. Williams Thomas A. Williams는 로체스터 공과대학(Rochester Institute of Technology)의 경영과학 전공의 명예교수이다. 그는 뉴욕주 엘마이라에서 태어났으며, 클라크슨 대학교(Clarkson University)에서 학사를, 렌슬리어 폴리텍 대학(Rensselaer Polytechnic Institute)에서 석사와 박사학위를 받았다.

Williams 교수는 로체스터 공과대학에 근무하기 전에 신시내티 대학교 경영대학 교수진으로 7년 동안 재직하였다. 그는 신시내티 대학교 재직 중에 경영정보시스템 학부 프로그램을 개발하였으며 코디네이터로 근무하였다. 그는 로체스터 공과대학에서 경영과학 부서의 초대 학과장이었으며, 학부생에게 경영과학과 통계학을 그리고 대학원생에게 회귀 및 의사결정 분석을 가르치고 있다.

Williams 교수는 경영과학, 통계학, 생산운영관리, 수학 분야에서 11권의 교재를 공동 집필했다. 그는 『포춘(Fortune)』 500대 기업의 컨설턴트로 근무하면서 데이터 분석부터 대규모의 회귀분석 모델 개발까지 다양한 프로젝트에 참여하였다.

차례

CHAPTER 08 대기행렬 모형 351

CHAPTER 10 의사결정 분석 443

CHAPTER 11 다기준 의사결정 509

APPENDIX

CHAPTER 01

들어가면서

학습 목표

이 장을 마치면 아래 내용을 이해할 수 있다.

1. 경영과학과 오퍼레이션스 리서치의 용어를 정의한다.
2. 의사결정 과정의 절차를 열거하고, 경영적 의사결정의 정성적, 정량적 접근법의 역할을 설명한다.
3. 실제 상황을 분석하는 데 모형화 절차와 그 이점을 설명한다.
4. 비용, 수익, 이익의 기초 수리 모형을 세우고, 손익분기점을 계산한다.

경영과학(management science)은 과학적 방법론에 기반을 둔 의사결정 접근법으로, 정량적 분석을 광범위하게 활용한다. 의사결정에 대한 정량적 접근법을 포함하는 지식 영역에는 다양한 명칭이 존재하는데, 경영과학 외에도 오퍼레이션스 리서치(operations research), 의사결정 과학(decision science)이라는 명칭이 통용되고, 널리 알려져 있다. 오늘날 **경영과학, 오퍼레이션스 리서치, 의사결정 과학**이라는 명칭은 상호 대체되면서 사용되고 있다.

1990년대 초 Frederic W. Taylor가 고안한 과학적 경영 해법은 경영에서 정량적 방법론을 이용하는 데 근간이 되었다. 그러나 현대 경영과학 연구는 군사적 관점의 전략 및 전술적 문제를 다루기 위한 팀이 형성되었던 제2차 세계대전 동안 유래되었다고 일반적으로 여겨진다. 이러한 다양한 전문성을 가진 사람들(예: 수학자, 공학자, 행동과학자)로 구성팀 팀들은 과학적 방법을 이용함으로써 공동의 문제를 함께 해결하기 위해 참여하였다. 전쟁이 종료된 후, 이 팀 구성원 중 많은 사람들이 경영과학 분야에서 그 연구를 지속했다.

제2차 세계대전 후 만들어진 두 가지 방법은 비군사학적 응용 차원에서 경영과학의 성장과 이용을 이끌었다. 첫째, 지속적인 연구는 수많은 방법론적인 발전으로 나타났다. 아마도 가장 획기적인 발전은 1947년 George Dantzig가 고안한 선형계획 문제의 해결 방법인 심플렉스법(simplex method)의 개척일 것이다. 이러한 방법론적 발전과 함께 디지털 컴퓨터는 계산 능력의 폭발적인 증가를 촉발했다. 컴퓨터는 실무자들이 매우 다양한 문제해결을 위한 방법론적 발전을 이용할 수 있게 해주었다. 컴퓨터 기술의 증대가 지속되면서, 1990년대의 메인프레임 컴퓨터보다 스마트폰, 태블릿과 기타 모바일 컴퓨팅 장비들이 이러한 문제를 해결하는 데 더 많이 이용되고 있다.

최근에는, 스마트폰과 기타 개인 전자기기와 같은 원천에서 발생한 데이터의 폭발적인 증가가 과거보다 더욱더 많은 데이터 접근을 허용하고 있다. 더욱이, 인터넷은 데이터의 공유와 저장을 쉽게 해주고, 다양한 분야의 사용자들이 경영과학적 모형에 필요한 투입요소에 폭넓은 접근을 제공한다.

머리말에서 언급한 것처럼, 이 책의 목적은 학생들에게 의사결정 과정에서 경영과학이라는 역할의 타당한 개념적 이해를 제공하는 것이다. 이 책은 또한 응용지향적이라는 점을 밝힌다. 이 책에서는 경영과학이 성공적으로 사용되었던 다양한 적용에 대한 이해를 돕기 위해서, '경영과학의 실행'에서 사례들이 제시된다. '경영과학의 실행' 사례는 실제로 경영과학이 적용된 사례를 요약하고 있다. 이 장의 첫 번째 '경영과학의 실행' 사례는 'AT&T Park의 수익 관리'에 관한 내용으로, 스포츠 및 예능 산업에서 경영과학의 가장 중요한 적용 중 하나를 기술하고 있다.

경영과학의 실행 AT&T Park의 수익 관리*

2010년 야구 시즌 말에 샌프란시스코 자이언츠의 입장권 서비스 담당 부회장인 Russ Stanley가 처한 어려운 상황을 떠올려보자. 시즌 전에 그의 조직은 Thomas M. Cook과 아메리칸 에어라인(American Airlines)의 오퍼레이션스 리서치 그룹에 의해 성공적으로 개척된 모형과 비슷하게 입장권 가격 책정에 대해 동적 접근법을 채택했다. Stanley는 필사적으로 플레이오프 진출과 관련해서 매듭짓기를 원했지만, **너무 빠르게** 해결되는 것을 원하지는 않았다.

제품이나 서비스에 대해 동적으로 가격을 결정할 때, 조직은 정기적으로 제품의 공급과 수요를 검토하고 이러한 상황을 반영하여 가격이 변동되어야 하는지를 결정하기 위해서 오퍼레이션스 리서치를 이용한다. 항공편의 계획된 이륙 시간이 다가오면, 비행기의 좌석이 비교적 부족할 경우에 탑승권의 가격은 오른다. 반면, 항공사는 탑승권을 예약한 승객이 비교적 없고 이륙 예정 시간이 다가오는 항공편에 대해서는 탑승권을 할인한다. 탑승권 가격을 동적으로 정하기 위한 최적화 기법을 사용함으로써 아메리칸 에어라인은 연간 약 $10억의 수익 증대를 창출한다.

샌프란시스코 자이언츠의 경영팀은 그들의 주요 품목(홈경기의 입장권)과 항공사에 의해 판매되는 주요 품목(항공 탑승권)에 유사점이 있다는 것을 깨닫고 유사한 수익 관리 시스템을 채택했다. 만약 특정 자이언츠 경기가 팬들에게 흥미롭다면, 경기 일자가 다가올수록 입장권은 빠르게 팔리고 수요는 공급을 훨씬 초과하게 될 것이다. 이러한 상황에서 팬들은 기꺼이 좀 더 많은 금액을 지불할 의향이 있을 것이고, 자이언츠는 입장권에 프리미엄을 부과할 것이다. 유사하게, 덜 흥미로운 경기의 입장권은 팬들의 비교적 낮은 수요를 반영하여 가격을 낮춰야 한다. 이것이 Stanley가 2010년 야구 시즌 말에 진퇴양난에 처한 이유이다. 자이언츠는 자이언츠 경기의 입장권 수요가 효과적으로 증가하는 샌디에이고 파드리스와의 치열한 페넌트레이스 중반에 있었고, 실제로 시즌의 마지막 세 경기가 샌프란시스코에서 파드리스와 계획되어 있었다. Stanley는 자이언츠가 지역에서 우승하여 메이저리그 플레이오프에 진출하기를 원하면서도 만약 시즌의 마지막 날까지 플레이오프 진출이 결정되지 않는다면 팀의 수요가 급증할 것이라는 것을 알고 있었다. Stanley는 시즌 후반의 인터뷰에서 "나는 최종 경기까지 계속된다면 재정적으로 훨씬 좋을 것으로 추측한다. 우리는 안절부절하면서 마지막 경기들을 지켜보고 있다."고 말했다.

수익 관리와 오퍼레이션스 리서치는 효과가 있는가? 오늘날 사실상 모든 항공사는 몇 가지 종류의 수요관리 시스템을 사용하고, 크루즈, 호텔 및 자동차 렌탈 산업에서도 수요관리 방법을 적용한다. 자이언츠에 대해 말하면, Stanley는 2010년 시즌 동안 동적인 가격 책정으로 덕분에 자이언츠의 홈경기에서 좌석당 7~8% 수익이 증가했다고 말했다. 동시에, 자이언츠는 시즌 마지막 날에 내셔널리그 서부지구 우승을 했고, 결국 월드시리즈에서 승리했다. 수많은 프로 스포츠 프랜차이즈들은 자이언츠의 사례를 참고하여, 유사한 동적인 입장권 가격 책정 시스템의 도입을 고려하고 있다.

*출처 Peter Horner, "The Sabre Story," *OR/MS Today* (June 2000); Ken Belson, "Baseball Tickets Too Much? Check Back Tomorrow," *NewYorkTimes.com* (May 18, 2009); and Rob Gloster, "Giants Quadruple Price of Cheap Seats as Playoffs Drive Demand," *Bloomberg Businessweek* (September 30, 2010).

1.1 문제해결과 의사결정

문제해결(문제풀이, problem solving)은 현재 상태와 원하는 상황 간의 차이를 인식하고 그 차이를 해결하기 위해 조치를 취하는 과정으로 정의할 수 있다. 주의 깊은 분석을 정당화할 만큼 중요한 문제에 대한 문제해결 과정은 다음과 같은 일곱 단계를 포함한다.

1. 문제를 인식하고 정의한다.
2. 대안 해법들의 집합을 결정한다.
3. 대안 해법을 평가하는 데 이용되는 기준을 결정한다.
4. 대안 해법을 평가한다.
5. 대안 해법 중 하나를 선택한다.
6. 선택된 해결책을 실행한다.
7. 만족스러운 결과가 얻어졌는지를 판단하기 위해 결과물을 평가한다.

의사결정(decision making)은 일반적으로 위 문제해결 과정의 처음 다섯 단계와 관련된 용어이다. 그래서 의사결정의 첫 번째 과정은 문제를 인식하고 정의하는 것이다. 의사결정은 대안을 선택함으로써 마무리된다. 대안 선택이 바로 의사결정을 내리는 행위이다.

다음과 같은 의사결정 과정의 예를 고려해보자. 당신은 현재 무직 상태에 있고 만족스러운 경력으로 이끌 수 있는 직업을 원한다고 가정하자. 당신이 뉴욕주의 로체스터, 텍사스주의 댈러스, 노스캐롤라이나주의 그린즈버러, 펜실베이니아주의 피츠버그에 있는 회사로부터 취업을 제안받았다고 하면, 당신이 결정할 문제의 대안은 다음과 같이 기술될 수 있다.

1. 로체스터에서 제안된 직업을 수락한다.
2. 댈러스에서 제안된 직업을 수락한다.
3. 그린즈버러에서 제안된 직업을 수락한다.
4. 피츠버그에서 제안된 직업을 수락한다.

문제해결 과정의 다음 절차는 4개의 대안 평가에 사용할 기준을 결정하는 것을 포함한다. 당연히 초봉이 중요한 요소이다. 만약 당신에게 급여가 유일한 중요 기준이라고 한다면, 최선으로 선택되는 대안은 가장 초봉이 높은 회사가 될 것이다. 하나의 기준에 대해 최적해를 찾는 것이 목적인 문제를 **단일기준 의사결정 문제**(single-criterion decision problem)라고 한다.

가능한 승진 기회와 직장의 위치를 또 다른 중요한 기준으로 판단한다고 가정하자. 따라서 여러 기준을 갖는 당신의 결정 문제에는 초봉, 승진 기회, 직장의 위치라는 세 가지 기준이 포함된다. 둘 이상의 기준을 포함하는 문제를 **다기준 의사결정 문제**(multicriteria decision problem)라고 한다.

의사결정 과정의 다음 절차는 각각의 기준에 대해 각 대안을 평가하는 것이다. 예를 들어, 초봉의 기준에 대해 각각의 대안을 평가하는 것은 각 직업 대안에 대해 초봉을 기록

표 1.1 직업 평가 의사결정 문제에 대한 자료

대안	초봉	승진 기회	직장 위치
1. 로체스터	$58,500	보통	보통
2. 댈러스	$56,000	탁월	좋음
3. 그린즈버러	$56,000	좋음	탁월
4. 피츠버그	$57,000	보통	좋음

함으로써 간단하게 수행할 수 있다. 그러나 승진 기회와 직장의 위치에 대해서 각 대안을 평가하는 것은 수행하기가 더욱 어렵다. 왜냐하면, 이런 평가는 종종 정량화하기 어려운 주관적 요소에 주로 근거하기 때문이다. 이제 당신은 각각의 기준에 대해 '부족', '미흡', '보통', '좋음', '탁월'이라는 항목으로 각 기준에 대한 우선순위를 평가함으로써 승진 기회와 직장의 위치를 측정을 결정한다고 하자. 당신이 작성한 데이터는 표 1.1에 제시되어 있다.

이제 당신은 가용한 대안들로부터 결정할 준비가 되었다. 이 결정 단계를 매우 어렵게 만드는 것은 기준이 아마 모두 동일하게 중요하지 않다는 것이고, 모든 기준에 대해 '최적의' 대안은 없다는 것이다. 나중에 이 같은 상황을 다루는 방법을 살펴볼 예정이지만, 지금은 표 1.1의 자료를 신중하게 평가한 후에 세 번째 대안을 선택했다고 하자. 그래서 세 번째 대안을 **결정**(decision)이라고 한다.

이 시점에서 의사결정 과정이 완성된다. 요약하면, 이 과정은 다섯 가지 단계를 포함한다.

1. 문제를 정의한다.
2. 대안을 찾는다.
3. 기준을 정한다.
4. 대안을 평가한다.
5. 하나의 대안을 선택한다.

위 단계에서 빠진 것은 문제해결 과정에서 마지막 두 단계인 선택된 대안을 실행하는 것과 만족스러운 해결책인지 결정하기 위해 결과를 평가하는 것이다. 이러한 두 단계의 생략은 각 활동들의 중요성을 줄이려는 것이 아니라 **문제해결** 과정과 비교해서 **의사결정** 과정의 한정된 범위를 강조하기 위한 것이다. 그림 1.1은 이러한 두 개념 간의 관계를 요약한 것이다.

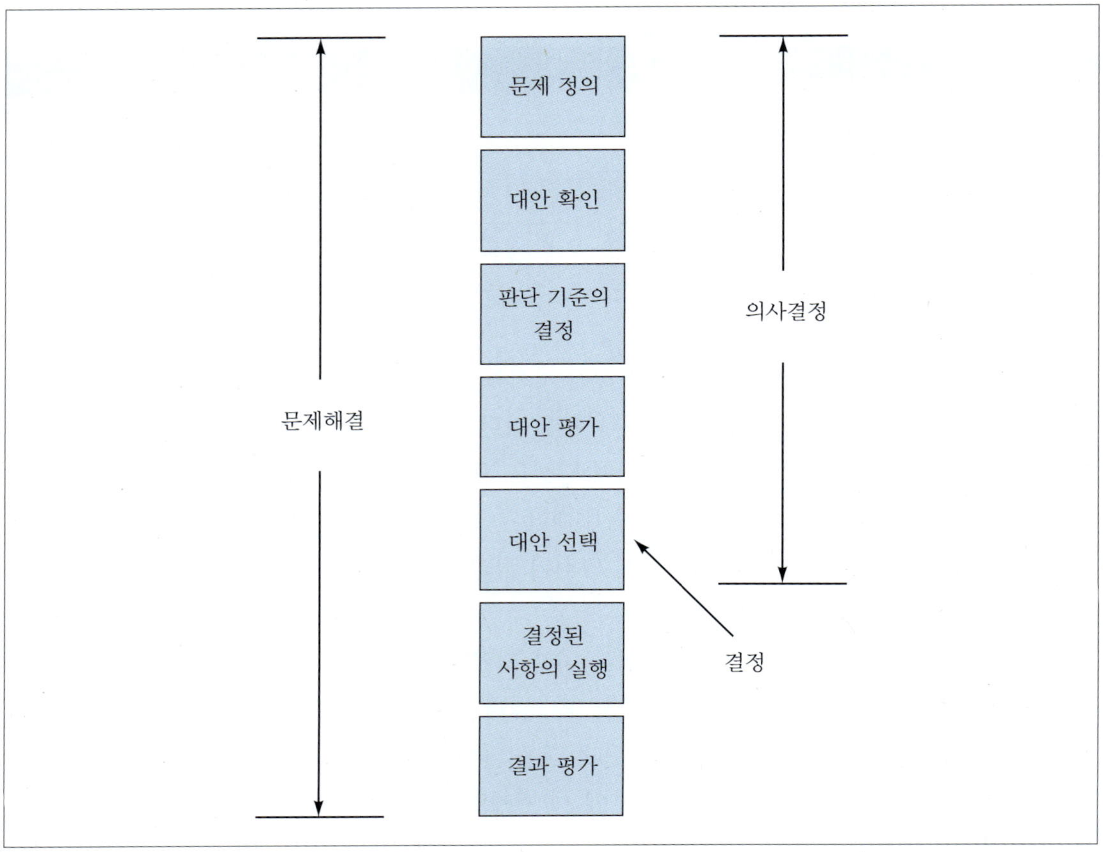

그림 1.1 문제해결과 의사결정 간의 관계

1.2 정량적 분석과 의사결정

그림 1.2에 제시된 순서도를 살펴보자. 이 그림에서 의사결정 과정의 처음 세 단계를 '문제의 구조화'라는 제목하에 묶었고, 마지막 두 단계를 '문제의 분석'이라는 제목하에 묶었다. 이제 의사결정 과정의 활동을 수행하는 방법에 대해 더욱더 세밀하게 생각해보자.

그림 1.3은 의사결정 과정의 분석 단계가 기본적으로 정성적 분석과 정량적 분석이라는 두 가지 형태로 구성됨을 보여주고 있다. 정성적 분석은 주로 관리자의 판단과 경험을 바탕으로 하며, 문제에 대한 관리자의 직관적인 '느낌'을 포함하고 과학이라기보다는 예술에 가깝다. 만약 관리자가 유사한 문제와 관련된 경험이 있거나 문제가 비교적 간단하면, 정성적 분석에 중점을 두게 된다. 그러나 만약 관리자가 유사한 문제에 대한 경험이 없거나 문제가 충분히 복잡하다면, 문제의 정량적 분석은 관리자의 최종 결정에 매우 중요한 고려 요소가 될 수 있다.

정량적 분석을 사용할 때 분석자는 정량적 요인이나 문제와 관련한 데이터에 집중할 것이고, 목적, 제약조건, 그리고 문제에 존재하는 기타 연관성을 표현하는 수학적 표현법

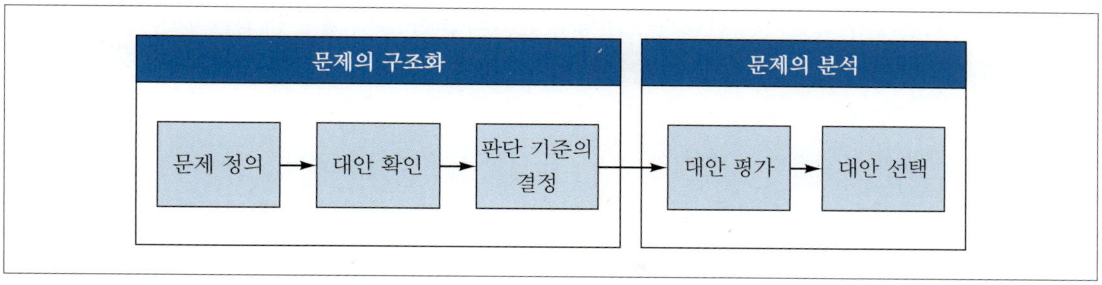

그림 1.2 의사결정 과정의 대안적인 분류

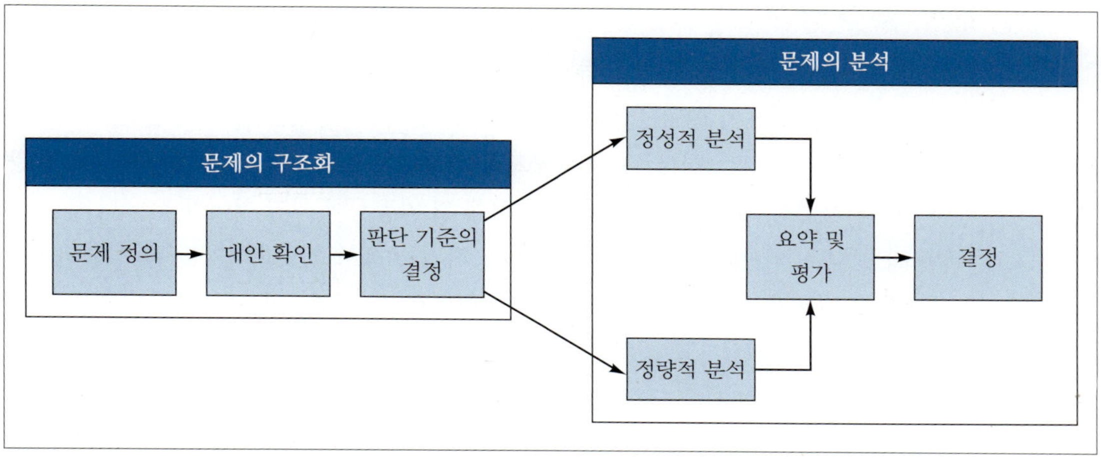

그림 1.3 정성적 분석과 정량적 분석의 역할

을 개발한다. 그다음에, 하나 이상의 정량적 방법을 이용하여 문제의 정량적인 면을 기반으로 추천하게 된다.

비록 정성적 접근법의 기술(skill)이 관리자의 경험에 의해 보통 증대되지만, 정량적 접근법의 기술은 오직 경영과학의 가정과 방법을 공부함으로써만 습득할 수 있다. 관리자는 정량적 방법론에 관해 더 많이 배움으로써, 또한 이러한 방법론이 의사결정 과정에 기여함을 좀 더 잘 이해함으로써 의사결정 효과를 향상시킬 수 있다. 정량적 의사결정 절차에 대해 많이 아는 관리자는 정성적 및 정량적 추천의 원안들을 비교 평가하여, 가능한 최적의 결정을 내리기 위해 궁극적으로 이 두 원안을 결합하는 데 결국 더 능숙하다.

그림 1.3의 '정량적 분석'이라는 제목의 상자는 이 책의 대부분의 주제를 망라한다. 우리는 경영 문제를 고려할 것이고, 적절한 정량적 방법론을 소개할 것이며, 권장할 만한 결정을 도출할 것이다.

이 절을 끝마치면서, 정량적 방법론이 의사결정 과정에서 사용되는 몇 가지 이유를 간략하게 언급하려고 한다.

1. 문제가 복잡하면 관리자는 정량적 분석의 도움 없이 좋은 해법을 만들 수 없다.
2. 문제가 특히 중요하면(예를 들어, 큰 금액이 연관되었다면), 관리자는 의사결정을 시도하기 전에 철저한 분석을 원한다.
3. 문제가 새롭다면, 관리자는 참고할 만한 사전 경험이 없다.
4. 문제가 반복적이면, 일상적인 의사결정 권고를 내리기 위해 관리자는 정량적 절차에 의존함으로써 시간과 노력을 절약한다.

1.3 정량적 분석

그림 1.3에서 문제가 구조화되면 정량적 분석이 시작된다는 것을 살펴보았다. 보통 상대적으로 일반적인 문제의 설명을 정량적 분석으로 접근할 수 있는 잘 정의된 문제로 바꾸는 데 상당한 노력이 필요하다. 문제의 구조화 과정에 분석자가 더 많이 관여할수록 정량적 분석이 의사결정 과정에 중요한 공헌을 하게 될 가능성이 커질 것이다.

정량적 분석을 의사결정에 성공적으로 적용하기 위해서 경영과학자는 반드시 관리자나 결과물의 이용자와 긴밀하게 업무를 수행해야 한다. 경영과학자와 관리자 모두 문제가 적절하게 구조화되었다고 동의할 때, 문제를 수학적으로 표현하는 모형을 개발하면서 작업이 시작된다. 그런 다음 모형에 대해 최적의 해결책을 찾기 위해 문제해결 과정이 이용될 수 있다. 그런 다음 모형에 대한 최적해가 의사결정자에게 추천 사항이 된다. 모형의 개발과 풀이 과정은 정량적 분석 과정의 필수 요소이다.

모형 개발

모형(model)은 실제 사물 혹은 상황의 묘사로 다양한 형태로 표현될 수 있다. 예를 들어, 비행기의 축적 모형은 실제 비행기의 묘사이다. 유사하게 아동용 장난감 트럭은 실제 트럭의 모형이다. 비행기의 축적 모형과 장난감 트럭 모형은 실물의 물리적 복제품인 모형의 예시이다. 모형화의 전문용어로 물리적 복제품을 **상징적 모형**(iconic model)이라 부른다.

두 번째 유형은 물리적 형태이지만 물리적 외형이 모형화된 실물과 같지 않은 모형을 포함한다. 그러한 모형을 **유사 모형**(analog models)이라 부른다. 자동차의 속도계는 유사 모형으로, 눈금판 위의 바늘의 위치는 자동차의 속도를 나타낸다. 온도계는 기온을 나타내는 또 다른 유사 모형이다.

우리가 주로 공부할 형태인 모형의 세 번째 유형은 부호 체계로 문제를 묘사하는 것과 수학적 관계나 표현을 포함한다. 그러한 모형을 **수학적 모형**(mathematical model)이라 부르며, 의사결정에 대한 정량적 접근법의 중요한 부분이다. 예를 들어, 제품의 판매로 얻는 총이익은 제품 단위당 이익과 판매량을 곱함으로써 결정될 수 있다. 만약 x는 판매된 제품 단위의 개수, P는 총이익, 제품 단위당 이익이 \$10라고 하면, 다음과 같은 수학적 모형은 x개의 제품을 판매하여 얻은 총이익을 나타낸다.

$$P = 10x \tag{1.1}$$

모형의 목적 또는 가치는 모형을 연구하고 분석함으로써 실제 상황에 대한 추론을 가능하게 하는 것이다. 예를 들어, 비행기 설계자는 실제 크기의 비행기의 잠재적인 비행 특성에 대해 연구하기 위해서 풍동(wind tunnel)에서 새로운 비행기의 상징적 모형을 테스트한다. 마찬가지로, 수학적 모형은 만약 특정 제품의 판매 수량이 구체화되면, 얼마나 많은 이익을 얻을 수 있는지 추론하는 데 이용될 수 있다. 식 (1.1)의 수학적 모형에 의하면, 3개의 제품 판매($x = 3$)는 $P = 10(3) = \$30$의 이익을 제공할 것으로 기대할 수 있다.

일반적으로 모형으로 실험하는 것은 시간이 절약되고, 실물이나 실제 상황에서 실험하는 것보다 비용이 훨씬 덜 든다. 모형 비행기는 실제 크기의 비행기보다 만들고 실험하는 데 당연히 시간과 비용이 절약된다. 마찬가지로 식 (1.1)의 수학적 모형은 관리자에게 x개의 제품을 생산해서 판매하는 것을 실제로 요구하지 않고 이익의 기대치를 빠르게 인지할 수 있도록 해준다. 또한, 모형은 실상황에서의 실험으로부터 수반되는 위험을 줄이는 이점이 있다. 특히 추락 사고가 나도록 하는 모형 비행기나 \$10,000 손실을 예상케 하는 수학적 모형을 야기하는 잘못된 설계나 잘못된 결정이 실상황에서 방지될 수 있다.

모형 기반의 결론과 의사결정의 가치는 모형이 실제 상황을 얼마나 잘 반영했는지에 달려있다. 모형 비행기가 실제 비행기를 가깝게 반영할수록 더욱 정확한 결론과 예측을 할 수 있다. 마찬가지로 수학적 모형이 기업의 실제 이익과 판매 규모의 관계를 더욱더 가깝게 반영할수록 더욱 정확한 이익을 예상할 수 있다.

> 노벨 경제학상 수상자이자 의사결정 분야의 전문가인 Herbert A. Simon에 의하면 수학적 모형이 반드시 정확할 필요는 없다. 즉, 수학적 모형은 단지 상식만으로 얻을 수 있는 결과보다 더 나은 결과를 얻을 수 있을 만큼 현실을 충분히 반영하면 된다.

이 책은 수학적 모형에 기초한 정량적 분석을 다루기 때문에 수학적 모형화 과정을 더욱 면밀히 살펴볼 것이다. 초반부 경영 문제를 고려할 때, 문제 정의 단계에서는 이익 최대화 또는 비용 최소화와 같은 구체적인 목표와 생산 제약과 같은 제한이나 **제약조건**(constraint)을 이끌어낸다. 수학적 모형과 정량적 접근법의 성공은 수학적 공식이나 관계 면에서 목적과 제약이 얼마나 정확하게 표현되는지에 크게 좌우된다.

문제의 목적을 기술하는 수학적 표현을 **목적함수**(objective function)라 부른다. 예를 들어, $P = 10x$는 이익을 최대화하려는 기업에 있어서 목적함수가 된다. 예를 들어, 제품 한 단위를 생산하기 위해 5시간이 요구되고 1주일당 40시간의 생산시간만 허용된다면 생산용량 제약이 필요할 것이다. 어떤 제품 x단위를 매주 생산한다고 가정하자. 그 경우, 생산시간 제약조건은 다음과 같이 주어진다.

$$5x \le 40 \tag{1.2}$$

$5x$의 값은 x단위의 제품을 생산하는 데 요구되는 총시간이 되고, $\le$기호는 요구되는 생산시간이 반드시 가용한 40시간 이하여야 한다는 것을 의미한다.

의사결정 문제나 질문은 다음과 같다. 이익을 최대화하기 위해서 주당 얼마나 많은 제품이 생산되도록 계획되어야 하는가? 이러한 간단한 생산문제에 수학적 모형의 완성된 형태는 다음과 같다.

$$\begin{aligned} &\text{Maximize} \quad P = 10x \quad \text{목적함수} \\ &\text{subject to (s.t.)} \\ &\left.\begin{aligned} 5x &\le 40 \\ x &\ge 0 \end{aligned}\right\} \text{제약조건식} \end{aligned}$$

$x \ge 0$ 제약식은 생산량 x는 0 이상이 필요한데, 이는 단순히 음수 단위 생산은 불가능하다는 사실을 인식하게 하는 것이다. 이 모형의 최적해는 쉽게 계산될 수 있어서 $x = 8$로 주어지고, 관련 이익은 $80가 된다. 이 모형은 선형계획 모형의 한 예시이다. 다음 장에서는 더욱 복잡한 수학적 모형들을 논할 것이고 해답이 쉽게 도출되지 않는 상황에서 모형들을 어떻게 푸는지에 대해 배울 것이다.

앞서 살펴본 수학적 모형에서, 단위당 이익($10), 단위당 생산시간(5시간), 생산용량(40시간)은 관리자나 의사결정자가 통제하지 못하는 환경 요인이다. 목적함수와 제약조건 모두에 영향을 미칠 수 있는 그러한 환경적 요인을 모형에서 **통제할 수 없는 투입요소**(uncontrollable input)라 부른다. 완전하게 통제되거나 의사결정자에 의해 결정되는 투입요소를 **통제할 수 있는 투입요소**(controllable input)라 부른다. 주어진 예제에서, 생산량 x는 모형에서 통제할 수 있다. 통제할 수 있는 투입요소는 관리자에 의해 지정되는 의사결정 대안이므로 모형의 **의사결정 변수**(decision variable)로도 불린다.

모든 통제할 수 있는 그리고 통제할 수 없는 투입요소가 명시되면, 목적함수와 제약조건이 평가되고 모형의 산출물이 결정될 수 있다. 이런 의미에서, 만약 특정 환경적 요인과 결정이 실제 상황에서 발생할 경우, 모형의 산출물이라 함은 단지 어떤 일이 발생할지에 대한 예측이다. 수학적 모형에 의해 통제할 수 있는 투입요소와 통제할 수 없는 투입요소를 어떻게 산출물로 변환시키는지는 그림 1.4의 순서도에 제시되어 있다. 생산 모형의 구체적인 상세 내용을 보여주는 비슷한 순서도가 그림 1.5에 제시되어 있다.

앞서 언급한 것처럼, 통제할 수 없는 투입요소는 의사결정자가 영향을 줄 수 없다. 한 모형의 통제할 수 있거나 통제할 수 없는 특정 투입요소는 특정 문제나 의사결정 상황에 달려있다. 생산문제에서, 가용 생산시간(40)은 통제할 수 없는 투입요소이다. 그러나 만약 인력을 추가로 고용할 수 있거나 초과 근무를 이용할 수 있다면 조업시간은 통제할 수

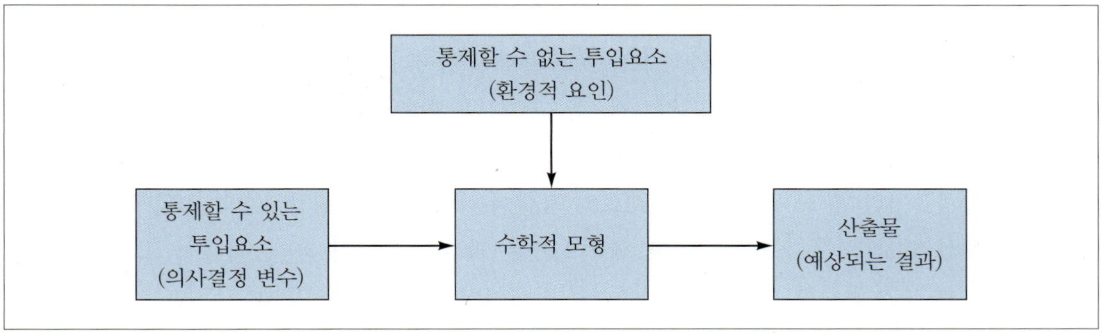

그림 1.4 투입요소를 산출물로 변형시키는 프로세스의 모형 순서도

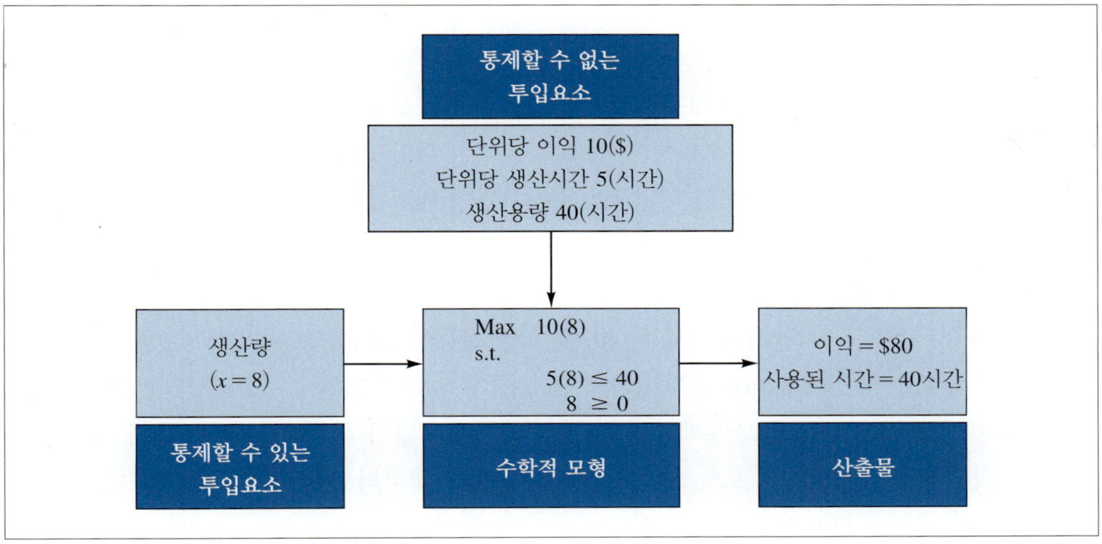

그림 1.5 생산 모형의 순서도

있는 투입요소가 될 것이므로 모형에서 의사결정 변수가 될 수 있다.

통제할 수 없는 투입요소는 정확하게 알려지거나 불확실할 수 있으며, 변화에 영향을 받을 수 있다. 만약 모형에서 통제할 수 없는 투입요소가 알려져 있고 변할 수 없다면, 해당 모형을 **확정적 모형**(deterministic model)이라 부른다. 법인 소득세율은 관리자에 의해 영향받지 않으므로 많은 의사결정 모형에서 통제할 수 없는 투입요소로 여겨진다. 이러한 비율은 (적어도 짧은 기간 동안) 알려져 있고 고정되어 있으므로 통제할 수 없는 투입요소로서 법인 소득세율이 유일하다면 해당 수학적 모형은 확정적 모형이 된다. 확정적 모형의 특징은 사전에 통제할 수 없는 투입요소의 값이 알려져 있다는 것이다.

만약 통제할 수 없는 투입요소가 의사결정자에게 불확실하다면, 해당 모형을 **확률적 모형**(stochastic or probabilistic model)이라 부른다. 많은 생산계획 모형의 경우, 통제할 수 없는 투입요소는 제품의 수요이다. 미래 수요에 대해서 특정 값들의 범위로서 불확실성을 수반한다면 해당 수학적 모형은 확률적 모형이라 부른다. 생산 모형에서, 제품 단위당 요구되는 생산시간의 조업시간, 총가용시간, 한 단위의 이익은 모두 통제할 수 없는 투입요소였다. 통제할 수 없는 투입요소가 모두 고정된 값으로 알려져 있으므로 모형은 확정적이었다. 그러나 만약 원재료의 품질에 따라 단위당 생산시간의 조업시간이 3시간에서 6시간까지 가변적이라면, 해당 모형은 확률적 모형이 된다. 확률적 모형의 구분되는 특징은 통제할 수 있는 투입요소의 값이 알려져 있음에도 통제할 수 없는 투입요소들의 구체적인 값이 알려지지 않으므로 산출물의 값을 결정할 수 없다는 것이다. 이러한 면에서, 확률적 모형의 분석은 보통 확정적 모형보다 더 까다롭다.

데이터 준비

문제의 정량적 분석에서 또 하나의 필요한 절차는 모형에서 요구되는 데이터의 준비이다. 여기에서 데이터는 모형에서 통제할 수 없는 투입요소들의 값이다. 모형을 분석하고 문제에 대해 의사결정이나 해결책을 추천하기 전에 모든 통제할 수 없는 투입요소나 데이터는 반드시 명시되어야 한다.

앞서 언급한 생산 모형에서 통제할 수 없는 투입요소나 데이터의 값들은 단위당 $10 이익, 단위당 5시간의 생산시간, 40시간의 생산용량이었다. 모형 개발에 있어서, 모형이 개발되는 과정에서 이러한 데이터 값은 알려져 있었고 모형에 포함되었다. 만약 모형이 비교적 작은 규모이고, 통제할 수 없는 투입요소의 값이나 요구되는 데이터가 거의 없다면, 정량적 분석가는 모형 개발과 데이터 준비를 하나의 절차로 통합할 것이다. 이러한 상황에서 수학적 모형의 식이 세워질 때 데이터 값이 반영된다.

그러나 대부분의 수학적 모형의 경우, 데이터나 통제할 수 없는 투입요소의 값이 가용적이지 않다. 이 경우, 경영과학자는 단위당 이익, 생산시간, 생산용량 데이터가 모형에서 필요할 것이라는 것을 알지만, 회계, 생산, 엔지니어링 부서가 모여 상의하기 전까지는 해당 값은 알기 어렵다. 모형이 개발되는 과정에서 요구되는 데이터 수집을 시도하기보다는 분석가는 주로 모형 개발과정에 대한 수학적 기호로 일반적인 식으로 표현하고, 그런 다음 모형에서 요구하는 통제할 수 없는 투입요소의 값을 얻기 위해 별도의 데이터 준비 과정을 수행하게 된다.

다음과 같은 일반적인 표기법을 적용하면,

c = 단위당 이익
a = 단위당 생산하는 데 걸리는 시간
b = 시간으로 나타낸 생산용량

생산문제의 모형 개발 과정으로부터 다음과 같은 일반적인 모형을 얻을 수 있다.

$$\begin{aligned} &\text{Max} \quad cx \\ &\text{s.t.} \\ &\qquad\quad ax \le b \\ &\qquad\quad\ \ x \ge 0 \end{aligned}$$

c, a, b의 값들을 알아내는 별도의 데이터 준비 과정은 모형을 완성하는 데 반드시 필요하다.

대다수의 경험이 부족한 정량적 분석가들은 문제가 정의되고 일반적인 모형이 개발되면 근본적으로 문제가 풀린다고 가정한다. 이 경우, 데이터 준비는 해결 과정에서 하찮은 절차이고 사무직 직원에 의해 쉽게 처리될 수 있다고 믿는 경향이 있다. 실제로, 무수히 많은 데이터 투입요소 값을 갖는 대규모 모형이라면 특히 이러한 생각은 옳지 않다. 예를 들어, 50개의 의사결정 변수와 25개의 제약 식을 갖는 소규모의 선형계획 모형은 데이터 준비 절차에서 확인되어야만 하는 1,300개 이상의 데이터 요소를 가질 수 있다. 이러한 데이터를 준비하기 위해 요구되는 시간과 데이터 수집 오류의 가능성으로 인해 데이터 준비 절차가 정량적 분석 과정의 중대한 부분을 차지하게 된다. 흔히 수학적 모형을 뒷받침하기 위해서는 상당히 큰 데이터베이스가 요구되고, 정보시스템 전문가들이 데이터 준비 과정에서 참여하기도 한다.

모형의 해

일단 모형 개발과 데이터 준비 과정이 완료되면 모형의 풀이 단계로 진행할 수 있다. 이 단계에서 분석자는 모형에 대해 '최적의' 산출물을 제공하는 의사결정 변수의 값을 찾는 시도를 할 것이다. '최적의' 산출물을 제공하는 구체적인 의사결정 변수의 값(또는 값들)은 모형에 대한 **최적해**(optimal solution)라 불릴 것이다. 생산문제에 대해, 모형의 풀이 절차는 생산용량 제약을 어기지 않으면서 이익을 최대화하는 생산량의 의사결정 변수 x의 값을 찾는 것을 포함한다.

모형의 풀이 과정에서 사용되는 하나의 절차는 다양한 의사결정 대안을 검토하고 평가하기 위해서 모형이 사용되는 시행착오 접근법을 포함한다. 생산 모형에서, 이 절차는 다양한 생산량 또는 x 값에 대해서 모형을 검토하고 평가하는 것을 의미한다. 그림 1.5에서 검토할 필요가 있는 x 값을 대입하고, 예상되는 이익에 해당하는 결과물과 생산용량의 제약조건을 만족하는지에 대한 검토할 수 있다는 것을 알 수 있다. 만약 특정 의사결정 대안이 모형의 모든 제약조건을 만족시키지 못한다면, 목적함수 값과 관계없이 그 대안은 **실행 불가능**(infeasible)하며 기각된다. 만약 모든 제약이 만족된다면, **실행 가능한**(feasible) 의사결정 대안은 '최적의' 해 또는 추천안의 후보가 된다. 선택된 의사결정 대

표 1.2 그림 1.5에 제시된 생산 모형의 시행착오 접근법

의사결정 대안(생산량) x	예상 이익	생산시간	실행가능해 (사용 시간 ≤ 40)
0	0	0	실행 가능
2	20	10	실행 가능
4	40	20	실행 가능
6	60	30	실행 가능
8	80	40	실행 가능
10	100	50	실행 불가능
12	120	60	실행 불가능

안을 평가하는 데 이러한 시행착오 절차를 통해 의사결정자는 문제에 대해 좋은(또는 가장 좋은) 실행가능해를 찾을 수 있다. 이렇게 얻은 해는 해당 문제에 대한 추천 의사결정안이 될 것이다.

표 1.2는 그림 1.5의 생산 모형을 해결하는 시행착오 접근법의 결과를 보여준다. 가장 높은 예상 이익을 가져다주는 실행가능해가 $x = 8$에서 발생하므로 추천된 결정안은 8개의 수량을 생산하는 것이다.

비록 시행착오 해결 접근법은 보통 관리자들을 위해 가치 있는 정보를 제공할 수 있지만, 최적해를 반드시 제공하는 것은 아니고 많은 의사결정 대안이 검토된다면 수많은 계산이 필요하다는 점에서 비효율적인 문제점이 있다. 그래서 정량적 분석가들은 시행착오 접근법보다는 많은 모형에 대해 훨씬 더 효율적이면서 특별한 해결 절차를 개발해왔다. 이 책 전반에 걸쳐서, 공식화될 특정 수학적 모형에 적용할 수 있는 해법 과정이 소개될 것이다. 상대적으로 작은 모형이나 문제 중 일부는 수작업 계산으로 해결될 수 있지만, 대부분의 실용적인 적용은 컴퓨터를 사용해야 한다.

모형 개발과 모형 풀이 단계가 서로 완벽히 분리되어 있지 않다. 분석자는 정확한 모형을 개발하거나 실제 문제 상황을 표현하는 것과 동시에 모형에 대한 해법을 찾기를 원할 것이다. 만약 가장 정확하고 현실적인 수학적 모형을 찾기 위한 시도로서 모형 개발 절차에 접근한다면, 모형이 너무 크고 복잡해서 해법을 얻기 불가능하다는 것을 깨닫게 될 것이다. 이러한 경우, 제안된 해결책이 단지 최적 결정의 대략적인 근사치라고 하더라도 쉽게 접근 가능한 풀이법으로 풀릴 수 있는 좀 더 단순하고 더욱 쉽게 이해되는 모형이 선호된다. 정량적 해법 절차에 대해서 더 학습할수록, 개발 가능하거나 풀이가 가능한 수학적 모형에는 어떠한 유형이 있는지에 대해서 더 잘 알게 될 것이다.

모형에 대한 해법을 얻은 후, 경영과학자와 관리자 모두 실제로 그 해법이 얼마나 좋은지에 대해서 결정하는 것에 관심이 있을 것이다. 현실을 잘 반영하는 모형을 개발하기

위해 분석자가 의심할 여지 없이 주의를 기울였더라도 모형의 장점이나 정확성은 모형에 대한 해법이 생성되기 전까지는 평가할 수 없다. 모형 검토와 타당성 검증은 보통 해답이 알려져 있거나 최소 예상되는 해답이 있는 작은 규모의 '테스트' 문제를 통해 수행된다. 만약 모형이 예상되는 해법을 생성하고, 그 이외 산출물 정보가 정확하게 나타난다면, 해당 모형을 실제 규모의 문제에 적용하도록 진행한다. 그러나 만약 모형 검토와 타당성 검증에서 모형의 잠재적인 문제나 부정확성을 발견하면, 모형을 수정하거나 더욱 정확한 투입 데이터를 수집하는 것과 같이 모형 수정 작업을 해야 한다. 수정 작업이 무엇이든지, 모형으로부터 나온 해법은 모형 검토와 타당성 검증 절차가 만족스럽게 통과되어야 실제로 사용될 수 있게 된다.

보고서 작성

정량적 분석 과정의 중요한 부분은 모형의 해법에 기초한 경영 보고서의 준비이다. 그림 1.3에서 문제의 정량적 분석에 기초한 해법은 최종 의사결정을 내리기 전에 관리자가 고려하는 투입요소 중 하나라는 것을 살펴보았다. 그래서 모형으로부터 나온 결과물은 반드시 의사결정자가 쉽게 이해할 수 있게 경영 보고서에 제시되어야 한다. 보고서는 추천되는 의사결정과 의사결정자에게 도움이 될 만한 결과물에 대해 적절한 정보를 포함한다.

실행과 관련된 참고사항

1.2절에서 논의한 것처럼, 관리자는 최적의 의사결정을 내리기 위해서 정량적 해법을 정성적 고려사항과 통합할 책임이 있다. 의사결정 과정이 완료된 후, 관리자는 모형의 실행과 의사결정에 따른 후속 평가를 감독해야 한다. 관리자는 실행과 후속 평가 과정에서 모형의 기여도에 대해서 지속적으로 모니터링해야 한다. 때로는 이런 과정이 모형 확장이나 정교화를 필요로 할 수 있으며, 이로 인해 경영과학자가 정량적 분석 과정의 초기 단계로 되돌아가야 할 수도 있다.

결과의 성공적인 실행은 경영과학자뿐만 아니라 관리자에게도 매우 중요하다. 만약 정량적 분석 과정의 결과가 올바르게 수행되지 않는다면, 전체 노력은 가치가 없게 된다. 성공적이지 못한 실행이 많이 발생한다면 결국 경영과학자가 해당 업무에서 떠날 수밖에 없게 될 것이다. 실행 과정에서는 흔히 업무 관련자들이 각자의 업무를 다르게 수행하도록 요구하기 때문에 자주 반대에 부딪히게 된다. 업무 관련자들은 '우리가 지금까지 수행해왔던 방법에 무슨 잘못이 있는가?' 등을 알고 싶어 한다. 성공적인 실행을 보장하기 위한 가장 효율적인 방법 중 하나는 모형화 과정 중에 사용자들을 참여시키는 것이다. 문제를 확인하고 해법을 개발하는 과정에서 일조를 담당한다고 느낀 사용자는 열정적으로 결

경영과학의 실행 헤라클레스 제너럴 시멘트 회사의 정량적 분석과 공급사슬 관리*

1911년에 설립된 헤라클레스 제너럴 시멘트(Heracles General Cement) 회사는 그리스의 최대 시멘트 생산업체이다. 이 회사는 에보이아 지방에 있는 시멘트 공장 세 곳을 운영하는데, 각각 볼로스, 홀키스, 밀라키 지역에 있다. 헤라클레스의 연간 시멘트 생산용량은 960만 톤으로, 회사는 석회석, 점토, 편암을 공급하는 열 군데의 채석장을 관리한다. 채석장 중 일곱 군데는 시멘트 공장 주변에 있고, 나머지 세 군데는 헤라클레스 계열사인 라바(LAVA)에서 관리한다. 이 회사는 또한 그리스 전역에 걸쳐 있는 6개의 물류센터를 운영 및 유지하는데, 이들 물류센터는 매년 국내 시멘트 판매의 250만 톤을 취급하며, 이 물량은 그리스 국내 판매의 40% 이상을 차지한다.

헤라클레스는 고객들에게 그들의 제품을 배송하는 과정에서 물류 업무와 관련된 다양한 도전에 직면해 있다. 결과적으로, 2005년에 이 회사는 수리계획법을 이용한 공급사슬 최적화 및 계획(Supply Chain Optimization and Planning, SCOP)에 대한 플랫폼을 개발함으로써 회사의 공급사슬의 효율성을 개선하기로 결정했다. SCOP 개발에서 헤라클레스의 목표는 (1) 생산계획, 재고관리 및 운송 정책을 동기화함으로써 회사의 공급사슬 운영을 통해 의사결정 과정의 효율성을 개선시키고, (2) 공급사슬 운영과 관련한 계획 및 예산 수립의 핵심 비즈니스 프로세스를 통합하고, (3) 전역 최적화를 통해 전 조직에 걸쳐 비용 절감을 달성하는 것이었다.

SCOP는 매우 성공적이었다. SCOP의 개발과 실행을 통해 회사의 세 가지 초기 목표를 성취함은 물론이고 이 플랫폼은 헤라클레스에 방침의 최적안 수정과 수요와 비용 변동에 대응하는 지침을 제공한다. SCOP의 영향과 성공은 개선된 내부 통합, 비용 감소, 운영 효율의 상승, 고객 만족도 증가로 바뀌었다.

*출처 G. Dikos and S. Spyropoulou, "SCOP in Heracles General Cement Company," *Interfaces* 43, no. 4 (July/August 2013): 297-312.

과를 수행할 가능성이 훨씬 커진다. 경영과학 프로젝트의 결과 수행에 대한 성공률은 사용자 참여도가 높을 때 더 높아진다. '경영과학의 실행' 사례의 '헤라클레스 제너럴 시멘트 회사의 정량적 분석과 공급사슬 관리'에서는 공급사슬의 운영을 최적화하기 위한 경영과학 기법의 사용에 대해서 살펴볼 것이다.

유의사항

1. 컴퓨터 기술의 발달은 의사결정자에게 경영과학 기법의 가용성을 증가시켜왔다. 요즘은 많은 소프트웨어 패키지가 개인용 컴퓨터에서 이용된다. 마이크로소프트 엑셀(Microsoft Excel)은 경영과학 수업 및 산업계에서 널리 사용되고 있다.
2. 각 장에 수록된 다양한 부록은 이 책의 문제를 해결하기 위해 엑셀 활용에 대한 단계적인 지침을 제공한다. 마이크로소프트 엑셀은 비즈니스와 산업계에서 분석적 모델링 소프트웨어로 가장 많이 사용되고 있다. 이 책의 마지막에 수록된 부록 A의 '스프레드시트 모형 구축' 부분을 읽어보길 권한다.

1.4 비용, 수익, 이익의 모형

비즈니스와 경제 응용 분야에서 나오는 가장 기본적인 정량적 모형 중 일부는 생산량 또는 판매량과 같은 수량 변수와 비용, 수익, 이익 간의 관계를 다루는 모형이다. 이러한 모형을 이용하여 관리자는 수립된 생산량 또는 예상 판매량과 연관된 예상 비용, 수익 및 이익을 결정할 수 있다. 재무계획, 생산계획, 판매 할당량 및 기타 의사결정에서는 이러한 비용, 수익, 이익 모형이 유용할 수 있다.

비용과 수량 모형

제품의 제조 또는 생산의 비용은 생산되는 수량의 함수이다. 이 비용은 대개 고정비와 변동비라는 두 가지 비용의 합으로 정의될 수 있다. **고정비**(fixed cost)는 생산량에 영향을 받지 않는 총비용의 일부로, 이 비용은 얼마나 많은 수량이 생산되든 동일하다. 반면, **변동비**(variable cost)는 총비용의 일부로, 생산량에 영향을 받아서 변동하는 부분이다. 비용과 생산량 모형이 어떻게 개발될 수 있는지를 설명하기 위해서, 우리는 놀린 플라스틱(Nowlin Plastics)이 직면한 제조문제를 살펴보겠다.

놀린 플라스틱은 휴대폰 커버 제품군을 생산한다. 놀린에서 가장 잘 팔리는 커버는 Viper 모델로, 이 제품은 얇지만 내구성이 매우 좋은 검은색과 회색의 플라스틱 커버이다. 여러 제품이 동일한 생산 라인에서 생산되고, 새로운 제품으로 전환될 때마다 준비비가 발생한다. Viper의 준비비는 $3,000라고 가정하자. 이 준비비는 최종적으로 생산되는 제품의 단위 수와 관계없이 발생되는 고정비다. 또한, 인건비 및 재료비는 변동비로, 단위당 $2라고 가정하자. Viper를 x개 생산하는 데 대한 비용–생산량 모형은 다음과 같이 작성할 수 있다.

$$C(x) = 3000 + 2x \tag{1.3}$$

여기서

$$x = \text{제품 단위의 생산량}$$
$$C(x) = \text{생산하는 } x \text{ 단위의 총비용}$$

생산량이 결정되면, 식 (1.3)의 모형을 사용하여 총생산비용을 계산할 수 있다. 예를 들어, $x = 1{,}200$을 생산하려는 결정은 $C(1{,}200) = 3{,}000 + 2(1{,}200) = \$5{,}400$의 총비용의 결과를 낸다.

한계비용(marginal cost)은 생산량에 대한 총비용의 변화율로 정의된다. 즉, 생산량의 한 단위 증가와 관련된 비용 증가를 의미한다. 식 (1.3)의 비용 모형에서 총비용 $C(x)$는 매 단위의 생산량이 증가함에 따라 $2씩 증가함을 알 수 있다. 따라서 한계비용은 $2이다. 더욱 복잡한 총비용 모형에서 한계비용은 생산량에 따라 다를 수 있다. 이러한 경우에는 한계비용이 생산량 x에 따라 증가하거나 감소할 수 있다.

수익과 수량 모형

놀린 플라스틱의 경영진은 또한 특정 단위 수를 판매하는 데 연관된 예상 수익에 대한 정보를 필요로 한다. 따라서 수익과 생산량 간의 관계의 모형도 필요하다. Viper 커버 한 개에 $5에 판매된다고 가정하자. 총수익에 대한 모형은 다음과 같이 작성할 수 있다.

$$R(x) = 5x \tag{1.4}$$

여기서

$$x = \text{판매량(단위)}$$
$$R(x) = x \text{ 단위를 판매하는 데 연관된 총수익}$$

한계수익(marginal revenue)은 판매량에 대한 총수익의 변화율로 정의된다. 즉, 판매량이 한 단위 증가로 인한 총수익 증가를 의미한다. 식 (1.4)의 모형에서 한계수익은 $5임을 알 수 있다. 이 경우, 한계수익은 일정하고 판매량과 상관없이 일정하다. 더욱 복잡한 모형에서 한계수익은 판매량 x가 증가함에 따라 한계수익이 증가하거나 감소할 수 있다.

이익과 수량 모형

경영 의사결정의 가장 중요한 기준 중 하나는 이익이다. 관리자들은 그들의 결정이 이익에 미치는 영향을 이해해야 한다. 만약 판매할 수 있는 것만큼만 생산할 것이라고 가정하면, 생산량과 판매량은 같을 것이다. 식 (1.3)과 식 (1.4)를 결합하여 명시된 생산–판매량에 연관된 총이익을 결정하는 이익–생산량 모형을 개발할 수 있다. 총이익은 $P(x)$로 표시되며, 총수익에서 총비용을 뺀 값이다. 따라서 다음 모형은 x 단위를 생산하고 판매하는 데 연관된 총이익을 제공한다.

$$\begin{aligned} P(x) &= R(x) - C(x) \\ &= 5x - (3000 + 2x) = -3000 + 3x \end{aligned} \tag{1.5}$$

그래서 이익–생산량 모형은 수익–생산량과 비용–생산량 모형으로부터 유도될 수 있다.

손익분기점 분석

식 (1.5)를 이용하여 이제 생산량 x와 관련한 총이익을 결정할 수 있다. 예를 들어, 어떤 제품 500개가 판매될 수 있다고 수요가 예측되었다고 가정하자. 해당 제품 500개를 생산 및 판매하는 결정에 대한 예상 이익은 다음과 같다.

$$P(500) = -3000 + 3(500) = -1500$$

다시 말해서, \$1,500의 손실이 예상된다. 만약 판매량이 500개로 예상된다면, 관리자는 제품 생산에 반대할 것이다. 그러나 1,800개의 수요가 예측되면 예상되는 이익은 다음과 같다.

$$P(1800) = -3000 + 3(1800) = 2400$$

이 이익은 제품의 생산과 판매를 진행하는 데 충분할 수 있다.

500개의 단위 생산은 손실을 낳는 반면, 1,800개의 단위 생산은 이익을 제공한다. 총수익과 총비용이 같아지는(이익이 \$0이 되는) 생산량을 **손익분기점**(breakeven point)이라고 한다. 만약 손익분기점을 알고 있다면, 관리자는 손익분기점을 넘는 생산량은 이익을 나타낼 것이고, 손익분기점 미만의 생산량은 손실을 나타낼 것임을 빠르게 추론할 수 있다. 따라서 제품에 대한 손익분기점은 제품의 생산 여부를 결정하는데 '예/아니요'의 결정을 내려야만 하는 관리자에게 중요한 정보를 제공한다.

이제 놀린 플라스틱 예제로 되돌아가서 식 (1.5)의 총이익 모형이 손익분기점을 계산하기 위해서 어떻게 사용될 수 있는지 살펴보자. 손익분기점은 총이익 표현식을 0과 같다고 설정하고 생산량에 대해 풀이함으로써 찾을 수 있다. 식 (1.5)를 이용하면, 다음과 같은 결과를 얻게 된다.

$$\begin{aligned} P(x) = -3000 + 3x &= 0 \\ 3x &= 3000 \\ x &= 1000 \end{aligned}$$

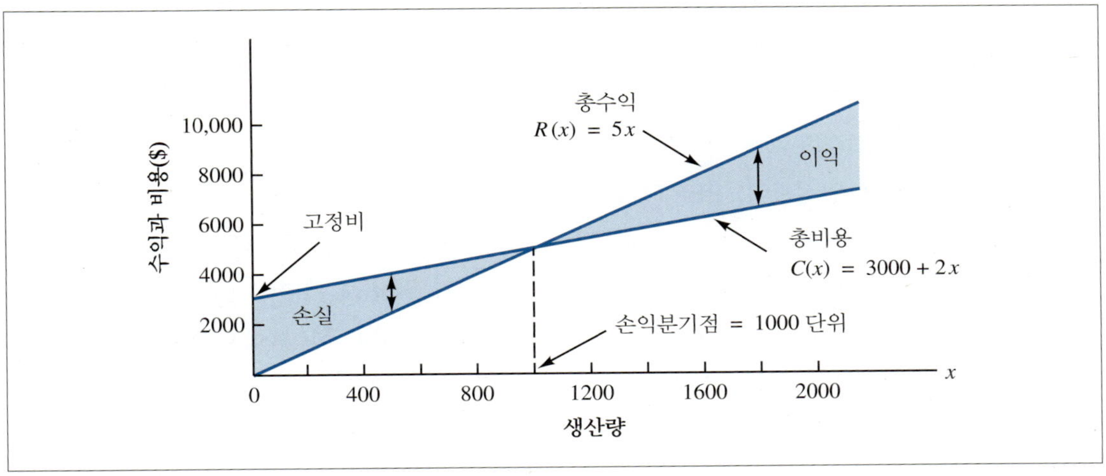

그림 1.6 놀린 플라스틱의 손익분기점 분석

이 정보를 통해, 이익을 기대하기 전에 우리는 제품의 생산과 판매는 반드시 1,000개 단위를 넘어야 한다는 것을 알 수 있다. 총비용 모형, 총수익 모형, 손익분기점의 위치에 대한 그래프가 그림 1.6에 제시되어 있다. 이 장 뒤의 부록에서는 놀린 플라스틱 생산 예제에 대해서 손익분기점 분석을 수행하기 위해서 어떻게 엑셀이 이용될 수 있는지를 보여준다.

1.5 경영과학 기법

이 절에서는 이 책에서 다루는 경영과학 기법들의 간단한 개요를 보여준다. 여러 해에 걸쳐서 실무자들은 다음과 같은 기법에 대한 다양한 응용 분야를 발견해 왔다.

- **선형계획법**(linear programming) 선형계획법은 선형 제약조건을 충족시키는 범위 내에 선형함수를 최대화 혹은 최소화시키는 상황에 사용되는 문제해결 접근법이다. 1.3절에서 개발된 생산 모형(그림 1.5)은 간단한 선형계획 모형의 한 예이다.
- **정수계획법**(integer linear programming) 정수계획법은 일부 또는 전체 의사결정 변수가 정숫값이라는 추가적인 요구조건을 가진 선형계획 모형으로 설정할 수 있는 문제에 대해 사용하는 기법이다.
- **분배 및 네트워크 모형**(distribution and network model) 네트워크는 아크(arc)라 불리는 선에 의해 상호 연결된 노드(node)로 불리는 원으로 구성된 문제를 도식한 표현이다. 이러한 형태의 문제에 대해 특화된 해결 절차가 존재하며, 공급사슬 설계, 정보시스템 설계, 프로젝트 일정 등과 같은 분야의 문제를 신속하게 해결할 수 있도록 돕는다.
- **비선형계획법**(nonlinear programming) 많은 비즈니스 프로세스는 비선형 방식으로 돌아간다. 예를 들어, 채권 가격은 이자율의 비선형함수이며, 제품에 대한 수요량은 일반적으로 가격의 비선형함수이다. 비선형계획법은 비선형 제약조건하에서 비선형 함수를 최대화 혹은 최소화할 수 있는 기법이다.
- **프로젝트 일정관리: PERT/CPM** 많은 경우, 관리자는 다양한 부서, 개인 등에 의해 수행되는 다수의 분리된 작업 또는 업무로 이루어진 프로젝트의 계획 수립, 일정관리 및 통제에 대한 책임이 있다. 프로그램 평가 및 검토 기법(Program Evaluation and Review Technique, PERT)과 주 경로 기법(Critical Path Method, CPM)은 관리자들이 프로젝트를 일정 관련 업무를 수행하는 데 도움을 준다.
- **재고모형**(inventory model) 재고모형은 상품에 대한 수요를 충족시키기 위해 충분한 재고를 유지하고 동시에 가능한 최소의 재고유지비용을 낳도록 하는 이중 문제를 풀어야 하는 관리자들이 이용한다.

- **대기행렬 또는 대기이론 모형**(waiting-line or queueing model) 대기행렬 또는 대기이론 모형은 관리자가 대기행렬을 포함하는 시스템의 운영과 관련하여 이해하고 더 나은 의사결정을 내리는 데 도움을 주기 위해 개발되었다.
- **시뮬레이션**(simulation) 시뮬레이션은 시스템의 운영을 모형화하는 데 사용되는 기법이다. 이 기법은 운영 방법을 모형화하고 시뮬레이션 연산을 수행하는 컴퓨터 프로그램을 이용한다.
- **의사결정 분석**(decision analysis) 의사결정 분석은 여러 개의 결정 대안과 불확실하거나 사건의 위험도가 높은 행태를 보이는 상황에서 최적 전략을 결정하는 데 사용될 수 있다.
- **목표계획법**(goal programming) 목표계획법은 일반적으로 선형계획법의 프레임워크 내에서 다기준 의사결정 문제를 해결하기 위한 기법이다.
- **계층화 분석법**(analytic hierarchy process) 이러한 다기준 의사결정 기법은 추천되는 결정에 이르게 하는 주관적인 요인을 포함시킬 수 있게 한다.

가장 빈번하게 사용되는 방법들

실무자이자 교육자로서 우리의 경험으로 본다면 가장 빈번하게 사용된 경영과학 기법은 선형계획법, 정수계획법, 네트워크 모형(공급사슬 모형 포함) 및 시뮬레이션이다. 산업에 따라 앞서 살펴본 목록에서 다른 기법들이 사용되기도 하였다.

이 책의 초점 중 하나는 관리자와 경영과학자 사이의 간극을 좁히는 데 도움을 주는 것이다. 우리는 경영과학의 활용 방법에 대한 관리자의 이해를 높임으로써 경영과학의 이용에 대한 장벽을 가장 잘 허물 수 있을 것으로 믿는다. 이 책은 어떤 경영과학 기법이 가장 유용하고, 어떻게 그 기법이 사용되며, 어떻게 그 기법이 좀 더 나은 의사결정을 내리는 데 있어서 관리자들을 도울 수 있는지를 이해하는 데 도움을 줄 것이다.

'경영과학의 실행' 사례에서 '일상생활에 미치는 오퍼레이션스 리서치의 영향'에서 정량적 분석이 우리의 일상생활에 어떤 방식으로 영향을 미치는지를 설명한다.

유의사항

INFORMS(The Institute for Operations Research and the Management Sciences)와 DSI(Decision Sciences Institute)는 오퍼레이션스 리서치와 경영과학 기법들의 최근 연구물과 응용을 다루는 저널과 뉴스레터를 발행하는 두 개의 전문 학술 단체이다.

경영과학의 실행 일상생활에서 오퍼레이션스 리서치의 영향*

『보스턴 글로브』의 Virginia Postrel과의 인터뷰에서, 코넬대학교의 오퍼레이션스 리서치 및 산업공학대학의 부책임자인 Mark Eisner는 오퍼레이션스 리서치를 "……누구도 들어본 적이 없던 아마도 가장 중요한 영역일 것이다."라고 언급했다. 그는 더 나아가 오퍼레이션스 리서치는 "……역동적이고 불확실한 상태에서 부족한 자원의 효과적인 이용법이다."라고 정의했다. 교수로서 Eisner의 정의는 일상생활에서 오퍼레이션스 리서치의 효과는 상당하다는 것을 의미한다.

당신이 플로리다로 휴가를 계획하면서 비행편 예약을 위해 Orbitz를 이용한다고 하자. 오퍼레이션스 리서치에 의해 개발된 알고리즘이 수백만 개의 선택 중에서 가장 저렴한 가격을 찾는다. 다른 알고리즘은 항공기 승무원과 이용될 비행기의 일정을 잡고, 또 다른 알고리즘은 탑승권에 대해 당신이 지불해야 하는 가격을 결정할 것이다. 만약 플로리다에서 차량을 대여한다면, 차량에 대해 당신이 지불할 가격은 자동차 대여 회사의 수익을 최대화하려는 수학적 모형에 의해 결정된다. 만약 당신이 여행 중 쇼핑을 하면서 당신이 구매한 상품을 UPS를 이용해서 집으로 배송하려고 결정한다면, 또 다른 알고리즘은 UPS가 상품 운송을 위해 어떤 트럭을 이용하고, 트럭이 붐비는 길을 피하기 위해 따라야 하는 길과 상품의 선적과 하역 시간을 최소화하기 위해 상품을 트럭의 어디에 놓아야 하는지를 알려준다. 당신은 넷플릭스(NetFlix)에 가입한 적이 있는가? 이 기업은 오퍼레이션스 리서치를 이용하여 영화에 대한 순위 평가와 당신의 관심을 끌 것 같은 다른 영화를 추천하기 위해 영화 선택에 대한 당신의 과거 기록을 관리한다. 심지어 정치적 활동에서도 후보자의 선출될 가능성을 최대화하기 위한 방안으로, 어디서 활동을 할지, 어디서 광고를 할지, 그리고 어떻게 활동 자금을 사용할지를 결정하기 위해 오퍼레이션스 리서치를 이용한다.

오퍼레이션스 리서치는 의료서비스에서도 자주 사용된다. 존스 홉킨스 블룸버그 공중보건대학, PSC (Pittsburgh Supercomputing Center), 피츠버그대학교, 캘리포니아대학교 어바인캠퍼스의 연구자들은 지역 의료서비스 생태계 분석가(Regional Healthcare Ecosystem Analyst, RHEA)라는 시뮬레이션 모형화를 위한 프로그램에서 오퍼레이션스 리서치 알고리즘을 이용한다. RHEA는 인접 병원에서 반코마이신 내성장알균(Vancomycin-Resistant Enterococci, VRE)의 발생 정도가 한 병원에서 궁극적으로 얼마나 증가하거나 감소하는지 평가하기 위해 이용된다. VRE는 의료서비스 시설에서 전염을 일으키는 가장 흔한 박테리아 중 하나이므로 RHEA는 VRE의 발생 정도를 줄여 병원의 입원 기간과 치료 비용을 극적으로 줄일 수 있다.

"우리의 연구는 한 지역에서 다른 병원들 사이에 공유하는 환자의 규모가 그러한 병원에서 VRE 집단 발생에 얼마나 많이 영향을 주는지를 실증하고 있다."라고 주요 필자이자 존스 홉킨스 블룸버그 공중보건대학 부속 국제 백신 접근성 센터(International Vaccine Access Center)의 International Health and Director of Operations Research의 조교수인 의학 박사 Bruce Y. Lee가 언급했다. "예를 들어, 병원 간 협조와 공동연구에 대한 장벽 낮추기, 지역 통제 프로그램 개발하기, VRE 통제 캠페인 협조하기, 지역 조사연구가 지역의 VRE 유행에 영향을 줄 수 있다."

*출처 Virginia Postrel, "Operations Everything," *The Boston Globe*, June 27, 2004; "How Superbug Spreads Among Regional Hospitals: A Domino Effect," *Science News*, July 30, 2013; and Bruce Y. Lee, S. Levent Yilmaz, Kim F. Wong, Sarah M. Bartsch, Stephen Eubank, Yeohan Song, et al., "Modeling the Regional Spread and Control of Vancomycin-Resistant Enterococci," *American Journal of Infection Control*, 41, no. 8 (2013): 668–673.

요약

이 책은 경영과학이 어떻게 더 나은 결정을 내리는 데 도움이 될 수 있는지에 대해 살펴본다. 이 책은 의사결정 과정과 그 과정에서 경영과학의 역할에 초점을 맞춘다. 우리는 이 과정의 문제의 방향에 관해 논했고 개략적으로 어떻게 수학적 모형이 이런 유형의 분석에 사용될 수 있는지를 살펴보았다.

모형과 실제 상황(혹은 관리자의 문제) 사이에 차이는 중요한 포인트이다. 수학적 모형은 실제 세상 상황의 추상적 개념이며, 따라서 실제 상황의 모든 측면을 담아낼 수 없다. 그러나 만약 모형이 문제의 주요 관련 측면을 담아낼 수 있어서 해결 대안을 제공할 수 있다면, 그것은 의사결정에 가치 있는 도움이 될 수 있다.

우리가 이 책을 통해서 점점 더 분명해질 경영과학의 특징 중 하나는 문제에 대한 최적의 해결책을 찾는 것이다. 정량적 분석을 수행함에 있어서 우리는 '최선' 또는 '최적'의 해를 찾기 위한 절차를 개발하려고 노력할 것이다.

주요 용어

- **결정**(decision) 선택된 대안.
- **고정비**(fixed cost) 생산량에 영향을 받지 않는 총비용의 일부. 이 비용은 얼마나 많이 생산하든지 같은 값을 유지한다.
- **다기준 의사결정 문제**(multicriteria decision problem) 둘 이상의 기준을 포함한 문제. 목적은 모든 기준을 고려하여 '최적의' 해결책을 찾는 것이다.
- **단일기준 의사결정 문제**(single-criterion decision problem) 단 하나의 기준에 대하여 '최적의' 해결책을 찾는 목적을 가진 문제.
- **모형**(model) 실제 대상이나 상황의 표현.
- **목적함수**(objective function) 문제의 목적을 기술한 수학적 표현법.
- **문제해결**(problem solving) 일의 실제 상태와 바라는 상태 간의 차이를 확인하고 나서 차이를 해결하려는 활동을 취하는 과정.
- **변동비**(variable cost) 생산량에 따라 변하는 총비용의 일부.
- **상징적 모형**(iconic model) 실제 사물의 물리적인 복제 또는 표현.
- **손익분기점**(breakeven point) 총수익과 총비용이 같아지는 생산량.
- **수학적 모형**(mathematical model) 실제 상황을 표현하기 위해 이용된 수학적 부호와 표현법.
- **실행가능해**(feasible solution) 모든 제약을 만족하는 결정 대안이나 해결책.
- **실행불가능해**(infeasible solution) 모든 제약을 만족시키지 못하는 결정 대안이나 해결책.
- **유사 모형**(analog model) 물리적 형태이지만, 물리적 외형이 모형화된 실물과 같지 않은 모형.
- **의사결정 변수**(decision variable) 통제할 수 있는 투입요소의 다른 용어.

- **의사결정(decision making)** 문제를 정의하고, 대안을 찾고, 기준을 결정하고, 대안을 평가하여 대안을 선택하는 과정.
- **제약조건(constraints)** 문제에 부여되는 제한이나 제약.
- **최적해(optimal solution)** 모형에 대해 '최적의' 산출물을 제공하는 구체적인 의사결정 변수 값 또는 값들.
- **통제할 수 없는 투입요소(uncontrollable inputs)** 의사결정자에 의해 통제될 수 없는 환경적 요소나 투입요소.
- **통제할 수 있는 투입요소(controllable inputs)** 의사결정자에 의해 통제되거나 결정되는 투입요소.
- **한계비용(marginal cost)** 생산량에 대한 총비용의 변화율.
- **한계수익(marginal revenue)** 생산량에 대한 총수익의 변화율.
- **확률적 모형(stochastic(probabilistic) model)** 적어도 하나의 통제할 수 없는 투입요소가 불확실하고 변동될 수 있는 모형.
- **확정적 모형(deterministic model)** 모든 통제할 수 없는 투입요소가 알려져 있고 변하지 않는 모형.

연습문제

1. **정의** 경영과학과 오퍼레이션스 리서치를 정의하라.

2. **의사결정 과정** 의사결정 과정의 과정을 열거하고 논하라.

3. **의사결정에 대한 정성적, 정량적 접근법의 역할** 경영적 의사결정에 대해 정성적 접근법과 정량적 접근법에 의한 다른 역할에 대해 논하라. 관리자들이나 의사결정자에게 의사결정을 위한 이러한 접근법 모두를 잘 이해하는 것은 왜 중요한가?

4. **생산계획** 한 기업이 50개 이상의 다른 생산 라인과 기계를 이용하여 500개 이상의 다른 제품을 생산할 새로운 공장을 막 완성했다. 만약 고객의 수요가 제때에 충족되지 않는다면 매출을 잃게 될 것이므로 생산계획 결정은 중요하다. 만약 이 기업에 이러한 생산 운영에 대한 경험이 있는 사람이 없고 새로운 생산계획이 반드시 매주 생성되어야 한다면, 이 기업은 생산계획 문제에 대해 왜 정량적 접근법을 고려해야만 하는가?

5. **모형의 이점** 실제 사물이나 상황에 반해 모형을 갖고 분석하고 실험하면 어떤 이점이 있는가?

6. **모형 중 선택** 관리자가 주어진 상황에 대해 다음 (a), (b)와 같은 두 개의 수학적

모형에서 하나를 선택한다고 가정하자. (a) 실제 상황을 타당하게 근사화한 비교적 간단한 모형과 (b) 가능한 실제 상황을 가장 정확하게 수학적으로 표현한 철저하고 복잡한 모형. 왜 관리자는 (a)에서 서술한 모형을 더 선호하는가?

7. **연료비용의 모형화** 당신은 d마일 떨어진 어떤 도시로 주말여행을 갈 예정이라고 하자. 당신의 왕복 여행을 위한 휘발유 비용을 결정하는 모형을 만들어보라. 이 모형을 확정적 모형으로 다루기 위해서는 어떤 가정이나 근사화가 필요한가? 당신은 그러한 가정이나 근사화를 받아들일 수 있는가?

8. **생산 모형에 두 번째 제품 추가** 1.3절의 생산 모형을 상기하라.

$$\begin{aligned} &\text{Max} \quad 10x \\ &\text{s.t.} \\ &\qquad 5x \le 40 \\ &\qquad x \ge 0 \end{aligned}$$

이 예제에서 기업이 단위당 이익은 \$5이고 각 단위를 생산하기 위해 2시간의 생산시간이 필요한 두 번째 제품을 고려하고 있다고 하자. y를 두 번째 제품을 생산하는 수량으로 이용하라.

a. 두 제품이 동시에 고려될 때 수학적 모형을 제시하라.
b. 이 모형에서 통제할 수 있는 투입요소와 통제할 수 없는 투입요소를 식별하라.
c. 이 모형에 대해 투입–산출 과정의 순서도를 그려보라(그림 1.5).
d. x와 y의 최적해는 무엇인가?
e. 문제 (a)에서 제시한 모형은 확정적 모형인가, 아니면 확률적 모형인가? 설명하라.

9. **확률적 생산 모형** 다음과 같은 수학적 모형을 얻기 위해 1.3절의 생산 모형을 수정하고 있다고 하자.

$$\begin{aligned} &\text{Max} \quad 10x \\ &\text{s.t.} \\ &\qquad ax \le 40 \\ &\qquad x \ge 0 \end{aligned}$$

여기서 a는 한 단위를 생산하기 위해 필요한 생산시간이라고 하자. $a = 5$라면, 최적해는 $x = 8$이다. 만약 단위당 필요한 시간에 대해 가능한 값으로 $a = 3$, $a = 4$, $a = 5$, 또는 $a = 6$인 확률적 모형이 있다고 하면, x에 대한 최적해는 얼마인가? 이러한 확률적 모형이 야기하는 문제는 무엇인가?

10. **배송의 모형화** 아이오와주의 디모인에 있는 소매점은 캔자스시티와 미니애폴리스

로부터 특정 제품을 배송받는다.

x = 캔자스시티로부터 받는 제품 단위의 수량

y = 미니애폴리스로부터 받는 제품 단위의 수량

a. 디모인에 있는 소매점이 받는 제품 단위의 총수량에 대해 표현하라.

b. 캔자스시티로부터 배송되는 비용은 단위당 $0.20이고 미니애폴리스로부터 배송되는 비용은 단위당 $0.25이다. 디모인에 배송되는 총비용을 표현하는 목적함수를 만들어보라.

c. 소매점의 월별 수요는 5,000단위라고 가정할 때, 디모인으로 5,000단위가 배송해야 하는 제약식을 만들어보라.

d. 한 달에 캔자스시티로부터 4,000개 이상 배송될 수 없으며, 미니애폴리스로부터 3,000개 이상 배송될 수 없다. 이 상황을 모형화하는 제약식을 작성하라.

e. 물론, 음수의 수량이 배송될 수 없다. 수립한 목적함수와 제약식을 결합하여 디모인 소매점의 수요를 최소의 비용으로 만족시키기 위한 수학적 모형을 제시하라.

11. 가격의 함수로서 수요를 모형화하기 대부분의 제품에 대해 더 높은 가격은 수요의 감소를 야기하는 반면, 더 낮은 가격은 수요의 증가를 야기한다.

d = 어떤 제품 단위에 대한 연간 수요

p = 단위당 가격

한 기업이 현실적으로 다음과 같은 가격–수요 관계를 받아들였다고 하자.

$$d = 800 - 10p$$

여기서 p는 반드시 $20와 $70 사이 값이어야 한다.

a. 단위당 가격 $20로 이 기업은 얼마나 많이 판매할 수 있는가? 단위당 가격 $70로는 얼마나 많이 판매할 수 있는가?

b. 만약 이 기업이 단위당 가격을 $26에서 $27로, $42에서 $43로, $68에서 $69로 올리면 연간 수요에 어떤 변화가 있을까? 단위당 가격과 제품 단위의 연간 수요 간의 관계에 대해서 무슨 제안을 하겠는가?

c. 연간 수요와 단위당 가격을 곱한 총수익(Total Revenue, TR)에 대한 수학적 모형을 제시하라.

d. 기타 고려사항을 토대로 기업의 경영진은 가격 대안으로 $30, $40, $50만 고려할 것이다. (b)에서 제시한 모형을 이용하여 총수익을 최대화하는 가격 대안을 결정하라.

e. 당신이 추천한 가격에 상응하는 연간 기대 수요와 총수익은 어떻게 되는가?

12. **특별주문 결정 모형화** 오닐(O'Neill) 신발 제조회사는 주문량이 합리적인 이익을 제공할 만큼 충분하다면 특별한 스타일의 신발을 생산할 것이다. 각각의 특별한 스타일의 주문에 대해 회사는 생산 준비를 위해 $2,000의 고정비를 지출한다. 변동비는 한 켤레당 $60이고, 각 켤레는 $80에 판매된다.

a. 생산되는 신발의 켤레 수를 x라고 하자. x켤레의 신발을 생산하는 데 드는 총비용에 대해 수학적 모형을 만들어보라.

b. P를 총이익을 나타낸다고 하자. x켤레의 신발 주문에서 실현된 총이익에 대해 수학적 모형을 만들어보라.

c. 오닐이 손익분기점에 도달하기 위해 신발 주문은 얼마나 되어야 하는가?

13. **훈련 세미나의 손익분기점** 마이크로미디어사(Micromedia)는 다양한 주제를 다루는 컴퓨터 훈련 세미나를 제공한다. 세미나에서 각 학생은 개인용 컴퓨터를 통해 강사가 진행하는 특정 훈련 과정을 연습한다. 마이크로미디어사는 마이크로소프트 엑셀을 이용한 통계 분석에 관해 2일간의 세미나를 계획하고 있다. 세미나의 예상되는 수강료는 학생당 $600이다. 회의실, 강사 보수, 실험실 조교, 홍보 비용은 $9,600이다. 마이크로미디어사는 세미나를 위해 하루에 컴퓨터당 $120의 비용으로 컴퓨터를 대여한다.

a. 세미나 개최를 위한 총비용에 대해 모형을 만들어보라. 세미나에 등록한 학생들의 수를 x라고 하자.

b. 만약 세미나에 x명의 학생이 등록할 경우 총이익에 대한 모형을 만들어보라.

c. 마이크로미디어사는 세미나에 30명의 학생이 등록할 것으로 예상하고 있다. 만약 예측이 정확하다면 얼마의 이익이 발생하는가?

d. 손익분기점을 계산하라.

14. **교재의 손익분기점** 이스트먼(Eastman) 출판사는 비즈니스용 스프레드시트 응용을 주제로 한 종이 표지의 교재 출판을 고려 중이다. 원고 준비, 교재 디자인, 생산 준비를 위한 고정비는 $160,000로 추정된다. 생산 및 재료비의 변동비는 한 권당 $6로 추정된다. 출판사는 교재를 대학 구내서점을 통해 한 권당 $46에 판매할 계획이다.

a. 손익분기점은 얼마인가?

b. 교과서 3,800권의 수요가 예상되는데, 얼마만큼의 이익 또는 손실이 예상되는가?

c. 교과서 3,800권의 수요로, 출판사가 손익분기에 도달하기 위해 최소 얼마의 가격을 부과해야 하는가?

d. 만약 출판사가 한 권당 가격을 $46에서 $50.95로 올리더라도 3,800권의 예상 수요에 영향을 미치지 않는다고 가정하자. 이 경우에 출판사는 얼마만큼의 이익 또는 손실이 예상되는가?

15. 경기장 최고급 관람 구역의 손익분기점 한 메이저리그 야구팀의 새 경기장 건설을 위한 예비 계획이 시작되어 진행 중이다. 시 공무원은 경기장의 상단부에 계획하고 있는 최고급의 독립된 관람 구역의 수와 수익성에 대해 의문을 제기했다. 기업이나 선별된 개인은 이 관람 구역을 구역당 $300,000에 구매할 수 있다. 상단부 관람 구역을 위한 고정 건설 비용은 $4,500,000로 추정되고, 개별 구역을 건설하기 위한 변동비는 $150,000로 추정된다.

a. 새 경기장의 최고급 관람 구역의 수에 대한 손익분기점은 어떻게 되는가?

b. 경기장의 예비 도면에서는 50개의 관람 공간 건설이 가능할 것으로 나타났다. 기획자는 만일 이 관람 공간이 건설되면 구매자가 이용할 수 있고 50개 모두를 판매할 수 있음을 내비쳤다. 최고급 관람 공간의 건설에 대해 당신은 어떤 권고를 할 것인가? 예상되는 이익은 얼마나 되는가?

사례 문제 : 청소년축구 리그의 일정 계획 수립

분(Boone) 카운티 여가부서의 팀장인 Caridad Suárez는 내일 오후 4시에 시즌이 시작되는 청소년 축구 리그의 경기 일정을 계획해야만 한다. 18개 팀이 이 리그에 참가 신청을 했고, 각 팀은 17주의 시즌 동안 다른 모든 팀과 경기를 해야 한다(각 팀은 주당 한 경기를 하게 된다). Caridad는 일정 계획 수립이 꽤 쉬울 것이라 생각했지만, 몇 시간 동안 작업한 후에도 일정 수립을 하지 못했다. Caridad는 내일 오후까지 일정을 준비해야 하므로 당신에게 도움을 요청했다. 한 가지 발생 가능한 문제점은 한 팀이 시즌 동안 경기를 취소해야 할 수도 있다는 것이다. 이 팀은 Caridad에게 내일 오후 1시까지 이번 시즌에 경기를 할 수 있는지에 대해서 알려줄 것이라고 했다.

경영 보고서

Caridad Suárez를 위해 보고서를 작성하라. 당신의 보고서는 최소한 다음과 같은 내용을 포함해야 한다.

1. 17주 시즌에 걸쳐 18개의 팀이 다른 모든 팀과 경기를 할 수 있도록 하는 일정.
2. Caridad에게 연락한 팀이 시즌 동안 경기를 취소하기로 결정할 경우 사용할 수 있는 비상 일정.

APPENDIX

01 손익분기점 분석을 위한 엑셀 활용

1.4절에서 관리자가 수립된 생산량이나 예측된 판매량과 연관된 예상 비용, 수익, 이익을 결정하는 데 도움을 주기 위해 어떻게 정량적 모형이 사용될 수 있는지 설명하기 위해서 놀린 플라스틱 생산 예제를 소개했다. 이번 부록에서는 놀린 플라스틱 예제의 정량적 분석을 수행하기 위해 마이크로소프트 엑셀의 사용법을 보여줌으로써 스프레드시트의 응용을 소개한다.

그림 1.7에 제시된 워크시트를 참조하라. 워크시트의 윗부분에 문제의 데이터를 입력하면서 시작한다. 셀 B3의 3000이라는 숫자는 고정비이고, 셀 B5의 2라는 숫자는 단위당 변하는 인건비와 재료비이며, 셀 B7의 5라는 숫자는 단위당 판매가격이다. 이 책의 마지막에 수록된 부록 A에서 논의하겠지만, 엑셀을 이용해서 정량적 분석을 수행할 때마

	A	B
1	**Nowlin Plastics**	
2		
3	**Fixed Cost**	3000
4		
5	**Variable Cost Per Unit**	2
6		
7	**Selling Price Per Unit**	5
8		
9		
10	**Model**	
11		
12	**Production Volume**	800
13		
14	**Total Cost**	=B3+B5*B12
15		
16	**Total Revenue**	=B7*B12
17		
18	**Total Profit (Loss)**	=B16-B14

그림 1.7 놀린 플라스틱 예제의 워크시트

다 워크시트의 윗부분에는 문제의 데이터를 입력할 것이고, 모형 작성을 위해 아랫부분은 따로 잡아둘 것이다. 셀 A10의 'Model'이라는 표기는 이 별도의 남겨둔 부분을 시각적으로 기억하는 데 도움을 준다.

워크시트의 모형에서 셀 B12는 제안되는 단위 생산량을 포함하고 있다. 총비용, 총수익, 총이익에 대한 값은 이 의사결정 변수 값에 의해 결정되므로 셀 B12 주변에 테두리를 했고 강조하기 위해 셀에 음영 처리를 했다. 셀 B12에 있는 값에 근거하여 셀 B14, B16, B18 안의 셀 공식은 총비용, 총수익, 총이익(손실)을 각각 계산하는 데 사용된다. 첫째, 총비용 값은 고정비(셀 B3)와 총변동비의 합이라는 것을 기억하라. 총변동비[단위당 변동비(셀 B5)와 생산 규모(셀 B12)의 곱]는 B5*B12로 주어진다. 그래서 총비용 값을 계산하기 위해서 셀 B14에 =B3+B5*B12의 공식을 입력했다. 다음으로, 총수익은 단위당 판매가격(셀 B7)과 생산된 단위의 수(셀 B12)의 곱으로, 셀 B16에 =B7*B12의 공식이 입력되었다. 마지막으로, 총이익(또는 손실)은 총수익(셀 B16)과 총비용(셀 B14)의 차이이다. 그래서 셀 B18에는 공식 =B16−B14가 입력되었다. 그림 1.7에 제시된 워크시트는 이러한 계산을 하기 위해 사용된 공식을 보여준다. 우리는 이것을 공식 워크시트라고 한다.

생산 규모에 대한 특정 값을 선택한 효과를 검토하기 위해서 셀 B12에 800이라는 값을 입력했다. 그림 1.8에 제시된 워크시트는 공식에 의해 얻어진 값을 보여준다. 800단위의 생산 규모는 $4,600의 총비용, $4,000의 총수익, $600의 손실을 초래한다. 다른 생산

	A	B
1	**Nowlin Plastics**	
2		
3	**Fixed Cost**	$3,000
4		
5	**Variable Cost Per Unit**	$2
6		
7	**Selling Price Per Unit**	$5
8		
9		
10	**Model**	
11		
12	**Production Volume**	800
13		
14	**Total Cost**	$4,600
15		
16	**Total Revenue**	$4,000
17		
18	**Total Profit (Loss)**	−$600

그림 1.8 800단위 생산량을 사용한 놀린 플라스틱 예제의 해

규모의 효과를 검토하기 위해서는 셀 B12에 다른 값을 입력하기만 하면 된다. 다른 비용과 판매가격의 효과를 검토하기 위해서는 워크시트의 데이터 부분에 적당한 값들을 입력하기만 하면 된다. 결과는 워크시트의 모형 부분에 표시된다.

1.4절에서는 손익분기점 분석을 설명하였다. 이제 놀린 플라스틱 생산 예제에 대한 손익분기점을 계산하기 위해 엑셀의 Goal Seek 기능을 어떻게 이용할 수 있는지를 살펴보자.

엑셀의 Goal Seek 기능을 이용하여 손익분기점 결정하기

손익분기점은 총수익과 총비용이 같아서 이익이 $0가 되는 생산량이다. 손익분기점을 결정하는 한 방법은 시행착오 접근법을 이용하는 것이다. 예를 들어, 그림 1.8에서 800단위의 시험생산량이 $600의 손실을 초래했다는 것을 보였다. 이 시도의 해결책은 손실을 초래했으므로 800단위의 생산량은 손익분기점이 될 수 없다. 단순히 셀 B12에 다른 값들을 입력하여 셀 B18에서 발생하는 이익이나 손실을 관찰함으로써 다른 생산량으로 실험을 계속할 수 있다. 손익분기점을 결정하기 위한 더 좋은 접근법은 엑셀의 Goal Seek 기능을 이용하는 것이다.

엑셀의 Goal Seek 기능은 사용자가 관련된 산출 셀의 값을 지정된 값(목표 값이라 부름)과 같게 만들기 위해 입력 셀의 값을 결정하도록 해준다. 손익분기점 분석의 경우, '목표'는 생산량에 적절한 값을 '찾음'으로써 총이익을 0으로 정하는 것이다. 다음의 절차는 놀린 플라스틱 예제의 손익분기점을 찾기 위해 Goal Seek 기능을 이용하는 방법을 기술하고 있다.

1단계: Ribbon의 상단부에 있는 **Data** 탭을 선택한다.
2단계: **Forecast** 그룹에서 **What-if Analysis**를 선택한다.
3단계: What-if Analysis에서 **Goal Seek**을 선택한다.
4단계: **Goal Seek** 대화상자가 나타나면,
Set cell 상자에 *B18*을 입력한다.
To value 상자에 *0*을 입력한다.
By changing cell 상자에 *B12*를 입력한다.
OK를 클릭한다.

완성된 Goal Seek 대화상자가 그림 1.9에 표시되며, **OK**를 선택한 후 얻은 워크시트는 그림 1.10에 표시되어 있다. 셀 B18의 총이익은 0이고, 셀 B12의 생산량은 1,000개의 손익분기점으로 설정되었다.

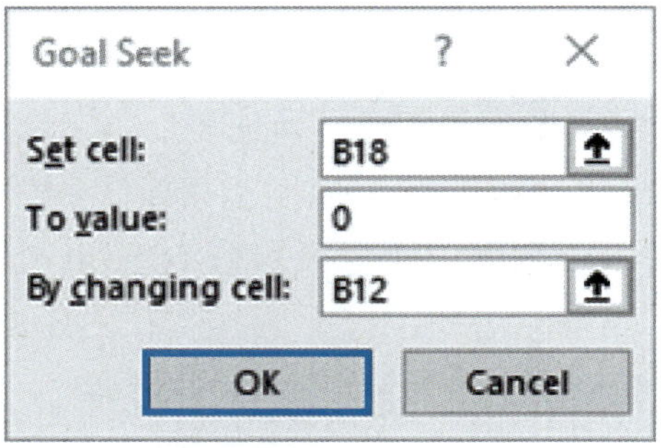

그림 1.9 놀린 플라스틱 예제의 Goal Seek 대화상자

	A	B
1	Nowlin Plastics	
2		
3	Fixed Cost	$3,000
4		
5	Variable Cost Per Unit	$2
6		
7	Selling Price Per Unit	$5
8		
9		
10	Model	
11		
12	Production Volume	1000
13		
14	Total Cost	$5,000
15		
16	Total Revenue	$5,000
17		
18	Total Profit (Loss)	$0

그림 1.10 놀린 플라스틱 예제에 대한 엑셀 Goal Seek 도구를 이용한 손익분기점

CHAPTER 02

선형계획법 소개

학습 목표

이 장을 마치면 아래 내용을 이해할 수 있다.

1. 선형계획 모형에서 목적함수와 제약조건으로 사용되는 수식의 선형관계를 파악한다.
2. 선형계획 모형의 목적함수와 제약조건을 나타내는 그래프를 그리고 제약조건을 만족시키는 해를 파악한다.
3. 선형계획 모형의 그래프로부터 실행가능 영역과 극점을 확인한다.
4. 그래프 해법 절차를 이용하여 선형계획 문제를 해결하고 그 결과를 해석한다.
5. 글로 서술된 내용을 선형계획 모형으로 수식화하고(목적함수, 제약조건) 이해한다.
6. 속박적/비속박적 및 불필요한 제약조건을 식별하고 제약조건의 여유변수/잉여변수 값을 찾는다.
7. 표준형 선형계획 모형을 작성한다.
8. 엑셀 해법으로 선형계획 모형을 수식화하고 엑셀 해 찾기 기능을 이용하여 최적해를 찾는다.
9. 선형계획 문제를 풀 때 발생 가능한 해의 유형을 파악하고 해석한다(유일해, 복수 최적해, 실행불가능 해, 무한해).

선형계획법(linear programming)은 경영자가 의사결정을 하는 데 도움을 주기 위하여 개발된 문제해결 방법이다. 현대의 경쟁적인 비즈니스 환경하에서 많은 분야에 선형계획법이 적용된 예를 찾아볼 수 있다. 예를 들어, IBM사는 반도체 제조 작업에 필요한 생산용량계획(capacity planning) 수행과 생산용량 투자 의사결정을 위하여 GE 캐피털은 최적의 금융 리스(lease) 구조를 결정하기 위해서, 마라톤(Marathon) 정유회사는 석유제품의 혼합문제와 새 파이프라인 또는 터미널의 경제성 평가를 위해서 선형계획법을 활용하고 있다. 다음 페이지에 보이는 '경영과학의 실행'의 '미드웨스트바코사(MeadWestvaco Corporation)의 목재 수확 모형'은 선형계획법을 이용하는 또 다른 적용 사례를 보여주고 있다. 이 장의 뒷부분에서는 IBM사가 반도체 공급 사슬을 운영하는 데 있어 선형계획법과 기타 경영과학 기법을 어떻게 활용하는지를 제시하고 있다.

모든 선형계획 문제가 공통적으로 가지고 있는 특성을 설명하기 위하여 다음과 같은 전형적인 예를 살펴보자.

1. 어떤 제조/생산업자는 미래 고객의 수요를 충족시킬 수 있는 생산 일정과 재고 정책을 결정하고자 한다. 이 생산 일정과 재고 정책은 수요를 충족시키며 동시에 생산 및 재고 비용을 이상적으로 **최소화**시킨다.
2. 어떤 재무 분석가는 여러 가지 증권과 채권을 대상으로 투자 포트폴리오(portfolio)를 선택하고자 한다. 여러 투자 대안에 대하여 분석가는 투자수익을 **최대화**하는 포트폴리오 대안을 선택하고자 한다.
3. 어떤 마케팅 관리자는 고정된 한정된 광고 예산을 광고 매체(예: 라디오, 텔레비전, 신문 및 잡지)에 어떻게 하면 최적으로 할당할 수 있는지를 결정하려고 한다. 이 마케팅 관리자는 광고효과의 효율성을 **최대화**할 수 있는 광고 매체의 조합을 결정하고자 한다.
4. 어떤 회사는 미국 내 여러 지역에 다수의 창고를 가지고 있으며, 고객 수요에 대비하여 각각의 창고에서 각 수요지로의 총수송비용을 **최소화**할 수 있는 제품의 수송량을 결정하고자 한다.

이러한 예는 선형계획법이 성공적으로 적용된 소수의 경우의 예로 선형계획법 적용의 다양성을 보여준다. 위의 예들을 잘 들여다보면 모두 공통적으로 한 가지 기본 특성을 가지고 있음을 알 수 있다. 각각의 예에 대하여 수량의 **최대화** 또는 **최소화**에 대하여 관심을 가지고 있다. 위의 예 1에서 제조 책임자는 제조비용을 최소화하고자 한다. 예 2에서 재무 분석가는 투자수익을 극대화하고자 한다. 예 3의 경우에는 마케팅 관리자는 광고효과를 극대화하고자 한다. 예 4에서 회사는 총운송비용을 최소화하고자 한다. **모든 선형계획 문제에서 어떤 수량의 최대화 또는 최소화가 목적이 된다.**

2015년 미드웨스트바코사는 록텐사(RockTenn Company)와 합병하여 세계 최대의 종이 및 포장 회사 중 하나인 웨스트록사(WestRock Company)를 설립했다.

경영과학의 실행 **미드웨스트바코사의 목재 수확 모형***

미드웨스트바코사는 연간간행물, 책, 상업용 인쇄물, 각종 비즈니스 양식 등을 위한 고급 인쇄용지를 제조하는 주요 생산업체로 펄프와 목재를 만든다. 또한 이 회사는 음료수와 기타 소비재 시장을 위한 디자인, 포장 시스템을 개발한다. 이 회사는 도피 판지(coated board)와 수송 컨테이너를 생산하는 세계적인 기업이다. 계량적인 분석은 의사결정 분석 부서가 담당하며, 개인적인 분석 및 조언뿐만 아니라 계량적 기법에 근거한 분석 도구를 제공함으로써 의사결정자의 의사결정을 지원한다.

미드웨스트바코사는 소유하고 있는 벌목용 산림지의 장기적 관점에서 관리하기 위해서 정량적 수리 모형을 사용한다. 목재 수확 계획은 상당한 시간적 범위를 포함해야 하므로 대규모 선형계획 모형이 사용된다. 모형은 목재시장의 상황, 펄프 공장의 요구사항, 수확(벌목) 능력, 일반적인 산림 경영 원칙을 반영한다. 이러한 제약조건하에서 이 선형계획 모형은 할인율이 고려된 자본 자금의 흐름을 반영하여 최적의 벌목 및 구매 일정을 결정한다. 다른 대안도 고려하며 이는 숲의 성장, 목재의 가용 정도 및 일반적인 경제 상황에 관한 다양한 가정하에서의 변화를 반영한다.

정량적인 방법은 선형계획 모형의 입력 요소의 개발에도 사용된다. 목재 가격과 공급뿐만 아니라 목재 공장의 요구사항은 전 시간 범위에 걸쳐 예측되어야 하며, 고급 샘플링 기술은 소유한 토지를 평가하고 숲의 성장을 전망하는 데 사용된다. 이후의 수확 일정은 정량적인 방법을 통해 개발된다.

*출처 Edward P. Winkofsky 박사에 의하여 제공되었음.

모든 선형계획 문제는 다음과 같은 또 다른 특성을 갖는다. 추구하고자 하는 목적을 제한하는 **제약조건**(restriction 또는 constraint)을 포함한다. 이는 등식 또는 부등식으로 표현되며 의사결정 변수를 실행가능해와 실행불가능해로 구분지어 **실행가능해**(feasible solution)를 제시해 준다. 앞에서 언급한 첫 번째 예에서 제조업자가 만족시켜야 하는 고객 수요와 생산능력의 한계로 인하여 제약조건이 생긴다. 재무 분석가의 포트폴리오 문제는 투자 가능한 자금 및 각 주식이나 채권에 투자할 수 있는 최대 금액의 총량에 의해 제한된다. 마케팅 관리자의 미디어 선택 결정은 고정된 광고 예산과 다양한 매체의 가용성에 의해 제한된다. 최소 비용으로 수송계획을 결정해야 하는 수송문제에서는 각 창고에서 공급 가능한 제품량에 의해 수송계획이 제한된다. 따라서 제약조건은 모든 선형계획 문제의 또 다른 일반적인 특징이다.

2.1 단순 최대화 문제

파(Par) 주식회사는 골프 장비 및 관련 소모품을 제조하는 소기업으로 경영진은 중가와 고가의 골프백을 제조하려는 계획을 가지고 있다. 파 주식회사의 판매/유통업체는 이 새로 생산되는 제품의 판매에 큰 관심을 가지고 있으며, 다음 세 달 동안 파 주식회사가 제조하는 모든 골프백을 구매하기로 하였다. 골프백의 제조과정을 철저히 분석한 후, 파 주

표 2.1 골프백 생산 관련 요구사항

부서	개당 생산시간(단위: 시간)	
	표준형 모델	고급형 모델
재단 및 염색	$^7/_{10}$	1
바느질	$^1/_2$	$^5/_6$
마무리	1	$^2/_3$
검사 및 포장	$^1/_{10}$	$^1/_4$

식회사의 경영진은 모든 골프백의 제조에는 반드시 다음 작업을 포함해야 한다고 결론 내렸다.

1. 원재료의 재단 및 염색
2. 바느질
3. 마무리(우산 주머니, 골프채 분리용 주머니 등의 추가 작업)
4. 검사 및 포장

제조 책임자는 각각의 제조 작업을 분석한 후, 경영진은 다음과 같은 결론을 얻었다. 중가의 표준형 모델을 제조하려면 개당 $^7/_{10}$시간의 재단 및 염색 작업이 필요하며, $^1/_2$시간의 바느질 작업, 1시간의 마무리 작업, $^1/_{10}$시간의 검사 및 포장 작업이 필요하다. 고가의 고급형 모델은 1시간의 재단 및 염색 작업, $^5/_6$시간의 바느질 작업, $^2/_3$시간의 마무리 작업, $^1/_4$시간의 검사 및 포장 작업이 필요하다. 이 제조 작업에 대한 정보는 표 2.1에 정리되어 있다.

파 주식회사의 골프백 생산은 각 작업 부서의 할당된 가용할 수 있는 최대 시간에 의해 제한을 받는다. 부서별 작업량을 검토한 후, 제조 책임자는 다음 세 달 동안의 골프백 생산 작업에 가용할 수 있는 시간을 다음과 같이 예측하였다. 630시간의 재단 및 염색 작업, 600시간의 바느질 작업, 708시간의 마무리 작업, 135시간의 검사 및 포장작업.

단순히 이익이 아닌 공헌이익을 최대화한다는 것을 이해하는 것이 중요하다. 이익을 계산하기 전에 반드시 간접비와 다른 공유비용을 공제해야만 한다.

회계부서는 제조 작업에 대한 정보를 분석하여 모든 관련된 변동비용을 할당하였으며, 표준형 백의 공헌이익[1]은 $10이며, 고급형 백의 공헌이익은 $9라는 결론에 도달하였다. 이제 파 주식회사 문제의 수학적 모형을 고려해보자. 이 문제의 목적은 전체 이익을 최대화하기 위해서 제조해야 하는 표준형 모델의 수와 고급형 모델의 수를 결정하는 것이다.

1 회계학적 관점에서는 공헌이익(profit contribution)은 골프백의 개당 공헌마진(contribution margin)으로 좀 더 정확히 정의할 수 있다. 예를 들면, 다른 간접비와 공유비용은 배분되지 않았다.

문제의 수식화

주어진 **문제의 수식화 또는 모형화**(problem formulation/modeling)는 일반적인 언어로 표현된 문제를 수학적 표현으로 변환하는 과정을 말한다. 문제의 수식화는 고도의 수학적 지식과 경험을 바탕으로 하는 일종의 기술이다. 모든 문제가 나름대로의 특징을 가지고 있다 하더라도 대부분은 공통적인 특징을 가지게 된다. 그 결과적으로 문제의 수식화에 대한 어떤 일반적인 가이드라인은 특히 초보자에게 도움이 된다. 다음으로 파 주식회사 문제의 수학적 모형을 개발함으로써 이러한 일반적인 가이드라인에 대하여 자세히 설명하고자 한다.

문제의 확실한 이해 파 주식회사 문제를 선택한 이유는 선형계획법을 쉽게 이해시킬 수 있기 때문이다. 그러나 좀 더 어려운 문제는 수학적 모형에 포함되어야 하는 것들을 파악하기 위하여 더 많이 생각할 필요가 있다. 이런 경우에는 무엇이 포함되어 있는지를 이해하기 위하여 문제의 서술 부분(problem description)을 재빨리 읽어 이 문제가 무엇인지에 대한 느낌을 얻어야 한다. 이런 사항들을 요약하면 중요한 내용을 파악하는 데 도움이 될 것이다.

목적의 기술 이 문제의 목적은 전체 이익을 최대화하는 것이다.

제약조건의 기술 제조에 필요한 가용시간과 관련된 네 개의 제약조건으로 표준형 백의 생산품 수와 고급형 백의 생산품 수를 제한한다.

- **제약조건 1** 재단 및 염색 작업에 실제로 사용된 작업시간은 이들 작업에 가용할 수 있는 시간보다 적거나 같아야만 한다.
- **제약조건 2** 바느질 작업에 실제로 사용된 작업시간은 이들 작업에 가용할 수 있는 시간보다 적거나 같아야만 한다.
- **제약조건 3** 마무리 작업에 실제로 사용된 작업시간은 이들 작업에 가용할 수 있는 시간보다 적거나 같아야만 한다.
- **제약조건 4** 검사 및 포장 작업에 실제로 사용된 작업시간은 이들 작업에 가용할 수 있는 시간보다 적거나 같아야만 한다.

의사결정 변수의 정의 파 주식회사 문제에서 통제할 수 있는 입력 데이터는 다음과 같다.

(1) 생산되는 표준형 골프백의 수
(2) 생산되는 고급형 골프백의 수

이를 다음과 같이 정의한다.

S = 생산되는 표준형 골프백의 수
D = 생산되는 고급형 골프백의 수

선형계획법의 전문용어로 S와 D를 **의사결정 변수**(decision variable)라 한다.

의사결정 변수를 이용한 목적의 기술 파 주식회사는 다음 두 가지로부터 이익을 얻는다. (1) S개의 표준형 골프백을 제조함으로써 얻는 이익, (2) D개의 고급형 골프백을 제조함으로써 얻는 이익. 만약 파 주식회사 문제에서 표준형 골프백을 개당 \$10의 이익으로 제조한다면 S개의 표준형 골프백을 제조함으로써 얻는 이익은 \$10S가 된다. 또한 고급형 골프백을 개당 \$9의 이익으로 제조한다면 D개의 고급형 골프백을 제조함으로써 얻는 이익은 \$9D가 된다. 따라서 전체 이익은 다음과 같다.

$$\text{전체 이익} = 10S + 9D$$

목적은 의사결정 변수의 함수가 되므로 이를 **목적함수**(objective function)라 부른다. 최대화(maximize)의 약자를 'Max'로 표현하며, 따라서 파 주식회사 문제의 목적은 다음과 같이 표현할 수 있다.

$$\text{Max} \quad 10S + 9D$$

의사결정 변수를 이용한 제약조건의 기술

- **제약조건 1**

(재단 및 염색 작업에 사용되는 작업시간) ≤ (재단 및 염색 작업에 가용할 수 있는 시간)

재단 및 염색 작업시간이 표준형 골프백의 경우, 개당 $^7/_{10}$시간이 필요하므로 S개의 백을 만드는 데 필요한 재단 및 염색 작업시간은 $^7/_{10}S$가 된다. 고급형 골프백은 개당 재단 및 염색 작업시간이 1시간 필요하므로 D개의 백을 만드는 데 필요한 재단 및 염색 작업시간은 $1D$가 된다. 따라서 S개의 표준형 백과 D개의 고급형 백을 만드는 데 필요한 재단 및 염색 총작업시간은 다음과 같다.

$$\text{재단 및 염색 작업에 사용되는 작업시간} = {}^7/_{10}S + 1D$$

제약조건의 좌측의 측정 단위와 우측의 측정 단위는 반드시 일치되어야 한다.

제조 책임자는 재단 및 염색 작업에 가용할 수 있는 최대시간을 630시간으로 판단하므로 이에 따른 제약조건은 다음을 만족해야만 한다.

$$^7/_{10}S + 1D \le 630 \tag{2.1}$$

- **제약조건 2**

(바느질 작업에 사용되는 작업시간) ≤ (바느질 작업에 가용할 수 있는 시간)

표 2.1로부터 표준형 골프백은 개당 바느질 작업이 $^1/_2$시간 필요하며, 고급형 골프백은 개당 바느질 작업에 $^5/_6$시간이 필요하다. 재단 및 염색 작업에 가용할 수 있는 시간은 최대 600시간이므로 제약조건은 다음과 같다.

$$^1/_2 S + {}^5/_6 D \leq 600 \tag{2.2}$$

- **제약조건 3**

(마무리 작업에 사용되는 작업시간) ≤ (마무리 작업에 가용할 수 있는 시간)

표준형 백은 개당 마무리 작업이 1시간 필요하며, 고급형 백은 개당 마무리 작업시간이 $^2/_3$시간 필요하다. 마무리 작업에 가용할 수 있는 시간은 최대 708시간이므로 제약조건은 다음과 같다.

$$1S + {}^2/_3 D \leq 708 \tag{2.3}$$

- **제약조건 4**

(검사 및 포장 작업에 사용되는 작업시간) ≤ (검사 및 포장 작업에 가용할 수 있는 시간)

표준형 백은 개당 $^1/_{10}$시간의 검사 및 포장 작업이 필요하며, 고급형 백은 개당 검사 및 포장 작업에 $^1/_4$시간이 필요하다. 검사 및 포장 작업에 가용할 수 있는 시간은 최대 135시간이므로 제약조건은 다음과 같다.

$$^1/_{10} S + {}^1/_4 D \leq 135 \tag{2.4}$$

지금까지 네 작업부서와 연관된 제약조건의 수학적 표현에 대하여 살펴보았다. 다른 제약조건을 포함해야 하는 것을 잊지는 않았는지 살펴보자. 파 주식회사는 골프백을 음수(−) 개수만큼 제조할 수 있는가? 대답은 '전혀 그렇지 않다'이다. 따라서 S와 D가 음수를 가지는 것을 방지하기 위해서 다음 두 제약조건이 추가적으로 필요하다.

$$S \geq 0,\ D \geq 0 \tag{2.5}$$

이 제약조건들은 의사결정 변수가 음이 되는 것을 방지하며, 따라서 **비음제약조건**(nonnegativity constraint)이라 부른다. 비음제약조건은 모든 선형계획 문제가 공통적으로 가지는 특징으로 식 (2.5)를 다음과 같이 축약된 형태로 표현할 수 있다.

$$S,\ D \geq 0$$

파 주식회사 문제의 수학적 표현

이제 파 주식회사 문제의 **수학적 표현**(mathematical statement) 또는 문제의 수식화가 완성되었다. 위 문제의 목적과 제약조건은 **수학적 모형**(mathematical model)이라 언급되는 일련의 수학적 관계식으로 변환될 수 있다. 파 주식회사 문제의 완성된 수학적 모형은 다음과 같다.

$$
\begin{aligned}
&\text{Max} \quad 10S + 9D \\
&\text{subject to (s.t.)} \\
&\qquad {}^{7}\!/_{10}S + 1D \le 630 \quad \text{재단 및 염색 작업} \\
&\qquad {}^{1}\!/_{2}S + {}^{5}\!/_{6}D \le 600 \quad \text{바느질 작업} \\
&\qquad 1S + {}^{2}\!/_{3}D \le 708 \quad \text{마무리 작업} \\
&\qquad {}^{1}\!/_{10}S + {}^{1}\!/_{4}D \le 135 \quad \text{검사 및 포장 작업} \\
&\qquad S,\ D \ge 0
\end{aligned}
\tag{2.6}
$$

이제 나머지 과정은 모든 제약조건을 만족하며, 동시에 다른 어떤 실현 가능한 해에 의해 주어지는 목적함수 값보다 더 큰 목적함수 값을 제공하는 제품 믹스, 즉 S 값과 D 값의 조합(combination)을 찾는 것이다.

파 주식회사 문제의 수학적 모형은 **선형계획 모형**(linear programming model, 또는 linear program)이 된다. 앞에서 언급했듯이 파 주식회사 문제는 목적함수와 제약조건은 모든 **선형계획** 모형이 공통적으로 가지는 속성을 가진다. 그러나 이러한 수학적 모형이 선형계획 모형이 되게 하는 고유의 특별한 특징은 무엇인가? 이러한 특징은 파 주식회사 문제를 선형계획 모형이 될 수 있게 하며, 목적함수와 모든 제약조건 함수가 의사결정 변수의 1차 함수가 된다.

의사결정 변수가 분리된 형태로 목적함수에 포함하며, 의사결정 변수의 1차 함수로 표현되는 수학적 함수를 **선형함수**(linear function)라고 한다. 목적함수 $(10S + 9D)$는 각각의 의사결정 변수가 분리된 형태로 존재하고 변수의 지수가 1인 경우로 선형함수이다. 재단 및 염색 작업에 요구되는 시간$({}^{7}\!/_{10}S + 1D)$ 또한 이와 같은 이유로 인하여 선형함수이다. 유사하게 부등식으로 표현된 제약조건의 좌측의 함수는 모두 선형함수이다. 따라서 파 주식회사 문제의 수학적 모형은 선형계획 모형이라고 할 수 있다.

선형계획 모형은 종종 컴퓨터 소프트웨어를 사용하여 해결되더라도 특정한 종류의 컴퓨터 프로그래밍(programming)이 아니다. 여기서 프로그래밍이라는 단어를 사용하는 것은 일련의 '수학적 방식(a course of action)'을 따른다는 것을 의미하기 때문이다. 즉, 선형계획 모형은 특정 문제의 수학적 모형이 오직 선형함수만을 포함한다는 수학적 방식을 따른다는 것이다.

유의사항

1. 어떤 수학적 모형이 선형계획 모형이 되기 위한 세 가지의 필요조건은 비례성, 가합성, 가분성이다. **비례성**(proportionality)은 목적함수에의 기여와 각 제약조건에서의 자원 사용량은 각 의사결정 변수의 값에 비례한다는 것을 의미한다. **가합성**(additivity, 또는 가산성)은 어떤 함수의 값은(목적함수 값 또는 총자원사용량은) 목적함수 기여치의 합 또는 자원 사용량의 합으로 표시된다는 것이다. **가분성**(divisibility)은 비음제약조건(nonnegativity constraint)과 더해져 의사결정 변수는 0보다 크거나 같아야 하며 어떠한 실수 값도 가질 수 있다는 것을 의미한다.
2. 경영과학자는 목적함수와 일련의 제약조건을 포함하는 다양한 수학적 모형(mathematical model)을 수립하며 최적해를 구한다. 이러한 형태의 모형은 수리계획 모형(mathematical programming models)으로 알려져 있다. 선형계획 모형은 목적함수와 제약조건이 선형이라는 점에서 수리계획 모형의 특별한 경우이다.

2.2 그래프 해법 절차

두 의사결정 변수만을 포함하는 선형계획 문제는 **그래프 해법 절차**(graphical solution procedure, 또는 도해법 절차라 함)를 통해서 최적해를 구할 수 있다. 이제 파 주식회사 문제를 해결하기 위해서 고려 가능한 해를 보여주는 그래프를(S, D 값) 그려봄으로써 그래프 해법 절차를 살펴보기로 하자. 이 그래프의 가로축은 S 값을, 세로축은 D 값을 나타낸다. 그래프 위의 모든 점은 S와 D의 각각의 좌표 값으로 정확한 위치가 확인되며 좌표 값은 그 점의 가로축과 세로축에서의 위치를 말한다. 모든 점(S, D)은 가능한 해가 되므로 그래프 상의 모든 점은 **솔루션 포인트** 또는 **해결점**(solution point)이라고 부른다. $S=0$, $D=0$일 때를 원점(origin)이라고 부른다. 왜냐하면 S, D는 비음수이므로 그림 2.1의 그래프는 오직 $S \geq 0$, $D \geq 0$인 부분만을 보여주기 때문이다.

앞 장에서는 재단과 염색 작업에 대한 제약조건을 나타내는 부등식을 확인했다.

$$^7/_{10}S + 1D \leq 630$$

이 관계식을 만족하는 모든 솔루션 포인트를 보여주기 위해서 우선 제약조건의 등식을 만족시키는 점들의 그래프를 그린다. 즉, 이것은 직선 $^7/_{10}S + 1D = 630$ 위의 점들이 된다. 이 등식의 그래프는 직선이기 때문에 등식 $^7/_{10}S + 1D = 630$을 만족하는 두 점을 확인함으로써 그래프 상에 표시할 수 있다. S가 0일 때의 D 값을 구하면 등식을 만족하는 점은 ($S=0$, $D=630$)임을 알 수 있다. 이 등식을 만족하는 두 번째 점은 $D=0$일 때의 S의 값을 구하면 된다. 즉, $^7/_{10}S + 1(0) = 630$이므로 $S=900$이 된다. 따라서 두 번째 점의 좌표는 ($S=900$, $D=0$)이다. 이제 두 점이 주어졌으므로 등식 $^7/_{10}S + 1D = 630$에 상응하는 직선을 그릴 수 있다.

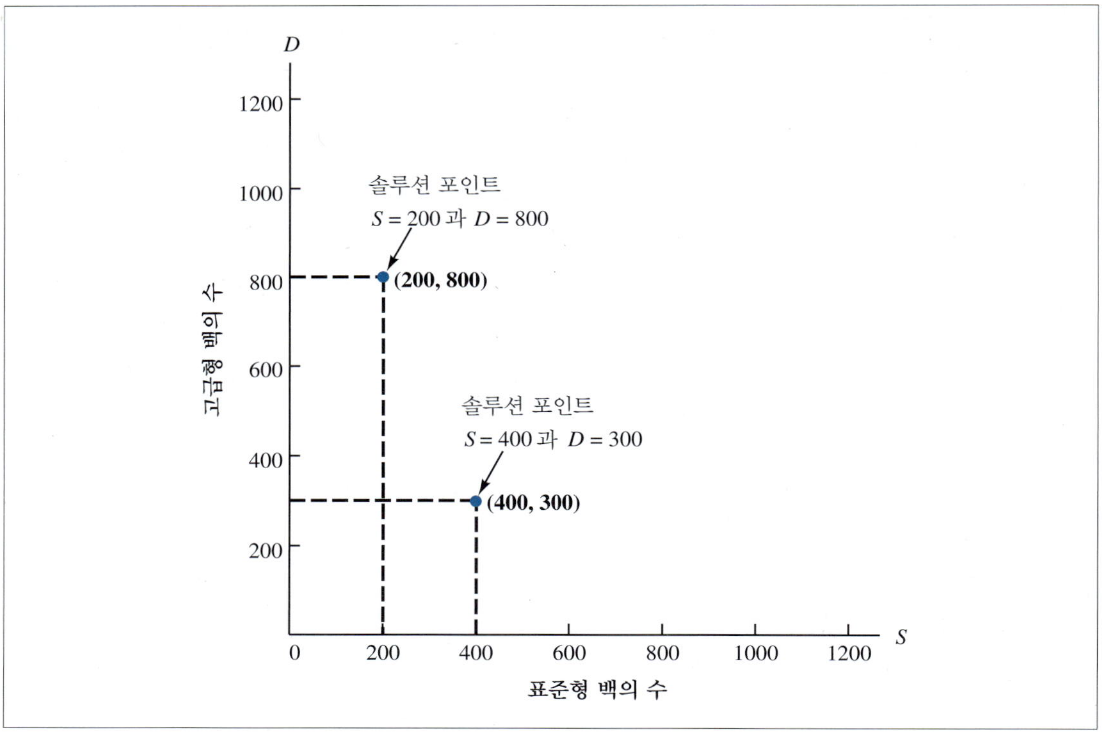

그림 2.1 두 의사결정 변수 문제의 솔루션 포인트

$$\frac{7}{10}S + 1D = 630$$

이 직선을 재단과 염색 작업의 **제약조건 라인**이라고 부르며 그림 2.2에 나타나 있다. 그리고 재단 및 염색 작업에 대한 제약조건 라인임을 알 수 있게 재단 및 염색 작업으로 표시한다.

재단 및 염색 작업의 제약조건을 나타내는 다음 부등식을 다시 생각해보자.

$$\frac{7}{10}S + 1D \le 630$$

이 제약조건을 만족하는 모든 솔루션 포인트를 파악할 수 있을까? 이 직선 위의 모든 점들은 $\frac{7}{10}S + 1D = 630$을 만족하기 때문에 직선 위의 모든 점들은 제약조건을 만족한다는 것을 알 수 있다. 그러면 부등식 $\frac{7}{10}S + 1D < 630$을 만족하는 솔루션 포인트는 어디에 있을까? 다음 두 솔루션 포인트를 고려해보자. ($S = 200$과 $D = 200$), ($S = 600$, $D = 500$). 그림 2.2를 보면 첫 번째 솔루션 포인트 $S = 200$과 $D = 200$은 제약조건 라인의 아래쪽에 위치하고 두 번째 솔루션 포인트 $S = 600$, $D = 500$은 제약조건 라인의 위쪽에 위치함을 알 수 있다. 위의 두 점 중 재단 및 염색 작업에 대한 제약조건을 만족하는 점은 무엇일까? 첫 번째 점 ($S = 200$, $D = 200$)을 대입하면 다음과 같다.

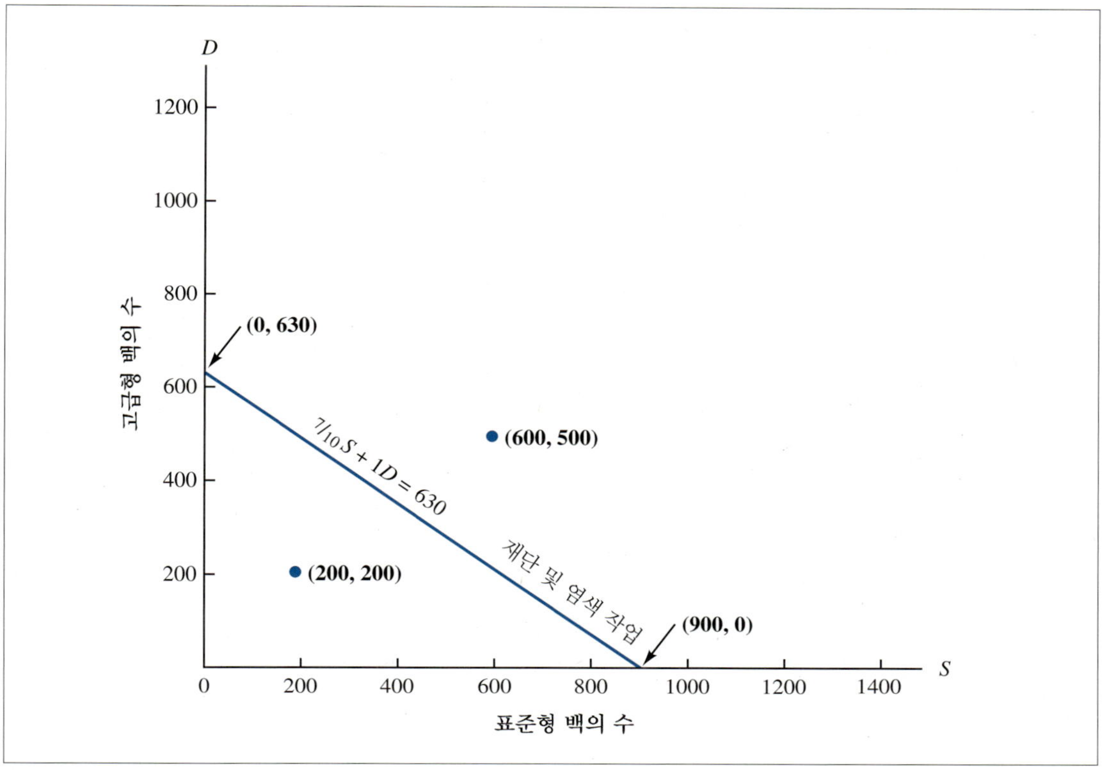

그림 2.2 재단 및 염색 작업의 제약조건 라인

$$^7/_{10}S + 1D = {}^7/_{10}(200) + 1(200) = 340$$

340시간은 가용할 수 있는 시간인 630시간보다 적으므로 ($S = 200$, $D = 200$)인 생산품의 조합(또는 솔루션 포인트)은 제약조건을 만족함을 알 수 있다. 두 번째 점 ($S = 600$, $D = 500$)에 대하여 다음 결과를 얻는다.

$$^7/_{10}S + 1D = {}^7/_{10}(600) + 1(500) = 920$$

920시간은 사용 가능한 최대 시간으로 630시간을 초과하기 때문에 이 점은 제약조건을 만족하지 않는 실행 불가능한 해이다.

만약 솔루션 포인트가 특정한 제약조건을 만족하지 못한다면, 즉 실행 가능하지 않으면 그 솔루션 포인트와 같은 쪽(side)에 있는 모든 점들은 제약조건을 만족시키지 못한다. 만약 솔루션 포인트가 특정한 제약조건을 만족한다면 같은 쪽에 있는 모든 점들은 제약조건을 만족시키게 된다. 그림 2.3에서 재단 및 염색 작업의 제약조건을 만족시키는 모든 점이 음영처리된 것을 볼 수 있다.

원점 (0,0)이 제약조건 라인 위에 위치하지 않는 경우 제약조건 라인의 어느 쪽이 실현 가능한지를 결정하는 빠른 방법은 원점을 사용하는 것이다. 원점이 실행 가능하면 제약조건 라인의 동일한 면에 있는 모든 솔루션 포인트가 실행 가능하다.

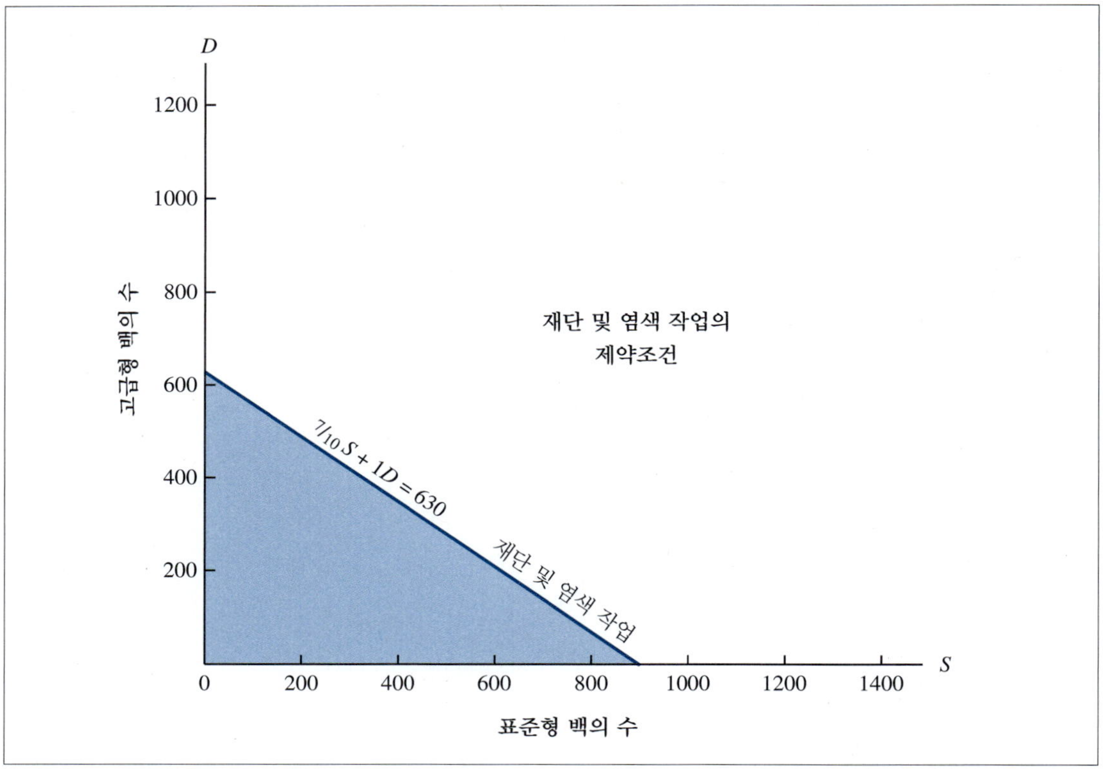

그림 2.3 음영으로 표시된 재단 및 염색 작업의 제약조건에 대한 실행가능해

계속해서 나머지 세 가지 제약조건의 솔루션 포인트를 파악해 보도록 하자. 각각의 제약조건에 대한 실행가능해는 그림 2.4에 표시되어 있다.

모두 따로따로 그려진 네 개의 그래프는 네 제약조건에 대한 각각의 실행가능해를 제시한다. 이 선형계획 문제를 풀기 위해서는 **모든** 제약조건을 **동시**에 만족하는 솔루션 포인트를 찾아야만 한다. 해결방안을 찾기 위해서 한 그래프 안에 네 개의 제약조건을 모두 그릴 수 있어야 하며, 최종적으로 얻어진 그래프는 모든 제약조건을 동시에 만족하는, 즉 공통적으로 만족하는 솔루션 포인트를 포함하는 부분이 된다.

그림 2.3과 2.4에 있는 그래프들은 네 개의 제약조건을 모두 포함하는 하나의 그래프로 만들기 위해 겹쳐놓게 된다. 이 겹쳐진 결합-제약조건 그래프는 그림 2.5에 있다. 그림 2.5에서 음영으로 처리된 부분은 이 네 개의 제약조건을 동시에 만족하는 모든 점들을 포함한다. 모든 제약조건을 만족하는 솔루션 포인트를 **실행가능해**(feasible solution, 모든 제약조건을 만족하는 해)라 하며, 음영으로 표시된 부분은 실행가능해의 영역(feasible solution region) 또는 간단히 **실행가능 영역**(feasible region, 실행가능해의 집합)이라고 한다. 어떤 솔루션 포인트가 실행가능 영역의 경계선(boundary line) 상에 위치하거나 실행가능 영역 내에 있을 경우에는 실행가능해가 된다.

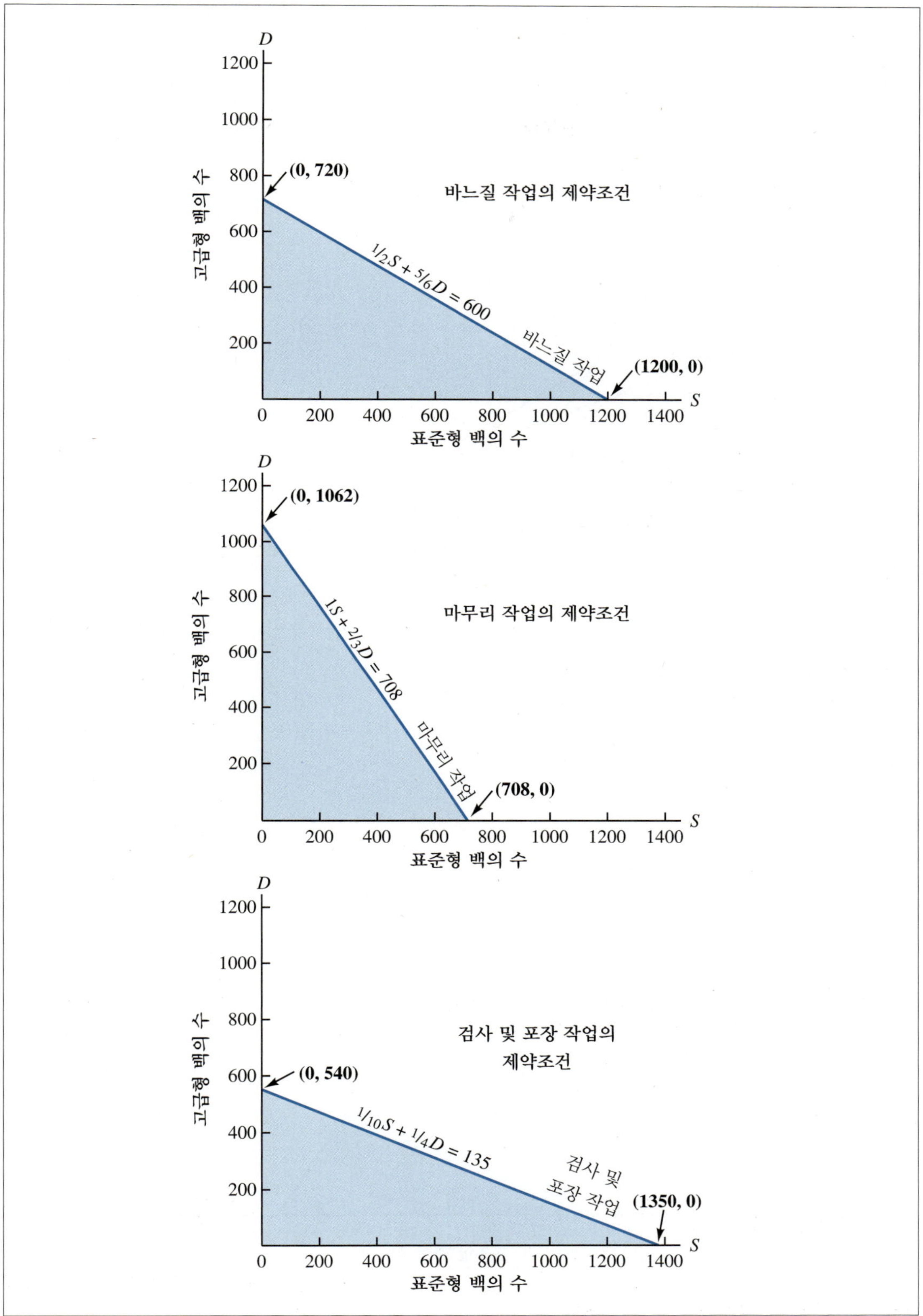

그림 2.4 음영으로 표시된 바느질, 마무리, 검사 및 포장 작업의 제약조건에 대한 실행가능해

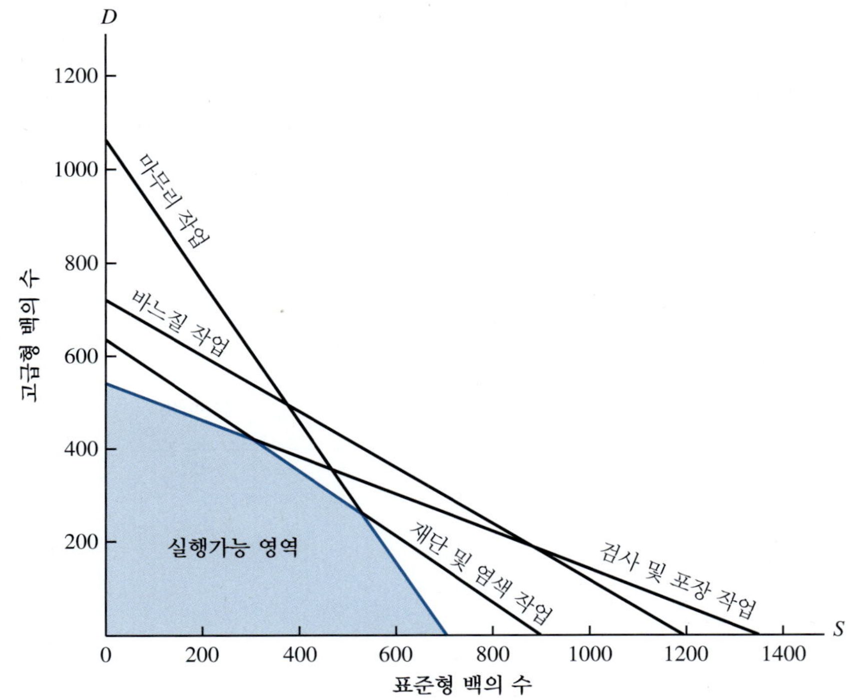

그림 2.5 파 주식회사 문제의 결합-제약조건 그래프

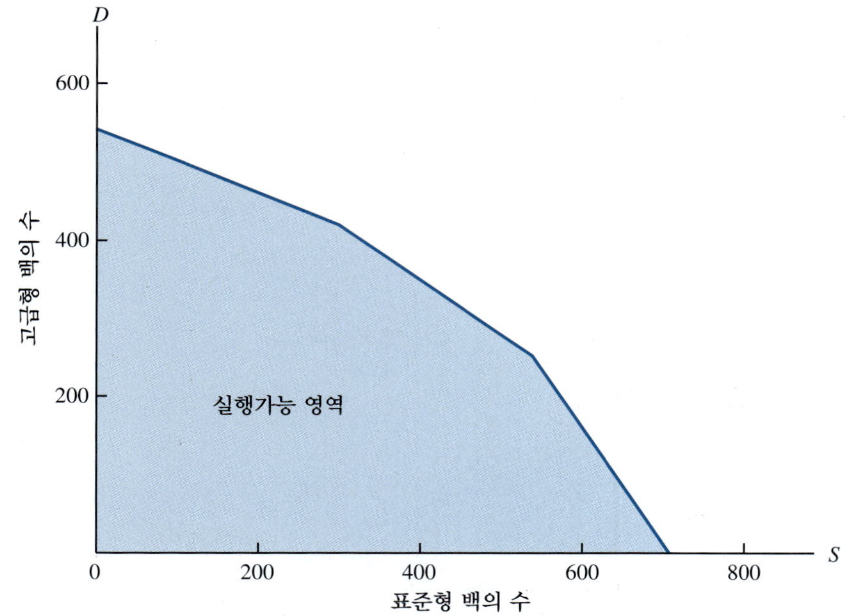

그림 2.6 파 주식회사 문제의 실행가능 영역

이제 실행가능 영역을 확인하였으므로 그래프 해법 절차를 진행할 준비와 최적해를 찾을 준비가 되어있다. 선형계획 모형에서의 최적해는 가장 큰 목적함수 값을 제공하는 실행가능해이다. 실행가능 영역을 다시 그려봄으로써 그래프 해법의 최적화 과정을 시작해 보자. 이 그래프는 그림 2.6에 표시되어 있다.

최적해를 찾기 위한 한 가지 방법은 각 실행가능해를 직접 목적함수에 대입하여 목적함수 값을 비교하는 것이다. 이러한 비교를 통해 얻은 것 중에서 가장 큰 값이 바로 최적해가 된다. 그러나 이 접근법의 어려운 점은 실행가능해가 무한히 많다는 점이다. 실행가능해가 무한하므로, 즉 모든 해를 확인할 수 없으므로 시행착오 과정을 이용하여 최적해를 찾을 수는 없다.

각 실행가능해에서의 목적함수 값(총이익)을 계산하는 것보다 차라리 임의의 목적함수 값과 이 선택한 값을 제공하는 모든 실행가능해를 확인해보는 것이 더 좋다. 예를 들어, 실행가능해가 제공하는 총이익이 $1,800이면 여기에 해당되는 실행가능해는 무엇인가? S와 D 값에 의해 주어지는 이 실행가능해는 목적함수를 다음과 같게 한다.

$$10S + 9D = 1800$$

이 등식은 단순히 한 직선의 방정식이 된다. 따라서 총이익이 $1,800인 모든 실행가능해 ($S$, D)는 이 직선 위에 있어야 한다. 앞에서 언급한 바와 같이 제약조건 라인을 어

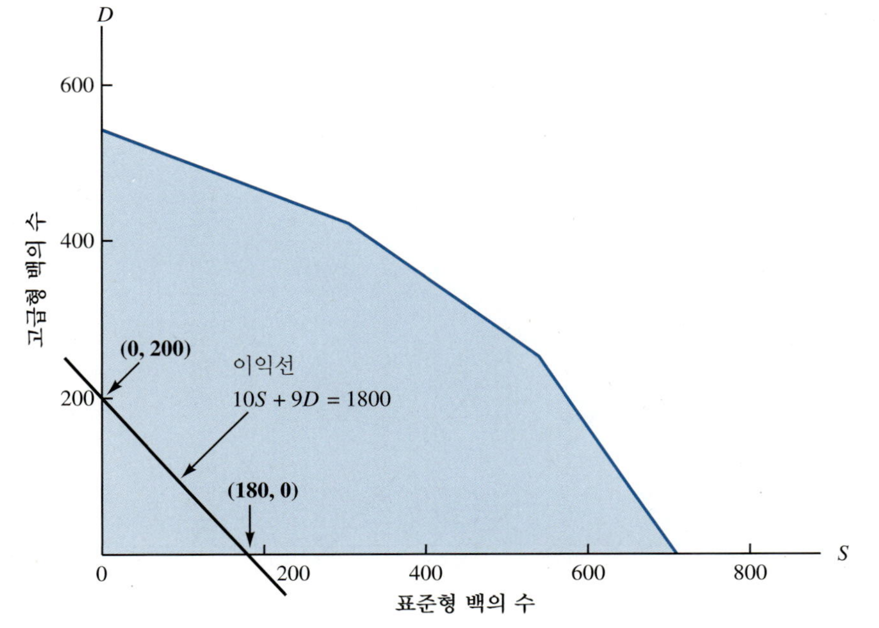

그림 2.7 파 주식회사 문제의 총이익이 $1,800에 해당하는 이익선

떻게 작성하는지는 이미 배운 바 있다. 이익 또는 목적함수 값을 그래프화하는 과정은 이전의 경우와 동일하다. $S=0$이라고 하면 D는 200이 된다. 따라서 솔루션 포인트 ($S=0$, $D=200$)은 이 직선상에 존재한다. 이와 같은 방법으로 D가 0이면 솔루션 포인트 ($S=180$, $D=0$) 또한 이 직선상에 위치한다. 이 두 점을 통과하는 직선 위의 모든 점은 \$1,800의 이익을 제공한다는 것을 의미한다. 이 이익선(profit line)에 대한 그래프는 그림 2.7에 나타나 있다.

우리의 목적은 가장 많은 이익을 가져다주는 실행가능해를 찾는 것이기 때문에 이익을 높여가면서 이 이익에 해당하는 해를 찾아야 한다. 예를 들어, \$3,600 또는 \$5,400의 이익을 가져다주는 해를 찾아보자. 이를 위해서는 다음과 같은 직선상에 있는 S와 D 값을 찾아야 한다.

$$10S + 9D = 3600\text{과 } 10S + 9D = 5400$$

위에서 언급한 이익선과 제약조건을 그래프로 나타내는 절차를 바탕으로 총이익이 \$3,600와 \$5,400인 이익선을 그리면 그림 2.8과 같다. 비록 \$5,400의 이익을 제공하는 이익선 상에 있는 모든 해가 실행가능 영역 내에 있지는 않지만 이익선 위의 어떤 일부분의 해는 실행가능 영역 내에 있다. 따라서 \$5,400의 이익을 제공하는 실행가능해를 얻을 수 있다.

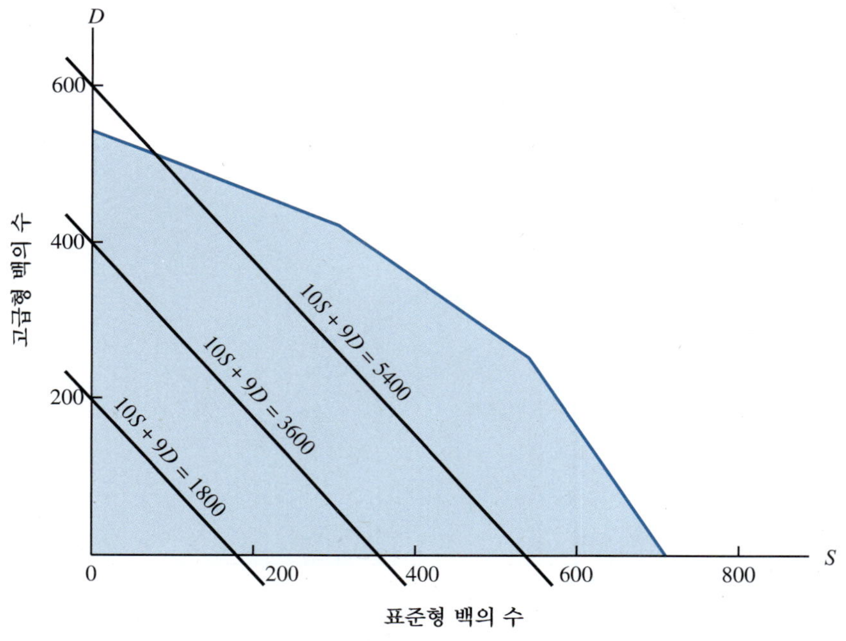

그림 2.8 파 주식회사 문제의 선택된 여러 이익선

어떻게 하면 보다 많은 이익을 가져다주는 실행가능해를 찾을 수 있을까? 그림 2.8을 들여다보면 이미 도해된 이익선에 대하여 일반적인 관찰을 통해 어떤 전반적인 의견을 얻게 되는지 알아보자. 다음 사항에 주목하라. (1) 이익선은 각각에 대하여 서로 **평행**이다, (2) 높은 이익을 주는 이익선일수록 원점에서 멀어지는 것을 확인할 수 있다. 이러한 결과는 대수학적으로 표현될 수 있다. P를 총이익(profit contribution)이라 하자. 그러면 목적함수는 다음과 같다.

$$P = 10S + 9D$$

D를 S와 P의 함수로 표현하면 다음 결과를 얻는다.

$$\begin{aligned} 9D &= -10S + P \\ D &= -{}^{10}\!/_{9}S + {}^{1}\!/_{9}P \end{aligned} \tag{2.7}$$

식 (2.7)은 S와 D에 관련된 선형함수의 **기울기-절편**(slope-intercept)의 형태로 표현되는 등식이다. S의 계수인 $-{}^{10}\!/_{9}$은 직선의 기울기를 나타내며, ${}^{1}\!/_{9}P$는 D축 절편이 된다. 즉, 식 (2.7)이 D축과 교차하는 D의 값이 된다. 총이익이 $P = 1800$, $P = 3600$, $P = 5400$인 경우에 대하여 각각 식 (2.7)에 대입하면 그림 2.8에 보이는 기울기-절편 형태의 이익선을 제시한다.

$P = 1800$인 경우,

$$D = -{}^{10}\!/_{9}S + 200$$

$P = 3600$인 경우,

$$D = -{}^{10}\!/_{9}S + 400$$

$P = 5400$인 경우,

$$D = -{}^{10}\!/_{9}S + 600$$

세 이익선은 기울기가 모두 $-{}^{10}\!/_{9}$으로 서로 같으므로 평행하다. 추가적으로, 총이익(즉, P 값)이 커지면 D축 절편이 증가하는 것을 알 수 있다. 그러므로 총이익이 클수록 이익선은 원점(origin)으로부터 보다 멀리 위치하게 된다.

이익선들이 서로 평행하고 총이익이 큰 이익선일수록 원점으로부터 더 멀리 위치한다. 이로 인하여 이익선을 원점으로부터 계속해서 멀리 움직임으로써 목적함수의 값이 더 큰 (다른 이익선에 비하여 상대적으로 큰) 해를 얻게 된다. 그리고 계속해서 다른 이익선의 기울기와 비교하여 평행을 유지하게 된다. 그러나 어떤 점에서는 추가적으로 조금만 움직이더라도 실행가능 영역 밖에 완전히 위치하게 되는 경우가 발생한다. 실행가능 영역 밖의 해는 고려의 대상이 될 수 없기 때문에 실행가능 영역 내에서 최고의 이익을 제공하

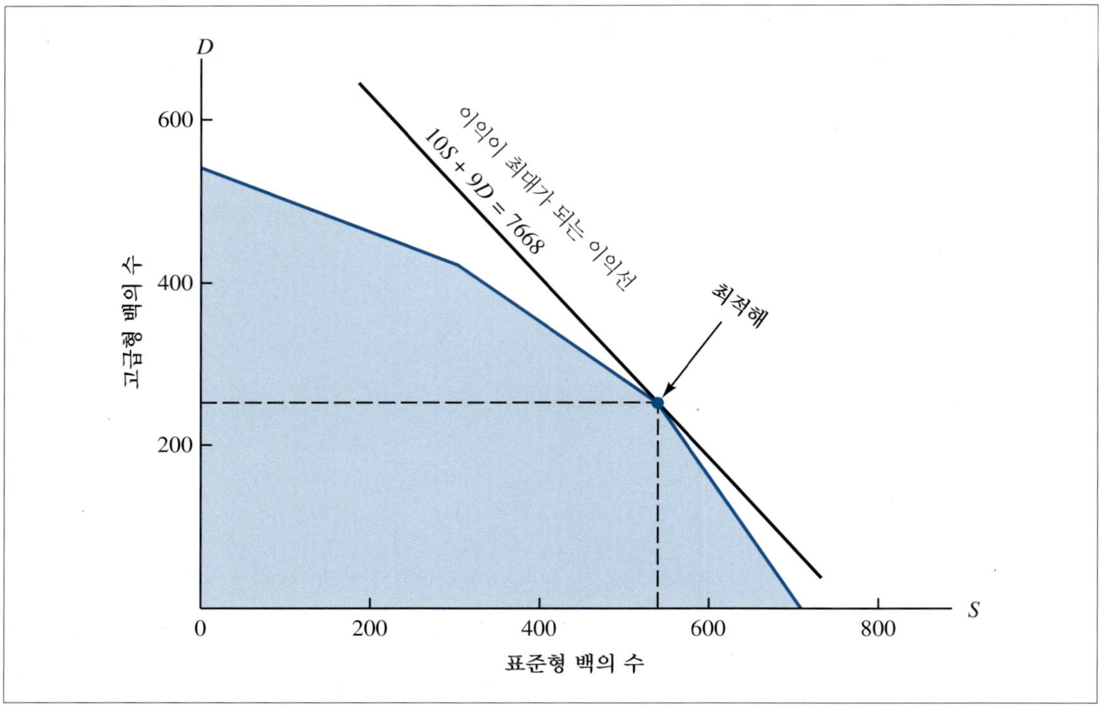

그림 2.9 파 주식회사 문제의 최적해

는 이익선 상의 점이 바로 이 선형계획 문제에서의 최적해이다.

이제 이 선형계획 문제에 대한 최적해의 구체적인 위치를 파악할 수 있다. 자 또는 종이의 모서리를 사용하여 이익선을 원점으로부터 가능한 한 멀리 이동시킨다. 실행가능 영역 내에서 도달할 수 있는 마지막 점은 무엇인가? 이 솔루션 포인트가 바로 최적해이며 그림 2.9에 잘 나타나 있다.

그림 2.9에서 의사결정 변수의 최적의 값은 최적해(optimal solution)라고 표시된 점에서의 *S*와 *D*의 좌표 값이 된다. 그래프의 정확성에 따라서 정확한 *S*와 *D*의 값을 찾을 수도 있고 찾지 못할 수도 있다. 그림 2.9의 그래프에 근거하면, 가장 좋은 방법은 약 550개의 표준형 백(*S*)과 약 250개의 고급형 백(*D*)으로 생산품 조합을 구성하는 것이 최적의 생산량이다.

그림 2.5와 그림 2.9를 세밀히 들여다보면 최적해는 재단 및 염색 작업의 제약조건 라인과 마무리 작업의 제약조건 라인의 교차점이 된다는 것을 알 수 있다. 즉, 최적해가 되는 점은 다음 두 제약조건 라인, 즉 식 (2.8)과 식 (2.9) 위에 위치한다.

재단 및 염색 작업의 제약조건 라인은 다음과 같다.

$$^{7}/_{10}S + 1D = 630 \tag{2.8}$$

그리고 마무리 작업의 제약조건 라인은 다음과 같다.

$$1S + {}^2\!/_3 D = 708 \tag{2.9}$$

그러므로 의사결정 변수 S와 D의 최적값은 식 (2.8)과 식 (2.9)를 동시에 만족해야만 한다는 것이다. 식 (2.8)을 이용하여 S에 대한 식으로 정리하면 다음과 같다.

$${}^7\!/_{10} S = 630 - 1D$$

또는

$$S = 900 - {}^{10}\!/_7 D \tag{2.10}$$

S에 대하여 표현된 식 (2.10)을 식 (2.9)에 대입하면 D 값을 다음과 같이 구할 수 있다.

$$\begin{aligned} 1(900 - {}^{10}\!/_7 D) + {}^2\!/_3 D &= 708 \\ 900 - {}^{10}\!/_7 D + {}^2\!/_3 D &= 708 \\ 900 - {}^{30}\!/_{21} D + {}^{14}\!/_{21} D &= 708 \\ -{}^{16}\!/_{21} D &= -192 \\ D = \frac{192}{{}^{16}\!/_{21}} &= 252 \end{aligned}$$

식 (2.10)에 $D = 252$를 대입하면 S 값을 얻을 수 있다.

$$\begin{aligned} S &= 900 - {}^{10}\!/_7(252) \\ &= 900 - 360 = 540 \end{aligned}$$

최적해의 정확한 위치(좌표 값)는 $S = 540$, $D = 252$이다. 따라서 파 주식회사 문제에 대한 최적 생산량은 표준형 백 540개와 고급형 백 252개이며, 이로 인해 얻는 이익은 $10(540) + 9(252) = \$7{,}668$이다.

> 파 주식회사 문제에서는 최적해가 모두 정수가 되지만 항상 그런 것만은 아니다.

두 의사결정 변수를 가지는 선형계획 문제에 대하여 정확한 변수의 값은 우선 그래프 해법 절차를 이용해서 최적해의 좌표가 무엇인지를 파악하고 나서 두 제약조건(등식)을 동시에 만족하는 연립방정식의 해를 찾음으로써 결정된다.

그래프 라인의 이해

이 절에서는 그래프 해법에서의 라인에 대하여 언급하기로 한다. 그래프 해법의 중요한 측면은 선형계획 모형의 제약조건과 목적함수를 나타내는 라인의 그래프를 통하여 시각적으로 독자의 이해를 도울 수 있다는 것이다. 어떤 제약조건의 라인을 그래프로 표시하거나 도해하는 데 사용되는 절차는 우선 제약조건의 등식을 만족하는 임의의 두 점을 찾는 것이다. 그리고 이 두 점을 연결하는 라인을 그린다. 파 주식회사 문제에서 두 점은 쉽게 찾을 수 있다. 우선 S 값을 0으로 정하면 D축 상의 점을 쉽게 구하고 (D만에 대한 제약조건을 해결함으로써) 다음에는 D 값을 0으로 정하고 S에 대한 등식을 풀어 S축 상의 점을 찾는다. 재단 및 염색 작업의 제약조건 라인은 다음과 같다.

$$^{7}/_{10}S + 1D = 630$$

이러한 절차를 통해서 얻은 두 점 ($S = 0$, $D = 630$)과 ($S = 900$, $D = 0$)은 제약조건 라인을 지난다는 것을 알 수 있다. 재단 및 염색 작업의 제약조건은 바로 이 두 점을 지나는 직선을 그림으로써 그래프로 표시할 수 있다.

만약 라인 상의 두 점이 파악되면 두 변수를 가지는 선형계획 문제에서 모든 제약조건과 목적함수 라인을 그래프화할 수 있다. 하지만 라인 위의 두 점을 파 주식회사 문제에서처럼 항상 쉽게 찾을 수 있는 것은 아니다. 예를 들어, 두 모델의 소형 태블릿 컴퓨터를 제조하는 회사를 고려해보자. 일반용(assistant) 모델은 A로, 전문가용(professional) 모델은 P로 표시하자. 경영진은 자체 영업인력을 위해 P형 모델이 최대 50대가 필요하며 동시에 P형 모델은 A형 모델의 판매량에 비해 절반까지만 판매할 수 있다고 예측한다. 이러한 요구조건을 만족하는 제약조건은 다음과 같다.

$$P \le 50 + {}^{1}/_{2}A \quad \text{또는} \quad P - 50 \le {}^{1}/_{2}A$$

또는

$$2P - 100 \le A$$

또는

$$2P - A \le 100$$

위 제약조건의 등식의 형태를 이용하여 P 값을 0이라 하면 제약조건 라인 위의 한 점이 ($P = 0$, $A = -100$)가 됨을 알 수 있다. A 값을 0으로 하면, 제약조건 라인 위의 또 다른 점은 ($P = 50$, $A = 0$)이 된다. 그래프의 비음수 ($P \ge 0$, $A \ge 0$) 부분만을 고려하면, 첫 번째 점 ($P = 0$, $A = -100$)은 A 값이 -100이므로 그래프에 나타나 있지 않기 때문에 그릴 수 없다. 그래프의 비음수 부분이 그려질 수 없는 경우가 하나 또는 둘 다이면 가장 간단한 방법은 그래프를 더 크게 확대하는 것이다. 점 ($P = 0$, $A = -100$)은 A축의 음수를 포함하는 부분을 확장함으로써 그릴 수 있다. 일단 제약조건 라인을 만족하는 두 점이 파악되면, 그래프로 나타낼 수 있다. 제약조건 $2P - A \le 100$에 대한 제약조건 라인과 실행가능해는 그림 2.10에 나타나 있다.

또 다른 예로 두 의사결정 변수 R과 T를 포함하는 다음 선형계획 문제를 고려해보자.

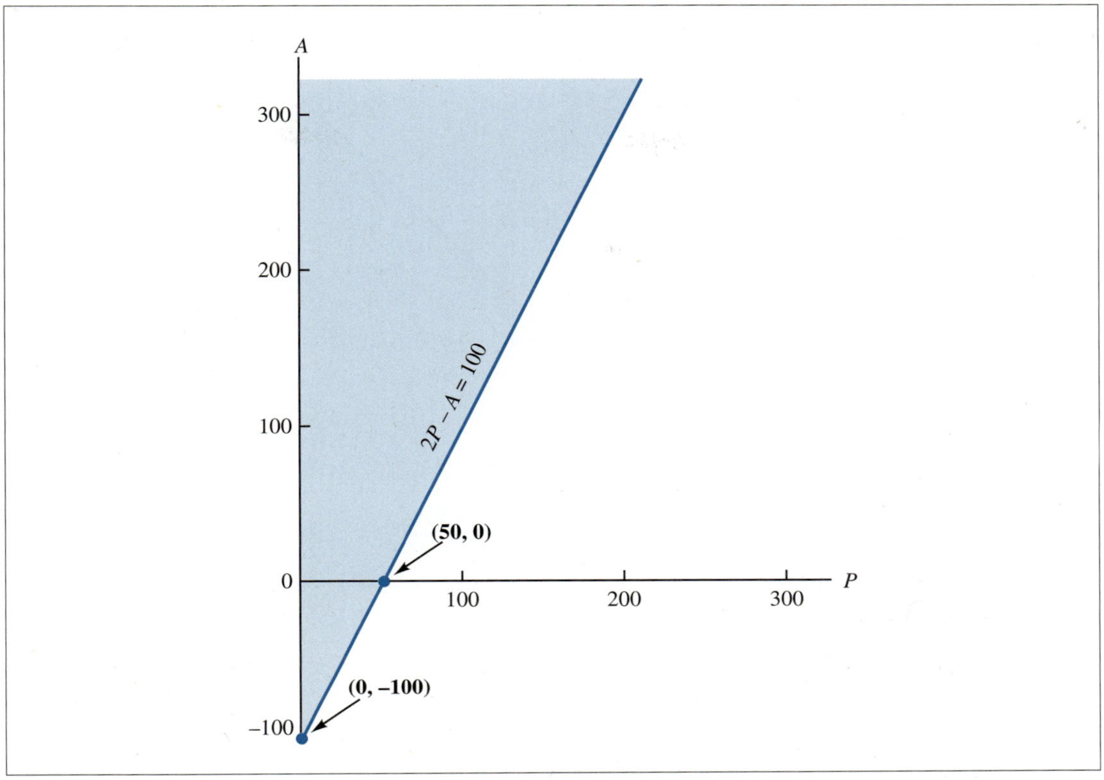

그림 2.10 제약조건 $2P - A \leq 100$에 대한 실행가능해

어떤 생산품의 수를 R로 표시하며 이는 T(또 다른 생산품의 수)보다 크거나 적어도 같아야 한다고 가정해보자. 이 요구조건을 만족하는 제약조건은 아래 식과 같다.

$$R \geq T$$

또는

$$R - T \geq 0$$

이 제약조건의 등식을 만족하는 모든 해를 찾기 위해서는 우선 $R = 0$이라 정하고 T에 대해 풀면 이 결과는 원점($T = 0$, $R = 0$)이 제약조건 라인 위에 있음을 보여준다. $T = 0$이라 정하고 R에 대해 풀면 같은 좌표의 점이 나온다. 하지만 0이 아닌 다른 어떤 값을 T와 동일하게 정하고 R에 대해 풀면 라인 위의 두 번째 점을 얻을 수 있다. 예를 들어, $T = 100$이라 정하고 R에 대해 정리하면 점 ($T = 100$, $R = 100$)이 제약조건 라인 위에 있음을 알 수 있다. 두 점 ($R = 0$, $T = 0$)과 ($R = 100$, $T = 100$)을 포함하는 제약조건 라인 $R - T = 0$과 $R - T \geq 0$에 대한 실행가능해는 그림 2.11에 나타나 있다.

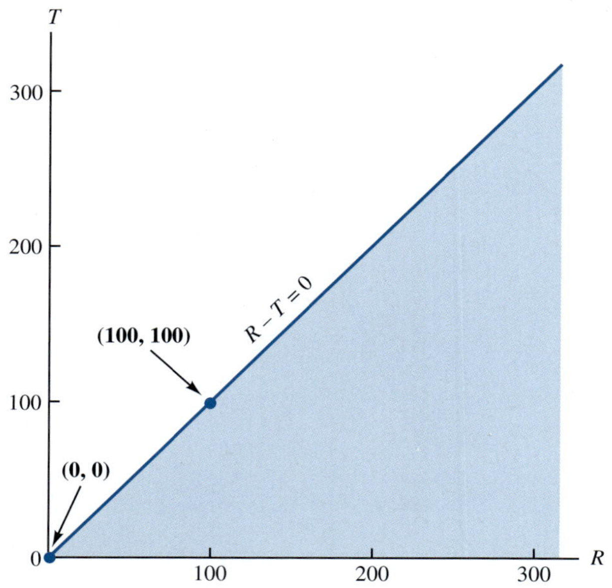

그림 2.11 제약조건 $R - T \geq 0$에 대한 실행가능해

최대화 문제해결을 위한 그래프 해법 절차 요약

지금까지의 내용에서 파악된 것처럼 그래프 해법에 의한 최적해를 구하는 절차는 파 주식회사 문제와 같은 두 변수를 가지는 선형계획 문제를 해결하기 위한 방법이다. 최대화 문제를 위한 그래프 해법에 의한 절차는 단계별로 다음과 같이 요약된다.

1. 각각의 제약조건에 대한 실행가능해의 그래프를 준비한다.
2. 모든 제약조건을 동시에 만족하는 해를 파악함으로써 실행가능 영역을 결정한다.
3. 특정한 목적함수 값을 가지는 의사결정 변수의 값을 보여주는 목적함수 라인을 그린다.
4. 목적함수 라인이 실행가능 영역 밖으로 완전히 벗어날 때까지 더 큰 목적함수 값을 가지도록 평행하게 움직인다.
5. 가장 큰 값을 가지는 목적함수 라인 위의 어떠한 실행가능해도 최적해가 된다.

여유변수

최적해와 목적함수 값 이외에 파 주식회사의 경영진은 각 작업 부서의 생산시간에 대한 요구조건 관련 정보를 파악하고 싶어 한다. 이러한 정보는 최적해 ($S = 540$, $D = 252$)를 제약조건에 대입함으로써 알 수 있다.

제약조건	(S=540, D=252)개 생산에 필요한 시간	가용 시간	미사용 시간
재단 및 염색 작업	$^7/_{10}(540)+1(252)=630$	630	0
바느질 작업	$^1/_2(540)+{}^5/_6(252)=480$	600	120
마무리 작업	$1(540)+{}^2/_3(252)=708$	708	0
검사 및 포장 작업	$^1/_{10}(540)+{}^1/_4(252)=117$	135	18

따라서 위와 같은 정보를 바탕으로 경영진은 다음을 알 수 있다. 표준형 골프백 540개, 고급형 골프백 252개를 생산하는 데는 재단 및 염색 작업에 가용시간인 모두 630시간이 필요하며, 마무리 작업에 역시 가용시간인 708시간이 모두 필요하다. 반면에 바느질 작업은 $600-480=120$시간이, 검사 및 포장 작업은 $135-117=18$시간이 사용되지 않고 남게 된다. 즉, 모든 가용시간이 다 사용되지는 않는다는 것이다. 이 사용되지 않은 시간은 그 두 작업 부서에 대한 **여유** 또는 **슬랙**(slack)이라 알려져 있다. 선형계획 전문용어로 ≤ 형태의 제약조건에 대하여 어떤 미사용 자원(여기서는 시간을 의미함)을 그 제약조건과 관련된 **여유**라 부르고 있다.

종종 **여유변수**(slack variable)라 불리는 이 변수는 여유 또는 유휴 생산용량(idle capacity)를 나타내기 위하여 선형계획 문제로 수식화하는 데 추가된다. 사용되지 않는 자원 및 능력은 이익에 어떠한 영향도 주지 않는다. 따라서 여유변수는 목적함수에서 그 계수가 0이 된다. 네 여유변수를 S_1, S_2, S_3, S_4라고 정의한 후, 파 주식회사 선형계획 모형에 포함시키면 파 주식회사 문제의 수학적 모형은 다음과 같이 변환된다.

$$\text{Max } 10S+9D+0S_1+0S_2+0S_3+0S_4$$

s.t.

$$\begin{aligned}
{}^7/_{10}S+1D+1S_1 \qquad\qquad\qquad &= 630\\
{}^1/_2S+{}^5/_6D \qquad +1S_2 \qquad\qquad &= 600\\
1S+{}^2/_3D \qquad\qquad +1S_3 \qquad &= 708\\
{}^1/_{10}S+{}^1/_4D \qquad\qquad\qquad +1S_4 &= 135\\
S,\ D,\ S_1,\ S_2,\ S_3,\ S_4 &\geq 0
\end{aligned}$$

선형계획 모형이 모든 제약조건을 등식의 형태로 표현되는 경우에는 언제나 **표준형**(standard form)이라 한다.

파 주식회사의 선형계획 모형의 표준형과 관련하여 최적해는 ($S=540$, $D=252$)이며, 여유변수의 값은 다음과 같다.

제약조건	여유변수 값
재단 및 염색 작업	$S_1 = 0$
바느질 작업	$S_2 = 120$
마무리 작업	$S_3 = 0$
검사 및 포장 작업	$S_4 = 18$

이러한 정보를 제공하는 데 그래프 해법을 이용할 수 있다. 그림 2.5에서 최적의 솔루션 포인트를 찾음으로써 재단 및 염색 작업, 마무리 작업의 제약조건은 이 점에서 실행가능 영역에 제한 또는 속박을 가하고(restrict or bind) 있다는 것을 알 수 있다. 따라서 이 두 작업에서는 가용할 수 있는 시간 모두를 사용해야 한다. 다시 말해서 그래프는 재단 및 염색 작업과 마무리 작업 부서가 0의 여유를 가진다는 것을 보여준다. 한편, 바느질 작업과 검사 및 포장 작업에 대한 제약조건 라인은 최적해를 포함하지 않으며, 따라서 이 두 제약조건은 실행가능 영역에 속박을 가하지 않고 있다는 것을 알 수 있다. 이것은 이 두 작업에 대하여 미사용 시간, 즉 여유가 존재한다는 것을 예측게 한다.

마지막으로 그래프 해법을 통한 분석을 위하여 그림 2.5의 바느질 작업에 대한 제약조건에 집중해 보자. 특히 이 제약조건은 실행가능 영역에 전혀 영향을 주지 않는다는 것이다. 즉, 이 제약조건을 선형계획 모형에 포함시키든지 말든지 간에 실행가능 영역은 동일하다. 이는 다른 세 부서에서 생산해 낼 수 있는 생산량이 얼마이든 간에 이를 수용할 수 있는 능력이 시간이 충분하다는 것을 의미한다. 바느질 작업에 대한 제약조건은 실행가능 영역에 영향을 주지 못하므로 따라서 최적해에도 영향을 주지 못한다. 이것을 **불필요한 제약조건**(redundant constraint)이라 한다.

유의사항

1. 선형계획 모형의 표준형에서 여유변수와 관련된 목적함수의 계수는 0이다. 이 0은 (미사용 자원을 나타내며) 목적함수 값에 영향을 주지 않는다는 것을 의미한다. 그러나 어떤 경우에는 미사용 자원이 판매되고 이익에 도움이 된다. 그러한 경우에는 이에 상응하는 여유변수가 의사결정 변수가 되며, 이는 판매될 미사용 자원을 나타낸다. 이 변수에 대하여 0이 아닌 목적함수의 계수 값은 이에 따른 자원 한 단위를 판매함으로써 얻는 이익을 반영한다.

2. 불필요한 제약조건은 실행가능 영역에 영향을 주지 못한다. 따라서 선형계획 모형에서 제외해도 최적해에 어떠한 영향도 없다. 그러나 이 선형계획 모형을 다시 풀게 될 때, 입력변수의 변화에 따라 불필요했던 제약조건도 속박적인 제약조건으로 변화할 수 있다. 따라서 하나 이상의 제약조건이 현재 불필요하더라도 선형계획 모형에서 제외하지 말고 그대로 유지하는 것을 추천한다.

2.3 극점과 최적해

파 주식회사 문제에서 표준형 골프백의 개당 공헌이익이 \$10에서 \$5로 줄어들었다고 가정하자. 반면, 고급형 골프백의 개당 공헌이익은 그대로이며, 나머지 제약조건도 그대로 유지된다고 하자. 이 새로운 선형계획 문제의 완성된 형태는 다음과 같은 수정된 목적함수식을 제외하고는 2.1절에서 보인 수학적 모형과 동일하다.

$$\text{Max} \quad 5S + 9D$$

이러한 변화는 파 주식회사 문제의 최적해에 어떤 영향을 주는가? 그림 2.12에는 이 변화된 목적함수식을 포함하는 새로운 선형계획 문제의 그래프 해법에 의한 최적해가 표시되어 있다. 제약조건에 어떠한 변화가 생기지 않으면 실행가능 영역도 변화하지 않는다는 것에 주의하라. 그러나 이익선은 이와 같이 새롭게 변화된 목적함수를 반영하게 된다.

더 큰 이익을 얻을 수 있게 이익선을 평행하게 이동시키면 그림 2.12에서 보는 바와 같은 최적해를 얻게 된다. 이 점에서의 의사결정 변수의 값은 $S=300$, $D=420$이다. 표준형 백의 개당 공헌이익이 감소함으로써 최적해도 변하게 된다. 실제로 적은 이익을 주는 표준형 골프백의 수를 줄이고 반대로 높은 이익을 주는 고급형 골프백의 수는 늘리는 것이다.

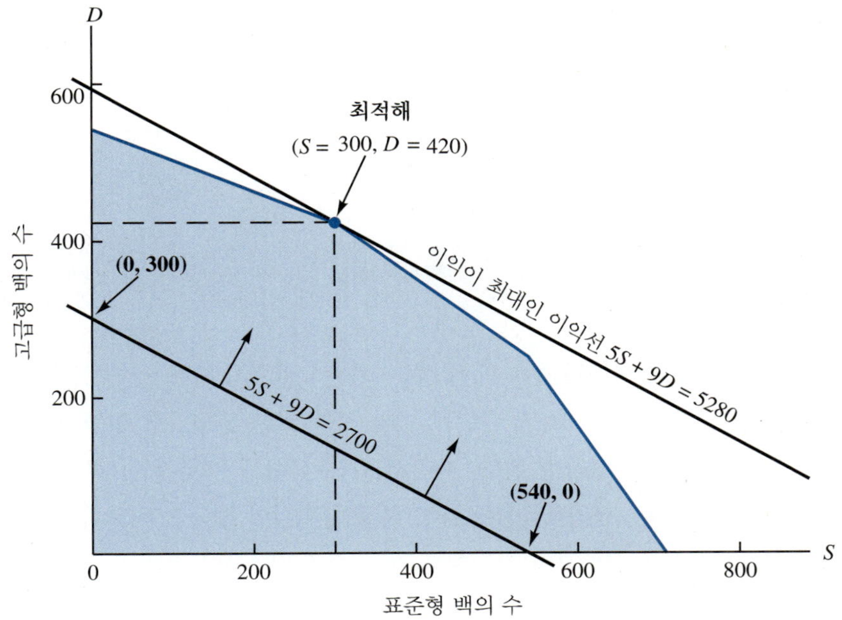

그림 2.12 목적함수가 $5S+9D$인 파 주식회사 문제의 최적해

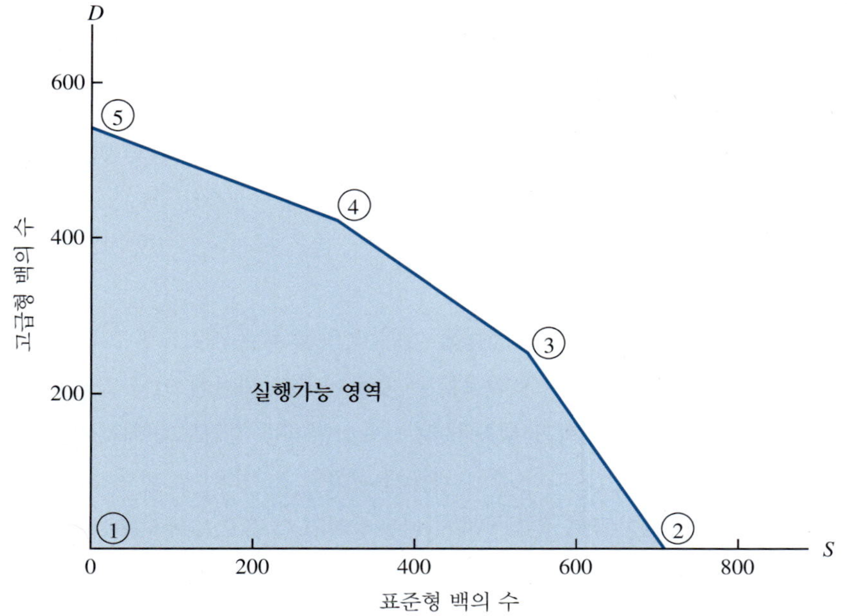

그림 2.13 파 주식회사 문제의 실행가능 영역 내의 다섯 개의 극점

지금까지 해결된 두 선형계획 문제의 최적해의 위치에 대하여 당신은 어떤 관찰을 할 수 있는가? 그림 2.9와 그림 2.12의 최적해를 주의 깊게 들여다보자. 그러면 최적해는 실행가능 영역의 **꼭짓점 또는 모서리 점**(vertice or corner) 중 하나에서 나타난다는 것에 주의하자. 선형계획 용어로 이러한 모서리 점을 **극점**(extreme point)이라 한다. 파 주식회사 문제의 실행가능 영역은 다섯 개의 극점을 가지며(그림 2.13 참조), 최적해의 위치에 대한 의견을 제시하면 다음과 같다.

> 일반적으로 선형계획 문제의 최적해는 실행가능 영역의 한 극점에서 발생한다.[2]

이러한 성질은 선형계획 문제의 해결을 위하여 반드시 모든 실행가능 영역 내의 모든 실행가능해를 평가할 필요가 없다는 것이다. 실제로는 실행가능 영역 내의 극점에 위치한 실행가능해만을 고려하면 된다. 따라서 파 주식회사 문제에 대하여 모든 실행가능해의 목적함수 값을 비교하는 대신에 다섯 극점에 위치한 해들을 비교함으로써 가장 큰 이익을 제공하는 해를 선택하여 최적해를 찾을 수 있다. 사실 그래프 해법 절차는 두 변수

2 2.6절에서 선형계획 모형의 두 가지 특별한 경우(실행 불가능 및 무한해)에 대하여 논의하며, 이 경우에는 해가 존재하지 않으므로 이 문구가 적용되지 않는다.

선형계획 문제에서 최적의 극점들을 파악하는 편리한 방법에 불과하다고 할 수 있다.

2.4 파 주식회사 문제의 컴퓨터 해법

선형계획 문제를 풀기 위해 고안된 컴퓨터 프로그램이 현재 널리 사용되고 있다. 컴퓨터 프로그램 패키지의 특성과 사용법에 익숙해지면 사용자는 별다른 어려움 없이 선형계획 문제를 풀 수 있다. 수천 개의 변수와 수천 개의 제약조건을 가지는 선형계획 문제도 지금은 컴퓨터 패키지로 쉽게 풀 수 있다. 잘 알려진 상용 컴퓨터 패키지로는 CPLEX, Gurobi, LINGO, MOSEK, Excel Solver 등이 있다. 무료로 다운로드받을 수 있는 패키지로는 CLP(COIN-OR Linear Programming), lpSolve package for R, PuLP library for Python 등이 있다.

R과 Python은 경영과학과 통계학을 적용하는 데 있어서 일반적으로 잘 사용되는 오픈 소스 프로그래밍 언어이다.

그림 2.14에는 파 주식회사 문제의 컴퓨터를 이용하여 얻은 해가 나타나 있다. 이 책의 저자는 선형계획 문제풀이를 위하여 특정 컴퓨터 패키지에 의존하지 않고 융통성 있는 방법으로 저술하였다. 따라서 이를 위하여 그림 2.14에 제시하는 컴퓨터 출력물은 포괄적이며(generic) 어떤 특정 컴퓨터 패키지를 이용하여 얻은 실제 출력물이 아니다. 그림 2.14는 많은 컴퓨터 패키지에 의한 컴퓨터 출력물의 전형적인 형태이다. 이 책의 나머지 부분에는 이러한 출력물 형태가 사용된다. 일반적으로 많이 사용되는 선형계획 컴퓨터 스프레드시트 패키지는 엑셀 해 찾기(Excel Solver)이다. 엑셀 해 찾기를 이용하여 파 주식회사 문제의 스프레드시트 모형을 수식화하는 절차가 부록에 제시되어 있다(84페이지 참조).

```
Optimal Objective Value =                7668.00000

        Variable                Value
    --------------       ---------------
              S                540.00000
              D                252.00000

       Constraint            Slack/Surplus
    --------------       ---------------
               1                 0.00000
               2               120.00000
               3                 0.00000
               4                18.00000
```

그림 2.14 파 주식회사 문제의 컴퓨터에 의한 해

컴퓨터 출력물의 이해

이제 그림 2.14의 컴퓨터 패키지를 이용한 출력물의 내용을 자세히 들여다보면서 파 주식회사 문제의 컴퓨터의 의한 출력물의 내용을 파악해 보자. 이 문제의 최적해는 최대 목적함수 값이 $7,688가 된다. 목적함수 값 바로 밑에는 최적해에서의 의사결정 변수의 값이 나타나 있으며, 표준형 백 $S = 540$개와 고급형 백 $D = 252$개가 최적 생산량임을 알 수 있다.

파 주식회사 문제에는 네 개 부서의 가용시간에 대한 네 개의 적거나 같은(≤) 형태의 제약조건이 있다는 사실을 떠올려 보자. 'Slack/Surplus'라고 표시된 세로줄에 있는 정보는 각 부서에 대한 여유변수의 값을 제시하고 있다. 이를 요약하면 다음과 같다.

제약조건 번호	제약조건 이름	여유변수 값
1	재단 및 염색 작업	0
2	바느질 작업	120
3	마무리 작업	0
4	검사 및 포장 작업	18

이러한 정보를 통해 속박적(binding) 제약조건(재단 및 염색 작업과 마무리 작업의 제약조건)은 여유변수의 값이 0이 됨을 알 수 있다. 바느질 작업 부서는 120시간의 여유시간, 즉 미사용시간이 120시간임을 알 수 있고 검사 및 포장 작업 부서는 18시간의 여유시간이 있음을 알 수 있다.

2.5 단순 최소화 문제

M&D 케미컬은 두 가지 생산품(A 제품, B 제품)을 판매하며 이는 목욕용 비누와 세탁용 세제를 만들기 위한 원재료로 사용된다. 현재 재고수준과 다음 달에 대한 잠재 수요예측을 바탕으로 M&D 케미컬의 경영진은 A 제품과 B 제품을 합쳐서 적어도 350갤런 이상을 생산해야 하며, 별도로 A 제품만의 고객으로부터의 주문량 125갤런이 충족되어야 한다고 판단하고 있다. A 제품은 갤런당 2시간의 공정 작업시간이 필요하며, B 제품은 갤런당 1시간의 공정 작업시간이 필요하다. 다음 달에는 총 600시간이 공정 작업에 가용될 수 있다. M&D 케미컬의 목표는 최소 비용으로 이러한 요구조건을 만족시키는 것이다. 생산비용은 A 제품은 갤런당 $2이며, B 제품은 갤런당 $3이다.

최소 비용을 지출할 수 있는 생산계획을 세우기 위하여 M&D 케미컬 문제의 선형계획 수식화를 고려해보자. 파 주식회사 문제에서 사용된 방법과 유사한 절차를 따르기 위하여 의사결정 변수와 목적함수를 다음과 같이 정의한다.

$$A = \text{생산해야 하는 A 제품의 양(갤런)}$$
$$B = \text{생산해야 하는 B 제품의 양(갤런)}$$

생산비용은 A 제품이 갤런당 $2이며, B 제품은 갤런당 $3이므로 총생산비용의 최소화를 위한 목적함수는 다음과 같이 표현될 수 있다.

$$\text{Min} \quad 2A + 3B$$

다음으로는 제약조건을 고려해보자. A 제품에 대하여 주요 고객의 수요를 충족시키려면 적어도 A 제품은 125개 이상이 되어야 한다. 따라서 이 제약조건은 다음과 같다.

$$1A \geq 125$$

두 제품은 합쳐서 적어도 350갤런을 생산해야 하므로 이에 대한 제약조건은 다음과 같다.

$$1A + 1B \geq 350$$

마지막으로 가용시간은 600시간의 한계를 가지기 때문에 이에 대한 제약조건은 다음과 같다.

$$2A + 1B \leq 600$$

비음제약조건($A,\ B \geq 0$)을 포함시키면 M&D 케미컬 문제의 선형계획 모형은 다음과 같다.

$$\begin{aligned}
&\text{Min} \quad 2A + 3B \\
&\text{s.t.} \\
&\qquad 1A \qquad\quad \geq 125 \quad \text{A 제품의 수요} \\
&\qquad 1A + 1B \geq 350 \quad \text{총생산량} \\
&\qquad 2A + 1B \leq 600 \quad \text{가공시간} \\
&\qquad\ A, B \geq 0
\end{aligned}$$

이 선형계획 모형은 두 변수만을 가지므로 최적의 생산량을 구하는 데 그래프 해법을 이용할 수 있다. 파 주식회사 문제 경우와 같이 그래프 해법 절차를 이 문제에 적용하려면 우선 실행가능 영역을 찾기 위한 제약조건 라인을 그려야 한다. 각 제약조건에 대하여 그래프를 따로 그린 후, 제약조건 라인의 위쪽과 아래쪽에 있는 점들을 체크하면 각 제약조건에 대한 실행가능해가 파악된다. 이렇게 얻어진 실행가능해를 하나의 그래프에 겹쳐서 표시함으로써 그림으로써 그림 2.15와 같은 실행가능 영역을 얻게 된다.

이제 최소의 비용을 제시하는 해를 찾기 위해 특정 목적함수 값을 가지는 목적함수 라

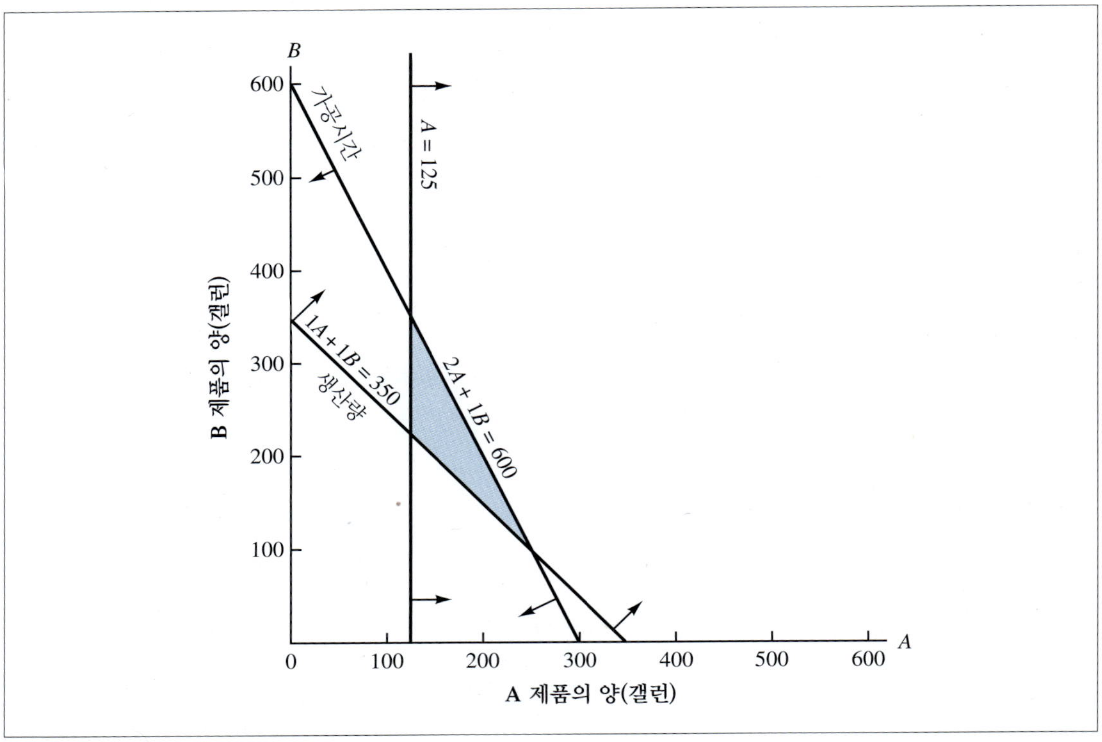

그림 2.15 M&D 케미컬 문제의 실행가능 영역

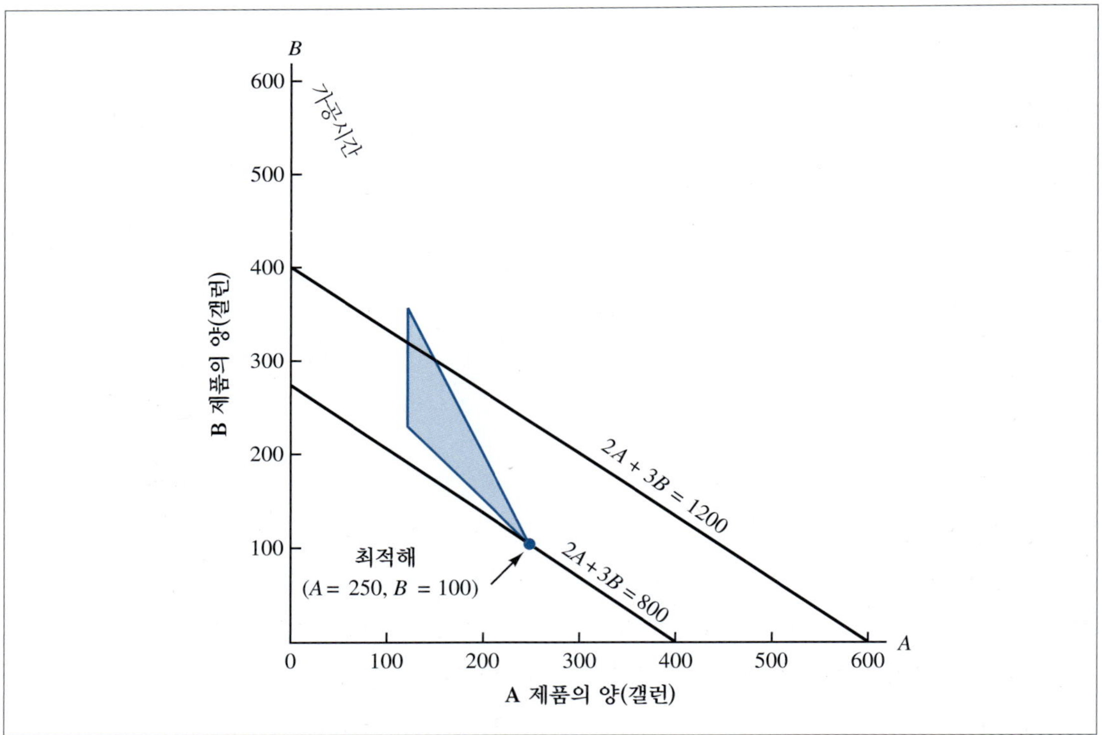

그림 2.16 M&D 케미컬 문제의 그래프 해법

인을 그린다. 예를 들어, $2A + 3B = 1200$인 목적함수 라인을 그려보자. 이 라인은 그림 2.16에 표시되어 있다. 실행가능 영역 내의 어떤 일부의 점에서는 총비용이 $1,200가 된다. 보다 적은 총비용을 제시하는 A와 B의 값을 구하기 위해서 목적함수 라인이 실행가능 영역 밖으로 완전히 벗어날 때까지 왼쪽 아래의 방향으로 계속해서 평행하게 움직인다. 목적함수 라인 $2A + 3B = 800$이 $A = 250$, $B = 100$인 극점을 지날 때, 이 점은 목적함수 값이 800이 되며 최소의 비용을 제공하는 극점이 된다. 그림 2.15와 그림 2.16에서 전체 생산 제약조건과 가공 공정시간은 속박적임을 알 수 있다. 모든 선형계획 문제에서처럼 최적해는 실행가능 영역 내의 한 극점에서 발생한다.

최소화 문제해결을 위한 그래프 해법 절차 요약

최소화 문제를 위한 그래프 해법에 의한 절차는 다음과 같이 다섯 단계로 요약된다.

1. 각각의 제약조건에 대한 실행가능해의 그래프를 준비한다.
2. 모든 제약조건을 동시에 만족하는 해를 파악함으로써 실행가능 영역을 결정한다.
3. 특정한 목적함수 값과 의사결정 변수의 값을 제시하는 목적함수 라인을 그린다.
4. 목적함수 라인이 실행가능 영역 밖으로 완전히 벗어날 때까지 더 적은 목적함수 값을 가지도록 목적함수 라인을 평행하게 움직인다.
5. 가장 적은 값을 가지는 목적함수 라인 위의 어떠한 실행가능해도 최적해가 된다.

잉여변수

M&D 케미컬 문제의 최적해 결과는 다음을 함축하고 있다. 총요구 생산량은 $A + B = 350$갤런으로 가용할 수 있는 공정시간 600시간을 모두 사용함에 따라 달성되는 것을 보여준다. 즉, $2A + 1B = 2(250) + 1(100) = 600$시간이다. 추가적으로, $A = 250$갤런이 되면 A 제품의 수요가 충족된다는 것을 주지해야 한다. 실제로는 A 제품의 생산량은 $250 - 125 = 125$갤런만큼 초과된다. A 제품의 생산량 초과는 과잉생산을 야기한다. 이러한 생산량의 초과는 잉여(surplus)라고 표현한다. 선형계획 전문 용어로 '≥(greater-than-or-equal-to)' 형태에 상응하는 제약조건에서 어떠한 생산량의 초과도 잉여라고 언급한다.

≤ 형태의 제약조건에 대하여 다시 생각해보면 제약조건을 부등식에서 등식으로 변환시키기 위하여 좌측에 여유변수(slack variable)를 더하게 된다. ≥ 형태의 제약조건에서 **잉여변수**(surplus variable)는 제약조건을 부등식에서 등식으로 변환시키기 위하여 반대로 좌변항(Left-Hand Side)에서 잉여변수를 감하게 된다. 여유변수에서처럼, 잉여변수는 목적함수의 계수 값이 0이 된다. 왜냐하면 이 변수는 목적함수 값에 영향을 주지 않기 때문이다. S_1과 S_2의 두 잉여변수를 포함하고(≥ 형태의 제약조건), S_3의 하나의 여유변수를

≤ 형태의 제약조건에 포함시키면 M&D 케미컬 문제의 선형계획 모형은 다음과 같이 변환된다.

$$
\begin{aligned}
\text{Min} \quad & 2A + 3B + 0S_1 + 0S_2 + 0S_3 \\
\text{s.t.} \quad & \\
& 1A \qquad - 1S_1 \qquad\qquad = 125 \\
& 1A + 1B \qquad - 1S_2 \qquad = 350 \\
& 2A + 1B \qquad\qquad + 1S_3 = 600 \\
& A, B, S_1, S_2, S_3 \geq 0
\end{aligned}
$$

이제 모든 제약조건들은 등식의 형태를 이룬다. 그러므로 이를 표준형 선형계획 문제라고 한다. 최적해가 $A=250$과 $B=100$일 때, 잉여변수 및 여유변수의 값은 다음과 같다.

제약조건	잉여변수 또는 여유변수의 값
A 제품의 수요	$S_1=125$
총생산량	$S_2=0$
공정시간	$S_3=0$

그림 2.15와 그림 2.16을 살펴보면 잉여변수와 여유변수의 값이 0이면 제약조건이 최적해하에서 속박적인 제약조건(binding constraint)이 되며, 최적해를 제약조건에 대입하면 제약조건은 등식이 된다. 즉, 제약조건의 값이 우변상수와 같다. 총생산량과 공정시간과 관련된 제약조건이 여기에 해당된다. 잉여변수의 값이 125인 경우는 A 제품의 수요와 관련된 제약조건으로 비속박적인 제약조건이 된다.

파 주식회사 문제에서 모든 제약조건은 ≤ 형태를 가지며, M&D 케미컬 문제에서의 제약조건은 ≤와 ≥가 섞여있는 형태였다. 어떤 선형계획 문제에서의 제약조건의 형태의 수는 선형계획 문제에 존재하는 특정한 조건에 의해 결정된다. 선형계획 문제는 ≤ 형태의 제약조건을 가질 수도 있으며, 일부는 = 형태의 제약조건과, 또 다른 일부는 ≥ 형태의 제약조건도 가질 수 있다. 등식의 형태만을 가지는 제약조건하에서 실행가능해는 제약조건 라인 상에만 존재하게 된다.

한 가지 예로 두 의사결정 변수 G와 H를 가지며 세 개의 제약조건을 가지는 선형계획 모형을 살펴보자.

$$
\begin{aligned}
\text{Min} \quad & 2G + 2H \\
\text{s.t.} \quad & \\
& 1G + 3H \leq 12 \\
& 3G + 1H \geq 13 \\
& 1G - 1H = 3 \\
& G, H \geq 0
\end{aligned}
$$

이 선형계획 모형의 표준형은 다음과 같다.

$$
\begin{aligned}
\text{Min} \quad & 2G + 2H + 0S_1 + 0S_2 \\
\text{s.t.} \quad & \\
& 1G + 3H + 1S_1 \qquad\qquad = 12 \\
& 3G + 1H \qquad\quad -1S_2 = 13 \\
& 1G - 1H \qquad\qquad\qquad\; = 3 \\
& G, H, S_1, S_2 \geq 0
\end{aligned}
$$

표준형 문제는 ≤ 형태의 제약조건에서는 여유변수와 ≥ 형태의 제약조건에서는 잉여변수를 필요로 한다. 하지만, 위 문제의 세 번째 제약조건은 이미 등식의 형태이기 때문에 여유변수와 잉여변수 둘 다 사용할 필요가 없다.

선형계획 문제를 그래프 해법으로 해결할 때, 표준형 문제로 반드시 변환할 필요는 없다. 그럼에도 불구하고 여유변수와 잉여변수의 값을 계산할 수 있어야만 하는데, 이는 여유변수와 잉여변수의 값이 컴퓨터 해 보고서에 포함되기 때문이며 이 값들이 의미하는 것을 이해해야만 한다.

결론은 어떤 선형계획 문제의 표준형은 모형화된 원래 선형계획 문제와 동등하다는 것이다. 즉, 어떤 특정한 선형계획 문제의 최적해는 표준형 선형계획 문제의 최적해와 동일하다는 의미이다. 표준형은 기본적인 문제를 변화시키지 않으며 오직 제약조건을 기술하는 방식만을 바꿀 뿐이다.

M&D 케미컬 문제의 컴퓨터 해법

M&D 케미컬 문제의 컴퓨터 최적해는 그림 2.17에 주어져 있다. 이 컴퓨터에 의한 보고서는 최적의 목적함수 값, 즉 최소 비용이 $800가 됨을 보여준다. 의사결정 변수의 값은

```
Optimal Objective Value =                800.00000

        Variable                   Value
     --------------           ---------------
           A                        250.00000
           B                        100.00000

       Constraint              Slack/Surplus
     --------------           ---------------
            1                       125.00000
            2                         0.00000
            3                         0.00000
```

그림 2.17 M&D 케미컬 문제의 컴퓨터에 의한 해

A 제품이 250갤런, B 제품이 100갤런으로 최소 비용 선형계획 문제의 최적해가 됨을 보여준다.

잉여변수/여유변수란의 ≥ 형태의 제약조건 1은 A 제품이 수요에 대하여 이를 충족시키고 추가로 125갤런만큼 과잉생산이 일어났음을 보여준다. 이것은 A 제품의 생산량이 요구되는 양보다 125갤런만큼 초과되었다는 것을 의미한다. 총제조량 요구조건(제약조건 2)과 제조 공정시간에 대한 제약조건(제약조건 3)에 대한 잉여변수/여유변수의 값은 0으로 이들 제약조건은 최적해에서 속박적인 또는 묶인(binding) 것을 의미한다.

2.6 특수한 사례

이 장에서는 선형계획 문제를 해결하는 데 발생할 수 있는 세 가지 특별한 경우에 대하여 알아보기로 한다.

복수 최적해

그래프 해법에 의한 절차로부터 최적해는 실행가능해 중에서 여러 극점 중에서 발생한다는 것을 알 수 있었다. 이제 최적 목적함수 라인이 실행가능 영역의 경계에 있는 속박적 제약조건 라인 중 하나와 일치하는 특별한 경우에 대하여 알아보기로 하자. 이러한 경우

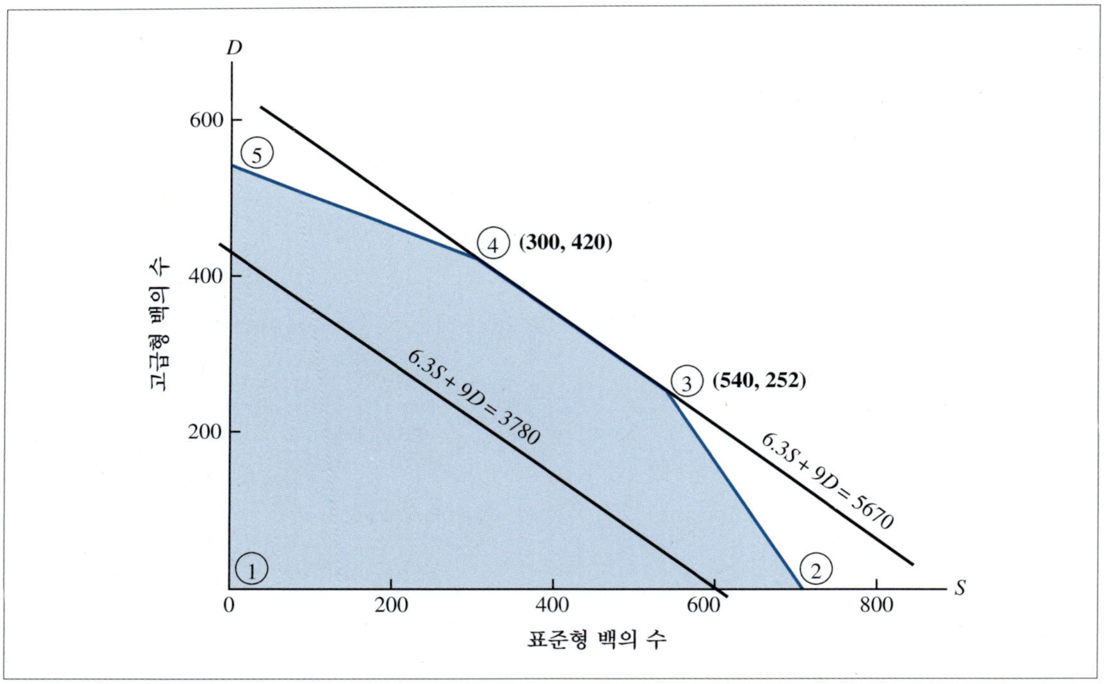

그림 2.18 목적함수식이 $6.3S+9D$인 파 주식회사 문제의 해(복수 최적해)

가 발생하면 최적 목적함수 값이 동일한 **복수 최적해**(alternative optimal solution)가 생긴다는 것을 알 수 있다. 이 경우는 최적의 목적함수 값을 제공하는 해가 둘 이상이 됨을 알 수 있다. 즉, 무한히 많은 해가 존재한다.

복수 최적해를 상세하게 설명하기 위하여 파 주식회사 문제를 다시 생각해보자. 표준형 골프백(S)의 개당 이익이 감소하여 \$6.30가 되었다고 하자. 그러면 새로운 목적함수식은 $6.3S + 9D$가 된다. 이 새로운 문제의 그래프 해법 절차는 그림 2.18에 표시되어 있다. 최적해가 하나의 극점에서 발생한다는 것을 주지하라. 실제로는 다음 두 극점, 즉 극점 ④($S = 300$, $D = 420$)와 극점 ③($S = 540$, $D = 252$)에서 동일한 최적 목적함수 값을 가지며 두 극점 모두 최적해가 된다.

이 두 극점에서의 목적함수 값은 동일하다. 즉,

$$6.3S + 9D = 6.3(300) + 9(420) = 5670$$

그리고

$$6.3S + 9D = 6.3(540) + 9(252) = 5670$$

더욱이 이 두 극점을 지나는 라인 상의 어떠한 점도 마찬가지로 최적해가 된다. 예를 들면, 솔루션 포인트 ($S = 420$, $D = 336$)은 역시 동일한 최적의 목적함수 값을 제시하며, 두 극점의 정중앙에 위치한다.

$$6.3S + 9D = 6.3(420) + 9(336) = 5670$$

어떤 선형계획 문제가 복수 최적해를 가지는 경우는 의사결정자나 경영진에게 일반적으로 좋은 상황이 된다. 이것은 몇 가지 의사결정 변수의 조합이 최적해가 되므로(즉, 하나의 최적해만 존재하는 것이 아니므로) 경영자는 가장 바람직한 최적해를 이들 조합 중에서 선택하면 된다. 그러나 어떤 선형계획 문제가 복수 최적해를 가지는지, 그렇지 않은지를 파악하는 것은 쉬운 일이 아니다.

실행불가능 모형

실행 불가능(infeasibility)은 선형계획 문제에서 모든 제약조건을(비음제약조건도 포함한다) 만족하는 어떠한 해도 존재하지 않는 경우를 말한다. 그래프 해법 측면에서 살펴보면 실행 불가능한 상황은 실행가능 영역이 존재하지 않는 경우를 의미한다. 즉, 모든 제약조건과 비음제약조건을 동시에 만족하는 어떠한 점도 존재하지 않는다는 것이다. 이 상황을 자세히 설명하기 위해서 파 주식회사 문제를 다시 들여다보도록 하자.

> 실행불가능해를 가지는 선형계획 문제가 실제로 발생하며, 이는 경영진이 너무 높은 기대를 하거나 너무 많은 제약조건이 가해져서 발생한다.

파 주식회사의 경영진이 적어도 500개의 표준형 골프백과 360개의 고급형 골프백을

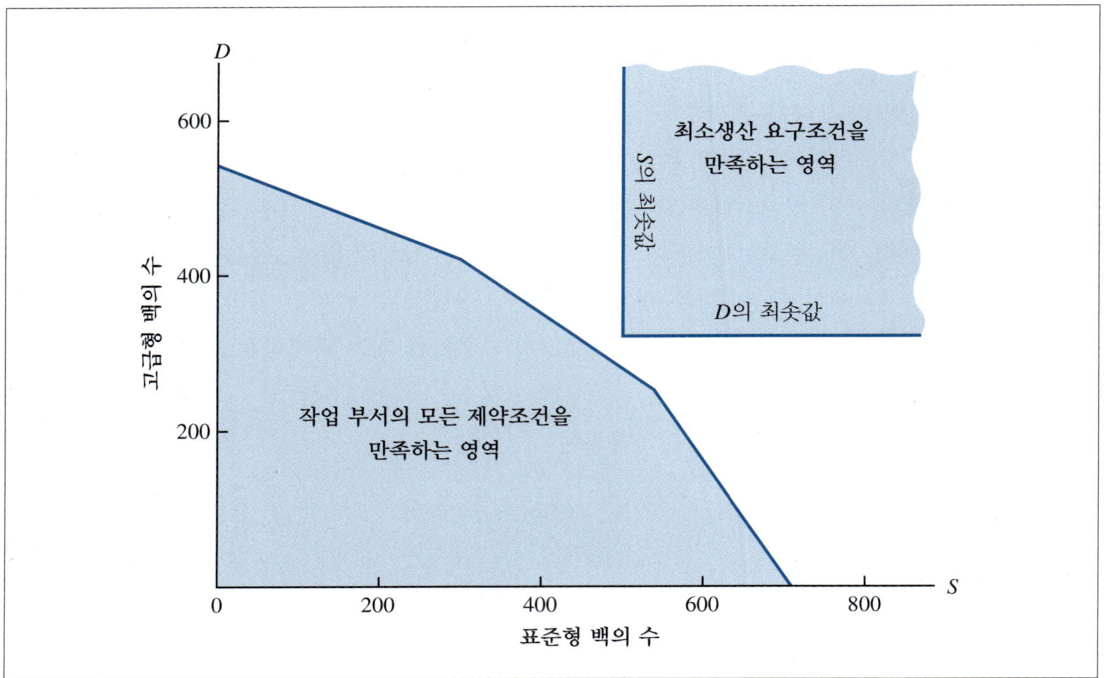

그림 2.19 500개의 표준형 백과 360개의 고급형 백을 제조하는 최소생산 요구조건에 대한 실행불가능해

제조해야 한다는 것을 제안한다고 가정하자. 이제 이러한 새로운 요구조건을 반영할 수 있는 해의 영역이 그려질 수도 있다(그림 2.19 참조). 그래프의 좌측 아랫부분에 음영 표시된 부분은 가용시간에 대한 제약조건을 만족하는 점들을 표시한다. 우측 위에 음영 표시된 부분은 최소생산 요구조건(이는 앞에서 언급했듯이 적어도 500개의 표준형 백과 360개의 고급형 백을 제조하는 것을 말한다)을 만족하는 점들을 표시한다. 그러나 이 제약조건을 동시에 만족하는 점은 존재하지 않는다. 따라서 경영진이 이러한 최소생산 요구조건을 추가로 제시한다면 이를 만족하는 실행가능 영역은 존재하지 않게 된다.

이 문제에 대하여 우리는 실행 불가능을 어떻게 해석해야 하는가? 첫째, 경영진에게 주어진 가용자원, 즉 모든 제조 작업에 대한 가용시간이 현재의 상태하에서는 500개의 표준형 백과 360개의 고급형 백을 제조하는 것은 불가능하다는 것을 주지시켜야 한다. 500개의 표준형 백과 360개의 고급형 백을 제조하려면 각각의 자원이 정확히 얼마나 추가적으로 필요한지를 보고해야 한다. 표 2.2는 필요한 최소 자원의 양, 현재 가용할 수 있는 자원의 양, 500개의 표준형 백과 360개의 고급형 백을 제조하는 데 필요한 추가 자원의 양을 제시해 준다. 따라서 경영진의 최소생산 요구조건을 만족하려면 재단 및 염색 작업에는 추가로 80시간이 필요하며, 마무리 작업에는 32시간, 검사 및 포장 작업에는 5시간이 더 필요하다는 것을 알 수 있다.

위와 같은 정보를 보고받은 후에 경영진이 계속해서 500개의 표준형 백과 360개의 고

표 2.2 500개의 표준형 백과 360개의 고급형 백을 제조하는 데 필요한 시간(자원)

작업명	최소요구량(시간)	가용시간	추가 필요량(시간)
재단 및 염색 작업	$\frac{7}{10}(500) + 1(360) = 710$	630	80
바느질 작업	$\frac{1}{2}(500) + \frac{5}{6}(360) = 550$	600	없음
마무리 작업	$1(500) + \frac{2}{3}(360) = 740$	708	32
검사 및 포장 작업	$\frac{1}{10}(500) + \frac{1}{4}(360) = 140$	135	5

급형 백을 제조하기를 원한다면 추가적인 자원(시간)이 필요하다. 아마도 재단 및 염색 작업에 다른 작업자를 추가로 고용하거나, 다른 부서에 있는 시간제 작업자를 마무리 작업 부서에 배치하거나, 바느질 부서의 작업자들을 정기적으로 검사 및 포장 작업에 참여하도록 하면 추가로 필요한 자원의 요구사항은 충족될 것이다. 실행가능해를 얻지 못하면 경영활동을 수정하여 이러한 요구조건을 충족할 수 있는 많은 기회를 얻을 수 있게 하여야 한다. 숙지해야 할 중요한 사항은 선형계획 분석을 이용하여 경영진의 계획이 실행가능한지를 판단해 줄 수 있다는 것이다. 선형계획을 이용하여 문제를 분석하면 때로는 실행 불가능한 조건과 이를 수정할 수 있는 활동을 제시받을 수 있다는 것이다.

실행 불가능한 모형의 경우, 엑셀 해 찾기를 이용하면, '이 문제는 실행 불가능하다.'는 에러 메시지를 얻게 된다. 이러한 경우의 선형계획 모형은 모든 제약조건과 비음제약조건을 모두 만족하는 해가 존재하지 않는다는 것을 알게 된다. 모형화된 선형계획 문제를 자세히 들여다보는 것은 그 문제의 해가 존재하는지를 파악하는 데 반드시 필요하다. 어떤 경우에 합리적인 방법은 하나 이상의 제약조건을 삭제하고 문제를 다시 해결하는 것이 유일한 방법이 된다. 이 수정된 문제의 최적해를 구할 수 있다면 그 배제된 제약조건은 다른 제약조건과 합쳐지면 원래의 선형계획 문제를 실행 불가능으로 만든다는 것을 알게 된다.

실행 불가능한 문제를 풀려고 하면, 엑셀 해 찾기는 "실행가능해를 찾을 수 없다."라는 에러 메시지를 표시한다.

무한해

선형계획 최대화 문제에서 **무한해**(unbounded)란 제약조건에 위반됨이 없이 해의 값이 무한히 증가하는 경우를 말한다. 반대로 최소화 문제의 경우에는 모든 제약조건을 만족하면서 해의 값이 무한히 감소하는 경우를 말한다. 이 조건은 **경영학적 유토피아**(managerial utopia)라고 불리기도 한다. 예를 들면, 이익 최대화 문제에 이러한 상황이 일어나면 무한히 많은 이익을 얻을 수 있다는 것이다.

그러나 실제 선형계획 문제에서 무한해가 발생한다는 것은 그 문제가 적절히 수식화되지 않았음을 의미한다. 이는 어떤 회사도 이익을 막연하게 무한히 증가시킬 수는 없다는 것을 알고 있기 때문이다. 그러므로 이익 최적화 선형계획 문제가 무한해를 가진다는 것

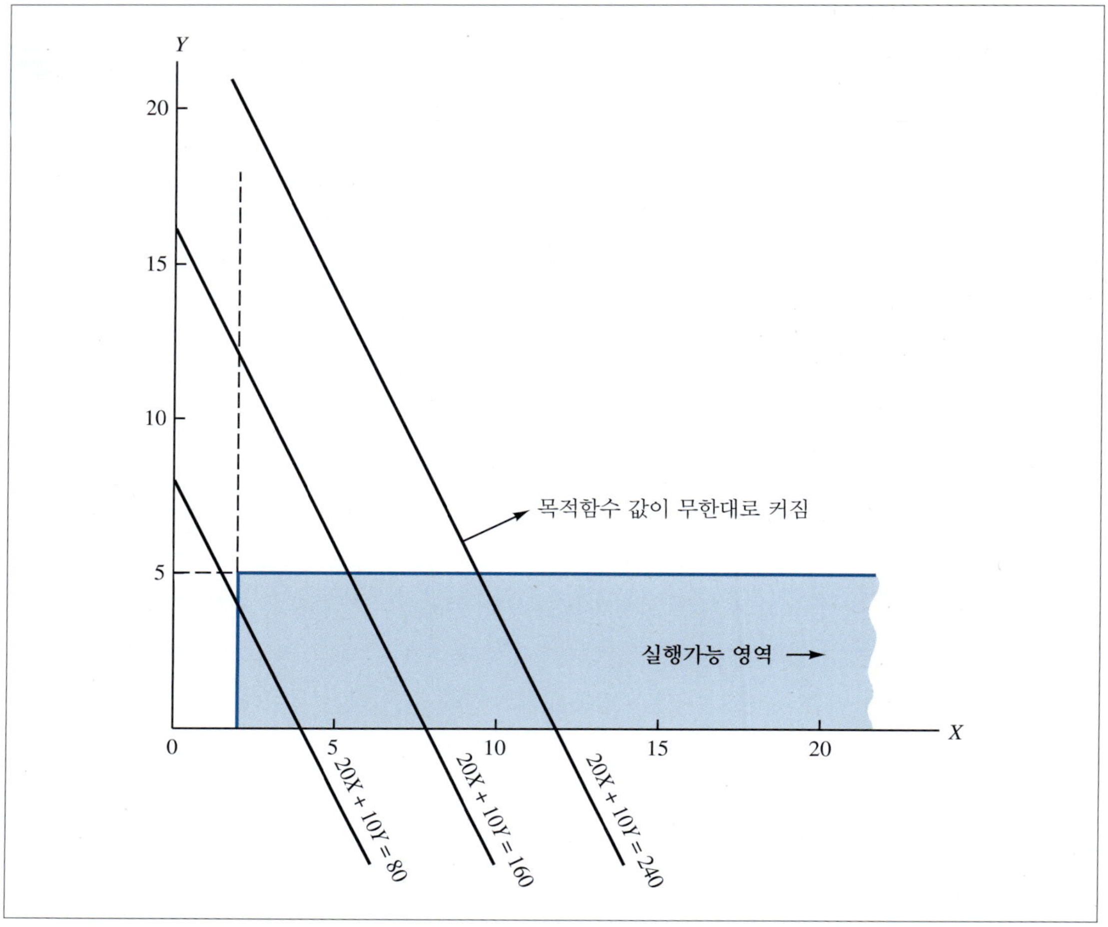

그림 2.20 무한해를 가지는 문제의 예

은 수학적 모형이 현실을 충분히 반영하지 못했다는 것을 말해준다. 이런 경우는 일반적으로 제약조건을 모형화하는 과정에서 부주의하게 생략했다는 것으로 해석해야 한다.

예제로 두 변수 X, Y를 가지는 다음과 같은 선형계획 문제를 생각해보자.

$$\begin{aligned}
&\text{Max} \quad 20X + 10Y \\
&\text{s.t.} \\
&\qquad 1X \qquad \geq 2 \\
&\qquad\qquad 1Y \leq 5 \\
&\qquad X, Y \geq 0
\end{aligned}$$

그림 2.20에 위 선형계획 문제의 실행가능 영역을 표시하였다. 실행가능 영역은 X축 방향으로 무한히 연장되므로 이 중 일부분만 표시가 가능하다는 것에 주의하라. 그림 2.20의 목적함수 라인을 살펴보면 이 문제의 해는 우리가 원하는 만큼 커질 수 있다는 것을 알 수 있다. 즉, 어떤 해를 선택한다 하더라도 이보다 큰 값을 가지는 실행가능해가 항상 존재한다는 것이다. 따라서 이러한 해를 무한해라고 한다.

엑셀 해 찾기를 이용하여 풀려고 할 때마다 이러한 종류의 선형계획 문제는 무한해를 가진다는 메시지를 얻게 된다. 이러한 경우는 현실에서는 일어날 수 없으므로 우선적으로 해야 할 일은 현재의 모형이 정확하게 모형화되었는지를 확인해야 한다. 많은 경우에 이와 같은 에러는 제약조건을 모형화하는 과정에서 하나의 제약조건이 부주의하게 생략되었기 때문이라는 것이다.

무한해를 가지는 문제를 풀려고 하면, 엑셀 해 찾기는 "목적함수 값은 수렴하지 않는다."라는 에러 메시지를 표시한다.

유의사항

1. 실행불가능해는 목적함수와는 관련이 없다. 이 경우는 제약조건이 꽤 복잡하여 실행가능 영역이 존재하지 않기 때문이다. 따라서 실행 불가능한 경우가 생기면 목적함수의 계수를 바꾼다고 실행 가능한 영역이 생기지는 않는다. 계속해서 실행 불가능한 해가 발생한다.
2. 무한해는 종종 한 제약조건을 생략함으로써 발생한다. 그러나 목적함수를 변화시키면 무한해를 가지는 문제가 최적해를 가지게 되는 경우로 바뀔 수도 있다. 예를 들어, 그림 2.20의 그래프는 목적함수 Max $20X+10Y$에 대하여 무한해를 가짐을 보인다. 그러나 목적함수를 Max $-20X-10Y$로 바꾸면 제약조건의 변경 없이 최적해 $X=2$, $Y=0$를 얻는다.

2.7 선형계획법의 일반적인 표기법

지금까지 파 주식회사의 선형계획 모형과 M&D 케미컬의 선형계획 모형에 대하여 고찰해보았다. 파 주식회사 문제의 선형계획 모형화는 다음과 같이 두 의사결정 변수를 정의함으로써 시작된다. S = 표준형 골프백의 수, D = 고급형 골프백의 수. M&D 케미컬의 선형계획 문제에서는 다음과 같이 두 의사결정 변수가 정의되었다. A = A 제품의 생산량, B = B 제품의 생산량. 파 주식회사 선형계획 문제를 위해서 의사결정 변수를 S와 D로 선택하였고 M&D 케미컬의 선형계획 문제를 위해서는 의사결정 변수로 A, B를 선택하였다. 이는 선형계획 문제에서 의사결정 변수가 무엇을 의미하는지를 쉽게 기억하려고 붙인 것이다. 이런 방법은 적은 수의 의사결정 변수를 가지는 선형계획 문제에서는 문제가 되지 않으나 많은 수의 의사결정 변수를 가지는 선형계획 문제를 모형화하는 데는 어려움이 따른다.

선형계획에서는 의사결정 변수 x를 첨자와 같이 사용하는 방식의 좀 더 일반적인 표기법이 종종 사용된다. 예를 들어, 파 주식회사 선형계획 모형에서 의사결정 변수는 다음과 같이 정의된다.

$$x_1 = \text{표준형 골프백의 제조량(개수)}$$
$$x_2 = \text{고급형 골프백의 제조량(개수)}$$

M&D 케미컬의 선형계획 모형에서는 의사결정 변수의 이름을 위와 똑같이 쓰지만 그 정의는 변한다.

x_1 = A 제품의 생산량(갤런)

x_2 = B 제품의 생산량(갤런)

의사결정 변수를 정의하는 데 일반적인 표기법을 사용함으로써 따르는 단점은 이 더 이상 쉽게 이들 의사결정 변수가 선형계획 문제에서 실제로 의미하는 바를 쉽게 파악하지 못한다는 것이다. 그러나 반대로 이 표기법의 장점은 많은 의사결정 변수를 포함하는 문제의 수식화에 쉽게 이용할 수 있다는 것이다. 예를 들어, 세 의사결정 변수를 가지는 선형계획 모형을 위하여 의사결정 변수를 x_1, x_2, x_3로 표기하며, 네 의사결정 변수를 가지는 선형계획 모형을 위하여 의사결정 변수의 명칭을 x_1, x_2, x_3, x_4라 표기한다(이러한 방식은 의사결정 변수의 수가 늘어나도 첨자의 수를 연장해서 1, 2, 3……처럼 사용할 수 있다). 1,000개의 의사결정 변수가 포함되면 1,000개 의사결정 변수의 이름을 모두 구분한다는 것은 확실히 어려운 일이다. 그러나 이러한 일반적인 표기법을 따르면 의사결정 변수는 다음과 같이 보다 쉽게 정의된다. x_1, x_2, x_3, ……, x_{1000}.

일반적인 표기법을 이용하여 그래프 해법 절차를 설명하기 위해 다음과 같은 두 의사결정 변수를 가지는 최대화 문제의 수학적 모형을 고려해보자.

$$
\begin{aligned}
\text{Max} \quad & 3x_1 + 2x_2 \\
\text{s.t.} \quad & \\
& 2x_1 + 2x_2 \le 8 \\
& 1x_1 + 0.5x_2 \le 3 \\
& x_1, x_2 \ge 0
\end{aligned}
$$

가능한 해(x_1, x_2 값)를 표시하는 그래프를 먼저 그린다. 일반적인 표기법은 가로축에 x_1 값을 나타내고 세로축에 x_2의 값을 표기한다. 그림 2.21은 이 두 의사결정 변수 문제의 그래프 해법에 의한 해를 보여주고 있다. 이 문제의 최적해는 $x_1 = 2$, $x_2 = 2$이며, 목적함수 값은 10이다.

일반적인 선형계획 표기법을 이용하여 위의 문제를 표준형 문제로 바꾸면 다음과 같다.

$$
\begin{aligned}
\text{Max} \quad & 3x_1 + 2x_2 + 0s_1 + 0s_2 \\
\text{s.t.} \quad & \\
& 2x_1 + 2x_2 + 1s_1 = 8 \\
& 1x_1 + 0.5x_2 + 1s_2 = 3 \\
& x_1, x_2, s_1, s_2 \ge 0
\end{aligned}
$$

따라서 최적해 $x_1 = 2$, $x_2 = 2$에서 여유변수의 값은 $s_1 = s_2 = 0$이 된다.

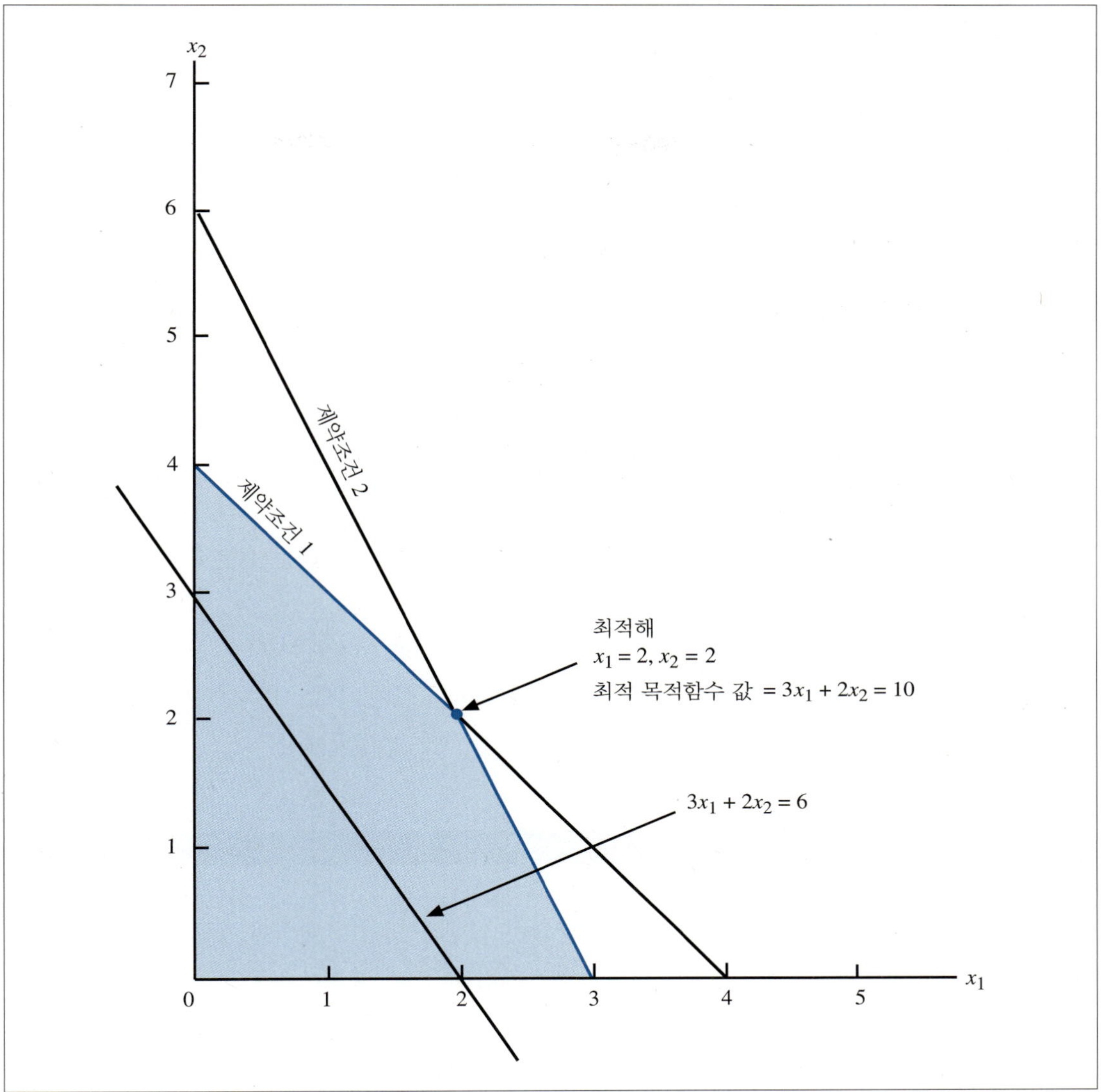

그림 2.21 두 의사결정 변수 선형계획 문제의 일반적인 표기법에 따른 그래프 해법

요약

지금까지 우리는 두 선형계획 모형인 파 주식회사의 최대화 문제와 M&D 케미컬의 최소화 문제에 대하여 고찰해 보았다. 또한 이 선형계획 문제에 대하여 그래프 해법에 의한 최적해 절차와 컴퓨터에 의한 해에 대하여 알아보았다. 이 두 문제에 대한 수리적 모형을 수립함에 있어 선형계획 모형의 일반적인 표기법을 이용하여 정의를 하였다.

선형계획 모형은 다음 특징을 가지는 수리 모형이다.

1. 선형 목적함수를 최대화 또는 최소화한다.
2. 일련의 선형 제약조건을 가진다.
3. 의사결정 변수는 반드시 비음의 값(즉, 0 또는 양수)을 가진다.

여유변수는 적거나 같은 ≤ 형태의 (부등) 제약조건을 등식의 형태로 만드는 데 사용되며, 잉여변수는 크거나 같은 ≥ 형태의 (부등) 제약조건을 등식의 형태로 만드는 데 사용된다. 여유변수의 값은 일반적으로 미사용 자원의 양으로 해석되며, 잉여변수의 값은 일반적으로 최소 요구조건보다 큰 자원의 양으로 해석한다. 모든 제약조건의 형태를 등식의 형태로 바꾸면 이는 표준형 선형계획 문제가 된다.

선형계획 문제의 해가 실행 불가능하거나 무한해이면 최적해가 존재하지 않는다. 실행 불가능은 실행가능해가 존재하지 않으며, 무한해의 경우에는 최대화 문제는 목적함수 값이 무한히 커지며, 최소화 문제는 목적함수 값이 무한히 작게 된다. 복수 최적해의 경우에는 둘 이상의 최적해가 되는 극점이 존재하며 극점을 연결하는 선분 위의 모든 점이 최적해가 된다.

이 장의 마지막은 일반적인 선형계획 용어 표기법을 이용하여 선형계획 모형을 작성하는 것에 대하여 언급한다. 다음에 있는 '경영과학의 실행'에서는 IBM의 사례를 보여준다. 이 책의 3, 4장에서는 보다 많은 선형계획의 응용에 대하여 제시한다.

주요 용어

- **극점(extreme point)** 일반적으로 극점은 실행가능 영역 내의 꼭짓점 또는 모서리 점(vertices or corners)에서 발생하는 실행가능해(점)를 말한다. 두 의사결정 변수를 가지는 선형계획 문제의 극점은 두 제약조건 라인의 교차점에 의해서 결정된다.
- **무한해(unbounded)** 선형계획 최대화 문제에서 제약조건에 위반됨이 없이 해의 값이 무한히 증가하는 경우를 말하며 최소화 문제의 경우에는 무한히 작아지는 경우를 말한다.
- **문제의 수식화(problem formulation)** 일반적인 언어로 표현된 문제를 수학적 표현으로 변환하는 과정. 수학적 모형(mathematical model)이라고도 한다.
- **복수 최적해(alternative optimal solution)** 목적함수의 최적해 값이 둘 이상 존재하는 경우.
- **불필요한 제약조건(redundant constraint)** 어떤 제약조건은 실행가능 영역에 영향을 주지 못하므로 따라서 최적해에도 영향을 주지 못하는 경우를 말한다. 제약조건이 불필요한 경우에는 문제를 제거해도 실행가능 영역에는 영향을 주지 않는다.
- **비음제약조건(nonnegativity constraint)** 모든 의사결정 변수가 비음이 되어야만 하는

경영과학의 실행 IBM의 사례: 공급사슬 관리의 계획 실행을 위한 선형계획 사용*

기술적인 측면에서 반도체는 전기, 전자제품의 주요 구성품이 되는 집적회로(Integrated Circuit, IC)를 만드는 데 필요한 주재료이며, 보통 실리콘으로 만든다. 그러나 사용상의 측면에서는 반도체 제조는 실제 IC의 설계와 생산을 의미한다. IC는 컴퓨터, 스마트폰, 태블릿 컴퓨터 및 사용자가 익숙한 기타 모든 전자장치의 전원 공급에 필요한 계산을 수행한다.

IBM의 반도체 공급사슬은 전 세계에 걸쳐 뻗어 있으며 수많은 다른 공급업체, 제조업체, 유통업체 및 고객을 보유하고 있기 때문에 대단히 복잡하다. 반도체 제조에는 수백 가지의 복잡한 작업이 필요하며, 때때로 리드 타임(lead time)이 대단히 많이 필요하게 된다. 완성된 반도체 제품 제조를 위해서는 3차원 회로가 반도체 재료의 베이스층 위에 위치해야만 한다. 이는 증착 작업(deposition), 사진 석판술 작업(photolithography), 식각 작업(etching), 아이언 작업(iron plantation) 과정을 통해서 가능하다. 회로는 철저한 테스트를 거치게 되고, 고객에게 보내기 위해서 포장을 한다. 제조/생산과정에서의 조그만 차이는 스피드 면에서의 품질상 차이로 나타나게 된다. 이 품질이 다른 반도체는 때로는 공급량이 부족할 때 대체품으로 사용된다. 예를 들어, 중간 스피드를 갖는 반도체가 부족하면 높은 스피드를 내는 반도체가 대신 사용될 수 있다. 그러나 반대의 경우는 불가하다. 이러한 상황하에서 공급사슬상의 여러 가능한 수많은 물류 흐름이 생기게 되어 이를 일정하게 유지하기가 어렵게 된다.

IBM은 지난 50여 년 동안 반도체를 제조/생산해왔다. IBM은 반도체를 아시아, 북미에서 제조하였으며 전 세계에 유통시켜왔다. IBM은 공급사슬 관리 계획을 세우기 위해, 구체적인 실행 전략을 실행하기 위해 경영과학적 기법을 사용해왔다. IBM의 중앙계획엔진(Central Planning Engine, CPE)은 반도체 공급사슬 관리 활동을 위한 일련의 도구가 된다. CPE는 선형계획을 포함하는 여러 가지 경영과학 기법을 사용한다. 선형계획 모형의 제약조건은 생산능력, 가용한 원재료, 리드 시간 지연, 수요 충족에 대한 것으로 이들의 한계를 포함하고 있다. 또한 앞에서 언급된 대체품의 수요 대체 강행과 관련된 제약조건이 존재한다. CPE에서는 문제를 풀기 위해 다른 경영과학 기법을 사용하며, 선형계획 모형은 가용할 수 있는 능력/용량 및 재료에 근거하여 장비(device)에 생산능력을 할당하는 몇 단계의 과정에 이용된다.

IBM은 반도체 공급사슬에서 CPE를 이용하여 장기간의 전략 및 단기간의 하위 작업의 실행에 대한 계획을 수행한다. 경영과학 기법을 유용하게 사용함으로써 이러한 복잡한 계산은 단지 수 시간 내에 완수될 수 있다. 이러한 빠른 속도로 인하여 IBM은 하루 동안에 여러 다른 시나리오를 평가해볼 수 있고 민감도 분석을 하여 공급사슬 내에 존재하는 위험을 파악하고 이해할 수 있다. IBM은 CPE를 활용하여 정시에 제품을 배달하는 확률을 15% 정도 증가시켰으며, 재고를 25~30% 감소시켰다.

*출처 Alfred Degbotse, Brian T. Denton, Kenneth Fordyce, R. John Milne, Robert Orzell, Chi-Tai Wang, "IBM Blends Heuristics and Optimization to Plan Its Semiconductor Supply Chain," *Interfaces* (2012): 1-12.

일련의 제약조건.

- **선형계획 모형**(linear programming model) 선형 목적함수, 일련의 선형 제약조건 및 비음제약조건의 의사결정 변수를 가지는 수학적 모형.
- **선형계획**(linear program) 선형계획 모형의 또 다른 이름.
- **선형함수**(linear function) 의사결정 변수가 분리된 형태로 목적함수에 포함되며, 의사결정 변수의 1차 함수로 표현되는 수학적 함수.

- **수학적 모형(mathematical model)** 목적함수와 일련의 제약조건이 수식에 의해 기술되는 문제의 표현.
- **실행가능 영역(feasible region)** 실행가능해의 집합.
- **실행가능해(feasible solution)** 모든 제약조건을 만족하는 솔루션 포인트.
- **실행 불가능(infeasibility)** 선형계획 문제에서 모든 제약조건을 만족하는 어떠한 해도 존재하지 않는 경우를 말한다.
- **여유변수(slack variable)** ≤ 형태의 제약조건에 대하여 제약조건을 등식으로 변환하기 위해서 제약조건의 좌변항에 더해지는 변수. 이 변수의 값은 보통 미사용 자원의 양으로 해석된다.
- **의사결정 변수(decision variable)** 선형계획 모형에서 통제할 수 있는 투입요소.
- **잉여변수(surplus variable)** ≥ 형태의 제약조건에 대하여 제약조건을 등식으로 변환하기 위해서 제약조건의 좌변항에서 감하게 되는 변수. 이 변수의 값은 요구되는 최소 수준을 초과하는 양을 의미한다.
- **제약조건(constraint)** 등식 또는 부등식으로 표현되어 의사결정 변수를 실행가능해와 실행불가능해로 구분지어 실행가능해를 제시한다.
- **표준형(standard form)** 선형계획 모형의 모든 제약조건을 등식의 형태로 표현하는 경우. 표준형으로 작성된 선형계획 문제의 최적해는 선형계획 원문제의 최적해와 동일하다.

연습문제

1. **선형 함수관계 확인** 다음 수학적 관계식 중에서 선형계획 모형에 사용할 수 있는 것은? 또 사용할 수 없는 것은? 사용할 수 없는 것은? 선형계획 모형에서 사용할 수 없는 관계식은 그 이유를 설명하라.

a. $-1A + 2B \leq 70$

b. $2A - 2B = 50$

c. $1A - 2B^2 \leq 10$

d. $3\sqrt{A} + 2B \geq 15$

e. $1A + 1B = 6$

f. $2A + 5B + 1AB \leq 25$

2. **제약조건을 만족하는 해** 다음 제약조건을 만족하는 해를 구하라.

a. $4A + 2B \leq 16$

b. $4A + 2B \geq 16$

c. $4A + 2B = 16$

3. **제약조건을 만족하는 해의 그래프** 다음 제약조건에 대하여 그 제약조건 라인과 해를 조건별로 분리하여 그래프를 그려보라.

a. $3A + 2B \leq 18$

b. $12A + 8B \geq 480$

c. $5A + 10B = 200$

4. **제약조건을 만족하는 해의 그래프** 다음 제약조건에 대하여 그 제약조건 라인과 제약조건을 만족하는 해를 조건별로 분리하여 그래프를 그려보라.

a. $3A - 4B \geq 60$

b. $-6A + 5B \leq 60$

c. $5A - 2B \leq 0$

5. **제약조건을 만족하는 해의 그래프** 다음 제약조건에 대하여 그 제약조건 라인과 제약조건을 만족하는 해를 조건별로 분리하여 그래프를 그려보라.

a. $A \geq 0.25(A + B)$

b. $B \leq 0.10(A + B)$

c. $A \leq 0.50(A + B)$

6. **목적함수의 그래프** 다음 세 목적함수에 대하여 목적함수 값이 420이 되는 목적함수 라인을 그려보라.

$$7A + 10B,\ 6A + 4B,\ -4A + 7B$$

7. **실행가능 영역 파악** 다음 일련의 제약조건에 대하여 실행가능 영역을 파악하라.

$$\begin{aligned} 0.5A + 0.25B &\geq 30 \\ 1A + 5B &\geq 250 \\ 0.25A + 0.5B &\leq 50 \\ A, B &\geq 0 \end{aligned}$$

8. **실행가능 영역 파악** 다음 일련의 제약조건에 대하여 실행가능 영역을 파악하라.

$$\begin{aligned} 2A - 1B &\leq 0 \\ -1A + 1.5B &\leq 200 \\ A, B &\geq 0 \end{aligned}$$

9. **실행가능 영역 파악** 다음 일련의 제약조건에 대하여 실행가능 영역을 파악하라.

$$\begin{aligned} 3A - 2B &\geq 0 \\ 2A - 1B &\leq 200 \\ 1A &\leq 150 \\ A, B &\geq 0 \end{aligned}$$

10. 그래프 해법으로 선형계획 모형 해결 다음 선형계획 모형에 대하여 그래프 해법을 이용하여 최적해를 구하라. 최적해에서 목적함수 값은 무엇인가?

$$\begin{aligned} \text{Max} \quad & 2A + 3B \\ \text{s.t.} \quad & \\ & 1A + 2B \le 6 \\ & 5A + 3B \le 15 \\ & A, B \ge 0 \end{aligned}$$

11. 그래프 해법으로 선형계획 모형 해결 다음 선형계획 문제에 대하여 그래프 해법을 이용하여 최적해를 구하라.

$$\begin{aligned} \text{Max} \quad & 5A + 5B \\ \text{s.t.} \quad & \\ & 1A \qquad\quad \le 100 \\ & \qquad 1B \le 80 \\ & 2A + 4B \le 400 \\ & A, B \ge 0 \end{aligned}$$

12. 그래프 해법으로 선형계획 모형 해결 및 극점 파악 다음 선형계획 문제를 고려하라.

$$\begin{aligned} \text{Max} \quad & 3A + 3B \\ \text{s.t.} \quad & \\ & 2A + 4B \le 12 \\ & 6A + 4B \le 24 \\ & A, B \ge 0 \end{aligned}$$

a. 그래프 해법을 이용하여 최적해를 구하라.

b. 목적함수가 $2A + 6B$로 변하면 최적해는 어떻게 변화하는가?

c. 극점은 몇 개인가? 각 극점에서 A, B 값은 무엇인가?

13. 그래프 해법으로 선형계획 모형 해결, 실행가능 영역 및 극점 파악 다음 선형계획 문제를 고려하라.

$$\begin{aligned} \text{Max} \quad & 1A + 2B \\ \text{s.t.} \quad & \\ & 1A \qquad\quad \le 5 \\ & \qquad 1B \le 4 \\ & 2A + 2B = 12 \\ & A, B \ge 0 \end{aligned}$$

a. 실행가능 영역을 표시하라.

b. 실행가능 영역 중에서 극점은 무엇인가?

c. 그래프 해법을 이용하여 최적해를 구하라.

14. 이익을 최대화하는 혼합 문제(blending problem) RMC 회사는 케미컬 제품을 생산하는 소규모 기업이다. 어떤 특정한 생산과정에서 세 가지 원재료를 혼합하여 두 가지 제품(연료 첨가제와 기본 용매)을 생산한다. 연료 첨가제는 1톤당 원재료 1을 $^2/_5$톤, 원재료 3을 $^3/_5$톤 섞어서 만든다. 기본 용매는 1톤당 원재료 1을 $^1/_2$톤, 원재료 2를 $^1/_5$톤, 원재료 3을 $^3/_{10}$톤 섞어서 만든다. 관련된 비용을 감한 후, 톤당 이익은 연료 첨가제가 \$40, 기본 용매가 \$30가 된다. RMC 회사의 제품 생산은 세 원재료의 가용량에 의해서 제약을 받는다. 현재 기간의 생산과 관련하여 RMC 회사는 다음과 같이 가용할 수 있는 세 가지 원재료를 가지고 있다.

원재료	생산에 사용할 수 있는 양
1	20톤
2	5톤
3	21톤

RMC 회사는 총이익을 최대화하고자 한다. 다음 물음에 답하라.

a. 이 문제의 선형계획 모형을 작성하라.

b. 그래프 해법 절차를 이용하여 최적해를 구하라. 각 제품은 얼마나 만들어야 하며 추정된 총이익은 얼마인가?

c. 완전히 사용되지 않는 원재료는 무엇인가? 그 원재료는 얼마나 남아 있는가?

d. 중복된 또는 불필요한 제약조건이 있다면 제약조건 중에서 어떤 것인가?

15. 파 주식회사 문제 2.1절의 파 주식회사 문제를 다시 고려해보자. 경영진은 다음과 같은 상황에 직면하였다. 이러한 상황에 각각 독립적으로 직면하게 된다면 최적해와 목적함수 값은 얼마인가?

a. 회계부서는 고급형 백의 개당 공헌이익을 \$18로 재예측하였다.

b. 새로운 저가의 원재료 사용이 가능하며, 표준형 백의 개당 공헌이익이 \$20로 증가하였다. (고급형 백의 경우는 원래대로 개당 이익 \$9를 유지한다.)

c. 새로운 바느질(재봉) 도구로 재봉틀을 사용할 수 있으며, 따라서 바느질 작업 능력이 750시간으로 늘어났다. ($10A + 9B$가 이때의 가장 적합한 목적함수라고 가정한다.)

16. 고객 필요를 충족시키는 투자 전략 이니스 투자회사(Innis Investment Inc.)는 많은 회사와 투자자를 위하여 펀드를 운영한다. 펀드 투자 정책은 각 고객의 요구사항에

부합하도록 운영된다. 새로운 고객을 위해 이니스 투자회사는 다음 두 가지 펀드, 즉 주식 펀드와 머니 마켓 펀드에 $1,200,000까지 투자할 수 있는 권한을 가지고 있다. 주식 펀드의 한 주당 비용은 $50이고 연간 수익률은 10%이다. 머니 마켓 펀드의 한 주당 비용은 $100이고 연간 수익률은 4%이다.

고객은 투자로 인한 연간 수익이 최소 $60,000 이상이어야 한다는 요구에 따라 위험을 최소화하기를 원한다. 이니스사의 위험 측정 시스템에 따르면 주식 펀드에 투자된 각 단위는 위험지수가 8이고 머니마켓 펀드에 투자된 각 단위는 3의 위험지수를 가진다. 주식 펀드와 관련하여 더 높은 위험 지수를 가지면 그 주식 펀드는 더 위험하다는 것을 단순히 나타낸다. 또한 이니스사의 고객은 머니마켓 펀드에 최소한 $300,000를 투자해야 한다고 명시했다.

a. 총위험지수를 최소화하기 위한 선형계획 모형을 작성하고 그래프 해법 절차를 이용하여 각 펀드에 투자해야 하는 최적 투자대안을 결정하라.
b. (a)의 투자 대안을 따를 때 연 수익은 얼마인가?
c. 만약 고객이 연 수익을 최대화하기를 원한다면 어떻게 투자를 해야 하는가?

17. **약국의 직원 채용계획** 파마플러스사(PharmaPlus Inc.)는 30개 약국 체인을 운영하고 있다. 이 약국에는 약사 자격증을 가진 약사와 약사를 보조하는 약국 기술자를 고용하고 있다. 파마플러스사는 현재 전일제 및 파트타임제 약사 85명과 175명의 약국 기술자 175명을 고용하고 있다. 매년 봄에 경영진은 현재 직원 수에 대한 수준을 검토하고 해당 연도의 채용 계획을 수립한다. 내년 처방량에 대한 최근 예측에 따르면 최소 250명의 전일제 및 파트타임제 약사 및 기술자가 필요함을 보여주고 있다. 파마플러스사의 인사부는 10명의 약사와 30명의 기술자가 내년에 떠나갈 것으로 예상하고 있다. 예상되는 직원의 감소를 수용하고 미래 성장에 대비하기 위해 경영진은 최소 15명의 약사를 새로 고용해야 한다고 밝혔다. 또한 파마플러스사의 새로운 서비스 품질 지침에는 약사 자격을 갖춘 약사 1명당 2명 이하의 약국 기술자를 고용하도록 명시되어 있다. 약사 자격증이 있는 약사의 평균 봉급은 시간당 $40이며, 기술자는 시간당 $10이다.

a. 총비용을 최소로 하는 파마플러스사의 직원 인력충원 계획을 세우라. 약사와 기술자는 몇 명이 필요한가?
b. 주어진 직원 수와 감소 예측치를 바탕으로 (a)에서 제시하는 수준에 도달하려면 몇 명을 신규로 고용해야 하는가?

18. **모토사이클 생산품 수 결정** EM(Embassy Motorcycle)사는 취급과 안전을 위해 설계된 두 개의 경량 오토바이를 제조한다. EZ-Rider 모델은 균형을 맞추기 쉽게 하는 새로운 엔진과 낮은 프로필을 가지고 있다. 스포츠형 모델은 약간 더 크고 더 전

통적인 엔진을 사용하며, EM사는 아이오와주의 디모인에 있는 공장에서 두 모델의 엔진을 생산한다. 각 EZ-Rider 엔진은 6시간의 제조시간이 필요하고, 각 스포츠형 모델의 엔진은 개당 3시간의 제조시간이 필요하다. 디모인 공장은 다음 생산기간 동안 엔진 제조에 가용할 수 있는 2,100시간이 있다. EM사의 오토바이 프레임 공급업체는 필요한 만큼의 EZ-Rider 프레임을 공급할 수 있다. 그러나 스포츠형 모델의 프레임은 더 복잡하며 공급업체는 다음 생산기간 동안 280개의 프레임만 제공할 수 있다. EZ-Rider 모델은 개당 2시간, 스포츠형 모델은 개당 2.5시간의 최종 조립 및 테스트 시간이 필요하다. 다음 생산기간 동안 최대 1000시간의 조립 및 테스트 시간을 가용할 수 있다. 회사의 회계 부서는 생산된 EZ-Rider에 대해 $2,400, 스포츠형 모델에 대해서는 $1,800의 개당 판매이익을 예상한다.

a. 총이익을 최대화하기 위해 생산해야 할 각 모델의 제조단위 수를 결정하는 데 사용할 수 있는 선형계획 모형을 제시하라.

b. (a)의 선형계획 문제를 그래프 해법으로 풀고 최적의 해결책은 무엇인가?

c. 속박적인 제약조건은 무엇인가?

19. 펀드 투자 전략 줄리아 존슨(Julia Johnson)은 자녀들의 미래 대학 교육에 투입하기 위해 수년간 저축액을 쌓아왔다. 그녀는 이제 두 자녀를 위해 대학 저축 펀드에 투자하려고 한다. 대학 저축 펀드에는 (1) 채권 펀드와 (2) 주식 펀드의 두 가지 투자 옵션이 있다. 투자 기간 동안 예상되는 수익률은 채권 펀드 6%와 주식 펀드 10%이다. 그녀가 대학 저축 펀드에 투자하기로 최종적으로 결정하는 적립된 저축액 중에서 적어도 30%는 채권 펀드에 투자하기를 원한다. 또한 그녀는 최소 7.5%의 총수익을 얻을 수 있는 투자 대안의 조합을 선택하고자 한다.

a. 가능한 각 투자 대안에 할당해야 할 백분율을 결정하는 데 사용할 수 있는 선형계획 모형을 제시하라.

b. (a)의 선형계획 모형을 그래프 해법 절차를 사용하여 해결하라.

20. 광고 예산 할당 시 워프 레스토랑(Sea Wharf Restaurant)은 디지털 광고와 라디오 광고 중에 매월 $1,000의 광고 예산을 할당하는 가장 좋은 방법을 결정하려고 한다. 경영진은 각 유형의 미디어에 예산의 최소 25%를 지출해야 하며, 디지털 광고에 지출되는 금액은 라디오 광고에 지출되는 금액의 두 배 이상이어야 한다고 결정했다. 마케팅 컨설턴트는 광고 달러당 시청자 노출을 0에서 100까지 측정하는 지수를 개발했으며, 이 지수가 높으면 시청자 노출이 더 크다는 것을 의미한다. 디지털 광고에 대한 지수의 값이 50이고 라디오 광고에 대한 지수의 값이 80이라면, 레스토랑은 총시청자 노출의 값을 최대화하기 위해 광고 예산을 어떻게 할당해야 하는가?

a. 총관객 노출의 가치를 최대화하기 위해 레스토랑이 광고 예산을 할당하는 방법

을 결정하는 데 사용할 수 있는 선형계획 모형을 제시하라.

b. 그래픽 해법 절차를 사용하여 (a)를 해결하라.

사례 문제 : 작업부하 밸런싱

이 사례는 작업부하의 밸런싱(workload balancing)에 대한 사례를 제시한다. 디지털 이미징(Digital Imiging, DI)사는 전문가용 및 일반형 컬러 프린터를 생산한다. 이 회사의 소비자 부서는 최근에 두 종류의 가지의 새로운 컬러 프린터를 개발하였다. DI-910 모델은 4″×6″ 크기 인쇄물의 컬러 인쇄를 대략 37초 만에 끝낸다. 좀 더 빠른 속도의 전문가를 위한 DI-950 모델은 13″×19″ 크기의 인쇄물을 경계 없이(borderless) 컬러 인쇄할 수 있다. 재무부서에서는 프린터 판매를 통해서 DI-910 모델이 개당 $42, 그리고 DI-950 모델이 개당 $87의 이익을 얻을 수 있다고 예측한다.

프린터는 DI사의 주 공장이 있는 노스캐롤라이나 뉴번에서 조립되고 검사과정을 거쳐 최종 포장된다. 이 공장은 고도로 자동화되어 있으며 프린터 생산을 위하여 두 조립공정을 운영한다. 1번 제조 라인은 DI-910 모델을 개당 3분, DI-950 모델은 개당 6분의 속도로 조립 작업을 수행한다. 2번 제조 라인은 검사과정 및 포장 작업을 담당하며, DI-910 모델은 개당 4분이, DI-950 모델은 개당 2분의 작업 소요시간이 필요하다. DI-950 모델이 더 짧게 걸리는 이유는 프린터의 빠른 속도 때문이다. 두 제조 작업 라인은 하루에 8시간 동안 1개 조에 의해서 운영되고 그다음 8시간은 다음 교대 조에 의하여 운영된다.

경영 보고서

이 회사가 각 모델의 프린터를 몇 개씩 만들어야 하는지를 분석하라. 회사 대표에게 다음과 사항을 고려하는 내용(문제점 발견, 조언 등)을 포함하는 보고서 및 발표 자료를 작성하라.

1. 매 교대 조가 8시간씩 근무하는 것에 대하여 각 모델의 프린터가 전체 이익을 최대화할 수 있으려면 몇 대씩 생산되어야 하는지를 조언하라. 경영진이 이러한 조언을 받아들이지 않을 수 있는 이유는 무엇이라고 생각하는가?
2. 경영진은 DI-910 모델의 생산량이 적어도 DI-950 모델의 생산량보다 많아야 한다고 판단한다. 1 교대 조에 대하여 총이익을 최대화하는 것이 목적일 때, 각 모델의 프린터는 몇 대씩 생산해야 최적이 되는지를 결정하라.
3. 위 (2)에서 구한 해결책이 1번 제조 라인과 2번 제조 라인에서 소모되는 시간 간의 밸런스를 유지시키는가? 이러한 밸런스 또는 부족이 경영진의 관심사가 될 수 있는 이유는 무엇인가?

4. 경영진은 1번 제조 라인과 2번 제조 라인에서 소모되는 시간의 밸런스를 유지하기를 요구한다. 또한 1번 제조 라인과 2번 제조 라인에서 소모되는 시간의 차이를 30분 이내로 할 수 있도록 위 (2)에서 제시한 선형계획 모형을 확장시키고자 한다. 전체 이익을 최대화하는 것이 목적일 때, 각 프린터는 몇 대씩 만들어야 하는가? 작업부하의 밸런스를 유지시키면 이는 (2)에서 구한 전체 이익에 어떤 영향을 주는가?
5. 위 (1)에서 경영진은 총이익을 최대화하는 것보다는 각 교대 조에 의하여 제조되는 프린터의 총대수를 최대화하는 것이 목적이라고 명시했다고 가정하자. 그러면 각 조마다 각각의 프린터를 몇 대씩 만들어야 하는가? 이 목적은 총이익과 작업부하 밸런싱에 어떤 영향을 주는가?

각 질문에 대하여 선형계획 모형과 그래프 해법에 의한 해를 제시하라.

A P P E N D I X

02

선형계획법의 엑셀 해법

이 부록에서는 엑셀 해 찾기(Excel Solver) 기능을 사용하여 파 주식회사 문제의 최적해를 구하는 방법을 설명한다. 엑셀 워크시트 상의 윗부분에 파 주식회사 문제의 데이터를 입력한다. 그리고 아랫부분에 선형계획 모형을 작성한다.

선형계획 문제 수식화

어떤 선형계획 문제를 워크시트 모형으로 만들 때마다 다음과 같은 일반적인 절차를 따른다.

1단계: 엑셀 워크시트 상의 윗부분에 선형계획 문제의 데이터를 입력한다.

2단계: 의사결정 변수의 셀 위치를 파악한다.

3단계: 목적함수 값을 계산하기 위한 셀 위치를 정하고 여기에 목적함수식을 입력한다.

4단계: 각 제약조건의 좌변을 계산하기 위한 셀 위치를 정하고 여기에 수식(formula)을 입력한다.

5단계: 각 제약조건의 우변을 계산하기 위한 셀 위치를 정하고 여기에 식을 입력한다.

그림 2.22는 파 주식회사 선형계획 문제에 대하여 위의 5단계를 적용하여 얻은 포뮬러 워크시트를 보여준다. 포뮬러(formula) 워크시트는 데이터와 모델의 두 부분으로 구성된다. 모델의 네 구성요소는 강조 표시가 되어 있으며 의사결정 변수를 나타내는 셀은 B16과 C16이다. 그림 2.22는 포뮬러 워크시트라 불리는데, 이는 공식으로부터 계산된 실제 값을 보여주는 것이 아니고 목적함수와 제약조건에 대한 수학적 공식을 보여주기 때문이다. 다음으로 엑셀 해 찾기가 파 주식회사 문제에 대한 최적해를 어떻게 구하는지를 보여준다. 우선, 파 주식회사 문제에 적용되는 위의 다섯 단계를 각각 잘 살펴보자.

1단계: 워크시트의 윗부분에 선형계획 문제의 데이터를 입력한다.

셀 B5:C8에는 각 생산품에 대한 생산 요구조건을 보여준다. C6과 C7은 소수

	A	B	C	D
1	**Par, Inc.**			
2				
3		**Production Time**		
4	**Operation**	**Standard**	**Deluxe**	**Time Available**
5	Cutting and Dyeing	0.7	1	630
6	Sewing	0.5	0.83333	600
7	Finishing	1	0.66667	708
8	Inspection and Packaging	0.1	0.25	135
9	**Profit Per Bag**	10	9	
10				
11				
12	**Model**			
13				
14		**Decision Variables**		
15		**Standard**	**Deluxe**	
16	**Bags Produced**			
17				
18	**Maximize Total Profit**	=B9*B16+C9*C16		
19				
20	**Constraints**	**Hours Used (LHS)**		**Hours Available (RHS)**
21	Cutting and Dyeing	=B5*B16+C5*C16	<=	=D5
22	Sewing	=B6*B16+C6*C16	<=	=D6
23	Finishing	=B7*B16+C7*C16	<=	=D7
24	Inspection and Packaging	=B8*B16+C8*C16	<=	=D8

그림 2.22 파 주식회사 문제의 포뮬러(formula) 워크시트

점 이하 부분도 정확하게 입력된 것을 볼 수 있다. 즉, C6는 $^{5}/_{6}$를 C7에는 $^{2}/_{3}$가 입력되었다.

셀 B9:C9에는 두 제품의 개당 공헌이익이 나타나 있다.

셀 D5:D9에는 제품의 제조에 가용할 수 있는 시간이 나타나 있다.

2단계: 의사결정 변수의 셀 위치를 정한다.

셀 B16은 표준형 백의 생산량을, C16은 고급형 백의 생산량을 나타낸다.

3단계: 목적함수 값을 계산하기 위한 셀 위치를 정하고 여기에 목적함수 식을 입력한다.

셀 B18 = *B9*B16* + *C9*C16*

4단계: 각 제약조건의 좌변을 계산하기 위한 셀 위치를 정하고 여기에 식을 입력한다. 네 개의 제약조건에 대하여 그 공식은 다음과 같다.

셀 B21: = *B5*B16* + *C5*C16*

셀 B22: = *B6*B16* + *C6*C16*

셀 B23: = *B7*B16* + *C7*C16*

셀 B24: = *B8*B16* + *C8*C16*

5단계: 각 제약조건의 우변을 계산하기 위한 셀 위치를 정하고 여기에 공식을 입력한다. 네 개의 제약조건에 대하여 그 공식은 다음과 같다.

셀 D21: = *D5*

셀 D22: = *D6*

셀 D23: = *D7*

셀 D24: = *D8*

워크시트 상에서 변수, 제약조건 등에 언어기술적인 표시(descriptive label)가 되어 있는 부분 덕분에 모델을 좀 더 쉽게 이해할 수 있다. 예를 들면, 15열 및 16열에 있는 "Standard"(표준형), "Deluxe"(고급형), "Bags Produced"(백 제조 개수)라고 표기된 부분은 셀 B16 및 C16에 있는 의사결정 변수의 값을 쉽게 이해할 수 있게 한다. 추가적으로 셀 A18에 있는 "Maximize Total Profit"(총이익 최대화)은 셀 B18에 보이는 목적함수 값을 지칭한다. 제약조건 부분에서는 제약조건의 이름과 "< =" 기호를 입력하여 제약조건의 좌변과 우변 간의 관계를 알 수 있게 한다. 이러한 설명은 최적해를 구하는 데 꼭 필요한 것은 아니지만 이러한 표시는 사용자가 보다 쉽게 최적해를 해석하고 이해할 수 있게 한다.

이 책의 뒷부분에 있는 부록 A에서는 좋은 스프레드시트 모형을 적절히 만드는 법에 대하여 설명한다.

엑셀 해 찾기에 의한 해

표준 엑셀 해 찾기 기능은 이 책에 있는 모든 선형계획 문제를 해결할 수 있다. 다음 단계는 파 주식회사 문제의 최적해를 얻는 데 어떻게 엑셀 해 찾기 기능을 이용하는지를 나타낸다.

1단계: **Ribbon** 상의 **Data** 탭(tab)을 선택한다.

2단계: **Analysis** 그룹에 있는 **Solver**를 선택한다.

3단계: **Solver Parameters** 대화상자가 보이면(그림 2.23 참조)

Set Objective(목적함수 설정) 박스에 *B18*을 입력한다.

다음 열에 있는 **To: MAX**를 선택한다.

By Changing Variable Cells 박스에 *B16:C16*을 입력한다.

Add를 선택한다.

4단계: **Add Constraint** 대화상자가 보이면

Cell Reference 부분의 좌측 박스에 *B21:B24*를 입력한다.

중앙의 드롭다운 메뉴(drop-down) 버튼을 눌러 < =를 입력한다.

Constraint 부분에 *D21:D24*를 입력한다.

OK 버튼을 누른다.

5단계: **Solver Parameters** 대화상자가 다시 보이면 **Make Unconstrained Variables Non-Negative**라고 기재된 체크박스를 선택한다.

6단계: **Select a Solving Method** 드롭다운 메뉴(drop-down)에서 **Simplex LP**를 선택한다.

7단계: **Solve**를 선택한다.

8단계: **Solver Results** 대화상자가 뜨면

Keep Solver Solution을 선택한다.

OK 버튼을 누른다.

그림 2.23은 완성된 **Solver Parameters** 대화상자를 보여주고 있으며, 그림 2.20은 최적해를 보여준다. 최적해는 생산량이 표준형 백 540개와 고급형 백 252개로 그래프 해법 절차에 의한 최적해와 동일함을 나타낸다. 그림 2.24에는 민감도 분석에 대한 정보는 없으며 이는 3장에서 다루게 된다.

5단계에서 **Make Unconstrained Variables Non-Negative**라고 표시된 체크박스를 선택하면 의사결정 변수의 비음수조건을 제약조건에 추가하지 않아도 된다. 일반적으로 선

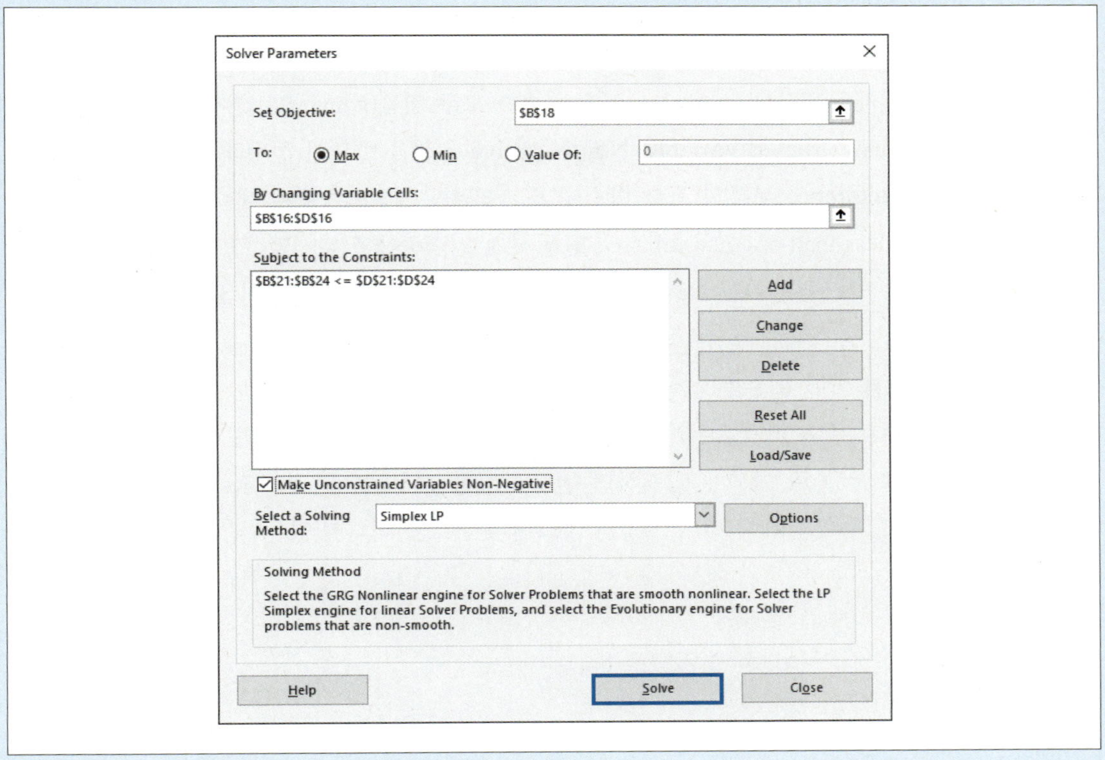

그림 2.23 Solver Parameters 대화상자

	A	B	C	D
4	**Operation**	**Standard**	**Deluxe**	**Time Available**
5	Cutting and Dyeing	0.7	1	630
6	Sewing	0.5	0.833333333	600
7	Finishing	1	0.666666667	708
8	Inspection and Packaging	0.1	0.25	135
9	**Profit Per Bag**	10	9	
10				
11				
12	**Model**			
13				
14		**Decision Variables**		
15		**Standard**	**Deluxe**	
16	**Bags Produced**	540.00000	252.00000	
17				
18	**Maximize Total Profit**	7668		
19				
20	**Constraints**	**Hours Used (LHS)**		**Hours Available (RHS)**
21	Cutting and Dyeing	630	<=	630
22	Sewing	480.00000	<=	600
23	Finishing	708	<=	708
24	Inspection and Packaging	117.00000	<=	135

그림 2.24 엑셀 해 찾기 기능에 의한 최적해

형계획 문제를 해결하는 데 의사결정 변수가 모두 비음(nonnegative)이어야 한다. 따라서 **Make Unconstrained Variables Non-Negative** 옵션을 반드시 선택해야 한다. 4단계에서는 **Cell Reference** 부분의 좌측 박스에 *B21:B24*를 입력함으로써 네 개의 제약조건에 대한 <= (less-than-or-equal-to) 부호를 동시에 입력하게 된다. 그리고 **Cell Reference** 부분의 우측 박스에는 *D21:D24*를 입력한다. 대신에 네 개의 제약조건을 한 번에 입력할 수 있다.

엑셀에서 어떤 분수를 입력할 때, 그 분수에 상응하는 정확하게 반올림된 소수점을 포함하는 수로 변환할 필요는 없다. 예를 들어, 분수 $^2/_3$는 소수점 이하 자리를 고려하지 않고 그대로 $=^2/_3$로 엑셀에 입력하면 된다. $^7/_{10}$을 $=^7/_{10}$ 또는 $=0.7$로 입력하라. 그리고 '='를 반드시 포함해야 하며 그렇지 않으면 숫자로 인식하지 않는다.

CHAPTER 03

선형계획법: 민감도 분석과 해의 이해

학습 목표

이 장을 마치면 아래 내용을 이해할 수 있다.

1. 그래프 해법을 활용하여 선형계획 문제의 민감도 분석을 수행한다.
2. 엑셀 해 찾기 같은 컴퓨터 패키지를 활용하여 민감도 분석을 수행하며 그 결과를 해석한다.
3. 제약조건의 쌍대 값(그림자 가격)을 해석한다.
4. 목적함수의 계수에 대한 최적 범위를 파악하고 해석한다.
5. 제약조건의 실행가능 범위를 파악하고 해석한다.
6. 전통적인 민감도 분석과 결과를 해석하기 위한 가정을 설명하고 이러한 가정이 위배되었을 때 선형계획 문제를 새로 수식화하고 해결한다.
7. 의사결정 변수에 대한 감소비용을 해석한다.
8. 매몰비용과 관련비용의 차이를 설명하고 선형계획 비용 최소화 문제 등에 적절한 비용 요소를 포함시킨다.

민감도 분석(sensitivity analysis)은 최적화 모형의 계수가 변화하면 최적해에 어떤 영향을 미치는지를 파악하며 최적해가 어떻게 변화하는지에 대한 연구를 말한다. 민감도 분석은 다음과 같은 질문에 대한 결과를 제시한다.

1. 목적함수의 계수의 변화가 최적해에 어떤 영향을 미치는가?
2. 제약조건의 우변항 값의 변화가 최적해에 어떤 영향을 미치는가?

민감도 분석은 이러한 계수의 변화가 최적해에 어떠한 영향을 주는지와 관련이 있기 때문에 선형계획 원문제(original linear programming problem)에서 최적해를 얻기 전에는

경영과학의 실행 킴프턴 호텔의 예*

모든 호텔이 직면한 문제는 수익을 극대화하기 위해 객실의 가격을 '어떻게 결정하는 하느가'이다. 만약 가격을 너무 낮게 책정한다면 수요는 증가할 것이다. 하지만 너무 낮은 가격으로 판매하게 되면 고객이 비용을 더 지불할 수도 있다는 사실을 인지하여 가격을 결정할 때보다는 총수익이 더 줄어들 가능성도 있다. 만약 가격을 너무 높게 책정한다면 수요는 줄어들며 결과적으로 객실은 빈 채로 남게 되고 수익은 감소하게 될 것이다. 때로는 수익 관리(yield management)라고 불렸던 수익 경영(revenue manage ment)은 수익을 최대화하기 위하여 사용된다. 객실 담당 관리자는 이를 활용하여 객실에 부과할 가격을 결정하고 이 결정된 가격으로 제공해야 하는 객실이 몇 개나 되어야 하는지를 결정해야 한다.

킴프턴(Kimpton) 호텔은 미국, 캐나다 등지에 위치해 있는 4성급의 부티크 호텔 체인으로 북미 전역에 50곳 이상에 있으며 주로 중류층을 위한 비즈니스호텔의 성격을 가진다. 고객 대부분은 비즈니스 여행자로 일반적으로 레저 여행자보다 늦게 예약하고 더 많은 비용을 지불할 의사를 가지고 있다. 즉, 비즈니스 여행자는 보다 짧은 리드타임을 가진다. 따라서 수요가 불확실한 경우, 짧은 시간 내에 객실 요금 수준을 재조정해야 하므로 호텔 측에는 상당한 부담이 된다.

프라이스라인닷컴(priceline.com)은 고객이 방문하고 싶은 지역, 날짜, 호텔 등급(3성급, 4성급 등)을 고객이 정할 수 있게 해주고 객실의 가격을 경매 형식으로 결정하는 인터넷 사이트다. 프라이스라인닷컴은 사용자에 의해 제시된 기준을 만족하는 곳을 참여 호텔 중에서 찾는다. 사용자의 기준과 호텔이 제시하는 내용이 매치가 될 때만 사용자에게 그 호텔의 이름이 알려지기 때문에 이를 불투명 마케팅이라 하는데, 이는 호텔 측에서는 중요하다. 왜냐하면 호텔 객실을 시장 세분화할 수 있고, 정기적으로 게시되는 정찰제 가격을 무력화시킬 필요 없이 다른 가격대를 제시할 수 있기 때문이다.

킴프턴 호텔은 프라이스라인의 이러한 경매 방식에 참여하고 있으며, 가격과 구체적인 날짜에 특정 요금 수준의 객실을 얼마나 이용할 수 있는지를 제시해야만 한다. 과거의 예약 데이터 등을 사용해서 킴프턴 호텔은 미래의 고객 수요를 예측하고 가격을 정하기 위해서 동적 계획법 모형(dynamic program)으로 알려진 최적화 기법을 사용한다. 선형계획은 각각의 요금 수준에서 제공할 수 있는 객실의 최적 수를 결정하는 데 사용된다. 특히, 객실 가용성과 관련된 제약조건에 대한 쌍대 값(dual value)은 제시된 주어진 특정 기간에 정해진 가격의 객실을 추가로 제공해야 하는지를 판단하는 데 이용된다. 새로운 최적화 기법에 근거한 접근법을 사용하여 프라이스라인을 통하여 11% 객실을 추가로 판매하였으며 객실당 요금 수준은 평균적으로 4% 정도 증가했다.

*출처 C. Anderson, "Setting Prices on Priceline," *Interfaces* 39, no. 4 (July/August 2009): 307-315.

분석을 시작할 수 없다. 이러한 이유로 인하여 민감도 분석은 때때로 **사후 최적화 분석**(postoptimality analysis)이라고 부른다.

민감도 분석의 방법은 '2장 선형계획법 소개'에서 살펴본 방법과 유사하다. 우선, 두 의사결정 변수 선형계획 문제에 대한 민감도 분석에 그래프 해법이 적용됨을 보여주고 나서 최적화 소프트웨어(컴퓨터 패키지)에 의한 민감도 분석 방법을 소개하고자 한다.

마지막으로 세 가지 대규모 선형계획 문제를 모형화하며 이를 해결함으로써 2장에서 시작한 선형계획 모형화에 대하여 좀 더 추가적인 토론을 하고자 한다. 각각의 문제에 대한 해를 고찰하여 최적해와 민감도 분석 정보에 대한 경영관리 측면에서의 이해를 돕고자 한다.

민감도 분석과 해의 이해/해석은 선형계획법을 적용함에 있어 중요하다. '경영과학의 실행'에 나온 킴프턴 호텔의 예는 프라이스라인을 통한 객실 가격의 결정에 선형계획법과 민감도 분석을 어떻게 활용하지를 보여준다. 이 장의 후반부에서는 또 다른 '경영과학의 실행' 적용 사례를 다룬다. 이는 미국의 효율성 분석 기관 PAC(Performance Analysis Corporation)가 패스트푸드 체인점을 평가하는 모형의 일부분으로서 민감도 분석을 활용하는 방법, 인텔사(Intel Corporation)가 최적의 제품 생산계획과 공급사슬 작업을 위하여 수천 개의 변수와 제약조건을 가지는 선형계획 모형을 이용하는 방법, 덩컨 산업(Duncun Industries Ltd.)의 차(tea) 분배문제에 있어 선형계획 모형이 경영진의 의사결정 과정을 지원하며, 계량적 분석 기법을 사용함에 따라 보다 큰 이익을 얻을 수 있다는 확신을 심어줄 수 있다는 것에 대하여 언급한다.

3.1 민감도 분석

실제 경영상의 문제는 변화하는 환경을 포함해야 하므로 민감도 분석은 의사결정자에게 중요하다. 원자재 가격의 변화, 제품 수요의 변화, 새로운 기계의 구입, 변동하는 주가, 이직률 발생 등이 있기 마련이다. 만약 선형계획이 이러한 환경에서 사용된다면 시간에 따라서 변화하는 몇몇 계수들이 존재한다는 것을 예상할 수 있다. 우리는 이러한 변화가 원래의 선형계획 문제의 최적해에 어떤 영향을 주는지를 파악하고자 한다. 민감도 분석은 이러한 계수의 변화에 따른 수정된 선형계획 문제의 최적해를 찾을 필요 없이 계수변화에 어떻게 반응해야 하는지에 대한 정보를 제공한다.

2장에서 언급한 파 주식회사 문제를 다시 고려해보자.

$$\text{Max} \quad 10S + 9D$$

s.t.

$$^{7}/_{10}S + 1D \le 630 \qquad \text{재단 및 염색 작업}$$

$$
\begin{aligned}
{}^{1}\!/_{2}S + {}^{5}\!/_{6}D &\le 600 \quad \text{바느질 작업}\\
1S + {}^{2}\!/_{3}D &\le 708 \quad \text{마무리 작업}\\
{}^{1}\!/_{10}S + {}^{1}\!/_{4}D &\le 135 \quad \text{검사 및 포장 작업}\\
S,\ D &\ge 0
\end{aligned}
$$

이 문제의 최적해는 표준형 백 $S = 540$개, 고급형 백 $D = 252$개로 이것은 개당 공헌이익이 각각 $10, $9라는 가정에 근거한 결과이다. 그러나 이후에 가격 인하가 발생하여 표준형 백의 개당 이익이 $10에서 $8.5로 줄어들었다고 가정하자. 민감도 분석은 현재의 최적해(표준형 백 540개, 고급형 백 252개)가 계속해서 최적인지를 판단할 수 있게 해준다. 만약 이것이 가능하다면 수정된 목적함수 $8.50S + 9D$를 가지는 새로운 선형계획 문제를 풀 필요는 없는 것이다.

또한 민감도 분석은 선형계획 문제의 어떤 특정 계수가 다른 계수보다 더 중요한지를 결정할 수 있게 한다. 예를 들어, 실제로 얻어지는 이익임에도 불구하고 경영진은 고급형 백의 개당 공헌이익 $9가 대략적인 추정치라고 믿는다고 가정해보자. 민감도 분석을 통해서 고급형 백의 개당 공헌이익이 $6.67에서 $14.29 사이의 값을 가지기만 하면 계속 현재 최적 생산량인 표준형 백 540개와 252개의 고급형 백 252개가 그대로 최적해가 될 것이다. 그리고 경영진은 개당 $9의 공헌이익 추정치와 이 계산되어 얻은 최적 생산량에 대해 큰 부담을 가지지 않아도 될 것이다. 그러나 민감도 분석 결과, 추정치가 $8.90에서 $9.25 사이에서 현재의 최적해가 계속 최적해라면 추정치 $9의 정확성에 대하여 검토하기를 원할 것이다. 경영진은 특히 고급형 백의 개당 공헌이익이 줄어들면 최적 생산량을 어떻게 수정해야 하는지를 알고 싶어 할 것이다.

민감도 분석의 또 다른 측면은 제약조건의 우변항이 변화하는 데 있다. 파 주식회사 문제로 돌아가 보자. 최적해에서 재단 및 염색 작업 부서, 마무리 작업 부서에서는 모든 가용할 수 있는 시간을 사용한다. 만약 파 주식회사에 추가적인 자원이 주어진다면 총수익과 최적해에 어떤 변화가 발생하는가? 민감도 분석은 얼마나 많은 추가적인 작업시간/생산시간이 가치가 있는지와 수확 체감이 시작되기 전에 얼마나 많은 시간이 추가될 수 있는지에 대한 결정에 도움을 준다.

3.2 그래프 해법에 의한 민감도 분석

두 의사결정 변수를 가진 선형계획 문제의 해결을 위하여 목적함수의 계수와 제약조건의 우변항 값(또는 우변 상수 값)에 대한 민감도 분석 수행을 하는 데 그래프 해법을 사용할 수 있다.

목적함수 계수

우선 목적함수 계수의 변화가 파 주식회사 문제의 최적해에 어떤 영향을 주는지를 알아보자. 현재의 공헌이익은 표준형 백의 경우 $10와 고급형 백의 경우는 $9이다. 두 형태의 골프백 중 하나의 공헌이익이 증가하면 회사는 당연히 그 골프백의 생산량을 좀 더 증가시키려고 할 것이 분명하다. 반대로 공헌이익이 감소하면 당연히 생산량을 감소시키려고 할 것이 분명하다. 그러나 경영진이 생산량을 변화시키기 전까지는 공헌이익이 얼마만큼 변화되어야 하는지는 불분명하다.

선형계획 원문제의 최적해는 표준형 백 540개와 고급형 백 252개이다. **최적 범위**(range of optimality)는 목적함수의 계수 변화에도 불구하고 현재의 최적해가 계속해서 최적해로 남아있을 각각의 목적함수 계수 값의 범위를 의미한다. 이 범위의 끝부분 근처의 목적함수 계수와 최적해의 범위가 협소한 경우는 경영 관리적인 측면에서의 주의를 요한다.

그림 3.1은 그래프 해법에 의한 최적해를 보여준다. 이를 잘 살펴보면 목적함수의 기울

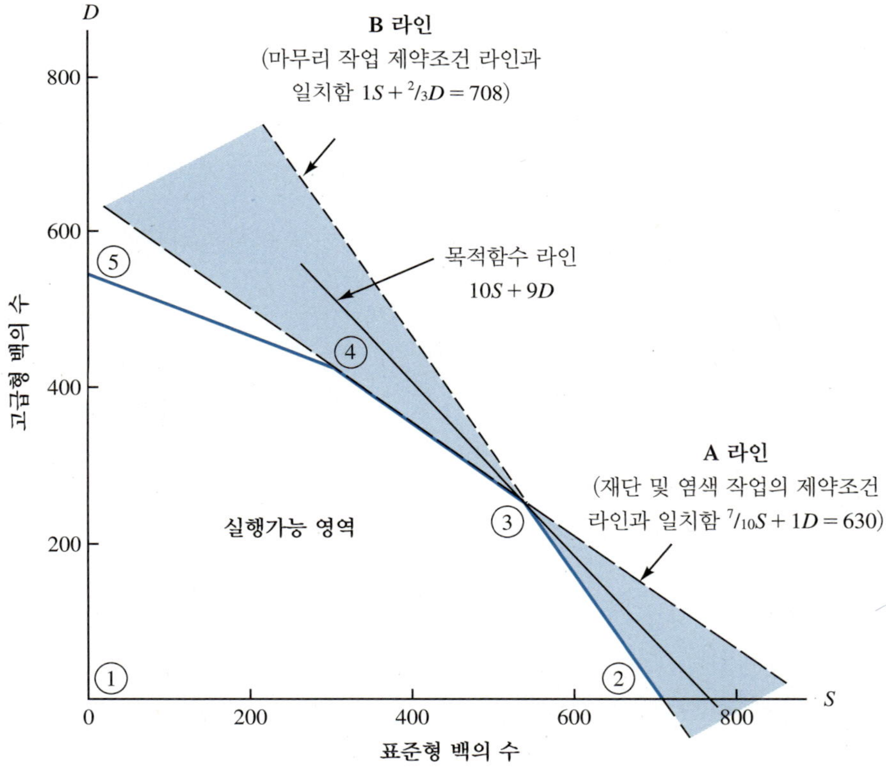

그림 3.1 목적함수 라인의 기울기와 A 라인과 B 라인을 이용한 파 주식회사 문제의 그래프 해법: 극점 ③에서 최적해를 가지는 경우

기가 A 라인(재단 및 염색 작업의 제약조건 등식과 일치함)과 B 라인(마무리 작업 제약조건 등식과 일치함) 사이에 위치하면 $S = 540$, $D = 252$인 극점 ③은 최적해가 된다는 것을 알 수 있다. 목적함수의 계수가 변화되면 이는 목적함수 라인의 기울기의 변화로 이어진다. 그림 3.1에서 이러한 기울기의 변화는 목적함수 라인을 극점 ③을 중심으로 회전하게 됨을 알 수 있다. 그러나 목적함수 라인이 음영으로 표시된 부분 안에 있으면 극점 ③은 계속해서 최적해가 된다.

목적함수 라인이 극점 ③을 중심으로 계속 **반시계 방향**으로 회전을 하면 음(−)의 기울기(slope)를 가지는 경우, 그 값이 줄어들고 양(+)이 되면 다시 증가한다. 기울기가 증가하여 A 라인과 목적함수 라인이 겹치게 되면 복수 최적해(극점 ③과 ④를 연결하는 선 위의 모든 점)를 얻게 된다. 그러나 그 이상 회전을 하게 되면 극점 ③은 최적해가 되지 않는다. 따라서 A 라인의 기울기는 목적함수 라인의 기울기의 상한이 된다.

목적함수 라인의 기울기는 보통 음(−)이다. 따라서 목적함수 라인을 시계방향으로 회전하면 기울기는 점점 더 줄어드나(보다 큰 음수가 됨) 좀 더 가파르게 된다.

목적함수 라인을 **시계 방향**으로 회전하면 기울기가 더 큰 음(−)의 값을 가지게 되며, 양이 된 이후에는 기울기가 감소하게 된다. 목적함수가 B 라인과 일치하게 되면 극점 ③과 ② 사이를 연결하는 선 위의 모든 점이 최적해, 즉 복수 최적해가 된다. 조금이라도 더 회전하게 되면 극점 ③은 더 이상 최적해가 아니다. 따라서 B 라인의 기울기는 목적함수 라인의 기울기의 하한이 된다.

따라서 극점 ③이 다음을 만족하면 계속해서 최적해가 된다.

$$\text{B 라인의 기울기} \le \text{목적함수 라인의 기울기} \le \text{A 라인의 기울기}$$

그림 3.1에서 재단 및 염색 작업에 대한 제약조건 A 라인은 다음과 같다.

$$^{7}/_{10}S + 1D = 630$$

이 공식을 D에 대하여 정리하면 A 라인은(기울기-절편의 형태로 표시하면) 다음과 같다.

$$D = -^{7}/_{10}S + 630$$

↑ A 라인의 기울기 ↑ D축과 A 라인이 만나는 점(절편)

따라서, A 라인의 기울기는 $-^{7}/_{10}$이고, D축 상의 절편은 630이 된다.

그림 3.1의 B 라인은 다음과 같다.

$$1S + ^{2}/_{3}D = 708$$

마찬가지로 D에 대해서 정리하면 다음과 같은 결과를 얻는다.

$$^2/_3 D = -1S + 708$$

$$D = -^3/_2 S + 1062$$

따라서 B 라인의 기울기는 $-^3/_2$, D축 상의 절편은 1062가 된다.

이제 A 라인, B 라인의 기울기가 계산되면 극점 ③은 다음 조건을 만족하는 한 계속해서 최적해가 된다.

$$-^3/_2 \leq \text{목적함수의 기울기} \leq -^7/_{10} \tag{3.1}$$

C_S를 표준형 백의 목적함수 계수라 하며 C_D를 고급형 백의 목적함수 계수라 하자. 그리고 P를 목적함수 값이라 하면 목적함수 라인은 다음과 같이 표현된다.

$$P = C_S S + C_D D$$

이 등식을 기울기-절편 형태로 바꾸면 다음의 결과를 얻는다.

$$C_D D = -C_S S + P$$

$$D = -\frac{C_S}{C_D} S + \frac{P}{C_D}$$

따라서 목적함수 라인의 기울기는 $-C_S/C_D$가 된다. 이를 식 (3.1)에 대입하면 극점 ③은 다음 식 (3.2)를 만족하는 동안 계속해서 최적해가 된다.

$$-^3/_2 \leq -\frac{C_S}{C_D} \leq -^7/_{10} \tag{3.2}$$

최적 구간을 구하려면 고급형 백의 개당 공헌이익 C_D를 9로 고정한 후 식 (3.2)를 계산하면 다음과 같다.

$$-^3/_2 \leq -\frac{C_S}{9} \leq -^7/_{10}$$

위 부등식의 좌측으로부터 다음의 결과를 얻는다.

$$-^3/_2 \leq -\frac{C_S}{9} \quad \text{또는} \quad ^3/_2 \geq -\frac{C_S}{9}$$

따라서

$$^{27}/_2 \geq C_S \quad \text{또는} \quad C_S \leq {^{27}/_2} = 13.5$$

부등식의 우측으로부터는 다음의 결과를 얻는다.

$$-\frac{C_S}{9} \leq -{}^{7}/_{10} \quad \text{또는} \quad \frac{C_S}{9} \geq {}^{7}/_{10}$$

따라서

$$C_S \geq {}^{63}/_{10} \quad \text{또는} \quad C_S \geq 6.3$$

표준형 백의 개당 공헌이익에 대한 위 두 결과를 합쳐서 얻게 되는 C_S에 대한 최적 범위는 다음과 같다.

$$6.3 \leq C_S \leq 13.5$$

파 주식회사 선형계획 원문제에서 표준형 백의 (개당) 공헌이익은 \$10이다. 최적해는 표준형 백이 540개, 고급형 백이 252개이다. C_S의 최적 범위는 다른 목적함수 계수가 변하지 않는 한, 표준형 백의 공헌이익이 \$6.3에서 \$13.5 사이에 존재한다는 것을 말해준다. 그리고 최적 생산량은 표준형 백이 540개, 고급형 백이 252개이다. 그러나 생산량은 변하지 않더라도 표준형 백의 공헌이익의 변화 때문에 총이익은 변화한다.

$C_S = 10$으로 고정시킨 후, 이와 같은 계산을 반복할 수 있다. 이 경우에는 고급형 백에 대한 공헌이익의 최적 범위가 구해진다. 고급형 백에 대한 최적 범위가 $6.67 \leq C_D \leq 14.29$인지 확인해보자.

만약 최적해인 극점을 중심으로 대하여 목적함수 라인이 회전을 하여 기울기가 수직이 되면 식 (3.2)에서 보는 것처럼 상한 또는 하한이 존재하지 않는다. 이 특별한 경우가 어떻게 발생하는지 보여주기 위해 목적함수를 $18C_S + 9C_D$라고 가정하자. 이 경우는 극점 ②가 최적해가 된다. 극점 ②를 중심으로 목적함수 라인을 반시계 방향으로 회전할 때, B 라인과 일치하는 경우에는 기울기의 상한이 된다. B 라인의 기울기는 $-{}^{3}/_{2}$인 것을 이미 제시한 바 있다. 따라서 목적함수 라인의 상한은 $-{}^{3}/_{2}$임이 틀림없다. 그러나 목적함수 라인을 시계방향으로 회전하면 기울기는 점점 더 적은 음$(-)$의 값을 가지게 된다. 그래서 목적함수 라인이 수직선에 접근할수록 음의 무한대에 근접하게 된다. 따라서 이 경우에는 하한은 존재하지 않는다. 목적함수 라인의 상한은 $-{}^{3}/_{2}$임을 이용하면 다음 결과를 얻는다.

$$-\frac{C_S}{C_D} \leq -{}^{3}/_{2}$$

↑

목적함수 라인의 기울기

C_D를 원래 값인 9로 고정시켜 상수로 만든 후, 앞의 절차를 따르면 그 결과는 다음과 같다.

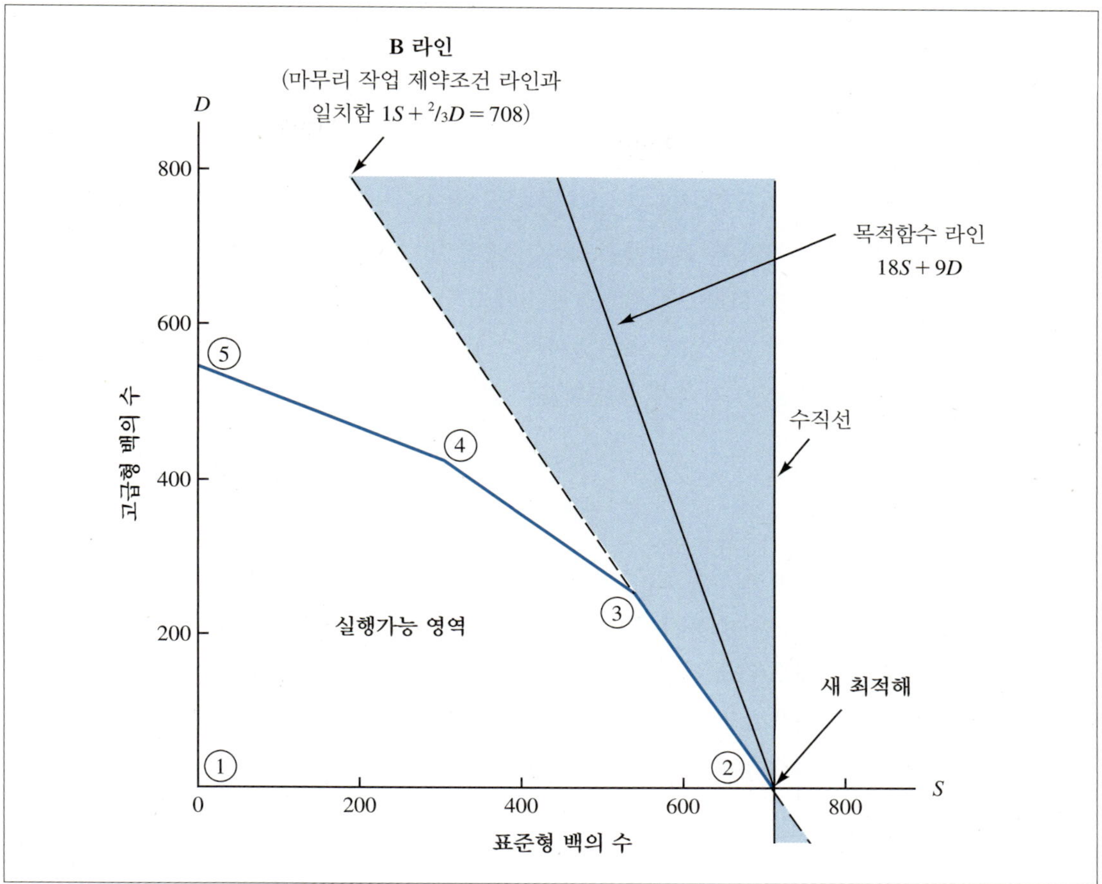

그림 3.2 목적함수가 $18S + 9D$인 파 주식회사 문제의 그래프 해법에 의한 해: 극점 ②에서 최적해를 가지는 경우

$$-\frac{C_S}{9} \leq -{}^{3}\!/_{2} \quad \text{또는} \quad -\frac{C_S}{9} \geq {}^{3}\!/_{2}$$

C_S에 대하여 정리하면 다음 결과를 얻는다.

$$C_S \geq {}^{27}\!/_{2} = 13.5$$

그림 3.2에서 극점 ②는 C_S 값이 13.5 이상이면 계속해서 최적해가 된다. 따라서 극점 ②의 C_S에 대한 최적 범위는 다음과 같다.

$$13.5 \leq C_S < \infty$$

동시 변화 목적함수 계수에 대한 최적 범위 결정은 오직 한 변수의 계수만의 변화에 대하여 적용할 수 있다. 나머지 모든 계수는 초기의 값으로 고정되어 있다고 가정한다. 둘 이상의 목적함수 계수가 동시에 변화한다면 최적해가 어떻게 변화하는지를 결정하기 위한 추가적인 분석이 필요하다. 그러나 두 변수 문제를 그래프 해법으로 풀면 식 (3.2)는 목적함수의 두 계수의 동시변화에 따른 최적해의 변화 유무를 쉽게 결정할 수 있다. 새로운 계수 값에 대하여 목적함수의 기울기 $-C_S/C_D$를 단순히 계산해보자. 만약 목적함수의 기울기가 하한보다 크거나 같으면 또는 상한보다 작거나 같으면 최적해에는 어떠한 변화도 없다.

파 주식회사 문제의 두 목적함수 계수가 모두 변화하는 경우를 고려해보자. 표준형 백의 공헌이익이 개당 $13로 증가하고 동시에 고급형 백은 개당 $8로 줄어든다고 가정하자. C_S와 C_D에 대한 (두 범위 모두 앞에서 보인 한 번에 한 변수만의 계수를 변화시키는 방법에 의해서 계산된) 최적 범위가 다음과 같음을 상기해보자.

$$6.3 \le C_S \le 13.5 \tag{3.3}$$

$$6.67 \le C_D \le 14.29 \tag{3.4}$$

이러한 최적 범위에 대하여, 표준형 백과 고급형 백의 계수 값이 변화하여 $C_S = \$13$ 또는 $C_D = \$8$가 되어도(둘 다 동시에 변화하는 것은 아님) 현재 최적해인 $S = 540$, $D = 252$는 변화되지 않는 것으로 결론 내릴 수 있다. 그러나 $C_S = \$13$와 $C_D = \$8$로 둘 다 동시에 변화하는 경우는 최적해가 변화하는지에 대하여 결론 내릴 수는 없다.

식 (3.2)에서 극점 ③은 다음 조건을 만족하는 한 계속 최적해가 된다.

$$-{}^{3}/_{2} \le -\frac{C_S}{C_D} \le -{}^{7}/_{10}$$

C_S가 13으로 동시에 C_D가 8로 변화하면 새로운 목적함수의 기울기는 다음과 같다.

$$-\frac{C_S}{C_D} = -\frac{13}{8} = -1.625$$

이 값은 하한 값 $-{}^{3}/_{2}$보다 작은 값이기 때문에 현재의 최적해 $S = 540$, $D = 252$는 더 이상 최적해가 아니다. $C_S = \$13$와 $C_D = \$8$로 수정된 선형계획 문제를 다시 풀어보면 극점 ②가 새로운 최적해가 됨을 알 수 있다.

최적 범위를 살펴보면, C_S가 $13로 또는 C_D가 $8로 변하면 최적해는 변화가 없다. 그러나 C_S, C_D를 동시에 변화시키면 최적해는 변화가 일어나는 것을 알 수 있다. 이러한 결과는 최적 범위는 한 번에 **오직 하나만의 목적함수 계수**를 변화시킨 상태에서 이루어졌다는 결론이 도출된다.

우변항

다음으로는 제약조건의 우변항 값(우변 상수 값)의 변화가 실행가능 영역에 어떤 영향을

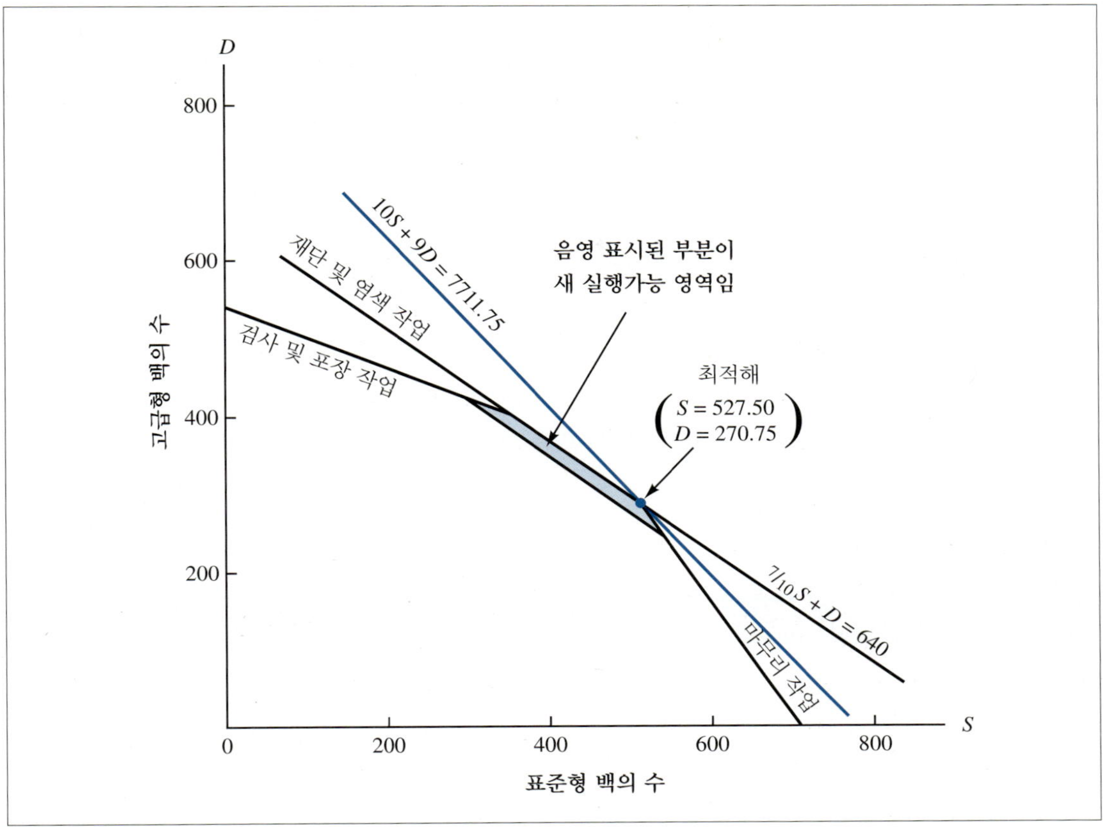

그림 3.3 재단 및 염색 작업의 제약조건 우변항의 변화(10단위)에 의한 효과

주는지와 최적해에 어떤 변화를 주는지에 대해 알아보자. 민감도 분석의 측면에서 설명하기 위해서 파 주식회사의 재단 및 염색 부서에서 10시간의 생산시간이 추가적으로 이용될 수 있다고 가정 고려해보자. 즉, 재단 및 염색 작업에 대한 제약조건에서 우변항 값은 630에서 640으로 변화된다. 그리고 제약조건은 다음과 같이 표현된다.

$$^7/_{10}S + 1D \leq 640$$

10시간을 추가로 가용할 수 있게 되면 그림 3.3에서 보는 바와 같이 실행가능 영역이 확장된다. 이 확장된 실행가능 영역 내에 있는 새 실행가능해 중 하나가 현재의 목적함수 값을 증가시킬 수 있는지를 판단해 본다. 확장된 실행가능 영역을 가진 이 문제에 대해 그래프 해법 절차를 적용시키면 극점 $S = 527.5$와 $D = 270.75$가 최적해인 것을 보여준다. 새 목적함수 값은 $7,711.75 − $7,668.00 = $43.75의 이익이 증가되어 10(527.5) + 9(270.75) = $7,711.75가 된다. 그러므로 증가된 이익은 시간당 $43.75/10 = $4.375이다.

엑셀 해 찾기에 대한 결과는 쌍대 값 대신 그림자 가격이라는 용어를 사용하지만 이 두 용어는 같은 의미를 갖는다.

제약조건의 우변항 값을 한 단위 증가시켰을 때의 최적해 값(최적 목적함수 값을 의미함)의 변화를 **쌍대 값**(dual value)이라고 한다. 재단 및 염색 작업에 대한 제약조건의 쌍대 값은 \$4.375이다. 만약 재단 및 염색 작업에 대한 제약조건의 우변항이 1시간만큼 증가한다면 목적함수 값은 \$4.375만큼 증가한다. 반대로 가용시간이 1시간 줄어들면 목적함수 값, 즉 이익은 \$4.375만큼 줄어들게 된다. 쌍대 값은 일반적으로 제약조건의 우변항 값을 한 단위 변화시킬 때 목적함수 값이 어떻게 변하는지를 결정하는 데 사용된다.

여기에서 주의할 점은 쌍대 값은 오직 우변항의 비교적 작은 변화에만 적용될 수 있다는 것이다. 자원이 점점 더 많이 확보되며, 우변항 값이 계속해서 증가하면 다른 제약조건 역시 속박적이 될 수 있으며 목적함수 값의 변화를 제한한다. 예를 들어, 파 주식회사

경영과학의 실행 미국 효율성 분석 기관(PAC)의 효율성 평가*

미국 효율성 분석 기관(Performance Analysis Corporation, PAC. 이하 PAC로 표기함)은 다양한 체인스토어의 보다 효율적이고 효과적인 운영을 위해서(현대적이고 최신의) 전문적 경영과학 기법을 사용한다. 그중 하나가 선형계획 모형으로 패스트푸드 체인의 평가를 위해 사용한다.

파레토(Pareto)의 최적화 개념에 따르면, 어떤 레스토랑은(같은 체인 내의 다른 레스토랑과 비교하여) 다음과 같은 성격을 띤다면 상대적으로 비효율적이다.

1. 같거나 더 나쁜 환경에서 작용한다.
2. 모든 산출물은 적어도 같은 수준을 제공한다.
3. 어떤 자원도 더 사용하지 않으며, 적어도 하나의 자원은 덜 사용한다.

이 레스토랑이 파레토 관점에서 비효율적인지를 결정하기 위해서 PAC는 선형계획 모형을 개발하였다. 제약조건은 환경에서 산출물에 대한 최소한의 수용 가능 수준과 통제할 수 없는 요소에 의해서 부과되는 조건에 관한 요구사항을 반영한다. 그리고 목적함수는 산출물을 생산하는 데 필요한 자원의 최소화이다. 이 모형을 풀면 각 레스토랑에 대하여 다음 결과를 얻게 된다.

1. 문제가 되는 대상을 정한 대상 레스토랑과 평가기간 동안의(평가해야 하는) 특정 레스토랑이 성취한 상대적 기술 효율성의 수준을 평가한 점수
2. 비효율적인 레스토랑이 효율적으로 평가받기 위하여 평가기간 동안의 통제 가능한 자원의 감소 또는 산출량의 증가
3. 각 레스토랑이 미래에 성과를 비교할 수 있는 다른 레스토랑 비교 집단(peer group)

민감도 분석은 중요한 경영관리 측면의 정보를 제공한다. 예를 들면, 최소로 수용 가능한 수준에 관한 각 제약조건에 대하여 쌍대 값은 산출물의 추가적인 한 단위가 더해지면 효율성 지수를 얼마나 많이 변화시키는지를 경영자에게 알려줄 수 있다.

전형적으로 민감도 분석은 가용할 수 있는 입력요소와 생산된 결과물에 관하여 이전에 명시된 조건하에서 전체 레스토랑의 40~50%가 저조한 실적을 내는 것을 알 수 있게 하였다. PAC는 모든 파악된 상대적 비효율성이 동시에 제거된다면, 기업의 이윤이 약 5~10% 증가할 것으로 파악한다. 이러한 증가는 대규모의 작업 환경에서는 정말로 획기적인 것이다.

*출처 PAC의 Richard C. Morey가 제공한 정보에 근거하였음.

문제에서 재단 및 염색 작업시간을 추가로 증가시켜도 아무런 효과가 없는 점에 이르게 된다. 바로 이 점에서 재단 및 염색 작업에 대한 제약조건은 속박적이지 않게 되며 쌍대 값은 0이 된다. 다음 절에서는 쌍대 값을 이용하여 목적함수 값의 증가를 정확히 예측할 수 있는 우변항 값의 범위 결정에 대해 알아보기로 한다. 마지막으로, 비속박적인 제약조건에 대한 쌍대 값은 0이 될 것이다. 왜냐하면 비속박적인 제약조건의 우변항 값의 증가는 오직 그 제약조건의 여유변수와 잉여변수의 값에만 영향을 주기 때문이다.

쌍대 값은 잠재적인 가치로 제약조건의 우변항, 즉 자원을 한 단위 증가시킬 때의 목적함수 값의 변화를 의미한다. 최적해가 $100이고 총비용을 최소화하는 선형계획 문제를 고려해보자. 추가적으로 첫 번째 제약조건이 최적해하에서 속박적이며, 작거나 같은(≤) 부등식 형태의 제약조건이라고 가정해보자. 이 제약조건의 우변항 값을 증가시키면 문제를 더 쉽게 해결할 수 있다. 따라서 속박적인 제약조건의 우변항 값이 한 단위 증가되었다면 최적 목적함수 값은 증가하게 된다. 최소화 문제인 경우에는 최적 목적함수 값이 감소하는 것을 의미한다. 만약 우변항의 증가가 최적 목적함수 값을 감소시키게 한다면, 쌍대 값은 음수(−)가 된다.

위의 '경영과학의 실행'의 적용 사례에서 PAC의 효율성 평가는 패스트푸드 아웃렛 체인의 평가 모델의 일부로서의 쌍대 값의 사용을 자세히 설명하고 있다. 이러한 유형의 모델은 '자료포락분석(data envelopment analysis, DEA)'으로 불린다.

유의사항

1. 두 목적함수 계수가 동시에 변화하면 두 계수 모두 각각의 최적 범위 밖으로 움직이고 최적해에 영향을 주지 않을 수 있다. 예를 들면, 두 변수를 가지는 선형계획 문제에서 만약 계수 둘 다 같은 퍼센트만큼 변화한다면 목적함수의 기울기는 변화하지 않을 것이다.
2. 둘 또는 그 이상의 목적함수 계수가 동시에 변화에 의한 효과를 측정하기 위하여 선형계획 모형을 다시 모형화하여 해결하는 것이 추천된다.

3.3 민감도 분석: 컴퓨터 해법

2.4절에서 선형계획 문제의 컴퓨터 해법 출력물을 어떻게 해석하는지에 대하여 살펴보았다. 이 절에서는 계속해서 민감도 분석의 결과를 어떻게 해석하는지, 그 방법을 보여주기 위하여 다음과 같이 2장에서의 파 주식회사 문제를 계속 활용한다.

$$\text{Max} \quad 10S + 9D$$

s.t.

$$\begin{aligned} {}^7\!/_{10}S + 1D &\le 630 && \text{재단 및 염색 작업} \\ {}^1\!/_2 S + {}^5\!/_6 D &\le 600 && \text{바느질 작업} \\ 1S + {}^2\!/_3 D &\le 708 && \text{마무리 작업} \\ {}^1\!/_{10} S + {}^1\!/_4 D &\le 135 && \text{검사 및 포장 작업} \\ S, D &\ge 0 \end{aligned}$$

그림 3.4에 나타난 것과 같은 파 주식회사 문제의 해를 고려함으로써 민감도 분석을 이해시키고자 한다.

컴퓨터 출력 결과물의 이해/해석

2.4절에서 그림 3.4의 윗부분에 있는 일부 결과에 대하여 논의한 바 있다. 최적해는 $S = 540$, $D = 252$이며 최적 목적함수 값은 \$7,668라는 것을 알 수 있다. 최적해와 민감도

```
Optimal Objective Value =           7668.00000

      Variable                  Value                  Reduced Cost
    --------------         ---------------          -----------------
           S                    540.00000                   0.00000
           D                    252.00000                   0.00000

     Constraint               Slack/Surplus              Dual Value
    --------------         ---------------          -----------------
            1                     0.00000                   4.37500
            2                   120.00000                   0.00000
            3                     0.00000                   6.93750
            4                    18.00000                   0.00000

                    Objective          Allowable            Allowable
     Variable      Coefficient          Increase             Decrease
    ----------     ------------        ----------           ----------
         S           10.00000            3.50000              3.70000
         D            9.00000            5.28571              2.33333

                       RHS             Allowable            Allowable
    Constraint        Value             Increase             Decrease
    ----------     ------------        ----------           ----------
         1          630.00000           52.36364            134.40000
         2          600.00000           Infinite            120.00000
         3          708.00000          192.00000            128.00000
         4          135.00000           Infinite             18.00000
```

그림 3.4 파 주식회사 문제의 해

분석과 관련된 결과를 해석한다. 또한 각 제약조건과 관련된 쌍대 값을 해석한다. 이러한 값들은 그림 3.4에 나타나 있다. [엑셀 해 찾기에서는 쌍대 값 대신 **그림자 가격**(shadow price, 또는 잠재 가격)이라는 용어를 사용한다.]

최적의 *S*, *D* 값과 감소비용에 대한 결과가 표시된 부분의 바로 뒤에 제약조건에 대한 결과가 제시된다. 파 주식회사 문제에서 네 개의 각 제조 부서에서 가용할 수 있는 시간에 대한 작거나 같은 형태(≤)의 부등호를 포함하는 제약조건이 있다는 것을 떠올려 보자. 잉여변수/여유변수란의 정보는 각 부서에 대한 여유변수의 값을 제공한다. 이 정보는 아래에 요약되어 있다.

제약조건 번호	제약조건 이름	여유변수 값
1	재단 및 염색 작업	0
2	바느질 작업	120
3	마무리 작업	0
4	검사 및 포장 작업	18

이러한 정보를 바탕으로 속박적인 제약조건(1번, 3번 제약조건을 말함)은 최적해하에서 여유변수 값이 0이다. 2번 제약조건은 120시간의 여유가 존재하거나 또는 사용되지 않은 여유분의 시간을 가진다. 그리고 4번 제약조건은 18시간의 여유가 존재하거나 또는 사용되지 않은 여유시간을 가지고 있다.

쌍대 값은 최적해하에서 각 제약조건에 대한 자원(시간)의 한계가치에 관한 정보를 포함한다. 3.2절에서는 **쌍대 값**을 다음과 같이 정의했다.

어떤 제약조건과 관련된 쌍대 값은 그 제약조건의 우변항 값을 한 단위 증가시킬 때 해에 대한 목적함수 값의 변화량이다.

따라서 1번 제약조건에 대한 쌍대 값 $4.37500와 3번 제약조건에 대한 쌍대 값 $6.93750는 추가적으로 한 시간을 더 가용할 수 있다면 (최적) 목적함수 값이 각각 $4.37, 그리고 $6.94만큼 증가한다는 것을 의미한다. 따라서 재단 및 염색 작업시간이 630시간에서 631시간으로 증가한다면 모든 다른 계수는 같다고 가정할 때, 파 주식회사의 이익은 $4.37만큼 증가한다. 즉, $7,668 + $4.37 = $7,672.37가 된다. 마무리 작업의 제약조건에서는 가용시간을 708시간에서 709시간으로 증가시킨다면 다른 모든 계수는 동일하다는 가정하에서 파 주식회사의 이익은 $7,668 + $6.94 = $7,674.94가 된다. 2번과 4번 제약조건은 여유가 존재하거나 또는 사용하지 않은 여유분을 가지기 때문에 쌍대 값이 0이 되며, 이 두 제약조건의 자원(우변항 값을 의미하며 이 문제에서는 시간)이 추가적으로 증가해도 목적함수 값에는 영향을 주지 않는다. 즉, 목적함수 값은 증가하지 않는다.

이제 쌍대 값의 개념을 설명했으니 이제 **감소비용**(reduced cost)을 정의해보자. 어느 한 변수와 관련된 감소비용은 그 변수의 비음제약조건에 대한 쌍대 값과 동일하다. 그림 3.4로부터 변수 S와 D에 대한 감소비용은 모두 0으로 타당하다. 변수 S를 고려해보자. 비음제약조건은 $S \geq 0$이다. 현재 S의 값은 540이다. 따라서 비음제약조건을 $S \geq 1$로 변화시켜도 아무런 영향이 없다. 우변항을 한 단위 증가시켜도 최적해에는 어떠한 영향을 주지 않으므로 이 비음제약조건의 쌍대 값은 0이다. 변수 D에도 유사하게 적용된다. 일반적으로, 한 변수가 0이 아닌 최적해 값을 가지면 감소비용은 0이 된다. 이 절의 뒷부분에서 어떤 변수의 감소비용이 0이 아닌 경우에 대해 예제를 가지고 설명한다. 그리고 이 예제는 (어떤 변수의 비음제약조건의 쌍대 값을 감소비용이라 하며) 이 용어를 왜 **감소비용**이라고 부르는지에 대하여 보다 자세한 설명을 제공한다.

그림 3.4의 컴퓨터 출력물에 대해서 다시 살펴보면 출력물은 여유변수/잉여변수와 쌍대 값에 대한 제약조건 정보를 제시한 후, 목적함수 계수와 제약조건의 우변항에 대한 최적 범위를 제공한다.

목적함수 계수에 대한 최적 범위에 대한 분석을 통하여 변수 S는 목적함수 계수는 (현재 값은 10) **허용가능 증가 값** 3.5와 **허용가능 감소 값** 3.7을 가진다. 따라서 표준형 백과 관련된 목적함수의 계수가 \$10 − \$3.7 = \$6.30에서 \$10 + \$3.5 = \$13.50의 범위 내에 있으면 현재의 최적해인 $S = 540$, $D = 252$가 그대로 계속해서 최적해가 된다. 그러므로 변수 S의 목적함수 계수에 대한 최적 범위는 6.30에서 13.50가 된다. 이 최적 범위는 3.2절에서 보인 그래프 해법에 의한 민감도 분석의 결과와 동일하다.

고급형 백에 대한 목적함수 계수의 범위 정보를 사용하면 최적 범위는 다음과 같음을 알 수 있다.

$$9 - 2.33 = 6.67 \leq C_D \leq 9 + 5.29 = 14.29$$

이 결과는 고급형 백과 관련된 공헌이익이 \$6.67에서 \$14.29 사이에 있으면 $S = 540$, $D = 252$는 계속해서 최적해로 유지된다는 것이다.

그림 3.4의 마지막 부분에는 각 제약조건에 대한 우변항의 허용가능 증가 값과 허용가능 감소 값이 표시되어 있다. 제약조건의 우변항이 허용가능 증가 값(또는 허용가능 감소 값)보다 많이 증가하지 않는 한(또는 보다 많이 감소하지 않는 한), 이와 관련된 쌍대 값은 우변항을 한 단위 증가시킬 때마다 최적 목적함수 값을 정확히 쌍대 값만큼 증가(또는 감소)시킨다. 예를 들어, 현재 630의 우변항 값을 가진 1번 제약조건을 고려해보자. 이 제약조건에 대한 쌍대 값은 \$4.37이기 때문에 가용시간을 한 시간 증가시키면(매시간당) 목적함수 값이 \$4.37만큼 증가한다는 결론이 나온다. 또한 가용시간의 감소는 매시간당 \$4.37만큼의 목적함수 값 감소로 이어진다. 주어진 범위 내에서 쌍

대 값 $4.37는 52.36364의 허용가능 증가 값을 가지므로 현재 우변항 값 위쪽으로는 630 + 52.36364 = 682.363364까지 쌍대 값이 유효하다. 허용가능 감소 값은 134.4로 우변항 값 아래쪽으로는 630 − 134.4 = 495.6까지 쌍대 값 $4.37가 유효하다는 것이다. 이것은 마무리 작업에 관한 3번 제약조건에도 유사하게 적용된다. 즉, 쌍대 값은 $6.94이며, 위로는 900시간까지, 아래로는 580시간까지 쌍대 값이 유효하다.

언급한 바와 같이 우변항 값의 범위는 쌍대 값이 최적 목적함수 값에 변화를 주는 정확한 한계를 명시한다. 범위 밖에서의 변화에 대하여는 새로운 최적해와 새로운 쌍대 값을 찾기 위해 문제를 다시 풀어야 한다. 쌍대 값이 적용되는 가능 영역을 **실행가능 범위**(range of feasibility, 쌍대 값을 적용시킬 수 있는 값의 범위)라 부른다. 파 주식회사 문제의 실행가능 범위는 아래에 요약되어 있다.

제약조건	최소 우변항 값	최대 우변항 값
재단 및 염색 작업	495.6	682.4
바느질 작업	480.0	상한이 없음
마무리 작업	580.0	900.0
검사 및 포장 작업	117.0	상한이 없음

우변항 값이 이 범위 내에 있는 한, 컴퓨터 출력물 결과에 보이는 쌍대 값은 변화하지 않는다. 제시된 최적 범위 밖의 우변항 값은 현재의 쌍대 값을 변화시킨다.

쌍대 값 이해/해석 시 주의할 점

앞에서 언급한 바와 같이, 쌍대 값은 어떤 한 제약조건의 우변항 상수를 한 단위 증가시킴으로써 변화하는 최적 목적함수 값을 의미한다. 어느 제약조건의 우변항이 가용할 수 있는 자원을 의미하면 그 제약조건에 대한 쌍대 값은 한 단위의 추가적인 자원 증가에 대하여 지불할 수 있는 최대량으로 종종 해석될 수도 있으나 항상 그런 것만은 아니다. 이것을 이해하기 위하여 매몰비용과 관련비용의 차이를 이해해야만 한다. **매몰비용**(sunk cost)이란 의사결정에 의하여 영향을 받지 않는 비용을 의미한다. 이것은 의사결정 변수가 어떤 값을 가진다고 가정해도 이와 관계없이 발생한다. **관련비용**(relevant cost)은 의사결정에 의하여 영향을 받는 비용을 의미한다. 이 비용은 의사결정 변수가 어떤 값을 가지느냐에 따라 변하게 된다.

파 주식회사 문제를 다시 생각해보자. 가용할 수 있는 재단 및 염색 작업시간은 630시간이다. 표준형 백과 고급형 백의 수와 관계없이 지불해야 하는 이 가용할 수 있는 시간에 대한 비용은 매몰비용이 된다. 반면에 파 주식회사가 실제로 사용되는 재단 및 염색 작업시간에만 지불해야 하는 비용은 관련비용이 된다. 즉, 목적함수식에는 모든 관련비용이 반영되어야 한다. 매몰비용은 목적함수식에 반영되어서는 안 된다. 파 주식회사 문제에서 작업자 노동시간이 실제로 그 작업에 전부 사용되는지 아닌지에 관계없이 회사는 임금을 지불해야만 한다. 따라서 노동-시간 자원에 대한 비용은 매몰비용이며 목적함수에는 반영되지 않는다.

오직 관련비용만이 목적함수에 포함되어야 한다.

어떤 자원의 비용이 **매몰비용**이면 쌍대 값은 한 단위의 추가 자원증가에 대하여 회사가 기꺼이 지불하려고 하는 최대 금액으로 해석된다. 어느 자원의 비용이 관련비용이면 쌍대 값은 그 자원의 가치가 비용을 초과하는 양으로 해석된다. 따라서 자원의 비용이 관련비용이면 쌍대 값은 그 자원의 한 단위 추가 증가에 따라 (정상적인 비용에 대하여) 회사가 지불할 수 있는 최대 프리미엄(premium)으로 해석된다.

수정된 파 주식회사 문제

그래프 해법에 의한 절차는 두 변수를 가지는 선형계획 문제에만 적용이 된다. 현실을 반영하는 선형계획 문제는 실제로는 많은 수의 의사결정 변수와 제약조건을 가진다. 예를 들면, '경영과학의 실행'에서 인텔(Intel)사의 공급사슬 계획을 위한 최적화 모형은 1,300만 개의 의사결정 변수와 410만 개의 제약조건을 가진다. 그리고 이 선형계획 문제의 최적해를 약 6분 안에 어떻게 구하는지를 보여준다. 이 절에서는 세 변수를 가지는 두 선형계획 문제의 수식화와 컴퓨터 해에 대하여 논의함으로써 컴퓨터 결과 출력물의 감소비용 부분을 어떻게 해석하는지를 보여준다.

파 주식회사 선형계획 원문제는 다음과 같다.

$$
\begin{aligned}
\text{Max}\quad & 10S + 9D \\
\text{s.t.}\quad & \\
& {}^{7}\!/_{10}S + 1D \le 630 && \text{재단 및 염색 작업} \\
& {}^{1}\!/_{2}S + {}^{5}\!/_{6}D \le 600 && \text{바느질 작업} \\
& 1S + {}^{2}\!/_{3}D \le 708 && \text{마무리 작업} \\
& {}^{1}\!/_{10}S + {}^{1}\!/_{4}D \le 135 && \text{검사 및 포장 작업} \\
& S, D \ge 0
\end{aligned}
$$

S는 표준형 골프백의 생산품 수를, D는 고급형 골프백의 수를 표시한다는 것을 기억하자. 경영진은 특별히 가벼운 골프백을 좋아하는 골퍼들을 위하여 새로운 경량형 모델을 고려하고 있다고 가정하자. 디자인 부서는 각 경량형 백 1개를 만드는 데 재단 및 염색 작업 0.8시간, 바느질 작업 1시간, 마무리 작업 1시간, 검사 및 포장 작업에 0.25시간이 소요된다고 예측하였다. 이 새 모델을 만드는 데 필요한 특별한 능력 때문에 파 주식회사

경영진은 각 경량형 백의 공헌이익은 현 생산기간 동안에는 $12.85가 될 것으로 판단하였다.

이제 이 추가적인 새로운 의사결정 변수의 효과를 포함하는 (원문제의 변형된) 수정된 선형계획 문제를 고려해 보자. L은 경량형 백의 생산품 수를 나타내는 의사결정 변수로 정의한다. L을 목적함수와 제약조건에 추가하면 다음과 같은 수정된 선형계획 문제를 얻게 된다.

$$\text{Max} \quad 10S + 9D + 12.85L$$

s.t.

$$\begin{aligned} \tfrac{7}{10}S + 1D + \tfrac{8}{10}L &\le 630 && \text{재단 및 염색 작업} \\ \tfrac{1}{2}S + \tfrac{5}{6}D + 1L &\le 600 && \text{바느질 작업} \\ 1S + \tfrac{2}{3}D + 1L &\le 708 && \text{마무리 작업} \\ \tfrac{1}{10}S + \tfrac{1}{4}D + \tfrac{1}{4}L &\le 135 && \text{검사 및 포장 작업} \\ S, D, L &\ge 0 \end{aligned}$$

```
Optimal Objective Value =          8299.80000

     Variable                 Value               Reduced Cost
  --------------          ---------------       ------------------
        S                    280.00000                0.00000
        D                      0.00000               -1.15000
        L                    428.00000                0.00000

    Constraint             Slack/Surplus             Dual Value
  --------------          ---------------       ------------------
         1                    91.60000                0.00000
         2                    32.00000                0.00000
         3                     0.00000                8.10000
         4                     0.00000               19.00000

                   Objective          Allowable           Allowable
    Variable      Coefficient         Increase            Decrease
   ----------    ------------        ----------          ----------
        S          10.00000            2.07000             4.86000
        D           9.00000            1.15000            Infinite
        L          12.85000           12.15000             0.94091

                      RHS             Allowable           Allowable
   Constraint        Value            Increase            Decrease
   ----------    ------------        ----------          ----------
        1         630.00000           Infinite            91.60000
        2         600.00000           Infinite            32.00000
        3         708.00000          144.63158           168.00000
        4         135.00000            9.60000            64.20000
```

그림 3.5 수정된 파 주식회사 문제의 해

그림 3.5는 수정된 문제의 해를 나타낸다. 최적해는 표준형 백이 280개, 고급형 백이 0개, 새 경량형 백이 428개로 최적 목적함수 값, 즉 이익은 $8,299.80이다.

이제 그림 3.5의 'Reduced Cost(감소비용)' 열을 살펴보자. 감소비용은 해당 비음제약조건의 쌍대 값을 의미한다는 것을 기억하자. 컴퓨터 출력물에 보이는 것같이 의사결정 변수 *S*와 *L*의 감소비용은 최적해가 이미 양수(+) 값을 가지기 때문에 0이 된다. 그러나 의사결정 변수 *D*에 대한 감소비용은 −1.15가 된다. 이 수치를 해석하면 고급형 백을 현재 수준 0에서 1로 생산품의 수를 증가시키면 최적 목적함수 값을 1.15만큼 감소시킨다는 의미이다. 감소비용의 또 다른 해석은 고급형 백의 비용을 1.15만큼 줄이면(즉, 공헌이익이 1.15만큼 증가되면) 고급형 백의 최적 생산품 수가 0이 아니라는 것이다.

의사결정 변수 *D*의 계수가 정확히 $1.15만큼 증가하여 $9 + $1.15 = $10.15로 변했다고 가정하여 이 문제를 다시 풀어보자. 그림 3.6은 이 변화된 문제의 해를 보여준다. 비록 *D*가 이 새로 얻은 해에서는 0보다 큰 값을 가지리라 예측하였으나 최적해의 값(목적함수 값을 말함)은 바뀌지 않는다는 것을 알 수 있다. 다시 말해서, *D*의 공헌이익을 증가시키

```
Optimal Objective Value =          8299.80000

     Variable                 Value                Reduced Cost
  --------------        ---------------         -----------------
        S                   403.78378                   0.00000
        D                   222.81081                   0.00000
        L                   155.67568                   0.00000

    Constraint            Slack/Surplus              Dual Value
  --------------        ---------------         -----------------
         1                    0.00000                   0.00000
         2                   56.75676                   0.00000
         3                    0.00000                   8.10000
         4                    0.00000                  19.00000

                    Objective          Allowable           Allowable
    Variable       Coefficient         Increase            Decrease
  ----------      ------------        ----------          ----------
        S           10.00000            2.51071             0.00000
        D           10.15000            5.25790             0.00000
        L           12.85000            0.00000             2.19688

                       RHS             Allowable           Allowable
   Constraint         Value            Increase            Decrease
  ----------      ------------        ----------          ----------
        1          630.00000           52.36364            91.60000
        2          600.00000           Infinite            56.75676
        3          708.00000          144.63158           128.00000
        4          135.00000           16.15385            18.00000
```

그림 3.6 의사결정 변수 *D*의 계수가 $1.15만큼 증가된 경우의 수정된 파 주식회사 문제의 해

면 정확하게 감소비용만큼 증가되며, 복수 최적해를 가진다는 것이다. 최적화를 위한 컴퓨터 소프트웨어 패키지의 종류에 따라서 이 문제를 다시 풀게 되면 D 값이 양수(+)가 될 수도 있고 또는 그렇지 않을 수도 있음을 알 수 있다. 즉, 소프트웨어 패키지는 복수의 다른 최적해를 가질 수 있다는 것을 보여줄 수도 있다. 하지만, 만약 D의 공헌이익이 $1.15보다 커지면 D의 최적해는 더 이상 0이 아니다.

그림 3.5로부터 3, 4번 제약조건에 대한 쌍대 값은 각각 8.1과 19임을 알 수 있다. 이 두 제약조건은 최적해하에서 속박적인 제약조건이 된다. 따라서 마무리 처리 부서에서 작업시간을 추가로 1시간 증가시키면 매 1시간에 대하여 최적 목적함수 값은 $8.1만큼 증가한다. 검사 및 포장 작업 부서에서는 각각의 추가적인 시간 증가는 최적 목적함수 값을 $19만큼 증가시키게 된다. 재단 및 염색 부서에서는 91.6시간의 여유시간과 바느질 작업 부서에서 32시간의 여유시간 때문에 경영진은 이 사용되지 않는 노동시간을 마무리 작업 부서와 검사 및 포장 작업 부서에 활용할 수 있는지를 고려하고자 한다(그림 3.5 참조). 예를 들면, 재단 및 염색 부서의 일부 직원들은 마무리 작업 또는 검사 및 포장 부서에서의 작업을 수행한다. 파 주식회사의 경영진은 교차 작업 교육(cross-training)을 받은 직원을 미래에 양성하여 한 부서에서 사용되지 않는 자원 또는 시간을 다른 부서에서 사용할 수 있기를 원할 것이다. 다음 장에서는 유사한 모형을 고려한다.

유의사항

1. 선형계획 문제를 해결하기 위한 컴퓨터 소프트웨어 패키지는 손쉽게 이용할 수 있다. 이 패키지의 대부분은 최적해를 비롯하여 쌍대 값과 그림자 가격 정보, 목적함수 계수에 대한 최적 범위, 우변항에 대한 실행가능 범위 등을 제공한다. 최적해 범위와 실행가능 범위에 대한 명칭은 다르나 바뀔 수 있으나 그 의미는 여기에서 말하고자 했던 바와 같다.
2. 우변항 중 하나가 실행가능 범위의 끝점에 있을 때마다 쌍대 값 또는 그림자 가격은 한 측면만의 정보를 제공한다. 이런 경우에는 실행가능 범위 내의 변화에 대하여 목적함수 값의 변화를 예측할 수 있다.
3. **퇴화**(degeneracy)라 불리는 조건은 최적 범위의 한계점을 넘어서는 경우에 대하여 목적함수 계수의 변화를 해석하는 방법에 있어서 미세한 차이점을 야기할 수 있다. 퇴화는 속박적 제약조건 중 하나의 쌍대 값이 0인 경우에 발생한다. 퇴화는 최적 범위 내의 변화의 해석에는 영향을 미치지 않는다. 하지만, 퇴화가 존재한다고 하여 최적 범위의 끝점 밖에서의 변화가 필연적으로 다른 해가 최적이 된다는 것을 의미하지 않는다. 현실적인 관점에서 최적 범위의 끝점 밖에서의 변화를 알기 위해서는 문제를 다시 풀어야 할 필요가 있다.
4. 경영자는 새로운 기술에 대한 경제적인 타당성을 제공하라는 요청을 흔히 받는다. 자원을 절약하기 위해 종종 새로운 기술을 개발하거나 구매한다. 쌍대 값은 자원 한 단위를 줄임으로써 새로운 기술에 의한 절약 가능성을 판단하는 데 사용될 수 있기 때문에 이러한 경우에 유용하다.

경영과학의 실행 **인텔사의 공급사슬 계획: 최적화 모형을 사용하여 $250억 절감***

인텔사(Intel corporation)는 세계에서 가장 큰 반도체 칩 또는 집적회로 제조업체이다. 이들은 많은 컴퓨터와 여러 장치에 탑재되는 프로세서에 사용된다. 반도체 칩을 구성하는 트랜지스터의 크기가 감소하여 더 빠른 처리 속도를 허용함에 따라 반도체 제조는 복잡성과 어려움이 계속 증가하고 있다. 인텔의 많은 칩들은 100억 개의 트랜지스터로 구성되어 있다. 이처럼 엄청나게 복잡한 칩은 품질 결함과 수율 손실을 초래하기 쉬우며, 공급사슬 계획을 복잡하게 만든다. 고객은 다양한 제품을 요구하기 때문에 칩의 수요를 예측하는 것은 복잡하다. 일부 대규모 고객은 대형 슈퍼컴퓨터용 다양한 코어를 가진 제품을 필요로 하는 반면, 또 다른 고객은 소규모 비즈니스 요구사항을 위해 훨씬 적은 코어를 가진 제품을 필요로 한다.

제조 복잡성에 수요 복잡성이 더해져 까다로운 제품 계획 및 공급사슬 계획 문제를 야기한다. 인텔사는 일반적으로 13개국에 걸쳐 200개 이상의 공장에서 처리할 수 있는 약 4,600개의 고유 제품을 제공한다. 이를 통해 각 제품에 대해 수천 가지의 라우팅 옵션을 사용할 수 있다.

인텔사는 용량 제한 및 어떤 공장에서 어떤 제품을 생산할 수 있는지에 대한 제한과 같은 다양한 제조 복잡성 제약조건을 모두 충족하는 동시에 다양한 제품에 대한 예상 수요예측을 충족하는 제품 계획 및 공급사슬 계획을 결정해야 하며, 제조 및 운송비용을 최소화하는 것이 목표이다.

1년 동안의 계획을 반영하는 이 문제를 해결하려면 1,300만 개의 의사결정 변수와 410만 개의 제약조건을 가진 선형 최적화 모델이 필요하다. 인텔은 이 문제의 해를 약 6분 만에 해결할 수 있는 방법을 개발했다. 이 빠른 문제해결 속도는 인텔이 수십 가지 다른 시나리오에 대한 문제를 해결하고, 출력을 분석하고, 민감도 분석을 수행할 수 있게 해준다.

인텔은 이제 이 모델들을 대부분의 반도체 제품에 적용했다. 이 모형들은 연평균 $19억의 수익을 올리고 연간 비용을 $15억 절감했다고 추정한다. 이러한 증가된 수익과 감소된 비용은 2009년 이후 $250억 이상의 총혜택과 맞먹는다.

*출처 John Hainey, Ryan Lovrien, Nicholas Mason, Irfan Ovacik, Evan Rash, Nandini Sarkar, Harry Travis, Zhenying Zhao, Kalani Ching, Shamin Shirodkar, and Karl Kempf, "Intel realizes $25 Billion by applying advanced analytics from product architecture design through supply chain planning," *INFORMS Journal on Applied Analytics*, vol. 51, no. 1 (January/February 2021): 1-89.

3.4 고전적인 방법에 의한 민감도 분석의 한계

앞에서 언급한 바와 같이 컴퓨터에 의한 고전적인 방법의 민감도 분석은 모형의 입력 데이터 변화에 따른 최적해의 민감도에 대한 유용한 정보를 제공한다. 그러나 대부분의 컴퓨터 패키지들에 의해 제공되는 고전적인 방법에 의한 민감도 분석은 한계를 가진다. 이 절에서는 이러한 한계점에 대해 다음을 논의한다. 입력 자료의 동시 변화, 제약조건 계수의 변화와 직관적이지 않은 쌍대 값에 대한 논의, 이 세 가지 경우에 대한 예를 제시하고 변화를 반영하는 수정된 모형을 다시 풀어봄으로써 이 경우들을 어떻게 효과적으로 다루는지에 대해 토론하기로 한다. 실제 경험에 비추어볼 때, 주어진 모형을 단 한 번 풀고 그 결과만을 가지고 보고서 작성이나 조언을 하는 경우는 드물다. 대개의 경우 다양한 입력 자료를 사용하여 작성된 일련의 모형이 검증된다. 최종 단계에서 최종안이 채택되기 전에 오늘날 과거와 달리 성능이 향상된 보다 효율적인 알고리즘과 더 강력해진 성능을 가진 개인 컴퓨터를 이용할 수 있다. 이 효율적 알고리즘과 강력한 컴퓨터를 사용하면 어떤 모형의 최적해를 구하는 데 필요한 반복적인 컴퓨터 실행 시에 비용과 시간에 있어 굉장히 효율적이다.

동시 변화

컴퓨터에 의한 민감도 분석 결과는 오직 한 가지 계수만이 변화되었다는 가정을 기초로 하고 있다. 즉, 나머지 다른 계수들은 선형계획 원문제의 계수와 동일하다는 것이다. 그래서 목적함수 계수와 제약조건의 우변항의 범위에 대한 분석은 오직 하나의 계수 변화에만 적용할 수 있다. 그러나 많은 경우에는 두 개 이상의 계수가 동시에 변화하는 경우가 발생한다.

이제 수정된 파 주식회사 문제를 다시 고려해보자. 그림 3.5처럼 이 문제의 최적해를 얻은 후에 새로운 공급자가 등장하여 기존보다 더 낮은 비용으로 골프백 제조에 필요한

Optimal Objective Value = 8718.12973

Variable	Value	Reduced Cost
S	403.78378	0.00000
D	222.81081	0.00000
L	155.67568	0.00000

Constraint	Slack/Surplus	Dual Value
1	0.00000	3.08919
2	56.75676	0.00000
3	0.00000	6.56351
4	0.00000	15.74054

Variable	Objective Coefficient	Allowable Increase	Allowable Decrease
S	10.30000	2.08000	2.28600
D	11.40000	4.26053	1.27000
L	12.97000	1.03909	1.82000

Constraint	RHS Value	Allowable Increase	Allowable Decrease
1	630.00000	52.36364	91.60000
2	600.00000	Infinite	56.75676
3	708.00000	144.63158	128.00000
4	135.00000	16.15385	18.00000

그림 3.7 새 목적함수 계수를 가지는 수정된 파 주식회사 문제의 해

가죽을 구매할 수 있다고 가정하자. 가죽은 세 가지 유형의 골프백 제조에 중요한 구성요소이다. 그러나 각 유형의 백 제조에는 일정한 양이 사용되지 않고 서로 다른 양이 필요하다. 가죽과 관련된 새 비용을 고려해보자. 골프백은 개당 마진(이익)이 표준형의 경우 \$10.30, 고급형의 경우 \$11.40, 경량형의 경우는 \$12.97로 계산되었다. 그림 3.5의 현재의 생산계획은 계속해서 최적인가? 이 물음에 대해 새 목적함수 계수를 포함하는 새로운 이익을 나타내는 수정된 모형을 다시 풀어봄으로써 쉽게 답할 수 있다. 즉, 다음과 같이 목적함수를 재조정한다. 원래 모형에서 제시된 제약조건과 같은 제약조건하에서 목적함수 $10.3S + 11.4D + 12.97L$을 최대화한다. 이 문제에 대한 해는 그림 3.7에 나타나 있으며 새로운 최적의 이익은 \$8,718.13이다. 이로써 세 유형의 골프백은 모두 생산됨을 알 수 있다.

이 수정된 목적함수 계수를 가지는 모형을 풀지 않았다고 가정하자. 따라서 원문제의 최적해를 이용하면(그림 3.5 참조) 총이익은 \$10.3(280) + \$11.40(0) + \$12.97(428) = \$8,435.16이 된다. 그림 3.7에서는 수정된 모형을 사용하며, 새로운 정보를 포함하는 모형을 다시 해결함으로써 총이익은 \$8,718.13 − \$8,435.16 = \$282.97만큼 증가한다.

제약조건 계수의 변화

고전적인 방법의 민감도 분석은 제약조건의 한 의사결정 변수의 계수에 대한 변화로부터 모형 전체에 대하여 어떤 변화가 일어나는지에 대한 정보를 제공받을 수 없다. 이런 경우를 설명하기 위하여 3.3절에서 논의되었던 수정된 파 주식회사 문제의 경우를 다시 고려해보자.

표준형 백의 마무리 작업에 새로운 기술이 채택되어 보다 효율적인 작업이 가능하다고 가정하자. 이 기술은 표준형 백에만 적용되고 마무리 작업시간을 현재 1시간에서 0.5시간으로 줄인다. 그러나 이 기술은 고급형 또는 경량형 골프백의 작업시간에는 영향을 미치지 못한다. 마무리 작업에 대한 제약조건이 다음과 같이 수정된다.

$$^1/_2 S + {}^2/_3 D + 1L \le 708 \quad \text{새 기술을 이용한 마무리 작업}$$

이것은 단순히 하나의 계수에 대한 변화이며 고전적인 민감도 분석 방법으로는 계수 S의 변화가 최적해에 어떤 영향을 주는지를 알 수가 없다. 그 대신에 단순히 계수를 바꾸고 문제를 다시 풀게 되면 그림 3.8과 같은 새 최적해를 얻게 된다. 표준형 백의 최적 생산품수는 280개에서 521.1개로 증가하며, 경량형 백의 경우에는 428개에서 331.6개로 감소함에 주의하라. 고급형은 0개로 변함이 없다. 가장 중요한 정보는 이 새로운 기술을 이용하면 최적의 총이익은 \$8,299.80에서 \$9,471.32로 증가하게 되어 \$1,171.52만큼 추가 이익이 생긴다는 것이다. 신기술에 들어가는 비용을 포함한 이러한 정보를 이용하면 경영진

```
Optimal Objective Value =          9471.31579

     Variable              Value               Reduced Cost
  --------------      ---------------      -----------------
        S                 521.05263                  0.00000
        D                   0.00000                 -6.40789
        L                 331.57895                  0.00000

     Constraint          Slack/Surplus           Dual Value
  --------------      ---------------      -----------------
         1                  0.00000                 12.78947
         2                  7.89474                  0.00000
         3                115.89474                  0.00000
         4                  0.00000                 10.47368

                   Objective         Allowable         Allowable
     Variable     Coefficient         Increase          Decrease
   ----------    ------------      ----------        ----------
        S          10.00000           1.24375           4.86000
        D           9.00000           6.40789          Infinite
        L          12.85000          12.15000           1.42143

                      RHS            Allowable         Allowable
    Constraint       Value            Increase          Decrease
   ----------    ------------      ----------        ----------
        1         630.00000          30.00000         198.00000
        2         600.00000          Infinite           7.89474
        3         708.00000          Infinite         115.89474
        4         135.00000           2.50000          45.00000
```

그림 3.8 표준형 백의 새 마무리 작업 기술이 포함된 수정된 파 주식회사 문제의 해

은 추가적으로 얻는 이익을 고려하여 새로운 기술에 지출한 비용을 전부 회수하는 데 걸리는 시간과 이익을 얻는 데 걸리는 순수한 시간을 예상할 수 있다.

비직관적인 쌍대 값

제약조건의 좌측과 우측에 모두에 변수가 존재하는 경우에는 쌍대 값을 설명함에 있어 비직관적인(nonintuitive) 설명이 되는 경우가 발생한다. 이런 경우를 설명하기 위하여 3.3절에서 논의되었던 수정된 파 주식회사 문제의 경우를 다시 고려해보자.

경영진은 그림 3.5의 해결책을 살펴본 후에 고급형 백을 전혀 생산하지 않는 어떤 해결책도 고려하지 않을 것이라고 한다. 또한 경영진은 고급형 백의 생산품 수는 표준형 백의 생산품 수의 적어도 30%가 되어야 한다는 요구 사항을 추가하기로 결정했다고 가정하자. 이 요구조건을 의사결정 변수 S와 D를 사용하여 표현하면 다음과 같다.

Optimal Objective Value = 8183.88000

Variable	Value	Reduced Cost
S	336.00000	0.00000
D	100.80000	0.00000
L	304.80000	0.00000

Constraint	Slack/Surplus	Dual Value
1	50.16000	0.00000
2	43.20000	0.00000
3	0.00000	7.41000
4	0.00000	21.76000
5	0.00000	-1.38000

Variable	Objective Coefficient	Allowable Increase	Allowable Decrease
S	10.00000	2.07000	3.70500
D	9.00000	1.15000	12.35000
L	12.85000	5.29286	0.94091

Constraint	RHS Value	Allowable Increase	Allowable Decrease
1	630.00000	Infinite	50.16000
2	600.00000	Infinite	43.20000
3	708.00000	57.00000	168.00000
4	135.00000	12.00000	31.75000
5	0.00000	101.67568	84.00000

그림 3.9 고급형 백의 추가 요구조건을 포함한 수정된 파 주식회사 문제의 해

$$D \geq 0.3S$$

새 제약조건은 수정된 파 주식회사 선형계획 모형의 다섯 번째 제약조건이 되며 이를 포함한 선형계획 문제를 풀게 되면 그림 3.9와 같은 결과를 얻게 된다.

이제 다섯 번째 제약조건(고급형 백이 적어도 표준형 백 생산 개수의 30%가 되어야 한다는 요구조건)의 쌍대 값에 관한 해석을 해보도록 하자. 쌍대 값이 -1.38이라는 의미는 우변항을 한 단위 증가시키면 이익은 \$1.38만큼 줄어든다는 것이다. 따라서 쌍대 값 -1.38이 정말로 의미하는 바는 만약 제약조건이 다음과 같이 변화한다면 최적해 값에 어떤 변화가 일이 일어나는지에 대한 것이다.

$$D \geq 0.3S + 1$$

쌍대 값 −1.38의 정확한 이해는 다음과 같다. 만약 고급형 백을 (다섯 번째 제약조건에서 제시하는 기준−없음) 최소 30% 요구조건보다 한 개 더 생산해야만 한다면 전체 이익은 $1.38만큼 줄어든다는 것이다. 반대로 최소 30% 요구조건보다 한 개 덜 생산해도 된다면($D \geq 0.3S - 1$) 전체 이익은 $1.38만큼 증가한다는 것이다.

경영진은 이러한 사실보다는 최소생산 요구조건 30%가 31%로 증가되었을 때 어떤 변화가 일어나는지에 대하여 보다 큰 관심을 가지게 된다. 이러한 경우에 대하여 쌍대 값은 어떤 일이 발생하는지에 대하여 알려 주지 **않는다는** 사실을 주지하자. 또한 0.30은 목적함수 계수이거나 또는 우변항이기보다는 이 제약조건의 한 변수의 계수이기 때문에 범위분석이 주어지지 않는다는 사실도 중요하다. 이 사실은 바로 앞 절에서 이야기되었던 내용이다. 고전적인 민감도 분석으로부터는 이런 정보를 직접 얻을 수 없기 때문에 다섯 번째 제약조건 $D \geq 0.31S$를 포함시켜 선형계획 문제를 새로 풀어야만 하는 것이다. 필요로 하는 요구 퍼센트 변화에 대한 최적해 민감도 분석 테스트를 위해서 제약조건의 0.30을 어떤 관심의 대상이 되는 어떤 다른 퍼센트 값으로 대체한 후, 선형계획 문제를 다시 풀어야만 한다.

특정 요구 퍼센트에 대하여 총이익에 미치는 영향을 알아보기 위하여 파 주식회사 원문제와 관련되어 요구 퍼센트(%)를 5%에서 100%까지 5%씩 증분이 되게 하는 일련의 선형계획 문제를 풀어보도록 한다. 이는 선형계획 원문제를 바탕으로 하는 총 20개의 다른 버전의 모형으로 이를 풀게 되면 퍼센트 변화가 총이익에 미치는 영향은 그림 3.10에 나

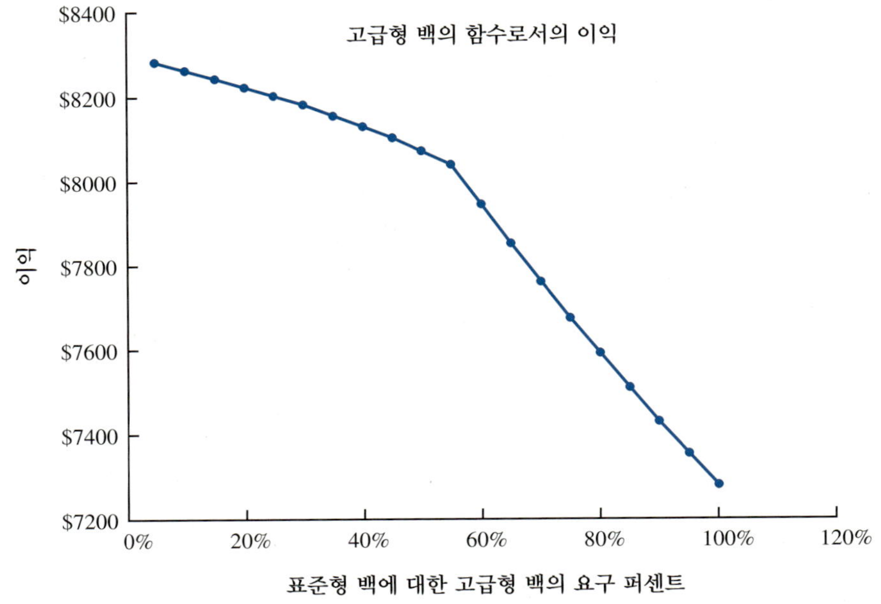

그림 3.10 (표준형 백의 퍼센트로 표현된) 고급형 백의 여러 요구 퍼센트에 대한 이익

표 3.1 (표준형 백의 퍼센트로 표현된) 고급형 백의 여러 요구 퍼센트에 대한 최적해

퍼센트	이익	표준형	고급형	경량형
5%	$8283.24	287.9999	14.4000	410.4000
10%	$8265.71	296.4704	29.6470	391.7648
15%	$8247.11	305.4543	45.8181	372.0002
20%	$8227.35	314.9996	62.9999	351.0002
25%	$8206.31	325.1608	81.2902	328.6455
30%	$8183.88	335.9993	100.7998	304.8005
35%	$8159.89	347.5854	121.6549	279.3110
40%	$8134.20	359.9990	143.9996	252.0008
45%	$8106.60	373.3321	167.9994	222.6677
50%	$8076.87	387.6908	193.8454	191.0783
55%	$8044.77	403.1982	221.7590	156.9617
60%	$7948.80	396.0000	237.6000	144.0000
65%	$7854.27	388.2353	252.3529	132.3529
70%	$7763.37	380.7692	266.5385	121.1538
75%	$7675.90	373.5849	280.1887	110.3774
80%	$7591.67	366.6667	293.3333	100.0000
85%	$7510.50	360.0000	306.0000	90.0000
90%	$7432.23	353.5714	318.2143	80.3571
95%	$7356.71	347.3684	330.0000	71.0526
100%	$7283.79	341.3793	341.3793	62.0690

타나 있으며 결과는 표 3.1에 정리되어 있다.

이러한 분석으로부터 우리는 무엇을 알 수 있는가? 그림 3.10으로부터 그래프의 기울기는 55% 이후의 보다 큰 값에 대하여 점점 더 급하게 변한다. 이것은 이익 악화율(rate of deterioration)의 변동이 있기 때문으로, 55%부터 시작된다. 따라서 55% 이하의 요구 퍼센트에서는 이익의 감소가 55% 이상과 비교하여 상대적으로 적다는 것을 알 수 있다. 보다 명확한 이익의 감소는 55% 이상의 경우에 해당한다는 사실로부터 기인한다. 그래서 경영진은 30%는 이익 측면의 관점에서 볼 때 합리적인 요구조건이라는 것을 알 수 있으며, 이 조건을 55% 이상 요구하게 되면 심각한 이익의 손실이 발생하게 된다는 것을 주지해야 하며 그 값이 크면 클수록 손실도 커지게 된다. 표 3.1에서 보면, 요구 퍼센트를 증가시키면 경량형 백의 생산량은 감소된다.

3.5 일렉트로닉 커뮤니케이션 회사 문제

이 절에서 소개하는 선형계획 문제는 일렉트로닉 커뮤니케이션(Electronic Communications) 회사가 당면한 생산 최적화 문제이다. 이는 네 개의 의사결정 변수를 포함하는 최대화 문제로 두 개의 작거나 같은 형태(≤)의 제약조건(부등식), 하나의 제약조건(등식), 그리고 하나의 크거나 같은 형태(≥)의 제약조건(부등식)을 포함한다. 이 문제의 목적은 수학적 모형을 정립하는 과정을 요약하는 것으로 최적해를 얻기 위하여 컴퓨터 소프트웨어를 이용하며, 해와 민감도 분석 정보에 대한 이해/해석을 하는 것이다. 다음 장에서는 선형계획이 마케팅, 재무, 생산관리 분야에 추가적으로 어떻게 활용되는지를 자세히 설명한다. 일렉트로닉 커뮤니케이션 문제와 같은 선형계획 문제를 모형화하고, 해 찾기 및 해의 이해/해석 능력을 습득하는 것은 보다 복잡하고 어려운 문제를 선형계획 모형으로 만드는 데 중요한 역할을 한다.

일렉트로닉 커뮤니케이션 회사는 쌍방향 커뮤니케이션(two-way communication)에 사용될 수 있는 포터블 라디오를 생산한다. 이 새 제품은 25마일의 통신 범위를 가지며, 특히 다양한 비즈니스와 개인적인 용도에 적합하며, 유통경로는 다음과 같다.

1. 조선 기자재 유통/판매업자
2. 사무기기 기자재 유통/판매업자
3. 전국 소매상 체인망
4. 메일을 통한 직접 판매

서로 다른 유통망과 홍보 및 판촉비용으로 인하여 제품의 판매이익은 유통경로별로 다르다. 게다가 광고비용과 판매원 개인의 판매 활동에 필요한 노력(시간으로 표시됨)은 유통경로별로 요구되는 정도가 다르다. 표 3.2에는 일렉트로닉 커뮤니케이션 회사 문제의 라디오 한 대당 판매이익, 광고비용, 개인의 판매 활동에 대한 정보가 표시되어 있다. 광고비용은 $5,000, 세일즈 활동에 할당할 수 있는 판매원의 총가용시간은 최대 1,800시간이다. 경영진은 현재 생산기간에 정확하게 600대를 생산하기로 결정하였다. 마지막으로 소매상 전국 체인망을 가진 소매상과 계속 진행되고 있는 계약에는 이 유통경로를 통하여

표 3.2 일렉트로닉 커뮤니케이션 회사 문제의 이익, 광고비용, 판매 활동에 대한 자료

유통경로	대당 판매이익($)	대당 광고비용($)	대당 개인적 판매 활동(시간)
조선 기자재 유통업자	90	10	2
사무기기 유통업자	84	8	3
전국 소매상 체인망	70	9	3
메일	60	15	None

적어도 150대의 생산품이 유통되어야만 하는 것이 명시되어 있다.

일렉트로닉 커뮤니케이션은 현재 새 라디오 생산과 관련하여 전체 판매이익을 최대화하는 새로운 전략을 세우는 문제에 직면하고 있다. 의사결정은 이 네 가지의 유통경로에 대하여 각각에게 얼마나 많은 라디오를 생산해야 하는지를 할당하는지를 결정하는 것이다. 또한 광고 예산, 판매원 활동시간을 네 가지 유통경로에 대하여 할당하는 것도 결정해야 한다.

문제의 수식화

일렉트로닉 커뮤니케이션 회사의 선형계획 문제의 목적함수와 제약조건은 다음과 같다. 우선 목적함수는 다음과 같다.

목적함수: 총이익의 최대화

모두 네 개의 제약조건이 필요하며 그 이유는 다음과 같다.

1. 제한된 광고비용 예산
2. 제한된 가용할 수 있는 판매원 노동력
3. 생산 요구조건
4. 소매상 유통에 대한 요구조건

따라서 제약조건은 다음과 같다.

제약조건 1: 광고비용 지출 ≤ 총예산
제약조건 2: 실제 판매원의 활동시간, 판매시간 ≤ 가용할 수 있는 시간
제약조건 3: 라디오 생산품 수 = 경영진의 요구 대수
제약조건 4: 소매 유통 ≥ 계약 요구조건

이러한 표현은 목적함수와 제약조건을 기술할 수 있게 한다. 이제 우리는 의사결정자가 내려야 하는 결정을 위한 이를 표현할 수 있는 의사결정 변수를 정의할 준비가 되어 있다.

일렉트로닉 커뮤니케이션 회사 문제의 선형계획 모형화를 위한 네 의사결정 변수는 다음과 같이 정의된다.

M = 조선 기자재 유통경로를 위한 생산품(라디오)의 수
B = 사무기기 기자재의 유통경로를 위한 생산품의 수
R = 전국 소매상 체인망(유통경로)을 통하게 되는 생산품의 수
D = 메일을 이용하는(유통경로) 생산품의 수

표 3.2의 자료를 이용하여 총이익을 최대화하는 목적함수는 다음과 같이 기술할 수 있다.

$$\text{Max} \quad 90M + 84B + 70R + 60D$$

이제 제약조건에 대한 수학적 모형을 기술해보기로 하자. 광고 예산은 $5,000이며, 따라서 광고에 지출하는 총비용은 이를 초과할 수 없다.

$$10M + 8B + 9R + 15D \leq 5000$$

유사하게 총판매시간은 1,800시간 이상을 초과할 수 없다.

$$2M + 3B + 3R \leq 1800$$

경영진은 현재 생산기간에 라디오를 정확하게 600대를 만들기로 하였으므로 다음과 같다.

$$M + B + R + D = 600$$

마지막으로 소매상 전국 체인망을 통하여 유통되는 생산품의 수는 적어도 150대 이상이 되어야 하므로 다음과 같다.

$$R \geq 150$$

위의 네 제약조건과 비음제약조건을 모두 합치면 일렉트로닉 커뮤니케이션 회사 문제의 선형계획 모형이 완성된다.

$$\begin{array}{llr}
\text{Max} & 90M + 84B + 70R + 60D & \\
\text{s.t.} & & \\
& 10M + 8B + 9R + 15D \leq 5000 & \text{광고 예산} \\
& 2M + 3B + 3R \leq 1800 & \text{판매인력의 가용시간} \\
& M + B + R + D = 600 & \text{요구 생산량} \\
& R \geq 150 & \text{소매상 요구조건} \\
& M, B, R, D \geq 0 &
\end{array}$$

컴퓨터 해법과 이해

일렉트로닉 커뮤니케이션 회사 문제는 엑셀의 해 찾기 기능 또는 다른 소프트웨어를 이용하여 해결할 수 있다. 그림 3.11에는 일렉트로닉 커뮤니케이션 회사 문제의 최적해에 대한 표준 형태의 결과보고서(컴퓨터 보고서) 중 일부가 표시되어 있다. 목적함수 값

```
Optimal Objective Value =          48450.00000

     Variable                  Value              Reduced Cost
  --------------         ---------------        ------------------
           M                 25.00000                 0.00000
           B                425.00000                 0.00000
           R                150.00000                 0.00000
           D                  0.00000               -45.00000

    Constraint             Slack/Surplus            Dual Value
  --------------         ---------------        ------------------
           1                  0.00000                 3.00000
           2                 25.00000                 0.00000
           3                  0.00000                60.00000
           4                  0.00000               -17.00000
```

그림 3.11 일렉트로닉 커뮤니케이션 회사 문제의 컴퓨터 보고서 중 일부분

(Objective Function Value) 부분은 이 문제의 최적해를 보여주고 있다. 즉, 최대이익은 $48,450가 된다. 의사결정 변수의 최적값, 즉 최적해는 $M=25$, $B=425$, $R=150$, $D=0$이 된다.

따라서 일렉트로닉 커뮤니케이션 회사의 최적 전략은 사무기기 기자재 유통경로에 생산을 집중하는 것이다($B=425$대 생산). 또한 25대의 라디오를 조선 기자재 유통경로에 할당해야 하며($M=25$), 소매상 전국 체인망을 통하여 150대의 라디오를 유통시켜야 한다($R=150$). $D=0$(최적해)으로 메일을 이용하는 유통경로는 사용하지 말아야 함을 알 수 있다.

이제 그림 3.11의 'Reduced Cost(감소비용)' 열에 대하여 알아보기로 하자. 한 변수에 대한 감소비용이란 이에 상응하는 비음제약조건의 쌍대 값을 의미한다는 것을 기억하자. 컴퓨터 출력물에서 처음 세 변수의 감소비용은 0으로 각 변수에 상응하는 최적해 값은 이미 양(+)의 수를 가지기 때문이다. 그러나 −$45를 감소비용으로 가지는 변수 D는 메일을 통해 유통되는 라디오 생산품은 매 생산품에 대하여 $45만큼 손해가 발생한다는 것을 말해준다. 다시 말해서, 메일을 이용한 유통을 하면 생산된 새 라디오에 의한 대당 판매이익은 현재 값 $60에서 적어도 $105까지 증가해야만($45만큼) 메일을 이용하는 유통경로가 양(+)의 값을 가지는 최적해를 얻으며, 수익적이라고 할 수 있다는 것이다.

컴퓨터 출력물의 여유변수/잉여변수에 대한 정보와 쌍대 값은 그림 3.12에 다시 나와 있다. 광고예산의 제약조건에 대한 여유변수 값은 0이며, 이는 전체 예산 $5,000가 모두 사용되었다는 것을 말한다. 여기에 상응하는 쌍대 값은 3으로 광고예산에 추가적으로 $1를 더 사용하면 목적함수 값, 즉 추가이익을 $3만큼 증가시키게 된다. 판매에 가용할 수 있는 인력의 제약조건에 대한 여유변수 값은 25시간이므로 판매에 할당된 1,800시간은

Optimal Objective Value = 48450.00000

Variable	Value	Reduced Cost
M	25.00000	0.00000
B	425.00000	0.00000
R	150.00000	0.00000
D	0.00000	-45.00000

Constraint	Slack/Surplus	Dual Value
1	0.00000	3.00000
2	25.00000	0.00000
3	0.00000	60.00000
4	0.00000	-17.00000

Variable	Objective Coefficient	Allowable Increase	Allowable Decrease
M	90.00000	Infinite	6.00000
B	84.00000	6.00000	34.00000
R	70.00000	17.00000	Infinite
D	60.00000	45.00000	Infinite

Constraint	RHS Value	Allowable Increase	Allowable Decrease
1	5000.00000	850.00000	50.00000
2	1800.00000	Infinite	25.00000
3	600.00000	3.57143	85.00000
4	150.00000	50.00000	150.00000

그림 3.12 일렉트로닉 커뮤니케이션 회사 문제의 목적함수의 계수와 우변항의 범위

충분하다는 것을 의미하며 판매시간 25시간은 사용되지 않고 남아 있다는 것이다. 생산 수준에 대한 제약조건은 등식을 만족시켜 여유/잉여변수 값이 0으로 이미 기대한 바와 같다. 그러나 이 제약조건에 대한 쌍대 값 60이 의미하는 바는 생산수준을 증가시켜 라디오 한 대를 더 생산/판매하면 목적함수 값, 즉 이익은 $60만큼의 증가된다는 것이다. 마지막으로 전국 소매상 체인망을 통하여 유통되는 것과 관련된 잉여변수 값 0은 이 제약조건이 속박적이라는 것이다. 쌍대 값이 음(−)의 값을 가지므로 우변항 값이 150에서 151로 증가하면 이익이 $17만큼 감소한다는 의미이다. 따라서 일렉트로닉 커뮤니케이션 회사는 전국 소매상 체인망을 통한 라디오 유통량을 줄이는 데 노력하여야 한다. 이러한 유통량의 **감소**는 라디오 한 대당 $17의 실질적인 이익 증가로 이어진다.

지금부터는 그림 3.12에 제시된 컴퓨터 출력물의 민감도 분석 정보에 대한 추가적인 고찰을 한다. 목적함수 계수의 허용가능 증가 값 및 감소 값은 다음과 같다.

목적함수 계수	허용가능 증가 값	허용가능 감소 값
90.00000	무제한	6.00000
84.00000	6.00000	34.00000
70.00000	17.00000	무제한
60.00000	45.00000	무제한

목적함수 계수가 허용 가능한 양을 초과하여 범위를 넘어 더 증가하거나 감소하는 경우가 아니면 현재의 최적해 또는 전략은 계속해서 최적인 상태로 남아있게 된다. 메일을 이용하는 유통 채널에 대한 목적함수 계수의 허용가능 증가 값과 감소 값을 살펴보자. 이는 앞서 감소비용 부분에서 언급한 내용과 일치한다. 두 경우 모두 개당 이익이 $45만큼 증가해서 $105가 되어야만 메일을 이용하는 유통경로가 양(+)의 값을 가지는 최적해를 가지게 된다.

마지막으로 우변항에 대한 민감도 분석은 그림 3.12에서 보는 것처럼 우변항의 허용가능 증가 값 및 감소 값을 제공한다.

우변항	허용가능 증가 값	허용가능 감소 값
5000.00000	850.00000	50.00000
1800.00000	무제한	25.00000
600.00000	3.57143	85.00000
150.00000	50.00000	150.00000

이러한 범위에 대한 이해/해석은 몇 가지가 가능하다. 특히 광고예산에 대한 쌍대 값은 예산을 추가적으로 $1씩 증가시키면 각 $1에 대하여 이익은 $3만큼 증가된다는 것을 말해준다. 현재 광고예산은 $5,000로 그 허용가능 증가 값은 $850로 광고예산이 증가해서 $5,850가 될 때까지는 현재의 최적해가 그대로 유지되며 이익도 증가한다는 것을 의미한다. 그러나 이 범위를 벗어나 $5,850 이상이 되면 반드시 이익이 증가한다는 것은 아니다. 소매상 관련 제약조건의 쌍대 값이 −17인 것은 이 유통망을 통한 제품의 양을 줄여야 한다는 것을 암시한다. 이 제약조건의 허용가능 감소 값은 150으로 유통량이 0으로 줄어들 수도 있다는 것을 의미하며, 대당 $17만큼의 비율로 이익이 늘어난다는 것이다.

한 번 더 강조해서 말하면 컴퓨터 소프트웨어 패키지를 통해서 얻은 **민감도 분석은 하나의 계수만이 변하는 경우**를 고려의 대상으로 한다는 것이다. 즉, 나머지 계수는 원래의 값을 그대로 유지한다는 것이다. 앞서 언급한 바와 같이 동시 변화에 의한 결과는 문제를 다시 풀어봄으로써 얻을 수 있게 된다.

마지막으로, 일렉트로닉 커뮤니케이션 회사 문제의 완전한 해는 각 유통경로를 통해

표 3.3 일렉트로닉 커뮤니케이션 회사 문제의 이익 최대화 전략

유통경로	생산량	광고비 할당	판매 인력의 할당(시간)
조선기자재 유통업자	25	$ 250	50
사무기기 유통업자	425	3,400	1,275
전국 소매상 체인망	150	1,350	450
메일	0	0	0
합계	600	$5,000	1,775
총추정이익 = $48,450			

서 운반되는 생산품의 수에 대한 정보뿐만 아니라 광고 예산과 각 유통경로에 대한 판매 인력의 노력에 대한 정보도 제공한다는 것이다. 최적해 $M = 25$, $B = 425$, $R = 150$, $D = 0$에 대하여 각 유통경로에 얼마나 많은 자원(제약조건과 관련된 자원)을 할당해야 하는지를 결정하기 위하여 주어진 제약조건의 각 항목을 쉽게 평가할 수 있다. 예를 들어, 광고예산과 관련된 다음 제약조건은 $10M = 10(25) = \$250$, $8B = 8(425) = \$3,400$, $9R = 9(150) = \$1,350$, $15D = 15(0) = \$0$임을 나타낸다.

$$10M + 8B + 9R + 15D \leq 5000$$

따라서 광고예산의 할당은 네 유통경로에 대하여 각각 $250, $3,400, $1,350, $0가 된다. 판매 인력에 대한 제약조건의 경우에도 이와 유사하게 계산을 하면 표 3.3에서 보는 바와 같이 일렉트로닉 커뮤니케이션 회사문제의 최적해에 대한 요약된 형태의 경영관리 측면의 전략을 얻게 된다.

요약

이 장에서는 선형계획 모형의 민감도 분석에 대한 고찰로 시작하여 선형계획 문제에서의 계수 변화가 최적해에 어떤 영향을 주는지에 대한 연구로 우선 목적함수의 한 계수의 변화 또는 우변항 중 하나의 변화가 최적해에 어떤 영향을 주는지에 대하여 그래프 해법이 어떻게 적용되는지를 살펴보았다. 그래프 해법을 통한 민감도 분석은 두 변수를 가지는 선형계획 문제에 국한되기 때문에 컴퓨터 소프트웨어를 이용하여 같은 정보를 포함하는 민감도 분석 보고서를 출력하는 방법을 보였다.

계속해서 여러 수정된 파 주식회사 문제를 도입하여 모형화, 민감도 분석과 그 한계점

경영과학의 실행 인도의 차 생산과 유통*

세계 최대 차(tea) 생산지 중의 하나인 인도에서는 약 $10억의 차(tea packet과 loose tea의 형태)를 생산한다. 덩컨 산업(Duncan Industries Limited, DIL)은 인도의 차 시장 내에서 세 번째로 큰 차 생산업체로 $37,500,000를 판매하였으며, 그중 대부분은 패킷 형태로 판매되었다.

DIL은 16개의 차밭(tea garden)을 가지고 있으며, 세 곳의 차 혼합 단지, 6곳의 포장 작업지, 22개의 창고가 있다. 차는 차밭에서 혼합 단지로 보내지며 다양한 등급의 차가 혼합되어 Sargram, Double Diamond, Runglee Rungliot이라 불리는 브랜드의 차를 생산하게 된다. 이 혼합된 차는 포장 작업지로 운송되며 약 120개의 생산 라인에서 모양과 크기를 달리하는 포장 작업을 거치게 된다. 예를 들면, 한 라인은 500g 상자에 포장된 Sargram을, 또 다른 라인에는 100g 파우치에 Double Diamond를 포장하는 작업을 거치게 된다. 창고로 운반된 차는 11,500명의 유통업자에게 전달되며, 이들은 약 325,000개의 소매점의 요구를 충족시키기 위하여 존재한다.

다음 달 판매에 대한 수요예측은 판매 책임자가 한다. 모든 창고에서는 각 라인의 차에 대한 수요를 예측한다. 이 예측치를 이용하여 오랫동안 경력이 쌓인 유경험자 팀이 다음 사항을 결정한다. 각 브랜드의 포장 작업지로 보내야 하는 포장 용기에 담는 차의 양을 정하고, 각 포장 작업대에서 포장해야 하는 각 라인의 차 용량을 결정하고, 각 포장 작업대에서 여러 창고로 보내야 하는 이 포장된 차의 수송량을 결정하게 된다. 이 과정은 한 달에 2~3일 정도 걸리고 특정 창고에서는 종종 재고 부족이 발생하기도 된다.

결론적으로, 이 회사의 화물 운송비용을 최소화하는 동시에 수요와 공급을 만족시키며 모든 작업 관련 제약조건을 만족시키기 위하여 약 7,000개의 의사결정 변수와 1,500개의 제약조건을 포함하는 선형계획 모형이 사용되었다. 이 선형계획 모형은 과거의 데이터를 이용하여 검증되었으며, 약간의 추가비용이 들어가거나 아니면 전혀 추가비용을 들이지 않고서 재고 부족을 발생시키지 않았다. 게다가 이 모형은 경영진으로 하여금 여러 가지의 민감도 분석(또는 What-If 형태의 분석)을 할 수 있게 한다. 이는 의사결정 과정을 도와줄 수 있는 경영과학 기법을 사용하면 잠재적인 이익을 창출할 수도 있다는 확신을 심어주게 되었다.

*출처 Nilotpal Chakravarti, "Tea Company Steeped in OR," *OR/MS Today* (April 2000).

및 해의 해석에 대하여 고찰하였다. 이는 추가된 의사결정 변수를 가지는 문제, 여러 퍼센트 또는 비율, 제약조건을 포함하는 문제 등이다. 그리고 두 변수 이상의 선형계획 문제의 모형화와 해의 이해/해석에 대한 추가적인 예를 보이기 위하여 일렉트로닉 커뮤니케이션 회사 문제를 도입하였다. 이 문제는 네 개의 의사결정 변수를 가지는 최대화 문제로 두 개의 ≤ 형태의 제약조건, 하나의 = 형태의 제약조건, 하나의 ≥ 형태의 제약조건을 가진다.

이 장의 마지막은 위에 있는 '경영과학의 실행'에서 '인도의 차 생산과 유통'에 대한 사례를 보여준다. 여기에서는 다양한 문제에 선형계획을 적용할 수 있는지에 대하여 그리고 민감도 분석의 중요성에 대하여 자세히 제시해 주고 있다. 다음 장에서는 보다 많은 선형계획 응용 모형을 제시한다.

주요 용어

- **감소비용(reduced cost)** 한 변수의 감소비용은 그 변수의 비음제약조건에 대한 쌍대 값과 동등하다.
- **관련비용(relevant cost)** 의사결정에 의하여 영향을 받는 비용을 의미한다. 이 비용은 의사결정 변수의 값에 의존하여 변하게 된다.
- **매몰비용(sunk cost)** 의사결정에 의하여 영향을 받지 않는 비용을 의미하며 의사결정 변수가 어떤 값을 가정하거나 또는 가지는 경우에 그와 관계없이 발생한다.
- **목적함수 허용가능 증가 값/감소 값(objective function allowable increase/decrease)** 목적함수의 하나의 계수에 대한 허용가능 증가 값/감소 값은 현재 최적해(의사결정 변수의 값)를 변화시키지 않고 증가/감소시킬 수 있는 계수의 양을 말한다. 목적함수 허용가능 증가 값/감소 값은 최적 범위를 계산하는 데 사용될 수 있다.
- **민감도 분석(sensitivity analysis)** 선형계획 문제의 (최적화 모형) 계수 변화에 따른 최적해의 영향을 파악하는 연구.
- **실행가능 범위(range of feasibility)** 쌍대 값을 적용시킬 수 있는 값의 범위를 의미한다.
- **쌍대 값(dual value)** 어느 한 제약조건의 우변항을 (한 단위) 증가시켰을 때 목적함수 값의 변화(값)를 말한다. 엑셀 해 찾기에서는 쌍대 값 대신 그림자 가격(shadow price)이라는 용어를 사용하기도 한다.
- **우변항 허용가능 증가 값/감소 값(right-hand-side allowable increase/decrease)** 하나의 제약조건의 우변항에 대한 허용가능 증가 값/감소 값은 그 제약조건의 쌍대 값을 변화시키지 않으면서 증가/감소시킬 수 있는 우변항 값의 양을 말한다. 우변항 허용가능 증가 값/감소 값은 실행가능 범위를 계산하는 데 사용될 수 있다.
- **최적 범위(range of optimality)** 목적함수 계수 값의 최적 범위는 현재의 최적해(의사결정 변수의 값)가 변화되지 않는 목적함수 계수의 범위를 말한다.

연습문제

1. **그래프 해법 및 목적함수 계수의 최적 범위** 다음 선형계획 모형에 대하여 다음 물음에 답하라.

$$\begin{aligned}&\text{Max } 3A + 2B\\&\text{s.t.}\\&\qquad 1A + 1B \le 10\\&\qquad 3A + 1B \le 24\\&\qquad 1A + 2B \le 16\\&\qquad A, B \ge 0\end{aligned}$$

a. 그래프 해법을 이용하여 최적해를 구하라.

b. 목적함수 계수 A가 3에서 5로 변하면 현재의 최적해는 변하는가? 그래프 해법 절차를 이용하여 새 최적해를 구하라.

c. 의사결정 변수 A의 목적함수 계수가 계속해서 3으로 남아 있고, B의 목적함수 계수가 2에서 4로 변하면 최적해는 변하는가? 그래프 해법 절차를 이용하여 새 최적해를 구하라.

d. (a)에 대한 컴퓨터 해는 다음과 같다.

의사결정 변수	목적함수 계수	허용가능 증가 값	허용가능 감소 값
A	3.00000	3.00000	1.00000
B	2.00000	1.00000	1.00000

이 목적함수 계수의 범위 정보를 이용하여 (b)와 (c)의 물음에 대한 답을 구하라.

2. **그래프 해법 및 우변항의 실행가능 범위** 문제 1의 선형계획 모형을 바탕으로 물음에 답하라. 최적해의 값은 27이다. 제약조건 1의 우변항 값이 10에서 11로 변화되었다.

a. 그래프 해법 절차를 이용하여 최적해를 구하라.

b. (a)의 해를 이용하여 제약조건 1의 쌍대 값을 구하라.

c. 문제 1의 선형계획 문제에 대한 컴퓨터 해는 다음과 같으며 우변항 범위에 대한 정보를 제공해준다. 제약조건 1의 우변항의 범위 정보가 제약조건 1의 쌍대 값에 대하여 무엇을 말해주는가?

제약조건	우변항 값	허용가능 증가 값	허용가능 감소 값
1	10.00000	1.20000	2.00000
2	24.00000	6.00000	6.00000
3	16.00000	무제한	3.00000

d. 제약조건 2의 쌍대 값이 0.5이다. (c)의 우변항 범위 정보와 쌍대 값에 대한 정보를 이용하여 제약조건 2의 우변항의 변화가 주는 영향을 대하여 어떤 결론을 내

릴 수 있는가?

3. **그래프 해법 및 목적함수 계수의 최적 범위** 다음 선형계획 모형을 보고 아래 물음에 대하여 답하라.

$$\begin{aligned} \text{Min} \quad & 8X + 12Y \\ \text{s.t.} \quad & \\ & 1X + 3Y \geq 9 \\ & 2X + 2Y \geq 10 \\ & 6X + 2Y \geq 18 \\ & A, B \geq 0 \end{aligned}$$

a. 그래프 해법을 이용하여 최적해를 구하라.

b. 변수 X의 목적함수 계수가 8에서 6으로 변하면 현재의 최적해는 변하는가? 그래프 해법 절차를 이용하여 새 최적해를 구하라.

c. X의 목적함수 계수가 계속해서 8로 남아 있고, Y의 목적함수 계수가 12에서 6으로 변하면 최적해는 변하는가? 그래프 해법 절차를 이용하여 새 최적해를 구하라.

d. (a)에 대한 컴퓨터 해는 다음과 같으며 목적함수 계수의 범위에 대한 정보를 제공한다. 이 목적함수 계수 정보가 새로 문제를 풀기 전에 (b)와 (c)의 물음에 어떤 도움을 주는가?

의사결정 변수	목적함수 계수	허용가능 증가 값	허용가능 감소 값
X	8.00000	4.00000	4.00000
Y	12.00000	12.00000	4.00000

4. **그래프 해법 및 우변항의 실행가능 범위** 문제 3의 선형계획 모형을 보고 다음 물음에 답하라. 최적해의 값은 48이다. 제약조건 1의 우변항 값이 9에서 10으로 변화되었다.

a. 그래프 해법 절차를 이용하여 최적해를 구하라.

b. (a)의 해를 이용하여 조건제약 1의 쌍대 값을 구하라.

c. 문제 3의 선형계획 문제에 대한 컴퓨터 해는 다음과 같으며 우변항 범위에 대한 정보를 제공해 준다. 제약조건 1의 우변항 범위 정보는 제약조건 1의 쌍대 값에 대하여 무엇을 말해주는가?

제약조건	우변항 값	허용가능 증가 값	허용가능 감소 값
1	9.00000	2.00000	4.00000
2	10.00000	8.00000	1.00000
3	18.00000	4.00000	무제한

d. 제약조건 2의 쌍대 값은 3이다. (c)의 우변항 범위 정보와 쌍대 값에 대한 정보를 이용하여 제약조건 2의 우변항의 변화가 주는 영향에 대하여 어떤 결론을 내릴 수 있는가?

5. **생산되는 야구 장갑의 생산품 수** 켈슨(Kelson) 스포츠 장비 회사는 일반용과 포수용 모델의 두 종류의 야구 장갑을 제조한다. 이 회사는 재단 및 바느질 작업(작업 1)에 900시간, 마무리 작업(작업 2)에 300시간, 포장 및 수송 작업(작업 3)에 100시간을 가용할 수 있다. 생산시간에 대한 요구 조건과 개당 이익은 다음 표에 나타나 있다.

	생산시간			
모델	작업 1	작업 2	작업 3	이익
일반용	1	1/2	1/8	$5
포수용	3/2	1/3	1/4	$8

경영진은 총이익을 최대화하는 데 관심을 가지고 있다. 의사결정 변수 $R =$ 일반용 야구 장갑의 수, $C =$ 포수용 야구 장갑의 수로 정의하면, 위 문제의 선형계획 모형은 다음과 같다.

$$\text{Max} \quad 5R + 8C$$

s.t.

$$R + \tfrac{3}{2}C \le 900 \quad \text{재단 및 바느질 작업}$$
$$\tfrac{1}{2}R + \tfrac{1}{3}C \le 300 \quad \text{마무리 작업}$$
$$\tfrac{1}{8}R + \tfrac{1}{4}C \le 100 \quad \text{포장 및 수송 작업}$$
$$R, C \ge 0$$

이 문제의 컴퓨터 해는 그림 3.13과 같다. 다음 물음에 답하라.

a. 최적해는 무엇인가? 최적 목적함수 값은 무엇인가?

b. 어느 제약조건이 속박적인 제약조건인가?

c. 자원에 대한 쌍대 값은 무엇이며 각각을 해석하라.

d. 작업 부서 중 하나가 야근을 계획하고 있다. 어느 부서에 야근을 시키면 좋겠는가?

Optimal Objective Value = 3700.00000

Variable	Value	Reduced Cost
R	500.00000	0.00000
C	150.00000	0.00000

Constraint	Slack/Surplus	Dual Value
1	175.00000	0.00000
2	0.00000	3.00000
3	0.00000	28.00000

Variable	Objective Coefficient	Allowable Increase	Allowable Decrease
R	5.00000	7.00000	1.00000
C	8.00000	2.00000	4.66667

Constraint	RHS Value	Allowable Increase	Allowable Decrease
1	900.00000	Infinite	175.00000
2	300.00000	100.00000	166.66667
3	100.00000	35.00000	25.00000

그림 3.13 켈슨 스포츠 장비 회사 문제의 해

6. **생산되는 야구 장갑의 생산품 수(재논의)** 문제 5와 관련하여 켈슨 스포츠 장비 회사의 선형계획 문제에 대한 컴퓨터 해를 바탕으로(그림 3.13 참조) 다음 물음에 답하라.

a. 목적함수 계수의 최적 범위를 결정하라.

b. (a)의 목적함수 계수의 최적 범위를 해석하라.

c. 우변항 실행가능 범위를 해석하라.

d. 추가로 20시간의 포장 및 배송 작업시간이 할당된다면 최적해 값은 얼마나 더 증가되는가?

7. **수익을 최대로 하는 투자 포트폴리오** 투자전문회사인 인베스트사(Investment advisors Inc.)는 증권 위탁회사로 여러 고객의 주식 포트폴리오를 관리한다. 미국 오일(주) 관련 주(U)와 후버 스틸(주) 관련 주(H)로 구성된 포트폴리오가 있다. 미국 오일의 연간 수익은 1주당 \$3이며 후버 스틸의 연간 수익은 1주당 \$5이다. 다음 일련의 제약조건에 대하여 실행가능 영역을 파악하라. 미국 오일은 1주당 \$25에 판매되고 후버 스틸은 1주당 \$50에 판매된다. 이 포트폴리오의 투자 예정금액이

$80,000이다. 포트폴리오 위험지수는 최대 700까지이며, 미국 오일은 1주당 0.50, 후버 스틸은 1주당 0.25이다. 추가적으로 이 포트폴리오는 미국 오일의 경우, 최대 1,000주까지 살 수 있다. 이 문제의 목적은 총수익을 최대화하는 각 주식의 투자 양을 결정하는 것이며, 선형계획 모형은 다음과 같다.

$$
\begin{array}{llll}
\text{Max} & 3U + 5H & & \text{총수익 최대화} \\
\text{s.t.} & & & \\
& 25U + 50H \leq 80{,}000 & & \text{펀드 가용치} \\
& 0.50U + 0.25D \leq 700 & & \text{위험 최대치} \\
& 1U \leq 1000 & & \text{미국 오일 주식의 최댓값} \\
& U, H \geq 0 & &
\end{array}
$$

이 문제의 컴퓨터 해는 그림 3.14와 같다. 다음 물음에 답하라.

a. 최적해는 무엇인가? 최적 목적함수 값은 무엇인가?

b. 어느 제약조건이 속박적인 제약조건인가? 이 제약조건에 대한 해석은 무엇

```
Optimal Objective Value =          8400.00000

     Variable                  Value                 Reduced Cost
  --------------          ---------------          -----------------
        U                     800.00000                     0.00000
        H                    1200.00000                     0.00000

    Constraint             Slack/Surplus               Dual Value
  --------------          ---------------          -----------------
        1                       0.00000                     0.09333
        2                       0.00000                     1.33333
        3                     200.00000                     0.00000

                  Objective         Allowable             Allowable
   Variable      Coefficient        Increase              Decrease
  ----------    ------------       -----------           ----------
       U            3.00000           7.00000               0.50000
       H            5.00000           1.00000               3.50000

                     RHS            Allowable             Allowable
  Constraint        Value           Increase              Decrease
  ----------    ------------       -----------           ----------
       1        80000.00000       60000.00000           15000.00000
       2          700.00000          75.00000             300.00000
       3         1000.00000          Infinite             200.00000
```

그림 3.14 인베스트사 문제의 해

인가?

c. 자원에 대한 쌍대 값은 무엇이며 각각을 해석하라.

d. 미국 오일 주식에 투자하는 최대 금액을 늘려야 이득이 되는가? 왜 그런지 설명하라.

8. **수익을 최대로 하는 투자 포트폴리오(재논의)** 그림 3.14와 관련하여 문제 7의 다음 중 어느 것이 컴퓨터 해를 보여주는 것인가?

a. US 스틸의 투자 수익이 얼마나 증가해야 이 주식에 대한 투자를 늘리는 데 도움이 되는가?

b. 후버 스틸의 투자 수익이 얼마나 감소해야 이 주식에 대한 투자를 줄이는 것이 이득이 되는가?

c. 미국 오일이 주식에 투자 최대한도가 900주로 감소된다면 연간 총수익은 얼마나 감소되는가?

9. **살사 제품 믹스** 탐스사(Tom's Inc.)는 멕시코 음식을 만들어 텍사스와 뉴멕시코에 식품 체인점을 가지고 있는 웨스턴 푸드에 납품한다. 탐스사는 웨스턴 푸드 살사(salsa)와 멕시코시티 살사 제품을 만든다. 두 제품은 통 토마토(whole tomatoes), 토마토소스(tomato sauce), 토마토 페이스트(tomato paste)를 서로 다른 비율로 섞어 용기에 담는다. 다음과 같이 의사결정 변수를 정의하자.

W = 웨스턴 푸드 살사 물병의 수

M = 멕시코 시티 살사 물병의 수

그러면 이 선형계획 모형은 다음과 같다.

$$
\begin{aligned}
\text{Max} \quad & 1W + 1.25M \\
\text{s.t.} \quad & \\
& 5W + 7M \le 4480 \quad \text{통 토마토} \\
& 3W + 1M \le 2080 \quad \text{토마토소스} \\
& 2W + 2M \le 1600 \quad \text{토마토 페이스트} \\
& W, M \ge 0
\end{aligned}
$$

이 문제의 컴퓨터 해는 그림 3.15에 나타나 있다.

a. 최적해(목적함수 값)는 무엇인가? 그리고 최적의 생산량은 얼마인가?

b. 목적함수 계수에 대한 최적 범위는?

c. 각 제약조건에 대한 쌍대 값은 무엇인가? 각각에 대한 해석을 하라.

d. 각 우변항에 대한 실행가능 범위를 파악하라.

```
Optimal Objective Value =          860.00000

     Variable                 Value               Reduced Cost
  --------------       ---------------        -----------------
         W                 560.00000                0.00000
         M                 240.00000                0.00000

     Constraint            Slack/Surplus          Dual Value
  --------------       ---------------        -----------------
         1                   0.00000                0.12500
         2                 160.00000                0.00000
         3                   0.00000                0.18750

                    Objective        Allowable          Allowable
    Variable       Coefficient        Increase           Decrease
   ----------     ------------      ----------         ----------
       W              1.00000          0.25000            0.10714
       M              1.25000          0.15000            0.25000

                       RHS           Allowable          Allowable
   Constraint         Value           Increase           Decrease
   ----------     ------------      ----------         ----------
       1           4480.00000       1120.00000          160.00000
       2           2080.00000         Infinite          160.00000
       3           1600.00000         40.00000          320.00000
```

그림 3.15 탐스사 문제의 해

10. 고객의 필요를 만족시키는 투자 정책(재논의) 이니스 투자회사(Innis Investment Inc.)는 많은 회사와 투자 고객을 위하여 펀드를 운영한다. 펀드 투자 정책은 각 고객의 요구사항에 부합하도록 운영된다. 이니스 투자회사는 다음 두 가지 펀드, 즉 주식 펀드와 머니 마켓 펀드에 투자한다. 의사결정 변수는 다음과 같다.

S = 주식 펀드 구매량

M = 머니 마켓 펀드 구매량

이때 다음 선형계획 모형을 고려해보자.

$$
\begin{aligned}
\text{Min} \quad & 8S + 3M \\
\text{s.t.} \quad & \\
& 50S + 100M \le 1{,}200{,}000 \quad \text{가용 펀드 투자금} \\
& 5S + 4M \ge 60{,}000 \quad \text{연간 수익} \\
& M \ge 3{,}000 \quad \text{머니 마켓 투자금} \\
& S, M \ge 0
\end{aligned}
$$

```
Optimal Objective Value =          62000.00000

      Variable                Value                Reduced Cost
   --------------        ---------------       -----------------
            S               4000.00000                 0.00000
            M              10000.00000                 0.00000

     Constraint            Slack/Surplus            Dual Value
   --------------        ---------------       -----------------
              1                0.00000                -0.05667
              2                0.00000                 2.16667
              3             7000.00000                 0.00000

                   Objective        Allowable          Allowable
     Variable     Coefficient        Increase           Decrease
    ----------   ------------      -----------        ----------
            S         8.00000         Infinite           4.25000
            M         3.00000          3.40000          Infinite

                       RHS          Allowable          Allowable
    Constraint        Value          Increase           Decrease
    ----------   ------------      -----------        ----------
            1    1200000.00000   300000.00000     420000.00000
            2      60000.00000    42000.00000      12000.00000
            3       3000.00000     7000.00000         Infinite
```

그림 3.16 이니스 투자회사 문제의 해

컴퓨터에 의한 해는 그림 3.16에 나와 있다.

a. 최적해는 무엇인가? 그리고 최소 총리스크는 얼마인가?

b. 목적함수 계수에 대한 최적 범위는?

c. 이 포트폴리오에 의한 연간 수익은 얼마인가?

d. 이 포트폴리오의 수익률은 얼마인가?

e. 펀드에 대한 제약조건의 쌍대 값은 얼마인가?

f. 포트폴리오에 더해지는 추가 펀드의 한계 수익률은 얼마인가?

11. **고객의 필요를 만족시키는 투자 정책(재논의)** 10번 문제에 대하여 그림 3.16을 참조하여 다음 물음에 답하라.

a. 주식 펀드에 대한 리스크 지수(즉, 목적함수 계수 C_S)가 현재 값인 8에서 증가하여 12가 되면 최적해는 어떻게 변하는가?

b. 머니 마켓 펀드에 대한 리스크 지수(즉, 목적함수 계수 C_M)가 현재 값인 3에서 증가하여 3.5가 되면 최적해는 어떻게 변하는가?

c. C_S 값이 12가 되고 C_M 값이 3.5가 되면 최적해는 어떻게 변하는가?

12. **에어컨 제조** 퀄리티 에어컨사(Quality Air Conditioning)는 세 가지 냉방기(이코노미 모델, 표준형 모델, 고급형 모델)를 제작, 생산하고 있다. 냉방기 개당 이익은 \$63, \$95, \$135이다. 개당 생산 요구조건은 다음과 같다.

	팬의 수	냉각 코일의 수	생산시간
이코노미 모델	1	1	8
표준형 모델	1	2	12
고급형 모델	1	4	14

다음 생산기간에 대하여 회사는 200개의 팬 모터를, 320개의 냉각 코일을, 2,400시간의 생산 가용시간을 가지고 있다. 전체 이익을 최대화하기 위하여 회사는 이코노미 모델, 표준형 모델, 고급형 모델은 각각 몇 개씩 만들어야 하는가? 이 문제의 선형계획 모형은 다음과 같다.

$$\begin{aligned}
&\text{Max} \quad 63E + 95S + 135D \\
&\text{s.t.} \\
&\qquad 1E + 1S + 1D \le 200 \quad \text{팬 모터} \\
&\qquad 1E + 2S + 4D \le 320 \quad \text{냉각 코일} \\
&\qquad 8E + 12S + 14D \le 2400 \quad \text{생산시간} \\
&\qquad E, S, D \ge 0
\end{aligned}$$

컴퓨터 해는 그림 3.17에 나와 있다.

a. 최적해는 무엇인가? 그리고 최적의 목적함수 값은?

b. 어떤 제약조건이 속박적인가?

c. 어떤 제약조건이 (필요 이상의) 여분의 생산능력과 관련이 있는가? 그 값은 얼마인가?

d. 고급형 모델의 이익이 개당 \$150로 증가하였다면 최적해는 현재에서 변하는가? 그림 3.17의 정보를 이용하여 이 물음에 답하라.

13. **에어컨 제조(재논의)** 12번 문제의 컴퓨터 해에 대하여 그림 3.17을 참조하여 다음 물음에 답하라.

a. 각 목적함수 계수의 최적 범위를 파악하라.

b. 이코노미 모델의 이익이 개당 \$6만큼 증가하고, 표준형 모델의 이익은 개당 \$2만큼 감소하고, 고급형은 개당 \$4만큼 이익이 증가한다면 이 새 모형의 최적해는 무엇인가?

c. 우변항의 실행가능 범위를 파악하라.

Optimal Objective Value = 16440.00000

Variable	Value	Reduced Cost
E	80.00000	0.00000
S	120.00000	0.00000
D	0.00000	-24.00000

Constraint	Slack/Surplus	Dual Value
1	0.00000	31.00000
2	0.00000	32.00000
3	320.00000	0.00000

Variable	Objective Coefficient	Allowable Increase	Allowable Decrease
E	63.00000	12.00000	15.50000
S	95.00000	31.00000	8.00000
D	135.00000	24.00000	Infinite

Constraint	RHS Value	Allowable Increase	Allowable Decrease
1	200.00000	80.00000	40.00000
2	320.00000	80.00000	120.00000
3	2400.00000	Infinite	320.00000

그림 3.17 퀄리티 에어컨사 문제의 해

d. 가용할 수 있는 팬 모터의 수가 100개만큼 증가되었다면, 제약조건에 대한 쌍대값은 변화하는가? 이를 설명하라.

14. 사출성형 부품 생산 디지털 컨트롤(DCI)사는 경찰이 자동차의 속도를 측정하는 두 타입의 레이더건을 제조한다. A 모델은 시간당 ±1마일의 오차를 정확도를 가지며, 좀 더 작은 B 모델은 시간당 ±3마일의 정확도를 가진다. 다음 주에는 이 회사는 100대의 A 모델과 150대의 B 모델을 주문을 받는다. DCI는 두 모델에 사용되는 모든 전자 제품을 구매하지만, 두 모델의 플라스틱 케이스는 뉴저지주 뉴어크에 있는 DCI사 공장에서 직접 제조한다. A 모델의 플라스틱 케이스는 사출성형 작업에 걸리는 시간이 4분, 조립 작업에는 6분이 소요된다. 반면 B 모델의 경우에는 사출성형 작업에 걸리는 시간이 3분, 조립 작업에는 8분이 걸린다. 다음 주에는 뉴어크 공장에서 600분의 사출성형 작업 가용시간이 600분이고 조립 작업 가용시간이 1,080분이다. A 모델의 케이스 제조비용은 개당 $10이며, B 모델의 케이스당 제조

비용은 개당 $6이다. 뉴어크에 있는 DCI사 공장의 가용시간과 수요에 따라서 DCI는 종종 한 모델 또는 두 모델을 외주업체로부터 구매하여 부족한 수요를 충족시킨다. 이외의 방법으로는 수요를 충족시킬 방법이 없다. 구매 비용은 A 모델이 개당 $14이며, B 모델은 개당 $9이다. 경영진은 이러한 상황에서 최소의 비용으로 운용할 수 있는 계획을 세우려고 한다. 다음 의사결정 변수는 이 문제의 선형계획 모형화를 위하여 사용된다.

AM = 제조되는 A 모델 플라스틱 케이스 수
BM = 제조되는 B 모델 플라스틱 케이스 수
AP = 구매하는 A 모델 플라스틱 케이스 수
BP = 구매하는 B 모델 플라스틱 케이스 수

이 문제는 다음과 같은 선형계획 모형을 사용하여 해결한다.

$$
\begin{array}{lllllll}
\text{Min} & 10AM + 6BM + 14AP + 9BP & & & & & \\
\text{s.t.} & & & & & & \\
& 1AM + & & + \ 1AP + & & = 100 & \text{A 모델의 수요} \\
& & 1BM + & & 1BP & = 150 & \text{B 모델의 수요} \\
& 4AM + 3BM & & & & \leq 600 & \text{사출성형 시간} \\
& 6AM + 8BM & & & & \leq 1080 & \text{조립 시간} \\
& AM, BM, AP, BP \geq 0 & & & & &
\end{array}
$$

컴퓨터 해는 그림 3.18에 나와 있다.

a. 최적해는 무엇인가? 그리고 최적의 목적함수 값은?
b. 어떤 제약조건이 속박적인가?
c. 쌍대 값은 얼마인가? 각각을 해석하라.
d. 어느 한 제약조건의 우변항을 한 단위 증가시킬 수 있다면 당신은 어떤 제약조건을 선택하겠는가? 그 이유는 무엇인가?

15. 사출성형 부품 생산(재논의) 14번 문제의 컴퓨터 해를 그림 3.18을 참조하여 다음 물음에 답하라.

a. 목적함수 계수의 최적 범위를 해석하라.
b. A 모델의 제조비용이 개당 $11.2로 증가하였다면 새로운 최적해는 무엇인가?
c. A 모델의 제조비용이 개당 $11.2로 증가하였으며 B 모델의 제조비용은 개당 $5로 감소하였으면 최적해는 변하는가?

Optimal Objective Value = 2170.00000

Variable	Value	Reduced Cost
AB	100.00000	0.00000
BM	60.00000	0.00000
AP	0.00000	1.75000
BP	90.00000	0.00000

Constraint	Slack/Surplus	Dual Value
1	0.00000	12.25000
2	0.00000	9.00000
3	20.00000	0.00000
4	0.00000	-0.37500

Variable	Objective Coefficient	Allowable Increase	Allowable Decrease
AB	10.00000	1.75000	Infinite
BM	6.00000	3.00000	2.33333
AP	14.00000	Infinite	1.75000
BP	9.00000	2.33333	3.00000

Constraint	RHS Value	Allowable Increase	Allowable Decrease
1	100.00000	11.42857	100.00000
2	150.00000	Infinite	90.00000
3	600.00000	Infinite	20.00000
4	1080.00000	53.33333	480.00000

그림 3.18 디지털 컨트롤(DCI)사 문제의 해

사례 문제 : 제품 믹스

TJ사는 세 가지의 제품을 배합하여 세 가지 종류의 제품 믹스(product mix)를 만든다. 미국 남동부에 위치한 이 회사는 식료품 공급체인에 납품하는 다음과 같은 견과류가 배합된 세 가지 제품을 생산하고 있다. 이 세 가지의 제품 믹스를 표준 믹스, 디럭스 믹스, 홀리데이 믹스로 부르고 있으며, 이들은 서로 다른 다섯 가지의 견과류를 섞어서 만든다.

가을 시즌을 대비하여 TJ사는 다섯 가지의 견과류들을 구매하였으며, 구매가격은 다음과 같다.

견과 종류	운송 적재량(파운드)	적재당 구매가격 비용($)
아몬드	6000	7500
브라질	7500	7125
필버트	7500	6750
피칸	6000	7200
호두	7500	7875

표준 믹스는 15%의 아몬드, 25%의 브라질 견과, 25% 필버트, 10%의 피칸, 25%의 호두로 이루어진다. 디럭스 믹스는 20%의 다섯 가지 견과로 구성되며, 홀리데이 믹스는 25%의 아몬드, 15%의 브라질 견과, 15% 필버트, 25%의 피칸, 20%의 호두로 구성된다.

TJ사의 회계사는 포장 비용, 파운드당 판매가격 등을 분석하였다. 그리고 파운드당 이익은 표준 믹스의 경우에는 $1.65, 디럭스 믹스는 $2.00, 홀리데이 믹스는 $2.25로 결정하였다. 이 수치는 다른 제품 믹스의 특별한 타입의 견과 가격을 포함시키지 않은 것으로 이 가격이 상당히 변화할 수 있기 때문이다.

접수된 수요자의 주문은 다음과 같다.

믹스 타입	주문량(단위: 파운드)
표준	10,000
디럭스	3000
홀리데이	5000

수요가 높으리라 기대하기 때문에 TJ사는 보다 많은 주문을 받아 충족시키려고 한다.

TJ사는 가용할 수 있는 견과를 이용하여 가을 시즌에 이익을 최대화하려고 노력한다. 판매되지 않아 사용치 못하게 되는 견과는 지역에 있는 자선단체에 기부된다. 이렇게 하는 것이 이익에 도움이 되는 것은 아니지만 TJ사의 대표는 이미 접수받은 주문을 만족시켜야만 한다고 표명했다.

경영 보고서

TJ사의 제품 믹스 문제를 분석하라. 그리고 조사 결과를 요약하여 TJ사의 대표를 위한 보고서를 작성하라. 단, 반드시 아래와 같은 내용 정보와 분석이 포함되게 작성하라.

1. 표준 믹스, 디럭스 믹스, 홀리데이 믹스에 포함되는 견과의 파운드당 비용
2. 최적의 제품 믹스 정책(즉, 최적해)과 최적의 총이익
3. 추가로 각 견과를 구매할 때 어떻게 하면 총이익을 증가시킬 수 있는지에 대한 조언

4. TJ사가 제품 공급업자로부터 1,000파운드의 아몬드를 $1,000에 추가로 구매하는 것에 대한 조언
5. TJ사가 기존의 모든 주문을 만족시키지 못한다면(적어도 그렇다면) 이익을 어떻게 증가시킬 수 있는지에 대한 조언

APPENDIX

03 민감도 분석의 엑셀 해법

2장의 부록에서는 엑셀 해 찾기(Excel Solver) 기능을 사용하여 파 주식회사 문제의 최적해를 구하는 방법을 설명했다. 여기에서는 엑셀의 해 찾기 기능을 사용한 민감도 분석(sensitivity analysis) 방법을 설명한다.

엑셀 해 찾기를 이용하여 선형계획 모형의 최적해를 찾게 되면 **Solver Results** 대화상자가 화면에 나타난다(그림 3.19 참조). 이 최적해가 만족스러우면(민감도 분석 보고서를 출력하지 않는 경우) 그냥 **OK** 버튼만을 누른다. 최적해와 민감도 분석 보고서를 출력하려면 **OK** 버튼을 누르기 전에 **Reports** 박스에 있는 **Sensitivity**를 선택한다. 그러면 다른 워크시트 상에 민감도 분석 보고서가 생성된다. 이러한 절차를 파 주식회사 문제에 적

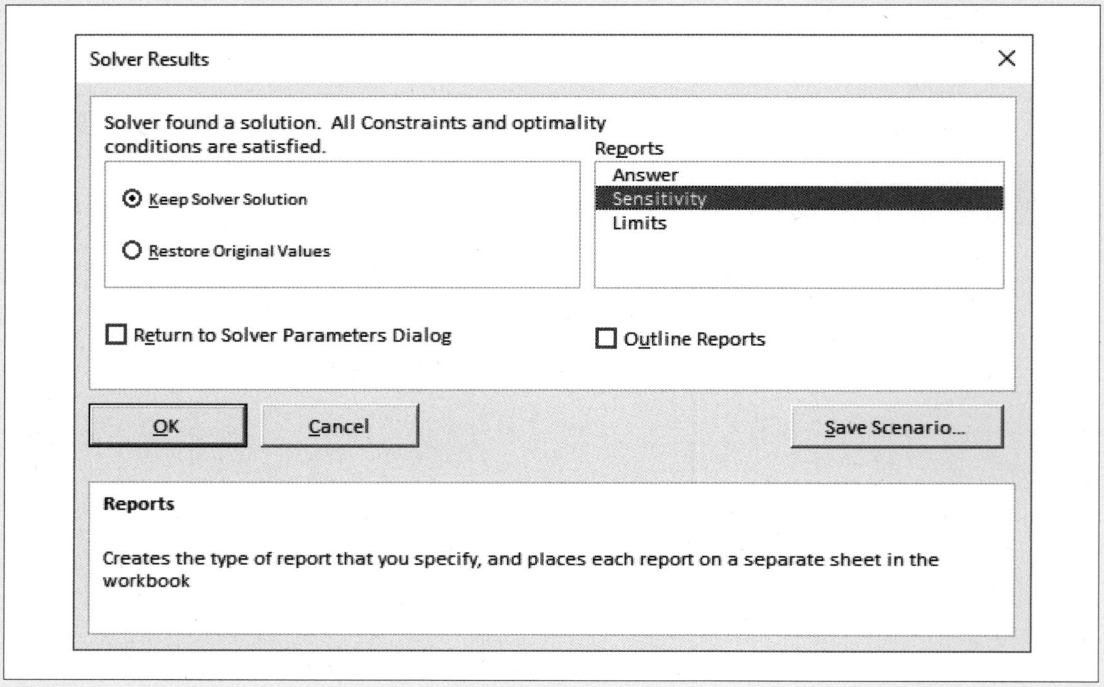

그림 3.19 엑셀 해 찾기 기능에 의한 Solver Results 대화상자

	A	B	C	D
1	**Par, Inc.**			
2				
3		**Production Time**		
4	**Operation**	**Standard**	**Deluxe**	**Time Available**
5	Cutting and Dyeing	0.7	1	630
6	Sewing	0.5	0.83333	600
7	Finishing	1	0.66667	708
8	Inspection and Packaging	0.1	0.25	135
9	**Profit Per Bag**	10	9	
10				
11				
12	**Model**			
13				
14		**Decision Variables**		
15		**Standard**	**Deluxe**	
16	**Bags Produced**	540.00000	252.00000	
17				
18	**Maximize Total Profit**	7668		
19				
20	**Constraints**	**Hours Used (LHS)**		**Hours Available (RHS)**
21	Cutting and Dyeing	630	<=	630
22	Sewing	480.00000	<=	600
23	Finishing	708	<=	708
24	Inspection and Packaging	117.00000	<=	135

그림 3.20 엑셀 해 찾기 기능에 의한 파 주식회사 문제의 최적해

Adjustable Cells

Cell	Name	Final Value	Reduced Cost	Objective Coefficient	Allowable Increase	Allowable Decrease
$B$16	Bags Produced Standard	540	0	10	3.5	3.7
$C$16	Bags Produced Deluxe	252	0	9	5.285714286	2.3333

Constraints

Cell	Name	Final Value	Shadow Price	Constraint R.H. Side	Allowable Increase	Allowable Decrease
$B$21	Cutting and Dyeing Hours Used (LHS)	630	4.375	630	52.36363636	134.4
$B$22	Sewing Hours Used (LHS)	480	0	600	1E+30	120
$B$23	Finishing Hours Used (LHS)	708	6.9375	708	192	128
$B$24	Inspection and Packaging Hours Used (LHS)	117	0	135	1E+30	18

그림 3.21 파 주식회사 문제의 엑셀 해 찾기 민감도 분석 보고서

용하면 그림 3.20에 보이는 것과 같은 최적해와 그림 3.21의 민감도 분석 보고서를 얻게 된다.

엑셀 해 찾기 기능에 의한 민감도 분석 보고서의 이해

민감도 분석 보고서에서 'Adjustable Cells(조절 가능한 셀)'에는 'Final Value(최종값)'라고 이름 붙여진 표시된 열에는 의사결정 변수의 최적값이 기재된다. 파 주식회사 문제의 최적해는 표준형 백이 540, 고급형 백은 252이다. 다음으로는 'Reduced Cost(감소비용)'이라고 이름 붙여진 열에 대하여 고려한다.[1] 두 의사결정 변수에 대한 감소비용은 모두 0이다. 이것은 두 의사결정 변수의 값이 최적 상태에 있음을 의미한다.

그림 3.21의 'Reduced Cost' 우측에는 'Objective Coefficient(목적함수 계수)', 'Allowable Increase(허용가능 증가 값)', 'Allowable Decrease(허용가능 감소 값)'라는 명칭을 가지는 열을 발견하게 된다. 표준형 백을 나타내는 의사결정 변수에 대하여 목적함수의 계수는 10이며, 허용가능 증가 값은 3.5, 허용가능 감소 값은 3.7이다. 목적함수의 현재 계수인 10에서 3.5를 더하고 3.7을 감함으로써 계수 C_S의 최적 범위는 다음과 같이 계산된다.

$$6.3 \leq C_S \leq 13.5$$

C_D의 최적 범위도 유사하게 계산된다.

$$6.67 \leq C_D \leq 14.29$$

다음으로는 민감도 분석 보고서 상의 제약조건과 관련된 정보에 대하여 알아보자. 'Final Value(최종값)' 열에 있는 내용은 각 작업 부서에서 540개의 표준형 백과 252개의 고급형 백을 만드는 데 실제로 필요한 걸리는 시간을 의미한다. 따라서 최적해에서는 630시간의 재단 및 염색 작업과 600시간의 바느질 작업시간, 708시간의 마무리 작업시간, 그리고 117시간의 검사 및 포장 작업시간이 필요하다. 'R.H. Side(우변항)'라 기재된 열에는 우변항 값인 재단 및 염색 작업 630시간, 바느질 작업 600시간, 마무리 작업 708시간, 검사 및 포장 작업 135시간이라고 적혀 있다. 파 주식회사 문제의 각 제약조건에 대한 여유변수의 값은 단순히 우변항에 있는 값과 최종값과의 차이를 나타낸다.

이 부록에서 제공하는 민감도 분석의 해석은 한 번에 하나의 목적함수 계수만 변화하거나 또는 한 번에 하나의 우변항만 변화한다는 가정에 근거한다.

'Shadow Price(그림자 가격 또는 잠재 가격)'라고 적혀 있는 열에는 각 제약조건에 대한 잠재가격 값이 기재되어있다. 잠재가격은 보통 쌍대 값이라 알려진 용어와 동일한 또 다른 이름이다. 마지막 두 열에는 실행가능 범위(range of feasibility)에 대한 정보가 담겨 있다. 예를 들면, 재단 및 염색 작업과 관련된 제약조건의 'Allowable Increase(허용가능 증가 값)'는 52.4시간, 'Allowable Decrease(허용가능 감소 값)'는 134.4시간이다. 허

[1] 엑셀에서 최적해의 값이 그 변수의 상한값과 같다면 감소비용은 이 상한값과 관련된 제약조건의 쌍대 값이 된다.

용가능 증가 값과 허용가능 감소 값 열에는 잠재가격 $4.375가 630시간을 기준으로 52.4시간의 증분, 134.4시간의 감소 범위 내에서는 계속해서 그 값이 유효하다는 것을 말해준다. 따라서 잠재가격 $4.375는 위로 630 + 52.4 = 682.4시간까지 유효하고, 아래로 630 − 134.4 = 495.6시간까지는 유효하다는 것이다.

요약하면, 실행가능 범위에 대한 정보는 그림자 가격을 적용할 수 있는 범위를 제시한다. 이 범위 밖의 변화에 대하여는 새 최적해와 그림자 가격을 얻기 위해서 문제를 다시 풀어야만 한다.

CHAPTER 04

마케팅, 재무관리, 운영관리에서의 선형계획법 응용

학습 목표

이 장을 마치면 아래 내용을 이해할 수 있다.

1. 마케팅에 적용될 수 있는 선형계획 모형을 수립하고 해결한다.
2. 재무에 적용될 수 있는 선형계획 모형을 수립하고 해결한다.
3. 생산계획 및 배송에 적용될 수 있는 선형계획 모형을 수립하고 해결한다.
4. 인력 배치 및 스케줄링에 적용될 수 있는 선형계획 모형을 수립하고 해결한다.
5. 혼합문제에 적용될 수 있는 선형계획 모형을 수립하고 해결한다.

선형계획법은 의사결정을 위한 성공적인 정량접근법 중 하나로 증명되어왔다. 선형계획법을 이용한 응용은 거의 모든 산업에서 활용되고 있다. 이러한 응용 분야는 생산 스케줄링, 미디어 선정, 재무계획, 자본예산계획, 수송, 수송 시스템 설계, 제품 믹스, 혼합문제 등을 포함한다.

2장과 3장에서 소개된 '경영과학의 실행'에서의 다양한 내용은 유연한 문제해결 도구로서의 선형계획법 활용을 보여주고 있다. '경영과학의 실행'의 '마라톤 정유회사의 마케팅 계획 모형'은 마라톤사가 매우 다양한 계획의 문제를 풀기 위해서 어떻게 대규모 선형계획 모형을 사용했는지를 보여줌으로써 또 하나의 선형계획법 활용 사례를 제공하고 있다. 이 장 후반에 제시된 경영과학 실행의 사례로 GE사가 어떻게 태양에너지 투자 의사결정을 위해 선형계획법을 활용했는지를 보여줄 것이며, 베스텔일렉트릭(Vestel Electric)이 생산계획을 위해 선형계획법을 어떻게 활용하는지 보여줄 것이다.

이번 장은 마케팅, 재무, 운영관리와 같은 전통적인 경영 분야에서의 다양한 응용을 소개한다. 그리고 모형화(modeling), 컴퓨터 해법(computer solution), 결과의 해석이 강조될 것이다. 또한 검토되는 각 문제마다 수학적 모형이 수립되고, 각 응용문제에 대한

경영과학의 실행 마라톤 정유회사의 마케팅 계획 모형*

마라톤 정유회사(Marathon Petroleum Corporation)는 미국 내에 13개의 정제공장과 112개의 경량제품 터미널(light products terminals)을 가지고 있다. 공급 부서와 수송 부서는 어떤 정제공장이 어떤 터미널에 공급해야 할 것인가라는 의사결정 문제에 직면해 있으며, 동시에 비용을 최소화하기 위해서 어떤 제품을 파이프라인(pipeline), 바지선(barge), 탱커(tanker)로 수송할 것인가를 결정해야 하는 문제에 직면해 있다. 제품 수요는 충족되어야 하고 각 석유공장의 공급능력을 초과해서는 안 된다. 이 어려운 문제를 해결하기 위해 마라톤 석유회사는 마케팅 계획 모형을 개발하였다.

마케팅 계획 모형은 마라톤사의 제품 터미널뿐만 아니라 모든 거래지역(exchange location)에서의 판매를 고려한 대규모 선형계획 모형이다. 거래계약은 다른 지역에서 마라톤사 제품의 거래 또는 교역과 관련된 다른 석유제품 판매자와의 협정이다. 마라톤사의 마케팅구역 안에 있는 모든 파이프라인, 바지선, 탱커는 선형계획 모형에 또한 나타난다. 모형의 목적은 판매가격, 파이프라인 관세, 거래계약 비용, 제품 수요, 터미널 운영 비용, 정제 비용, 제품구매를 고려하여 주어진 수요구조를 충족하는 비용을 최소화하는 것이다.

마케팅 계획 모형은 가솔린 혼합의 경제성 평가에서부터 새로운 터미널이나 파이프라인의 경제성 분석 등 다양한 계획문제를 해결하는 데 사용된다. 정제된 경량제품 약 천만 갤런의 일일 판매와 함께, 갤런당 1센트의 1000분의 1의 절약액까지도 의미 있는 장기 절약액으로 나타날 수 있다. 동시에 정제나 수송과 같은 영역에서의 절약으로 보일 수 있는 것들의 효과가 전체 시스템에 완전히 실현되었을 때 실제로는 전체 비용 증가를 초래할 수도 있다. 마케팅 계획 모형은 이러한 전체 효과를 동시에 시험할 수 있게 해준다.

*출처 오하이오주 핀들레이에 있는 마라톤 정유회사의 Robert W. Wernert가 제공한 정보에 근거함.

해결책이 제시될 것이다. 이 장 뒤의 부록에서는 재무계획 문제를 해결함으로써 엑셀 해 찾기 사용법을 설명한다.

4.1 마케팅 응용

마케팅에서 선형계획법에 대한 응용 사례는 수없이 많다. 이 절에서는 미디어 선정과 마케팅 조사에서의 응용을 논의한다.

미디어 선정

온라인 광고는 검색엔진 마케팅, 웹사이트 배너 광고, 모바일기기 광고를 포함한다.

선형계획법의 미디어 선정 응용은 마케팅 매니저들이 고정된 광고 예산을 다양한 광고미디어에 할당하는 것을 돕기 위해 개발되었다. 잠재적 미디어는 신문, 잡지, 라디오, 텔레비전, 다이렉트 메일, 온라인을 포함한다. 이러한 응용의 목적은 광고 노출의 도달, 빈도, 품질을 최대화하는 것이다. 허용 할당에 있어서의 제약은 회사정책, 계약조건, 미디어 활용 가능성을 고려하는 과정에서 주로 일어난다. 다음에 나오는 응용 사례는 미디어 선정 문제가 어떻게 수립되는지 그리고 어떻게 선형계획 모형을 이용하여 해결되는지 보여줄 것이다.

릴랙스-앤-인조이 레이크 개발(Relax-and-Enjoy Lake Development)사는 사유지 호수에 호숫가 공동체를 개발하고 있다. 호숫가 부지 및 주택의 기본 목표시장은 개발지로부터 약 100마일 안에 사는 모든 중산층이나 상위층의 가정이다. 릴랙스-앤-인조이사는 프로모션 캠페인을 설계하기 위하여 광고사인 BP&J사를 고용했다.

가능한 광고 미디어와 범위를 고려한 후 BP&J사는 첫째 달 광고를 5개 미디어로 제한할 것을 추천했다. 한 달 후 BP&J사는 한 달간의 결과에 기초하여 전략을 재평가할 것이

표 4.1 릴랙스-앤-인조이 레이크 개발을 위한 광고미디어 대안

광고미디어	도달 가능한 잠재고객 수	광고당 비용 ($)	월별 최대 광고 가능 수*	노출 품질 단위
1. WKLA 방송국 낮 TV(1분)	1,000	1,500	15	65
2. WKLA 방송국 저녁 TV(30초)	2,000	3,000	10	90
3. 웹사이트 광고(배너 광고)	1,500	400	25	40
4. 일요신문 (1/2 컬러 페이지), 「더 선데이 프레스」	2,500	1,000	4	60
5. KNOP 방송국 라디오 오전 8시 또는 오후 5시 뉴스(30초)	300	100	30	20

* 월별 미디어 최대 광고 가능 수는 광고미디어의 최대 수(예: 월별 네 번의 일요일)이거나 미디어에 사용된 BP&J 추천의 최대 시간 수

다. BP&J사는 도달 가능한 잠재고객 수, 광고당 비용, 각 미디어의 최대 광고 가능 수, 노출 품질 등급에 대한 데이터를 5개 미디어별로 수집하였다. 품질 등급화는 노출 품질 단위(각 미디어 1회 광고의 상대적 가치)로 측정되었다. 이러한 측정법은 BP&J사의 광고업에서의 경험에 기초한 것으로, 고객의 인구통계적 변수(나이, 수입, 접촉된 고객의 교육수준), 제시된 이미지, 광고 품질을 고려한 것이다. 수집된 정보는 표 4.1에 나타나 있다.

릴랙스-앤-인조이사는 BP&J사에 첫째 달 캠페인 광고 예산으로 $30,000를 제공하였다. 더불어 릴랙스-앤-인조이사는 BP&J사의 자금 할당에 다음과 같은 제약조건을 제시하였다. (1) 적어도 10회의 TV 광고를 사용할 것, (2) 적어도 50,000명의 잠재고객에게 접촉할 것, (3) $18,000 이상은 TV 광고에 쓰지 말 것. 어떠한 광고미디어 선정 계획이 추천될 것인가?

고려해야 될 의사결정은 '각 미디어를 몇 번씩 이용할 것인가?'이다. 이를 위해 다음과 같이 의사결정 변수를 정의한다.

DTV = 낮 시간대 TV 활용 횟수
ETV = 저녁 시간대 TV 활용 횟수
W = 웹사이트 배너 활용 횟수
SN = 일요신문 활용 횟수
R = 라디오 활용 횟수

표 4.1에서 확인할 수 있듯이 낮 시간대의 광고를 한 번 할 때마다 65만큼의 노출 품질이 제공되므로 낮 시간대 광고 계획에 의한 전체 노출 품질은 $65DTV$가 된다. 표 4.1의 데이터를 계속 보면 ETV는 90 노출 품질, W은 40 노출 품질, SN은 60 노출 품질, R은 20 노출 품질을 보여주고 있다. 전체 미디어 선택 계획의 노출 품질을 최대화하기 위한 목적함수는 아래와 같다.

실제 문제를 정확하게 반영하기 위해 선형계획 모형을 확실하게 나타내야 한다. 항상 모형을 풀기 전에 수립된 식을 철저히 재검토하라.

$$\text{Max} \quad 65DTV + 90ETV + 40W + 60SN + 20R \qquad \text{노출 품질}$$

그리고 주어진 정보로부터 모형의 제약요건을 다음과 같이 구성할 수 있다.

$$\left.\begin{aligned} DTV &\le 15 \\ ETV &\le 10 \\ W &\le 25 \\ SN &\le 4 \\ R &\le 30 \end{aligned}\right\} \text{미디어 가용성}$$

$$1500DTV + 3000ETV + 400W + 1000SN + 100R \le 30,000 \qquad \text{예산}$$

```
Optimal Objective Value =  2370.00000

Variable             Value            Reduced Cost
--------------   ----------------   --------------
      DTV          10.00000            0.00000
      ETV           0.00000          -65.00000
      W            25.00000            0.00000
      SN            2.00000            0.00000
      R            30.00000            0.00000

Constraint         Slack/Surplus      Dual Value
--------------   ----------------   --------------
      1             5.00000            0.00000
      2            10.00000            0.00000
      3             0.00000           16.00000
      4             2.00000            0.00000
      5             0.00000           14.00000
      6             0.00000            0.06000
      7             0.00000          -25.00000
      8          3000.00000            0.00000
      9         11500.00000            0.00000
```

미디어 가용성

예산

TV 제약사항

고객 범위

그림 4.1 릴랙스-앤-인조이 레이크 개발문제 해

$$
\begin{array}{lr}
DTV + \qquad ETV & \geq \quad 10 \\
1500DTV + 3000ETV & \leq 18{,}000
\end{array}
\Bigg\} \ \text{TV 제약사항}
$$

$$1000DTV + 2000ETV + 1500W + 2500SN + 300R \geq 50{,}000 \quad \text{도달 고객}$$

$$DTV, ETV, W, SN, R \geq 0$$

이러한 5개의 변수와 9개의 제약조건을 가지는 선형계획 모형의 최적해는 그림 4.1에 제시되어 있으며, 그 요약은 표 4.2에 나타나 있다.

표 4.2 릴랙스-앤-인조이 레이크의 광고 계획

미디어	빈도수	예산
낮 시간대 TV	10	$15,000
웹사이트	25	10,000
일요신문	2	2,000
라디오	30	3,000
		$30,000
노출 품질 단위=2370		
총 고객 도달 수=61,500		

최적해를 통해 광고는 낮 시간대 TV, 웹사이트, 일요신문, 라디오에 배분되어야 한다는 것을 알 수 있다. 노출 품질의 최고치는 2370이고, 고객들의 총접촉수는 61,500이다. 그림 4.1의 감소비용(reduced cost)은 저녁 시간대 TV 미디어가 최적해로 등장하기 위해서는, 이 미디어에 의한 노출 품질이 최소한 65만큼 증가해야 한다는 것을 의미한다. 예산 제약조건(제약조건 6)은 0.06의 쌍대 값(dual value)을 나타낸다. 따라서 $1의 예산이 증가하면 0.06의 노출 품질이 증가할 것이다. 제약조건 7의 쌍대 값 −25.000는 'TV 광고를 1회 증가시키면 광고 계획의 노출 품질을 25단위 감소시킬 것이다'라는 의미이다. 반대로 TV 광고 1회를 줄이면 광고 계획의 노출 품질은 25단위 증가할 것이다. 그래서 릴랙스-앤-인조이사는 최소 10회의 TV 광고 요구조건을 줄이는 것을 고려해야 한다.

이 모형의 단점은 비록 노출 품질 측정에 실수가 있었던 것은 아니었지만, 전체 노출 품질의 최대화가 이익 또는 판매의 최대화를 보장하지는 못하는 데 있다. 그러나 이러한 문제는 선형계획법의 단점에서 비롯된다고 보기보다는 판단지표로 노출 품질을 사용했기 때문에 발생된 것이다. 만약 직접적으로 이익에 미치는 광고효과를 측정할 수 있다면 최대화를 위한 목적함수로 전체 이익(total profit)을 사용할 수 있을 것이다.

유의사항

1. 미디어 선정 모형은 미디어 대안들에 대한 노출 품질의 주관적 평가가 필요했다. 마케팅 매니저는 노출 품질 관련 실제 데이터를 확보해야 하나, 목적함수에서 사용된 최종 계수는 주로 관리적 판단에 근거한 고려사항을 포함한다.

2. 미디어 선정 모형은 목표함수로 노출 품질을 사용하였고 도달 고객 수를 제약요소로 설정하였다. 이 문제의 대체 공식은 목표함수로 도달 고객 수를 사용할 수 있고 제약조건으로 미디어 계획을 위한 최소 총노출 품질을 추가할 수 있다.

마케팅 조사

기업은 고객의 특성, 태도, 선호를 알기 위해 마케팅 조사를 실시한다. 전문적인 마케팅 조사 회사들은 이러한 정보를 제공하는데, 고객사를 위한 실제 조사를 자주 실시한다. 마케팅 조사 회사들이 전형적으로 제공하는 서비스는 연구설계, 시장조사 실시, 수집된 데이터 분석, 고객을 위한 요약보고서 및 권고사항을 제공하는 것이다. 조사설계 단계에서 조사할 응답자 수나 유형에 대한 목표나 할당량이 수립된다. 마케팅 조사 회사들의 목적은 최소 비용으로 고객의 요구를 맞추기 위한 조사를 실시하는 것이다.

마켓 서베이사(Market Survey, Inc., MSI)는 새로운 상품, 서비스, 광고 캠페인에 대한 고객 반응을 전문적으로 평가하는 회사이다. 한 고객사에서 MSI에 최근에 시장에 내놓은 가사용품에 대한 소비자의 반응을 알아봐 달라는 도움을 요청하였다. 고객사와의 미팅에서 MSI는 아이들이 있는 가정과 아이들이 없는 가정의 반응을 얻기 위해서 개인 방문 인터뷰를 하기로 동의하였다. 아울러 MSI는 낮 시간 인터뷰와 저녁 시간 인터뷰를 하기로 합의하였다. 특별히 고객 계약서는 MSI에 아래와 같은 할당 가이드라인에 따라 1,000명을 인터뷰할 것을 요구하고 있다.

1. 아이가 있는 가정 최소 400회 인터뷰
2. 아이가 없는 가정 최소 400회 인터뷰
3. 저녁 시간에 인터뷰한 전체 가정 수가 낮 시간에 인터뷰한 가정 수보다 최소한 같을 것
4. 아이가 있는 가정에 대한 인터뷰 중 적어도 40%는 반드시 저녁 시간에 수행할 것
5. 아이가 없는 가정에 대한 인터뷰 중 적어도 60%는 반드시 저녁 시간에 수행할 것

아이가 있는 가정의 인터뷰는 추가적인 인터뷰 시간이 걸렸고, 낮 시간 인터뷰 담당자보다 저녁 시간 인터뷰 담당자에게 더 많은 수당을 지불해야 하므로, 비용은 인터뷰 유형에 따라 변한다. 이전 조사연구에 기초해 아래와 같이 인터뷰 비용을 추정하였다.

가정	인터뷰 비용	
	낮 시간	저녁 시간
아이가 있는 가정	\$20	\$25
아이가 없는 가정	\$18	\$20

계약조건을 충족시키면서 총비용을 최소화하는 가구별 그리고 시간대별 인터뷰 계획은 무엇인가? MSI의 문제를 위한 선형계획 모형을 수립하는 데 있어서 아래와 같은 의사결정 변수에 대한 표기를 사용한다.

DC = 아이가 있는 가정의 낮 시간 인터뷰 횟수
EC = 아이가 있는 가정의 저녁 시간 인터뷰 횟수
DNC = 아이가 없는 가정의 낮 시간 인터뷰 횟수
ENC = 아이가 없는 가정의 저녁 시간 인터뷰 횟수

선형계획 모형을 수립하기 위해 인터뷰당 비용 데이터를 활용하여 다음의 목적함수를 수립한다.

$$\text{Min} \quad 20DC + 25EC + 18DNC + 20ENC$$

총 1,000명의 전체 인터뷰 횟수를 요구하는 제약조건은 다음과 같다.

$$DC + EC + DNC + ENC = 1000$$

인터뷰 유형에 따른 5가지 제약조건은 다음과 같다.

- 아이가 있는 가정의 인터뷰 횟수

$$DC + EC \geq 400$$

- 아이가 없는 가정의 인터뷰 횟수

$$DNC + ENC \geq 400$$

- 적어도 저녁 시간 인터뷰 횟수가 낮 시간 인터뷰 횟수와 같아야 한다.

$$EC + ENC \geq DC + DNC$$

- 적어도 아이가 있는 가정의 40%는 저녁 시간에 인터뷰해야 한다.

$$EC \geq 0.4(DC + EC)$$

- 적어도 아이가 없는 가정의 60%는 저녁 시간에 인터뷰해야 한다.

$$ENC \geq 0.6(DNC + ENC)$$

비음(nonnegative) 조건을 추가하였을 때 변수 4개, 제약조건 6개의 선형계획 모형은 아래와 같다.

$$
\begin{array}{lll}
\text{Min} & 20DC + 25EC + 18DNC + 20ENC & \\
\text{s.t.} & & \\
& DC + EC + DNC + ENC = 1000 & \text{전체 인터뷰 횟수} \\
& DC + EC \geq 400 & \text{아이가 있는 가정의 인터뷰 횟수} \\
& DNC + ENC \geq 400 & \text{아이가 없는 가정의 인터뷰 횟수} \\
& EC + ENC \geq DC + DNC & \text{저녁 시간 인터뷰 횟수} \\
& EC \geq 0.4(DC + EC) & \text{아이가 있는 가정의 저녁 시간 인터뷰 횟수} \\
& ENC \geq 0.6(DNC + ENC) & \text{아이가 없는 가정의 저녁 시간 인터뷰 횟수} \\
& DC, EC, DNC, ENC \geq 0 &
\end{array}
$$

그림 4.2는 이 선형계획의 최적해를 보여주고 있다. 최적해는 아래 인터뷰 계획을 따르며, 최소 비용은 $20,320가 됨을 알 수 있다.

```
Optimal Objective Value =              20320.00000

     Variable              Value              Reduced Cost
  --------------    ---------------    -----------------
           DC          240.00000              0.00000
           EC          160.00000              0.00000
          DNC          240.00000              0.00000
          ENC          360.00000              0.00000

    Constraint         Slack/Surplus          Dual Value
  --------------    ---------------    -----------------
            1            0.00000             19.20000
            2            0.00000              2.80000
            3          200.00000              0.00000
            4           40.00000              0.00000
            5            0.00000              5.00000
            6            0.00000              2.00000
```

그림 4.2 마켓 서베이사(MSI) 문제의 해

가정	인터뷰 횟수		
	낮 시간	저녁 시간	합계
아이가 있는 가정	240	160	400
아이가 없는 가정	240	360	600
합계	480	520	1000

따라서 인터뷰 중 480회는 낮 시간에, 520회는 저녁 시간에 계획되어야 하며, 아이가 있는 가정은 400회, 아이가 없는 가정은 600회의 인터뷰가 이루어져야 한다.

그림 4.2의 민감도 분석은 제약조건 1에 대해 19.200의 쌍대 값을 보여준다. 다시 말하면, 인터뷰의 횟수가 1,000회에서 1,001회가 되면 최적해의 값은 $19.20 증가할 것이다. 그러므로 $19.20는 추가 인터뷰를 시행하는 데 증가되는 비용이다. 따라서 인터뷰 횟수를 1,000회에서 999회로 줄인다면 똑같이 $19.2가 감소할 것이다.

200.000의 값을 가지는 제약조건 3의 잉여변수(surplus variable)는 요구조건보다 아이가 없는 가정의 인터뷰 횟수가 200개 더 많다는 것을 보여준다. 이와 비슷하게 40의 값을 갖는 제약조건 4의 잉여변수는 저녁 인터뷰 횟수가 대낮 인터뷰 횟수를 40개 초과함을 보여준다. 제약조건 5와 6의 잉여변수 0은 좀 더 값비싼 저녁 인터뷰가 최소한으로 실행될 것임을 나타낸다. 제약조건 5의 쌍대 값 5는 최소요구보다 아이가 있는 가정에 대한 저녁 인터뷰가 1회 더 실행된다면 전체 인터뷰 비용은 $5 올라갈 것임을 나타낸다. 이와 비슷하게 제약조건 6도 아이가 없는 가정에 대한 인터뷰를 1회 추가하면 비용은 $2 올라갈 것임을 나타낸다.

4.2 재무관리 응용

재무관리에서 선형계획법은 자본예산, 자산할당, 포트폴리오 선택, 재무계획, 기타 많은 사안들과 관련된 문제 상황에 적용될 수 있다. 이 절에서는 포트폴리오 선택문제와 조기 퇴직 프로그램의 자금투자와 관련된 문제를 설명할 것이다.

포트폴리오 선택

포트폴리오 선택 문제는 재무관리자가 다양한 투자 대안들 중에 특정한 투자대상(예를 들면, 주식, 국채)을 선정해야 될 상황과 관련 있다. 뮤추얼펀드사, 신용협동조합, 보험회사, 은행의 매니저들은 이러한 유형의 문제에 자주 직면한다. 포트폴리오 선택 문제에 있어서 목적함수는 보통 기대수익을 최대로 하거나 위험을 최소화하는 데 있다. 제약조건은 보통 허용되는 투자유형, 주법률, 회사정책, 최대허용 위험 등의 형태를 취한다. 이러한 유형의 문제들은 다양한 수학적 기법으로 유형화되어 왔다. 이 절에서는 선형계획으로 포트폴리오 선택 문제들을 유형화하고 해결한다.

뉴욕시에 있는 웰테(Welte) 뮤추얼펀드사의 사례를 살펴보자. 이 회사는 현재 산업 국채를 현금화해 $100,000를 가지고 있고, 이 자금에 대한 다른 투자 기회를 찾고 있다. 웰테사의 현재 투자안을 기초로 회사 최고 재무 분석가(analyst)는 정유산업, 철강산업, 국채에 투자할 것을 추천하고 있다. 구체적으로 5개의 투자 대안을 선정해 연간 수익률(rate of return)을 예측하였다. 투자 대안과 수익률은 표 4.3에 나타내었다.

웰테사의 경영진은 아래와 같은 투자 가이드라인을 제시했다.

1. 어떤 산업(정유 또는 철강)도 $50,000 이상의 투자를 받을 수 없다.
2. 국채 투자는 철강산업 투자금액의 최소 25%는 되어야 한다.
3. 고수익 고위험 투자인 퍼시픽 정유사의 투자는 전체 정유산업 투자의 60%를 넘어서는 안 된다.

$100,000로 어떤 포트폴리오를 구성하는 것이 바람직한가? 예산 및 관리상 부과된 제

표 4.3 웰테 뮤추얼펀드사를 위한 투자 기회

투자	예상 수익률(%)
애틀랜틱 정유	7.3
퍼시픽 정유	10.3
미드웨스트 철강	6.4
후버 철강	7.5
국채	4.5

약하에서 예상 수익률을 최대화해야 한다는 목적을 감안하여 이 질문에 대한 선형계획 모형을 유형화하고 해를 구할 수 있다. 이 해는 웰테 뮤추얼펀드사의 경영진에게 투자에 대한 추천으로 제공될 수 있다. 의사결정 변수를 다음과 같이 표현하자.

A = 애틀랜틱 정유사에 투자된 금액
P = 퍼시픽 정유사에 투자된 금액
M = 미드웨스트 철강사에 투자된 금액
H = 후버 철강사에 투자된 금액
G = 국채에 투자된 금액

표 4.3에 제시된 예상 수익률을 사용하여 포트폴리오의 전체 이익을 최대화하는 목적함수를 다음과 같이 표기할 수 있다.

$$\text{Max} \quad 0.073A + 0.103P + 0.064M + 0.075H + 0.045G$$

사용 가능한 \$100,000의 투자 제약조건은 다음과 같다.

$$A + P + M + H + G = 100{,}000$$

정유산업이나 철강산업에 각 \$50,000 이상 투자하면 안 된다는 요구조건은 다음과 같다.

$$A + P \le 50{,}000$$
$$M + H \le 50{,}000$$

국채가 철강산업 투자금액의 최소 25%가 되어야 한다는 요구조건은 다음과 같다.

$$G \ge 0.25(M + H)$$

마지막으로 퍼시픽 정유사의 투자금액이 정유산업 투자금액의 60%를 넘어서는 안 된다는 제약조건은 다음과 같다.

$$P \le 0.60(A + P)$$

비음 제약조건을 추가함으로써 웰테 뮤추얼펀드사의 투자문제를 해결할 완성된 선형계획 모형을 다음과 같이 얻을 수 있다.

$$
\begin{aligned}
\text{Max} \quad & 0.073A + 0.103P + 0.064M + 0.075H + 0.045G \\
\text{s.t.} \quad & \\
& A + P + M + H + G = 100{,}000 \quad \text{이용 가능한 자금} \\
& A + P \le 50{,}000 \quad \text{정유산업 최대 투자금액}
\end{aligned}
$$

```
Optimal Objective Value =              8000.00000

    Variable              Value              Reduced Costs
 --------------      ---------------      ------------------
       A               20000.00000              0.00000
       P               30000.00000              0.00000
       M                   0.00000             -0.01100
       H               40000.00000              0.00000
       G               10000.00000              0.00000

   Constraint         Slack/Surplus            Dual Value
 --------------      ---------------      ------------------
       1                   0.00000              0.06900
       2                   0.00000              0.02200
       3               10000.00000              0.00000
       4                   0.00000             -0.02400
       5                   0.00000              0.03000
```

그림 4.3 웰테 뮤추얼펀드사의 해

표 4.4 웰테 뮤추얼펀드를 위한 최적 포트폴리오 선택

투자	금액	기대되는 연간 수익
애틀랜틱 정유	$20,000	$1,460
퍼시픽 정유	30,000	3,090
후버 철강	40,000	3,000
국채	10,000	450
합계	$100,000	$8,000
기대되는 연간 수익: $8,000		
전체 수익률=8%		

$$M + H \leq 50{,000} \quad \text{철강산업 최대 투자금액}$$

$$G \geq 0.25\,(M + H) \quad \text{국채 최소 투자금액}$$

$$P \leq 0.60\,(A + P) \quad \text{퍼시픽 정유사 제약조건}$$

$$A, P, M, H, G \geq 0$$

선형계획 모형의 최적해를 그림 4.3에 담았다. 표 4.4는 총자금이 어떠한 유가증권에 투자되어야 하는지를 보여준다. 최적해는 미드웨스트 철강을 제외한 모든 투자 대안으로 포트폴리오가 구성되어야 함을 나타낸다. 이 포트폴리오의 연간 예상 이익은 $8,000로, 이는 전체 포트폴리오에 대한 수익률은 8%이다.

최적해는 제약조건 3의 쌍대 값이 '0'임을 보여준다. 그 이유는 철강산업 최대치는 속박(binding) 제약조건이 아니기 때문이다. 즉, $50,000라는 철강산업 제약조건을 증가시켜도 최적해의 값을 향상시키지 못한다. 실제로 이 제약조건의 여유변수(slack variable)는 현재 철강산업의 투자금액이 $40,000로 $50,000 이하임을 보여주고 있다. 다른 제약조건의 쌍대 값은 '0'이 아니다. 이는 이러한 제약조건들이 속박되어 있음을 나타낸다.

제약조건 1의 0.069라는 쌍대 값은 포트폴리오 투자에서 $1 이상 추가 투자되면 최적해의 값이 0.069가 증가할 수 있음을 보여준다. 즉, 6.9%가 안 되는 비용으로 자금을 확보할 수 있다면 경영자들은 그것을 확보해야 한다. 그러나 다른 곳(상기 5가지 투자대안 이외)에 투자하여 6.9% 이상의 수익률을 낸다면, 경영자들은 전체 $100,000를 이 포트폴리오에 투자하는 것을 고민해야 한다.

이용 가능한 자금의 제약조건을 위한 쌍대 값은 추가적인 투자자금으로부터 얻은 수익률 정보를 제공한다.

비슷한 해석이 다른 쌍대 값에서도 가능하다. 제약조건 4의 쌍대 값은 −0.024이다. 이 결과는 제약조건의 우변항 값을 1단위 증가시키면 최적해의 목적함수 값이 0.024 떨어지는 것을 나타낸다. 최적 포트폴리오 관점에서 웰테사가 최소 요구조건을 넘어 $1를 추가로 국채에 투자한다면 전체 수익은 $0.024만큼 줄어들 것이다. 왜 이러한 감소가 발생하였는지를 보기 위해 포트폴리오 한계수익률이 6.9%(평균 수익률이 8%임)인 제약조건 1의 쌍대 값을 다시 살펴보자. 국채의 수익률은 4.5%이다. 그래서 국채에 $1를 추가 투자하는 비용은 포트폴리오의 한계수익과 국채의 한계수익의 차이이다. 즉, 6.9%−4.5%=2.4%이다.

최적해는 투자 포트폴리오에 미드웨스트 철강가 포함되지 말아야 함을 나타낸다($M=0$). M의 감소비용은 −0.011로 미드웨스트 철강에 대한 고려가 타당하기 위해서는 목적함수에 포함된 미드웨스트 철강 변수에 대한 계수값이 0.011만큼 증가해야 한다는 것을 의미한다. 이러한 증가는 미드웨스트 철강의 수익률을 0.064+0.011=0.075로 만들 수 있으며, 이것은 현재의 후버 철강사만큼 바람직한 투자 대안이 될 것이다.

마지막으로 웰테사 선형계획 모형의 간단한 수정으로 각 유가증권에 투자되어야 할 가용금액의 비율을 결정할 수 있다. 즉, 각 우변항의 값을 100,000으로 나눈다. 그러면 모든 의사결정 변수의 최적해는 각 유가증권에 투자되어야 할 금액의 비율을 의미한다.

유의사항

1. 웰테 뮤추얼펀드사 문제의 최적해는 애틀랜틱 정유 주식에 $20,000 사용되어야 함을 나타낸다. 만약 애틀랜틱 정유사의 주식이 주당 $75에 팔린다면 우리는 정확히 $20,000를 사용하기 위해 $266^2/_3$의 주식을 사야 한다. 단주(fractional share)를 구매하는 것이 불가능하다면, 할당된 자금으로 정수의 주식(the number of share)을 사는 방법으로 이를 조정될 수 있다(예: 애틀랜틱 정유사의 주식 266주). 이 접근법은 예산 제약조건을 위반하지 않는다. 물론 이러한 접근법은 해가 더 이상 최적이 아닐 수 있다는 가능성을 포함하지만 유가증권의 수가 많다면 큰 문제가 되지 않는다. 애널리스트들이 의사결정 변수가 정수가 되어야 한다고 믿는 경우 문제는 정수계획 모형으로 수립되어야 한다. 정수계획법은 6장의 주제다.
2. 재무 포트폴리오 이론은 적정한 위험과 수익의 균형을 강조한다. 웰테사의 문제에서는 명시적으로 수익을 목적함수에서 고려하였다. 위험은 정유 주식과 철강 주식의 다양성을 보장하게 하고 국채와 철강산업 투자 간의 균형을 이루게 하는 제약조건을 선택함으로써 통제된다고 볼 수 있다.

재무계획

선형계획법은 재무계획 응용에 다양하게 사용되어왔다. '경영과학의 실행'의 'GE사는 태양에너지 투자 의사결정에 선형계획법을 사용한다'는 장기적 관점에서 자본투자 전략의 시나리오를 평가하는 데 선형계획법이 어떻게 사용되는지를 보여준다.

이 절의 나머지 부분에서는 조기퇴직 프로그램에 대한 기업의 충당비용을 최소화하기 위해 고안된 선형계획법 응용을 살펴본다. 휴릿사(Hewlitt Corporation)는 구조조정의 한 부분으로 조기퇴직 프로그램을 수립하였다. 자발적 지원 기간이 끝났을 때 68명의 직원이 조기 퇴직자로 선발되었다. 이러한 조기 퇴직의 결과로 회사는 향후 8년 동안 아래와 같은 채무가 발생할 것으로 예측하였다.

연간	1년	2년	3년	4년	5년	6년	7년	8년
필요한 현금	430	210	222	231	240	195	225	255

필요한 현금(단위: $1,000)은 매년 초에 마련되어야 한다.

재무 담당자는 다가올 8개년의 채무를 맞추기 위해 오늘 얼마를 비축해야 할지 결정해야 한다. 퇴직 프로그램의 자금조달 계획은 국채에 투자하는 것과 은행에 저축하는 것을 포함한다. 국채의 세 가지 대안에 대한 투자정보는 다음과 같다.

국채	가격	이자율(%)	만기연도
1	$1,150	8.875	5
2	1,000	5.500	6
3	1,350	11.750	7

경영과학의 실행 **GE사는 태양에너지 투자 의사결정에 선형계획법을 사용한다***

환경과 에너지를 위해 한정된 비재생 자원을 지속적으로 사용하는 것에 대한 우려가 증가하면서 기업들은 재생 형태의 에너지를 상당히 강조해오고 있다. 물, 바람, 태양에너지는 기업이 투자의 대상으로 고려할 만한 재생 가능한 형태의 에너지이다.

GE는 에너지 분야의 다양한 영역에 대한 제품을 가지고 있다. GE의 관심 영역 중 하나는 태양에너지이다. 태양에너지는 빠르게 변화하는 기술(예: 태양전지, 태양발전시스템)의 비교적 새로운 콘셉트이다. 태양전지는 햇빛을 곧바로 전기로 바꿀 수 있다. 집중 태양발전시스템은 광범위한 영역의 햇빛을 전통적인 전기생산을 위한 열의 소스로 사용할 수 있는 작은 빔으로 집중시킨다. 태양전지는 지붕 위에 설치할 수 있어서 상업용 또는 주택용으로 둘 다 사용되는 데 반하여, 태양발전시스템은 대부분 상업용 환경에 사용된다. 최근 몇 년 동안 GE는 몇 가지 태양전지 기술에 투자해왔다.

어디에 투자할지 그리고 적절한 생산용량을 결정하는 문제는 기술발전, 비용, 태양에너지 수요의 불확실성 때문에 어렵다. GE는 이 문제를 풀기 위해서 일련의 의사결정 지원도구를 사용하였다. 기술적 분석 모형이 새롭게 제안된 태양전지의 비용을 예측하는 데 사용되었다. 통계적 모형은 미래 10~15년 후의 연간 태양에너지 수요를 예측하는 데 사용되었다. 마지막으로 최상의 생산용량 투자계획을 결정하기 위해서 비용과 수요예측치가 다기간 선형계획에 사용되었다.

선형계획은 재고, 생산용량, 제조, 예산 제약조건을 고려한 최적의 확장계획을 찾아냈다. 높은 불확실성 때문에 선형계획은 복수의 미래 시나리오를 통해 해결되었다. 각 개별 시나리오의 해결안은 계획과 관련된 위험을 산정하기 위한 다른 시나리오 속에서 찾아 평가하였다. GE의 계획분석가들은 태양에너지 분야 경영진의 전략적 투자 의사결정을 지원하기 위하여 이러한 도구들을 활용하였다.

*출처 B. G. Thomas and S. Bollapragada, "General Electric Uses an Integrated Framework for Product Costing, Demand Forecasting and Capacity Planning for New Photovoltaic Technology Products," *Interfaces* 40, no. 5 (September/October 2010): 353-367.

국채의 액면가격은 $1,000인데, 이것은 각 국채의 가격이 다르더라도 만기 때는 $1,000만을 지급함을 의미한다. 위 이자율은 액면가격에 기초한다. 계획수립 목적으로 재무 담당자는 '국채에 투자되지 않은 자금은 연 4%의 이자로 은행에 저축된다'라고 가정한다.

문제해결을 위해 의사결정 변수를 아래와 같이 정의하자.

F = 퇴직계획의 8개년 채무를 맞추기 위해 요구되는 총금액
B_1 = 1년 차 초에 구입된 국채 1의 수
B_2 = 1년 차 초에 구입된 국채 2의 수
B_3 = 1년 차 초에 구입된 국채 3의 수
S_i = i년 차 초에 은행 계좌에 있는 금액, 여기서 i = 1, 2, 3, 4, 5, 6, 7, 8

목적함수는 퇴직계획의 8년 채무를 맞추기 위해 필요한 전체 금액을 최소화하는 것으로 다음과 같이 표기될 수 있다.

$$\text{Min} \quad F$$

이런 유형의 재무계획 문제의 핵심 특징은 제약조건이 계획 기간의 각 연도별로 수립되어야 한다는 것이다. 일반적으로 각 제약조건은 다음과 같은 모양이다.

(연초 가용자금) − (국채에 투자한 자금과 저축계좌 금액) = (당해 연도 현금채무)

1년 차 초의 가용 자금은 F에 의해서 주어진다. 국채 1에 대한 시가는 $1,150이고 투자액은 $1,000 단위로 표시되므로 B_1에 투자된 투자액은 $1.15B_1$이 될 것이다. 이와 비슷하게 국채 2와 국채 3은 각각 $1B_2$와 $1.35B_3$이 될 것이다. 1년 차 저축투자는 S_1이다. 이러한 결과와 첫해 채무 430을 이용해서 1년 차의 제약조건을 얻을 수 있다.

$$F - 1.15B_1 - 1B_2 - 1.35B_3 - S_1 = 430 \quad \text{1년 차}$$

국채에 대한 투자는 단지 1년 차에만 가능하며 국채는 만기까지 보유된다.

미래의 국채 가격은 이자율에 의존하므로 미리 알 수 없기 때문에 현 문제에서 국채에서의 미래 투자를 고려하지 않는다.

2년 차 초에 가용 자금은 국채 1에 대한 액면가의 8.875% 투자수익, 국채 2에 대한 액면가의 5.5% 투자수익, 국채 3에 대한 액면가의 11.75% 수익, 저축에 대한 4% 수익을 포함한다. 2년 차 저축 투자 금액은 S_2이다. 210의 채무와 함께 둘째 해의 제약조건은 다음과 같다.

$$0.08875B_1 + 0.055B_2 + 0.1175B_3 + 1.04S_1 - S_2 = 210 \quad \text{2년 차}$$

유사하게 3년 차에서 8년 차까지의 제약조건은 다음과 같다.

$$\begin{aligned}
0.08875B_1 + 0.055B_2 + 0.1175B_3 + 1.04S_2 - S_3 &= 222 \quad \text{3년 차}\\
0.08875B_1 + 0.055B_2 + 0.1175B_3 + 1.04S_3 - S_4 &= 231 \quad \text{4년 차}\\
0.08875B_1 + 0.055B_2 + 0.1175B_3 + 1.04S_4 - S_5 &= 240 \quad \text{5년 차}\\
1.08875B_1 + 0.055B_2 + 0.1175B_3 + 1.04S_5 - S_6 &= 195 \quad \text{6년 차}\\
1.055B_2 + 0.1175B_3 + 1.04S_6 - S_7 &= 225 \quad \text{7년 차}\\
1.1175B_3 + 1.04S_7 - S_8 &= 255 \quad \text{8년 차}
\end{aligned}$$

6년 차 제약조건에서 국채 1로부터 활용 가능한 자금이 $1.08875B_1$임을 주목하라. 계수 1.08875는 5년 차 말에 국채 1의 만기가 도래한다는 것을 반영한 것이다. 결과적으로 5년 차 액면가에 국채 이자를 더한 금액만큼 6년 차 초에 사용 가능하다. 또한 국채 1이 5년 차에 만기가 되어 6년 차 초에 이용 가능해졌으므로 변수 B_1은 7년 차, 8년 차 제약조건에 나타나지 않는다.

국채 2의 경우도 유사하다. 즉, 국채 2는 6년 차에 만기가 되어 액면가와 이자가 7년 차 초에 이용 가능해진다. 덧붙여, 국채 3은 7년 차 말에 만기가 되어 액면가와 이자가 8년 차 초에 이용 가능하다.

```
        Optimal Objective Value =          1728.79385

          Variable                 Value              Reduced Cost
        --------------      ---------------      ------------------
              F                  1728.79385                 0.00000
              B1                  144.98815                 0.00000
              B2                  187.85585                 0.00000
              B3                  228.18792                 0.00000
              S1                  636.14794                 0.00000
              S2                  501.60571                 0.00000
              S3                  349.68179                 0.00000
              S4                  182.68091                 0.00000
              S5                    0.00000                 0.06403
              S6                    0.00000                 0.01261
              S7                    0.00000                 0.02132
              S8                    0.00000                 0.67084

         Constraint           Slack/Surplus              Dual Value
        --------------      ---------------      ------------------
                 1                  0.00000                 1.00000
                 2                  0.00000                 0.96154
                 3                  0.00000                 0.92456
                 4                  0.00000                 0.88900
                 5                  0.00000                 0.85480
                 6                  0.00000                 0.76036
                 7                  0.00000                 0.71899
                 8                  0.00000                 0.67084
```

그림 4.4 휴릿 현금 요구문제 해

마지막으로 변수 S_8은 8년 차의 제약조건에 등장하고 있음을 주목하라. 퇴직펀드 부채는 8년 차 초에 모두 변제될 것이므로 S_8이 '0'이 될 것이며, 어떤 자금도 은행 계좌에 입금되지 못할 것이다. 그러나 7년 차 채권소득과 저축으로 발생된 이자소득의 합이 8년 차의 필요현금액인 255를 초과하는 경우를 고려하여 S_8을 식에 포함하였다. 따라서 S_8은 8년의 현금 요구사항이 충족되었음을 보여주는 잉여변수이다.

이 12개의 변수와 8개의 제약조건을 가지는 선형계획 문제의 최적해는 그림 4.4에 있다. 목적함수 값은 1,728.79385로 퇴직계획의 8년 채무를 맞추기 위한 전체 투자액은 $1,728,794이다. 국채 각각의 현재가 $1,150, $1,000, $1,350를 사용하여 세 가지 국채의 초기 투자를 다음과 같이 요약할 수 있다.

국채	구매 단위	투자 금액
1	$B_1 = 144.988$	$1,150(144.988) = $166,736
2	$B_2 = 187.856$	$1,000(187.856) = $187,856
3	$B_3 = 228.188$	$1,350(228.188) = $308,054

또한 최적해는 1년 차 초에 $636,148($S_1$ 참고)가 은행저축에 투자됨을 나타낸다. 이 회사는 1년 차에 $1,728,794를 가지고 국채와 은행저축에 투자할 수 있으며 조기 은퇴 프로그램의 1년 차 현금 금액인 $430,000를 충족할 수 있는 충분한 여유가 있다.

그림 4.4에서 의사결정 변수 S_1, S_2, S_3, S_4는 0보다 크기 때문에 첫 4년 동안 은행저축에 투자되어야 함을 가리킨다. 그러나 5년 차부터 8년 차에 이르는 퇴직 프로그램의 현금 요구액은 국채 이자와 국채 만기일의 수입으로 충분히 조달될 수 있을 것이다.

이 응용사례에서 쌍대 값은 흥미로운 해석을 낳는다. 각 우변항 값은 그 해에 필요한 현금을 나타낸다. 쌍대 값이 양(+)이라는 것은 어떤 해에 필요한 현금이 $1,000만큼 증가한다면 퇴직 프로그램 채무에 필요한 총현금이 $1,000 곱하기 쌍대 값만큼 증가한다는 의미이다. 또한, 쌍대 값은 초기에 필요한 현금이 증가되는 것이 가장 큰 영향을 준다는 것을 보여주고 있다. 이는 초기의 경우 투자수입을 축적할 시간이 이후 기간에 비해 적다는 점을 고려했을 때 이해될 수 있다. 즉, 지불해야 되는 필요현금이 증가할 경우 휴릿사는 가능하다면 이러한 증가를 차후로 연기함으로써 이익을 볼 수 있다.

이 응용 사례에서의 쌍대 값은 각 해의 필요 현금을 현재 화폐 가치로 표현하고자 할 때 사용될 수 있다. 예를 들어, 8년 차에 필요한 현금 $1는 현재가치로 $0.67084에 해당된다.

유의사항

1. 휴릿사 문제의 최적해는 각각 144.988, 187.856, 228.188과 같이 소수점으로 표현되어 있다. 국채에 대한 소수점 단위가 불가능하다면 보수적으로 반올림해서 각각 145, 188, 229단위로 쓸 수 있다. 이러한 경우를 고려한다면 8개년 동안의 퇴직 프로그램 부채에 요구되는 전체 자금은 목표함수에 의해 제시된 전체 자금보다 대략 $1,254가량 많을 것이다. 관련된 자금의 크기 때문에 반올림은 아마 사용 가능한 해를 제공할 것이다. 최적 정수해가 요구된다면 6장에 나오는 정수계획법을 사용해야 한다.
2. 우리는 암묵적으로 국채의 이자가 1년에 한 번씩 지불된다고 가정했다. 국고증권과 같은 투자는 6개월마다 이자가 제공된다. 이와 같은 경우 이자 및 현금 지불이 6개월마다 이루어지기 때문에 모형을 6개월 단위로 조정하여 수립할 수 있다.

4.3 운영관리 응용

선형계획법은 스케줄링, 충원, 재고관리, 생산용량 계획을 포함한 생산 및 운영관리에 응용되어왔다. 이 절에서는 자체생산 또는 외부구매 의사결정, 생산 계획, 작업자 할당의 사례를 설명한다.

자체생산 또는 외부구매 의사결정

먼저 한 회사가 직접 제조해야 하는 몇몇 부품의 양과 공급자로부터 구매해야 하는 양을 결정하기 위한 선형계획 모형을 살펴본다. 이러한 결정을 생산 또는 구매(make-or-buy) 결정이라고 한다.

잰더스(Janders Company)사는 병원에서의 수혈을 위한 펌핑 그리고 엔지니어링 응용 분야에서의 물 펌핑과 같은 응용 분야에서 사용될 수 있는 다양한 펌프를 판매하고 있다. 현재 잰더스사는 두 가지 새로운 유형의 펌프를 출시하려고 준비하고 있다. 하나는 수혈을 위한 '수혈 펌프'이고, 또 하나는 공학 시장을 위한 '기능 펌프'이다. 각 펌프는 베이스(base), 코어(core), 탑(top)이라는 세 가지 부품을 가지고 있다. 동일한 베이스가 두 펌프에 공통으로 사용된다. 그러나 코어와 탑은 다르다. 모든 부품은 잰더스사가 만들거나 외부 공급자로부터 구매할 수 있다. 부품의 제조원가와 구매가격이 표 4.5에 요약되어 있다.

관련 전문가들은 3,000개의 기능 펌프와 2,000개의 수혈 펌프가 필요할 것으로 예상하고 있다. 그러나 제조용량이 제한되어 있다. 기업은 정규 제조시간으로 200시간과 잔업으로 50시간을 설정하고 있다. 추가 잔업수당은 시간당 $9이다. 표 4.6에 부품별 제조시간을 나타내었다.

잰더스사의 문제는 각 제조부품의 적정 수량과 구매부품 수를 결정하는 것이다. 이를

표 4.5 잰더스 펌프의 부품별 제조원가와 구매가격

부품	단위당 원가	
	제조(정규시간)	구매
베이스	$0.50	$0.60
코어(기능 펌프)	$3.75	$4.00
코어(수혈 펌프)	$3.30	$3.90
탑(기능 펌프)	$0.60	$0.65
탑(수혈 펌프)	$0.75	$0.78

표 4.6 잰더스 펌프의 부품별 제조시간(분)

부품	제조시간
베이스	1.0
코어(기능 펌프)	3.0
코어(수혈 펌프)	2.5
탑(기능 펌프)	1.0
탑(수혈 펌프)	1.5

위해 다음과 같이 의사결정 변수를 정의한다.

BM = 베이스 제조수량
BP = 베이스 구입수량
FCM = 코어(기능 펌프) 제조수량
FCP = 코어(기능 펌프) 구매수량
TCM = 코어(수혈 펌프) 제조수량
TCP = 코어(수혈 펌프) 구매수량
FTM = 탑(기능 펌프) 제조수량
FTP = 탑(기능 펌프) 구매수량
TTM = 탑(수혈 펌프) 제조수량
TTP = 탑(수혈 펌프) 구매수량

추가 의사결정은 초과근무시간이 몇 시간 더 필요한지 계획을 수립하는 것이다.

OT = 초과근무 시간

목적함수는 제조비용, 구매비용, 초과근무 비용을 포함하여 총비용을 최소화하는 것이다. 표 4.5의 단위당 비용과 시간당 초과근무 수당(overtime premium) 비용이 \$9라는 것을 이용하여 다음과 같은 목적함수를 만들 수 있다.

$$\begin{aligned}\text{Min}\quad & 0.5BM + 0.6BP + 3.75FCM + 4FCP + 3.3TCM + 3.9TCP + 0.6FTM \\ & + 0.65FTP + 0.75TTM + 0.78TTP + 9OT\end{aligned}$$

첫 다섯 개의 제약조건은 기능 펌프 3,000개와 수혈 펌프 2,000개의 요구 수량을 충족하기 위한 것이다. 전체 5,000개의 베이스 부품이 필요한데, 이들은 특정 펌프 수요에 의존하게 된다. 다섯 가지 제약조건은 다음과 같다.

$$\begin{aligned}BM + BP &= 5000 &&\text{베이스}\\ FCM + FCP &= 3000 &&\text{코어(기능 펌프)}\\ TCM + TCP &= 2000 &&\text{코어(수혈 펌프)}\\ FTM + FTP &= 3000 &&\text{탑(기능 펌프)}\\ TTM + TTP &= 2000 &&\text{탑(수혈 펌프)}\end{aligned}$$

제조용량이 정규시간과 잔업시간을 초과하지 않도록 하기 위해 두 가지 제약식이 필요하다. 첫 번째 제약식은 잔업시간이 50시간을 초과하지 않도록 하는 것으로 아래와 같이 쓸 수 있다.

$$OT \le 50$$

두 번째 제약식은 모든 부품에 요구되는 총제조시간은 정규시간에 잔업 시간을 포함한 총제조용량과 같거나 적어야 한다는 것을 나타낸다. 부품의 제조시간은 분 단위로 표시된다. 구체적으로 정규시간 200시간을 고려하여 분당 제조용량 제약을 60(200) = 12,000분으로 표시하였다. 또한 실제 필요 잔업 시간은 알려져 있지 않으므로 60*OT*분으로 표현될 수 있다. 표 4.6의 제조시간 데이터를 이용하여 다음과 같은 식을 만들 수 있다.

동일 단위의 수치가 제약식 좌측과 우측에 표시되어 있다. 이 경우 분(分) 단위로 사용되었다.

$$BM + 3FCM + 2.5TCM + FTM + 1.5TTM \le 12{,}000 + 60OT$$

0보다 크거나 같은 의사결정 변수를 갖게 되는 완성된 잰더스사의 생산-구매 문제는 아래와 같다.

$$\begin{aligned}\text{Min}\quad & 0.5BM + 0.6BP + 3.75FCM + 4FCP + 3.3TCM + 3.9TCP \\ & + 0.6FTM + 0.65FTP + 0.75TTM + 0.78TTP + 9OT\end{aligned}$$

s.t.

$$\begin{array}{lr@{\;}l}
BM + BP &= 5000 & \text{베이스} \\
FCM + FCP &= 3000 & \text{코어(기능 펌프)} \\
TCM + TCP &= 2000 & \text{코어(수혈 펌프)} \\
FTM + FTP &= 3000 & \text{탑(기능 펌프)} \\
TTM + TTP &= 2000 & \text{탑(수혈 펌프)} \\
OT &\le 50 & \text{초과근무시간} \\
BM + 3FCM + 2.5TCM + FTM + 1.5TTM &\le 12{,}000 + 60OT & \text{제조용량}
\end{array}$$

이러한 11개의 변수와 7개의 제약조건을 갖고 있는 선형계획 모형의 최적해는 그림 4.5에 주어져 있다. 최적해는 베이스(*BM*) 5,000개, 코어(기능 펌프)(*FCM*) 667개, 그리고 코어(수혈 펌프)(*TCM*) 2,000개를 제조해야 한다는 것을 보여준다. 나머지 코어(기능 펌프)(*FCP*) 2,333개와, 모든 탑(*FTP*와 *TTP*)은 구매되어야 한다. 잔업 제조는 필요하지 않고 총비용은 $24,443.33이다.

민감도 분석은 사용되지 않는 잔업시간 용량에 대한 추가 정보를 제공한다. 초과근무시간(*OT*)에 대한 감소비용(reduced cost)은 초과시간을 통한 생산을 고려하기 위해서는 초과근무수당(overtime premium)이 시간당 $4 감소해야 함을 보여준다. 즉, 초과근무수당이 $9 − $4 = $5이거나 그 이하면, 잰더스사는 구매부품을 초과근무를 통한 생산으로 변경하는 것을 원할 수도 있다.

제조용량에 대한 제약조건 7의 쌍대 값은 −0.083이다. 이 값은 제조용량의 추가시간당 가치가 분당 $0.083 또는 시간당 ($0.083)(60) = $5임을 나타낸다. 제약조건 7의 우변항은 이 결과가 19,000분 혹은 316.7시간으로 증가할 때까지 타당함을 나타낸다.

```
Optimal Objective Value =        24443.33333

   Variable              Value            Reduced Cost
---------------    ---------------    -----------------
      BM              5000.00000            0.00000
      BP                 0.00000            0.01667
      FCM              666.66667            0.00000
      FCP             2333.33333            0.00000
      TCM             2000.00000            0.00000
      TCP                0.00000            0.39167
      FTM                0.00000            0.03333
      FTP             3000.00000            0.00000
      TTM                0.00000            0.09500
      TTP             2000.00000            0.00000
      OT                 0.00000            4.00000

  Constraint         Slack/Surplus          Dual Value
---------------    ---------------    -----------------
      1                  0.00000            0.58333
      2                  0.00000            4.00000
      3                  0.00000            3.50833
      4                  0.00000            0.65000
      5                  0.00000            0.78000
      6                 50.00000            0.00000
      7                  0.00000           -0.08333

                Objective      Allowable          Allowable
   Variable    Coefficient     Increase           Decrease
  ----------   -----------    ----------         ----------
      BM         0.50000        0.01667           Infinite
      BP         0.60000       Infinite            0.01667
      FCM        3.75000        0.10000            0.05000
      FCP        4.00000        0.05000            0.10000
      TCM        3.30000        0.39167           Infinite
      TCP        3.90000       Infinite            0.39167
      FTM        0.60000       Infinite            0.03333
      FTP        0.65000        0.03333           Infinite
      TTM        0.75000       Infinite            0.09500
      TTP        0.78000        0.09500           Infinite
      OT         9.00000       Infinite            4.00000

                   RHS         Allowable          Allowable
  Constraint      Value        Increase           Decrease
  ---------- ------------    ----------         ----------
      1       5000.00000    2000.00000         5000.00000
      2       3000.00000      Infinite         2333.33333
      3       2000.00000     800.00000         2000.00000
      4       3000.00000      Infinite         3000.00000
      5       2000.00000      Infinite         2000.00000
      6         50.00000      Infinite           50.00000
      7    12,000.00000    7000.00000         2000.00000
```

그림 4.5 잰더스사 생산-혹은-구매 문제의 해

또한 민감도 분석은 외부 공급자에 의해 부과되는 가격 변화가 최적해에 어떠한 영향을 미치는지를 보여준다. 예를 들어, *BP*의 목적함수 계수의 범위는 0.583(0.600 − 0.017)이 하한이며, 상한은 무제한이다. 만약 베이스 구매가격 $0.583에서 유지되거나 이상이라면, *BP*에 대한 구매량은 0일 것이다. 그러나 만약 구매가격이 $0.583 이하로 떨어진다면, 잰더스사는 베이스 부품을 제조하기보다 구매해야 한다. 구매가격 범위에 관한 민감도 분석 결론은 기타 부품에 대해서도 유사하게 적용될 수 있다.

유의사항

잰더스사 문제에서 제조용량(제약조건 7)의 쌍대 값에 대한 적절한 해석은 제조용량의 추가시간에 대한 가치가 시간당 ($0.083)(60)=$5라는 것이다. 따라서 잰더스사는 이미 제조비용에 포함되어 있는 현 시간당 정규시간 비용 이상으로 시간당 $5의 프리미엄을 기꺼이 지불할 것이다. 그러므로 시간당 정규시간의 비용이 만약 $18라면, 잰더스사는 추가적인 노동량을 확보하기 위하여 시간당 $18+$5=$23까지 기꺼이 지불할 것이다.

생산계획

선형계획법의 또 다른 일반적 응용은 생산계획과 같은 다기간 계획을 다루는 것이다. 생산계획 문제의 해는 경영자가 여러 기간(여러 주와 여러 개월) 동안 하나 또는 다수의 제품에 대한 효율적인 저비용생산계획을 수립할 수 있도록 해준다. 기본적으로, 제품 생산계획은 미래 다기간 동안의 제품 믹스 문제로 간주될 수 있다. 관리자는 기업의 제한된 생산용량, 노동력, 저장공간을 감안하여 총생산비용을 최소화하면서 제품 수요량을 충족시키는 생산수준을 결정해야 한다.

생산계획 문제를 위한 선형계획법 사용의 장점 중 하나는 이러한 생산계획 문제가 반복해서 발생한다는 점이다. 즉, 특정 생산계획은 이번 달을 위해, 그 다음 달을 위해, 다시 그 다다음 달을 위해 연이어 수립되어야 한다. 생산관리자는 매월 생산계획 문제를 검토할 때 제품수요가 변경될지라도 생산시간, 생산용량, 저장공간의 제한 등은 거의 동일하다는 것을 발견할 것이다. 따라서 생산관리자는 근본적으로 이전 달에 해결한 동일한 문제를 재해결하게 된다. 모형을 수립하게 되면 관리자는 주어진 기간 동안의 데이터(수요, 용량, 기타 등)를 이용하여 반복적으로 생산계획을 수립하기 위해 선형계획 모형을 사용할 수 있다. '경영과학의 실행'의 '베스텔 전자(Vestel Electronics)의 판매운영 계획을 위한 선형계획 사용'은 생산 및 조달비용을 최소화하면서 판매목표치를 만족시키기 위한 생산계획을 수립하기 위해 선형계획법이 어떻게 적용되는지 설명하고 있다.

볼링거 전자회사(Bollinger Electronics Company)의 사례를 살펴보기로 하자. 이 회사는 서로 다른 주요 비행기 엔진 제조사를 위한 두 개의 전자부품을 생산하고 있다. 비행

경영과학의 실행 베스텔 전자의 판매운영 계획을 위한 선형계획 사용*

베스텔 전자(Vestel Electronics)는 LCD TV와 LED TV를 포함한 다양한 제품을 생산하고 있다. 터키 마니사(Manisa)에 단일 대형 제조시설이 있으며 연간 생산 능력은 1,500만 개이다. 베스텔 전자의 주요 시장은 유럽이며 거의 90%의 제품이 유럽 고객에게 판매된다. 베스텔 전자는 매우 고객중심적이어서 제품의 대량 맞춤화가 가능하다. TV는 고도로 맞춤화할 수 있는 제품이기 때문에 화면 크기, 스피커 유형, 리모컨 유형 등과 같은 특성의 가능한 조합 수는 만 가지 제품 유형의 가능성을 갖게 했다. 또한 베스텔 전자는 생산 시점까지 소량 주문 및 주문 변경을 허용한다. 이러한 유연성은 고객 관계에는 환상적이지만 매우 어려운 생산계획 문제로 연결된다. 베스텔 전자는 다기간 선형계획 모형을 사용하여 생산을 계획한다.

선형계획 모형의 의사결정 변수는 각 제품의 생산/조달 양과 계획 내 각 기간의 기말 재고를 얼마나 보유할 것인지이다. 목적함수는 총생산비용과 조달비용을 최소화하는 것이다. 제약조건은 수요는 충족되며(즉, 판매목표는 만족된다), 자원용량을 넘어서지 않고, 재고 균형 방정식을 통해 얼마만큼 각 기간의 재고를 보유해야 하는지 계산되도록 해야 한다. 효율적이고 비용효과적인 생산계획 이외에도, 이러한 최적화는 계획시간 단축, 계획 정확성 제고, 재고수준 감소, 보다 나은 데이터 가시성, 개선된 데이터 표준화, 정확성 등의 다른 이점을 가져왔다.

*출처 Z. Taskin et al., "Mathematical Programming-Based Sales and Operations Planning at Vestel Electronics," *Interfaces* 45, no. 4 (July/August, 2015): 325-340.

표 4.7 볼링거 전자회사의 3개월 수요 계획

부품별	4월	5월	6월
322A	1000	3000	5000
802B	1000	500	3000

기 엔진 제조사는 볼링거 판매부서에 3개월 동안의 월별 필요 부품량을 고지한다. 월별 요구량은 매우 다양해서 비행기 엔진 제조업자가 생산하는 유형에 의해서 결정된다. 표 4.7은 3개월 주문량을 나타낸다.

주문이 완료된 이후, 요구서(demand statement)를 생산관리 부서에 보낸다. 생산관리 부서는 3개월 동안의 부품 생산계획을 수립해야 한다. 바람직한 일정을 위해, 생산관리자는 다음 사항을 알기 원한다.

1. 총생산비용
2. 재고보유비용
3. 생산수준 변화 비용

이 절의 나머지 부분은 볼링거 전자회사의 총비용을 최소화하기 위한 생산 및 재고 프로세스의 선형계획 모형을 만드는 방법을 다룬다.

모형을 개발하기 위해, x_{im}은 부품 i의 m월 생산량을 나타낸다고 하자. 여기서 $i = 1, 2$, 그리고 $m = 1, 2, 3$이다. $i = 1$은 부품 322A, $i = 2$는 부품 802B, $m = 1$은 4월, $m = 2$는 5월을 나타내고 $m = 3$은 6월을 나타낸다. 이중 첨자를 사용하는 이유는 보다 많은 설명 내용을 나타내기 위한 것이다. 3월에 생산되는 제품 2를 나타내기 위해 x_6를 간단하게 사용할 수도 있다. 그러나 x_{23}은 좀 더 상세하게 표현되며, 이 변수를 통해 월과 제품이 직접적으로 규명될 수 있다.

만약 322A 부품의 생산비용이 단위당 \$20이고 802B 부품의 생산비용이 단위당 \$10라면 총생산비용의 목적함수는 다음과 같이 나타낼 수 있다.

$$\text{총생산비용} = 20x_{11} + 20x_{12} + 20x_{13} + 10x_{21} + 10x_{22} + 10x_{23}$$

모형에 재고 보유에 따른 관련비용(relevant cost)을 포함시키기 위해서, m월 말 부품 i의 재고수준을 s_{im}이라고 하자. 볼링거 회사는 월별 기준으로 재고보유비용을 단위당 생산비용의 1.5%로 책정하였다. 즉, 부품 322A의 단위당 재고보유비용은 (0.015)(\$20) = \$0.30이고, 부품 802B의 단위당 재고보유비용은 (0.015)(\$10) = \$0.15가 된다. 선형계획법을 생산계획에 적용하기 위한 일반적인 가정은 월말 재고수준이 그 달의 수용가능한 평균 재고수준이라는 것이다. 이 가정하에 목적함수에 재고보유비용 부분을 다음과 같이 표기할 수 있다.

$$\text{재고보유비용} = 0.30s_{11} + 0.30s_{12} + 0.30s_{13} + 0.15s_{21} + 0.15s_{22} + 0.15s_{23}$$

모형에 매달 생산수준의 변동비용을 포함시키기 위해서, 두 개의 변수를 추가적으로 정의할 필요가 있다.

$$I_m = m\text{월 동안에 필요한 생산수준의 증가}$$
$$D_m = m\text{월 동안에 필요한 생산수준의 감소}$$

볼링거 회사는 생산수준의 변동과 관련된 비용(예: 직원 해고, 이직, 재배치 훈련 비용 등)을 평가한 후, 어느 특정한 달에 생산수준의 증가와 관련된 비용을 \$0.50로, 생산수준의 감소와 관련된 비용을 \$0.20로 추정하였다. 따라서 세 번째 목적함수를 다음과 같이 작성할 수 있다.

$$\text{생산수준 변화 비용} = 0.50I_1 + 0.50I_2 + 0.50I_3 + 0.20D_1 + 0.20D_2 + 0.20D_3$$

생산수준 변화와 관련된 비용은 m월에 생산된 총수량과 이전 달($m - 1$)에 생산된 총수량의 차이의 함수이다. 다른 생산계획 응용 분야에서는 생산수준의 변동이 총생산량보다 기계 작동시간 또는 필요한 노동시간으로 측정될 수 있다.

이러한 세 가지 모든 비용들을 조합하여 목적함수를 완성하면 다음과 같이 나타낼 수 있다.

$$\text{Min } 20x_{11} + 20x_{12} + 20x_{13} + 10x_{21} + 10x_{22} + 10x_{23} + 0.30s_{11} + 0.30s_{12} + 0.30s_{13} + 0.15s_{21} + 0.15s_{22} + 0.15s_{23} + 0.50I_1 + 0.50I_2 + 0.50I_3 + 0.20D_1 + 0.20D_2 + 0.20D_3$$

이제 제약조건들을 고려해보자. 첫째, 생산계획은 고객 수요를 충족해야 한다. 배송 수량(units shipped)은 이번 달 생산량이나 이전 달로부터 이어진 재고로부터 나올 수 있기 때문에 고객 수요량은 다음의 형태를 취한다.

(이전 달의 기말 재고량) + (이번 달의 생산량) − (이번 달의 기말 재고량)
= (이번 달의 수요량)

3개월 생산계획이 시작될 때의 부품 322A의 기초재고량은 500개, 부품 802B는 200개라고 가정하자. 두 부품에 대한 첫째 달(4월)의 수요량은 각각 1,000개이므로, 첫째 달의 제약조건은 다음과 같다.

$$500 + x_{11} - s_{11} = 1000$$
$$200 + x_{21} - s_{21} = 1000$$

상수 값을 오른쪽으로 이동하면, 다음과 같다.

첫째 달(4월)

$$x_{11} - s_{11} = 500$$
$$x_{21} - s_{21} = 800$$

유사하게 둘째 달과 셋째 달의 수요 제약조건을 필요로 한다. 다음과 같이 나타낼 수 있다.

둘째 달(5월)

$$s_{11} + x_{12} - s_{12} = 3000$$
$$s_{21} + x_{22} - s_{22} = 500$$

셋째 달(6월)

$$s_{12} + x_{13} - s_{13} = 5000$$
$$s_{22} + x_{23} - s_{23} = 3000$$

만약 회사가 3개월 기간 말의 재고수준으로 322A는 적어도 400개, 802A는 200개로 설정하였다면 다음과 같은 제약조건을 추가할 수 있다.

표 4.8 볼링거 전자회사의 기계용량, 노동력, 저장용량

월별	기계(시간)	노동(시간)	저장용량(평방피트)
4월	400	300	10,000
5월	500	300	10,000
6월	600	300	10,000

표 4.9 부품 322A와 802B를 위한 기계, 노동, 저장의 요구량(필요량)

부품	기계(시간/단위)	노동(시간/단위)	저장용량(평방피트/단위)
322A	0.10	0.05	2
802B	0.08	0.07	3

$$s_{13} \geq 400$$
$$s_{23} \geq 200$$

표 4.8과 같이 기계용량, 노동력, 저장용량에 관한 추가적인 정보를 가지고 있다고 가정하자. 기계, 노동, 저장공간의 요구량(필요량) 등은 표 4.9에 나타나 있다. 이러한 제약을 반영하기 위해서 다음 제약조건이 필요하다.

기계용량

$$0.10x_{11} + 0.08x_{21} \leq 400 \quad \text{첫째 달}$$
$$0.10x_{12} + 0.08x_{22} \leq 500 \quad \text{둘째 달}$$
$$0.10x_{13} + 0.08x_{23} \leq 600 \quad \text{셋째 달}$$

노동력

$$0.05x_{11} + 0.07x_{21} \leq 300 \quad \text{첫째 달}$$
$$0.05x_{12} + 0.07x_{22} \leq 300 \quad \text{둘째 달}$$
$$0.05x_{13} + 0.07x_{23} \leq 300 \quad \text{셋째 달}$$

저장용량

$$2s_{11} + 3s_{21} \leq 10{,}000 \quad \text{첫째 달}$$
$$2s_{12} + 3s_{22} \leq 10{,}000 \quad \text{둘째 달}$$
$$2s_{13} + 3s_{23} \leq 10{,}000 \quad \text{셋째 달}$$

m달 동안에 총생산수준의 증가(I_m) 혹은 감소(D_m)를 나타내는 제약조건이 추가되어야 한다. 생산계획기간의 시작 전 달인 3월의 총생산수준의 경우 부품 322A가 1,500개, 부품 802B가 1,000개 있다고 가정하자. 따라서 3월의 총생산수준은 $1{,}500 + 1{,}000 = 2{,}500$

개가 된다. 4월의 변화량은 다음과 같이 표현될 수 있다.

$$4월\ 생산량 - 3월\ 생산량 = 변화$$

4월의 생산변수인 x_{11}과 x_{21}, 그리고 3월의 생산량인 2,500개를 이용하여 다음을 얻을 수 있다.

$$(x_{11} + x_{21}) - 2500 = 변화$$

변화는 양수 또는 음수가 될 수 있음을 주목하자. 양의 변화는 전체 생산수준의 증가를 나타낸다. 음의 변화는 총생산수준 감소를 나타낸다. 4월의 총생산 변화의 제약조건을 표현하기 위하여 4월의 생산량 증가는 I_1 그리고 생산량 감소는 D_1으로 아래와 같이 나타낼 수 있다.

$$(x_{11} + x_{21}) - 2500 = I_1 - D_1$$

물론, 동일한 달에 생산량 증가와 생산량 감소를 동시에 가질 수 없다. 즉 I_1과 D_1 중 하나는 반드시 0의 값을 취한다. 만약 4월에 생산량 3,000개가 요구된다면, $I_1 = 500$이고, $D_1 = 0$이 된다. 만약 4월의 생산량이 2,200개가 요구된다면, $I_1 = 0$이고, $D_1 = 300$이 된다. 음이 아닌 두 변수(I_1과 D_1)의 차이로 생산수준의 변화를 나타내는 이러한 접근은 총생산수준의 양의 변화와 음의 변화를 모두 나타낼 수 있다. 만일 하나의 변수(예: C_m)가 총생산수준의 변화를 나타내는 데 사용된다면, 그 변화는 비음 조건 때문에 양의 변화만 가능하게 될 것이다.

동일한 방법(이번 달의 총생산량 − 이전 달의 총생산량)을 이용하여 둘째 달(5월)과 셋째 달(6월)의 제약조건을 표현하면 다음과 같다.

$$(x_{12} + x_{22}) - (x_{11} + x_{21}) = I_2 - D_2$$
$$(x_{13} + x_{23}) - (x_{12} + x_{22}) = I_3 - D_3$$

처음에는 2개의 부품과 3개월의 계획문제로 다소 작게 시작하였지만, 지금은 18개의 변수와 20개의 제약조건을 갖는 선형계획 문제로 발전하였다. 이 문제는 오로지 한 유형의 기계, 한 유형의 노동력, 한 유형의 저장용량만 대상으로 삼고 있다. 실제의 생산계획 문제는 보통 여러 유형의 기계, 여러 유형의 노동력, 여러 유형의 저장용량을 대상으로 삼는다. 예를 들어, 100개의 제품에 대한 12개월의 생산계획 문제는 1,000개 이상의 변수와 제약조건을 가질 수 있다.

제품계획을 위한 선형계획 모형들은 종종 매우 크다. 많은 제품, 기계, 다기간 등과 문제가 연관되어 있다면 수천 개 심지어 수백만 개의 의사결정 변수가 필요하다.

그림 4.6은 볼링거 전자회사의 최적해를 보여주고 있다. 표 4.10은 최적해에 근거한 경영 보고서의 일부분을 보여준다.

표 4.10에 나타낸 생산과 재고의 월별 변동을 살펴보자. 부품 802B의

Optimal Objective Value = 225295.00000

Variable	Value	Reduced Cost
X11	500.00000	0.00000
X12	3200.00000	0.00000
X13	5200.00000	0.00000
S11	0.00000	0.17222
S12	200.00000	0.00000
S12	400.00000	0.00000
X21	2500.00000	0.00000
X22	2000.00000	0.00000
X23	0.00000	0.12778
S21	1700.00000	0.00000
S22	3200.00000	0.00000
S23	200.00000	0.00000
I1	500.00000	0.00000
I2	2200.00000	0.00000
I3	0.00000	0.07222
D1	0.00000	0.70000
D2	0.00000	0.70000
D3	0.00000	0.62778

Constraint	Slack/Surplus	Dual Value
1	0.00000	20.00000
2	0.00000	10.00000
3	0.00000	20.12778
4	0.00000	10.15000
5	0.00000	20.42778
6	0.00000	10.30000
7	0.00000	20.72778
8	0.00000	10.45000
9	150.00000	0.00000
10	20.00000	0.00000
11	80.00000	0.00000
12	100.00000	0.00000
13	0.00000	-1.11111
14	40.00000	0.00000
15	4900.00000	0.00000
16	0.00000	0.00000
17	8600.00000	0.00000
18	0.00000	-0.50000
19	0.00000	-0.50000
20	0.00000	-0.42778

그림 4.6 볼링거 전자회사 문제의 해

표 4.10 볼링거 전자회사 문제를 위한 최소 비용 생산계획 정보

활동	4월	5월	6월
생산			
부품 322A	500	3,200	5,200
부품 802B	2,500	2,000	0
합계	3000	5,200	5,200
기말 재고량			
부품 322A	0	200	400
부품 802B	1,700	3200	200
기계			
사용시간	250	480	520
여유시간	150	20	80
노동			
사용시간	200	300	260
여유시간	100	0	40
저장용량			
사용된 용량	5,100	10,000	1,400
여유용량	4,900	0	8,600
총생산, 재고, 생산−평준화 비용=$225,295			

재고비용은 부품 322A의 재고비용의 절반임을 기억하자. 따라서 기대했던 것처럼, 부품 802B는 첫째 달(4월)에 다량으로 생산되어 다음 달에 있을 수요를 위해 재고로 보관되었다. 한편 부품 322A는 필요에 따라서 생산되고, 소량으로 재고 처리된다.

총생산량의 증가비용 및 감소비용은 월별 변동을 평활시키는 경향이 있다. 사실, 최소 비용 계획은 4월 생산에 500개 증가와 5월에는 2,200개의 증가가 필요하다. 5월의 5,200개의 생산수준은 6월에도 유지된다.

보고서의 정보를 살펴보면, 기계용량은 3개월 내내 충분함을 보여준다. 반면, 노동력은 5월에 모두 소진되었을 알 수 있다(그림 4.6의 제약조건 13에서 여유변수=0). 쌍대값은 5월에 추가 노동시간을 확보할 수 있다면 총비용을 약 $1.11만큼 감소시킬 수 있음을 보여준다.

2개의 제품과 3개월의 생산시스템에 관한 선형계획 모형은 최소 비용 생산계획에 필요한 유용한 정보를 제공한다. 많은 변수와 제약조건 때문에 수작업하기 어려운 매우 큰 생산시스템일 경우 비용절감을 위한 생산계획을 수립하는 데 있어 선형계획 모형은 커다란 이점을 제공할 수 있다.

작업자 할당

작업자 할당문제는 생산관리자들이 주어진 계획 기간 동안 인력 요구사항(staffing requirement)에 대한 의사결정을 해야 할 때 자주 발생한다. 작업자 할당은 종종 유연성을 확보해야 하는데 몇몇 직원은 최소한 하나 이상의 부서나 작업장에 할당될 수 있다. 이러한 경우는 직원이 둘 이상의 직무를 수행할 수 있는 교차 교육훈련(cross-training)을 받았을 때, 혹은 판매 직원을 다른 점포로 옮길 때 발생한다. 다음 응용문제는 최적의 제품 믹스뿐만 아니라 최적의 작업자 할당을 위해 선형계획법이 어떻게 사용될 수 있는지를 보여준다.

매코믹(McCormick) 제조회사는 단위당 \$10와 \$9 이익을 각각 창출하는 두 개의 제품을 생산한다. 네 개 부서에 할당된 직원으로부터 이용 가능한 총노동시간과 두 제품의 단위당 생산에 요구되는 노동시간을 표 4.11에 나타내었다. 각 부서의 이용 가능한 노동시간은 정해져 있다는 가정하에, 다음의 의사결정 변수를 사용하여 매코믹사의 제품 믹스 문제를 모형화할 수 있다.

$$P_1 = \text{제품 1의 생산단위}$$
$$P_2 = \text{제품 2의 생산단위}$$

선형계획 모형은 다음과 같다.

$$\begin{aligned} \text{Max} \quad & 10P_1 + 9P_2 \\ \text{s.t.} \quad & \\ & 0.65P_1 + 0.95P_2 \le 6500 \\ & 0.45P_1 + 0.85P_2 \le 6000 \\ & 1.00P_1 + 0.70P_2 \le 7000 \\ & 0.15P_1 + 0.30P_2 \le 1400 \\ & P_1, P_2 \ge 0 \end{aligned}$$

표 4.11 매코믹사의 부서별 단위당 노동시간과 이용 가능한 총노동시간

부서	단위당 노동시간		이용 가능한 총노동시간
	제품 1	제품 2	
1	0.65	0.95	6,500
2	0.45	0.85	6,000
3	1.00	0.70	7,000
4	0.15	0.30	1,400

```
Optimal Objective Value =              73589.74359

     Variable                  Value               Reduced Cost
   --------------         ---------------       ----------------
           1                  5743.58974                 0.00000
           2                  1794.87179                 0.00000

    Constraint             Slack/Surplus              Dual Value
   --------------         ---------------       ----------------
           1                  1061.53846                 0.00000
           2                  1889.74359                 0.00000
           3                     0.00000                 8.46154
           4                     0.00000                10.25641
```

그림 4.7 매코믹 제조회사 문제의 최적해

선형계획 모형의 최적해가 그림 4.7에 나타나 있다. 반올림한 후의 제품 1은 5744단위, 제품 2는 1795단위이고 총이익은 $73,590이다. 이러한 최적해에 의하면, 부서 3과 4는 이용 가능시간에 딱 맞추어 운영되고 있으며, 부서 1과 2의 경우 약 1062와 1890의 여유시간을 각각 가지고 있다. 만약 부서 1과 2의 여유시간을, 혹은 사용되지 않는 시간을 이용 가능시간에 맞추어 운영되고 있는 부서 3과 4에 이전시킬 수 있다면, 이로 인한 제품 믹스는 변할 수 있으며 총이익이 증가할 수도 있다. 그러나 생산관리자는 작업자를 네 부서에 어떻게 할당해야 할지 확신이 없다. 이익 최대화를 위한 제품 믹스 외에, 최적 작업자 할당을 추가한 선형계획 모형을 살펴보자.

매코믹사는 작업자들이 부서 간 이동이 가능하도록 교차 교육훈련을 운영하고 있다고 가정하자. 이러한 훈련의 장점으로 제한된 수의 작업자와 노동시간은 한 부서에서 다른 부서로 이동할 수 있다. 예를 들어, 표 4.12에 나타내었듯이 그 첫 번째 행(row)은 부서 1에 할당된 작업자들이 부서 2와 3으로의 이동이 가능함을 보여준다. 오른쪽 열(column)은 부서 1로부터 최대한 400시간의 이동이 가능함을 보여준다. 부서 2, 부서 3, 부서 4에 대해서도 유사하게 해석할 수 있다.

표 4.12 교차 교육훈련에 따른 생산용량 정보

각 부서로부터	이동 부서				최대 이동시간
	1	2	3	4	
1	—	이동 가능	이동 가능	—	400
2	—	—	이동 가능	이동 가능	800
3	—	—	—	이동 가능	100
4	이동 가능	이동 가능	—	—	200

작업자 할당이 유연할 때, 각 부서로부터 이동되거나 할당되어야 하는 노동시간을 자동으로 파악할 수 없다. 이를 위해 이러한 변화를 나타내는 의사결정 변수를 선형계획 모형에 추가해야 한다.

b_i = 부서 i에 할당된 노동시간, $i = 1, 2, 3, 4$

t_{ij} = 부서 i로부터 부서 j에 이동된 노동시간

우변항은 의사결정 변수로 간주된다.

의사결정 변수 b_1, b_2, b_3, b_4를 사용하여 네 부서의 제약조건을 다음과 같이 표현할 수 있다.

$$0.65P_1 + 0.95P_2 \le b_1$$
$$0.45P_1 + 0.85P_2 \le b_2$$
$$1.00P_1 + 0.70P_2 \le b_3$$
$$0.15P_1 + 0.30P_2 \le b_4$$

각 부서에 할당된 최종 노동시간은 그 부서에 초기에 할당된 시간과 그 부서로 이동된 시간을 더하고 그 부서에서 다른 부서로 이동한 시간을 차감해야 한다는 방정식 또는 제약식에 따라 결정되어야 한다. 예를 들어, 부서 1의 노동시간은 아래와 같이 결정된다.

b_1 = (부서 1에 초기에 할당된 시간) + (부서 1로 이동된 시간)
− (부서 1에서 다른 부서로 이동한 시간)

표 4.11은 부서 1에 최초로 할당된 시간이 6500임을 보여준다. 부서 1로 이동된 시간을 의사결정 변수 t_{i1}로 표기하고, 부서 1에서 다른 부서로 이동한 시간을 의사결정 변수 t_{1j}로 표기하자. 표 4.12에 의하면, 부서 1은 부서 4로부터 노동시간을 받으며(변수 t_{41}), 부서 2와 부서 3으로 노동시간을 보낸다(변수 t_{12}와 t_{13}). 따라서 부서 1의 총작업자(시간) 할당을 다음과 같이 표현할 수 있다.

$$b_1 = 6500 + t_{41} - t_{12} - t_{13}$$

노동시간 이동을 나타내는 의사결정 변수들을 왼쪽으로 옮기면, 다음과 같은 식을 얻는다.

$$b_1 - t_{41} + t_{12} + t_{13} = 6500$$

이러한 제약조건식은 네 부서 모두에게 필요하다. 따라서 부서 2, 부서 3, 부서 4를 위한 아래의 제약조건식은 선형계획 모형에 포함될 수 있다.

$$b_2 - t_{12} - t_{42} + t_{23} + t_{24} = 6000$$
$$b_3 - t_{13} - t_{23} + t_{34} = 7000$$
$$b_4 - t_{24} - t_{34} + t_{41} + t_{42} = 1400$$

마지막으로, 표 4.12는 각 부서로부터 최대로 이동될 수 있는 시간을 나타낸다. 이를 위한 제약조건식은 네 부서 모두에게 해당되며, 다음과 같이 표현된다.

$$t_{12} + t_{13} \le 400$$
$$t_{23} + t_{24} \le 800$$
$$t_{34} \le 100$$
$$t_{41} + t_{42} \le 200$$

완성된 선형계획 모형은 두 개의 의사결정 변수(P_1 그리고 P_2), 네 개의 부서별 노동력 할당변수(b_1, b_2, b_3, b_4)를 포함하고 있다. 일곱 개의 이동변수(t_{12}, t_{13}, t_{23}, t_{24}, t_{34}, t_{41}, t_{42}), 그리고 열두 개의 제약을 가지고 있다. 그림 4.8은 이 선형계획에 대한 최적해를 보여주고 있다.

작업자 할당 모형의 변형을 통해 원자재를 제품에 할당하는 문제, 기계를 제품에 할당하는 문제, 그리고 판매 직원을 점포나 영업장소에 할당하는 문제를 해결할 수 있다.

매코믹사의 이익은 교차 교육훈련과 작업자(시간) 이동을 통해 $84,011 − $73,590 = $10,421만큼 증가시킬 수 있다. 제품 1의 6825단위와 제품 2의 1751단위로 이루어진 최적의 제품 믹스는 $t_{13} = 400$시간이 부서 1로부터 부서 3으로 이동하고, $t_{23} = 651$시간이 부서 2로부터 부서 3으로 이동하고, $t_{24} = 149$시간이 부서 2로부터 부서 4로 이동될 때 달성될 수 있다. 이로 인한 부서 1부터 4까지의 작업자 할당은 각각 6100, 5200, 8051, 1549시간이다.

만일 관리자가 작업자를 다른 부서에 유연하게 배치할 수 있다면, 기업은 작업자의 유휴시간 감소, 작업자 활용의 향상, 이익 증가를 얻을 수 있다. 이번 절에서 사용된 선형계획 모형은 최대이익을 내기 위한 방식으로 직원과 노동시간을 부서에 자동으로 할당한다.

혼합문제

혼합문제(blending problem)는 하나 이상의 제품을 생산하기 위해 둘 이상의 자원을 혼합하는 방법을 결정할 때 발생한다. 이러한 상황에서 자원은 최종 제품에 혼합되어야 하는 하나 이상의 필수성분을 포함하고 있으며, 최종 제품은 필수성분의 구체적 비율을 함유해야 한다. 이러한 경우 경영진은 최소 비용으로 제품사양(product specification) 및 제품 수요를 충족하기 위해 구매할 각 자원의 양을 결정해야 한다.

혼합문제는 석유산업(예: 다양한 옥탄 가솔린을 생산하기 위한 원유 혼합), 화학산업

```
         Optimal Objective Value =          84011.29945

                Variable                    Value
             --------------           ---------------
                  P1                       6824.85900
                  P2                       1751.41200
                  B1                       6100.00000
                  B2                       5200.00000
                  B3                       8050.84700
                  B4                       1549.15300
                  T41                         0.00000
                  T12                         0.00000
                  T13                       400.00000
                  T42                         0.00000
                  T23                       650.84750
                  T24                       149.15250
                  T34                         0.00000

               Constraint                Slack/Surplus
             --------------           ---------------
                   1                          0.00000
                   2                        640.11300
                   3                          0.00000
                   4                          0.00000
                   5                          0.00000
                   6                          0.00000
                   7                          0.00000
                   8                          0.00000
                   9                          0.00000
                  10                          0.00000
                  11                        100.00000
                  12                        200.00000
```

그림 4.8 인력 이동이 허용된 매코믹사 문제의 최적해

(예: 비료 및 제초제 생산을 위한 화학물질 혼합) 및 식품산업(예: 청량음료 및 수프 생산을 위한 재료혼합)에서 자주 발생한다. 이번 절에서는 선형계획법을 석유산업의 혼합문제에 적용하는 방법을 설명한다.

그랜드스트랜드 정유회사(Grand Strand Oil Company)는 미국 남동부 소재 독립 주유소에 제공되는 일반 및 프리미엄 휘발유를 생산한다. 그랜드스트랜드 정유공장(Grand Strand Refinery)에서는 세 가지 석유성분을 혼합하여 휘발유 제품들을 생산한다. 휘발유 제품들은 다른 가격으로 판매되며 석유 성분의 비용은 다르다. 이 회사는 세 가지 구성성분을 두 가지 휘발유 제품에 혼합함으로써 이익을 극대화하기 위한 방법을 결정하고자 한다.

사용 가능한 자료는 일반 휘발유는 갤런당 \$2.90, 프리미엄 휘발유는 갤런당 \$3.00에

표 4.13 그랜드스트랜드사 혼합문제에 대한 석유성분 비용 및 최대 이용 가능량

석유성분	갤런당 비용	최대 이용 가능량
1	$2.50	5,000갤런
2	$2.60	10,000갤런
3	$2.84	10,000갤런

표 4.14 그랜드스트랜드사 혼합문제의 제품사양

제품	사양
일반 휘발유	석유성분 1 최대 30% 사용
	석유성분 2 최소 40% 사용
	석유성분 3 최대 20% 사용
고급 휘발유	석유성분 1 최소 25% 사용
	석유성분 2 최대 45% 사용
	석유성분 3 최소 30% 사용

판매됨을 보여준다. 현 생산기간 동안 그랜드스트랜드사는 표 4.13에 표시된 수량 및 갤런당 비용으로 세 가지 구성요소를 확보할 수 있다.

일반 휘발유와 고급 휘발유의 제품사양에 따라 각 휘발유 제품에 사용할 수 있는 각 성분의 양은 제한된다. 표 4.14는 제품사양을 보여준다. 유통업체와의 현 계약에 따라 그랜드스트랜드사는 최소 10,000갤런의 일반 휘발유를 생산해야 한다.

그랜드스트랜드사의 혼합문제는 일반 휘발유 혼합에 각 성분을 몇 갤런 사용해야 하는지, 고급 휘발유 혼합에는 각 성분을 몇 갤런 사용해야 하는지를 결정하는 것이다. 이 혼합문제의 최적해는 다음과 같은 제약조건하에서 그랜드스트랜드사의 이익을 최대화해야 한다. (1) 표 4.13에 제시된 사용 가능한 석유성분에 대한 제약조건, (2) 표 4.14에 제시된 제품사양에 대한 제약조건, (3) 일반 휘발유를 최소한 10,000갤런을 생산해야 하는 제약조건하에서 회사의 이익을 최대화해야 한다.

의사결정 변수를 다음과 같이 정의하자.

x_{ij} = 휘발유 j에 사용되는 석유성분 i의 갤런

여기서, 석유성분 $i = 1, 2, 3$

일반 휘발유인 경우 $j = r$, 고급 휘발유인 경우 $j = p$

6개의 의사결정 변수는 다음과 같다.

x_{1r} = 일반 휘발유 석유성분 1의 갤런

x_{2r} = 일반 휘발유 석유성분 2의 갤런

$$x_{3r} = \text{일반 휘발유 석유성분 3의 갤런}$$
$$x_{1p} = \text{고급 휘발유 석유성분 1의 갤런}$$
$$x_{2p} = \text{고급 휘발유 석유성분 2의 갤런}$$
$$x_{3p} = \text{고급 휘발유 석유성분 3의 갤런}$$

생산된 각 휘발유 유형의 총갤런수는 세 가지 석유성분을 각각 사용하여 생산된 갤런 수이다.

생산된 총갤런

$$\text{일반 휘발유} = x_{1r} + x_{2r} + x_{3r}$$
$$\text{고급 휘발유} = x_{1p} + x_{2p} + x_{3p}$$

세 가지 석유성분의 총갤런도 유사하게 계산될 수 있다.

사용되는 총석유성분

$$\text{석유성분 1} = x_{1r} + x_{1p}$$
$$\text{석유성분 2} = x_{2r} + x_{2p}$$
$$\text{석유성분 3} = x_{3r} + x_{3p}$$

두 휘발유로부터의 총수익과 세 가지 석유성분 요소의 총비용 간의 차이를 통해 총수익을 극대화하는 목적함수를 설정할 수 있다. 갤런당 \$2.90의 가격을 일반 휘발유 총갤런에, 갤런당 \$3.00의 가격을 고급 휘발유 총갤런에, 그리고 표 4.13에 나와 있는 갤런당 석유성분 비용을 사용되는 각 석유성분의 총갤런에 곱함으로써 다음의 목적함수를 얻을 수 있다.

$$\begin{aligned}\text{Max } & 2.90(x_{1r} + x_{2r} + x_{3r}) + 3.00(x_{1p} + x_{2p} + x_{3p}) \\ & - 2.50(x_{1r} + x_{1p}) - 2.60(x_{2r} + x_{2p}) - 2.84(x_{3r} + x_{3p})\end{aligned}$$

식을 정리하면 위의 목적함수는 다음과 같이 쓸 수 있다.

$$\text{Max } 0.40x_{1r} + 0.30x_{2r} + 0.06x_{3r} + 0.50x_{1p} + 0.40x_{2p} + 0.16x_{3p}$$

각 석유성분의 이용 가능성에 대한 제약식은 다음과 같다.

$$\begin{aligned} x_{1r} + x_{1p} &\le 5{,}000 \quad \text{석유성분 1} \\ x_{2r} + x_{2p} &\le 10{,}000 \quad \text{석유성분 2} \\ x_{3r} + x_{3p} &\le 10{,}000 \quad \text{석유성분 3} \end{aligned}$$

이제 표 4.14에 명시된 제품사양을 충족시키기 위한 6개의 제약조건이 필요하다. 첫 번째 사양은 석유성분 1이 생산된 일반 휘발유 총갤런의 30% 이상을 차지할 수 없다는 것이다. 즉, 다음과 같다.

$$x_{1r} \leq 0.30(x_{1r} + x_{2r} + x_{3r})$$

표 4.14에 명시된 두 번째 사양은 다음과 같다.

$$x_{2r} \geq 0.40(x_{1r} + x_{2r} + x_{3r})$$

유사하게 표 4.14에 명시된 나머지 사양도 다음과 같이 쓸 수 있다.

$$\begin{aligned} x_{3r} &\leq 0.20(x_{1r} + x_{2r} + x_{3r}) \\ x_{1p} &\geq 0.25(x_{1p} + x_{2p} + x_{3p}) \\ x_{2p} &\leq 0.45(x_{1p} + x_{2p} + x_{3p}) \\ x_{3p} &\geq 0.30(x_{1p} + x_{2p} + x_{3p}) \end{aligned}$$

최소 10,000갤런의 일반 휘발유를 생산해야 한다는 조건은 아래와 같은 식으로 쓸 수 있다.

$$x_{1r} + x_{2r} + x_{3r} \geq 10,000$$

6개의 의사결정 변수와 10개의 제약식으로 구성된 완성된 선형계획 모형은 아래와 같다.

$$\begin{array}{ll} \text{Max} & 0.40x_{1r} + 0.30x_{2r} + 0.06x_{3r} + 0.50x_{1p} + 0.40x_{2p} + 0.16x_{3p} \\ \text{s.t.} & \\ & x_{1r} + x_{1p} \leq 5,000 \\ & x_{2r} + x_{2p} \leq 10,000 \\ & x_{3r} + x_{3p} \leq 10,000 \\ & x_{1r} \leq 0.30(x_{1r} + x_{2r} + x_{3r}) \\ & x_{2r} \geq 0.40(x_{1r} + x_{2r} + x_{3r}) \\ & x_{3r} \leq 0.20(x_{1r} + x_{2r} + x_{3r}) \\ & x_{1p} \geq 0.25(x_{1p} + x_{2p} + x_{3p}) \\ & x_{2p} \leq 0.45(x_{1p} + x_{2p} + x_{3p}) \\ & x_{3p} \geq 0.30(x_{1p} + x_{2p} + x_{3p}) \\ & x_{1r} + x_{2r} + x_{2r} \geq 10,000 \\ & x_{1r}, x_{2r}, x_{3r}, x_{1p}, x_{2p}, x_{3p} \geq 0 \end{array}$$

그랜드스트랜드사의 혼합문제에 대한 최적해는 그림 4.9에 나타나 있다. 표 4.15에서

```
        Optimal Objective Value =                7100.00000

                  Variable                  Value
               --------------          ---------------
                     X1R                  1250.00000
                     X2R                  6750.00000
                     X3R                  2000.00000
                     X1P                  3750.00000
                     X2P                  3250.00000
                     X3P                  8000.00000

                 Constraint             Slack/Surplus
               --------------          ---------------
                      1                      0.00000
                      2                      0.00000
                      3                      0.00000
                      4                   1750.00000
                      5                   2750.00000
                      6                      0.00000
                      7                      0.00000
                      8                   3500.00000
                      9                   3500.00000
                     10                      0.00000
```

그림 4.9　그랜드스트랜드사 혼합문제의 최적해

표 4.15　그랜드스트랜드사의 혼합문제 최적해

휘발유	석유성분 갤런(%)			총합
	석유성분 1	석유성분 2	석유성분 3	
일반	1,250(12.5%)	6,750(67.5%)	2,000(20%)	10,000
고급	3,750(25%)	3,250($21\frac{2}{3}$%)	8,000($53\frac{1}{3}$%)	15,000

확인할 수 있듯이 최적해는 $7100의 이익을 보인다. 최적의 혼합전략은 일반 휘발유가 10,000갤런 생산되어야 함을 보여준다. 구체적으로 일반 휘발유는 1,250갤런의 석유성분 1, 6750갤런의 석유성분 2, 2,000갤런의 석유성분 3을 혼합하여 만들어야 한다. 고급 휘발유는 15,000갤런이 생산되어야 하는데, 3,750갤런의 석유성분 1, 3,250갤런의 석유성분 2, 8,000갤런의 석유성분 3을 혼합하여 제조해야 한다.

그림 4.9에 표시된 제품사양과 관련된 제약조건(네 번째 제약조건부터 아홉 번째 제약조건)의 여유(잉여)변수에 대한 해석에 주의를 기울일 필요가 있다. 제약조건이 부등호 ≤를 포함하고 있을 경우, 여유변수의 값은 제약조건에 의해 지정된 최대 석유성분 사용량 미만으로 해당 석유성분이 사용되고 있는 것으로 해석될 수 있다. 예를 들어,

1750.000이라는 제약식 4의 여유변수 값은 석유성분 1의 사용량이 일반 휘발유 10,000갤런 생산에 사용될 수도 있었던 석유성분 1의 최대량보다 1,750갤런 적다는 것을 나타낸다. 한편, 제약조건이 부등호 ≥를 포함하고 있을 경우, 잉여변수는 제약식에 의해 구체화된 최소 석유성분 사용량 이상으로 해당 석유성분이 사용되고 있음을 의미한다. 예를 들어, 2750.000이라는 제약식 5의 잉여변수 값은 석유성분 2의 사용량이 일반 휘발유 10,000갤런 생산에 반드시 사용되어야 하는 석유성분 2의 최소량보다 2,750갤런 많다는 것을 나타낸다.

유의사항

혼합문제에서 의사결정 변수를 정의하기 위한 편리한 방법은 원료를 행에, 그리고 최종제품을 열에 나타내는 행렬을 사용하는 것이다. 예를 들어, 그랜드스트랜드사의 혼합문제를 다음과 같은 의사결정 변수로 정의한다.

이러한 접근법은 두 가지 이점이 있다. 첫째, 어떠한 혼합문제라도 의사결정 변수를 정의하기 위한 체계적 방법을 제공한다. 둘째, 의사결정 변수들과 원자재 및 최종제품과 관계 그리고 의사결정 변수 간의 관계 측면에서 의사결정 변수의 시각적 이미지를 제공한다.

		최종제품	
		일반 휘발유	고급 휘발유
원료	석유성분 1	x_{1r}	x_{1p}
	석유성분 2	x_{2r}	x_{2p}
	석유성분 3	x_{3r}	x_{3p}

요약

이번 장에서 의사결정 과정을 지원하는 선형계획법의 광범위한 응용방법을 살펴보았다. 마케팅, 금융, 운영관리 문제를 수식화하고 해결하였으며 컴퓨터 결과물을 해석하였다.

이 장에서 제시된 많은 예는 선형계획법이 적용되는 실제 상황을 축소해서 나타낸 것이다. 실제 응용의 경우 문제는 간단하게 정의되지 않고 문제와 관련된 데이터를 쉽게 구할 수 없으며, 수많은 제약조건이나 의사결정 변수를 포함할 가능성이 크다. 그러나 이 장에서 다룬 응용사례에 대한 철저한 학습은 실제 문제에 선형계획법을 적용하는 데 있어 좋은 출발점이 될 수 있다.

연습문제

1. **홍보예산관리** 웨스트체스터(Westchester) 상공회의소는 주기적으로 공공서비스 세미나와 프로그램을 후원하고 있다. 현재, 금년도 프로그램을 위한 홍보계획을 수립 중이다. 홍보대안은 TV, 라디오, 신문 등이다. 제약조건은 다음과 같이 추정 시청자 수, 비용, 그리고 최대 미디어 사용 등이다.

제약조건	TV	라디오	신문
광고당 시청자 수	100,000	18,000	40,000
광고당 비용	$2,000	$300	$600
최대 미디어 사용	10	20	10

광고 미디어의 균형을 위해 라디오 광고는 전체 광고량의 50%를 초과할 수 없다. 추가로, TV는 적어도 전체 광고량의 10%로 산정해야 한다.

a. 만약 홍보예산이 $18,200로 한정되었다면 총시청자를 최대화하기 위해서 얼마나 많은 광고량이 미디어별로 배정되어야 하는가?

b. 세 미디어별 예산 할당은 어떻게 되고 총 몇 명의 시청자에게 도달할 것인가?

c. 만약 추가 홍보예산이 $100 추가되었다면 얼마나 많은 시청자가 증가할 것인가?

2. **생산계획** 하트맨사(Hartman Company)의 경영층은 다가오는 계획기간 동안 두 제품의 생산량을 결정하려고 한다. 다음 정보는 노동 가용성, 노동 활용도, 제품단위당 공헌이익에 관한 것이다.

부서	제품(시간/단위)		노동 가용시간
	1	2	
A	1.00	0.35	100
B	0.30	0.20	36
C	0.20	0.50	50
단위당 공헌이익	$30.00	$15.00	

a. 하트맨사 문제에 대한 선형계획 모형을 수식화하라. 제품 1과 2의 최적 생산량을 결정하라.

b. 향후 계획기간 동안 노동비용은 고정되어 있기 때문에 경영진은 제품의 단위당 공헌이익을 계산할 때 노동비용을 포함하지 않는다. 그러나 각 부서별로 잔업(overtime)이 계획될 수도 있다고 가정하자. 부서별로 얼마의 잔업계획을 추천할 것인가? 각 부서별로 시간당 잔업수당을 얼마나 지불할 것인가?

c. A, B, C 각 부서별로 잔업시간이 각각 10, 6, 8로 계획되었다고 가정하자. A 부

서의 시간당 잔업수당은 $18, B 부서는 $22.5, C 부서는 $12이다. 이용 가능한 잔업시간을 활용하여 최적의 생산량을 계산하기 위한 선형계획 모형을 수립하라. 최적의 생산량은 얼마이고 수정된 총공헌이익은 얼마인가? 각 부서별로 추천 가능한 잔업시간은 얼마인가? 잔업시간이 사용된다면 총공헌이익은 얼마나 증가할 것인가?

3. **신용조합 기금할당** 주립대학교의 직원 신용조합은 다음 해 펀드 할당계획을 수립 중이다. 신용조합은 구성원들에게 네 가지 대출유형을 만들었다. 추가로 신용조합은 수입 안정화를 위해 무위험 증권(risk-free securities)에 투자한다. 다양한 투자 유형의 연간 수익률은 다음과 같다.

대출/투자 유형	연간 수익률(%)
자동차 대출	8
가구 대출	10
기타 담보 대출	11
무담보 대출	12
무위험 증권	9

신용조합은 다음 해에 $200만를 투자할 수 있다. 투자 관련 법과 신용조합 정책은 대출과 투자에 대해 구성에 다음과 같은 제약조건을 부여하고 있다.

- 무위험 증권은 전체 투자기금의 30%를 초과할 수 없다.
- 무담보 대출(signature loan)은 전체 대출기금(자동차 대출, 가구 대출, 기타 담보 대출, 무담보 대출)의 10%를 초과할 수 없다.
- 가구 대출과 기타 담보 대출의 합계는 자동차 대출을 초과할 수 없다.
- 기타 담보 대출과 신용 대출의 합계는 무위험 증권의 투자기금을 초과할 수 없다.

a. 연 수익을 최대화하기 위해 $200만를 대출/투자 유형별로 얼마를 투자해야 하는가?

b. 예상되는 총연간 수익률은 얼마인가?

4. **커피 생산** 힐탑커피(Hilltop Coffee)는 세 가지 커피 원두를 혼합하여 블렌드 커피를 제조한다. 커피 원두별 이용 가능한 양(파운드)과 파운드당 비용은 다음과 같다.

커피 원두	파운드당 비용	이용 가능한 파운드
1	$0.50	500
2	$0.70	600
3	$0.45	400

소비자들은 커피를 0~100점 척도로 평가하였다. 점수가 높을수록 고품질을 나타낸다. 블렌드 커피를 위한 품질 기준은 향기 평가에서 75점 이상이어야 하고 맛은 적어도 80점 이상이어야 한다. 각 원두 100%로 만든 커피에 대한 향과 맛의 평가는 다음과 같다.

커피 원두	향기 평가	맛 평가
1	75	86
2	85	88
3	60	75

블렌드 커피의 향기와 맛은 혼합에 사용된 각 원두 속성의 가중평균으로 결정된다고 가정하자.

a. 품질 기준을 충족시키면서 혼합된 커피 1,000파운드를 제공하는 최소 비용은 얼마인가?

b. 블렌드 커피를 위한 파운드당 비용은 얼마인가?

c. 블렌드 커피를 위한 향기와 맛 평가 점수를 결정하라.

d. 커피가 추가로 생산된다면 파운드당 비용은 얼마인가?

5. **델리카트슨(Delicatessen)[1] 생산계획** 킬고어스 델리(Kilgores's Deli)는 대학 근처에 위치한 델리카트슨 가게이다. 이 가게는 큰 규모의 테이크아웃 점심 도시락 사업을 운영하고 있다. 두 개의 점심 메뉴로 윔피(Wimpy)와 다이얼 911(Dial 911)이라는 칠리 스페셜을 판매하고 있다. 매일 영업시작 전에 이 가게의 사장인 킬고어는 각 스페셜을 얼마나 만들지 결정해야 한다(그는 자신이 만든 것을 매일매일 모두 판매하고 있다). 개당 판매이익은 윔피 $0.45, 다이얼 911은 $0.58이다. 윔피는 소고기 0.25파운드, 양파 0.25컵, 그리고 킬고어스 스페셜 소스 5온스가 필요하다. 다이얼 911은 소고기 0.25파운드, 양파 0.4컵, 킬고어스 스페셜 소스 2온스, 핫소스 5온스가 필요하다. 오늘 킬고어는 소고기 20파운드, 양파 15컵, 킬고어스 스페셜 소스 88온스, 핫소스 60온스를 가지고 있다.

a. 이익 최대화를 위해 윔피와 다이얼 911을 얼마나 생산해야 하는지 선형계획 모형을 개발하라.

b. 최적해를 찾아보라.

c. 스페셜 소스를 위한 쌍대 값은 얼마인가? 쌍대 값을 해석하라.

d. 스페셜 소스를 1온스 증가시킨 후에 해를 다시 구하라. 최적해가 어떻게 변화되었는지 문제 (c)의 답과 비교하라. 새로운 해를 제시하라.

---

1 델리카트슨(Delicatessen): 조리된 육류나 치즈, 흔하지 않은 수입식품 등을 파는 가게.

6. **중장비** 쿤즈앤손사(G. Kunz and Sons, Inc.)는 중장비 산업에 사용되는 두 가지 제품을 생산하고 있다. 두 제품은 두 부서의 생산활동을 통해 만들어진다. 다음은 두 제품에 대한 시간당 생산시간과 공헌이익을 숫자로 보여주고 있다.

제품	단위당 이익	노동시간	
		A 부서	B 부서
1	$25	6	12
2	$20	8	10

향후 생산기간 동안 쿤즈앤손사는 두 부서에 할당할 수 있는 900시간의 전체 노동시간을 가지고 있다. 공헌이익을 최대화하는 생산계획과 노동할당(부서별 할당 노동시간)을 구하라.

7. **정착자금** 집단소송(a class action lawsuit)에 대한 합의의 일환으로 혹스워드사(Hoxworth Corporation)는 다음의 현금을 연간 지불해야 한다(단위: $1,000).

연도	1	2	3	4	5	6
지불	190	215	240	285	315	460

연간 현금 지불은 매년 초에 이루어진다. 판사는 투자수익에 따라 연금 지불을 위한 금액을 승인하게 된다. 펀드 투자는 「월스트리트저널」의 최근 인용된 가격과 이자율에 따라 이루어지며 은행저축(연 4%)과 국채로 제한된다.

혹스워드사는 아래에 있는 증권(액면가 = $1,000)에 투자함으로써 연간 지불계획을 수립하기 원한다. 이 증권에 투자되지 않는 펀드는 은행저축에 맡겨질 예정이다.

증권	현재 가격	이자율(%)	만기 연도
1	$1,055	6.750	3
2	$1,000	5.125	4

이자는 해마다 지불되는 것으로 가정하자. 계획은 판사에게 제출되고 만약 승인된다면 혹스워드는 투자신탁자에게 펀드 계획에 필요한 금액을 지불할 예정이다.

a. 선형계획법을 사용하여 연간 지불기금에 필요한 최소한의 현금결제를 찾아보라.

b. 쌍대 값을 이용하여 6년째 초기에 지불기금을 $400,000로 줄이기 위해 혹스워드사는 지금 얼마나 더 많은 금액을 지불해야 하는지 결정하라.

c. 쌍대 값을 이용하여 1년째에 지불기금을 $150,000로 줄이기 위해 혹스워드사는 지금 얼마나 더 많은 금액을 지불해야 하는지 결정하라.

d. 연 지불은 매년 말에 이루어진다고 가정하자. 이러한 변화에 적합한 모형을 다시 수식화하라. 이러한 변화가 이루어진다면, 혹스워드사는 얼마나 절약할 수 있는가?

8. **일정계획** 클라크 카운티(Clark County)의 보안부서는 경찰요원들의 8시간 근무교대에 대한 계획을 작성하고 있다. 근무 교대시간은 오전 8:00, 정오, 오후 4:00, 오후 8:00, 자정, 오전 4:00이다. 경찰요원은 이러한 시간 중에 근무를 시작하여 8시간 근무해야 한다. 정상적인 1주 근무시간 동안 필요한 경찰관 수는 시간에 따라 다를 수 있다. 부서 직원 배치지침에 따른 최소 필요요원은 다음과 같다.

시간	최소 필요요원
오전 8시~정오	5
정오~오후 4시	6
오후 4시~8시	10
오후 8시~자정	7
자정~오전 4시	4
오전 4시~8시	6

필요한 경찰관의 수를 최소화하기 위해 각 6개의 근무시간대(오전 8시~정오, 정오~오후 4시, 오후 4시~8시, 오후 8시~자정, 자정~오전 4시, 오전 4시~8시)에서 8시간의 근무를 시작해야 하는 경찰관 수를 결정하라(**힌트**: x_1 = 오전 8시에 근무를 시작하는 경찰관 수, x_2 = 정오에 근무를 시작하는 경찰관 수 등).

9. **콜센터 계획** 엡실론 에어라인(Epsilon Airlines)은 미국 동부와 남동부에 주로 서비스를 제공하고 있다. 엡실론의 주요 고객은 엡실론 웹사이트를 이용하여 예약한다. 그러나 소수의 고객은 전화로 예약하는 경우도 있다. 엡실론은 웹사이트 예약 시스템과 고객이 예상치 못한 일로 비행계획을 변경할 경우 재예약 관련 문제를 해결하기 위해 콜센터 요원을 고용하고 있다. 알맞게 콜센터 직원을 충원하는 것이 엡실론 관리팀의 주요 과제이다. 너무 많은 인원을 충원하면 자금 낭비이고, 적은 인원을 충원하면 고객서비스의 부실과 잠재고객 상실이라는 결과로 이어질 수 있다.

엡실론 분석자들은 다가오는 휴가시즌(6월, 7월, 8월 첫 2주)의 주별 콜센터 최소 필요인원을 추정하였다. 추정치들은 다음과 같다.

요일	최소 필요인원
월	75
화	50
수	45
목	60
금	90
토	75
일	45

콜센터 직원들은 5일 연속 근무하고 2일 연속 쉰다. 직원은 주중 어느 날이든 일을 시작할 수 있다. 각 콜센터 직원들은 같은 급여를 받는다. 일정은 순환하고, 그 일정의 시작과 끝은 무시한다.

a. 최소 필요인원을 충족시키는 데 필요한 콜센터 직원 총수를 최소화하는 모형을 수립하라.

b. 최적해를 구하라.

c. 최소 필요인원을 초과하는 콜센터 직원 수를 배정하라.

10. 투자계획 쇼어 재무서비스(Shore Financial Services)의 투자상담사는 할당하기 위한 주식, 채권, 뮤추얼펀드, 현금 등 네 가지 대안 중에 투자자금을 할당하기 위한 모형을 개발하고자 한다. 다가오는 투자 기간 동안 회사는 각 대안에 대한 연간 수익률 및 관련 위험도를 추정하였다. 위험도는 0과 1 사이의 값을 갖는 지표로 추정되었다. 위험도가 높은 수치는 변동성과 불확실성이 높다는 것을 의미한다.

투자안	연 수익률(%)	위험도
주식	10	0.8
채권	3	0.2
뮤추얼펀드	4	0.3
현금	1	0.0

현금은 단기금융자산 투자신탁(money market fund)에서 거래되므로 수익률이 낮지만 위험도는 없다. 투자 목적은 고객들이 용인할 수 있는 위험도 수준에서 포트폴리오의 총수익을 최대로 하기 위한 투자안을 선택하는 것이다.

총위험도는 모든 투자안의 위험을 합산 것이다. 예를 들어, 만약 고객 자금의 40%를 주식에 투자하고, 30%는 채권에, 20%는 뮤추얼펀드에, 10%는 현금에 투자한다면 총위험도는 $0.40(0.8) + 0.30(0.2) + 0.20(0.3) + 0.10(0.0) = 0.44$이다. 투자 상담사는 각 고객과 만나 고객의 투자 목표를 논의하고 고객의 최대 총위험도를 결정한다. 보수적 투자자에게는 0.3 미만의 최대 총위험도를 배정한다. 그리고 0.3과 0.5 사이의 최대 총위험도는 보통 투자자에게, 0.5보다 큰 최대 총위험도는 좀 더 공격적인 투자자에게 할당된다.

쇼어 재무서비스는 모든 고객에 적용할 수 있는 추가 가이드라인을 구체화하였다. 가이드라인은 다음과 같다.

- 총투자금액의 75% 이상을 주식에 투자하지 않는다.
- 뮤추얼펀드에 투자된 금액은 최소한 채권에 투자된 금액만큼 되어야 한다.
- 현금은 총투자금액의 30% 이상이 되어서는 안 되지만, 최소한 10%는 되어야 한다.

a. 특정 고객의 최대 위험도가 0.4라고 가정하자. 주식, 채권, 뮤추얼펀드, 현금에 투자하는 최적안은 무엇인가? 최적 포트폴리오를 위한 연 수익률과 총위험도는 얼마인가?

b. 보수적인 고객의 최대 위험도가 0.18이라고 가정하자. 이 고객을 위한 최적 투자안은 무엇인가? 최적 포트폴리오를 위한 연 수익률과 총위험도는 얼마인가?

c. 좀 더 공격적인 고객의 최대 위험도가 0.7이라고 가정하자. 이 고객을 위한 최적 투자안은 무엇인가? 최적 포트폴리오를 위한 연 수익률과 총위험도는 얼마인가?

d. 문제 (c)에서 좀 더 공격적인 고객을 위해 주식에 최대로 할당하거나 현금투자를 10% 이하로 한다면 고객은 관심을 가질 것인가? 이에 대해 설명하라.

e. 투자금액을 직접 말하고 의사결정 변수를 달러 금액으로 직접 이야기하는 것보다 모형에서처럼 의사결정 변수로 정의하는 장점은 무엇인가?

11. 부품 구매계획 에드워즈 제조회사(Edwards Manufacturing)는 세 공급자로부터 2개의 부품을 구입하고 있다. 공급자들은 공급량에 제한이 있고 한 공급자가 기업의 모든 요구를 충족할 수 없다. 그리고 공급자들은 부품에 대하여 상이한 가격을 책정하고 있다. 단위당 공급가격은 다음과 같다.

부품	공급자		
	1	2	3
1	$12	$13	$14
2	$10	$11	$10

각 공급자는 공급할 수 있는 총부품 수량에 허용 용량을 가지고 있다. 그러나 워드워즈사가 충분한 선주문량을 제공하는 한 각 공급자에게 주문된 총량이 허용 용량 안에 있는 경우 각 공급자는 부품 1, 부품 2 또는 두 부품의 조합에 자신의 용량을

전부 사용할 수 있다. 공급자 허용 용량은 다음과 같다.

공급자	1	2	3
허용 용량	600	1,000	800

a. 만약 다음 기간 생산계획에 부품 1이 1,000단위, 부품 2가 800단위가 포함되어야 한다면 각 공급업자로부터 각 부품을 몇 단위 주문해야 하는가?

b. 부품의 총구매비용은 얼마인가?

12. **해산물 구매전략** 애틀랜틱 시푸드사(ASC)는 해산물 제품 구매기업이면서 북서부 전역 레스토랑과 시푸드 전문점에 해산물 제품을 판매하는 유통회사이기도 하다. ASC는 뉴욕에 냉동시설을 가지고 있어 모든 제품을 주요 유통지점에 배달할 수 있다. 냉동 블랙 타이거 새우는 ASC의 제품 중 하나이다. 이 냉동 블랙 타이거 새우는 파운드당 16~20조각이다. 매주 토요일에 ASC는 좀 더 많은 타이거 새우를 구매할 수 있거나 뉴욕시 도매가격으로 타이거 새우를 판매할 수 있다. ASC 목표는 낮은 주간 가격으로 타이거 새우를 구매하여 높은 가격으로 판매하는 것이다. ASC는 현재 창고에 타이거 새우 20,000파운드를 가지고 있다. 매주 타이거 새우 100,000파운드를 창고에 보관할 수 있다. 그리고 ASC는 다음 4주 동안 타이거 새우 가격을 다음과 같이 산정하였다.

주	가격/파운드
1	$6.00
2	$6.20
3	$6.65
4	$5.55

ASC는 다음 4주 동안 최적 구매-저장-판매 전략을 마련하고자 한다. 첫 주 파운드당 새우 저장 비용은 $0.15이고, 수요와 공급량의 예상치 못한 변화를 고려하여 경영층은 25,000파운드의 타이거 새우를 넷째 주 주말에는 창고에 저장하기로 하였다.

a. ASC의 최적 구매-저장-판매 전략을 결정하라.

b. 4주 동안의 예상 이익은 얼마인가?

13. **커피 제품 믹스** 로만스푸드마켓(Romans Food Market)은 뉴욕 새러토가에 위치하고 있다. 이 마켓은 세계 각국의 다양한 음식를 판매한다. 주요한 두 제품은 로만스 레귤러 커피와 로만스 디카페인 커피이다. 이 두 커피는 브라질 내추럴 커피원두와 콜롬비아 마일드 커피원두를 혼합한 것으로, 뉴욕시에 있는 유통업자로부터 구입

한다. 로만스푸드마켓은 대량으로 구매하기 때문에 유통업자가 원두에 대해 지불하는 시장 가격보다 10% 높은 가격으로 원두를 필요에 따라 구매할 수 있다. 현재 브라질 내추럴 시장 가격은 파운드당 $0.47이고 콜롬비아 마일드는 파운드당 $0.62이다. 각 커피 혼합은 다음과 같다.

원두	혼합	
	레귤러	디카페인
브라질 내추럴	75%	40%
콜롬비아 마일드	25%	60%

로만스푸드마켓은 레귤러 혼합을 파운드당 $3.6에, 디카페인 혼합은 파운드당 $4.40에 판매하고 있다. 로만스푸드마켓은 브라질과 콜롬비아 커피원두를 주문하여 로만스 레귤러 커피는 1,000파운드, 로만스 디카페인 커피는 500파운드를 생산하려고 한다. 레귤러 커피의 생산비용은 파운드당 $0.80이다. 디카페인을 생산하기 위해서는 추가공정이 필요하므로 디카페인 혼합의 생산비용은 파운드당 $1.05 소요된다. 두 제품 모두 패키징 비용은 파운드당 $0.25이다.

a. 총이익을 최대화할 수 있는 브라질 내추럴과 콜롬비아 마일드 원두 구매량을 결정할 수 있도록 선형계획 모형을 수식화하라.

b. 최적해는 무엇인가?

c. 총이익은 얼마인가?

14. **보트 생산** 클래식 보트(Classic Boat)사의 생산관리자는 다음 네 분기 동안 몇 대의 클래식 21 모델을 생산할지 결정해야 한다. 클래식 21 보트의 기초 재고는 100개이며, 1분기는 2,000단위, 2분기는 4,000단위, 3분기는 3,000단위, 4분기는 1,500단위의 수요를 갖고 있다. 기업은 각 분기마다 제한된 생산용량을 가지고 있다. 1분기는 4,000단위, 2분기는 3,000단위, 3분기는 2,000단위, 4분기는 4,000단위를 최대로 생산할 수 있다. 1분기와 2분기의 재고보유비용에 각 단위당 $250가 소요된다. 3분기와 4분기의 재고보유비용은 단위당 $300이다. 첫 분기의 생산비용은 단위당 $10,000이다. 이 비용들은 인건비와 재료비의 인상으로 분기마다 10%씩 증가할 것으로 예상된다. 경영층은 4분기의 기말 재고가 적어도 보트 500대는 되어야 한다고 설정하였다.

a. 각 분기 생산용량과 설정된 4분기의 필요 기말 재고하에서 각 분기의 수요충족을 위한 비용을 최소화시키는 생산계획을 위한 선형계획 모형을 수립하라.

b. 문제 (a)에서 만든 선형계획 모형의 해를 구하고 각 분기별 생산 단위, 기말 재고, 발생비용을 보여주는 표를 만들어보라.

c. 각 분기 수요를 충족시키기 위한 제약조건에 대응되는 쌍대 값을 설명하라. 쌍대 값에 근거하여 생산관리자에게 어떠한 조언을 줄 수 있는가?

d. 각 분기 생산용량의 제약조건에 대응되는 쌍대 값을 설명하라. 쌍대 값에 근거하여 생산관리자에게 줄 수 있는 조언은 무엇인가?

15. 휘발유 혼합 시스트랜드(Seastrand) 정유회사는 두 가지 등급의 휘발유(일반 휘발유, 고옥탄)를 생산한다. 이 두 휘발유는 두 원유를 혼합하여 생산된다. 두 유형의 원유 모두 휘발유를 생산하는 데 필요한 두 가지 중요 성분을 포함하고 있지만 중요 성분의 비율 및 갤런당 원가가 다르다. 각 유형 원유의 A 성분과 B 성분의 혼합비율 및 갤런당 원가는 다음과 같다.

원유 1은 B 성분이 60%이다.

원유	원가	A 성분	B 성분
1	$0.10	20%	60%
2	$0.15	50%	30%

일반 휘발유는 적어도 A 성분이 40% 포함되어야 한다. 반면에, 고옥탄은 B 성분을 최대 50%까지 포함할 수 있다. 매일 필요한 일반 휘발유와 고옥탄 휘발유는 각각 800,000갤런과 500,000갤런이다. 최소 비용으로 일일 수요를 충족시키기 위해 두 휘발유에 각 유형의 원유가 몇 갤런 사용되어야 하는가?

사례 문제 : 듀크 에너지 석탄 할당[2]

듀크 에너지(Duke Energy)는 미국과 라틴 아메리카 고객을 위해 전기를 생산하고 공급한다. 듀크사는 인디애나주, 켄터키주, 오하이오주에 발전시설과 에너지 고객을 보유하고 있는 시너지기업(Cinergy Corporation)을 인수했다. 고객을 위해 시너지사는 석탄화력 및 가스화력 발전소를 운영하는 데 필요한 연료로 매년 $7억 2,500만에서 $7억 5,000만를 지출하고 있으며, 사용되는 연료의 92~95%는 석탄이다. 이 지역에서 듀크사는 10개의 석탄화력발전소(내륙에 5개, 오하이오 강에 5개)를 운용한다. 일부 발전소는 둘 이상의 발전장치가 있다. 이 지역에서 듀크사는 매일 약 $200만의 비용으로 연간 2,800만~2,900만 톤의 석탄을 사용한다.

듀크사는 인디애나(49%), 웨스트버지니아(20%), 오하이오(12%), 켄터키(11%), 일리노이(5%), 펜실베이니아(3%)의 광산과 고정톤수 또는 가변톤수 계약을 통해 석탄을 구매한다. 또한 듀크사는 고정톤수 계약의 경우 계약된 석탄을 모두 구매해야 하지만, 가변톤수 계약의 경우 계약서에 명시된 한도 내에서 구매량을 변동할 수 있다. 석탄은 광산에서 오

2 저자들은 듀크 에너지사(이전 시너지사)의 Thomas Mason과 David Bossee에게 이 사례 문제에 대한 기여에 대해 감사드린다.

하이오, 켄터키, 인디애나에 있는 듀크 에너지의 발전장치로 운송된다. 석탄 가격은 톤당 $19에서 $35까지 다양하며 운송/배송 비용은 톤당 $1.50에서 $5.00이다.

모형은 각 발전장치가 생산할 것으로 예상되는 메가와트시(mWh)의 전기를 결정하고 열전비(heat rate)로 불리는 각 발전장치의 효율성 측정치를 제공하는 데 사용된다. 열전비는 1kWh 전력을 생산하는 데 필요한 총BTU이다.

석탄 할당 모형

듀크 에너지는 석탄 할당 모형이라는 선형계획 모형을 이용하여 발전시설에 석탄을 할당한다. 석탄 할당 모형의 목적은 석탄을 구입하고 발전장치에 분배하는 가장 저렴한 방법을 결정하는 것이다. 석탄 공급/가용성은 다양한 광산과의 계약에 의해 결정되며, 발전장치의 석탄 수요는 각 장치가 생산해야 하는 전기의 메가와트시(MW)에 의해 간접적으로 결정된다.

Add-on 비용으로 불리는 석탄처리 비용은 석탄의 특성(수분 함량, 회분 함량, BTU 함량, 황 함량, 분쇄성)과 발전장치의 효율에 따라 달라진다. Add-on 비용과 운송비용을 석탄 구매비용에 더하여 석탄 구매 및 사용에 드는 총비용을 결정한다.

현재 문제

듀크 에너지는 3개의 고정톤수 계약과 4개의 가변톤수 계약을 체결했다. 듀크사는 계약을 통해 가용석탄을 5개 발전장치에 할당하기 위한 최소 비용 방법을 결정하려고 한다. 3개의 고정톤수 계약에 대한 관련 데이터는 다음과 같다.

공급자	계약톤수	비용($/t)	BTUs/lb
RAG	350,000	22	13,000
피바디 석탄판매	300,000	26	13,300
아메리칸 석탄판매	275,000	22	12,600

예를 들어, RAG와 체결한 계약은 듀크 에너지가 톤당 $22의 가격으로 350,000톤의 석탄을 구매하도록 요구하며, 이 특정 석탄 1파운드는 13,000BTU를 제공한다.

4개의 가변톤수 계약에 대한 데이터는 다음과 같다.

공급자	계약톤수	비용($/t)	BTUs/lb
㈜콘솔	200,000	32	12,250
사이프러스 아멕스	175,000	35	12,000
애딩턴 광산	200,000	31	12,000
워털루	180,000	33	11,300

예를 들어, 콘솔 주식회사와의 계약을 통해 듀크 에너지는 톤당 $32의 비용으로 최대 200,000톤까지 석탄을 구매할 수 있으며, 이 석탄 1파운드는 12,250BTU를 제공한다.

각 발전장치가 생산해야 하는 전기의 메가와트시 수와 제공되어야 하는 열전비는 다음과 같다.

발전장치	생산전기(mWh)	열전비(kWh당 BTUs)
마이애미 포트 5호기	550,000	10,500
마이애미 포트 7호기	500,000	10,200
베크조드 1호기	650,000	10,100
이스트 벤드 1호기	750,000	10,000
짐머 1호기	1,100,000	10,000

예를 들어, 마이애미 포트 5호기는 550,000메가와트시의 전기를 생산해야 하며 1킬로와트시를 생산하기 위해 10,500BTU가 필요하다.

톤당 운송비용 및 Add-on 비용은 아래에 나타나 있다.

공급자	운송비용($/t)				
	마이애미 포트 5호기	마이애미 포트 7호기	베크조드 1호기	이스트 벤드 1호기	짐머 1호기
RAG	5.00	5.00	4.75	5.00	4.75
피바디 석탄판매	3.75	3.75	3.50	3.75	3.50
아메리칸 석탄판매	3.00	3.00	2.75	3.00	2.75
㈜콘솔	3.25	3.25	2.85	3.25	2.85
사이프러스 아멕스	5.00	5.00	4.75	5.00	4.75
애딩턴 광산	2.25	2.25	2.00	2.25	2.00
워털루	2.00	2.00	1.60	2.00	1.60

공급자	Add-on 비용($/t)				
	마이애미 포트 5호기	마이애미 포트 7호기	베크조드 1호기	이스트 벤드 1호기	짐머 1호기
RAG	10.00	10.00	10.00	5.00	6.00
피바디 석탄판매	10.00	10.00	11.00	6.00	7.00
아메리칸 석탄판매	13.00	13.00	15.00	9.00	9.00
㈜콘솔	10.00	10.00	11.00	7.00	7.00
사이프러스 아멕스	10.00	10.00	10.00	5.00	6.00
애딩턴 광산	5.00	5.00	6.00	4.00	4.00
워털루	11.00	11.00	11.00	7.00	9.00

경영 보고서

듀크 에너지의 석탄 할당문제에 대한 추천 사항을 요약한 보고서를 준비하라. 다음 이슈에 대한 정보와 분석을 포함하라.

1. 각 광산에서 구입해야 할 석탄의 양과 발전장치에 할당해야 할 석탄의 양을 결정하라. 석탄 구입, 배송 및 처리하는 데 소요되는 비용은 얼마인가?
2. 발전장치의 연료비용 측정치로써 각 발전장치에 대해 석탄의 평균비용을 백만BTU당 센트(cents) 단위로 계산하라
3. 각 발전장치의 석탄 에너지효율 측정치로써 각 발전장치가 받은 석탄 파운드당 평균 BTU 수를 계산하라
4. 듀크 에너지가 아메리칸 석탄판매와 톤당 $30에 'all-or-nothing 거래'로 추가로 80,000톤의 석탄을 구매할 수 있다고 가정하자. 듀크 에너지는 추가로 80,000톤의 석탄을 구매해야 하는가?
5. 듀크 에너지가 사이프러스 아멕스의 석탄 에너지 함량이 실제로 파운드당 13,000BTU라는 사실을 알게 되었다고 가정하자. 듀크 에너지는 에너지 조달 계획을 수정해야 하는가?
6. 듀크 에너지가 트레이딩 그룹으로부터 전력망을 통해 (다른 전력 공급업체에) 50,000메가와트시의 전기를 메가와트시당 $30의 가격으로 판매할 수 있다는 사실을 알게 되었다. 듀크 에너지는 전기를 판매해야 하는가? 만약 판매해야 한다면 어떤 발전장치에서 추가 전기를 생산해야 하는가?

A P P E N D I X

04

휴릿사 재무계획 문제의 엑셀 해법

2장의 부록에서 엑셀을 통해 파 주식회사(Par Inc.'s)의 선형계획 문제를 어떻게 해결하는지 학습하였다. 보다 복잡한 문제를 선형계획법으로 해결하는 것을 설명하기 위해 4.2절에서 다룬 휴릿사의 재무계획 문제를 살펴보자.

휴릿사 문제의 해 찾기와 스프레드시트 공식은 그림 4.10에 나타나 있다. 2장의 부록에서 설명한 것처럼, 우선 워크시트 상단에 문제에서 요구되는 데이터를 입력하고 워크시트 하단에 모형을 구축할 것이다. 모형은 의사결정 변수, 목적함수, 좌변항 함수, 제약

	A	B	C	D	E	F	G	H	I	J	K	L
1	**Hewlitt Corporation Cash Requirements**											
2												
3		**Cash**										
4	**Year**	**Rqmt.**				**Bond**						
5	1	430			1	2	3					
6	2	210		**Price ($1000)**	1.15	1	1.35					
7	3	222		**Rate**	0.08875	0.055	0.1175					
8	4	231		**Years to Maturity**	5	6	7					
9	5	240										
10	6	195		**Annual Savings Multiple**		1.04						
11	7	225										
12	8	255										
13												
14	**Model**											
15												
16	F	B1	B2	B3	S1	S2	S3	S4	S5	S6	S7	S8
17	1728.794	144.988	187.856	228.188	636.148	501.606	349.682	182.681	0	0	0	0
18												
19					**Cash Flow**		**Net Cash**		**Cash**			
20	**Min Funds**	1728.7939		**Constraints**	In	Out	**Flow**		**Rqmt.**			
21				Year 1	1728.794	1298.794	430	=	430			
22				Year 2	711.6057	501.6057	210	=	210			
23				Year 3	571.6818	349.6818	222	=	222			
24				Year 4	413.6809	182.6809	231	=	231			
25				Year 5	240	0	240	=	240			
26				Year 6	195	0	195	=	195			
27				Year 7	225	0	225	=	225			
28				Year 8	255	0	255	=	255			

그림 4.10 휴릿사 문제를 위한 엑셀 해법

식의 우변항 등을 위한 셀로 구성되어 있다. 이 모형의 각 성분은 각 셀에 나타나 있다. 의사결정 변수를 위한 셀은 굵은 선으로 나타나 있다. 스프레드시트를 읽기 쉽도록 하기 위해 설명 레이블을 사용하였다.

공식화

데이터와 설명 레이블은 셀 A1:G12에 포함되어 있다. 스프레드시트 하단 부분에는 엑셀 해 찾기에 필요한 모형의 기본 요소가 포함되어 있다.

- **의사결정 변수** 셀 A17:L17은 의사결정 변수들을 포함하고 있다. 최적값(소수점 셋째 자리까지 나타난 값)은 다음과 같다.
  $F = 1728.794,\ B_1 = 144.988,\ B_2 = 187.856,\ B_3 = 228.188,$
  $S_1 = 636.148,\ S_2 = 501.606,\ S_3 = 349.682,\ S_4 = 182.681,$
  $S_5 = S_6 = S_7 = S_8 = 0.$
- **목적함수** 공식 = *A17*은 총필요자금을 나타내기 위해서 셀 B20에 위치시킨다. 이는 단순히 의사결정 변수 *F* 값이다. 최적해에 의해 요구되는 총자금은 $1,728,794이다.
- **좌변항** 여덟 개의 제약식을 위한 좌변항은 매년 순현금 흐름을 나타낸다. 이를 G21:G28에 나타낸다.
  셀 G21 = *E21* − *F21*(G22:G28에 복사한다.)

이 문제의 경우 왼쪽 셀 중 일부는 수식이 포함된 다른 셀을 참조한다. 이 참조 셀은 8년 동안의 휴릿사의 현금 유입 및 유출을 나타낸다.[3] 각 셀과 공식은 다음과 같다.

셀 E21 = *A17*
셀 E22 = *SUMPRODUCT($E$7:$G$7,$B$17:$D$17) + $F$10*E17*
셀 E23 = *SUMPRODUCT($E$7:$G$7,$B$17:$D$17) + $F$10*F17*
셀 E24 = *SUMPRODUCT($E$7:$G$7,$B$17:$D$17) + $F$10*G17*
셀 E25 = *SUMPRODUCT($E$7:$G$7,$B$17:$D$17) + $F$10*H17*
셀 E26 = *(1 + E7)*B17 + F7*C17 + G7*D17 + F10*I17*
셀 E27 = *(1 + F7)*C17 + G7*D17 + F10*J17*
셀 E28 = *(1 + G7)*D17 + F10*K17*
셀 F21 = *SUMPRODUCT(E6:G6,B17:D17) + E17*
셀 F22 = *F17*

3 현금 흐름은 수학적 모형의 각 제약식에서 양수 항의 합이다. 그리고 현금흐름 유출은 각 제약식에서 음수 항의 합이다.

셀 F23 = *G17*

셀 F24 = *H17*

셀 F25 = *I17*

셀 F26 = *J17*

셀 F27 = *K17*

셀 F28 = *L17*

우변항 여덟 개의 제약식을 위한 우변항은 연간 현금 요구량을 나타낸다. 이를 I21:I28에 나타낸다.

셀 I21 = *B5*(I22:I28에 복사한다.)

엑셀 해법

이제 워크시트의 정보를 사용하여 휴릿사의 문제에 대한 최적해를 결정할 준비가 되었다. 엑셀을 사용하여 최적해를 찾는 방법은 다음과 같다.

1단계: **Data**(데이터) 탭을 선택한다.

2단계: **Analysis**(분석) 창에서 **Solver**(해 찾기)를 선택한다.

3단계: **Solver Parameters**(해 찾기 매개변수) 대화상자가 나타나면(그림 4.11 참조)
Set Objective(목표 설정) 상자에 *B20*을 입력한다.
To: Min 옵션을 선택한다.
By Changing Variable Cells(변수 셀 변경) 상자에 셀 *A17:L17*을 입력한다.

4단계: **Add**(추가) 단추를 선택한다.
Add Constraint(제한조건 추가) 대화상자가 나타나면
좌변항에서 **Cell Reference**(셀 참조) 영역에 *G21:G28* 셀을 입력한다. 가운데 드롭다운 단추를 눌러 =를 선택한다.
Constraint(제약조건) 영역에 *I21:I28*을 입력한다.
OK(확인) 버튼을 클릭한다.

5단계: **Solver Parameters**(해 찾기 매개변수) 대화상자가 나타나면(그림 4.11 참조)
Make Unconstrained Variables Non-Negative(제한되지 않는 변수를 음이 아닌 수로 설정)를 선택한다.

6단계: **Select a Solving Method**(해법 선택)를 선택한다. **Simplex LP**(단순 LP)를 선택한다.

7단계: **Solve**(해 찾기)를 선택한다.

8단계: **Solver Results**(해 찾기 결과) 대화상자가 나타나면

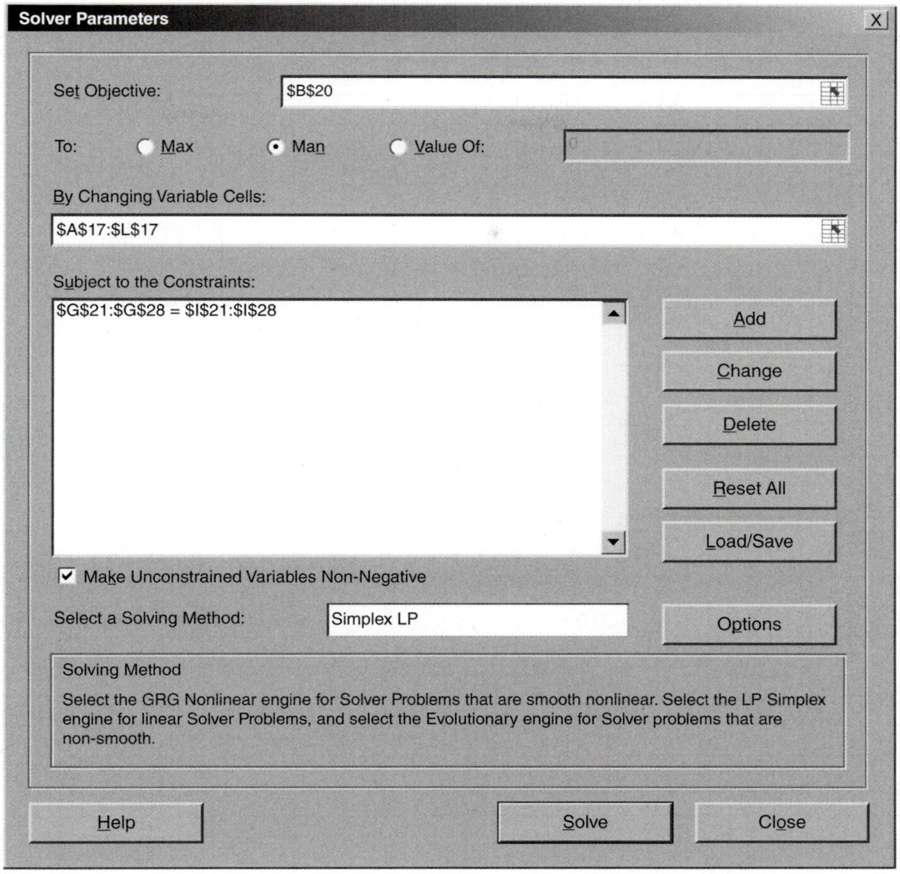

그림 4.11 휴릿사 문제를 위한 해 찾기 매개변수 대화상자

Keep Solver Solution(해 찾기 해 보존)을 선택한다.

Reports(보고서) 양식 박스에서 **Sensitivity**(민감도)를 선택한다.

OK(확인) 버튼을 클릭한다.

그림 4.11에 해 찾기 매개변수 대화상자가 포함되어 있다. 최적해는 그림 4.10에 나타나 있다. 민감도 보고서는 그림 4.12에 있다.

토론

그림 4.10과 4.12에는 그림 4.4에서 제공되었던 것과 같은 정보가 포함되어 있다. 엑셀 민감도 보고서는 제약식 우변항의 한 단위 증가가 해의 값에 어떠한 변화를 미치는지를 설명하기 위해 잠재가격(shadow price, 또는 그림자 가격)을 사용한다. 이것은 그림 4.4에 나타난 쌍대 값과 동일하다.

Adjustable Cells

Cell	Name	Final Value	Reduced Cost	Objective Coefficient	Allowable Increase	Allowable Decrease
$A$17	F	1728.793855	0	1	1E + 30	1
$B$17	B1	144.9881496	0	0	0.067026339	0.013026775
$C$17	B2	187.8558478	0	0	0.012795531	0.020273774
$D$17	B3	228.1879195	0	0	0.022906851	0.749663022
$E$17	S1	636.1479438	0	0	0.109559907	0.05507386
$F$17	S2	501.605712	0	0	0.143307365	0.056948823
$G$17	S3	349.681791	0	0	0.210854199	0.059039182
$H$17	S4	182.680913	0	0	0.413598622	0.061382404
$I$17	S5	0	0.064025159	0	1E + 30	0.064025159
$J$17	S6	0	0.012613604	0	1E + 30	0.012613604
$K$17	S7	0	0.021318233	0	1E + 30	0.021318233
$L$17	S8	0	0.670839393	0	1E + 30	0.670839393

Constraints

Cell	Name	Final Value	Shadow Price	Constraint R.H. Side	Allowable Increase	Allowable Decrease
$G$21	Year 1 Flow	430	1	430	1E + 30	1728.793855
$G$22	Year 2 Flow	210	0.961538462	210	1E + 30	661.5938616
$G$23	Year 3 Flow	222	0.924556213	222	1E + 30	521.6699405
$G$24	Year 4 Flow	231	0.888996359	231	1E + 30	363.6690626
$G$25	Year 5 Flow	240	0.854804191	240	1E + 30	189.9881496
$G$26	Year 6 Flow	195	0.760364454	195	2149.927647	157.8558478
$G$27	Year 7 Flow	225	0.718991202	225	3027.962172	198.1879195
$G$28	Year 8 Flow	255	0.670839393	255	1583.881915	255

그림 4.12 휴릿사 문제를 위한 엑셀 민감도 보고서

CHAPTER 05

분배 및 네트워크 모형

학습 목표

이 장을 마치면 아래 내용을 이해할 수 있다.

1. 수송문제의 네트워크 작성과 그 문제를 선형계획 모형으로 수식화하고 해를 구한다.
2. 경유수송문제의 네트워크 작성과 그 문제를 선형계획 모형으로 수식화하고 해를 구한다.
3. 할당문제의 네트워크 작성과 그 문제를 선형계획 모형으로 수식화하고 해를 구한다.
4. 최단 경로 문제의 네트워크 작성과 그 문제를 선형계획 모형으로 수식화하고 해를 구한다.
5. 최대 흐름 문제의 네트워크 작성과 그 문제를 선형계획 모형으로 수식화하고 해를 구한다.

이 장에서 살펴볼 모형은 선형계획법의 특수한 형태인 **네트워크 흐름**(network flow) 문제이다. 먼저 공급사슬과 관련된 문제를 다룰 때 가장 많이 사용되는 수송문제와 경유수송문제에 대해 살펴본다. 그런 다음 세 가지 형태의 네트워크 문제인 할당문제, 최단 경로문제, 최대 흐름 문제를 다룬다.

각각의 문제들은 네트워크 형태로 제시되며, 선형계획 모형을 이용하여 수식화되고 그 해를 구하게 된다. 이 장의 마지막에서는 경유수송문제의 응용 분야인 생산 및 재고 문제를 살펴본다.

5.1 공급사슬 모형

공급사슬(supply chain)은 제품의 생산과 분배에 관련된 상호 연결된 모든 자원의 집합이라고 할 수 있다. 예를 들어, 자동차 산업을 위한 공급사슬은 원자재 생산자, 부품 공급자, 부품저장을 위한 물류센터, 조립공장, 자동차 판매상을 포함한다. 따라서 최종적으로 자동차 생산을 위해 필요한 모든 자재는 이러한 공급사슬을 통해서만 공급되어야 한다. 일반적으로 공급사슬은 최소 비용으로 제품을 생산하여 고객의 수요를 만족시키는 방향으로 설계되어야 한다. 공급사슬을 관리한다는 것은 '어디서 제품을 생산할 것인가?', '얼마나 많은 제품을 생산할 것인가?', '생산된 제품을 어디로 수송(배송)할 것인가?'와 같은 의사결정 문제이다. 여기서는 공급사슬에서 다루어지는 두 가지 특별한 형태인 수송문제 및 경유수송문제를 선형계획법의 이용을 통해 해결할 것이다.

수송문제

수송문제(transportation problem)는 다수의 공급지에서 다수의 수요지로 제품과 서비스를 분배하는 계획문제에서 자주 나타난다. 수송문제는 전형적으로 각 공급지에서 이용 가능한 제품의 수량은 제한되어 있고, 각 수요지에서 필요로 하는 제품의 수량은 사전에 알려져 있다. 수송문제의 목표는 공급지와 수요지의 이러한 제약하에서 공급지에서 수요지로 제품을 보내는 데 발생하는 비용의 총합을 최소화하는 것이다.

하나의 예로서 FG(Foster Generators) 회사가 직면하고 있는 수송문제를 고려해보자. 이 수송문제는 세 군데의 공장에서 네 군데의 물류센터로 제품을 수송하는 문제이다. FG 회사는 세 군데의 공장을 오하이오주의 클리블랜드, 인디애나주의 베드퍼드, 펜실베이니아주의 요크에서 운영 중이다. 다음 3개월 기간 동안 생산할 예정인 발전기(generator)의 생산능력은 다음과 같다.

공급지	공장	3개월 생산예측량(단위: 개)
1	클리블랜드	5,000
2	베드퍼드	6,000
3	요크	2,500
		총 13,500

이와 같이 세 군데의 공장에서 생산된 발전기는 보스턴, 시카고, 세인트루이스, 렉싱턴에 있는 지역 물류센터로 보내진다. 각 물류센터의 3개월 수요예측량은 다음과 같다.

수요지	물류센터	3개월 수요예측량 (단위: 개)
1	보스턴	6,000
2	시카고	4,000
3	세인트루이스	2,000
4	렉싱턴	1,500
		총 13,500

이 회사의 관리자는 세 군데의 공장에서 네 군데의 물류센터로 얼마만큼의 제품을 보내야 하는지를 결정해야 한다. 그림 5.1은 이 회사가 사용할 수 있는 총 12가지 경우의 분배경로를 그래프로 보여주고 있으며, 이러한 그래프를 **네트워크**(network)라고 부른다. 그림 5.1에서 둥근 원은 **노드**(node)라고 하며, 각 노드를 연결하는 선을 **경로**(아크, arc)라고 한다. 각각의 수요지와 공급지는 노드로 표시되며, 수송 가능한 모든 경로는 아크로 표시된다. 공급량은 각 공급지 노드 옆에 표시되어 있으며, 수요량은 각 수요지 노드 옆에 표시되어 있다. 공급지로부터 수요지까지 보내지는 제품은 해당 네트워크에서 흐름(flow) 형태로 표시되며, 그 흐름의 방향(즉, 공급지에서 수요지까지의 흐름 방향)은 화살표로 표시된다.

FG 회사의 수송문제 목표는 전체 수송비용을 최소화하기 위하여 어떤 경로로 얼마만큼의 제품을 수송하느냐를 결정하는 것이다. 경로별 단위당 수송비용은 표 5.1에 제시되어 있으며, 이러한 비용들은 그림 5.1의 각 경로(아크)에 표시되어 있다.

이상과 같은 수송문제를 선형계획 모형을 이용하여 해결해보자. 먼저 의사결정 변수를 설정한다. 즉, x_{11}은 공급지 1(클리블랜드)에서 수요지 1(보스턴)까지 보내는 수송량을 의미한다. 같은 의미로서 x_{12}는 공급지 1(클리블랜드)에서 수요지 2(시카고)까지 보내는 수송량을 의미한다. 나머지 경로에 대한 수송량의 의사결정 변수도 같은 의미로 해석하면 된다. 일반적으로 수송문제에서 사용되는 의사결정 변수는 m개의 공급지와 n개의 수요지를 가지며, 다음과 같이 표현된다.

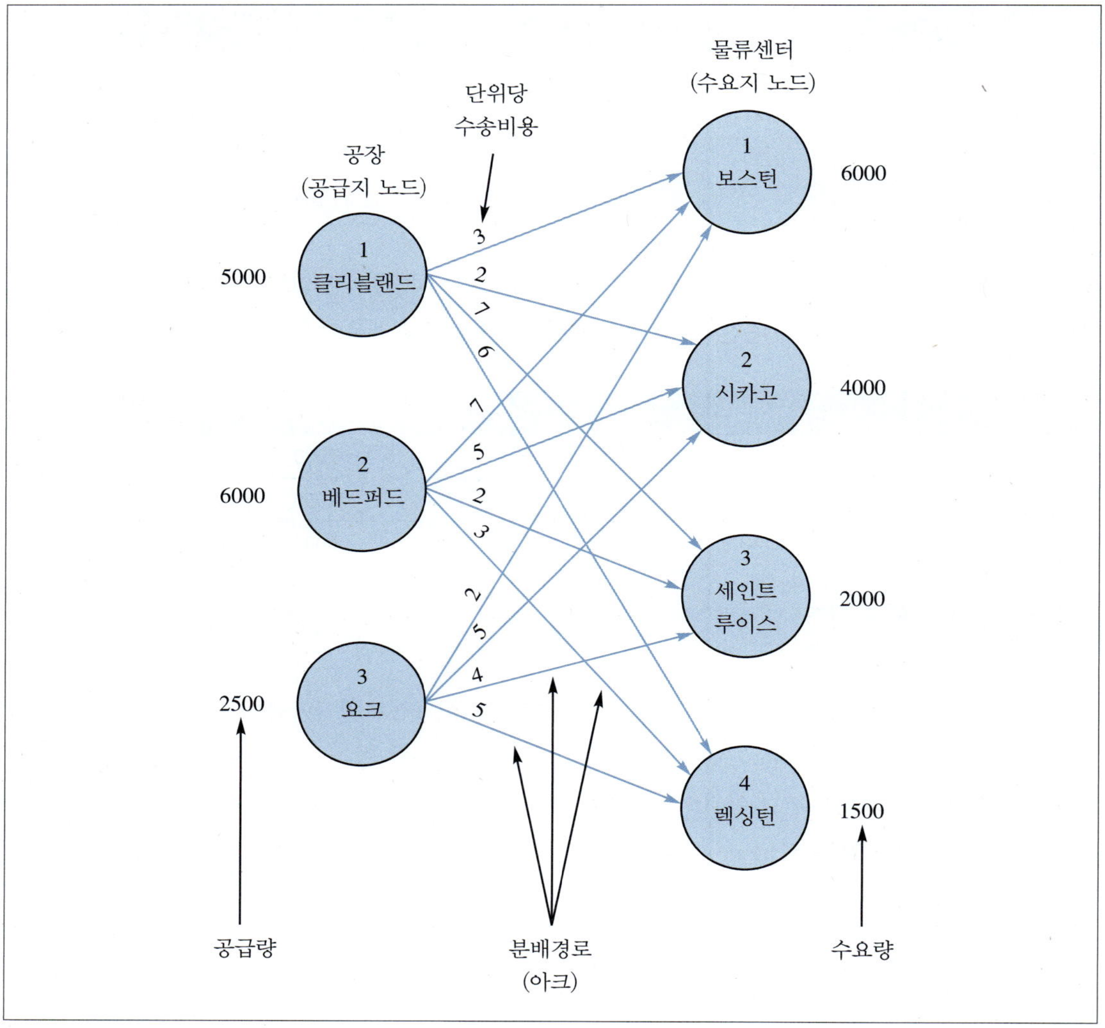

그림 5.1 FG 회사의 수송문제의 네트워크 표현

표 5.1 FG 회사의 수송문제를 위한 단위당 수송비용

공급지	수요지			
	보스턴	시카고	세인트루이스	렉싱턴
클리블랜드	3	2	7	6
베드퍼드	7	5	2	3
요크	2	5	4	5

x_{ij} = 공급지 i에서 수요지 j로 보내는 수송량

여기서 $i = 1, 2, \cdots, m$, $j = 1, 2, \cdots, n$

x_{ij}의 첫 번째 첨자인 i는 해당 경로(아크)의 '출발점'을 의미하고, 두 번째 첨자인 j는 해당 경로(아크)의 '도착점'을 의미한다.

수송문제의 목표가 전체 수송비용을 최소화하는 것이므로 표 5.1 또는 그림 5.1의 경로 위에 표시된 비용 데이터를 사용하여 다음과 같은 수송비용을 표시할 수 있다.

클리블랜드에서 각 경로로 보내는 제품의 수송비용 = $3x_{11} + 2x_{12} + 7x_{13} + 6x_{14}$

베드퍼드에서 각 경로로 보내는 제품의 수송비용 = $7x_{21} + 5x_{22} + 2x_{23} + 3x_{24}$

요크에서 각 경로로 보내는 제품의 수송비용 = $2x_{31} + 5x_{32} + 4x_{33} + 5x_{34}$

위에서 표현된 수송비용의 전체 합은 FG 회사의 수송문제의 목적함수를 의미한다.

이러한 수송문제를 해결하기 위해서는 각 공급지는 제한된 공급량을 가지고 있으며, 각 수요지는 필요수요량을 가지고 있다는 등의 몇 가지 제약조건이 필요하다. 먼저 공급지에 대한 제약조건을 설정해보자. 공급지 클리블랜드의 공급량은 5000단위이다. 즉, 클리블랜드가 공급할 수 있는 총량은 $x_{11} + x_{12} + x_{13} + x_{14}$로 표현되며, 결국 클리블랜드의 공급량에 대한 제약조건은 다음과 같이 표현될 수 있다.

$$x_{11} + x_{12} + x_{13} + x_{14} = 5000 \quad \text{클리블랜드 공급량}$$

같은 의미로 베드퍼드의 공급량 6000, 요크의 공급량 2500에 대한 제약조건은 다음과 같이 표현될 수 있다.

$$x_{21} + x_{22} + x_{23} + x_{24} = 6000 \quad \text{베드퍼드 공급량}$$
$$x_{31} + x_{32} + x_{33} + x_{34} = 2500 \quad \text{요크 공급량}$$

다음으로 수요지에 대한 제약조건을 설정해보자. 수요지로서의 역할을 하는 네 군데의 지역 물류센터의 수요량 제약은 각 물류센터의 수요예측량을 만족시켜야 하며, 다음과 같이 표현될 수 있다.

$$x_{11} + x_{21} + x_{31} = 6000 \quad \text{보스턴 수요량}$$
$$x_{12} + x_{22} + x_{32} = 4000 \quad \text{시카고 수요량}$$
$$x_{13} + x_{23} + x_{33} = 2000 \quad \text{세인트루이스 수요량}$$
$$x_{14} + x_{24} + x_{34} = 1500 \quad \text{렉싱턴 수요량}$$

이상에서 제시한 목적함수와 제약조건을 이용하여, 다음과 같이 FG 회사의 수송문제를 위한 12개의 의사결정 변수와 7개의 제약조건을 가지는 선형계획 모형이 만들어진다.

$$
\begin{aligned}
\text{Min}\quad & 3x_{11} + 2x_{12} + 7x_{13} + 6x_{14} + 7x_{21} + 5x_{22} + 2x_{23} + 3x_{24} + 2x_{31} + 5x_{32} + 4x_{33} + 5x_{34} \\
\text{s.t.}\quad & \\
& x_{11} + x_{12} + x_{13} + x_{14} = 5000 \\
& x_{21} + x_{22} + x_{23} + x_{24} = 6000 \\
& x_{31} + x_{32} + x_{33} + x_{34} = 2500 \\
& x_{11} + x_{21} + x_{31} = 6000 \\
& x_{12} + x_{22} + x_{32} = 4000 \\
& x_{13} + x_{23} + x_{33} = 2000 \\
& x_{14} + x_{24} + x_{34} = 1500 \\
& x_{ij} \geq 0 \qquad \text{for } i = 1, 2, 3 \text{ and } j = 1, 2, 3, 4
\end{aligned}
$$

위에서 제시한 선형계획 모형을 그림 5.1의 네트워크와 비교해보면 다음의 몇 가지 특징을 파악할 수 있다. 즉, 선형계획 모형에서 사용된 모든 정보는 해당 네트워크 위에 표시되어 있다. 먼저 각 노드는 하나의 제약조건을 가지고 있으며, 각 경로는 하나의 의사결정 변수를 가지고 있다. 공급지로부터 시작되어 경로로 표시되는 의사결정 변수의 합은 각 공급지의 공급량과 같아야 하며, 수요지로 연결되어 경로로 표시되는 의사결정 변수의 합은 각 수요지의 수요량과 같아야 한다.

최적의 목적함수 값 및 의사결정 변수 값은 그림 5.2에 표시되어 있다. 그림 5.2를 살펴보면, 최소의 전체 수송비용은 $39,500이며, 의사결정 변수 값은 각 경로로 보내지는 최적수송량을 의미한다. 예를 들어, 공급지 클리블랜드에서 수요지 보스턴으로 수송량 3,500개가 보내져야 하며, 공급지 클리블랜드에서 수요지 시카고로 수송량 1,500개가 보내져야 한다. 그림 5.2의 결과를 이용하여 경로별로 최소의 비용으로 보내는 수송 일정을

Optimal Objective Value = 39500.00000

Variable	Value
X11	3500.00000
X12	1500.00000
X13	0.00000
X14	0.00000
X21	0.00000
X22	2500.00000
X23	2000.00000
X24	1500.00000
X31	2500.00000
X32	0.00000
X33	0.00000
X34	0.00000

그림 5.2 FG 회사의 수송문제를 위한 최적해

표 5.2 FG 회사의 수송문제를 위한 최적해

경로		수송량	단위당 비용	총비용
공급지	수요지			
클리블랜드	보스턴	3500	$3	$10,500
클리블랜드	시카고	1500	$2	$3,000
베드퍼드	시카고	2500	$5	$12,500
베드퍼드	세인트루이스	2000	$2	$4,000
베드퍼드	렉싱턴	1500	$3	$4,500
요크	보스턴	2500	$2	$5,000
				$39,500

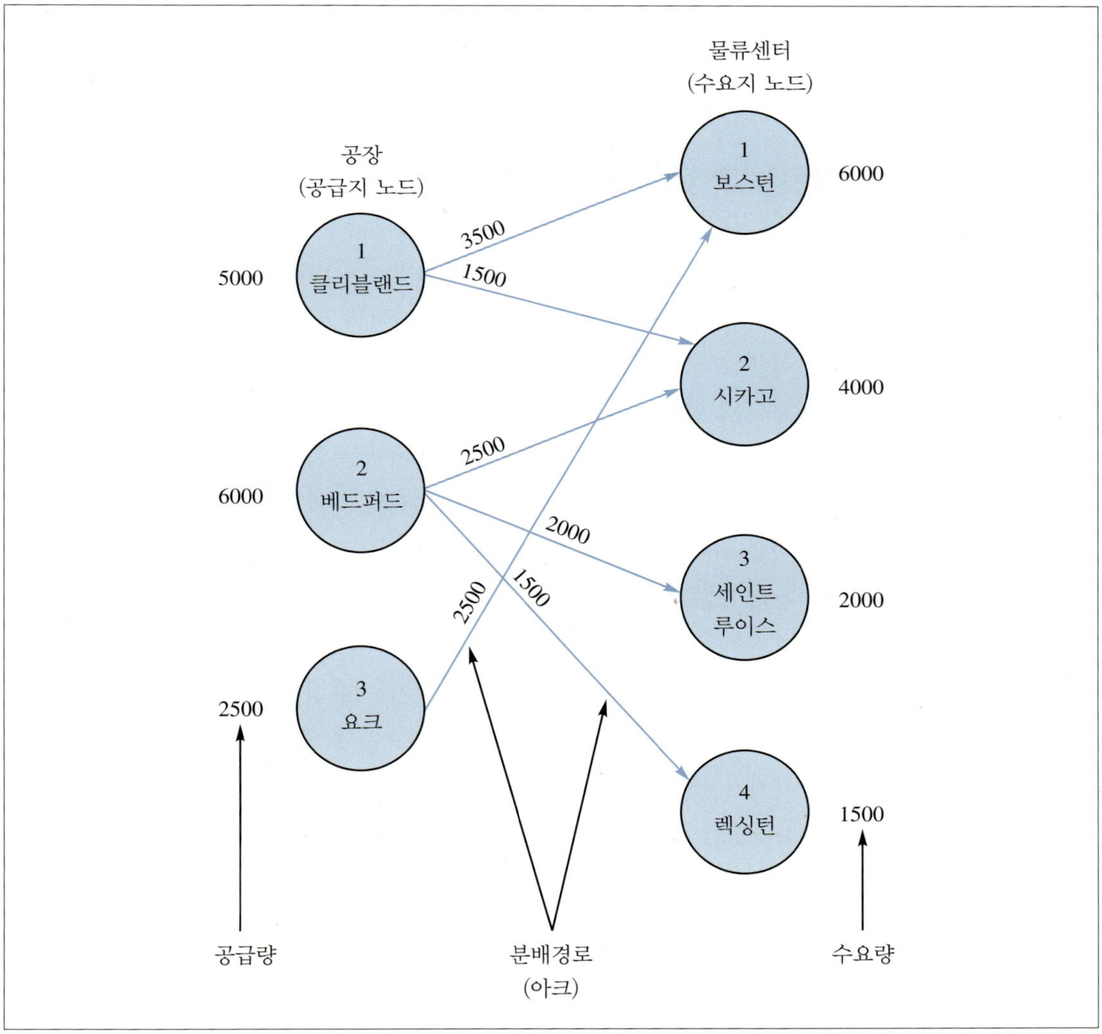

그림 5.3 FG 회사의 수송문제를 위한 최적해의 네트워크 표현

정리하면 표 5.2와 같으며, 이를 네트워크 형태로 표현하면 그림 5.3과 같다.

수송문제의 특수한 형태

위에서 살펴본 FG 회사의 수송문제는 가장 기본적인 형태의 수송문제 모형이다. 이러한 기본적인 수송문제 모형의 몇 가지 변형이 있으며 이러한 변형은 다음 경우를 포함한다.

1. 공급량의 합이 수요량의 합과 일치하지 않는 경우
2. 목적함수를 최대화하는 경우
3. 특정 경로의 최대 수송량을 제한하는 경우, 혹은 반대로 최소 수송량 이상을 보내야 하는 경우
4. 특정 경로로 수송할 수 없는 경우

이상의 네 가지 변형된 수송문제의 형태는 선형계획 모형을 일부 수정하여 쉽게 해결할 수 있다.

공급량의 합이 수요량의 합과 일치하지 않는 경우 공급량의 합이 수요량의 합과 일치하지 않는 경우가 종종 발생한다. 만일 공급량의 합이 수요량의 합을 초과하면 선형계획 모형의 공급량 제약조건에서 $=$를 $\leq$로 바꾸어주면 된다. 초과한 공급량은 선형계획 모형의 최적해에서 여유(slack)로 나타난다. 즉, 특정 공급지에서 나타나는 여유는 해당 공급지에 남아 있는 공급량으로 해석할 수 있다.

하지만 만일 공급량의 합이 수요량의 합보다 적을 경우, 해당 선형계획 모형은 실행가능해(feasible solution)를 구할 수 없다. 이러한 경우에 부족한 공급량만큼을 추가로 공급해줄 수 있는 **가상 공급지**(dummy origin)를 수송문제의 네트워크에 추가해야 한다. 즉, 가상 공급지를 추가한 다음, 이 가상 공급지에서 각 수요지까지의 경로를 연결하면 선형계획 모형은 실행가능해를 제공한다. 이때 가상 공급지에서 각 수요지까지의 각 경로의 단위당 수송비용은 0으로 설정한다. 이렇게 변경시킨 수송문제에 대해 선형계획 모형을 적용하면 최적해를 구할 수 있다. 다만 선형계획 모형을 적용하여 구해진 최적해를 해석할 때 가상 공급지에서 특정 수요지까지 공급되는 수송량은 미충족 수요량(unsatisfied demand) 혹은 부족 수요량(shortfall demand)이라고 한다.

공급량의 합이 수요량의 합보다 적을 때 관리자는 부족한 수요량을 어떻게 충족시킬지 결정할 수 없다. 이럴 때 관리자의 선택 가능한 대안은 부족한 수요량을 이월 주문하거나 제삼자로부터 외부조달할 수 있다.

목적함수를 최대화하는 경우 일부 수송문제는 그 목적함수가 비용의 최소화가 아닌 이익 혹은 수익을 최대화하는 경우가 있다. 이러한 경우에 목적함수의 계수가 단위당 이익 혹은 단위당 수익을 의미하므로 선형계획 모형의 목적함수를 최대화하면 된다. 단, 사용되는 제약조건들은 변화가 없다.

특정 경로의 최대 수송량을 제한하는 경우 수송문제를 선형계획 모형으로 표현할 경우, 일부의 수송경로에서 최대 수송량을 제한하는 경우 혹은 최소 수송량 이상을 보내야 하는 경우가 있다. 예를 들어 앞에서 제시한 FG 회사의 수송문제에서 요크에서 보스턴까지의 수송경로(공급지 3에서 수요지 1까지)에서 수송수단(예: 트럭 혹은 비행기 등)의 수송능력 제한으로 인해 최대 1,000개만 수송할 수 있다면 요크–보스턴 경로를 위한 제약조건은 다음과 같이 표현된다.

$$x_{31} \le 1000$$

이와 비슷한 방법으로 베드퍼드에서 시카고까지의 수송경로(공급지 2에서 수요지 2까지)에서 적어도 2,000개 이상을 수송해야 하는 경우의 제약조건은 다음과 같이 표현된다.

$$x_{22} \ge 2000$$

특정 경로로 수송할 수 없는 경우 수송문제에서 고려되는 모든 경로 중에서 특정 경로로 수송할 수 없을 때도 있다. 이러한 불가능한 수송경로가 포함되는 수송문제의 경우에는 해당 경로를 네트워크에서 제외하고, 선형계획 모형에서 해당 경로를 표시하는 의사결정 변수를 제거하면 된다. 예를 들어 앞에서 제시한 FG 회사의 수송문제에서 클리블랜드에서 세인트루이스까지의 수송경로(공급지 1에서 수요지 3까지)를 이용할 수 없다면, 그림 5.1에서 해당 경로를 제거하고, 의사결정 변수 x_{13}을 선형계획 모형에서 제거하면 된다. 이러한 상황을 고려할 경우의 선형계획 모형은 11개의 의사결정 변수와 7개의 제약조건을 가진 상태에서 최적해를 구하면 된다.

수송문제를 위한 선형계획 모형 일반화

m개의 공급지와 n개의 수요지를 가진 수송문제를 선형계획 모형으로 일반화시켜 보자. 먼저 사용되는 기호를 정의해보면 다음과 같다.

i = 공급지($i = 1, 2, \cdots, m$)
j = 수요지($j = 1, 2, \cdots, n$)
x_{ij} = 공급지 i에서 수요지 j까지 보내는 수송량
c_{ij} = 공급지 i에서 수요지 j까지 보내는 단위당 수송비용
s_i = 공급지 i의 공급량(혹은 공급능력)
d_j = 수요지 j의 수요량(혹은 수요능력)

위에서 정의된 기호를 사용하여 선형계획 모형을 만들면 다음과 같다.

$$
\begin{aligned}
&\text{Min} \quad \sum_{i=1}^{m}\sum_{j=1}^{n} c_{ij}x_{ij} \\
&\text{s.t.} \\
&\qquad \sum_{j=1}^{n} x_{ij} = s_i \qquad i = 1, 2, \ldots, m \quad \text{공급량} \\
&\qquad \sum_{i=1}^{m} x_{ij} = d_j \qquad j = 1, 2, \ldots, n \quad \text{수요량} \\
&\qquad\quad x_{ij} \geq 0 \qquad \text{for all } i \text{ and } j
\end{aligned}
$$

위의 선형계획 모형에서 만일 새로운 기호 L_{ij}(공급지 i에서 수요지 j까지의 경로가 가지는 최대 수송량)를 사용한다면, 새로운 제약조건 $x_{ij} \leq L_{ij}$를 추가할 수 있다. 이 새로운 제약조건은 공급지 i에서 수요지 j까지 보내는 수송량(x_{ij})은 사전에 정해진 최대 수송량(L_{ij})을 초과하여 수송할 수 없다는 의미이다. 비슷한 의미로 만일 새로운 기호 M_{ij}(공급지 i에서 수요지 j까지의 경로가 가지는 최소 수송량)를 사용한다면, 새로운 제약조건 $x_{ij} \geq M_{ij}$를 추가할 수 있다. 이 새로운 제약조건은 공급지 i에서 수요지 j까지 보내는 수송량(x_{ij})

경영과학의 실행 ORION을 이용한 UPS의 경로 최적화*

UPS는 전 세계적으로 100,000대 이상의 택배 차량을 이용하여 연간 50억 개의 소포를 배송한다. UPS는 미국에만 약 55,000개의 다양한 배송 경로를 보유하고 있으며, 택배 기사는 이 경로를 통해 하루에 125~175개의 소포를 배송한다. 이 회사는 택배 기사의 이동 경로를 결정하기 위해 ORION(On-Road Integrated Optimization and Navigation)이라는 시스템을 사용한다. ORION 시스템은 일반기업이 지금까지 구현한 최대 규모의 경영과학 프로젝트 중 하나이다.

ORION의 목표는 UPS 기사에게 최적화된 경로를 제공하여 배송에 걸리는 시간을 최소화하고 차량연료비를 절약하는 것이다. UPS는 매일 소포 픽업 데이터와 배달 요청 데이터는 물론 택배 기사와 차량의 가용성을 확인한다. 그런 다음 ORION은 기사를 위한 최상의 경로를 결정하기 위해 이 장에서 살펴본 최적화 모형을 기반으로 정교한 고급모형을 사용한다.

ORION은 UPS에게 엄청난 프로젝트였다. UPS는 이 시스템을 개발하는 데 10년 이상 걸렸으며, 시스템 입력에 이용되는 지도와 기술에 상당한 경영자원을 투자해야 했다. 시스템의 전체 알고리즘은 1000페이지가 넘으며 고성능 컴퓨터 장비를 활용하여 개별 차량에 대한 최적의 경로를 몇 초 만에 알아낸다. ORION은 일반적으로 다음날 택배 기사를 위한 최적의 경로를 결정하기 위해 밤새도록 가동된다.

UPS는 ORION을 사용하여 배송 차량의 연간 주행 마일을 1억 마일 이상 줄이고, 1,000만 갤런 이상의 연료를 절약한 것으로 추정된다. 이는 전 세계 4,000회 이상의 여행에 들어갈 연료에 해당한다. 이러한 절약은 또한 연간 약 100,000톤의 이산화탄소 배출량을 감소시킨다. UPS는 ORION 운영을 통해 회사가 연간 $3억에서 $4억를 절약할 수 있을 것으로 추정하고 있다. ORION 시스템의 탁월한 공헌을 인정받아 UPS는 경영과학 학자들이 만든 INFORMS로부터 2016 에덜먼 상(Edelman Award)을 받았다. 에덜먼 상은 경영과학 기법의 활용으로 탁월한 성과를 보인 단체에 수여하는 최고 명예의 상이다.

*출처 www.ups.com과 www.informs.org의 정보에 근거하여 작성함.

은 사전에 정해진 최소 수송량(M_{ij}) 이상으로 수송해야 한다는 의미이다. 이러한 형태의 수송문제를 **용량 제한을 가진 수송문제**(capacitated transportation problem)라고 부른다.

'경영과학의 실행'의 'ORION을 이용한 UPS의 경로 최적화'에서는 UPS가 최적화 모형을 사용하여 자사의 택배 기사에게 최상의 경로를 선택하게 함으로써 회사의 막대한 비용 절감과 탄소 배출량 감소를 가져온 방법을 설명한다.

경유수송문제

경유수송문제(transshipment problem)는 **경유 노드**(transshipment node)라고 불리는 중간 노드를 가진 수송문제의 확장된 형태이다. 중간 노드는 경유해야 할 창고 혹은 물류센터가 될 수 있다. 즉, 기존의 수송문제는 공급지와 수요지만을 고려하였지만, 경유수송문제는 공급지, 경유지, 수요지를 고려해야 한다. 이러한 경유수송문제는 좀 더 일반적인 형태의 분배문제라고 할 수 있다. 예를 들어, 경유수송문제는 공급지에서 경유지를 거쳐 수요지까지 보내거나 한 공급지에서 다른 공급지로, 한 경유지에서 다른 경유지로, 한 수요지에서 다른 수요지로, 공급지에서 수요지로 직접 물품을 보내는 경우 등 모두가 해당한다.

경유수송문제에서 고려해야 하는 제약은 수송문제와 동일하다. 즉, 각 공급지의 공급량 및 각 수요지의 수요량 제약을 고려하여 경유수송 네트워크의 각 경로로 얼마만큼의 수송량을 보내야 수요지의 수요량을 만족시키면서 동시에 전체 수송비용을 최소화하는 것이 목표이다.

RE(Ryan Electronics) 회사가 직면한 경유수송문제를 고려해보자. RE 회사는 덴버, 애틀랜타 지역에 부품생산시설을 두고 있는 전자회사이다. 해당 지역에서 생산한 전자부품은 캔자스시티, 루이빌 지역에 있는 창고로 보내지고, 이 창고로부터 디트로이트, 마이애미, 댈러스, 뉴올리언스 지역에 있는 소매점으로 다시 보내진다. 이러한 상황을 네트워크 모형으로 표현하면 그림 5.4와 같다. 그림 5.4를 보면 두 군데의 공급지(덴버, 애틀랜타)의 공급량과 네 군데의 수요지(디트로이트, 마이애미, 댈러스, 뉴올리언스)의 수요량이 각각 왼쪽과 오른쪽에 표시되어 있다. 또한, 노드 1과 2는 공급지 노드, 노드 3과 4는 경유지 노드, 노드 5, 6, 7, 8은 수요지 노드를 의미한다. 각 분배경로별 단위당 수송비용은 표 5.3과 그림 5.4의 네트워크 모형의 경로 위에 표시되어 있다.

수송문제와 마찬가지로 그림 5.4의 경유수송문제를 위한 네트워크 표현을 이용하여 선형계획 모형을 만들 수 있다. 먼저 각 노드의 제약조건과 각 경로의 의사결정 변수를 정해보자. x_{ij}를 노드 i에서 노드 j까지 보내는 수송량이라고 한다면, x_{13}은 공급지 덴버에서 창고 캔자스시티까지 보내는 수송량을 의미한다. 공급지 덴버의 공급량이 600이므로 덴버에서 두 군데 경유지 창고(캔자스시티, 루이빌)로 보내는 총량은 600이어야 한다. 이러한 공급지 덴버의 공급량에 대한 제약조건은 다음과 같이 표현할 수 있다.

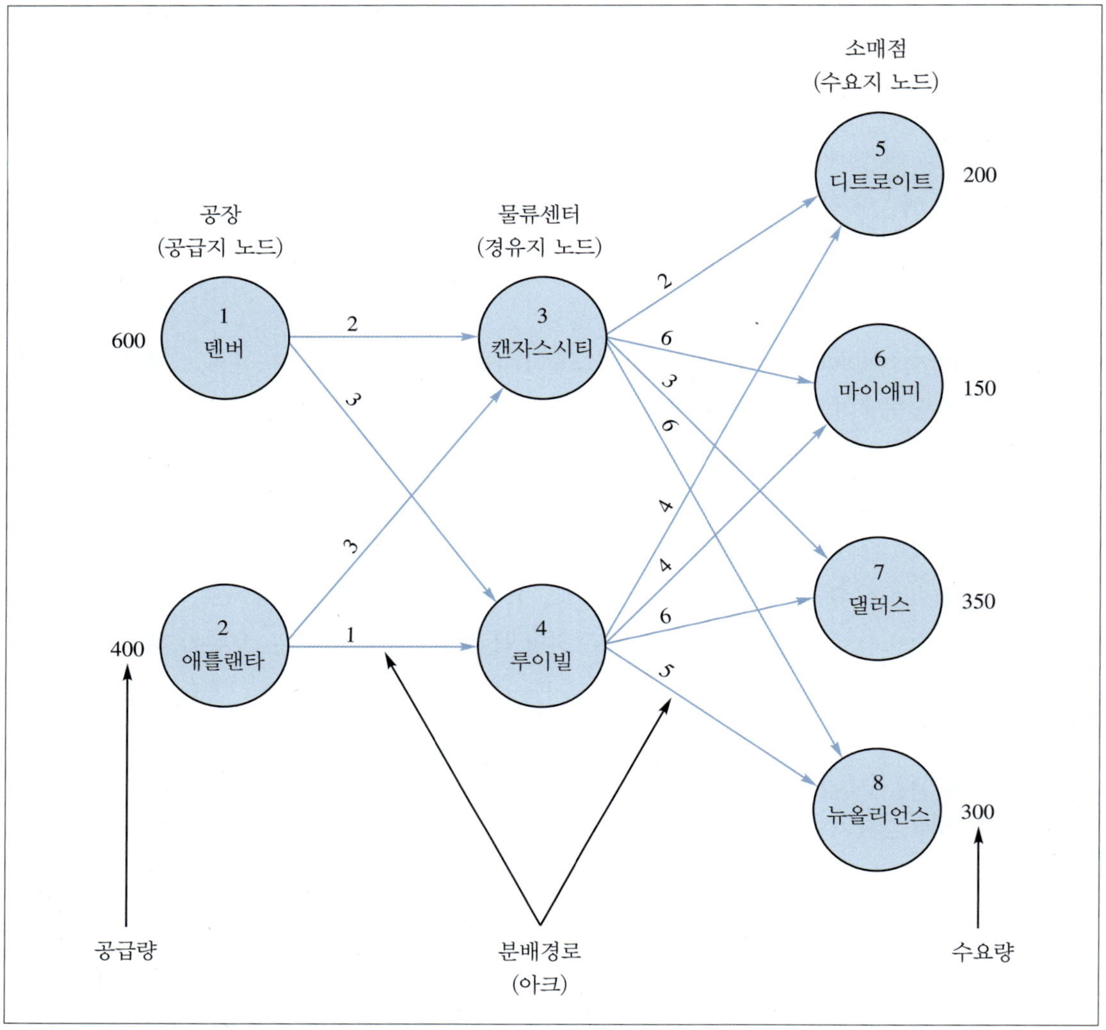

그림 5.4 RE 회사의 경유수송문제를 위한 네트워크 표현

표 5.3 RE 회사의 경유수송문제를 위한 단위당 수송비용

공장	창고			
	캔자스시티		루이빌	
덴버	2		3	
애틀렌타	3		1	
창고	소매점			
	디트로이트	마이애미	댈러스	뉴올리언스
캔자스시티	2	6	3	6
루이빌	4	4	6	5

$$x_{13} + x_{14} = 600$$

같은 의미로, 공급지 애틀랜타의 공급량에 대한 제약조건은 다음과 같이 표현할 수 있다.

$$x_{23} + x_{24} = 400$$

이제 두 군데의 경유지 창고(캔자스시티, 루이빌)에 대한 제약조건을 고려해보자. 노드 3(즉, 캔자스시티 창고)의 경우, 이 노드 3으로 공급되는 공급량의 합과 노드 3에서 소매점으로 공급하는 공급량의 합이 같아야 한다. 먼저 노드 3에서 각 소매점으로 공급하는 공급량에 대한 수식을 표현하면 다음과 같다.

$$\text{노드 3에서 공급하는 공급량에 대한 수식 표현} = x_{35} + x_{36} + x_{37} + x_{38}$$

그리고 각 공장에서 창고 노드 3으로 공급되는 공급량에 대한 수식 표현은 다음과 같다.

$$\text{노드 3으로 공급되는 공급량에 대한 수식 표현} = x_{13} + x_{23}$$

위의 두 개의 수식 표현을 합하면 다음과 같다.

$$x_{35} + x_{36} + x_{37} + x_{38} = x_{13} + x_{23}$$

여기서 모든 변수를 왼쪽으로 이동시켜 정리하면 노드 3에 대한 제약조건은 다음과 같이 표현할 수 있다.

$$-x_{13} - x_{23} + x_{35} + x_{36} + x_{37} + x_{38} = 0$$

같은 방법으로 노드 4에서 대한 제약조건은 다음과 같이 표현할 수 있다.

$$-x_{14} - x_{24} + x_{45} + x_{46} + x_{47} + x_{48} = 0$$

다음으로 네 군데의 수요지(디트로이트, 마이애미, 댈러스, 뉴올리언스)에 대한 제약조건을 고려해보자. 즉, 각 수요지의 수요량을 반드시 충족시켜야 하는 방향으로 제약조건을 만들면 된다. 예를 들어, 노드 5(수요지 디트로이트)는 수요량 200을 충족시켜야 하며, 이는 다음과 같은 제약조건으로 표현할 수 있다.

$$x_{35} + x_{45} = 200$$

같은 방법으로 노드 6, 7, 8에 대한 제약조건은 다음과 같이 표현할 수 있다.

$$x_{36} + x_{46} = 150$$
$$x_{37} + x_{47} = 350$$
$$x_{38} + x_{48} = 300$$

목적함수는 그림 5.4 네트워크에 표시된 12개의 경로에서 발생하는 전체 수송비용으로 표시하면 된다. 결국, RE 회사의 경유수송문제를 위한 선형계획 모형은 그림 5.5에서 표현된 것과 같이 12개의 의사결정 변수와 8개의 제약조건을 가지는 형태로 표시된다. 그림 5.6은 최적해를 보여주고 있으며, 표 5.4는 최적해의 결과를 요약하여 보여주고 있다.

이 절의 시작 부분에서 언급하였듯이 경유수송문제에서 경로(아크)는 두 노드를 쌍으로 연결할 수 있다. 이러한 연결구조는 경유수송문제에서 모두 가능하다. 또한, 각 노드는 단지 하나의 제약조건이 필요하며, 노드로 들어오고 나가는 모든 경로에 대해 변수를 설정해주어야 한다. 예를 들어 공급지 노드의 경우, 해당 공급지 노드에서 연결되는 모든

$$
\begin{array}{lll}
\text{Min} & 2x_{13} + 3x_{14} + 3x_{23} + 1x_{24} + 2x_{35} + 6x_{36} + 3x_{37} + 6x_{38} + 4x_{45} + 4x_{46} + 6x_{47} + 5x_{48} & \\
\text{s.t.} & & \\
& x_{13} + x_{14} = 600 & \multirow{2}{*}{공급지 노드 제약} \\
& x_{23} + x_{24} = 400 & \\
& -x_{13} - x_{23} + x_{35} + x_{36} + x_{37} + x_{38} = 0 & \text{경유지 노드 제약} \\
& -x_{14} - x_{24} + x_{45} + x_{46} + x_{47} + x_{48} = 0 & \\
& x_{35} + x_{45} = 200 & \text{수요지 노드 제약} \\
& x_{36} + x_{46} = 150 & \\
& x_{37} + x_{47} = 350 & \\
& x_{38} + x_{48} = 300 & \\
& x_{ij} \geq 0 \text{ for all } i \text{ and } j &
\end{array}
$$

그림 5.5 RE 회사의 경유수송문제를 위한 선형계획 모형

```
Optimal Objective Value =  5200.00000

     Variable              Value
  --------------      ---------------
       X13               550.00000
       X14                50.00000
       X23                 0.00000
       X24               400.00000
       X35               200.00000
       X36                 0.00000
       X37               350.00000
       X38                 0.00000
       X45                 0.00000
       X46               150.00000
       X47                 0.00000
       X48               300.00000
```

그림 5.6 RE 회사의 경유수송문제를 위한 최적해

표 5.4 RE 회사의 경유수송문제를 위한 최적해 결과 요약

수송경로		수송량	단위당 수송비용	총비용
출발	도착			
덴버	캔자스시티	550	$2	$1,100
덴버	루이빌	50	$3	$ 150
애틀랜타	루이빌	400	$1	$ 400
캔자스시티	디트로이트	200	$2	$ 400
캔자스시티	댈러스	350	$3	$1,050
루이빌	마이애미	150	$4	$ 600
루이빌	뉴올리언스	300	$5	$1,500
				$5,200

경로의 수송량의 합은 해당 공급지의 공급량과 같아야 하며, 수요지 노드의 경우에도 해당 수요지 노드에서 연결되는 모든 경로의 수송량의 합은 해당 수요지의 수요량과 같아야 한다. 또한, 경유지 노드의 경우에도 해당 경유지로 공급되는 모든 수송량의 합과 해당 경유지에서 공급하는 모든 수송량의 합은 같아야 한다.

이제 앞에서 제시한 RE 회사의 경유수송문제를 일부 수정하여, 좀 더 일반적인 형태의 경유수송문제로 만들어보자. 만일 공급지 애틀랜타에서 수요지 뉴올리언스로 직접 수송할 때의 단위당 수송비용이 $4, 수요지 댈러스에서 수요지 뉴올리언스로 수송할 때의 단위당 수송비용이 $1이라고 가정해보자. 이러한 가정을 추가하여 RE 회사의 경유수송문제 네트워크를 표현하면 그림 5.7과 같고, 선형계획 모형은 그림 5.8, 최적해는 그림 5.9에 제시되어 있다.

그림 5.7에서 보듯이 두 개의 새로운 수송경로(아크)를 기존 네트워크에 추가하였고, 이를 선형계획 모형으로 표현하기 위해서 두 개의 새로운 의사결정 변수가 필요하다. 그림 5.8의 선형계획 모형을 보면 새로운 의사결정 변수 x_{28}, x_{78}이 목적함수와 제약조건에 나타나 있는 것을 알 수 있다. 그림 5.9의 최적해를 보면 $4,600이며, 이러한 최적해는 두 개의 새로운 수송경로를 포함하지 않는 경우인 그림 5.6의 최적해 $5,200보다 $600 더 저렴한 것을 알 수 있다. 그리고 그림 5.9의 $x_{28} = 300$은 공급지 애틀랜타에서 수요지 뉴올리언스로 직접 보내는 수송량을 의미하며, $x_{78} = 0$은 수요지 댈러스에서 수요지 뉴올리언스로는 수송하지 않는다는 것을 의미한다.[1]

1 이 문제를 선형계획 모형으로 해결하면 또 다른 동일한 결과의 최적해를 구할 수 있다. $x_{13} = 600$, $x_{14} = 0$, $x_{23} = 0$, $x_{24} = 150$, $x_{28} = 250$, $x_{35} = 200$, $x_{36} = 0$, $x_{37} = 400$, $x_{38} = 0$, $x_{45} = 0$, $x_{46} = 150$, $x_{47} = 0$, $x_{48} = 0$, $x_{78} = 50$. 따라서 공급지 애틀랜타에서 수요지 뉴올리언스로 250을 보내고($x_{28} = 250$), 수요지 댈러스에서 수요지 뉴올리언스로 50을 보낸다($x_{78} = 50$).

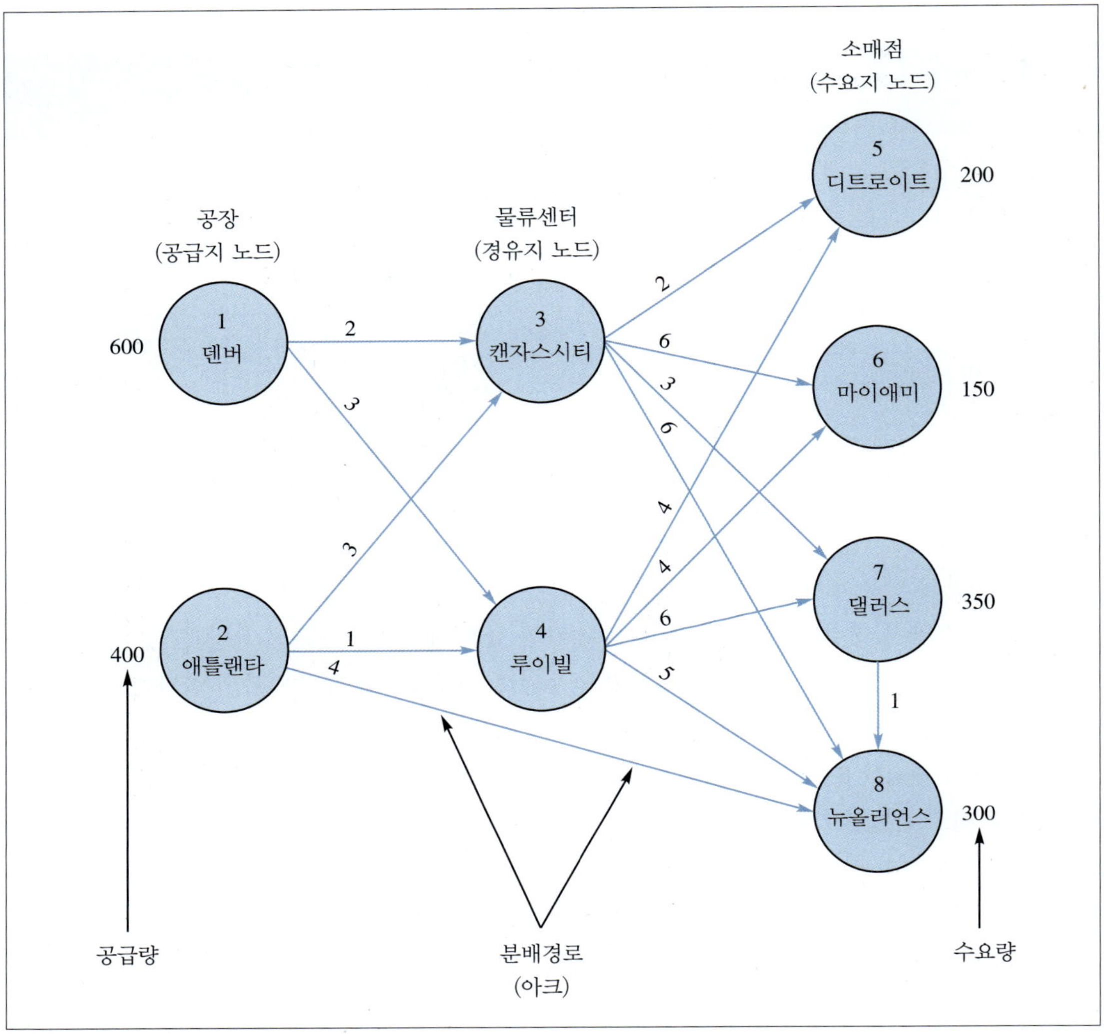

그림 5.7 RE 회사의 수정된 경유수송문제를 위한 네트워크 표현

$$
\begin{array}{ll}
\text{Min} & 2x_{13} + 3x_{14} + 3x_{23} + 1x_{24} + 2x_{35} + 6x_{36} + 3x_{37} + 6x_{38} + 4x_{45} + 4x_{46} + 6x_{47} + 5x_{48} + 4x_{28} + 1x_{78} \\
\text{s.t.} & \\
& \left.\begin{array}{l} x_{13} + x_{14} = 600 \\ x_{23} + x_{24} + x_{28} = 400 \end{array}\right\} \text{공급지 노드 제약} \\
& \left.\begin{array}{l} -x_{13} - x_{23} + x_{35} + x_{36} + x_{37} + x_{38} = 0 \\ -x_{14} - x_{24} + x_{45} + x_{46} + x_{47} + x_{48} = 0 \end{array}\right\} \text{경유지 노드 제약} \\
& \left.\begin{array}{l} x_{35} + x_{45} = 200 \\ x_{36} + x_{46} = 150 \\ x_{37} + x_{47} - x_{78} = 350 \\ x_{38} + x_{48} + x_{28} + x_{78} = 300 \end{array}\right\} \text{수요지 노드 제약} \\
& x_{ij} \geq 0 \text{ for all } i \text{ and } j
\end{array}
$$

그림 5.8 RE 회사의 수정된 경유수송문제를 위한 선형계획 모형

```
Optimal objective Value =  4600.00000
      Variable                          Value
   ---------------               ---------------
         X13                           550.000
         X14                            50.000
         X23                             0.000
         X24                           100.000
         X35                           200.000
         X36                             0.000
         X37                           350.000
         X38                             0.000
         X45                             0.000
         X46                           150.000
         X47                             0.000
         X48                             0.000
         X28                           300.000
         X78                             0.000
```

그림 5.9 RE 회사의 수정된 경유수송문제를 위한 최적해

경유수송문제의 특수한 형태

수송문제의 경우와 마찬가지로 경유수송문제 또한 몇 가지 변형이 있으며, 이러한 변형은 다음의 몇 가지 상황을 포함한다.

1. 공급량의 합이 수요량의 합과 일치하지 않는 경우
2. 목적함수를 최대화하는 경우
3. 특정 경로의 최대 수송량을 제한하는 경우, 혹은 반대로 최소 수송량 이상을 보내야 하는 경우
4. 특정 경로로 수송할 수 없는 경우

이상의 네 가지 변형된 경유수송문제의 형태는 기존의 선형계획 모형을 일부 수정하여 쉽게 해결할 수 있다. 만일 새로운 기호 L_{ij}(노드 i에서 노드 j까지의 경로가 가지는 최대 수송량)를 사용한다면, 새로운 제약조건 $x_{ij} \le L_{ij}$를 추가할 수 있다. 이 새로운 제약조건은 노드 i에서 노드 j까지 보내는 수송량(x_{ij})은 사전에 정해진 최대 수송량(L_{ij})을 초과하여 수송할 수 없다는 의미이다. 비슷한 의미로, 만일 새로운 기호 M_{ij}(노드 i에서 노드 j까지의 수송경로가 가지는 최소 수송량)를 사용한다면, 새로운 제약조건 $x_{ij} \ge M_{ij}$를 추가할 수 있다. 이 새로운 제약조건은 노드 i에서 노드 j까지 보내는 수송량(x_{ij})은 사전에 정해진 최소 수송량(M_{ij}) 이상으로 수송해야 한다는 의미이다. 이러한 형태의 경유수송문제를 **용량 제한의 경유수송문제**(capacitated transshipment problem)라고 부른다.

경유수송문제를 위한 선형계획 모형 일반화

경유수송문제를 선형계획 모형으로 일반화시켜 보자. 먼저 사용되는 기호를 정의해보면 다음과 같다.

x_{ij} = 노드 i에서 노드 j까지 보내는 수송량
c_{ij} = 노드 i에서 노드 j까지 보내는 단위당 수송비용
s_i = 공급지 노드 i의 공급량(혹은 공급능력)
d_j = 수요지 노드 j의 수요량(혹은 수요능력)

위에서 정의된 기호를 사용하여 선형계획 모형을 만들면 다음과 같다.

$$\text{Min} \sum_{\text{all arcs}} c_{ij} x_{ij}$$

s.t.

$$\sum_{\text{arcs out}} x_{ij} - \sum_{\text{arcs in}} x_{ij} = s_i \quad \text{공급지 노드 } i$$

$$\sum_{\text{arcs out}} x_{ij} - \sum_{\text{arcs in}} x_{ij} = 0 \quad \text{경유지 노드}$$

$$\sum_{\text{arcs in}} x_{ij} - \sum_{\text{arcs out}} x_{ij} = d_j \quad \text{수요지 노드 } j$$

$$x_{ij} \geq 0 \text{ for all } i \text{ and } j$$

'경영과학의 실행'의 'P&G 회사의 제품소싱 휴리스틱'에서는 P&G(Procter & Gamble) 회사의 전략적인 의사결정을 돕기 위해 제품소싱 및 분배와 관련한 경유수송문제를 다룬다.

유의사항

1. 실무에서 사용되는 공급사슬 모형은 일반적으로 대규모 선형계획 모형이 필요하다. 예를 들어, 100개의 공급지와 100개의 수요지를 가진 문제가 특별한 것은 아니다. 이러한 문제를 선형계획 모형으로 해결할 경우에는 10,000개(=100×100)의 의사결정 변수가 필요하다.
2. 수송문제와 경유수송문제에서 일부의 경로를 이용할 수 없을 때, 즉 수송할 수 없는 경로를 포함할 때는 해당 수송 네트워크에서 수송할 수 없는 경로를 제거하고 선형계획 모형에서 해당 경로를 의미하는 의사결정 변수를 제거한 후 풀면 된다. 또 다른 방법으로는 수송할 수 없는 경로에 단위당 수송비용이 아주 큰 값(이를 'Big M'이라고도 한다.)을 부여한 후 선형계획 모형을 구축하고 이를 해결하면 된다. 이렇게 수송할 수 없는 경로에 단위당 수송비용을 아주 큰 값으로 부여하면, 선형계획 모형을 이용해 해를 구하는 과정에서 해당 경로로는 일반적으로 수송이 안 되는 구조가 된다. 그 이유는 수송문제와 경유수송문제의 목표는 전체 수송비용의 합을 최소화시키는 것이기 때문이다.

경영과학의 실행 P&G 회사의 제품소싱 휴리스틱*

경영과학 기법을 공급사슬 문제에 적용하여 큰 성공을 거둔 사례로는 '북미지역 제품소싱 전략(North American Product Sourcing Strategy)'으로 알려진 P&G의 전략 기획 프로젝트를 들 수 있다. P&G는 북미지역의 제품 공급지를 통합하고, 수송시스템 설계를 최적화하길 원했다. 이를 위해 P&G 회사는 '제품소싱 휴리스틱(Product Sourcing Heuristic, PSH)'이라고 불리는 의사결정 지원 시스템을 사용하였다. PSH는 이 장에서 설명된 경유수송 문제 모형과 상당히 비슷하다.

먼저 P&G 회사의 제품전략팀은 같은 기술로 생산되는 제품들과 한 공장에서 생산되는 제품들을 동일 제품 그룹으로 통합하였다. 그런 다음 동일 그룹의 제품들을 생산하는 공장을 결정하기 위해 경유수송문제 모형의 PSH를 사용하였다. 사용된 PSH는 동일 그룹의 제품을 생산하는 공장을 공급지 노드로, 지역별 물류센터를 경유지 노드로, 제품을 구매하는 고객이 있는 지역을 수요지 노드로 경유수송문제 모형에 각각 설정하였다. 또한, 공급지에서 경유지를 거쳐 수요지까지 공급되는 경로뿐만 아니라 공급지에서 바로 수요지까지 공급되는 경로도 함께 고려하였다.

제품전략팀은 PSH를 질의응답 방식으로 제품소싱과 분배에 관한 다양한 질문을 탐색했다. 예를 들어, 이 팀이 자사의 북미지역 다섯 군데 공장 중에 두 군데의 공장을 폐쇄하고, 나머지 세 군데의 공장만으로 동일 그룹의 제품을 생산할 때 미치는 영향(혹은 결과)에 관심이 있다고 가정해보자. 이 경우, PSH는 폐쇄될 두 군데 공장의 공급지 노드 두 개를 제거하고, 나머지 세 군데 공장의 공급지 노드 세 개의 공급능력을 확대한다. 이렇게 수정하여 경유수송문제의 해를 구한다. 이 팀은 이러한 방법으로 다양한 형태의 변형된 경유수송문제를 해결할 수 있었다.

제품소싱 휴리스틱(PSH)은 이를 사용하는 모든 사람에게 귀중한 의사결정 지원 시스템으로 인식되었다. P&G는 PSH를 사용하여 연간 $2억 규모의 비용 절감효과를 보았다. 이러한 효과로 인해 P&G 회사는 PSH를 북미지역뿐만 아니라 다른 지역에도 사용했다.

*출처 P&G 회사의 Franz Dill과 Tom Chorman이 제공한 정보에 근거하여 작성함.

5.2 할당문제

할당문제(assignment problem)는 의사결정 상황에서 자주 발생한다. 일반적인 할당문제는 작업을 기계에 할당하거나, 작업자를 업무에 할당하거나, 판매사원을 특정 판매지역에 할당하거나, 계약을 입찰자에서 할당하는 것과 같은 상황을 포함한다. 할당문제의 특징은 단지 하나의 작업자를 하나의 작업에만 할당하는 것이다. 즉, 중복 할당은 고려하지 않는다. 이 절에서는 할당 비용의 최소화, 할당 시간의 최소화, 할당 이익의 최대화 등의 할당문제를 다룬다.

할당문제를 설명하기 위해 FMR(Fowle Marketing Research) 회사의 경우를 생각해보자. 최근 FMR 회사는 세 명의 의뢰인으로부터 시장조사를 의뢰받았으며, 이를 세 명의 프로젝트 책임자가 담당하도록 하였다. 단, 업무 특성상 한 명의 프로젝트 책임자는 한 명의 의뢰인에게만 할당되도록 해야 한다. 현재, 전체 프로젝트 책임자 중에서 단 세 명의 프로젝트 책임자(Terry, Carle, McClymonds)만이 담당하고 있는 프로젝트가 없으므

표 5.5 FMR 회사의 할당문제를 위한 예상 프로젝트 완료시간(단위: 일)

프로젝트 책임자	의뢰인		
	1	2	3
1. Terry	10	15	9
2. Carle	9	18	5
3. McClymonds	6	14	3

로 이들 세 명을 의뢰인 세 명에 할당할 계획이다. FMR 회사의 경영자는 의뢰인 세 명이 의뢰한 시장조사 프로젝트를 완료하기 위한 시간은 해당 시장조사 프로젝트를 할당받은 프로젝트 책임자의 경험과 능력에 따라 달라진다는 것을 알고 있다. 또한 의뢰받은 세 가지 시장조사 프로젝트는 거의 비슷한 우선순위를 가지고 있다. 이러한 상황에서 FMR 회사의 경영자는 의뢰받은 세 가지 시장조사 프로젝트를 모두 완료하는 데 투입되는 총시간을 최소화하도록 세 명의 프로젝트 책임자를 세 가지 시장조사 프로젝트에 할당하고자

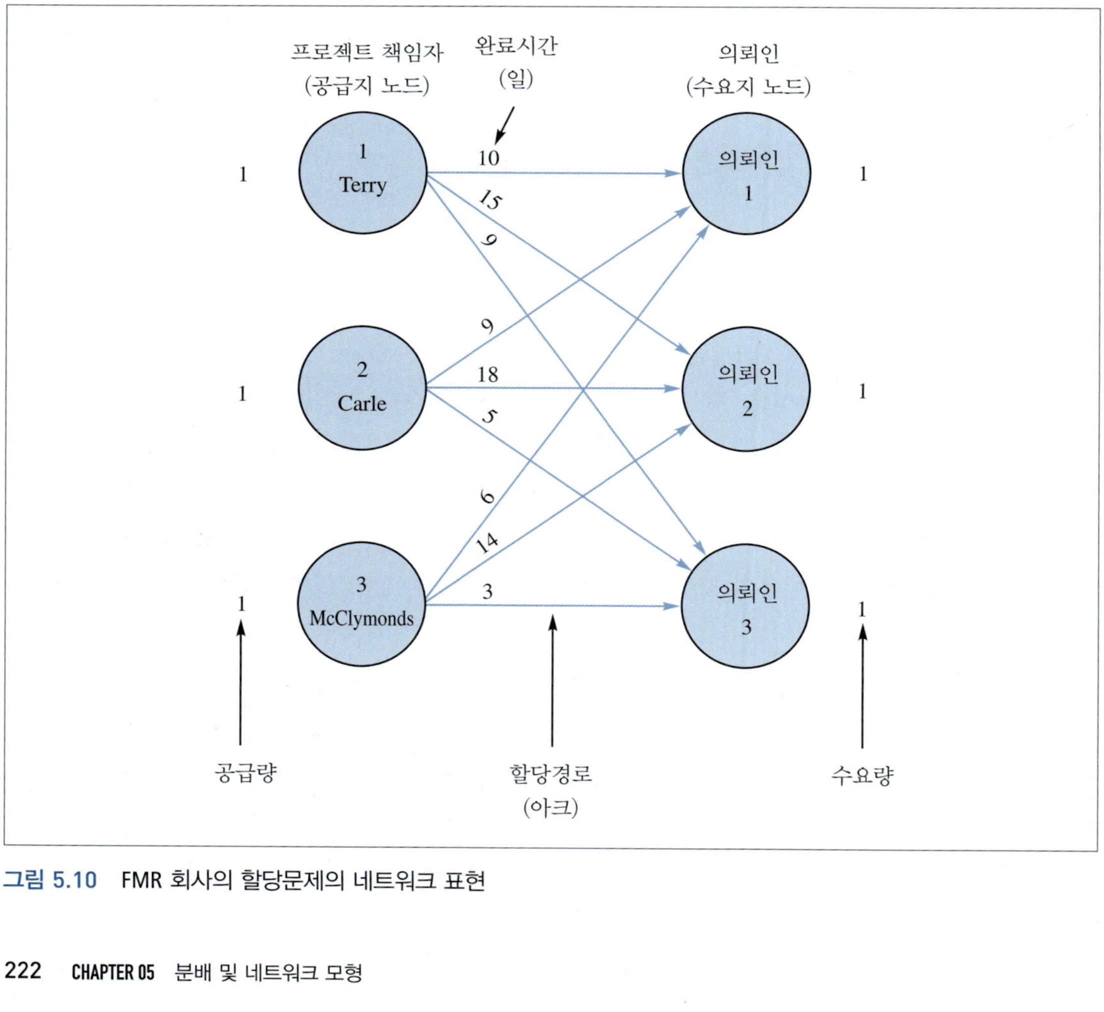

그림 5.10 FMR 회사의 할당문제의 네트워크 표현

한다.

먼저 FMR 회사의 경영자는 세 명의 프로젝트 책임자를 세 가지 시장조사 프로젝트에 할당할 수 있는 모든 경우를 고려하였고, 각각의 경우에 대해 프로젝트를 완료하는 데 투입되는 시간을 예상하였다. 즉, 세 명의 프로젝트 책임자가 세 가지 시장조사 프로젝트를 할당받을 수 있으므로 총 9가지의 할당할 수 있는 대안이 발생한다. 이러한 아홉 가지의 할당 대안과 예상 프로젝트 완료시간은 표 5.5에 나타나 있다.

그림 5.10은 FMR 회사의 할당문제를 네트워크 형태로 표현하고 있다. 그림 5.10에서 각 노드는 프로젝트 책임자와 의뢰인을 나타내고 있으며, 할당경로는 프로젝트 책임자가 의뢰인에 할당되는 경우를 나타내고 있다. 공급지 노드에서의 공급량과 수요지 노드에서의 수요량은 각각 1이고, 한 명의 프로젝트 책임자가 한 명의 의뢰인에 할당될 때의 비용은 해당 프로젝트를 완료하는 데 필요한 시간을 의미한다.

그림 5.10의 할당문제의 네트워크 표현과 그림 5.1의 수송문제의 네트워크 표현을 비교해보면 그 유사성을 확인할 수 있다. 즉, 그림 5.1의 수송문제의 네트워크 표현에서는 모든 공급량과 수요량이 각각 다르고, 각 경로로 보내지는 수송량 또한 다른 것을 알 수 있다. 하지만, 그림 5.10의 할당문제의 네트워크 표현에서 모든 공급량과 수요량이 전부 1이며, 각 경로로 할당되는 할당량은 0 혹은 1인 것을 알 수 있다. 따라서 할당문제는 수송문제의 특수한 형태라는 것을 알 수 있다.

할당문제가 수송문제의 특수한 형태이므로 할당문제 또한 선형계획 모형을 이용하여 해결할 수 있다. 먼저 각 노드의 제약조건과 각 할당경로의 의사결정 변수를 정해보자. 앞에서 설명한 수송문제에서 의사결정 변수 x_{ij}를 사용하였다. 여기서 x_{ij}는 i 노드에서 j 노드로 보내지는 수송량을 의미한다. 같은 의미로 할당문제에서도 동일한 의사결정 변수 x_{ij}를 사용한다. 즉, x_{ij}는 i 노드에서 j 노드로 할당되는 할당량을 의미하며, 0 혹은 1의 값을 가지게 된다. 예를 들어 $x_{11} = 1$은 프로젝트 책임자 1(Terry)을 의뢰인 1에 할당하는 것을 의미하며, $x_{11} = 0$은 프로젝트 책임자 1(Terry)을 의뢰인 1에 할당하지 않는다는 것을 의미한다. 이제 위에서 설명한 것을 정리하여 할당문제를 선형계획 모형으로 만들어 보자.

먼저 의사결정 변수를 다음과 같이 설정한다.

$$x_{ij} = \begin{cases} 1 & \text{프로젝트 책임자 } i\text{를 의뢰인 } j\text{에 할당할 경우} \\ 0 & \text{그렇지 않을 경우} \end{cases}$$

여기서 $i = 1,\ 2,\ 3,\ j = 1,\ 2,\ 3$

> 할당문제의 특수한 구조 때문에 의사결정 변수는 항상 0 혹은 1의 값만을 가져야 한다. 즉, 그 외의 값(예를 들어 0.6)을 가질 수 없다. 6장에서 우리는 소수 값을 가지지 못하는 0–1(또는 이진) 변수의 최적화 문제를 살펴본다.

위의 의사결정 변수와 표 5.5의 예상 프로젝트 완료시간을 이용하여 다음과 같은 수식을 표현할 수 있다.

프로젝트 책임자 1(Terry)의 할당을 위해 필요한 예상 완료시간

$= 10x_{11} + 15x_{12} + 9x_{13}$

프로젝트 책임자 2(Carle)의 할당을 위해 필요한 예상 완료시간

$= 9x_{21} + 18x_{22} + 5x_{23}$

프로젝트 책임자 3(McClymond)의 할당을 위해 필요한 예상 완료시간

$= 6x_{31} + 14x_{32} + 3x_{33}$

이 문제의 목적은 총 세 군데의 할당이 이루어질 경우의 총비용을 최소화하는 것이므로 다음과 같은 목적함수를 설정할 수 있다.

$$\text{Min } 10x_{11} + 15x_{12} + 9x_{13} + 9x_{21} + 18x_{22} + 5x_{23} + 6x_{31} + 14x_{32} + 3x_{33}$$

프로젝트 책임자의 수는 의뢰인의 수와 같아야 하므로 모든 제약조건은 등호(=) 관계로 표시된다. 하지만, 만일 프로젝트 책임자의 수가 의뢰인의 수보다 크거나 같을 때는 부등호(≤) 관계로 표시된다.

제약조건으로는 한 명의 프로젝트 책임자는 한 명의 의뢰인에게만 할당되어야 하고, 동시에 한 명의 의뢰인은 한 명의 프로젝트 책임자만 할당받아야 한다. 이를 표현하면 다음과 같다.

$$\begin{aligned}
x_{11} + x_{12} + x_{13} &= 1 \quad \text{Terry의 할당}\\
x_{21} + x_{22} + x_{23} &= 1 \quad \text{Carle의 할당}\\
x_{31} + x_{32} + x_{33} &= 1 \quad \text{McClymonds의 할당}\\
x_{11} + x_{21} + x_{31} &= 1 \quad \text{의뢰인 1}\\
x_{12} + x_{22} + x_{32} &= 1 \quad \text{의뢰인 2}\\
x_{13} + x_{23} + x_{33} &= 1 \quad \text{의뢰인 3}
\end{aligned}$$

그림 5.10의 각 노드에는 하나의 제약조건이 있음을 명심해야 한다.

위에서 표현한 목적함수와 제약조건을 이용하여 FMR 회사의 할당문제를 선형계획 모형으로 표현하면 다음과 같다. 여기서는 9개의 의사결정 변수와 6개의 제약조건이 사용되고 있다.

$$\begin{array}{lllllllllll}
\text{Min} & 10x_{11} + 15x_{12} + 9x_{13} + 9x_{21} + 18x_{22} + 5x_{23} + 6x_{31} + 14x_{32} + 3x_{33} \\
\text{s.t.} \\
& x_{11} + x_{12} + x_{13} & & & = 1\\
& & x_{21} + x_{22} + x_{23} & & = 1\\
& & & x_{31} + x_{32} + x_{33} & = 1\\
& x_{11} & + x_{21} & + x_{31} & = 1\\
& \quad x_{12} & \quad + x_{22} & \quad + x_{32} & = 1\\
& \qquad x_{13} & \qquad + x_{23} & \qquad + x_{33} & = 1\\
& x_{ij} = 0 \text{ 혹은 } 1 & \text{for } i = 1, 2, 3 \text{ and } j = 1, 2, 3
\end{array}$$

그림 5.11은 위의 선형계획 모형의 해를 보여주고 있다. 그림 5.11을 보면, 프로젝트 책임자 1(Terry)은 의뢰인 2에 할당($x_{12} = 1$)되고, 프로젝트 책임자 2(Carle)는 의뢰인 3에

```
Optimal Objective Value = 26.00000

      Variable              Value
   --------------      ---------------
        X11               0.00000
        X12               1.00000
        X13               0.00000
        X21               0.00000
        X22               0.00000
        X23               1.00000
        X31               1.00000
        X32               0.00000
        X33               0.00000
```

그림 5.11 FMR 회사의 할당문제의 최적해

표 5.6 FMR 회사의 할당문제의 최적할당

프로젝트 책임자	할당된 의뢰인	예상 프로젝트 완료시간(단위: 일)
Terry	2	15
Calre	3	5
McClymonds	1	6
		총 26

할당($x_{23}=1$)되고, 프로젝트 책임자 3(McClymonds)은 의뢰인 1에 할당($x_{31}=1$)된다. 이렇게 할당하면 총예상 프로젝트 완료시간은 26일인 것을 알 수 있다. 표 5.6은 이를 요약하여 보여주고 있다.

할당문제의 특수한 형태

위에서 이미 설명한 것과 같이 할당문제가 수송문제의 특수한 형태이므로 할당문제도 몇 가지 변형이 있으며, 이러한 변형은 다음의 몇 가지 상황을 포함한다.

1. 작업자(공급량)의 합이 작업(수요량)의 합과 일치하지 않는 경우
2. 목적함수를 최대화하는 경우
3. 할당할 수 없는 경우

첫 번째 상황인 '작업자(공급량)의 합이 작업(수요량)의 합과 일치하지 않는 경우'는 수송문제에서 공급지의 공급량 합과 수요지의 수요량 합이 일치하지 않는 경우와 같다. 즉, 작업자의 수가 작업의 수보다 많거나 반대로 작업자의 수가 작업의 수보다 적을 때는 선

형계획 모형으로 해결할 수 없다. 이와 같은 불일치 문제는 부족한 수만큼의 가상 작업자(dummy worker) 혹은 가상 작업(dummy task)이 존재한다고 가정하고 작업자의 수와 작업의 수가 일치하도록 만든 후 선형계획 모형으로 해결하면 된다. 예를 들어 FMR 회사의 할당문제에서 세 명의 프로젝트 책임자가 다섯 명의 의뢰인에 할당되는 경우를 가정해보자. 이 경우에는 두 명의 가상 프로젝트 책임자를 추가로 배정하여 총 다섯 명의 프로젝트 책임자를 다섯 명의 의뢰인에 할당하는 새로운 할당문제를 만든 후 이를 선형계획 모형으로 표현한다. 선형계획 모형에서는 실제 세 명의 프로젝트 책임자만이 할당될 수 있도록 두 명의 가상 프로젝트 책임자의 목적함수 계수 값을 0으로 설정한다. 이러한 방법을 통해 두 명의 가상 프로젝트 책임자에게 실제 할당이 이루어지지 않도록 한다.

두 번째 상황인 '목적함수를 최대화하는 경우'는 할당문제의 목적이 할당에 필요한 시간 혹은 비용을 최소화하는 것이 아니라 할당했을 때 발생하는 수익 혹은 이익을 최대화하는 것으로 생각하면 된다. 이 경우의 선형계획 모형은 비용(혹은 시간) 최소화가 아니라 수익(혹은 이익) 최대화를 목적함수로 설정하여 해결하면 된다.

세 번째 상황인 '할당할 수 없는 경우'는 특정 작업자가 특정 작업에 할당할 수 없는 경우(예를 들어 특정 작업자가 특정 작업을 수행할 수 있는 능력 혹은 경험이 전혀 없을 때 등)를 생각해볼 수 있다. 이 경우에는 해당 할당경로를 표현하는 의사결정 변수를 선형계획 모형에서 제거한 후 해결하면 된다.

할당문제를 위한 선형계획 모형 일반화

m명의 작업자와 n개의 작업으로 이루어진 할당문제를 선형계획 모형으로 일반화시켜 보자. 먼저 사용되는 기호를 정의해보면 다음과 같다.

$$x_{ij} = \begin{cases} 1 & \text{작업자 } i\text{를 작업 } j\text{에 할당할 경우} \\ 0 & \text{그렇지 않을 경우} \end{cases}$$

$$c_{ij} = \text{작업자 } i\text{가 작업 } j\text{에 할당될 때의 할당 비용}$$

위에서 정의된 기호를 사용하여 선형계획 모형을 만들면 다음과 같다.

$$\text{Min} \quad \sum_{i=1}^{m}\sum_{j=1}^{n} c_{ij}x_{ij}$$

s.t.

$$\sum_{j=1}^{n} x_{ij} = 1 \qquad i = 1, 2, \ldots, m \quad \text{작업자}$$

$$\sum_{i=1}^{m} x_{ij} = 1 \qquad j = 1, 2, \ldots, n \quad \text{작업}$$

$$x_{ij} = 0 \text{ 혹은 } 1 \qquad \text{for all } i \text{ and } j$$

경영과학의 실행 EEI 회사의 컨설턴트 배정*

EEI(Energy Education, Inc.) 회사는 학교, 대학 및 기타 조직에 자사의 컨설턴트를 파견하여 에너지 절감 프로그램의 자문을 제공해주는 컨설팅 회사이다. 이 회사는 컨설팅 서비스를 제공한 25년 동안 1,100명 이상의 고객이 $23억 이상의 에너지 비용을 줄이도록 도움을 주었다. 이 회사의 컨설턴트는 거의 모든 시간을 고객이 있는 곳에서 근무하며 이로 인해 출장이 잦아지고 출장비용이 많이 든다. 평균적으로 한 명의 컨설턴트는 출장비용만으로 주당 약 $1,000를 지출한다.

컨설턴트 출장과 관련된 막대한 비용 때문에 EEI는 출장비용을 최소화하려고 노력한다. 컨설턴트의 출장비용을 최소화하기 위해 이 회사는 컨설턴트를 고객에게 할당하는 선형계획 모형을 만들었다. 이 모형의 목적은 모든 고객 요구를 충족하는 데 필요한 컨설턴트의 파견 횟수(출장 횟수)를 최소화하는 것이다.

EEI 회사는 이와 같은 상황을 선형계획 모형으로 작성하였고, 최적화 소프트웨어를 이용하여 해결하였다. 이 결과를 통해 EEI 회사는 각 컨설턴트를 각 고객에게 최적으로 할당하고 그들에게 최적의 출장 경로를 제공할 수 있었다. 이러한 새로운 방법을 적용함으로써 EEI 회사는 과거에 사용해오던 방법에 비해 12주 동안 출장비용을 44% 절감하였다. 또한, 이러한 방법을 통해 모든 고객 요구를 충족하는 데 필요한 컨설턴트의 수도 줄어들어 직접적인 인건비가 15% 절감되었다. 전체적으로 EEI는 자사의 컨설턴트를 고객에 할당하고, 컨설턴트 출장을 최적화하기 위한 모형을 사용하여 연간 약 $500,000의 비용을 절감했다.

*출처 Junfang Yu and Randy Hoff, "Optimal Routing and Assignment of Consultants for Energy Education, Inc.," *Interfaces*, 43, no. 2(March-April 2013); 142-151.

할당문제의 기본 가정은 한 명의 작업자는 오직 하나의 작업에만 할당되어야 한다는 것이다. 이러한 제약은 할당문제를 선형계획 모형으로 표현한 위의 제약조건을 보면 쉽게 알 수 있다. 하지만 이러한 선형계획 모형의 일반화를 좀 더 확장해보면, 한 명의 작업자에 두 가지 혹은 세 가지 작업이 할당될 수도 있을 것이다. 예를 들어 FMR 회사의 할당문제에서 프로젝트 한 책임자(Terry)에게 두 명의 의뢰인까지 할당될 수 있다고 가정할 경우, 선형계획 모형의 해당 제약조건은 $x_{11}+x_{12}+x_{13}\leq 2$로 표현하면 된다. 따라서 a_i를 작업자 i에 할당될 수 있는 작업의 수의 최댓값이라고 할 때 이를 선형계획 모형의 제약조건으로 표현하면 다음과 같다.

$$\sum_{j=1}^{n} x_{ij} \leq a_i \qquad i = 1, 2, \ldots, m$$

따라서 특정 작업에 다수의 작업자가 할당 가능하다고 할 경우에도 위와 같은 방법으로 선형계획 모형의 제약조건을 수정하여 사용하면 된다.

유의사항

1. 위에서 설명한 것과 같이 할당문제는 수송문제의 특수한 형태이다. 수송문제에서 언급하였듯이 일반적인 수송문제를 선형계획 모형으로 표현할 때 모든 공급량과 수요량이 정숫값을 갖는다면 그 최적해도 정숫값을 가져야 한다. 할당문제를 선형계획 모형으로 표현할 때 모든 공급량과 수요량은 정확히 1이며, 의사결정 변수 또한 모두 0 혹은 1만을 갖는 정숫값이어야 한다.
2. 작업의 수가 작업자의 수보다 많은 상황일 때 중복할당 방법과 가상 작업자의 개념을 결합하면 쉽게 해결할 수 있다. 즉, 하나의 가상 작업자는 여러 작업을 처리할 수 있음을 전제로 한다. 가상 작업자가 처리할 수 있는 작업 수는 작업 수와 가상 작업자 수의 차이이다.
3. '경영과학의 실행'의 'EEI 회사의 컨설턴트 할당문제'에서는 EEI 회사가 자사의 컨설턴트를 의뢰인들에게 어떻게 할당시키는 것이 총비용 최소화를 이룰 수 있는지를 검토해볼 수 있는 할당문제이며, 이러한 할당문제의 적용은 기업경영 혁신의 도구로서 인식될 수 있다.

5.3 최단 경로 문제

이 절에서는 네트워크에 있는 두 노드 사이의 **최단 경로**(shortest route or path)를 결정하는 문제를 다룬다. GCC(Gorman Construction Company) 회사가 직면한 최단 경로 문제를 살펴보자. GCC 회사는 3개 카운티 지역에 여러 건설 현장이 있다. GCC는 매일 본사

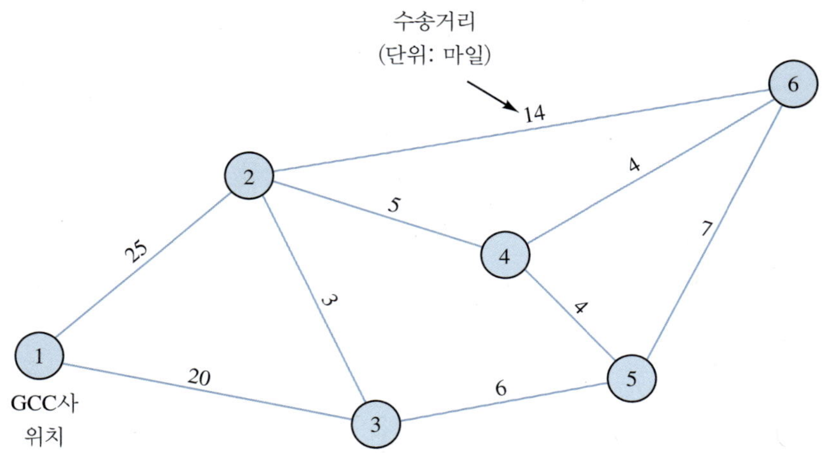

주의: (1) 각 수송경로(아크)의 직선 길이는 실제 이동거리와 일치하지는 않는다.
(2) 모든 수송경로는 양방향이다.

그림 5.12 GCC 회사의 최단 경로 문제를 위한 네트워크 표현

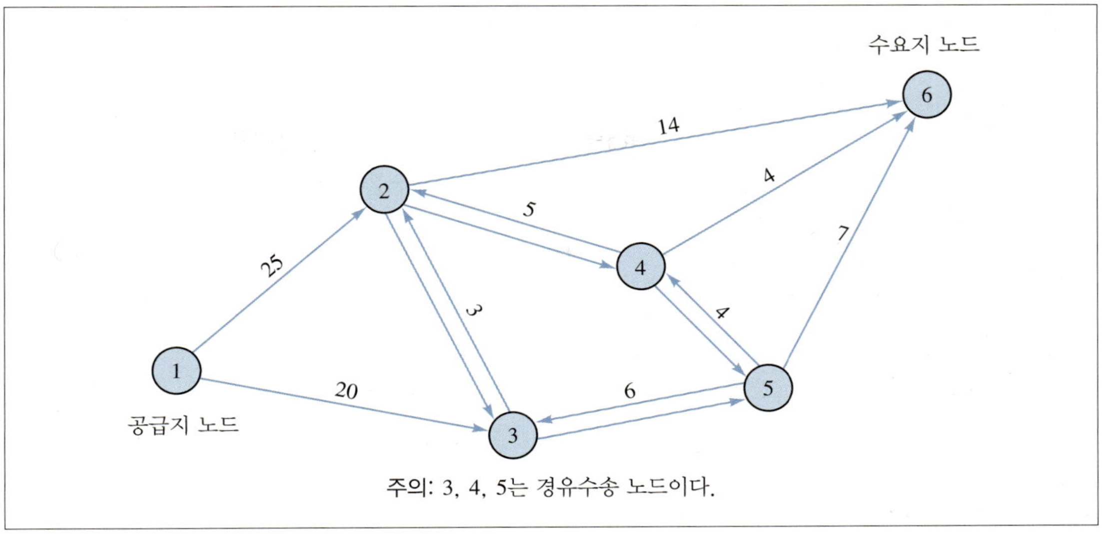

그림 5.13 GCC 회사의 최단 경로 문제를 위한 경유수송 네트워크 표현

에서 건설 현장에 작업자, 장비, 자재를 여러 번 보내는 데 이와 관련된 비용이 상당하다. GCC 본사에서 각 지역 건설 현장 사이의 이동을 표시한 네트워크가 그림 5.12에 나타나 있다. 그림 5.12에서 노드 사이의 도로 거리(마일)는 해당 경로 위에 표시되어 있다. 이 회사의 주된 관심사는 GCC 본사(노드 1)와 노드 6에 있는 건설 현장 사이의 총이동 거리를 최소화하는 경로를 결정하는 것이다.

이러한 최단 경로 문제는 앞 절에서 설명한 경유수송문제의 특별한 형태라고 볼 수 있다. 즉, GCC 회사의 최단 경로 문제는 한 군데의 공급지(노드 1), 네 군데의 경유지(노드 2, 3, 4, 5)와 한 군데의 수요지(노드 6)를 가진 경유수송문제로 볼 수 있다. 따라서 GCC 회사의 최단 경로 문제에 대한 경유수송문제 네트워크는 그림 5.13과 같다. 그림 5.13에서 각 노드를 연결하는 데 사용된 화살표는 이동의 흐름 방향을 나타내고 있다. 즉, 공급지 노드 1과 수요지 노드 6은 한 방향의 화살표만 가지고 있다. 이것은 노드 1이 출발하는 공급지 노드이며, 노드 6은 도착하는 수요지 노드라는 것을 의미한다. 그리고 나머지 노드들(노드 2, 3, 4, 5)은 양방향의 화살표를 가지고 있다. 이것은 노드 2, 3, 4, 5가 상호 간의 이동이 가능하며, 서로 경유지 역할을 한다는 것을 알 수 있다. 그리고 이러한 양방향의 화살표가 표시된 각 노드의 이동 거리는 양방향 모두 같다.

이제 노드 1에서 출발하여 노드 6으로 도착하는 최단 경로를 찾아보자. 이를 위해 우리는 노드 1의 공급량이 1이고, 노드 6의 수요량이 1이라 가정하면 된다. 따라서 x_{ij}는 노드 i에서 노드 j로 보내는 수송량을 나타낸다. 노드 1에서 노드 6으로 1개만 배송되므로 0 혹은 1의 값만을 가진다. 따라서 $x_{ij} = 1$이면 노드 i에서 노드 j로의 연결 경로가 공급지 노드 1에서 수요지 노드 6의 최단 경로라는 것을 알 수 있다. 반대로 만일 $x_{ij} = 0$이라면 노드 i에서 노드 j로의 연결 경로가 최단 경로가 아니라는 것을 의미한다. 이와 같이 노드 1에서 노드 6 사이의 x_{ij} 값을 파악할 수 있다. 따라서 GCC 회사의 최단 경로 문제에서 사용되는 목적함수를 다음과 같이 표현할 수 있다.

$$\begin{aligned} \text{Min} \quad & 25x_{12} + 20x_{13} + 3x_{23} + 3x_{32} + 5x_{24} + 5x_{42} + 14x_{26} + 6x_{35} + 6x_{53} \\ & + 4x_{45} + 4x_{54} + 4x_{46} + 7x_{56} \end{aligned}$$

이제 제약조건을 설정해보자. 먼저 공급지 노드 1의 경우, 공급량이 1이므로 노드 1에서 보낼 수 있는 수송량도 1이다. 따라서 노드 1을 위한 제약조건은 다음과 같이 표현될 수 있다.

$$x_{12} + x_{13} = 1$$

경유지 노드 2, 3, 4, 5의 경우, 각 노드로 공급되는 수송량과 각 노드에서 공급하는 수송량은 항상 같아야 한다. 따라서 경유지 노드 2, 3, 4, 5를 위한 제약조건은 다음과 같이 표현될 수 있다.

	공급하는 수송량	공급되는 수송량
노드 2	$x_{23} + x_{24} + x_{26}$	$- x_{12} - x_{32} - x_{42} = 0$
노드 3	$x_{32} + x_{35}$	$- x_{13} - x_{23} - x_{53} = 0$
노드 4	$x_{42} + x_{45} + x_{46}$	$- x_{24} - x_{54} = 0$
노드 5	$x_{53} + x_{54} + x_{56}$	$- x_{35} - x_{45} = 0$

노드 6은 최종 수요지이며, 수요량은 1이다. 따라서 노드 6으로 공급되는 공급량의 합은 항상 1이 되어야 한다. 노드 6을 위한 제약조건은 다음과 같이 표현될 수 있다.

$$x_{26} + x_{46} + x_{56} = 1$$

추가적으로 $x_{ij} = 0$ 혹은 1의 제약조건을 포함하면 그림 5.14와 같은 GCC 회사의 최단 경로 문제를 위한 선형계획 모형이 완성된다.

$$\begin{aligned} \text{Min} \quad & 25x_{12} + 20x_{13} + 3x_{23} + 3x_{32} + 5x_{24} + 5x_{42} + 14x_{26} + 6x_{35} + 6x_{53} + 4x_{45} + 4x_{54} + 4x_{46} + 7x_{56} \\ \text{s.t.} \quad & \\ & x_{12} + x_{13} = 1 && \text{공급지 노드 제약조건} \\ & -x_{12} + x_{23} - x_{32} + x_{24} - x_{42} + x_{26} = 0 && \\ & -x_{13} - x_{23} + x_{32} + x_{35} - x_{53} = 0 && \text{경유지 노드} \\ & -x_{24} + x_{42} + x_{45} - x_{54} + x_{46} = 0 && \text{제약조건} \\ & -x_{35} + x_{53} - x_{45} + x_{54} + x_{56} = 0 && \\ & x_{26} + x_{46} + x_{56} = 1 && \text{수요지 노드 제약조건} \\ & x_{ij} = 0 \text{ 혹은 } 1 \quad \text{for all } i \text{ and } j \end{aligned}$$

그림 5.14 GCC 회사의 최단 경로 문제를 위한 선형계획 모형

```
Optimal Objective Value =  32.00000

   Variable                 Value
 ------------            ---------------
     X12                   0.00000
     X13                   1.00000
     X23                   0.00000
     X32                   1.00000
     X24                   1.00000
     X42                   0.00000
     X26                   0.00000
     X35                   0.00000
     X53                   0.00000
     X45                   0.00000
     X54                   0.00000
     X46                   1.00000
     X56                   0.00000
```

그림 5.15 GCC 회사의 최단 경로 문제를 위한 선형계획 모형의 최적해

그림 5.15는 GCC 회사의 최단 경로 문제를 위한 선형계획 모형의 최적해를 보여주고 있다. 최적해는 32이며, 이 값은 공급지 노드 1에서 수요지 노드 6까지의 모든 경로 중에서 최단 경로 값이 32(마일)라는 의미이다. 그리고 $x_{13}=1$, $x_{32}=1$, $x_{24}=1$, $x_{46}=1$은 공급지 노드 1에서 수요지 노드 6까지의 최단 경로가 1-3-2-4-6이라는 의미이다.

최단 경로 문제를 위한 선형계획 모형 일반화

최단 경로 문제를 선형계획 모형으로 일반화시켜 보면 다음과 같이 표현할 수 있다.

$$\text{Min} \quad \sum_{\text{all arcs}} c_{ij}x_{ij}$$

s.t.

$$\sum_{\text{arcs out}} x_{ij} = 1 \quad \text{공급지 노드 } i$$

$$\sum_{\text{arcs out}} x_{ij} - \sum_{\text{arcs in}} x_{ij} = 0 \quad \text{경유지 노드}$$

$$\sum_{\text{arcs in}} x_{ij} = 1 \quad \text{수요지 노드 } j$$

위의 선형계획 모형에서 c_{ij}는 노드 i에서 노드 j까지를 연결하는 데 필요한 거리, 시간 혹은 비용을 의미한다. 그리고 x_{ij}는 노드 i에서 노드 j까지의 연결 경로로 보내는 수송량을 의미하며, 그 값은 항상 0 혹은 1의

최단 경로 문제의 특수한 구조 때문에 의사결정 변수 x_{ij}는 항상 0 혹은 1의 값만을 가져야 한다. 즉, 그 외의 값(예를 들어 0.6)을 가질 수 없다. 6장에서 우리는 소수 값을 가지지 못하는 0–1(또는 이진) 변수의 최적화 문제를 살펴본다.

값을 가진다. 만일 $x_{ij}=1$이면 노드 i에서 노드 j로의 연결 경로가 최단 경로라는 의미이며, 반대로 만일 $x_{ij}=0$이면 노드 i에서 노드 j로의 연결 경로가 최단 경로는 아니라는 의미이다.

유의사항

위의 GCC 회사의 최단 경로 문제에서 우리는 네트워크의 모든 경로가 양방향이라고 가정하였다. 예를 들어, 노드 2와 3을 연결하는 경로는 양방향으로 수송할 수 있는 경유지 노드이다. 따라서 이러한 양방향 노드를 표현하기 위해 의사결정 변수 x_{23}과 x_{32}가 사용되었다.

이 두 의사결정 변수의 의미는 노드 2에서 노드 3까지와 노드 3에서 노드 2까지 모두 수송 가능하다는 의미이다. 하지만 노드 2와 3을 연결하는 경로가 양방향이 아니라 단일방향으로만 수송할 수 있다고 가정해보자. 예를 들어 만일 노드 2에서 노드 3까지의 경로만 가능(즉, 노드 3에서 노드 2까지의 경로는 불가능)하다면, 선형계획 모형에서 x_{23}는 사용하고 x_{32}는 제거하면 된다.

5.4 최대 흐름 문제

최대 흐름(maximal flow) 문제의 목적은 주어진 시간 동안 네트워크 시스템에 들어오고 나가는 흐름(차량, 메시지, 석유 등)을 최대화하는 것이다. 이 문제에서 우리는 모든 네트워크 경로의 효율적인 흐름을 추구한다. 경로의 용량 제한으로 인해 흐름이 제한되기도 한다. 예를 들어, 다양한 도로 형태는 운송 시스템의 차량 흐름을 제한하며, 파이프라인의 용량(크기)은 석유 분배시스템의 석유 흐름을 제한한다. 각 경로의 최대 흐름양을 **흐름 용량**(flow capacity)이라고 한다. 노드의 흐름 용량을 지정하지 않더라도 노드에서 나가는 흐름이 노드로 들어오는 흐름과 동일하다고 가정한다.

하나의 예로 오하이오주 신시내티를 통과하는 남북 간 고속도로 시스템의 최대 흐름 문제를 살펴보자. 신시내티 남북 고속도로의 차량 흐름은 출퇴근 시간대에 시간당 15,000대에 이른다. 도로 유지보수 계획에 따라 이번 여름 동안에는 일부 구간의 폐쇄와 그 구간의 속도제한으로 인해 해당 구간의 차량흐름이 느려지는 문제점이 발생한다. 이러한 문제를 해결하기 위해 교통 계획 위원회는 신시내티를 통과하는 대체경로를 고려하고 있다. 제안된 대체경로에는 주변 국도뿐만 아니라 다른 고속도로도 포함한다. 속도제한과 교통량의 차이로 인해 흐름 용량은 대체 국도와 다른 고속도로 사정에 따라 다르다. 이러한 대체경로를 포함한 신시내티 고속도로 시스템의 경로별 흐름 용량을 보여준 네트워크가 그림 5.16에 나타나 있다.

그림 5.16의 네트워크에는 각 경로의 흐름 방향이 표시되어 있으며, 각 경로 위에 흐름 용량이 제시되어 있다. 대부분의 경로는 한 방향이다. 그러나 노드 2와 3 사이, 노드 5와

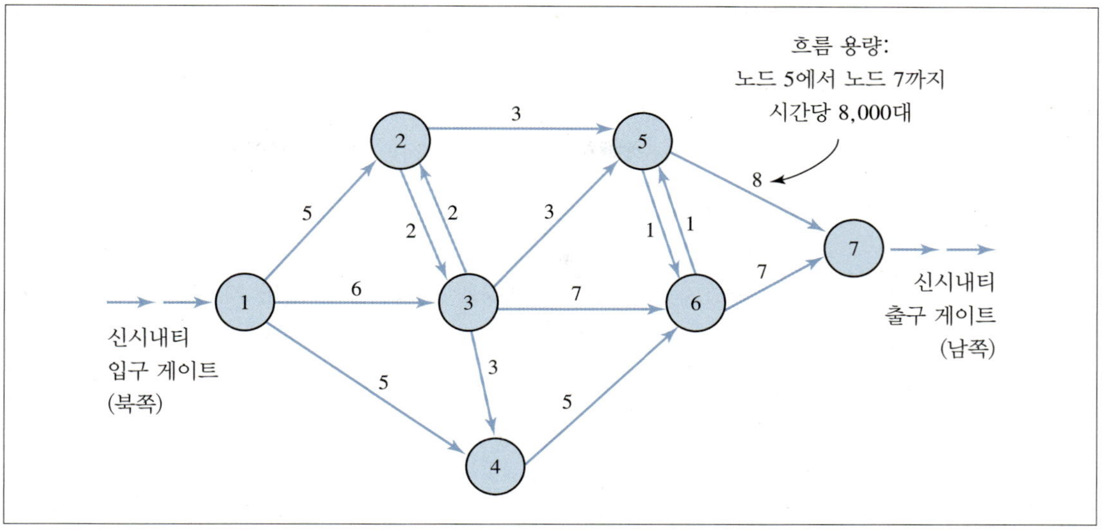

그림 5.16 신시내티 고속도로 시스템의 네트워크와 흐름 용량(1,000대/시간)

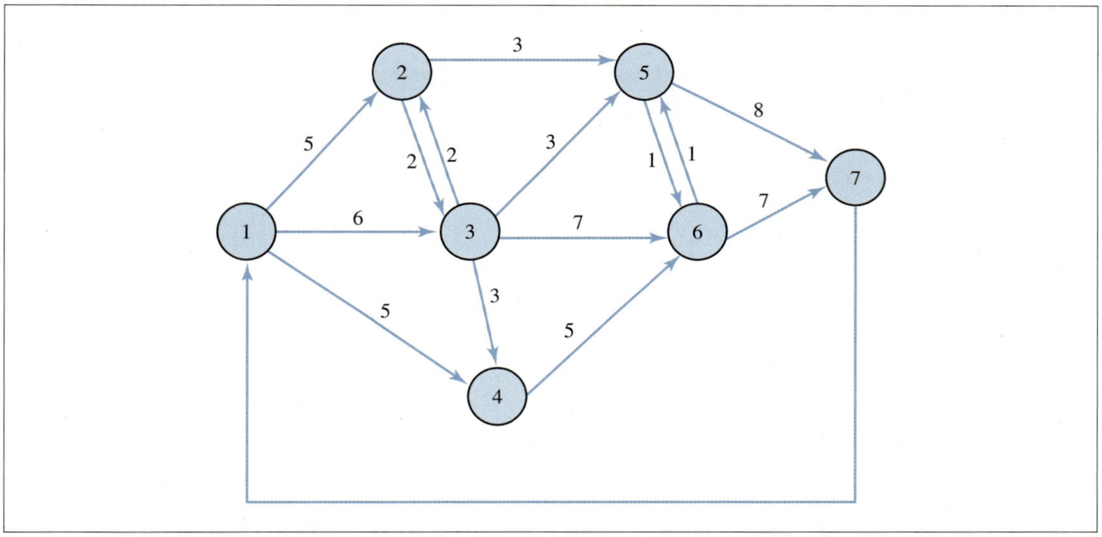

그림 5.17 신시내티 고속도로 시스템의 총흐름을 나타내기 위해 노드 7에서 노드 1의 경로 추가

6 사이는 양방향 경로이다. 두 경우 모두 각 방향의 흐름 용량은 같다.

이러한 최대 흐름 문제를 '용량 제한의 경유수송문제'로 해결할 수 있다. 먼저, 고속도로를 통과하는 전체 흐름을 나타내기 위해 노드 7에서 노드 1의 경로를 추가한다. 그림 5.17은 이를 반영한 네트워크를 보여준다. 새로 추가된 경로에는 흐름 용량이 표시되지 않지만, 우리는 실제로 해당 경로의 흐름을 최대화하길 원한다. 노드 7에서 노드 1까지의 흐름을 최대화하는 것은 신시내티를 통과하는 남북 고속도로의 차량 수를 최대화하는 것과 같다.

의사결정 변수는 다음과 같다.

$$x_{ij} = \text{노드 } i\text{에서 노드 } j\text{로 통과하는 차량흐름양}$$

고속도로 시스템의 흐름을 최대화하는 목적함수는 다음과 같다.

$$\text{Max} \quad x_{71}$$

경유수송문제와 마찬가지로 각 경로는 의사결정 변수를 만들고, 각 노드는 제약조건을 생성한다. 또한, 각 노드로 들어오는 흐름양의 합은 나가는 흐름양의 합과 같다고 설정한다. 다르게 표현하면 나가는 흐름양의 합과 들어오는 흐름양의 합을 뺀 값은 0이어야 한다. 예를 들어 노드 1의 경우, 나가는 흐름양의 합은 $x_{12}+x_{13}+x_{14}$이고, 들어오는 흐름양의 합은 x_{71}이다. 따라서 노드 1에 대한 제약조건은 다음과 같다.

$$x_{12} + x_{13} + x_{14} - x_{71} = 0$$

나머지 6개 노드에 대한 제약조건을 이와 같은 방법으로 설정하면 다음과 같다.

	나가는 흐름양의 합	들어오는 흐름양의 합
노드 2	$x_{23}+x_{25}$	$-x_{12}-x_{32}=0$
노드 3	$x_{32}+x_{34}+x_{35}+x_{36}$	$-x_{13}-x_{23}=0$
노드 4	x_{46}	$-x_{14}-x_{34}=0$
노드 5	$x_{56}+x_{57}$	$-x_{25}-x_{35}-x_{65}=0$
노드 6	$x_{65}+x_{67}$	$-x_{36}-x_{46}-x_{56}=0$
노드 7	x_{71}	$-x_{57}-x_{67}=0$

각 경로의 최대 흐름양에 대한 추가 제약조건을 설정하면 다음과 같다.

$$\begin{aligned}
&x_{12} \le 5 \quad x_{13} \le 6 \quad x_{14} \le 5\\
&x_{23} \le 2 \quad x_{25} \le 3\\
&x_{32} \le 2 \quad x_{34} \le 3 \quad x_{35} \le 5 \quad x_{36} \le 7\\
&x_{46} \le 5\\
&x_{56} \le 1 \quad x_{57} \le 8\\
&x_{65} \le 1 \quad x_{67} \le 7
\end{aligned}$$

주의할 점은 제약조건 설정 시 노드 7에서 노드 1까지 되돌아오는 추가경로의 제약조건은 없다는 것이다. 비음(non-zero) 제약조건 $x_{ij} \ge 0$을 포함하여 선형계획 모형의 해를 구하면 그림 5.18과 같다.

그림 5.18을 살펴보면, 의사결정 변수가 15개, 제약조건이 21개인 선형계획 모형의 최적해는 14이다. 이 결과는 고속도로 시스템의 최대 흐름이 14,000대의 차량임을 의미한

```
Optimal Objective Value =  14.00000

        Variable                  Value
      ------------           ---------------
          X12                     3.00000
          X13                     6.00000
          X14                     5.00000
          X23                     0.00000
          X25                     3.00000
          X34                     0.00000
          X35                     3.00000
          X36                     3.00000
          X32                     0.00000
          X46                     5.00000
          X56                     0.00000
          X57                     7.00000
          X65                     1.00000
          X67                     7.00000
          X71                    14.00000
```

그림 5.18 신시내티 고속도로 시스템의 최대 흐름을 위한 선형계획 모형의 최적해

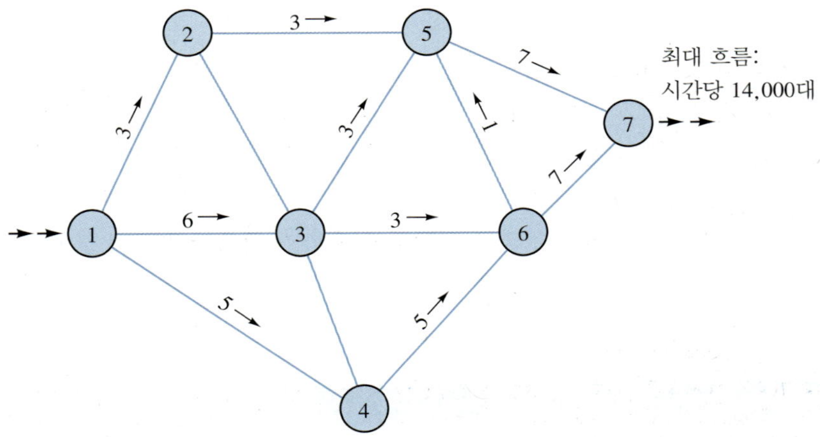

그림 5.19 신시내티 고속도로 시스템의 네트워크 경로별 최대 흐름양

다. 그림 5.19는 전체 네트워크에서 각 경로로 통과할 수 있는 최대 흐름양을 보여주고 있다. 예를 들어, 시간당 3,000대의 차량이 노드 1과 2 사이를 통과하고, 6,000대의 차량이 노드 1과 3 사이를 통과하며, 노드 2와 3 사이를 통과하는 차량은 0대 등으로 해석하면 된다.

경영과학의 실행 | 덴버 공립학교의 통학버스 노선 최적화*

미국의 대규모 공립학교 시스템은 학생들이 매일 안전하고 효율적으로 학교에 도착하고 수업이 끝난 후 집으로 돌아가는 통학버스를 운영하고 있다. 콜로라도주 덴버의 공립학교 시스템은 약 40,000명의 학생이 200개 이상의 학교를 약 400대의 버스로 오가는 이동 수단을 제공한다. 이러한 대규모 버스 노선의 선정은 가능한 노선의 조합뿐만 아니라 노선의 시간 의존성(정시에 버스가 정류장에 도착하고 출발하여 학생들은 아침마다 학교에 너무 일찍 도착할 수도 없고 학교에 늦게 도착할 수도 없다.)으로 인해 상당히 어려운 작업이다. 덴버 학교 시스템은 통학버스 노선을 정할 때 학생들의 안전뿐만 아니라 비용도 매우 중요한 요소로 고려하고 있다.

효율적인 노선(경로)을 정하는 문제는 상당히 복잡하다. 무엇보다도 버스 정류장 위치 선택, 학생들을 지정된 정류장에 배정, 버스와 운전자를 특정 노선에 배정, 각 버스의 노선 구성 등을 고려해야 한다. 학생들의 픽업 위치와 노선의 시간 제약을 고려하여 정류장 간의 효율적인 노선을 찾는 것은 정류장 간 최단(가장 빠른) 노선을 찾는 것과 같다.

덴버 학교 시스템의 분석가들은 조지아 공과대학교의 교수진과 협력하여 효과적인 노선을 제공하고 그 노선에 버스와 운전자를 할당하는 엑셀 기반의 시스템을 개발했다. 그 결과, 덴버 학교 시스템에 필요한 버스의 수가 8% 감소하였고, 버스 노선 선정에 필요한 계획 시간이 크게 단축하였다.

*출처 Chu, A., Keskinocak, P., and M. Villarreal, "Empowering Denver Public Schools to Optimize School Bus Operations," *INFORMS Journal on Applied Analytics*, Vol. 50, No. 5, (September–October, 2020): 298-312.

위 결과에 의하면, 계획된 고속도로 네트워크 시스템은 시간당 15,000대 차량의 최대 흐름을 처리하지 못하는 것으로 나타났다. 교통 시스템 책임자는 심각한 교통 문제에 대비하기 위해선 고속도로 네트워크를 더 확장하거나 현재 각 경로의 흐름 용량을 늘려야 한다. 만일 네트워크가 확장되거나 수정된다면, 또 다른 최대 흐름 분석이 이루어져야 한다. '경영과학의 실행'의 '덴버 공립학교의 통학버스 노선 최적화'에서는 콜로라도주 덴버시가 최단 경로 문제의 경영과학 기법을 사용하여 학생들의 통학을 효율적으로 수송한 내용을 설명한다.

유의사항

1. 이 절에서 살펴본 최대 흐름 문제에서 노드 1과 7 사이의 추가경로를 사용하지 않고서도 약간의 변형으로 이를 해결할 수 있다. 즉, 기존 문제에서 사용된 목적함수 *Max* x_{71}을 사용하지 않고 그 대신에 노드 7로 들어가는 경로인 $x_{57}+x_{67}$을 최대화하고, x_{71}이 들어간 제약조건을 제거한 후 풀면 된다. 하지만 이 절에서 사용한 방법이 더 일반적이다.
2. 네트워크 모형은 다양한 경영과학 문제를 위해 사용될 수 있다. 하지만 모든 네트워크 문제에 하나의 최적화 알고리즘만을 사용할 수는 없다. 특정 문제 유형에 따라 최적화 알고리즘이 달라진다는 것을 명심해야 한다.

5.5 생산 및 재고 분야의 응용

5.1절에서 살펴본 공급사슬 모형은 몇몇 공급지(혹은 출발지)에서 수요지(혹은 목적지)로 제품을 수송하는 문제를 다뤘다. 제품 수송이 주로 공급사슬 문제의 대상이지만, 실제로 제품 수송과 관련이 없는 분야에도 공급사슬 모형이 적용될 수 있다. 이 절에서는 경유수송문제의 모형을 사용하여 생산 및 재고 분야 문제의 해결 방법을 살펴본다.

CC(Contois Carpets) 회사는 가정 및 사무실용 카펫을 생산하는 소규모 제조업체이다. 다음 4분기 동안의 생산용량, 수요, 평방야드당 생산비용과 재고비용이 표 5.7에 나와 있다. 생산용량, 수요, 생산비용은 분기별로 달라지는 반면, 재고비용은 야드당 $0.25로 일정하다. CC 회사는 4분기 동안 총생산비용과 재고비용을 최소화하기 위해 분기별로 제조할 카펫의 야드 수를 결정하려고 한다.

수요 노드로 들어오고 나가는 네트워크 흐름은 경유수송문제의 모형이라고 볼 수 있다.

우리는 위 문제를 네트워크 형태로 표현할 수 있다. 먼저, 분기별 생산용량에 해당하는 4개의 노드와 분기별 수요에 해당하는 4개의 노드를 만든다. 각 생산 노드는 동일한 분기에 해당하는 수요 노드의 경로로 연결된다. 경로의 흐름은 해당 기간 제조된 카펫의 평방야드 수를 나타낸다. 각 수요 노드에서 나가는 경로는 다음 분기의 수요 노드로 이월된 재고량(카펫 평방야드)을 나타낸다. 그림 5.20은 위 내용의 네트워크를 보여준다. 즉 노드 1~4는 각 분기의 생산용량을 나타내고, 노드 5~8은 각 분기의 수요를 나타낸다. 분기별 생산용량은 각 노드의 왼쪽에 표시되고, 분기별 수요는 각 노드의 오른쪽에 표시된다.

이 회사의 목표는 4분기 동안의 총생산비용과 재고비용을 최소화하도록 생산 일정과 재고 정책을 결정하는 것이다. 제약조건에는 분기별 생산용량과 수요가 포함된다. 일반적으로 네트워크를 이용하여 선형계획 모형을 구축할 경우, 각 노드에 대한 제약조건과 각 경로에 대한 의사결정 변수를 설정하면 된다.

먼저 생산 노드에 대한 제약조건을 설정해보자. 예를 들어 의사결정 변수 x_{15}는 1분기에 제조된 카펫의 평방야드 수를 나타낸다. 따라서 1분기의 생산용량이 600평방야드이므로 생산용량의 제약조건은 다음과 같다.

표 5.7 CC 카펫의 생산, 수요 및 비용 추정치

분기	생산용량 (평방야드)	수요 (평방야드)	생산비용 ($/평방야드)	재고비용 ($/평방야드)
1	600	400	2	0.25
2	300	500	5	0.25
3	500	400	3	0.25
4	400	400	3	0.25

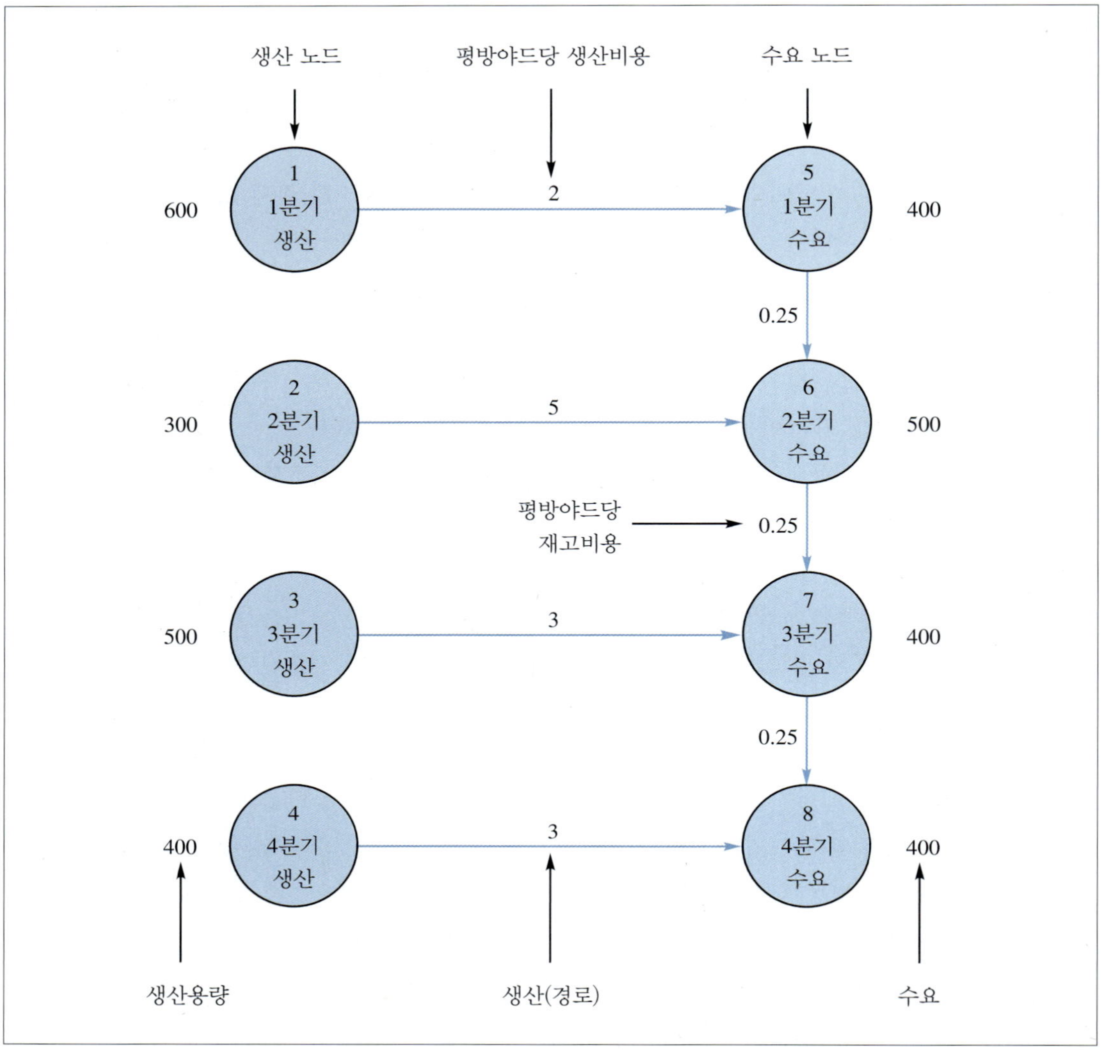

그림 5.20 CC 카펫 문제의 네트워크 표현

$$x_{15} \leq 600$$

유사한 방법으로 2, 3, 4분기의 생산용량 제약조건은 다음과 같다.

$$x_{26} \leq 300$$
$$x_{37} \leq 500$$
$$x_{48} \leq 400$$

다음으로 각 수요 노드에 대한 제약조건을 설정해보자. 예를 들어 노드 5의 경우를 살펴보면 노드 5로 들어오는 경로가 하나이고, 나가는 경로가 하나이다. 즉, 노드 5로 들어오는 경로는 1분기에 제조된 카펫의 평방야드 수를 의미하고, 노드 5에서 나가는 경로는 1분기에 판매되지 못하고 2분기로 이월되는 재고량을 의미한다. 따라서 각 분기당 다음과 같은 공식이 성립한다.

$$\text{각 분기당 수요} = \text{생산량} + \text{기초재고량} - \text{기말 재고량}$$

다만, 노드 5의 경우에는 기초재고량이 없으므로 다음과 같은 제약조건을 설정할 수 있다.

$$x_{15} - x_{56} = 400$$

비슷한 방법으로 노드 6, 7, 8의 제약조건을 설정하면 다음과 같다.

$$\begin{aligned} x_{56} + x_{26} - x_{67} &= 500 \\ x_{67} + x_{37} - x_{78} &= 400 \\ x_{78} + x_{48} &= 400 \end{aligned}$$

노드 8(4분기 수요)에 대한 제약조건의 경우, 다음 분기에 대한 재고 규정이 없으므로 두 개의 변수만 포함한다는 점에 유의해야 한다.

CC 회사의 목적이 총생산비용과 재고비용을 최소화하는 것이므로 목적함수를 다음과 같이 작성한다.

$$\text{Min} \quad 2x_{15} + 5x_{26} + 3x_{37} + 3x_{48} + 0.25x_{56} + 0.25x_{67} + 0.25x_{78}$$

따라서 CC 회사 문제의 완전한 선형계획 모형은 다음과 같다.

$$\begin{array}{llllllll}
\text{Min} & \multicolumn{7}{l}{2x_{15} + 5x_{26} + 3x_{37} + 3x_{48} + 0.25x_{56} + 0.25x_{67} + 0.25x_{78}} \\
\text{s.t.} \\
& x_{15} & & & & & & \leq 600 \\
& & x_{26} & & & & & \leq 300 \\
& & & x_{37} & & & & \leq 500 \\
& & & & x_{48} & & & \leq 400 \\
& x_{15} & & & - & x_{56} & & = 400 \\
& & x_{26} & & + & x_{56} - & x_{67} & = 500 \\
& & & x_{37} & & + & x_{67} - & x_{78} = 400 \\
& & & & x_{48} & & + & x_{78} = 400 \\
& & & & & \multicolumn{3}{l}{x_{ij} \geq 0 \quad \text{for all } i \text{ and } j}
\end{array}$$

그림 5.21은 이 문제에 대한 최적해를 보여주며, 이 해를 해석하면 다음과 같다. CC 회사는 1분기에 600평방야드, 2분기에 300평방야드, 3분기에 400평방야드, 4분기에 400평방야드를 생산해야 한다. 또한 200평방야드는 1분기에서 2분기로 이월된다. 이때의 총생산비용과 재고비용은 $5,150이다.

```
Optimal Objective Value =  5150.00000

        Variable              Value
     --------------     ---------------
           X15             600.00000
           X26             300.00000
           X37             400.00000
           X48             400.00000
           X56             200.00000
           X67               0.00000
           X78               0.00000
```

그림 5.21 CC 카펫 문제의 최적해

유의사항

이 장에서 살펴본 네트워크 모형은 공급지(출발지) 노드의 공급량과 수요지(도착지) 노드의 수요량이 항상 같다고 가정하였다. 하지만, 네트워크 모형이 확장될 때 경로를 지나감에 따라 이익 또는 손실이 발생하는 경우가 있다. 즉 도착지 노드에 들어오는 양이 출발지 노드에 나가는 양보다 클 수도 있고 작을 수도 있다. 예를 들어, 현금이 경로를 따라 흐르는 상품이라고 가정할 때, 현금은 한 기간에서 다음 기간까지 이자가 발생한다. 따라서 다음 기간에 들어오는 현금 금액은 해당 기간의 이자 금액만큼 이전 기간을 떠나는 현금 금액보다 크다. 이러한 문제 유형은 경영과학의 고급 과정에서 다루어진다.

요약

이 장에서 우리는 공급사슬 문제와 관련된 모형인 수송문제, 경유수송문제, 할당문제, 최단 경로 문제, 최대 흐름 문제를 다루었다. 이러한 유형의 모든 문제를 네트워크 흐름 형태로 표현하고, 이를 선형계획 모형을 이용하여 해결하였다. 일반적으로 이러한 문제의 네트워크 모형은 공급지(출발지)와 수요지(도착지)를 의미하는 노드와 이를 연결하는 경로로 구성된다. 경유수송문제의 경우는 공급지(출발지)와 수요지(도착지) 노드 이외에 경유지 노드가 추가된다. 경로는 노드 사이의 수송, 여행 또는 흐름을 나타낸다.

수송문제와 경유수송문제는 공급사슬 문제의 일반적인 형태이다. 보통 수송문제는 m개의 공급지(출발지)와 n개의 수요지(도착지)를 가진다. 각 공급지의 공급량, 각 수요지의 수요량, 각 공급지와 수요지 간의 단위당 수송비용이 주어진다. 이러한 경우에 수송문제는 각 공급지에서 각 수요지까지 배송할 최적의 수송량을 결정한다. 경유수송문제는 공급지와 수요지 중간에 경유지를 포함하는 것으로 확장된 형태의 수송문제로 볼 수 있다.

할당문제는 공급지의 공급량과 수요지의 수요량이 전부 1을 가지는 수송문제의 특수한 형태이다. 할당문제에서 우리는 공급지를 작업자, 수요지를 (작업자가 수행하는) 작업으로 표현하며, 작업자를 작업에 어떻게 할당시키는 것이 총비용을 최소화하거나 총이익을 최대화할 수 있는가를 결정한다.

최단 경로 문제는 네트워크의 두 노드 사이의 최단 경로를 찾는다. 거리, 시간, 비용이 이 모형에 사용되는 기준인 경우가 많다. 최단 경로 문제는 하나의 출발지와 하나의 도착지를 갖는 경유수송문제로 볼 수 있다.

최대 흐름 문제는 네트워크 흐름이 최대화되도록 각 경로에 흐름양을 할당하는 문제이다. 여기서 각 경로는 제한된 흐름 용량을 가지며, 이 흐름 용량은 해당 경로의 최대 흐름양을 결정한다. 이러한 흐름 용량 제약으로 인해 최대 흐름 문제는 용량 제한의 경유수송문제로 볼 수 있다.

마지막 절에서 우리는 경유수송문제의 변형을 사용하여 생산 및 재고 문제를 해결하였다. 이 장의 부록에서는 엑셀을 사용하여 이 장에서 살펴본 세 가지의 분배 및 네트워크 문제를 해결하는 방법을 소개한다.

주요 용어

- **가상 공급지(dummy origin)** 수송문제에서 총공급량을 총수요량과 동일하게 만들기 위해 임의로 추가된 공급지. 가상 공급지에 할당된 공급량은 총수요량과 총공급량의 차이이다.
- **경로(아크, arc)** 네트워크의 노드를 연결하는 선.
- **경유수송문제(transshipment problem)** 공급지와 수요지 사이에 경유지를 함께 고려하는 수송문제의 확장된 형태.
- **공급사슬(supply chain)** 제품의 생산과 분배에 관련된 상호 연결된 모든 자원의 집합.
- **네트워크(network)** 둥근 원인 노드와 각 노드의 연결선인 아크(경로)로 구성된 문제를 그래프 형태로 표현한 것. 아크의 화살표는 흐름 방향을 나타낸다. 수송문제, 경유수송문제, 할당문제는 네트워크 형태로 표현될 수 있다.
- **노드(node)** 네트워크에 있는 둥근 원.
- **수송문제(transportation problem)** 여러 공급지에서 여러 수요지로 제품을 수송할 때 발생하는 총비용을 최소화하는 목적을 가진 네트워크 흐름 문제이다. 수송문제는 각 경로를 의사결정 변수로 그리고 각 노드를 제약조건으로 하는 선형계획 모형으로 표현될 수 있다.

- **용량 제한의 경유수송문제(capacitated transshipment problem)** 경로의 일부 또는 전체가 용량 제한을 가지는 경유수송문제의 특수한 형태.
- **용량 제한을 가진 수송문제(capacitated transportation problem)** 경로의 일부 또는 전체가 용량 제한을 가지는 수송문제의 특수한 형태.
- **최단 경로(shortest route)** 네트워크의 두 노드 사이의 가장 짧은 경로.
- **최대 흐름(maximal flow)** 주어진 시간 동안 네트워크 시스템에 들어오고 나가는 최대 흐름양.
- **할당문제(assignment problem)** 작업자를 작업에 할당하는 네트워크 문제. 할당문제는 수송문제의 특수한 형태로 선형계획 모형으로 표현될 수 있다.
- **흐름 용량(flow capacity)** 네트워크 경로의 최대 흐름양. 양방향 흐름인 경우, 한 방향의 흐름 용량은 역방향의 흐름 용량과 다를 수 있다.

연습문제

1. 네트워크 한 회사가 필라델피아와 뉴올리언스의 두 항구에서 물품을 수입한 후 애틀랜타, 댈러스, 콜럼버스, 보스턴 고객에게 한 제품씩 배송한다. 다음 기획 기간 동안 각 항구의 공급량, 고객 수요, 각 항만에서 각 고객까지의 단위당 수송비용은 다음과 같다.

항구	고객				항구의 공급량
	애틀랜타	댈러스	콜럼버스	보스턴	
필라델피아	2	6	6	2	5000
뉴올리언스	1	2	5	7	3000
고객의 수요량	1400	3200	2000	1400	

이 문제의 분배시스템(수송문제)을 네트워크 형태로 나타내라.

2. 비용을 최소화하는 분배계획 어떤 수송문제를 네트워크로 표현하면 다음 페이지에 나오는 그림과 같다고 한다. 공급량, 수요량, 단위당 수송비용은 그림 속 네트워크에 표시되어 있다.

a. 그림의 네트워크 표현을 이용하여 선형계획 모형을 개발하라. 선형계획 모형 개발 시 의사결정 변수를 정의하라.

b. 선형계획 모형의 최적해를 구하라.

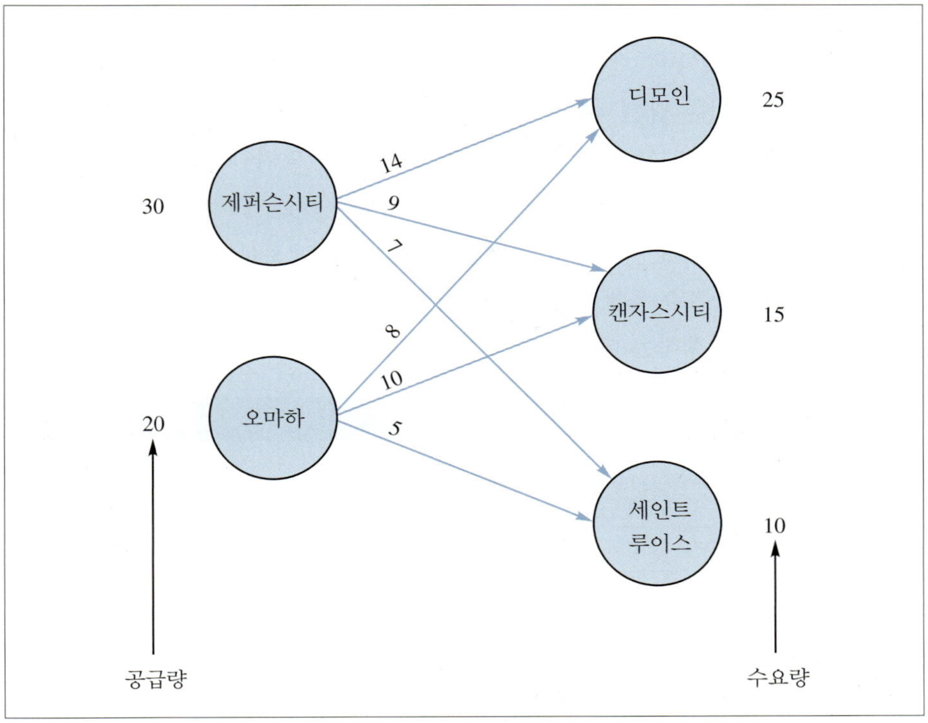

3. **천연가스 네트워크** TCU(Tri-County Utilities, Inc.) 회사는 3개 카운티 지역의 고객에게 천연가스를 공급한다. 이 회사는 서던 가스(Southern Gas)와 노스웨스트 가스(Northwest Gas)라는 두 회사로부터 천연가스를 구매한다. 다가오는 겨울 시즌에 대한 수요예측은 해밀턴 카운티가 400단위, 버틀러 카운티가 200단위, 클러몬트 카운티가 300단위이다. 서던 가스회사가 500단위, 노스웨스트 가스회사가 400단위만큼, 두 가스회사와의 공급계약이 체결되었다. 세 카운티의 수송비용은 두 가스공급업체의 위치에 따라 다르다. 단위당 수송비용(단위: $1,000)은 다음과 같다.

공급지	수요지		
	해밀턴	버틀러	클러몬트
서던 가스	10	20	15
노스웨스트 가스	12	15	18

a. 이 문제를 네트워크 형태로 나타내라.
b. 전체 수송비용을 최소화할 수 있도록 선형계획 모형을 개발하라.
c. 최적해를 구하고, 이를 바탕으로 수송계획을 제시하라.
d. 최근 버틀러 카운티 지역의 인구증가로 인해 수요가 100단위 증가할 가능성이 있다. 추가 수요를 공급하기 위해 TCU 회사는 어느 공급업체와 계약해야 할까?

4. **컨설턴트 시간 할당** 프리미어 컨설팅(Premier Consulting)은 의뢰인에게 컨설팅을 제공하는 회사이며, 현재 세 명의 컨설턴트(Avery, Baker, Campbell)가 근무하고 있다. 이 회사는 다음 4주 동안 소속 컨설턴트의 컨설팅 가능 시간을 조사하였다. 그 결과에 의하면 Avery와 Baker는 다음 4주 동안 의뢰인에게 최대 160시간 컨설팅을 할 수 있지만, Campbell은 이미 일부 업무를 수행 중이라 최대 140시간 컨설팅을 제공할 수 있다. 이 회사는 현재 4명의 의뢰인으로부터 프로젝트를 수주하였으며, 이를 다음 4주 동안 수행할 계획이다. 다음 4주 동안 각 의뢰인(A, B, C, D)의 프로젝트를 수행하는 데 소요되는 시간은 다음과 같다.

의뢰인	시간
A	180
B	75
C	100
D	85

컨설팅의 시간당 비용은 컨설턴트–의뢰인 조합에 따라 다르며, 이는 프로젝트 유형과 컨설턴트의 경험을 포함한 여러 요소에 따라 결정된다. 각 컨설턴트–의뢰인 조합의 시간당 비용($)은 다음과 같다.

컨설턴트	의뢰인			
	A	B	C	D
Avery	100	125	115	100
Baker	120	135	115	120
Campbell	155	150	140	130

a. 이 문제를 네트워크 형태로 표현하라.

b. 선형계획 모형을 작성하라. 이 회사의 청구액을 최대화하기 위해 각 컨설턴트의 시간을 각 의뢰인에게 어떻게 배정해야 하는가? 총청구액은?

c. 만일 Avery가 의뢰인 B의 프로젝트에 전혀 경험이 없어 해당 프로젝트를 수행할 수 없다고 가정하자. 이러한 경우에 각 컨설턴트의 시간을 각 의뢰인에게 어떻게 배정해야 하는가? 총청구액은?

5. **전력 분배** APG(Aggie Power Generation)는 미국의 주요 도시에 공급하는 전력회사이다. 이 회사는 원활한 전력공급을 위해 LA, 털사, 시애틀에 발전소를 보유하고 있다. 아래 표는 APG가 전력을 공급하고 있는 미국의 주요 도시와 이들 도시의 연간 전력 수요량(단위: MW, 메가와트), 세 군데의 발전소에서 주요 도시로 전력을 보낼 때의 MW당 수송비용(단위: $)을 보여주고 있다.

도시	수송비용			
	LA	털사	시애틀	수요량(MW)
시애틀	$356.25	$593.75	$59.38	950.00
포틀랜드	$356.25	$593.75	$178.13	831.25
샌프란시스코	$178.13	$475.00	$296.88	2375.00
보이시	$356.25	$475.00	$296.88	593.75
리노	$237.50	$475.00	$356.25	950.00
보즈먼	$415.63	$415.63	$296.88	593.75
래러미	$356.25	$415.63	$356.25	1187.50
파크시티	$356.25	$356.25	$475.00	712.50
플래그스태프	$178.13	$475.00	$593.75	1187.50
두랑고	$356.25	$296.88	$593.75	1543.75

a. 각 발전소에서 공급할 수 있는 전력량에 제한이 없다면 이 문제의 최적해는?

b. 세 군데 발전소 중 하나가 최대 4,000MW의 전력을 공급할 수 있다면, 이 경우의 최적해는? 이러한 제약조건이 추가될 경우의 총수송비용은 얼마나 증가하는가?

6. **제품에 기계 할당** AMC(Ace Manufacturing Company) 회사는 최근 거래처로부터 세 종류의 제품 생산을 다음과 같이 의뢰받았다.

제품	주문량(단위: 개)
A	2,000
B	500
C	1,200

AMC 회사는 현재 세 대의 기계를 보유 중이며, 이들 기계 모두는 주문받은 세 종류의 제품을 생산할 수 있다. 다만 각 기계의 특성과 주문받은 제품의 종류가 다르므로 제품의 단위당 생산비용은 서로 다르다. 아래 표는 다음 주 이용할 수 있는 기계별 생산용량과 기계별 제품의 단위당 생산비용을 표시하고 있다.

기계	생산용량 (단위: 개)
1	1500
2	1500
3	1000

기계	제품		
	A	B	C
1	$1.00	$1.20	$0.90
2	$1.30	$1.40	$1.20
3	$1.10	$1.00	$1.20

a. 이러한 상황을 수송문제 형태로 나타내고, 선형계획 모형을 작성하라.
b. 총생산비용을 최소화하는 기계별, 제품별 최적의 생산계획을 수립하라.

7. **유통망 계획** HC(Herman Company)는 제품 생산 및 배송을 전문으로 하는 회사이다. 현재 이 회사는 세 군데의 공장에서 제품을 생산하고, 이를 두 군데의 물류창고를 경유하여 최종적으로 네 군데의 고객에게 배송하고 있다. 각 공장의 생산용량, 공장에서 물류창고까지의 단위당 수송비용(단위: $)은 아래와 같다.

공장	물류창고		생산용량
	1	2	
1	4	7	450
2	8	5	600
3	5	6	380

또한, 고객별 수요량, 물류창고에서 고객까지의 단위당 수송비용(단위: $)은 아래와 같다.

물류창고	고객			
	1	2	3	4
1	6	4	8	4
2	3	6	7	7
수요량	300	300	300	400

a. 이 문제를 네트워크 형태로 표현하라.
b. 선형계획 모형을 작성하라.
c. 최적해를 구하고, 최적의 수송계획을 수립하라.

8. **유통망 계획(재논의)** 위의 연습문제 7에서 두 물류창고 사이의 수송은 단위당 $2로 가능하고, 또한 공장 3에서 고객 4로의 직접 배송은 단위당 수송비용 $7로 가능하다고 가정하자.

a. 이 문제를 네트워크 형태로 표현하라.
b. 선형계획 모형을 작성하라.
c. 최적해를 구하고, 최적의 수송계획을 수립하라.

9. **네트워크 표현** 다음 선형계획 모형은 경유수송문제를 위한 것이다.

$$
\begin{array}{ll}
\text{Min} & 11x_{13} + 12x_{14} + 10x_{21} + 8x_{34} + 10x_{35} + 11x_{42} + 9x_{45} + 12x_{52} \\
\text{s.t.} & \\
& x_{13} + x_{14} - x_{21} \leq 5 \\
& x_{21} - x_{42} - x_{52} \leq 3 \\
& x_{13} - x_{34} - x_{35} \leq 6 \\
& -x_{14} - x_{34} + x_{42} + x_{45} \leq 2 \\
& x_{35} + x_{45} - x_{52} \leq 4 \\
& x_{ij} \geq 0 \quad \text{for all } i, j
\end{array}
$$

이 문제를 네트워크 형태로 나타내라.

10. 회계사 할당 PA(Patel and Associates, Inc.)는 회계업무를 수행하는 회사이다. 이 회사는 최근 세 명의 의뢰인으로부터 회계업무 지원을 요청받았다. 이를 위해 세 명의 회계사가 세 명의 의뢰인에게 배정될 예정이다. 각 회계사의 과거 경험과 요청받은 회계업무 유형에 따라 회계사–의뢰인의 할당은 예상 완료시간이 서로 다르다. 가능한 할당과 예상 완료시간(일)은 다음과 같다.

회계사	의뢰인		
	1	2	3
Jackson	10	16	32
Ellis	14	22	40
Smith	22	24	34

a. 이 문제를 네트워크 형태로 표현하라.

b. 선형계획 모형을 작성하고 최적해를 구하라.

c. 소요되는 총시간은?

11. 강좌에 교수 배정 미국 중서부의 한 주요 대학의 경영과학 학과장은 다가오는 가을학기에 강좌를 가르칠 교수진을 배정할 예정이다. 4가지 주요 강좌는 학부, 경영학 석사(MBA), 경영과학 석사(MS), 박사(Ph.D.) 과정의 과목으로 구성되어 있다. 4명의 교수가 각 과목에 배정되며, 각 교수는 한 과목씩 담당하게 된다. 지난 봄학기까지 교수에 대한 학생평가가 이루어졌다. 다음 표는 4(최상), 3(매우 우수), 2(우수), 1(보통), 0(나쁨)의 척도 기준으로 교수별 누적 평균 점수를 나타낸다. D교수는 박사학위를 가지고 있지 않아 박사과정의 과목을 가르칠 수 없다. 만약 학과장이 학생평가 평점을 최대화하는 기준으로 4개 과목의 강좌를 4명의 교수에게 배정한다면 어떻게 하는 것이 좋을까?

교수	강좌			
	학부	MBA	MS 석사	박사
A	2.8	2.2	3.3	3.0
B	3.2	3.0	3.6	3.6
C	3.3	3.2	3.5	3.5
D	3.2	2.8	2.5	-

12. 최단 경로 찾기 아래의 네트워크 모형에서 노드 1에서 노드 7까지의 최단 경로를 찾아보라.

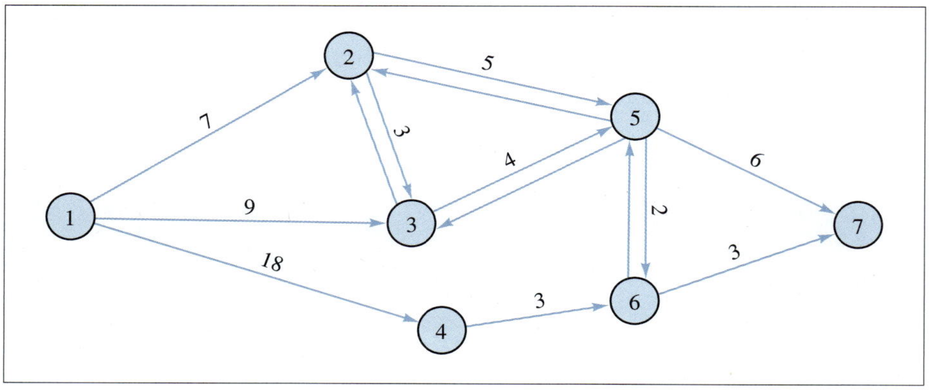

13. 트럭 경로 MTC(Morgan Trucking Company)는 시카고에서 다른 6개 도시로 특별 픽업 및 배송 서비스를 제공한다. 이 회사는 서비스 요청을 받으면 최대한 빨리 시카고에서 해당 도시로 트럭을 파견한다. MTC의 목표는 가장 빠른 배송 서비스와 그 비용을 최소화하는 것이다. 따라서 파견되는 트럭이 시카고에서 해당 도시까지 최단 경로로 이동하는 것이 중요하다. 아래 그림은 이 문제에 대한 고속도로 네트워크를 보여주고 있으며, 각 경로 위에 표시된 숫자는 거리(단위: 마일)를 의미한다. 시카고에서 노드 7까지의 최단 경로를 찾아보라.

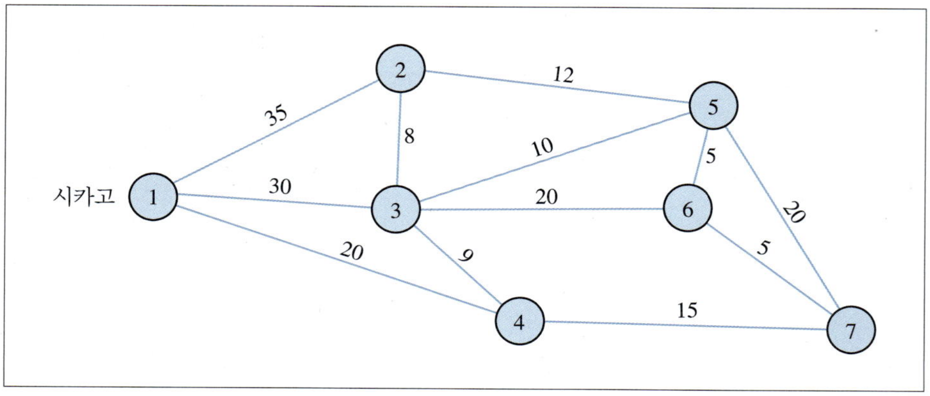

14. 고속도로 용량 계획 아래의 네트워크는 뉴욕주의 올버니시를 통과하는 남북 고속도로 시스템을 보여주고 있다. 각 경로 위의 숫자는 통행량(흐름 용량)을 의미한다. 남북 고속도로 시스템은 시간당 10,000대의 차량이 통행할 수 있을까?

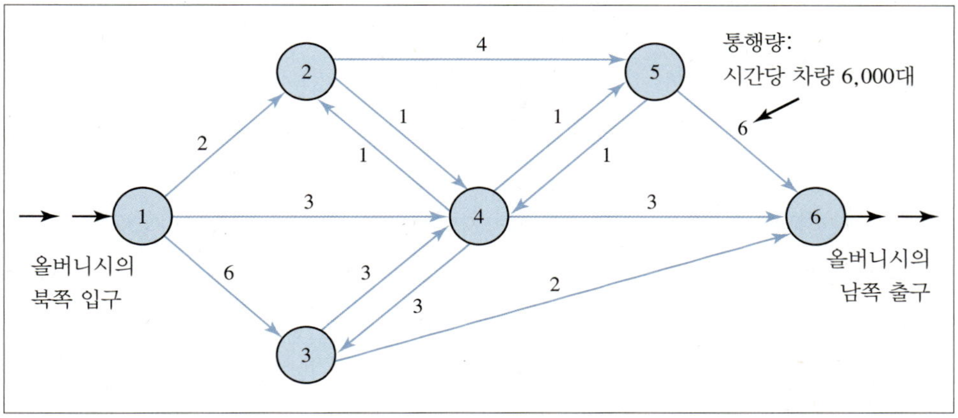

15. 고속도로 용량 계획(재논의) 위 14번 문제에 제시된 올버니시 남북 고속도로 시스템이 아래 네트워크에 표시된 대로 통행량(흐름 용량)이 변경되었다고 가정하자. 이 경우, 남북 고속도로 시스템을 통과하는 시간당 최대 통행량은 얼마인가? 또한, 이 최대 통행량이 되려면 시간당 몇 대의 차량이 각 도로(경로)를 통과해야 하는가?

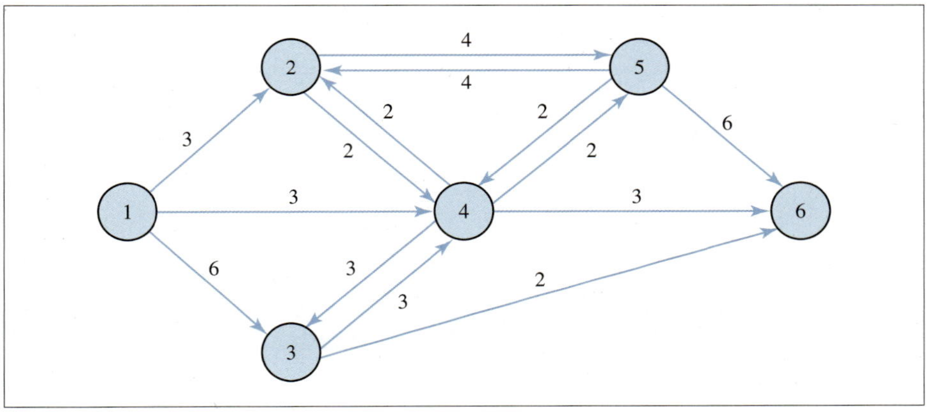

사례 문제 : 공급사슬 설계

DC(Darby Company)는 전력 소비량을 측정하는 데 사용되는 계량기를 제조하고 판매하는 기업이다. 이 회사는 엘파소(El Paso)의 소규모 생산공장으로 시작하여 점차 텍사스 전 지역으로 사업을 확대하였다. 텍사스주 포트워스(Fort Worth)에 물류센터를 설립했고, 이후 사업 확장에 따라 뉴멕시코주 산타페(Santa Fe)에 두 번째 물류센터를 설립했다.

표 5.8 생산공장에서 물류센터까지의 단위당 수송비용($)

공장	물류센터		
	포트워스	산타페	라스베이거스
엘파소	3.20	2.20	4.20
샌버너디노	—	3.90	1.20

엘파소 공장은 회사가 애리조나, 캘리포니아, 네바다, 유타 지역에 계량기 마케팅을 시작하면서 확장되었다. 이러한 서부 해안지역의 사업이 성장함에 따라 DC는 라스베이거스(Las Vegas)에 세 번째 물류센터를 열었고, 2년 전에는 캘리포니아주 샌버너디노(San Bernardino)에 두 번째 생산공장을 설립했다.

제조 비용은 회사의 생산공장마다 다르다. 엘파소 공장에서 개당 생산비용은 $10.50이다. 샌버너디노 공장은 더 새롭고 효율적인 장비를 활용하기 때문에 엘파소 공장의 생산비용보다 개당 $0.50 더 저렴하다.

이 회사의 CEO는 회사의 급속한 성장으로 인해 공급사슬의 효율성에 대해 그다지 관심을 기울이지 않았다. 하지만 DC 회사의 CEO는 이 문제를 해결해야 할 때라고 결정했다. 두 공장에서 세 물류센터로 계량기 한 개를 운송하는 데 드는 비용이 표 5.8에 나와 있다.

분기별 생산용량은 기존 엘파소 공장의 경우 30,000개, 샌버너디노 공장의 경우 20,000개이다. 샌버너디노 공장에서 포트워스 물류센터로의 배송은 허용되지 않는다.

회사는 자사 제품을 3개의 물류센터에서 9개 지역의 고객에게 판매하고 있다. 다음 분기에 각 지역의 고객에게 판매할 제품의 수요 전망은 표 5.9와 같다.

표 5.9 다음 분기의 수요 전망

고객 지역	수요예측량(단위: 계량기 개수)
댈러스	6300
샌안토니오	4880
위치토	2130
캔자스시티	1210
덴버	6120
솔트레이크시티	4830
피닉스	2750
로스앤젤레스	8580
샌디에이고	4460

표 5.10 물류센터에서 고객 지역까지의 단위당 수송비용($)

분배 센터	고객 지역								
	댈러스	샌안토니오	위치토	캔자스시티	덴버	솔트레이크시티	피닉스	로스앤젤레스	샌디에이고
포트워스	0.3	2.1	3.1	4.4	6.0	—	—	—	—
산타페	5.2	5.4	4.5	6.0	2.7	4.7	3.4	3.3	2.7
라스베이거스	—	—	—	—	5.4	3.3	2.4	2.1	2.5

각 물류센터에서 각 고객 지역까지의 단위당 수송비용은 표 5.10에 제시되어 있다. 일부 물류센터는 특정 고객 지역에 배송할 수 없다. 이는 표에서 대시(—)로 표시되어 있다.

현재 공급사슬에서 댈러스, 샌안토니오, 위치토, 캔자스시티 등의 고객 지역 수요는 포트워스 물류센터의 배송으로 충족된다. 또한, 덴버, 솔트레이크시티, 피닉스 등의 고객 지역 수요는 산타페 물류센터의 배송으로 충족된다. 그리고 로스앤젤레스와 샌디에이고의 고객 지역 수요는 라스베이거스 물류센터의 배송으로 가능하다. 각 공장에서 출하할 계량기 개수를 결정하기 위해 물류센터에서 분기별 고객 수요예측을 집계하며, 생산 공장에서 물류센터까지의 총수송비용을 최소화하기 위해 선형계획 모형을 사용할 계획이다.

경영 보고서

만일 DC 회사가 우리에게 현재와 같은 공급사슬 운영을 개선하도록 요구한다면, 우리는 아래 내용을 포함한 경영 보고서를 제시해야 한다.

1. 회사가 현재 공급사슬을 변경하지 않는 경우 다음 분기의 총수송비용은 얼마인가?
2. 회사가 물류센터 제한을 철폐하는 것을 기꺼이 고려한다고 가정하자. 즉, 각 지역의 고객은 모든 물류센터에서 제품을 제공받을 수 있다. 이럴 때 총수송비용은 줄어드는가? 그렇다면 어느 정도 줄어드는가?
3. 회사는 생산공장에서 직접 고객 수요 중 일부를 제공할 가능성을 모색하고 싶어 한다. 특히 샌버너디노에서 로스앤젤레스까지의 단위당 수송비는 $0.30, 샌버너디노에서 샌디에이고까지의 단위당 수송비는 $0.70이다. 엘파소에서 샌안토니오까지의 단위당 수송비는 $3.50이다. 이처럼 공장에서 고객으로의 직접 배송한다면, 회사는 총수송비용을 줄일 수 있는가?
4. 향후 5년 동안 DC 회사는 북부와 서부 지역에 제품 5,000개의 시장 성장이 예상된다. 당신은 DC 회사에 현재 운영 중인 공장을 확장할 것을 권유할 것인가?

A P P E N D I X

05

수송문제, 경유수송문제, 할당문제의 엑셀 해법

부록에서는 엑셀을 이용하여 수송문제, 경유수송문제, 할당문제를 해결한다. 먼저 5.1절에서 제시한 FG(Foster Generation) 회사의 수송문제에 대해 엑셀의 사용 방법을 알아보자.

수송문제

먼저 단위당 수송비용, 공급지의 공급량, 수요지의 수요량을 엑셀 워크시트 위쪽에 각각 입력한다. 그런 다음 워크시트 아래쪽에 선형계획 모형을 작성한다. 엑셀 워크시트에서 작성하는 선형계획 모형은 네 가지 중요한 요소(의사결정 변수, 목적함수, 제약조건 좌변항, 제약조건 우변항)를 가지고 있다. 의사결정 변수는 각 공급지에서 각 수요지까지 수송되는 수송량을, 목적함수는 전체 수송비용을, 제약조건 좌변항은 각 공급지에서 보내는 단위당 수송량과 각 수요지로 보내지는 단위당 수송량을, 제약조건 우변항은 각 공급지의 공급량 및 각 수요지의 수요량을 의미한다.

그림 5.22에서 FG 회사의 수송문제를 위한 입력 데이터는 화면 위쪽에, 선형계획 모형은 아래쪽에, 그리고 최적해는 화면 중앙 왼쪽에 제시되어 있다.

수식화

그림 5.22에서 입력 데이터와 사용된 각 명칭은 셀 A1:F8에 나타나 있으며, 여기서 단위당 수송비용은 셀 B5:E7, 공급지의 공급량은 셀 F5:F7, 수요지의 수요량은 셀 B8:E8에 나타나 있다. 엑셀 해 찾기를 이용하는 데 필요한 네 가지 중요한 요소는 의사결정 변수, 목적함수, 제약조건 좌변항, 제약조건 우변항이다.

의사결정 변수: 셀 B17:E19는 의사결정 변수를 위해 사용되며, 최적해는

$x_{11}=3500,\ x_{12}=1500,\ x_{22}=2500,\ x_{23}=2000,\ x_{24}=1500,$

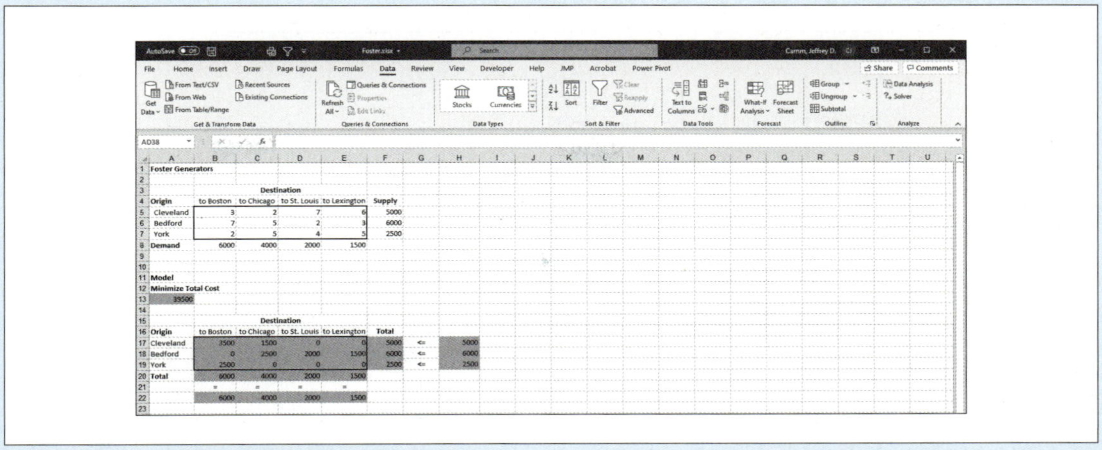

그림 5.22　FG 회사의 수송문제를 위한 엑셀 해법

$x_{41} = 2500$이다. 나머지 의사결정 변수 값은 0이며, 이 경로에서는 어떠한 수송도 이루어지지 않는다.

목적함수: 공식 = *SUMPRODUCT(B5:E7,B17:E19)*를 A13에 입력하여 최적해를 구한다. 최적해는 $39,500인 것을 알 수 있다.

제약조건 좌변항: 셀 F17:F19는 공급지 공급량 제약을 가지는 제약조건 좌변항을 의미하며, 셀 B20:E20은 수요지 수요량 제약을 가지는 제약조건 좌변항을 의미한다.

Cell F17 = *SUM*(*B17:E17*)(Copy to F18:F19)

Cell B20 = *SUM*(*B17:B19*)(Copy to C20:E20)

제약조건 우변항: 셀 H17:H19는 공급지 공급량 제약을 가지는 제약조건 우변항을 의미하며, 셀 B22:E22는 수요지 수요량 제약을 가지는 제약조건 우변항을 의미한다.

Cell H17 = *F5*(Copy to H18:H19)

Cell B22 = *B8*(Copy to C22:E22)

엑셀 해법

그림 5.22에 나타낸 최적해는 엑셀 화면 위쪽 **Data** Ribbon에서 **Analysis** Group의 **Solver**를 선택하면 구할 수 있다. 즉, 해당 메뉴의 **Solver**를 선택하면 **Solver Parameters** 대화상자가 나타나는데, 여기서 의사결정 변수와 제약조건에 해당하는 값을 입력한다. 그리고 **Simplex LP**를 선택하고, **Make Unconstrained Variables Non-Negative** 체크박스를 선택한다. 그런 다음 **Solve**를 클릭한다. 이러한 과정은 그림 5.23에 나타나 있다.

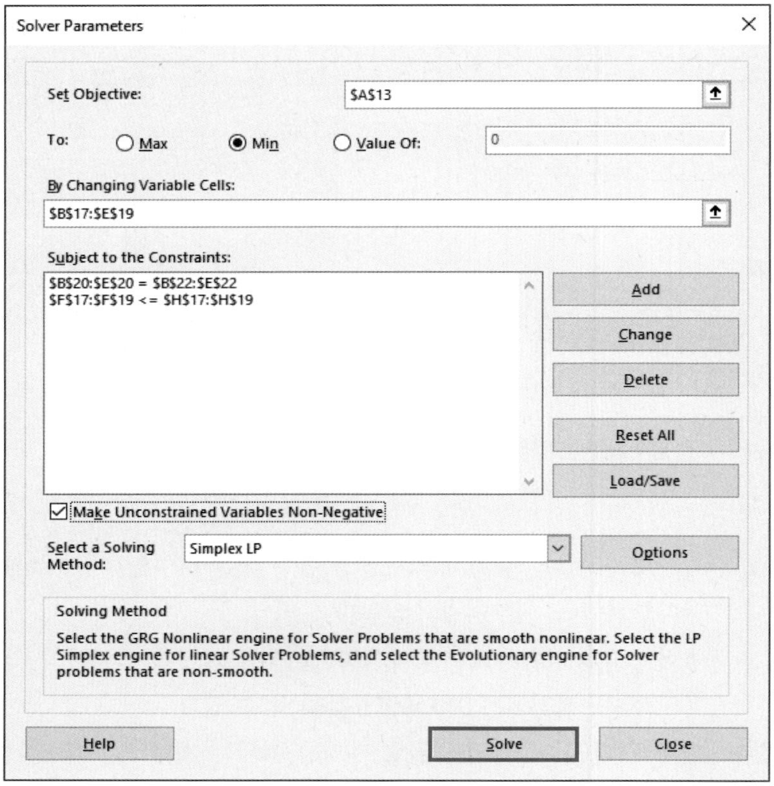

그림 5.23 FG 회사의 수송문제를 위한 엑셀의 Solver Parameters 대화상자 입력화면

경유수송문제

경유수송문제에서 제시하고자 하는 엑셀 워크시트 모형은 모든 네트워크 흐름문제(수송문제, 경유수송문제, 할당문제)에서 사용할 수 있다. 먼저 워크시트를 두 부분으로 나눈다. 한 부분에는 경로를, 다른 부분에는 노드를 표시한다. RE(Ryan Electronics) 회사의 경유수송문제를 이용해 엑셀 입력 화면을 구성하고 최적해를 구해보자. 그림 5.24에는 이러한 단계적인 적용 절차가 나타나 있다.

수식화

경로를 나타내는 부분은 셀 A4:C16에 제시되어 있다. 즉, 각 경로는 셀 A5:A16, 각 경로 단위당 비용은 셀 B5:B16에 나타나 있다. 셀 C5:C16은 의사결정 변수의 할당 값(즉, 각 경로로 보내지는 수송량)을 의미한다.

노드를 나타내는 부분은 셀 F5:K14에 제시되어 있다. 각 노드는 셀 F7:F14, 다음의 공식은 셀 G7:H14에 각각 입력되며, 단위당 수송량을 의미한다.

	A	B	C	D	E	F	G	H	I	J	K
1	**Ryan Electronics Transshipment**										
2											
3											
4	**Arc**	**Cost**									
5	Denver - Kansas City	2	550				**Units Shipped**		**Net**		
6	Denver - Louisville	3	50			**Node**	In	Out	**Shipments**		**Supply**
7	Atlanta - Kansas City	3	0			Denver		600	600	<=	600
8	Atlanta - Louisville	1	400			Atlanta		400	400	<=	400
9	Kansas City - Detroit	2	200			Kansas City	550	550	0	=	0
10	Kansas City - Miami	6	0			Louisville	450	450	0	=	0
11	Kansas City - Dallas	3	350			Detroit	200		-200	=	-200
12	Kansas City - New Orleans	6	0			Miami	150		-150	=	-150
13	Louisville - Detroit	4	0			Dallas	350		-350	=	-350
14	Louisville - Miami	4	150			New Orleans	300		-300	=	-300
15	Louisville - Dallas	6	0								
16	Louisville - New Orleans	5	300								
17											
18						**Minimize Total Cost**	5200				

그림 5.24 RE 회사의 경유수송문제를 위한 엑셀 해법

각 경유지와 수요지로 보내지는 수송량:

$$\text{Cell G9} = C5+C7$$

$$\text{Cell G10} = C6+C8$$

$$\text{Cell G11} = C9+C13$$

$$\text{Cell G12} = C10+C14$$

$$\text{Cell G13} = C11+C15$$

$$\text{Cell G14} = C12+C16$$

각 공급지와 경유지로부터 공급받는 수송량:

$$\text{Cell H7} = SUM(C5:C6)$$

$$\text{Cell H8} = SUM(C7:C8)$$

$$\text{Cell H9} = SUM(C9:C12)$$

$$\text{Cell H10} = SUM(C13:C16)$$

셀 I7:I14에 나타나 있는 순수 수송량은 해당 노드에서 공급하는 수송량에서 해당 노드로 공급되는 수송량을 빼준 값이다. 즉, 공급지(공장) 노드의 경우, 해당 노드에서 공급하는 수송량이 해당 노드로 공급되는 수송량보다 많으므로 그 결과는 + 값이다. 반면에, 수요지 노드의 경우 해당 노드에서 공급하는 수송량이 해당 노드로 공급되는 수송량보다 적으므로 그 결과는 − 값이다. 순수공급량은 K7:K14에 나타나 있다.

의사결정 변수: 셀 C5:C16은 의사결정 변수를 위해 사용되며, 각 경로로 수송되는 최적 수송량이 보여지고 있다.

목적함수: 공식 = *SUMPRODUCT*(*B5:B16, C5:C16*)을 G18에 입력하여 최적해를 구한다. 최적해는 $5,200인 것을 알 수 있다.

제약조건 좌변항: 제약조건 좌변항은 각 노드의 순수 수송량을 나타내고 있으며, 셀 I7:I14는 이러한 제약조건을 위해 사용된다.

Cell I7 = *H7-G7*(Copy to I8:I14)

제약조건 우변항: 제약조건 우변항은 각 노드의 공급량을 나타내고 있으며, 셀 K7:K14는 이러한 제약조건을 위해 사용된다[네 개의 수요지 노드에서 −(마이너스) 공급량이 나타난 것에 주의하라].

엑셀 해법

그림 5.24에 나타낸 최적해는 엑셀 화면 위쪽 **Data** Ribbon에서 **Analysis** Group의 **Solver**를 선택하면 구할 수 있다. 즉, 해당 메뉴의 **Solver**를 선택하면 **Solver Parameters** 대화상자가 나타나는데, 여기서 제약조건과 목적함수의 값을 입력한다. 그리고 **Simplex LP**

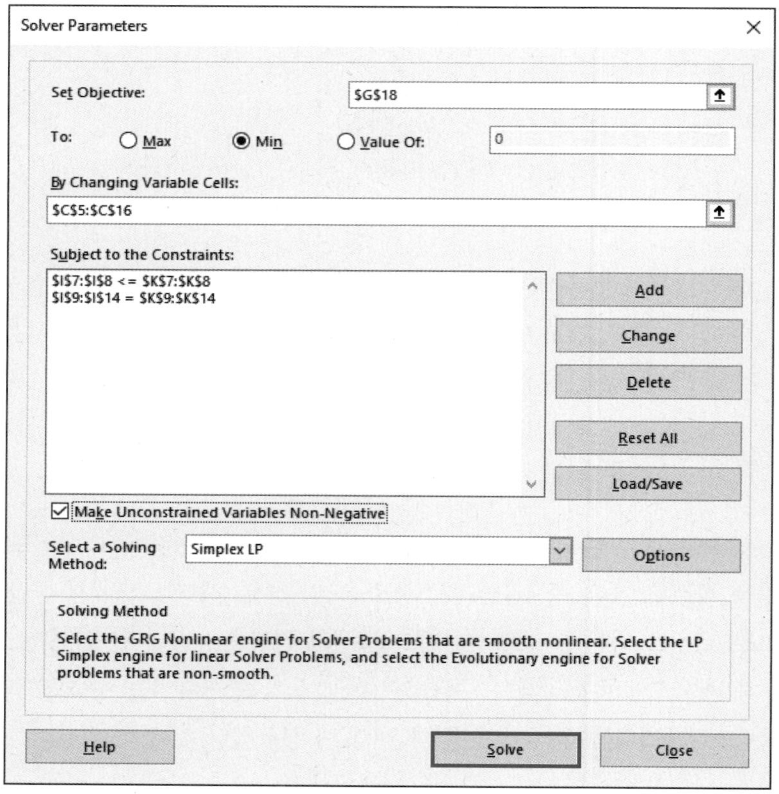

그림 5.25 RE 회사의 경유수송문제를 위한 엑셀의 Solver Parameters 대화상자 입력화면

를 선택하고, **Make Unconstrained Variables Non-Negative** 체크박스를 선택한다. 그런 다음 **Solve**를 클릭한다. 이러한 과정은 그림 5.25에 나타나 있다.

할당문제

먼저 엑셀 워크시트의 위쪽 부분에 할당 비용에 관한 데이터를 입력한다. 할당문제가 수송문제의 특수한 경우라고 이미 알고 있지만, 실제 입력 시 공급지의 공급량과 수요지의 수요량은 입력하지 않는다. 왜냐하면 공급지의 공급량과 수요지의 수요량은 항상 1이기 때문이다.

선형계획 모형은 해당 워크시트의 아래쪽에 제시되어 있다. 엑셀 워크시트에서 작성하는 선형계획 모형은 네 가지 중요한 요소(의사결정 변수, 목적함수, 제약조건 좌변항, 제약조건 우변항)를 가지고 있다. 할당문제에서 사용되는 의사결정 변수는 작업자가 작업에 배정되면 1을 가지고, 그렇지 않으면 0을 가지게 된다. 목적함수는 총할당비용을 최소화하는 것이고, 제약조건 좌변항은 각 작업자에게 할당되는 작업의 수, 각 작업에 할당되는 작업자의 수를 나타낸다. 제약조건 우변항은 각 작업자가 처리할 수 있는 작업의 수, 각 작업에 필요한 작업자의 수를 나타낸다. 그림 5.26에서 FMR(Fowle Marketing Research) 회사의 할당문제를 위한 엑셀 워크시트 입력화면 및 최적해를 보여주고 있다.

	A	B	C	D	E	F	G
1	**Fowle Marketing Research**						
2							
3			**Client**				
4	**Project Leader**	1	2	3			
5	Terry	10	15	9			
6	Carle	9	18	5			
7	McClymonds	6	14	3			
8							
9							
10	**Model**						
11							
12	**Minimize Completion Time**		26				
13							
14							
15	**Project Leader**	to Client 1	to Client 2	to Client 3	**Total**		
16	Terry	0	1	0	1	<=	1
17	Carle	0	0	1	1	<=	1
18	McClymonds	1	0	0	1	<=	1
19	**Total**	1	1	1			
20		=	=	=			
21		1	1	1			

그림 5.26 FMR 회사의 할당문제를 위한 엑셀 해법

수식화

프로젝트 책임자와 의뢰인의 정보 및 입력 데이터는 셀 A3:D7에 제시되어 있다. 여기서 주의할 것은 공급량과 수요량은 표시되어 있지 않다. 왜냐하면 할당문제에서 할당되는 경우는 항상 1이기 때문이다. 적용방법은 워크시트 아래쪽에 나타나 있다.

의사결정 변수: 셀 B16:D18은 의사결정 변수를 위해 사용되며, 최적할당은 $x_{12}=1$, $x_{23}=1$, $x_{31}=1$, 나머지 의사결정 변수는 모두 값이 0이다.

목적함수: 공식 =*SUMPRODUCT(B5:D7,B16:D18)*을 C12에 입력하여 최적해를 구한다. 최적해는 26인 것을 알 수 있다.

제약조건 좌변항: 제약조건 좌변항은 각 프로젝트 책임자가 처리할 수 있는 의뢰인의 수를 나타내고 있으며, 셀 E16:E18은 이러한 제약조건을 위해 사용된다. 셀 B19:D19는 각 의뢰인에게는 반드시 프로젝트 책임자가 배정되어야 한다는 제약을 나타낸다.

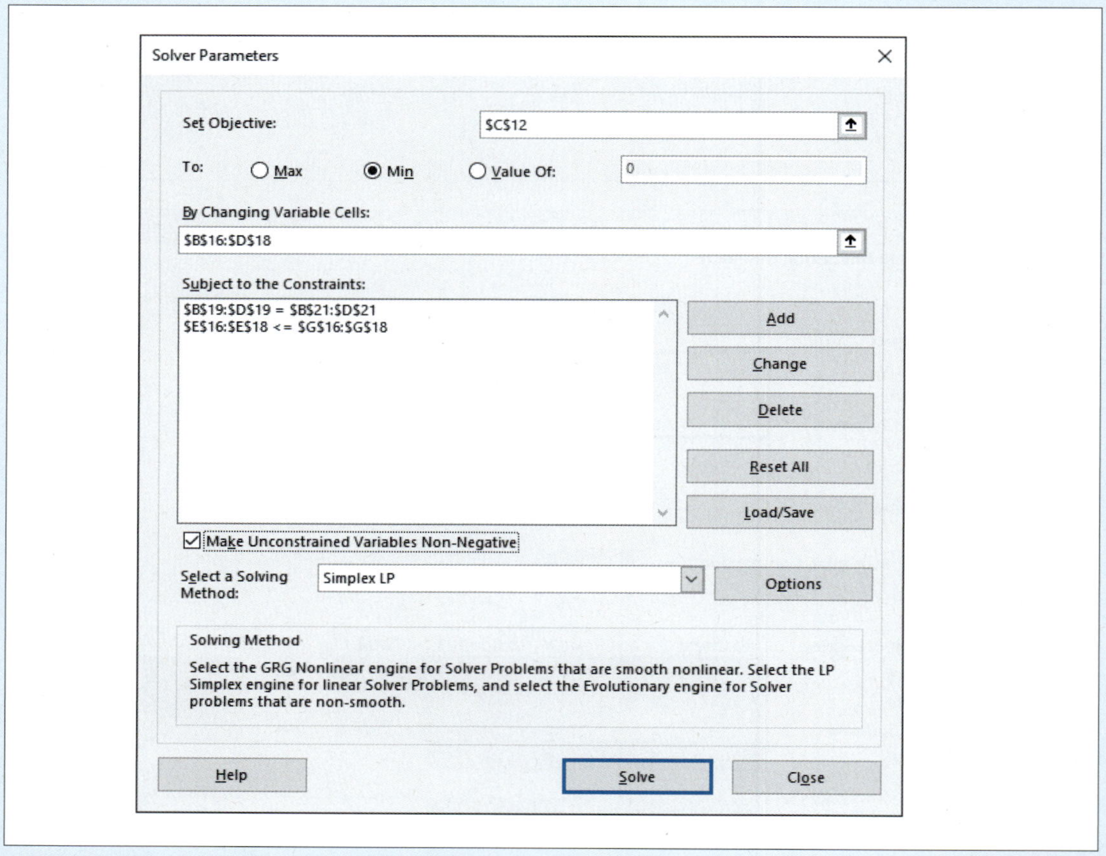

그림 5.27 FMR 회사의 할당문제를 위한 엑셀의 Solver Parameters 대화상자 입력화면

Cell E16 = *SUM(B16:D16)*(Copy to E17:E18)

Cell B19 = *SUM(B16:B18)*(Copy to C19:D19)

제약조건 우변항: 셀 G16:G18은 프로젝트 책임자를 위한 제약조건을 나타내고 있으며, 셀 B21:D21는 각 의뢰인에 대한 제약조건을 나타내고 있다. 제약조건 우변항의 상수 값은 전부 1이다.

엑셀 해법

그림 5.26에서 보여지는 최적해는 엑셀 화면 위쪽 **Data** Ribbon에서 **Analysis** Group의 **Solver**를 선택하면 구할 수 있다. 즉, 해당 메뉴의 **Solver**를 선택하면 **Solver Parameters** 대화상자가 나타나는데, 여기서 제약조건과 목적함수의 값을 입력한다. 그리고 **Simplex LP**를 선택하고, **Make Unconstrained Variables Non-Negative** 체크박스를 선택한다. 그런 다음 **Solve** 버튼을 클릭한다. 이러한 과정은 그림 5.27에 나타나 있다.

C H A P T E R 06

정수계획법

학습 목표

이 장을 마치면 아래 내용을 이해할 수 있다.

1. 순수 정수계획법, 혼합 정수계획법, 0-1 정수계획법을 이해한다.
2. 그래프 해법을 사용하여 정수계획법의 2차원 문제를 해결한다.
3. 그래프 해법을 사용하여 정수 변수를 포함한 LP 완화의 문제를 해결한다.
4. 순수 정수계획법을 수식화하고, 그 해를 구하기 위해 컴퓨터 소프트웨어를 사용한다.
5. 혼합 정수계획법을 수식화하고, 그 해를 구하기 위해 컴퓨터 소프트웨어를 사용한다.
6. 0-1 정수계획법을 수식화하고, 그 해를 구하기 위해 컴퓨터 소프트웨어를 사용한다.
7. 0-1 정수계획법의 특수한 경우인 다중선택 제약조건, *n*개의 프로젝트 중에 *k*개의 프로젝트 선택, 조건부 제약조건 등의 문제를 수식화하고, 그 해를 구하기 위해 컴퓨터 소프트웨어를 사용한다.
8. 정수계획법의 민감도 분석을 위해 컴퓨터 소프트웨어를 사용한다.

이 장은 하나 혹은 둘 이상의 변수가 정숫값을 갖는 선형계획법의 유형을 살펴볼 것이다. 이런 유형을 **정수계획법**(integer linear program)이라 한다. 모든 변수가 정숫값을 가져야 한다면 이를 순수 정수계획법(all-integer linear program)이라 하고, 변수 중에서 일부 변수만 정숫값을 가져야 한다면 이를 혼합 정수계획법(mixed-integer linear program)이라 한다. 정수계획법 중에서 하나 혹은 둘 이상의 변수가 0 혹은 1의 값을 갖는 경우, 이러한 변수를 0-1 변수 혹은 **이진 변수**(binary variable)라 부른다. 모든 변수가 0-1 값을 가져야 한다면, 이를 0-1 정수계획법이라 한다.

정수 변수, 특히 0-1 변수는 상당한 모형 신축성을 제공한다. 결과적으로 선형계획법의 방법으로 해결할 수 있는 응용 분야가 늘어난다. 예를 들어, '경영과학의 실행'의 '해상풍력발전 단지의 설계 최적화'에서는 에너지 회사인 바텐팔(Vattenfall) 회사가 정수계획법을 사용하여 해상풍력발전 단지를 설계하는 방법을 소개한다.

이 장의 목적은 실제 응용 분야에 사용되는 정수계획법을 살펴보는 것이다. 이를 위해 여러 유형의 정수계획법을 살펴본다. 그런 다음, 순수 정수계획 문제의 수식화, 그래프 해법, 컴퓨터 해법을 알아본다. 6.3절에서는 0-1 정수계획법의 다섯 가지 응용 분야(자본

경영과학의 실행 해상풍력발전 단지의 설계 최적화*

유럽 에너지 회사인 바텐팔(Vattenfall)은 스웨덴, 독일, 네덜란드, 덴마크, 영국에서 전기를 생산한다. 바텐팔은 세계에서 두 번째로 큰 해상풍력발전 개발업체로 약 20,000명의 직원을 보유하고 있으며 매년 풍력발전 단지에 약 15억 유로를 투자하고 있다.

바텐팔은 경영과학 기법을 사용하여 해상풍력발전 단지를 최적으로 설계하고 있다. 해상풍력발전 단지 설계는 터빈의 배치와 케이블망의 배치라는 두 가지 주요 단계로 이루어진다. 전자는 바람을 포착하여 이를 에너지로 전환하는 터빈들의 배치이며, 후자는 터빈과 해양 변전소(터빈에서 수집된 에너지를 주요 에너지 그리드로 전송) 사이를 연결하는 케이블망 배치이다.

터빈 배치의 설계문제는 터빈들이 서로의 충돌로 인해 에너지 생산량을 낮출 수 있으므로 생산성 측면에서 매우 중요하다. '후류 효과(wake effect)'라고 불리는 충돌은 하나의 터빈이 공기 흐름을 변경하여 다른 하류 터빈의 바람의 힘을 감소시킬 때 발생한다. 후류 효과에 대한 수식화는 복잡한 수학 방정식을 포함하지만, 바텐팔은 혼합 정수계획법의 최적화 모델을 사용하여 터빈 위치를 선택하고 있다. 일반적 문제는 보통 20,000개의 0-1 정수 변수(터빈 배치의 선택)를 포함한다. 바텐팔은 이 배치 문제를 해결하기 위해 상업용 최적화 소프트웨어를 사용한다.

케이블망 배치 문제는 터빈 배치가 결정된 후에 다루어진다. 해상 변전소의 위치는 외부 기관의 풍력발전 단지 계획에 따라 정해진다. 케이블망 배치의 최적화 문제는 생성된 전기를 전송하기 위해 터빈과 해상 변전소 사이를 어떻게 연결할지 결정하는 것이다. 바텐팔은 이 배치 문제를 해결하기 위해 터빈들 사이의 연결을 나타내는 이진 변수와 에너지 흐름을 나타내는 연속 변수로 구성된 비용 최소화의 혼합 정수계획법을 사용한다.

해상풍력발전 단지를 설계하기 위해 사용된 최적화 모형은 매우 효과적이었다. 바텐팔은 이 모형의 사용으로 매출 증가와 비용 감소를 동시에 취함으로써 풍력발전 단지당 연간 약 1,000만 유로의 순이익을 창출했다.

*출처 M. Fischetti et al., "Vattenfall Optimizes Offshore Wind Farm Design," *Informs Journal on Applied Analytics*, Vol. 50, No. 1, January-February 2020, pp. 80-94.

예산 문제, 고정비 문제, 수송시스템의 설계문제, 은행 입지 문제, 시장점유율의 최대화 문제)를 살펴본다. 그리고 6.4절에서는 0-1 정수계획법의 모형 신축성을 추가로 설명한다. 이 장의 부록에는 정수계획법의 문제해결을 위한 엑셀 이용 방법이 제시되어 있다.

정수계획법이 제공하는 모형 신축성의 반대급부는 우리가 그 문제를 풀기 어렵다는 점이다. 수천 개의 연속 변수를 가진 선형계획법 문제는 여러 종류의 상업용 소프트웨어를 이용하여 풀 수 있다. 하지만 100개 미만의 정수 변수를 가진 순수 정수계획법의 문제는 풀기가 상당히 어렵다. 경험이 풍부한 경영과학자는 여러 유형의 정수계획법 문제를 쉽고 합리적으로 풀 수 있도록 도움을 줄 수 있다. 또한 LINGO, CPLEX, Gurobi, FICO Xpress 등과 같은 상업용 소프트웨어 패키지는 다양한 정수계획법 문제를 해결할 수 있는 능력을 제공한다.

유의사항

1. 정수계획법의 풀이 과정이 선형계획법의 풀이 과정보다 다소 어렵다. 선형계획법의 해를 단순히 반올림하는 것이 타당하다면 정수계획법을 이용하여 해를 구할 필요가 없다. 이전 장에서 다루었던 선형계획법의 많은 문제는 단순히 반올림(rounding)해도 목적함수의 결과에 큰 영향을 미치지 않을뿐더러 보통 그 실행 가능성에 영향을 미치지 않는다. 그러나 제트 엔진의 수를 얼마나 생산할 것인가와 같은 의사결정 문제의 경우, 해를 단순히 반올림한 결과는 큰 경제적 영향을 미친다. 이러한 문제를 다룰 때는 정수계획법을 사용해야 한다.
2. 어떤 선형계획 문제는 정숫값을 요구하는 특수한 형태로 되어 있다. 5장의 할당문제, 수송문제, 경유수송문제 등이 이러한 유형이다. 만약 수송문제와 경유수송문제에서 수요와 공급이 정숫값을 가져야 한다면, 선형계획법의 최적해는 정수로 표기된 수송량이 될 것이다. 할당문제의 경우는 선형계획법의 최적해가 0과 1로 구성된다. 따라서 이러한 특수한 형태의 선형계획법 최적해는 당연히 정숫값을 갖는다.

6.1 정수계획법의 유형

앞에서 배운 선형계획법의 문제와 비교하여 이 장에서 배울 문제의 주요 차이점은 하나 이상의 변수가 정숫값을 가져야 한다는 점이다. 모든 변수가 정숫값을 가져야 한다면, 이를 **순수 정수계획법**(all-integer linear program)이라고 부른다. 다음은 2개의 변수로 구성된 순수 정수계획 모형이다.

$$
\begin{aligned}
\text{Max} \quad & 2x_1 + 3x_2 \\
\text{s.t.} \quad & \\
& 3x_1 + 3x_2 \le 12 \\
& \tfrac{2}{3}x_1 + 1x_2 \le 4 \\
& 1x_1 + 2x_2 \le 6 \\
& x_1, x_2 \ge 0 \text{ 그리고 정수}
\end{aligned}
$$

마지막 줄에 제시된 '그리고 정수'라는 표현이 없다면, 우리는 이 모형이 2개의 변수로 구성된 선형계획 모형임을 알 수 있다. 정수 조건이 없는 선형계획법을 정수계획법의 **LP 완화**(LP relaxation)라고 부른다.

만약 몇몇 변수만 정숫값을 가져야 한다면, 이를 **혼합 정수계획법**(mixed-integer linear)이라고 부른다. 다음은 2개의 변수로 구성된 혼합 정수계획 모형이다.

$$
\begin{aligned}
\text{Max} \quad & 3x_1 + 4x_2 \\
\text{s.t.} \quad & \\
& -1x_1 + 2x_2 \le 8 \\
& 1x_1 + 2x_2 \le 12 \\
& 2x_1 + 1x_2 \le 16 \\
& x_1, x_2 \ge 0 \text{ 그리고 } x_2\text{는 정수}
\end{aligned}
$$

어떤 경우에 정수 변수는 단지 0 혹은 1의 값을 취한다. 이런 경우에 이를 **0-1 정수계획법**(0-1 linear integer program)이라 부른다. 이 장의 후반부에서 살펴보겠지만, 0-1 정수계획법은 추가적인 모형 신축성을 제공한다.

6.2 순수 정수계획법의 그래프 해법과 컴퓨터 해법

이스트본 리얼티(Eastborne Realty)는 부동산을 매입할 수 있는 $2,000,000를 가지고 있다. 첫 심사를 통해, 이 회사는 타운하우스와 아파트 건물을 투자 대안으로 삼았다. 각 타운하우스의 매입비용은 $282,000이며, 총 5채를 살 수 있다. 각 아파트 건물의 매입비용은 $400,000이며, 이 회사가 원하는 만큼 매입할 수 있다.

이스트본 관리자는 이러한 투자 대안의 분석을 위해 한 달에 최대 140시간까지 사용할 수 있다. 조사에 따르면, 각 타운하우스는 한 달에 4시간이 요구되고, 각 아파트 건물은 한 달에 40시간이 필요하다. 대출금 상환과 운영 비용을 공제한 후에 이스트본에 들어오는 현금은 매년 각 타운하우스당 $10,000 그리고 아파트 건물당 $15,000가 될 것으로 예상한다. 이스트본의 소유주는 연간 현금흐름을 최대화하기 위하여 매입해야 할 타운하우스와 아파트 건물의 수를 결정하고 싶어 한다.

의사결정 변수를 다음과 같이 정의한다.

$$T = \text{매입할 타운하우스의 수}$$
$$A = \text{매입할 아파트 건물의 수}$$

현금흐름(단위: $1,000)을 위한 목적함수는 다음과 같다.

$$\text{Max} \quad 10T + 15A$$

세 가지 제약조건이 충족되어야 한다.

$$\begin{aligned} 282T + 400A &\le 2000 && \text{가용 자금(단위: \$1,000)} \\ 4T + \ \ 40A &\le \ \ 140 && \text{관리자의 시간} \\ T \qquad\quad &\le \qquad 5 && \text{매입 가능한 타운하우스 수} \end{aligned}$$

T와 A 변수는 음수여서는 안 된다. 그리고 타운하우스와 아파트 건물을 분수로 매입할 수 없다. 그러므로 T와 A는 정수여야 한다. 이스트본 리얼티의 문제는 순수 정수계획 모형으로 다음과 같이 표현할 수 있다.

$$\begin{aligned} &\text{Max} \quad 10T + 15A \\ &\text{s.t.} \\ &\qquad 282T + 400A \le 2000 \\ &\qquad\quad 4T + \ \ 40A \le 140 \\ &\qquad\quad T \qquad\quad\ \ \le 5 \\ &\qquad\qquad\quad T, A \ge 0 \quad \text{그리고 정수} \end{aligned}$$

LP 완화의 그래프 해법

이스트본 리얼티 문제를 T와 A의 정수 조건을 무시하고 LP 완화로 풀어보자. 2장에서 설명한 그래프 해법의 절차를 따르면, 선형계획법의 최적해를 그림 6.1처럼 구할 수 있다. 그 최적해는 $T = 2.479$ 타운하우스와 $A = 3.252$ 아파트 건물이다. 이때의 목적함수 값은 73.574이며, 이는 $73,574의 현금이 매년 들어온다는 의미이다. 불행하게도, 이스트본 리얼티는 타운하우스와 아파트 건물을 분수로 매입할 수 없다. 따라서 더 많은 분석이 필요한 상황이다.

정수해를 구하기 위한 반올림법

많은 경우에, 비정수해를 반올림법을 이용하여 정수해로 만들 수 있다. 예를 들어, 어떤 생산일정 문제를 위한 선형계획법의 최적해는 아침식사용 시리얼을 15,132.4상자 만들 것을 요구한다. 반올림법을 이용하여 소수점의 뒷자리를 버린 15,132상자를 생산하면, 이것은 실행가능해가 되며 목적함수 값에 최소한의 영향을 미친다. 반올림법은 어느 정도 합리적인 접근방식이다. 반올림법이 목적함수와 제약조건에 최소한의 영향을 미친다면, 관리자는 이 방법을 대부분 수용할 것이다. 최적해의 근사치를 받아들일 수 있기 때문이다.

하지만 반올림법은 항상 좋은 접근방식은 아니다. 의사결정 변수가 작은 수의 값을 취하지만, 그 값이 목적함수나 실행 가능성에 지대한 영향을 미친다면 최적의 정수해를 구해야 한다. 이스트본 리얼티 문제로 되돌아가 반올림법의 영향을 살펴보자. LP 완화의

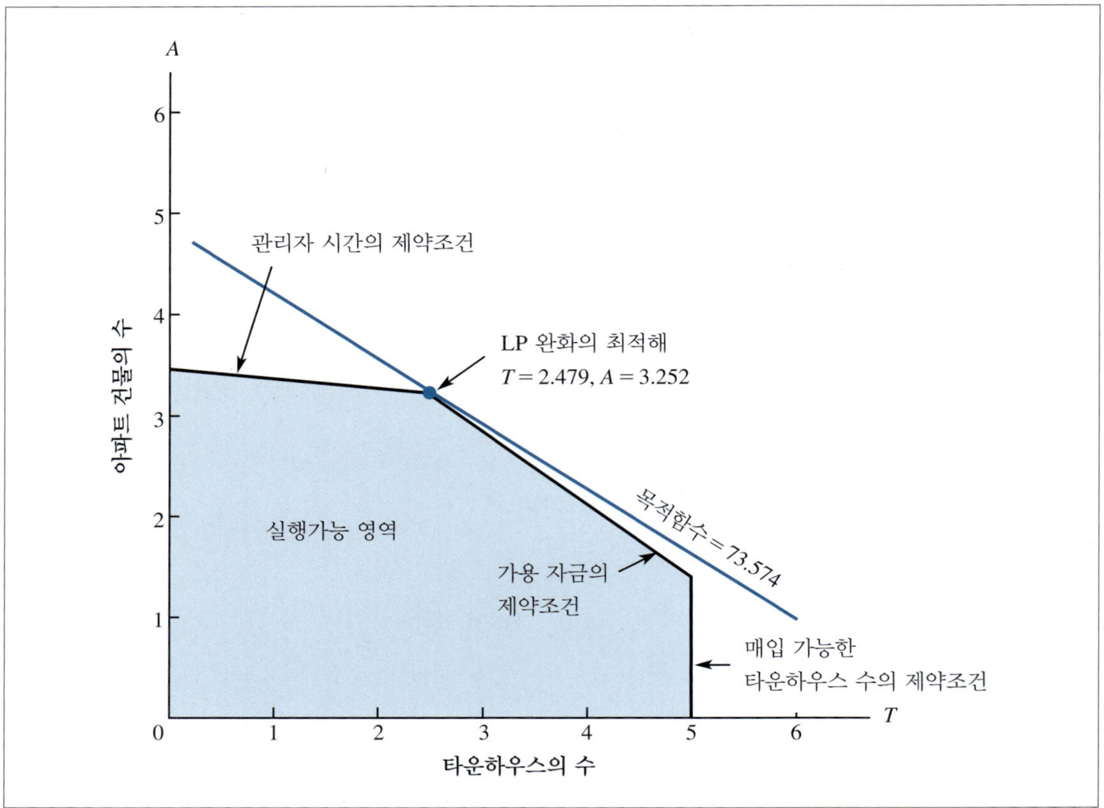

그림 6.1 이스트본 리얼티 문제의 LP 완화에 대한 그래프 해법

최적해는 $T = 2.479$ 타운하우스와 $A = 3.252$ 아파트 건물이었다. 각 타운하우스의 매입비용이 \$282,000이고, 각 아파트 건물의 매입비용이 \$400,000이므로 반올림법에 의해 구한 정수해는 큰 경제적 영향을 미칠 것이다.

LP 완화의 최적해를 반올림법을 이용하여 $T = 2$와 $A = 3$의 정수해를 구했다고 가정해 보자. 이때의 목적함수 값은 $10(2) + 15(3) = 65$가 된다. 이러한 \$65,000의 현금은 LP 완화의 최적해로 구한 \$73,574의 현금보다 상당히 적다. 반올림법의 다른 가능성은? 다른 가능성을 살펴보면, $T = 3$과 $A = 3$의 정수해는 이스트본 리얼티의 가용 자금 \$2,000,000를 초과하므로 실행 가능하지 않다. 또한, $T = 2$와 $A = 4$의 정수해도 동일한 이유로 인해 실행 가능하지 않다. 현시점에서, 반올림법은 실행 가능한 최상의 정수해로 2개의 타운하우스와 3개의 아파트 건물을 이끌며 매년 \$65,000의 현금을 벌게 한다. 아쉽게도, 우리는 이 해가 최상의 정수해인지 알지 못한다.

> 만약 변수가 비음수의 값을 가지면서 적거나 같은(≤) 제약조건으로 구성된 문제라면, 그 해의 반내림(rounding down)은 항상 실행 가능한 정수해가 된다.

정수해를 구하기 위한 반올림법은 시행착오(trial-and-error) 접근방식이다. 각 반올림 값은 목적함수 값에 미치는 영향뿐만 아니라 그 실행 가능성을 평가받아야 한다. 반올림

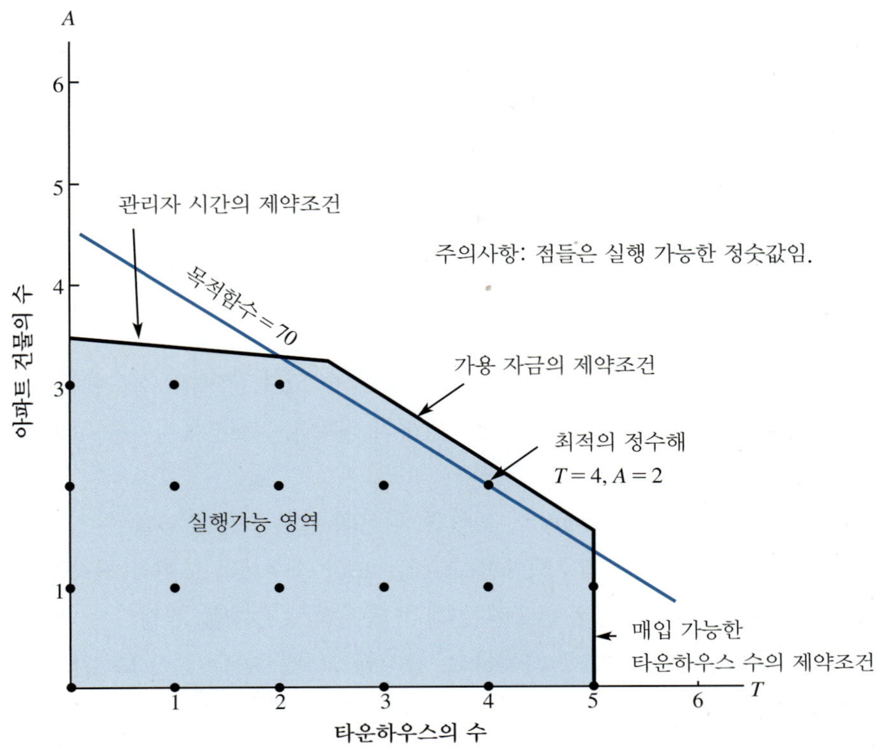

그림 6.2 이스트본 리얼티의 정수 문제를 위한 그래프 해법

값이 실행 가능하다 하더라도, 그 값이 최적의 정수해인지 장담할 수가 없다. 우리는 반올림법에 의해 구한 값($T = 2$와 $A = 3$)이 최적해가 아님을 곧 보게 될 것이다.

순수 정수계획 문제의 그래프 해법

그림 6.2는 이스트본 리얼티의 정수계획 모형 문제를 푸는 데 필요한 선형계획법의 그래프 해법 절차의 변화를 보여준다. 우선, 실행 가능한 영역을 LP 완화에서처럼 똑같이 그린다. 그다음에, 최적해가 정수해여야 하므로 그림 6.2의 점들처럼 실행 가능한 정숫값을 표기한다. 마지막으로, 목적함수의 직선을 실행 가능한 영역의 가장 좋은 극점(extreme point)으로 이동하는 대신, 그 직선을 향상시키는 방향으로 움직여 목적함수의 값을 가장 좋게 만드는 점에 도달할 때까지 이동시킨다. 그림 6.2와 같이, 최적의 정수해는 $T = 4$ 타운하우스와 $A = 2$ 아파트 건물이며, 이때의 목적함수 값은 $10(4) + 15(2) = 70$으로 연간 $70,000의 현금흐름을 제공한다. 이러한 해는 반올림법에 의해 구한 해(즉, $T = 2$, $A = 3$, $65,000의 연간 현금흐름)보다 상당히 좋은 결과를 보여준다. 그러므로 반올림법이 이스트본 리얼티에 가장 좋은 방법이 아니라는 것을 알 수 있다.

경계 설정을 위한 LP 완화의 활용

우리는 이스트본 리얼티 문제의 분석으로부터 중요한 사실을 얻을 수 있다. 그것은 LP 완화의 최적해와 최적 정수해의 관계와 연관이 있다.

> 정수계획법의 최대화 모형인 경우, LP 완화의 최적해는 최적 정수해의 상한 경곗값(upper bound)을 제공한다. 반면, 정수계획법의 최소화 모형인 경우, LP 완화의 최적해는 최적 정수해의 하한 경곗값(lower bound)을 제공한다.

위 사실은 이스트본 리얼티 문제에도 적용할 수 있다. 최적의 정수해는 $70,000이고, LP 완화의 최적해는 $73,574이다. LP 완화의 최적해로부터 목적함수 값의 상한 경곗값이 $73,574임을 알 수 있다.

경계 특성(bounding property)에 의하면, 다음과 같은 결론을 얻을 수 있다. 만약 LP 완화의 최적해가 우연히도 정수해라면 그 해는 또한 정수계획 모형의 최적해가 된다는 것이다. 그리고 이러한 특성은 반올림한 해가 '충분히 좋은지'를 결정하는 데 도움을 준다. 즉, 만약 반올림한 해가 실행 가능하고, 동시에 그 목적함수 값이 LP 완화의 해에 의한 목적함수 값과 거의 같다면, 그 반올림한 해가 거의 최적의 정수해가 된다는 사실을 알 수 있다. 이 경우에는 정수계획법을 사용하여 문제를 풀 필요가 없다.

컴퓨터 해법

T와 A가 정수라는 조건만 명시하면, 그림 6.3처럼 최적의 정수해를 구한다. $T=4$ 타운하우스와 $A=2$ 아파트 건물을 가리키는 최적해는 최대 $70,000의 연간 수익을 가져온다. 여유변수 값은 사용하지 않은 가용 자금은 $72,000, 사용하지 않은 관리자의 시간은 44

```
        Optimal Objective Value = 70.00000

            Variable                  Value
         --------------         ---------------
                T                      4.00000
                A                      2.00000

           Constraint              Slack/Surplus
         --------------         ---------------
                1                     72.00000
                2                     44.00000
                3                      1.00000
```

그림 6.3 이스트본 리얼티 문제의 최적해

시간, 그리고 매입할 수 있는 타운하우스 중 매입하지 않는 타운하우스는 1채임을 알려준다.

유의사항

이 장에서 다루는 정수계획법의 컴퓨터 결과물은 감소비용(reduced costs), 쌍대 값(dual value), 민감도 범위를 제시하지 않는다. 그 이유는 이러한 숫자들이 정수계획법에서 별 의미가 없기 때문이다.

6.3 0-1 정수계획법의 활용

정수계획법의 모형 신축성(modeling flexibility)은 0-1 정수계획법의 활용에 주로 기인한다. 대부분 분야에서 0-1 변수는 어떤 활동이 취해지면 1의 값을 갖고, 취해지지 않으면 0의 값을 갖는다. 이 절에서 다루는 자본예산, 고정비, 수송시스템 설계, 은행 입지, 제품 설계와 시장점유율 등은 0-1 정수계획법을 활용한다.

자본예산

아이스-콜드 리프리지레이터 컴퍼니(Ice-Cold Refrigerator Company)는 다음 4년 동안에 많은 자본이 들어가는 여러 개의 프로젝트를 고려 중이다. 매년 한정된 자본을 운용해야 하는 이 회사의 경영진은 가장 수익성이 높은 프로젝트를 선택하길 원한다. 각 프로젝트의 추정된 순현재가치,[1] 자본수요, 4년 동안의 사용 가능한 자본 등이 표 6.1에 제시되어 있다.

표 6.1 아이스-콜드 리프리지레이터 컴퍼니가 고려 중인 프로젝트의 순현재가치, 자본수요, 사용 가능한 자본

	프로젝트				사용 가능한 총자본
	공장 확장	창고 확장	새로운 기계	새로운 제품 연구	
현재가치	$90,000	$40,000	$10,000	$37,000	
1년째의 자본수요	$15,000	$10,000	$10,000	$15,000	$40,000
2년째의 자본수요	$20,000	$15,000		$10,000	$50,000
3년째의 자본수요	$20,000	$20,000		$10,000	$40,000
4년째의 자본수요	$15,000	$ 5,000	$ 4,000	$10,000	$35,000

1 추정된 순현재가치는 1년째를 기준으로 할인된 순현금흐름이다.

4개의 0-1 의사결정 변수는 다음과 같다.

P = 공장 확장의 프로젝트가 수용되면 1, 기각되면 0
W = 창고 확장의 프로젝트가 수용되면 1, 기각되면 0
M = 새로운 기계의 프로젝트가 수용되면 1, 기각되면 0
R = 새로운 제품 연구의 프로젝트가 수용되면 1, 기각되면 0

자본예산 문제(capital budgeting problem)에서 이 회사의 목적함수는 자본예산 프로젝트들의 순현재가치를 최대화하는 것이다. 이 문제는 4년 동안의 각 해에 사용 가능한 자본의 제약이라는 4개의 제약조건을 가지고 있다.

이 문제의 0-1 정수계획 모형(단위: \$1,000)은 다음과 같다.

$$\text{Max} \quad 90P + 40W + 10M + 37R$$

s.t.

$$\begin{aligned}
15P + 10W + 10M + 15R &\le 40 \quad (\text{1년째에 사용 가능한 자본}) \\
20P + 15W \phantom{{}+10M} + 10R &\le 50 \quad (\text{2년째에 사용 가능한 자본}) \\
20P + 20W \phantom{{}+10M} + 10R &\le 40 \quad (\text{3년째에 사용 가능한 자본}) \\
15P + 5W + 4M + 10R &\le 35 \quad (\text{4년째에 사용 가능한 자본}) \\
P, W, M, R &= 0, 1
\end{aligned}$$

정수계획 모형의 해는 그림 6.4에 제시되어 있다. 최적해는 $P=1$, $W=1$, $M=1$, $R=0$이며, 이때의 총순현재가치는 \$140,000이다. 그러므로 이 회사는 공장 확장, 창고 확장, 그리고 새로운 기계의 프로젝트에 자본을 투자해야 한다. 새로운 제품 연구의 프로

```
Optimal Objective Value = 140.00000

     Variable               Value
  --------------       ---------------
         P                     1.00000
         W                     1.00000
         M                     1.00000
         R                     0.00000

    Constraint          Slack/Surplus
  --------------       ---------------
         1                     5.00000
         2                    15.00000
         3                     0.00000
         4                    11.00000
```

그림 6.4 아이스-콜드 리프리저레이터 문제의 최적해

젝트는 추가 자금이 마련될 때까지 보류되어야 한다. 그림 6.4에 제시된 여유변수 값은 1년째에 $5,000, 2년째에 $15,000, 4년째에 $11,000가 남아 있음을 보여준다. 새로운 제품 연구의 프로젝트를 검토해보면, 이 프로젝트의 2년째와 4년째 소요 자본을 제공할 만큼 충분한 자본이 있음을 알 수 있다. 하지만, 이 회사가 새로운 제품 연구의 프로젝트를 수행하기 위해선 1년째에 $10,000과 3년째에 $10,000의 추가 자본이 필요하다.

고정비

대부분 분야에서 생산비용은 크게 두 가지, 즉 고정비와 변동비로 구성된다. 고정비는 설치비 혹은 준비비지만, 변동비는 생산량과 직접적으로 비례하는 비용이다. 생산 분야의 고정비 문제는 0-1 정수계획법의 활용을 통해 모형화할 수 있다.

고정비 문제(fixed cost problem)의 예로서, RMC 회사의 다음 상황을 생각해보자. 연료 첨가제(fuel additive), 기본 용매(solvent base), 카펫 클리닝 세제(carpet cleaning fluid) 제품을 생산하는 데 원자재 세 종류가 사용된다.

이 문제의 의사결정 변수는 다음과 같다.

F = 생산될 연료 첨가제의 톤수

S = 생산될 기본 용매의 톤수

C = 생산될 카펫 클리닝 세제의 톤수

톤당 연료 첨가제의 이익은 $40, 기본 용매의 이익은 $30, 카펫 클리닝 세제의 이익은 $50이다. 연료 첨가제 1톤을 만들기 위해서 원자재 1이 0.4톤이 필요하고 원자재 3이 0.6톤 요구된다. 기본 용매의 1톤을 만들기 위해서는 원자재 1의 0.5톤, 원자재 2의 0.2톤, 원자재 3의 0.3톤이 필요하다. 또한, 카펫 클리닝 세제 1톤을 만들기 위해서는 원자재 1이 0.6톤, 원자재 2가 0.1톤, 원자재 3이 0.3톤 요구된다. RMC 회사는 원자재 1을 20톤, 원자재 2를 5톤, 그리고 원자재 3을 21톤 가지고 있다. 이러한 상황에서 이 회사의 경영진은 내년에 최적의 생산량을 결정하길 원한다.

RMC 문제의 선형계획 모형은 다음과 같다.

$$
\begin{aligned}
\text{Max}\quad & 40F + 30S + 50C \\
\text{s.t.}\quad & \\
& 0.4F + 0.5S + 0.6C \le 20 \quad \text{원자재 1} \\
& \qquad\quad\; 0.2S + 0.1C \le 5 \quad \text{원자재 2} \\
& 0.6F + 0.3S + 0.3C \le 21 \quad \text{원자재 3} \\
& \qquad\qquad\quad F, S, C \ge 0
\end{aligned}
$$

그림 6.5에서 보듯이, 최적해는 연료 첨가제 27.5톤, 기본 용매 0톤, 카펫 클리닝 세제 15

```
Optimal Objective Value = 1850.00000

 Variable              Value             Reduced Costs
------------      -------------      ----------------
     F              27.50000              0.00000
     S               0.00000            -12.50000
     C              15.00000              0.00000
```

그림 6.5 RMC 문제의 최적해

톤이고, 이 회사가 벌어드리는 이익은 $1,850이다.

RMC 문제의 위 선형계획 모형의 수식화는 제품 생산에 필요한 고정비를 포함하지 않고 있다. 이용 가능한 자료를 통해 세 제품에 각각 요구되는 고정비와 최대 생산량이 다음과 같다고 가정해보자.

제품	고정비	최대 생산량
연료 첨가제	$200	50톤
기본 용매	$50	25톤
카펫 클리닝 세제	$400	40톤

고정비를 생산 모형에 포함시키기 위하여 0-1 변수의 모형 신축성을 이제 사용할 수 있다. 0-1 변수는 다음과 같이 정의된다.

SF = 연료 첨가제가 생산되면 1, 그렇지 않으면 0

SS = 기본 용매가 생산되면 1, 그렇지 않으면 0

SC = 카펫 클리닝 세제가 생산되면 1, 그렇지 않으면 0

이러한 0-1 변수를 토대로, 총고정비는 다음과 같다.

$$200SF + 50SS + 400SC$$

고정비를 포함한 목적함수를 다시 작성하면 다음과 같으며, 이것은 결국 RMC 회사의 순이익을 나타내는 목적함수가 된다.

$$\text{Max} \quad 40F + 30S + 50C - 200SF - 50SS - 400SC$$

그다음에 고정비 변수가 1이면 그에 해당하는 제품을 생산하고, 고정비 변수가 0이면 그에 해당하는 제품을 생산하지 않도록 최대 생산량의 제약조건을 작성해야 한다. 연료 첨가제의 최대 생산량 제약조건은 다음과 같다.

$$F \leq 50SF$$

제약조건이 $SF=0$이면 연료 첨가제는 생산되지 않으며, $SF=1$이면 연료 첨가제는 최대 50톤까지 생산된다는 것을 의미한다.

0-1 변수를 사용하여 기본 용매와 카펫 클리닝 세제의 최대 생산량 제약조건은 각각 다음과 같다.

$$S \leq 25SS$$
$$C \leq 40SC$$

RMC 문제의 경우, 고정비를 포함한 목적함수와 제약조건은 다음과 같다.

$$
\begin{array}{llll}
\text{Max} & 40F + 30S + 50C - 200SF - 50SS - 400SC & & \\
\text{s.t.} & & & \\
& 0.4F + 0.5S + 0.6C & \leq 20 & \text{원자재 1} \\
& \qquad 0.2S + 0.1C & \leq 5 & \text{원자재 2} \\
& 0.6F + 0.3S + 0.3C & \leq 21 & \text{원자재 3} \\
& F & \leq 50SF & \text{최대 생산량 } F \\
& \quad S & \leq 25SS & \text{최대 생산량 } S \\
& \qquad C & \leq 40SC & \text{최대 생산량 } C \\
& F, S, C \geq 0;\ SF, SS, SC = 0, 1 & &
\end{array}
$$

고정비를 포함한 RMC 문제의 최적해는 그림 6.6에 보여준다. 그 최적해는 연료 첨가제=25톤, 기본 용매=20톤을 보여준다. 고정비를 뺀 후의 목적함수 값은 $1,350이다. 연료 첨가제와 기본 용매의 고정비는 $200+$50=$250이다. 최적해는 $SC=0$을 보인다. 이는 카펫 클리닝 세제의 고정비($400)가 비싸기 때문에 되도록 피해야 함을 나타낸다. 따라서 카펫 클리닝 세제를 생산하지 않는다.

```
Optimal Objective Value = 1350.00000

      Variable              Value
   --------------      ---------------
        F                 25.00000
        S                 20.00000
        C                  0.00000
        SF                 1.00000
        SS                 1.00000
        SC                 0.00000
```

그림 6.6 고정비를 포함한 RMC 문제의 최적해

고정비 모형을 개발하는 데 가장 중요한 점은 각 고정비를 위한 0-1 변수의 도입과 상응하는 생산량 변수의 상한 경곗값을 명시하는 것이다. 생산량 x의 경우, $x \leq My$ 형태의 제약조건을 사용하여 고정비 변수 $y=1$이면 생산하고, 고정비 변수 $y=0$이면 생산하지 않는다. 최대 생산량 M의 값은 합리적 수준의 생산이 이루어지도록 충분히 커야 한다. 하지만, 연구에 의하면 지나치게 큰 M 값은 풀이 절차를 느리게 만든다고 한다.

수송시스템 설계

마틴-벡 회사(Martin-Beck Company)는 세인트루이스에 연간 30,000단위의 제품을 생산할 수 있는 공장을 운영한다. 생산된 제품은 보스턴, 애틀랜타, 휴스턴에 있는 지역물류센터로 운반된다. 마틴-벡 회사는 예상되는 미래 수요증가로 새로운 공장을 건설하여 생산용량을 늘리려 한다. 이 회사는 새 공장을 디트로이트, 톨레도, 덴버, 캔자스시티 중에 하나 이상을 지을 계획이다. 네 도시의 예상되는 연간 고정비와 연간 생산용량은 다음과 같다.

제안된 공장 도시	연간 고정비	연간 생산용량
디트로이트	\$175,000	10,000
톨레도	\$300,000	20,000
덴버	\$375,000	30,000
캔자스시티	\$500,000	40,000

이 기업의 기획팀은 각 물류센터의 연간 수요를 다음과 같이 예상하였다.

물류센터	연간 수요
보스턴	30,000
애틀랜타	20,000
휴스턴	20,000

표 6.2 마틴-벡 회사의 수송시스템을 위한 단위당 수송비

공장 도시	물류센터		
	보스턴	애틀랜타	휴스턴
디트로이트	5	2	3
톨레도	4	3	4
덴버	9	7	5
캔자스시티	10	4	2
세인트루이스	8	4	3

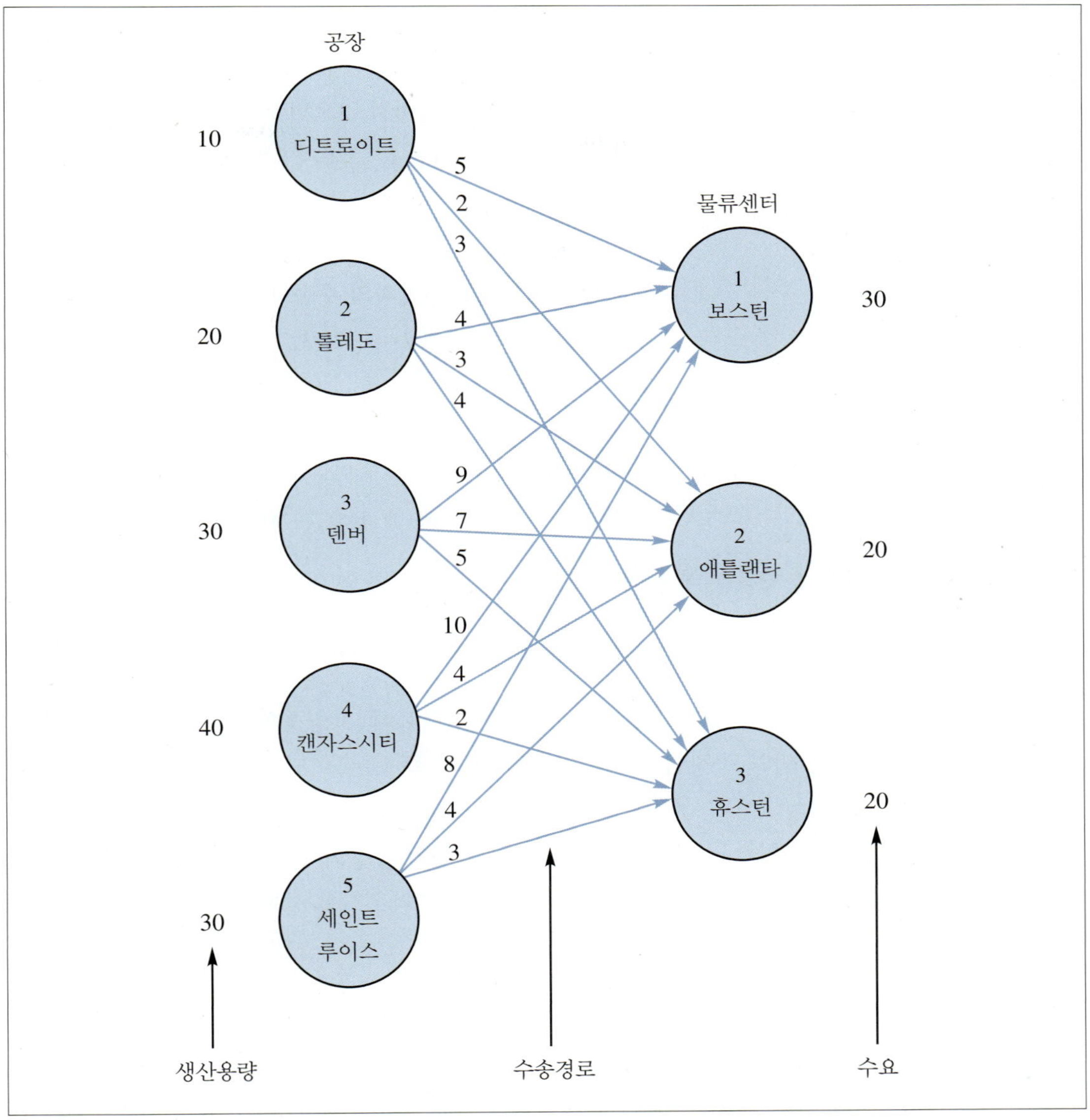

그림 6.7 마틴-벡 회사의 수송시스템 문제의 네트워크

각 공장부터 각 물류센터까지의 단위당 수송비는 표 6.2에 주어져 있다. 마틴-벡 회사의 수송시스템 네트워크는 그림 6.7처럼 표현될 수 있다. 이러한 네트워크는 세인트루이스 공장과 모든 4개 도시 공장의 수송문제이다.

각 공장부터 각 물류센터까지 수송을 얼마만큼 해야 하는지 그리고 가장 좋은 공장입지 선정을 위한 모형을 개발하기 위해서, 이제 0-1 정수계획법을 이러한 **수송시스템의 설계문제**(distribution system design problem)에 어떻게 사용할 수 있는지 살펴볼 것이다. 0-1 변수를 다음과 같이 정의할 수 있다.

$$y_1 = \text{디트로이트에 공장이 건설되면 1, 그렇지 않으면 0}$$
$$y_2 = \text{톨레도에 공장이 건설되면 1, 그렇지 않으면 0}$$
$$y_3 = \text{덴버에 공장이 건설되면 1, 그렇지 않으면 0}$$
$$y_4 = \text{캔자스시티에 공장이 건설되면 1, 그렇지 않으면 0}$$

각 공장부터 각 물류센터까지의 수송량을 나타내는 변수들은 수송문제처럼 정의된다.

$$x_{ij} = \text{공장 } i\text{부터 물류센터 } j\text{까지의 수송량}$$
$$i = 1,\ 2,\ 3,\ 4,\ 5 \text{ 그리고 } j = 1,\ 2,\ 3$$

표 6.2에 있는 단위당 수송비를 이용하면, 연간 수송비(단위: $1,000)는 다음과 같다.

$$5x_{11} + 2x_{12} + 3x_{13} + 4x_{21} + 3x_{22} + 4x_{23} + 9x_{31} + 7x_{32} + 5x_{33} \\ + 10x_{41} + 4x_{42} + 2x_{43} + 8x_{51} + 4x_{52} + 3x_{53}$$

새로운 공장을 운영하는 데 들어가는 연간 고정비(단위: $1,000)는 다음과 같다.

$$175y_1 + 300y_2 + 375y_3 + 500y_4$$

0-1 변수는 새 공장이 실제 건설되는 경우(즉, $y_i = 1$)에 그 공장의 연간 고정비가 계산되도록 정의된다. 만약 공장이 건설되지 않는다면, 즉 $y_i = 0$이면 그에 상응하는 고정비는 $0이다.

마틴-벡의 목적함수는 연간 수송비와 새로 건설될 공장의 연간 고정비의 합이다.

이제 공장을 위해 제안된 네 도시의 생산용량 제약조건을 살펴보자. 디트로이트의 경우, 그 제약조건은 다음과 같다.

$$x_{11} + x_{12} + x_{13} \leq 10y_1 \quad \text{디트로이트의 생산용량}$$

디트로이트에 공장이 건설된다면, $y_1 = 1$이고 디트로이트부터 세 곳의 물류센터까지의 총수송량은 디트로이트의 생산용량보다 적거나 같아야 한다. 디트로이트에 공장이 건설되지 않는다면 $y_1 = 0$이며, 이것은 디트로이트의 생산용량을 0으로 이끈다. 이 경우에, 상응하는 변수들은 모두 0의 값을 갖는다. $x_{11} = 0$, $x_{12} = 0$, $x_{13} = 0$.

유사한 방식으로, 톨레도 공장의 생산용량 제약조건을 다음과 같이 작성할 수 있다.

$$x_{21} + x_{22} + x_{23} \leq 20y_2 \quad \text{톨레도의 생산용량}$$

덴버와 캔자스시티의 각 생산용량 제약조건은 이와 유사한 형태로 작성할 수 있다. 하지만, 세인트루이스의 공장은 이미 존재하고 있으므로 이 공장의 0-1 변수를 사용하지 않음을 명심해야 한다. 세인트루이스의 생산용량 제약조건은 다음과 같이 작성된다.

$$x_{51} + x_{52} + x_{53} \leq 30 \quad \text{세인트루이스의 생산용량}$$

이제 우리는 세 물류센터의 수요 제약조건을 작성해야 한다. 보스턴의 수요 제약조건(단위: \$1,000)은 다음과 같다.

$$x_{11} + x_{21} + x_{31} + x_{41} + x_{51} = 30 \quad \text{보스턴의 수요}$$

유사한 방식으로, 애틀랜타와 휴스턴 물류센터의 각 수요 제약조건을 작성할 수 있다.

이들을 모두 반영한 마틴-벡 회사의 수송시스템 설계문제의 완성된 모형은 다음과 같다.

$$\begin{aligned}
\text{Min } & 5x_{11} + 2x_{12} + 3x_{13} + 4x_{21} + 3x_{22} + 4x_{23} + 9x_{31} + 7x_{32} + 5x_{33} + 10x_{41} + 4x_{42} \\
& + 2x_{43} + 8x_{51} + 4x_{52} + 3x_{53} + 175y_1 + 300y_2 + 375y_3 + 500y_4
\end{aligned}$$

s.t.

$$\begin{array}{lll}
x_{11} + x_{12} + x_{13} & \leq 10y_1 & \text{디트로이트의 생산용량} \\
x_{21} + x_{22} + x_{23} & \leq 20y_2 & \text{톨레도의 생산용량} \\
x_{31} + x_{32} + x_{33} & \leq 30y_3 & \text{덴버의 생산용량} \\
x_{41} + x_{42} + x_{43} & \leq 40y_4 & \text{캔자스시티의 생산용량} \\
x_{51} + x_{52} + x_{53} & \leq 30 & \text{세인트루이스의 생산용량} \\
x_{11} + x_{21} + x_{31} + x_{41} + x_{51} & = 30 & \text{보스턴의 수요} \\
x_{12} + x_{22} + x_{32} + x_{42} + x_{52} & = 20 & \text{애틀랜타의 수요} \\
x_{13} + x_{23} + x_{33} + x_{43} + x_{53} & = 20 & \text{휴스턴의 수요}
\end{array}$$

$x_{ij} \geq 0$ for 모든 i와 j; $y_1, y_2, y_3, y_4 = 0, 1$

마틴-벡 문제의 최적해는 그림 6.8에 주어져 있다. 이 최적해는 캔자스시티 공장을 건설해야 함을 나타낸다($y_4 = 1$). 20,000단위가 캔자스시티에서 애틀랜타까지 수송되고($x_{42} = 20$), 20,000단위가 캔자스시티에서 휴스턴까지 수송되며($x_{43} = 20$), 그리고 30,000단위가 세인트루이스에서 보스턴까지 수송된다($x_{51} = 30$). 이 회사의 비용은 캔자스시티 공장의 비용 \$500,000를 포함하여 총 \$860,000이다.

이런 기본적 모형을 이용하여 공장에서 창고까지 그리고 공장에서 소매점까지 여러 제품을 운반하는 수송시스템으로 확장할 수 있다. 또한 0-1 변수의 특성을 이용하여 공장 입지의 다양한 선정 제약조건을 만족시키는 모형을 만들 수 있다. 예를 들어, 공장 1은 댈러스, 공장 2는 포트워스라고 가정하자. 기업은 두 도시의 근접성 때문에 두 군데 모두에 건설하길 원치 않을 것이다. 이러한 일이 발생하지 않도록 모형에 다음과 같은 제약조건을 추가할 수 있다.

$$y_1 + y_2 \leq 1$$

이러한 제약조건은 $y_1 = 1$ 혹은 $y_2 = 1$을 가지며, y_1과 y_2의 값이 동시에 1의 값을 가질 수

```
           Optimal Objective Value = 860.00000

                Variable                    Value
             --------------            ---------------
                   X11                        0.00000
                   X12                        0.00000
                   X13                        0.00000
                   X21                        0.00000
                   X22                        0.00000
                   X23                        0.00000
                   X31                        0.00000
                   X32                        0.00000
                   X33                        0.00000
                   X41                        0.00000
                   X42                       20.00000
                   X43                       20.00000
                   X51                       30.00000
                   X52                        0.00000
                   X53                        0.00000
                   Y1                         0.00000
                   Y2                         0.00000
                   Y3                         0.00000
                   Y4                         1.00000

               Constraint              Slack/Surplus
             --------------            ---------------
                   1                          0.00000
                   2                          0.00000
                   3                          0.00000
                   4                          0.00000
                   5                          0.00000
                   6                          0.00000
                   7                          0.00000
                   8                          0.00000
```

그림 6.8 마틴-벡 회사의 수송시스템 문제의 최적해

없음을 의미한다. 만약 위 제약조건을 등식으로 표현한다면, 댈러스나 포트워스 중의 한 곳에 공장을 세워야 한다.

은행 입지

오하이오 트러스트 회사(Ohio Trust Company)는 자사 영업이 오하이오주의 북동쪽에 있는 20개 카운티 지역으로 확장하길 원한다(그림 6.9). 현재 이 회사는 20개 카운티 중 어느 곳에도 비즈니스 거점을 두고 있지 않다. 오하이오주의 은행법에 따르면, 은행은 한 카운티에 비즈니스 거점을 설립해야만 은행 지점을 그 거점이 있는 카운티와 인접한 카

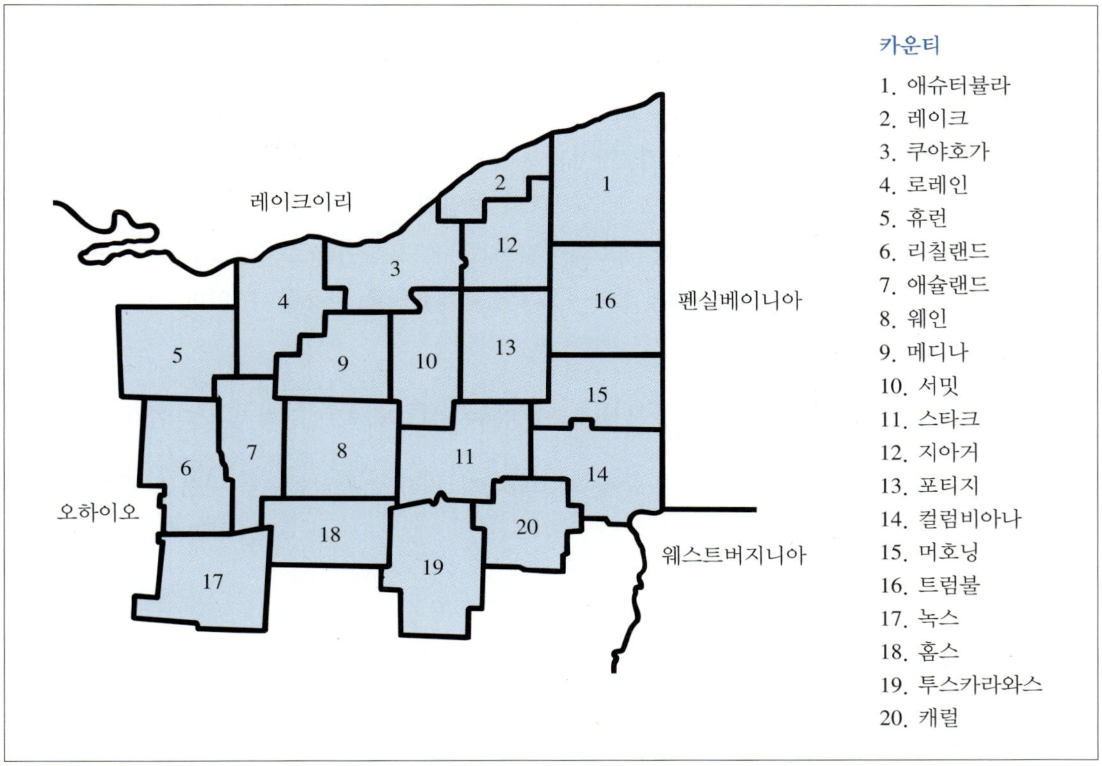

그림 6.9 오하이오주의 북동쪽에 위치한 20개의 카운티

표 6.3 오하이오 트러스트 회사의 확장지역 카운티

고려 중에 있는 비즈니스 거점 카운티	인접한 카운티 (숫자로 표현)	고려 중에 있는 비즈니스 거점 카운티	인접한 카운티 (숫자로 표현)
1. 애슈터뷸라	2, 12, 16	11. 스타크	8, 10, 13, 14, 15, 18, 19, 20
2. 레이크	1, 3, 12	12. 지아거	1, 2, 3, 10, 13, 16
3. 쿠야호가	2, 4, 9, 10, 12, 13	13. 포티지	3, 10, 11, 12, 15, 16
4. 로레인	3, 5, 7, 9	14. 컬럼비아나	11, 15, 20
5. 휴런	4, 6, 7	15. 머호닝	11, 13, 14, 16
6. 리칠랜드	5, 7, 17	16. 트럼불	1, 12, 13, 15
7. 애슐랜드	4, 5, 6, 8, 9, 17, 18	17. 녹스	6, 7, 18
8. 웨인	7, 9, 10, 11, 18	18. 홈스	7, 8, 11, 17, 19
9. 메디나	3, 4, 7, 8, 10	19. 투스카라와스	11, 18, 20
10. 서밋	3, 8, 9, 11, 12, 13	20. 캐럴	11, 14, 19

운티에 세울 수 있다. 하지만, 오하이오 트러스트 회사는 새로운 비즈니스 거점을 설립하기 위해서 현재 은행의 감독기관으로부터 승인을 받거나 혹은 기존의 은행을 매입해야

하는 상황이다.

표 6.3에 이 회사가 고려 중인 20개의 카운티와 그 인접한 카운티가 기술되어 있다. 예를 들어, 애슈터뷸라 카운티는 레이크, 지아거, 트럼불 카운티와 인접해 있으며, 레이크 카운티는 애슈터뷸라, 쿠야호가, 지아거 카운티와 인접해 있다.

기획의 첫 단계로, 오하이오 트러스트의 경영진은 20개 카운티 전역에 영업하는 데 요구되는 비즈니스 거점 수를 최소화하길 원한다. 오하이오 트러스트의 **입지선정 문제**(location problem)를 해결하기 위하여 0-1 정수계획법을 사용할 수 있다. 변수들을 다음과 같이 정의한다.

x_i = 비즈니스 주요 거점이 카운티 i에 설립되면 1, 그렇지 않다면 0

요구되는 비즈니스 주요 거점 수를 최소화하기 위하여 목적함수를 다음과 같이 작성한다.

$$\text{Min} \quad x_1 + x_2 + \cdots + x_{20}$$

어떤 카운티가 비즈니스 주요 거점을 가지고 있거나 혹은 주요 거점이 있는 카운티에 인접해 있다면, 해당 은행은 그 카운티에 지점을 운영할 수 있다. 그러므로 선형계획 모형은 각 카운티를 위한 1개의 제약조건이 필요하다. 예를 들어, 애슈터뷸라 카운티를 위한 제약조건은 다음과 같다.

$$x_1 + x_2 + x_{12} + x_{16} \geq 1 \quad \text{애슈터뷸라}$$

이러한 제약조건의 충족은 한 비즈니스 주요 거점이 애슈터뷸라 카운티에 세워지거나 혹은 인접한 카운티에 세워지는 것을 의미한다. 그러므로 이러한 제약조건은 오하이오 트러스트 회사가 애슈터뷸라 카운티에 은행지점을 설립할 수 있는지를 알려준다.

은행 입지 문제의 완성된 모형은 다음과 같다.

$$\begin{array}{lll}
\text{Min} & x_1 + x_2 + \quad \cdots \quad + x_{20} & \\
\text{s.t.} & & \\
& x_1 + x_2 \quad + x_{12} + x_{16} \quad \geq 1 & \text{애슈터뷸라} \\
& x_1 + x_2 + x_3 + x_{12} \quad \geq 1 & \text{레이크} \\
& \vdots \qquad\qquad \vdots & \\
& x_{11} + x_{14} + x_{19} + x_{20} \geq 1 & \text{캐럴} \\
& x_i = 0, 1 \quad i = 1, 2, \ldots, 20 &
\end{array}$$

그림 6.10은 오하이오 트러스트 문제의 최적해를 제공한다. 그 최적해의 결과물에 따

Optimal Objective Value = 3.00000

Variable	Value
X1	0.00000
X2	0.00000
X3	0.00000
X4	0.00000
X5	0.00000
X6	0.00000
X7	1.00000
X8	0.00000
X9	0.00000
X10	0.00000
X11	1.00000
X12	1.00000
X13	0.00000
X14	0.00000
X15	0.00000
X16	0.00000
X17	0.00000
X18	0.00000
X19	0.00000
X20	0.00000

그림 6.10 오하이오 트러스트 회사 문제의 최적해

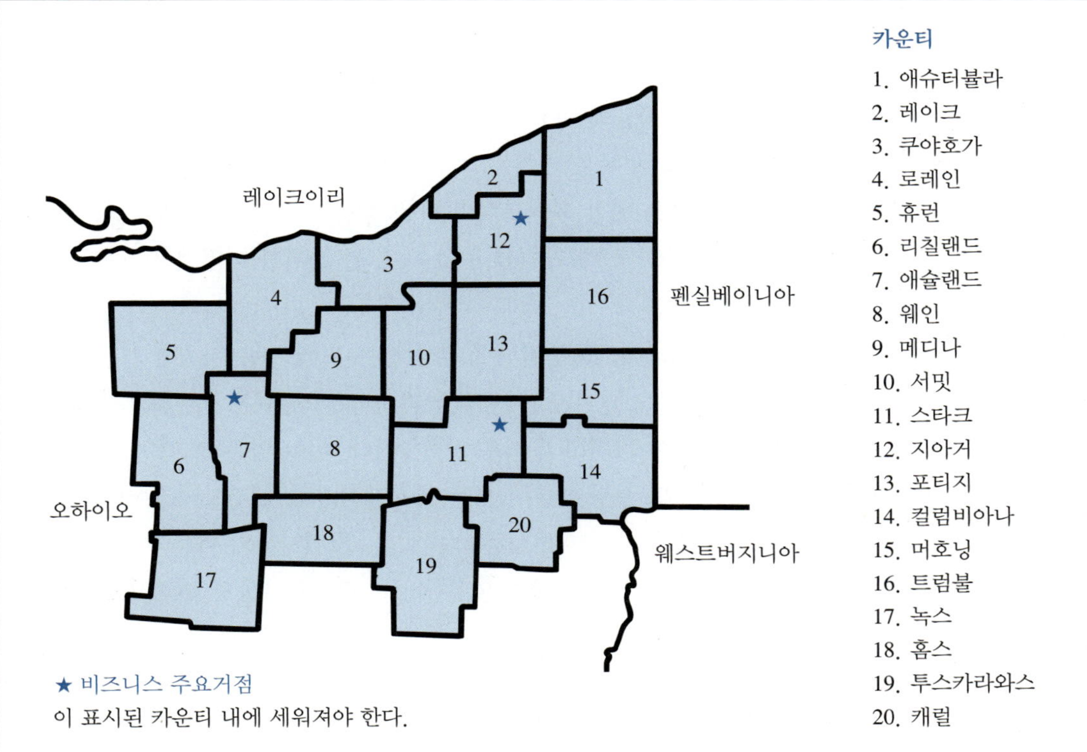

그림 6.11 오하이오 트러스트를 위한 비즈니스 주요 거점

르면, 비즈니스 주요 거점을 세 곳의 카운티, 즉 애슐랜드, 스타크, 지아거에 세워야 한다. 이러한 카운티들에 비즈니스 주요 거점을 세움에 따라, 오하이오 트러스트 회사는 모든 20개 카운티에 은행지점을 영업할 수 있다(그림 6.11). 그 외의 다른 결정변수는 0의 값을 가지며, 이것은 비즈니스 주요 거점이 해당 카운티에 세워지지 말아야 함을 가리킨다.

제품설계와 시장점유율 최적화

컨조인트 분석(conjoint analysis)은 예상 구매자들이 한 제품의 속성을 어떻게 평가하는지를 알기 위한 시장조사기법이다. 이 절에서는 컨조인트 분석 결과가 **제품설계와 시장점유율 최적화 문제**(product design and market share optimization problem)에 어떻게 사용될 수 있는지 살펴볼 것이다. 아래에 제시된 냉동 음식의 주요 생산자인 살렘 푸드(Salem Foods)가 직면하고 있는 문제를 살펴봄으로써 그 접근방법을 알아본다.

살렘 푸드는 냉동 피자 시장에 진출할 계획이다. 현재 안토니오스(Antonio's) 피자와 킹스(King's) 피자 두 제품이 시장점유율을 대부분 차지하고 있다. 시장점유율을 상당히 높일 소시지 피자를 개발하기 위해 살렘 푸드는 소비자가 냉동 소시지 피자를 매입할 때 가장 중요하게 여기는 네 가지 속성은 빵 껍질, 치즈, 소스, 소시지 맛이라고 보았다. 빵 껍질의 속성은 두 종류(얇거나 두꺼운 빵 껍질), 치즈의 속성도 두 종류(모차렐라, 블렌드), 소스의 속성도 두 종류(엷거나 굵은 소스), 그리고 소시지 맛은 세 종류로 나누어진다(순하거나 중간이거나 매운 정도의 맛).

전형적인 컨조인트 분석은 여러 속성으로 특별히 제작된 피자에 대해 샘플 소비자들에게 그 선호도를 묻는다. 그다음에 회귀분석을 이용하여 각 속성 종류의 부분 가치(part-worth)를 계산한다. 기본적으로 부분 가치는 소비자가 한 속성의 각 종류에 부여하는 효용가치이다. 부분 가치 계산을 위한 회귀분석의 사용 방법은 이 교재의 범위를 벗어나지만, 소비자의 특정 피자에 대한 전체 가치를 구할 때 부분 가치가 어떻게 사용될 수 있는지 살펴볼 것이다.

표 6.4는 샘플 8명의 잠재고객으로부터 수집한 살렘 푸드의 부분 가치를 보여준다. 그런데 이들 8명은 현재 안토니오스 피자 혹은 킹스 피자의 고객이다. 소비자 1의 경우, 빵 껍질의 부분 가치는 얇은 것이 11이고 두꺼운 것이 2이다. 이는 얇은 빵 껍질을 선호한다는 의미이다. 소비자 1의 치즈 속성 부분 가치는 모차렐라가 6, 블렌드가 7이다. 이는 소비자 1이 블렌드 치즈를 약간 더 선호한다는 의미이다. 소비자 1의 다른 속성들의 부분 가치를 살펴보면, 소비자 1이 굵은 소스를 엷은 소스보다 더 강하게 선호하고(17대 3), 중간 소시지 맛을 약간 더 선호함을 알 수 있다. 소비자 2는 얇은 빵 껍질, 블렌드 치즈, 굵은 소스, 순한 소시지 맛의 선호도를 보인다. 다른 소비자들의 부분 가치는 위와 유사한 방식으로 해석된다.

표 6.4 살렘 푸드 문제의 부분 가치

소비자	빵 껍질		치즈		소스		소시지 맛		
	얇은	두꺼운	모차렐라	블렌드	엷은	굵은	순한	중간	매운
1	11	2	6	7	3	17	26	27	8
2	11	7	15	17	16	26	14	1	10
3	7	5	8	14	16	7	29	16	19
4	13	20	20	17	17	14	25	29	10
5	2	8	6	11	30	20	15	5	12
6	12	17	11	9	2	30	22	12	20
7	9	19	12	16	16	25	30	23	19
8	5	9	4	14	23	16	16	30	3

부분 가치는 각 소비자가 특정 유형의 피자에 부여한 전체 가치(효용)를 결정하는 데 사용된다. 예를 들어, 소비자 1이 현재 선호하는 피자는 두꺼운 빵 껍질, 모차렐라 치즈, 굵은 소스, 중간 소시지 맛이 나는 안토니오스 피자이다. 표 6.4의 부분 가치를 이용하여 특정 유형의 피자를 위한 소비자 1의 효용을 정할 수 있다. 소비자 1의 경우, 부분 가치는 두꺼운 빵 껍질 2, 모차렐라 치즈 6, 굵은 소스 17, 중간 소시지 맛 27이다. 그러므로 안토니오스 피자에 대한 소비자 1의 효용은 $2 + 6 + 17 + 27 = 52$이다. 킹스 피자에 대한 소비자 1의 효용도 위와 유사한 방식으로 구할 수 있다. 킹스 피자는 얇은 빵 껍질, 블렌드 치즈, 엷은 소스, 순한 소시지 맛이 난다. 소비자 1의 부분 가치는 얇은 빵 껍질 11, 블렌드 치즈 7, 엷은 소스 3, 순한 소시지 맛 26이므로, 킹스 피자에 대한 소비자 1의 효용은 $11 + 7 + 3 + 26 = 47$이다. 일반적으로, 특정 유형의 피자에 대한 각 소비자의 효용은 단순히 그에 상응하는 부분 가치들의 합이다.

살렘 푸드는 자사 제품의 성공을 위해 소비자가 선호하는 현재의 피자로부터 자사 피자로 옮길 방안을 모색해야 한다. 즉, 살렘 푸드는 많은 사람의 효용을 높이는 피자를 설계(빵 껍질, 치즈, 소스, 소시지 맛 유형의 선정)해야 한다. 현재의 연구에서 샘플 8명의 소비자가 냉동 소시지 피자 시장의 모집단을 대표한다고 가정하면, 0-1 정수계획법을 이용하여 살렘 푸드의 제품설계를 도울 수 있다.

의사결정 변수는 다음과 같이 정의된다.

l_{ij} = 살렘 푸드가 속성 j의 종류 i를 선택한다면 1, 그렇지 않다면 0

y_k = 소비자 k가 살렘 피자를 선택한다면 1, 그렇지 않다면 0

살렘 푸드의 목적은 자사 피자의 선호 소비자를 최대화할 수 있도록 각 속성의 종류를 선택하는 것이다. 살렘 피자를 선호하는 소비자의 수는 y_k 변수의 합이므로, 목적함수는 다음과 같다.

$$\text{Max } y_1 + y_2 + \cdots + y_8$$

각 소비자를 위해 한 개의 제약조건이 필요하다. 모든 제약조건이 어떻게 수식화되는지 알아보기 위하여 소비자 1에 상응하는 제약조건을 고려해보자. 소비자 1의 경우, 특정 종류의 피자 효용은 부분 가치의 합으로 표현될 수 있다.

$$\text{소비자 1의 효용} = 11l_{11} + 2l_{21} + 6l_{12} + 7l_{22} + 3l_{13} + 17l_{23} + 26l_{14} + 27l_{24} + 8l_{34}$$

소비자 1이 살렘 피자를 선호하기 위해선 살렘 피자의 효용은 소비자 1이 현재 선호하는 피자의 효용보다 커야 한다. 앞에서 보았듯이, 소비자 1이 현재 선호하는 피자는 안토니오스 피자이며 그 효용은 52이다. 그러므로 소비자 1은 살렘 피자의 속성 종류가 아래의 수식처럼 52보다 클 때만 살렘 피자를 매입할 것이다.

$$11l_{11} + 2l_{21} + 6l_{12} + 7l_{22} + 3l_{13} + 17l_{23} + 26l_{14} + 27l_{24} + 8l_{34} > 52$$

y_k 변수를 정의한 것처럼, 소비자가 살렘 피자를 선호할 때 $y_1 = 1$이고, 그 소비자가 살렘 피자를 선호하지 않을 때 $y_1 = 0$이다. 그러므로 소비자 1의 제약조건을 작성하면 다음과 같다.

$$11l_{11} + 2l_{21} + 6l_{12} + 7l_{22} + 3l_{13} + 17l_{23} + 26l_{14} + 27l_{24} + 8l_{34} \geq 1 + 52y_1$$

이 제약조건에서 살렘 피자의 효용(제약조건의 왼쪽 수식)이 소비자 1의 현재 선호 효용보다 최소한 1만큼 크지 않다면 y_1은 1의 값을 가질 수 없다. 목적함수는 y_k 변수의 합을 최대화시키는 것이므로 살렘 푸드의 최적화는 많은 y_k가 1의 값을 취하는 제품설계를 찾는다.

안토니오스 피자는 현재 소비자 1, 4, 6, 7, 8이 가장 선호하는 브랜드인 반면, 킹스 피자는 현재 소비자 2, 3, 5가 가장 선호하는 브랜드이다.

각 소비자를 위한 제약조건은 위와 유사한 방식으로 작성된다. 효용함수의 l_{ij} 변수를 위한 계수는 표 6.4에 있는 값이고, y_k 변수의 계수는 각 소비자의 현재 선호하는 피자의 전체 효용을 계산함으로써 얻어진 값이다. 8명의 소비자에 대한 제약조건은 다음과 같다.

$$\begin{aligned}
11l_{11} + 2l_{21} + 6l_{12} + 7l_{22} + 3l_{13} + 17l_{23} + 26l_{14} + 27l_{24} + 8l_{34} &\geq 1 + 52y_1 \\
11l_{11} + 7l_{21} + 15l_{12} + 17l_{22} + 16l_{13} + 26l_{23} + 14l_{14} + 1l_{24} + 10l_{34} &\geq 1 + 58y_2 \\
7l_{11} + 5l_{21} + 8l_{12} + 14l_{22} + 16l_{13} + 7l_{23} + 29l_{14} + 16l_{24} + 19l_{34} &\geq 1 + 66y_3 \\
13l_{11} + 20l_{21} + 20l_{12} + 17l_{22} + 17l_{13} + 14l_{23} + 25l_{14} + 29l_{24} + 10l_{34} &\geq 1 + 83y_4 \\
2l_{11} + 8l_{21} + 6l_{12} + 11l_{22} + 30l_{13} + 20l_{23} + 15l_{14} + 5l_{24} + 12l_{34} &\geq 1 + 58y_5 \\
12l_{11} + 17l_{21} + 11l_{12} + 9l_{22} + 2l_{13} + 30l_{23} + 22l_{14} + 12l_{24} + 20l_{34} &\geq 1 + 70y_6 \\
9l_{11} + 19l_{21} + 12l_{12} + 16l_{22} + 16l_{13} + 25l_{23} + 30l_{14} + 23l_{24} + 19l_{34} &\geq 1 + 79y_7 \\
5l_{11} + 9l_{21} + 4l_{12} + 14l_{22} + 23l_{13} + 16l_{23} + 16l_{14} + 30l_{24} + 3l_{34} &\geq 1 + 59y_8
\end{aligned}$$

마지막으로, 각 속성에 대한 제약조건이 추가되어야 한다. 이러한 제약조건은 각 속성에서 단지 한 종류만 선택되어야 함을 의미한다. 속성 1(빵 껍질)을 위한 제약조건은 다음과 같다.

$$l_{11} + l_{21} = 1$$

l_{11}과 l_{21}은 모두 0-1 변수이므로 위의 제약조건은 두 변수 중에 한 변수는 1이고 다른 변수는 0이어야 함을 뜻한다. 아래의 3개 제약조건은 각 속성의 종류 중 하나의 종류만 선택되어야 함을 나타낸다.

$$l_{12} + l_{22} = 1$$
$$l_{13} + l_{23} = 1$$
$$l_{14} + l_{24} + l_{34} = 1$$

경영과학의 실행 포드의 자동차 충돌 테스트를 위한 일정계획 최적화*

자동차 충돌 테스트는 1930년대부터 시작되었다. 이러한 테스트는 의심의 여지 없이 자동차 여행의 안전성을 획기적으로 향상시켰다. 충돌 테스트는 자동차의 새로운 기능이 추가될 때 그 기능이 자동차의 안전과 디자인에 미치는 영향을 테스트하는 데 사용되는 일종의 파괴검사다. 도로에서 일어날 수 있는 여러 상황을 토대로 다양한 자동차 충돌 테스트가 이루어진다. 이러한 테스트에는 정면충돌, 후면 및 측면 충돌, 차량 전복 테스트가 포함된다. 이제 모든 자동차 제조업체는 충돌 테스트를 사용하여 새로운 자동차의 안전성을 테스트한다.

미시간주 디어본에 본사를 둔 자동차 제조업체인 포드(Ford) 자동차 회사는 1954년부터 20,000회 이상의 충돌 테스트를 실시했다. 새로운 디자인과 기능을 테스트하기 위해 포드는 차량당 $200,000 이상의 비용이 드는 프로토타입 차량에 대해 여러 안전 테스트를 실시한다. 충돌 테스트가 파괴적이고 프로토타입의 비용이 많이 들기 때문에 포드는 프로토타입의 디자인과 테스트에 매우 과학적인 접근방식을 취한다. 이러한 접근방식을 통해 포드의 테스트 프로세스는 포괄적이고 효과적이며 비용 효율적으로 운영된다.

자동차의 새로운 기능, 디자인, 수행해야 하는 테스트 유형의 조합 수가 많아서 충돌 테스트 일정은 일반적으로 매우 복잡하다. 한 프로토타입 차량을 일부 여러 테스트에 사용할 수 있으므로 어떤 차량이 언제 어떤 테스트를 받게 될지 체계적인 일정을 계획해야 비로소 실질적인 효율성을 얻을 수 있다.

포드는 정수계획법을 사용하여 충돌 테스트의 일정 문제를 해결하고 있다. 정수계획법은 테스트 비용을 최소화하기 위해 프로토타입 차량의 테스트 순서와 각 테스트의 시작시간을 배정한다. 모형의 제약조건에는 테스트 시간과 각 차량에 대해 어떤 테스트가 가능한지가 포함된다. 시간의 제약조건으로 인해 모든 테스트는 프로토타입 차량의 가용성과 제조 일정에 따라 계획대로 움직인다. 포드는 어떤 테스트와 다른 테스트를 동시에 시행하는 것이 불가능할 경우, 차량 테스트의 실행 가능성을 위해 특정 테스트 쌍을 한 프로토타입 차량에서 동시에 수행할 수 없도록 제약조건을 설정한다.

충돌 테스트의 일정계획을 위해 정수계획법을 시범적으로 사용한 결과, 포드는 연간 약 $1,000,000의 비용 절감 효과를 얻었다. 이후 포드는 EcoSport, Mustang, Edge 모델의 다양한 자동차를 테스트하는 데 이 접근방식을 이용하였다.

*출처 D. Reich et al., "Scheduling Crash Tests at Ford Motor Company," *Interfaces* 46, no. 5, (September-October 2016): 409-423.

이러한 0-1 정수계획법의 최적해는 $l_{11}=l_{22}=l_{23}=l_{14}=1$이고, $y_1=y_2=y_6=y_7=1$이다. 이때 최적해의 값은 4이며, 이것은 살렘 푸드가 위 종류의 피자(l_{11}, l_{22}, l_{23}, l_{14})를 만든다면, 현재 8명의 소비자 중에 4명은 이러한 피자를 더욱 선호한다는 것을 의미한다. $l_{11}=l_{22}=l_{23}=l_{14}=1$을 통해서, 시장점유율을 가장 크게 만드는 살렘 푸드의 피자 설계는 얇은 빵 껍질, 블렌드 치즈, 굵은 소스, 순한 소시지 맛으로 구성해야 함을 알 수 있다. 또한, $y_1=y_2=y_6=y_7=1$은 총 4명, 즉 소비자 1, 소비자 2, 소비자 6, 소비자 7이 살렘 피자를 선호할 것이라는 의미이다. 이러한 정보를 통해 살렘 푸드는 이런 종류의 피자를 시장에 판매할 것이다.

유의사항

1. '경영과학의 실행', '포드의 자동차 충돌 테스트를 위한 일정계획 최적화'에서는 포드가 0-1 정수계획법을 사용하여 자동차 충돌 테스트의 일정계획을 어떻게 경제적이고 효율적으로 수립하는지 설명한다.
2. 범용 스프레드시트 소프트웨어는 선형계획 문제, 순수 정수계획 문제, 혼합 정수계획 문제 등의 풀이를 위해 사용될 수 있다. 이러한 소프트웨어는 특수한 형태의 문제(예를 들어, 수송문제, 할당문제, 경유수송문제 등)를 빨리 처리하지 못하지만, 그 처리 속도는 그다지 중요하지 않다. 그래서 많은 실무자는 특수한 문제를 다루는 전문 소프트웨어보다 범용의 스프레드시트 소프트웨어를 선호하는 경향이 있다.

6.4 0-1 정수계획법의 모형 신축성

6.3절에서는 0-1 변수가 포함된 4개의 응용사례를 살펴보았다. 이 절에서도 0-1 정수계획법에 대해 깊이 살펴보고자 한다. 우선, 다중선택의 제약조건과 상호배타적인 제약조건을 수식화하는 데 0-1 변수가 어떻게 사용될 수 있는지 알아본다. 그다음에 n개의 프로젝트 중에 k개의 프로젝트를 선택해야 하는 경우, 그리고 한 프로젝트를 선택할 때 반드시 다른 프로젝트를 선택해야 하는 경우에 0-1 변수를 어떻게 사용할 수 있는지 살펴본다. 마지막으로, 정수계획법의 민감도 분석에 대한 주의사항을 알아본다.

다중선택 제약조건과 상호배타적 제약조건

6.3절에서 소개한 아이스-콜드 리프리지레이터 컴퍼니(Ice-Cold Refrigerator Company)의 자본예산 문제를 다시 살펴보자. 우리는 의사결정 변수를 다음과 같이 정의하였다.

P = 공장 확장의 프로젝트가 수용되면 1, 기각되면 0
W = 창고 확장의 프로젝트가 수용되면 1, 기각되면 0

M = 새로운 기계의 프로젝트가 수용되면 1, 기각되면 0

R = 새로운 제품 연구의 프로젝트가 수용되면 1, 기각되면 0

이 회사는 현재 한 군데의 창고 확장 프로젝트가 아니라 세 군데의 창고 확장 프로젝트를 고려하고 있다. 증가하는 제품 수요로 인해 세 군데 창고 중에 한 창고는 반드시 확장되어야 한다. 하지만, 예상되는 제품 수요는 두 군데 이상의 창고를 확장할 만큼 충분치 않다. 이런 상황을 반영한 **다중선택 제약조건**(multiple-choice constraint)의 변수를 정의하면 다음과 같다.

W_1 = 최초로 제안된 창고 확장의 프로젝트가 수용되면 1, 기각되면 0

W_2 = 두 번째로 제안된 창고 확장의 프로젝트가 수용되면 1, 기각되면 0

W_3 = 세 번째로 제안된 창고 확장의 프로젝트가 수용되면 1, 기각되면 0

다음의 다중선택 제약조건은 세 개의 프로젝트 중 한 개가 정확히 선택되어야 함을 의미한다.

$$W_1 + W_2 + W_3 = 1$$

위 수식의 W_1, W_2, W_3 모두가 0 혹은 1의 값만 가진다고 가정하면, 1개의 대안만이 선택될 것이다.

만약 한 개의 창고가 반드시 확장되어야 한다는 조건이 없다면, 다중선택 제약조건은 다음과 같이 수정될 수 있다.

$$W_1 + W_2 + W_3 \leq 1$$

이러한 수정조건은 어떤 창고도 확장될 필요가 없음($W_1 = W_2 = W_3 = 0$)을 의미하며, 동시에 두 개 이상의 창고 확장을 허용하지 않는다는 것을 뜻한다. 이런 유형을 **상호배타적 제약조건**(mutually exclusive constraint)이라고 한다.

*n*개의 프로젝트 중에 *k*개의 프로젝트 선택

다중선택 제약조건의 수식을 확장하여, 우리는 ***n*개의 프로젝트 중에 *k*개의 프로젝트를 선택**(*k* out of a set of *n* projects 혹은 *k* out of *n* alternatives constraint)하는 상황을 기술할 수 있다. 예를 들어, W_1, W_2, W_3, W_4, W_5는 다섯 개의 창고 확장 프로젝트를 나타내며, 다섯 개의 프로젝트 중 두 프로젝트가 반드시 수용되어야 한다고 가정해보자. 이러한 조건을 충족시키는 제약조건은 다음과 같다.

$$W_1 + W_2 + W_3 + W_4 + W_5 = 2$$

만약 다섯 개의 프로젝트 중 세 개 이상이 선택되어선 안 된다고 하면, 다음과 같이 표현한다.

$$W_1 + W_2 + W_3 + W_4 + W_5 \leq 2$$

다시 이야기하면, 위 변수 모두는 0 혹은 1의 값을 가진다.

조건부 제약조건과 공통의 제약조건

어떤 경우에, 한 프로젝트의 선택은 다른 프로젝트의 선택을 전제로 한다. 예를 들면, 아이스-콜드 리프리저레이터 컴퍼니의 경우에 창고 확장의 프로젝트는 공장 확장의 프로젝트에 달려 있다고 가정하자. 즉, 이 회사의 경영진은 공장이 우선 확장되지 않는 한, 창고를 확장할 계획이 없다.

이런 조건을 만족시키는 **조건부 제약조건**(conditional constraint)은 다음과 같다. 여기서 P는 공장 확장을 그리고 W는 창고 확장을 의미한다.

$$W \leq P$$

경영과학의 실행 케트론의 고객주문 할당 모형*

케트론 매니지먼트 사이언스(Ketron Management Science)는 다양한 수리적 방법을 응용하여 일반기업에 컨설팅을 제공하는 서비스업체이다. 이런 응용 중 하나는 주요 스포츠용품 회사를 위한 고객주문 할당의 혼합 정수계획 모형을 개발하는 것이었다. 스포츠용품 회사는 약 300개의 제품을 시장에 판매하고 있으며, 약 30개의 공급원(공장과 창고)이 있다. 이 회사의 문제점은 주문 제품의 총제조비용을 최소화하도록 고객의 주문을 다양한 공급원에 어떻게 할당해야 하는가이다. 그림 6.12는 이 문제를 위한 그림이다. 그림에서 유의할 점은 각 고객은 소수의 공급원으로부터 제품을 받는다는 것이다. 예를 들면, 고객 1의 경우 A 공급원 혹은 B 공급원으로부터 제품을 받으며, 고객 2는 A 공급원으로부터 받는다.

스포츠용품 회사는 고객의 주문을 '보장된(guaranteed)' 주문과 '부차적(secondary)' 주문으로 분류한다. 보장된 주문은 그 주문고객에게 제품이 정확히 배달되도록 단 하나의 공급원에 의해 실행된다. 이 주문을 모형화하기 위해선 0-1 정수계획법의 사용이 필수적이다. 이 회사의 주문 중 보장된 주문이 약 80%를 차지하고 있다. 반면, 부차적 주문은 다양한 공급원에 의해 실행될 수 있다. 이 주문은 고객이 자신의 재고를 보충하기 위해 이루어지는 주문으로, 고객은 제품 일부분을 다른 공급원으로부터 받을 수 있다. 0-1 변수는 보장된 주문을 위해 사용되며, 연속 변수는 부차적 주문을 위해 사용된다.

이 문제의 제약조건에는 원자재, 제조 능력, 제품 성능에 관한 내용이 포함되어 있다. 전형적인 문제는 약 800개의 제약조건, 2,000개의 0-1 변수, 그리고 부차적 주문과 관련된 500개의 연속 변수를 가지고 있다. 고객 주문 할당문제는 주문이 접수될 때마다 주기적으로 처리된다. 20~40명의 고객은 일상적으로 자신이 주문한 제품을 받는다. 고객 대부분은 여러 종류의 제품을 주문하므로 보통 600~800개의 고객주문이 공급원에 할당된다.

*출처 J. A. Tomlin of Ketron Management Science의 정보를 토대로 함.

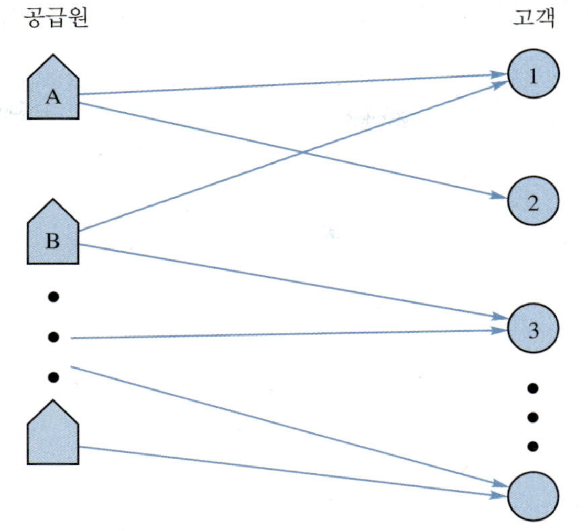

그림 6.12 고객주문의 할당문제를 묘사하는 그림

P와 W는 0 혹은 1의 값을 갖는다. P가 0의 값을 가지면, W는 반드시 0의 값을 가져야 한다. P가 1의 값을 가지면, W는 1의 값을 가질 수 있다. 이 경우에 공장과 창고 모두 확장될 수 있다. 그러나 위 제약조건은 공장 확장(P)이 선택된다고 해도 창고 확장(W)이 반드시 선택되는 것은 아님을 유의해야 한다.

창고 확장과 공장 확장이 서로 의존하는 상황을 고려해보자. 공장 확장의 프로젝트가 진행될 때마다 창고 확장의 프로젝트가 진행되어야 하고, 그 반대로 창고 확장의 프로젝트가 진행될 때마다 공장 확장의 프로젝트가 진행되어야 한다면 우리는 **공통의 제약조건**(corequisite constraint)을 가지고 있다고 말한다. 따라서 둘 중 하나를 확장하려면 다른 하나도 확장해야 한다. 이런 조건을 수식화하면 다음과 같다.

$$W = P$$

이 제약조건은 P와 W는 동일한 값을 가져야 함을 뜻한다.

앞에서 제시된 '경영과학의 실행'의 '케트론의 고객주문 할당 모형'에서는 케트론 회사가 고객주문의 할당 모형을 구축하는 데 0-1 정수계획법의 모형 신축성을 어떻게 활용하는지 살펴본다.

유의사항

1. 앞에서 살펴본 조건부 제약조건과 공통의 제약조건을 가진 아이스-콜드 리프리저레이터 컴퍼니의 예제처럼 많은 제약조건은 2개의 이진 변수로 이루어진다. 변수가 2개인 경우에 가능한 경우의 수는 $2^2 = 4$이다. 조건부 제약조건과 공통의 제약조건에 3개 이상의 변수가 있을 수 있다. 3개의 변수일 때 가능한 경우의 수는 $2^3 = 8$이고, 4개의 변수일 때 가능한 경우의 수는 $2^4 = 16$이다. 일반적으로 n개의 변수일 때에 가능한 경우의 수는 2^n으로 표현될 수 있다.

2. 엑셀의 IF 함수를 사용하여 조건부 제약조건과 공통의 제약조건을 가진 0-1 정수계획법의 해를 구할 수 있다. 그러나 IF 함수는 불연속 함수이므로 IF 문을 사용하면 엑셀 해 찾기에서 LP 심플렉스 옵션을 사용할 수 없다. 엑셀 해 찾기의 비선형 옵션은 IF 함수를 사용해도 좋은 결과를 찾을 수 있지만, 최적값을 늘 보장하지 못한다. 따라서 조건부 제약조건을 선형 방식으로 수식화하는 것이 바람직하다.

민감도 분석의 주의사항

민감도 분석은 종종 선형계획 문제보다 정수계획 문제에 더욱 중요하다. 제약조건의 계수가 약간 변화하더라도 그 계수의 작은 변화는 최적해의 큰 변화를 이끌 수 있다. 왜 그런지를 이해하기 위해서, 다음과 같이 4개의 프로젝트와 1개의 예산 제약조건으로 구성된 자본예산의 정수계획 모형을 살펴보자.

$$\text{Max} \quad 40x_1 + 60x_2 + 70x_3 + 160x_4$$

$$\text{s.t.}$$

$$16x_1 + 35x_2 + 45x_3 + 85x_4 \le 100$$

$$x_1, x_2, x_3, x_4 = 0, 1$$

대안들을 열거함으로써 최적해를 구할 수 있다. 그 최적해는 $x_1 = 1$, $x_2 = 1$, $x_3 = 1$, $x_4 = 0$이며, 목적함수의 값은 $170이다. 하지만, 예산이 $1 더 증액되면($100에서 $101로), 이때의 최적해는 $x_1 = 1$, $x_2 = 0$, $x_3 = 0$, $x_4 = 1$이며, 목적함수의 값은 $200이다. 즉, 예산 $1의 증가는 수익 $30의 증가를 이끈다. 이런 상황에 직면하면, 기업의 경영진은 예산을 $1 증액시킬 것이다. 이와 같이 제약조건의 계수 변화에 의해 최적해의 값이 상당히 민감하므로 실무자는 그 최적해를 즉시 실행에 옮기기 전에 제약조건 계수의 변화와 그 변화 결과를 반복해서 살펴봐야 한다.

요약

이 장에서는 선형계획법의 확장된 형태인 정수계획법을 살펴보았다. 이전 장에서 공부한 선형계획법에 비해 이 장에서 살펴본 **정수계획법**의 주요 차이점은 하나 혹은 둘 이상의 변수가 정숫값을 가져야 한다는 점이다. 모든 변수가 정숫값을 가진다면, 이를 순수 정수계획법이라 한다. 변수 중에서 일부 변수만 정숫값을 가진다면, 이를 혼합 정수계획법이라 한다. 실제 응용되는 정수계획법 대부분은 이진수로 표현되는 0-1 정수계획법이다.

우리가 정수계획법을 공부해야 하는 이유는 여러 가지가 있지만, 다음의 두 가지 이유를 들 수 있다. 첫째, 정수계획법은 변수의 해가 분수 값이 허용되지 않는 경우에 사용된다. 선형계획법의 해를 단순히 반올림하는 것은 최적의 정수해를 제공하지 못할 수 있다. 반올림의 결과가 경제적으로 지대한 영향을 미치는 경우에 최적의 정수해를 제공하는 방법을 찾아야 한다. 정수계획법을 공부해야 하는 두 번째 이유는 0-1 정수계획법의 모형 신축성이다. 우리는 0-1 정수계획법을 자본예산, 고정비, 수송시스템 설계, 은행 입지, 제품설계/시장점유율 최대화 등의 문제에 어떻게 사용할 수 있는지 살펴보았다.

정수계획법의 응용 분야는 계속해서 빠르게 증가하고 있다. 이러한 성장은 부분적으로 우수한 정수계획법 소프트웨어 패키지의 가용성과 컴퓨터 처리 능력 및 속도의 지속적인 발전에 기인한다.

주요 용어

- **0-1 정수계획법(0-1 linear integer program)** 변수가 0 혹은 1의 값만 갖는 정수계획법. 이진수의 정수계획법이라고도 불린다.
- **LP 완화(LP relaxation)** 정수계획 모형에서 변수의 정숫값 조건이 없는 선형계획법.
- **n개의 프로젝트 중에 k개의 프로젝트 선택(k out of n alternatives constraint)** 다중선택 제약조건의 확장. 이러한 제약조건은 n개의 0-1 변수의 합계가 k 값이어야 한다.
- **고정비 문제(fixed cost problem)** 어떤 활동(예: 생산가동)이 취해지면 그 변수의 값이 1이고, 그렇지 않으면 0을 갖는 0-1 정수계획법 문제의 한 유형.
- **공통의 제약조건(corequisite constraint)** 두 개의 0-1 변수가 같은 값을 가져야 한다는 제약조건.
- **다중선택 제약조건(multiple-choice constraint)** 두 개 이상의 0-1 변수의 합계가 1의 값을 요구하는 제약조건.
- **상호배타적 제약조건(mutually exclusive constraint)** 두 개 이상의 0-1 변수의 합계가 1보다 작거나 혹은 1의 값을 요구하는 제약조건. 그러므로 그 변수 중 하나의 변수가 1의 값을 갖게 되면, 나머지 변수는 0의 값을 갖는다. 또한 모든 변수는 0의 값을 가질

수 있다.

- **수송시스템의 설계문제**(distribution system design problem) 이진수 변수는 창고 위치와 공장 위치의 선정을 위해 사용되고, 연속 변수는 수송 네트워크의 수송량을 나타내는 혼합 정수계획법.
- **순수 정수계획법**(all-integer linear program) 모든 변수가 정숫값을 갖는 정수계획법의 한 유형.
- **입지선정 문제**(location problem) 최적 입지의 선정을 위해 사용되는 0-1 정수계획법 문제의 한 유형.
- **자본예산 문제**(capital budgeting problem) 가장 높은 투자수익률을 보이는 프로젝트 선정을 위해 사용되는 0-1 정수계획법 문제의 한 유형.
- **정수계획법**(integer linear program) 하나 혹은 둘 이상의 변수가 정숫값을 갖는 선형계획법의 한 유형.
- **제품설계와 시장점유율 최적화 문제**(product design and market share optimization problem) 때로는 선택의 문제라 불리며, 소비자 선호도의 최대화를 가져오는 제품설계의 선정을 위해 사용되는 0-1 정수계획법 문제의 한 유형.
- **조건부 제약조건**(conditional constraint) 어떤 0-1 변수가 1의 값을 갖지 않는 이상, 다른 0-1 변수는 1의 값을 갖지 못하는 제약조건.
- **혼합 정수계획법**(mixed-linear program) 변수 중에서 일부 변수만 정숫값을 갖는 정수계획법의 한 유형.

연습문제

1. **순수 정수계획법과 혼합 정수계획법** 아래 문제 중 어느 것이 순수 정수계획 모형이고 혼합 정수계획 모형인가? 각 문제를 LP 완화의 형태로 작성하라.

a. Max $30x_1 + 25x_2$

s.t.

$$3x_1 + 1.5x_2 \le 400$$
$$1.5x_1 + 2x_2 \le 250$$
$$1x_1 + 1x_2 \le 150$$
$$x_1, x_2 \ge 0 \text{ 그리고 } x_2\text{는 정수}$$

b. Min $3x_1 + 4x_2$

s.t.

$$2x_1 + 4x_2 \ge 8$$
$$2x_1 + 6x_2 \ge 12$$
$$x_1, x_2 \ge 0 \text{ 그리고 정수}$$

2. **순수 정수계획법의 그래프 해법** 아래에 순수 정수계획 모형이 제시되어 있다.

$$\begin{aligned} \text{Max } & 5x_1 + 8x_2 \\ \text{s.t.} & \\ & 6x_1 + 5x_2 \le 30 \\ & 9x_1 + 4x_2 \le 36 \\ & 1x_1 + 2x_2 \le 10 \\ & x_1, x_2 \ge 0 \text{ 그리고 정수} \end{aligned}$$

a. 위 문제의 제약조건을 그래프로 그려보라. 점을 사용하여 실행 가능한 정수해를 모두 표시하라.

b. LP 완화의 최적해를 구하라. 실행 가능한 정수해를 구하기 위해 소수점 이하를 삭제하라.

c. 최적의 정수해를 구하라. 이 해는 (b)의 결과와 같은가?

3. **순수 정수계획법의 그래프 해법** 아래에 순수 정수계획 모형이 제시되어 있다.

$$\begin{aligned} \text{Max } & 1x_1 + 1x_2 \\ \text{s.t.} & \\ & 4x_1 + 6x_2 \le 22 \\ & 1x_1 + 5x_2 \le 15 \\ & 2x_1 + 1x_2 \le 9 \\ & x_1, x_2 \ge 0 \text{ 그리고 정수} \end{aligned}$$

a. 위 문제의 제약조건을 그래프로 그려보라. 점을 사용하여 실행 가능한 정수해를 모두 표시하라.

b. LP 완화의 최적해를 구하라.

c. 최적의 정수해를 구하라.

4. **순수 정수계획법의 그래프 해법** 아래에 순수 정수계획 모형이 제시되어 있다.

$$\begin{aligned} \text{Max } & 10x_1 + 3x_2 \\ \text{s.t.} & \\ & 6x_1 + 7x_2 \le 40 \\ & 3x_1 + 1x_2 \le 11 \\ & x_1, x_2 \ge 0 \text{ 그리고 정수} \end{aligned}$$

a. 위 문제를 LP 완화로 수식화하라. 이 수식을 그래프 해법으로 풀고, 실행가능해를 구하기 위해 소수점 이하를 삭제하라. 최적해의 상한 경곗값은 얼마인가?

b. 위 정수계획 모형의 문제를 그래프 해법으로 풀라. 이 해와 (a)에서 구한 해를 비교하라.

c. 목적함수가 최대화 $3x_1 + 6x_2$로 바뀌었다고 가정하자. (a)와 (b)를 다시 계산하라.

5. **혼합 정수계획법의 그래프 해법** 아래에 혼합 정수계획 모형이 제시되어 있다.

$$\begin{aligned} \text{Max} \quad & 2x_1 + 3x_2 \\ \text{s.t.} \quad & \\ & 4x_1 + 9x_2 \le 36 \\ & 7x_1 + 5x_2 \le 35 \\ & x_1, x_2 \ge 0 \text{ 그리고 } x_1 \text{은 정수} \end{aligned}$$

a. 위 문제의 제약조건을 그래프로 그려보라. 그 그래프 위에 실행 가능한 혼합 정수해를 모두 표시하라.

b. LP 완화의 최적해를 구하라. 실행 가능한 혼합 정수해를 구하기 위해 x_1 값을 소수점 이하로 삭제하라. 이것은 최적해인가? 그 이유는? 그렇지 않다면, 그 이유는?

c. 혼합 정수계획 모형의 최적해를 구하라.

6. **혼합 정수계획법의 그래프 해법** 아래에 혼합 정수계획 모형이 제시되어 있다.

$$\begin{aligned} \text{Max} \quad & 1x_1 + 1x_2 \\ \text{s.t.} \quad & \\ & 7x_1 + 9x_2 \le 63 \\ & 9x_1 + 5x_2 \le 45 \\ & 3x_1 + 1x_2 \le 12 \\ & x_1, x_2 \ge 0 \text{ 그리고 } x_2 \text{는 정수} \end{aligned}$$

a. 위 문제의 제약조건을 그래프로 그려보라. 그 그래프 위에 실행 가능한 혼합 정수해를 모두 표시하라.

b. LP 완화의 최적해를 구하라. 실행 가능한 혼합 정수해를 구하기 위해 x_2 값을 소수점 이하로 삭제하라. 혼합 정수계획 모형 최적해의 상한 경곗값과 하한 경곗값은 얼마인가?

c. 혼합 정수계획 모형의 최적해를 구하라.

7. **간호사 일정계획** 병원 관리자는 병원의 환자에게 적절한 치료가 제공되도록 간호사 일정을 잡아야 한다. 동시에 비용을 낮추는 데에도 주의를 기울여야 한다. 관리자는 과거 기록을 통해 다양한 시간대와 요일에 대기해야 하는 최소 간호사 수를 예상할 수 있다. 그 목적은 적절한 간호를 제공하는 데 필요한 최소한의 총간호사 수를 찾기 위함이다.

간호사는 아래에 제시된 4시간의 교대 근무(교대조 6 제외) 중 하나의 교대 근무가 시작되면 연속 8시간 동안 근무한다. 따라서 가능한 근무 시작시간은 교대조 1에서 교대조 5 사이 중 하나가 된다.

아래 주어진 데이터를 토대로 하루 동안의 간호사 일정 문제를 정수계획법으로 수식화하고 해를 구하라.

힌트: 모든 교대 근무의 총간호사 수를 최소화한다면 각 교대 근무에 필요한 최소 간호사 수를 초과할 수 있다.

교대조	교대 시간	필요한 최소 간호사 수
1	12:00 A.M. – 4:00 A.M.	10
2	4:00 A.M. – 8:00 A.M.	24
3	8:00 A.M. – 12:00 P.M.	18
4	12:00 P.M. – 4:00 P.M.	10
5	4:00 P.M. – 8:00 P.M.	23
6	8:00 P.M. – 12:00 A.M.	17

8. **순현재가치 투자** 스펜서 엔터프라이즈(Spencer Enterprises)는 여러 투자 대안들을 고려하고 있다. 잠재 투자 대안, 미래수익의 순현재가치, 자본수요, 그리고 3년 동안의 사용 가능한 자본 등이 아래 표에 제시되어 있다.

투자 대안	순현재가치($)	자본수요($)		
		1년	2년	3년
소규모의 창고 확장	4,000	3,000	1,000	4,000
대규모의 창고 확장	6,000	2,500	3,500	3,500
신제품의 시장조사	10,500	6,000	4,000	5,000
광고 캠페인	4,000	2,000	1,500	1,800
기본 조사	8,000	5,000	1,000	4,000
새로운 설비 매입	3,000	1,000	500	900
사용 가능한 자본		10,500	7,000	8,750

a. 순현재가치를 최대화시키는 정수계획 모형을 수식화하고 그 해를 구하라.

b. 두 개의 창고 확장 프로젝트 중에 하나만 실행할 수 있는 제약조건을 작성하라.

c. 신제품의 시장조사가 수행되면 광고 캠페인도 또한 수행되어야 한다고 가정하자. 이러한 상황을 나타내는 제약조건을 작성하라.

9. **연결봉 생산** 호킨스(Hawkins) 제조회사는 동일한 생산 라인을 이용하여 4기통과 6기통의 자동차 엔진에 필요한 연결봉(connecting rod)을 만든다. 4기통 연결봉을 만들기 위한 생산 라인의 준비비는 $2,000이고, 6기통 연결봉을 만들기 위한 생산

라인의 준비비는 $3,500이다. 각 4기통 연결봉의 제조비용은 $15이고, 각 6기통 연결봉의 제조비용은 $18이다. 호킨스의 경영진은 주말마다 그다음 주에 어떤 제품을 제조할 것인지에 대한 의사결정을 한다. 그다음 주에 생산 전환이 필요하다면, 주말에 생산 라인을 변경한다. 일단 생산 라인이 설치되면 6기통 연결봉과 4기통 연결봉의 주중 생산용량은 각각 6,000개와 8,000개이다. 의사결정 변수를 다음과 같이 정의한다.

x_4 = 다음 주에 생산될 4기통 연결봉의 개수

x_6 = 다음 주에 생산될 6기통 연결봉의 개수

s_4 = 생산 라인이 4기통 연결봉을 생산하기 위하여 설치된다면 1, 그렇지 않다면 0

s_6 = 생산 라인이 6기통 연결봉을 생산하기 위하여 설치된다면 1, 그렇지 않다면 0

a. 의사결정 변수 x_4와 s_4를 사용하여 다음 주의 4기통 연결봉의 생산량을 0 혹은 8,000개로 제한하는 제약조건을 작성하라.

b. 의사결정 변수 x_6와 s_6를 사용하여 다음 주의 6기통 연결봉의 생산량을 0 혹은 6,000개로 제한하는 제약조건을 작성하라.

c. 다음 주의 생산비용을 최소화하는 목적함수를 작성하라.

10. 파출소 재배치 그레이브 도시(Grave City)는 범죄가 자주 발생하는 지역의 감시 강화를 위해 여러 개의 파출소를 재배치하고자 한다. 고려 중인 위치와 이러한 파출소 위치로부터 커버될 수 있는 지역은 다음의 표와 같다.

잠재적인 파출소의 위치	커버되는 지역
A	1, 5, 7
B	1, 2, 5, 7
C	1, 3, 5
D	2, 4, 5
E	3, 4, 6
F	4, 5, 6
G	1, 5, 6, 7

a. 모든 지역을 커버하는 데 필요한 파출소 위치의 개수를 최소화하는 정수계획 모형을 작성하라.

b. 최적해를 구하라.

11. 여러 제품의 생산 일정 하트(Hart) 제조회사는 세 가지 제품을 만든다. 각 제품은 세 부서(A, B, C)의 작업이 필요하며, 각 제품을 위한 부서별 소요되는 노동시간은

다음과 같다.

부서	제품 1	제품 2	제품 3
A	1.50	3.00	2.00
B	2.00	1.00	2.50
C	0.25	0.25	0.25

다음 생산기간 동안에 이용 가능한 노동시간은 A 부서의 경우 450시간, B 부서의 경우 350시간, C 부서의 경우 50시간이다. 단위당 공헌이익은 제품 1의 경우 $25, 제품 2의 경우 $28, 제품 3의 경우 $30이다.

a. 총이익이 최대화되는 선형계획 모형을 작성하라.

b. (a)에서 작성된 선형계획 모형의 해를 구하라. 각 제품은 얼마나 생산되어야 하는가? 그때의 총공헌이익은 얼마인가?

c. (b)에서 구한 해를 평가한 후, 한 생산관리자는 생산 준비비가 반영되지 않았음을 알게 되었다. 그 관리자는 제품 1을 위한 준비비가 $400, 제품 2를 위한 준비비가 $550, 제품 3을 위한 준비비가 $600이라는 것을 알게 되었다. (b)에서 구한 해가 사용된다면, 준비비가 반영된 후의 총공헌이익은 얼마인가?

d. 기업의 경영진은 준비비가 반영된 후의 최적의 제품 믹스는 (b)에서 추천한 제품 믹스와 다르다는 것을 알게 되었다. 준비비가 반영된 혼합 정수계획 모형을 작성하라. 경영진은 또한 우리 회사는 제품 1을 175개 이상 만들지 말아야 하고, 제품 2를 1,150개 이상 만들지 말아야 하며, 제품 3을 140개 이상 만들지 말아야 한다고 주장한다.

e. (d)에서 작성한 혼합 정수계획 모형의 해를 구하라. 각 제품은 얼마나 생산되어야 하는가? 그때의 총공헌이익은 얼마인가? 이 이익을 (c)에서 구한 총이익과 비교하라.

12. 물류회사 선정 오프하우스(Offhaus) 제조회사는 사무용품을 만들지만, 제품 배달은 제3자 물류회사에 아웃소싱하고 있다. 오프하우스는 제조공장이 있는 오하이오 주의 데이턴에서 20개 도시로 제품을 보낸다. 오프하우스는 이러한 운송을 위해 여러 물류회사에게 입찰에 응하도록 요청하였으며, 그중 7개의 물류회사가 입찰하였다. 그 입찰 내역(트럭당 $)은 표에 제시되어 있다. 예를 들면, 표에 나타낸 것처럼 물류회사 1은 도시 11~도시 20의 도시들을 위해 입찰하였다. 표의 오른쪽은 각 목적지에 갈 트럭 수를 나타낸다.

입찰	물류회사 1	물류회사 2	물류회사 3	물류회사 4	물류회사 5	물류회사 6	물류회사 7	목적지	수요 (트럭 수)
도시 1					$2,188	$1,666	$,1790	도시 1	30
도시 2		$1,453			$2,602	$1,767		도시 2	10
도시 3		$1,534			$2,283	$1,857	$1,870	도시 3	20
도시 4		$1,687			$2,617	$1,738		도시 4	40
도시 5		$1,523			$2,239	$1,771	$1,855	도시 5	10
도시 6		$1,521			$1,571		$1,545	도시 6	10
도시 7		$2,100		$1,922	$1,938		$2,050	도시 7	12
도시 8		$1,800		$1,432	$1,416		$1,739	도시 8	25
도시 9		$1,134		$1,233	$1,181		$1,150	도시 9	25
도시 10		$672		$610	$669		$678	도시 10	33
도시 11	$724		$723	$627	$657		$706	도시 11	11
도시 12	$766		$766	$721	$682		$733	도시 12	29
도시 13	$741		$745		$682		$733	도시 13	12
도시 14	$815	$800	$828		$745		$832	도시 14	24
도시 15	$904		$880		$891		$914	도시 15	10
도시 16	$958		$933		$891		$914	도시 16	10
도시 17	$925		$929		$937		$984	도시 17	23
도시 18	$892		$869	$822	$829		$864	도시 18	25
도시 19	$927		$969		$967		$1,008	도시 19	12
도시 20	$963		$938		$955		$995	도시 20	10
입찰 수	10	10	10	7	20	5	18		

너무 많은 물류회사가 존재하면 관리가 어려우므로 오프하우스는 물류회사의 수를 3개로 제한하고 싶어 한다. 또한, 고객 관계를 위해 오프하우스는 각 도시가 하나의 물류회사만 할당되길 원한다.

a. 수송비용을 최소화하는 도시-물류회사의 할당과 3개의 물류회사를 선정하는 모형을 작성하라.

b. 오프하우스는 3개의 물류회사 수가 자사를 위해 적합한지 확신을 하지 못한다. 적합한 물류회사의 수를 위하여 1개부터 7개까지 변화를 주면서 (a)에서 작성한 모형을 실행하라. 그 결과에 의하면, 몇 개의 물류회사가 적합한가? 그 이유는 무엇인가?

13. 마틴-벡 회사(재논의) 6.3절에서 살펴본 마틴-벡 회사의 수송시스템 문제로 되돌아가 보자.

a. 두 개의 공장이 아닌 하나의 공장이 디트로이트 혹은 톨레도에 건설되어야 한다. 이를 반영한 제약조건을 작성하라.

b. 두 개 이상의 공장이 덴버, 캔자스시티, 세인트루이스에 건설될 수 없다. 이를 반영한 제약조건을 작성하라.

14. 클라우드 서비스의 생산용량 계획 갤럭시 클라우드 서비스(Galaxy Cloud Services)는 미국 전역에 여러 데이터 센터를 운영하고 있으며, 각 데이터 센터에는 인터넷에서 데이터를 저장하고 처리하는 서버가 있다. 갤럭시 클라우드 서비스는 현재 미시간, 오하이오, 캘리포니아에 각각 하나씩, 뉴욕에 두 개씩 총 5개의 오래된 데이터 센터를 운영 중이다. 회사의 경영진은 증가하는 수요에 부응하기 위해 이러한 데이터 센터의 생산용량을 늘리는 것을 고려하고 있다. 각 데이터 센터에는 보안 데이터용 전용 서버와 슈퍼 보안 데이터용 전용 서버가 있다. 각 데이터 센터의 업데이트 비용과 업데이트에 따른 서버별 생산용량의 증가는 다음과 같다.

데이터 센터	비용(단위: $1,000,000)	보안 서버	슈퍼 보안 서버
미시간	2.5	50	30
뉴욕 1	3.5	80	40
뉴욕 2	3.5	40	80
오하이오	4.0	90	60
캘리포니아	2.0	20	30

예상되는 요구 사항은 보안 서버의 생산용량 90 증가와 슈퍼 보안 서버의 생산용량 90 증가이다. 경영진은 추가된 생산용량의 총비용을 최소화하고 동시에 예상되는 요구 사항을 충족하기 위해 어떤 데이터 센터를 업데이트할지 결정해야 한다.

a. 경영진이 직면한 생산용량 증가 문제의 최적해를 구하기 위한 0-1 정수계획 모형을 작성하라.

d. (a)에서 작성한 모형의 최적해를 구하라.

15. 오하이오 트러스트의 은행 입지(재논의) 6.3절에서 살펴본 오하이오 트러스트의 은행 입지 문제를 다시 살펴보자. 오하이오 트러스트는 자회사인 오하이오트러스트풀(OhioTrustFull)로부터 오하이오주를 구성하는 88개 카운티에 관한 자료 파일을 얻었다. 그 파일에는 행과 열이 각각 88 카운티를 가진 88×88 매트릭스로 구성되어 있다. 매트릭스에는 0과 1로 표시되며, 행에 있는 카운티가 열에 있는 카운티와 경계를 접하고 있는지를 보여준다(접하고 있다면 1, 그렇지 않다면 0).

a. 경영진은 88개의 카운티 전역에 은행지점을 개설하길 원하지만, 그에 필요한 비즈니스 거점 수를 최소화하기도 원한다. 이를 위한 모형을 작성하라.

b. (a)에서 작성한 모형의 최적해를 구하라. 최소한으로 필요한 비즈니스 거점 수는 몇 개인가?

사례 문제 : 교재 출판

소규모의 대학교재 출판사인 ASW는 내년에 어떤 교재를 출판할지 고민 중이다. 고려 중인 교재는 아래 표에 제시되어 있다. 이 표에는 각 교재의 3년 기간의 예상 판매액도 제시되어 있다.

도서 제목	책 유형	예상 판매액(단위: $1,000)
비즈니스 미적분	신판	20
유한 수학	개정판	30
일반 통계학	신판	15
수리 통계학	신판	10
비즈니스 통계학	개정판	25
재무관리	신판	18
재무회계	신판	25
관리회계	개정판	50
영국 문학	신판	20
독일어	신판	30

위 목록에 있는 개정판 도서들은 ASW가 이미 계약하였지만, 신간 도서들은 ASW가 검토 중으로 아직 출판계약은 이루어지지 않았다.

회사의 세 직원이 이 프로젝트에 투입될 수 있지만, 이들의 활용 일수는 각각 다르다. 존의 이용 가능한 일수는 60일, 수전은 40일, 그리고 모니카는 40일이다. 각 개인이 해당 프로젝트를 완성하는 데 필요한 일수는 아래 표에 제시되어 있다. 예를 들면, 비즈니스 미적분 도서가 출판되기 위해서 존은 30일이 소요되며, 수전은 40일이 소요된다. 'X'는 각 개인이 그 프로젝트에 투입될 수 없음을 나타낸다. 재무관리 도서를 제외하고, 두 명의 직원이 최소한 각 프로젝트에 할당되어야 한다.

도서 제목	존	수전	모니카
비즈니스 미적분	30	40	X
유한 수학	16	24	X
일반 통계학	24	X	30
수리 통계학	20	X	24
비즈니스 통계학	10	X	16
재무관리	X	X	14
재무회계	X	24	26
관리회계	X	28	30
영국 문학	40	34	30
독일어	X	50	36

ASW는 한 해에 세 권의 모든 통계학 도서와 두 권의 모든 회계학 도서를 출판할 계획이 없다. 즉, ASW는 한 해에 최대 두 권의 통계학 도서와 한 권의 회계학 도서를 출판할 계획이다. 게다가, ASW의 경영진은 수학 도서 중에서(비즈니스 미적분 혹은 유한 수학) 두 권을 동시에 출판하지는 않지만, 한 권은 반드시 출판할 계획이다.

경영 보고서

ASW의 경영진에게 보고할 가장 좋은 출판 전략의 제안서를 작성하라. 도서의 권당 고정비와 판매수익은 엇비슷하여 오로지 경영진은 각 도서의 최대 판매량에만 관심이 있다고 가정한다.

또한, 경영진은 우리 제안서에 아래의 변경 내용이 포함되길 원한다.

1. 그렇게 하는 것이 회사에 도움이 된다면, 수전은 다른 프로젝트로 이동하여 12일 더 작업할 수 있다.
2. 그렇게 하는 것이 회사에 도움이 된다면, 모니카도 또한 10일을 더 작업할 수 있다.
3. 개정판 중에서 일부 도서들을 그다음 해로 연기할 수 있다면, 그렇게 해야 하는가? 개정판을 늦춘다면 ASW의 시장점유율은 분명히 떨어질 것으로 예상된다.

우리 제안서에 위와 같은 세부적인 사항들을 포함하여 분석하라.

APPENDIX 06

정수계획법의 엑셀 해법

정수계획법을 위한 워크시트 수식화와 풀이는 선형계획법과 비슷하다. 두 기법의 워크시트 수식화는 똑같지만, 정수계획법을 위한 **Solver Parameters** 대화상자의 설정 시 추가적인 정보가 필요하다. **Solver Parameters** 대화상자에 사용자는 정수 변수를 지정해야 한다. 사용자는 또한 **Solver Parameters** 대화상자에 정수계획법과 관련된 환경을 만들어야 한다.

이스트본 리얼티 문제의 해를 구하기 위해 엑셀이 어떻게 이용될 수 있는지 알아봄으로써 정수계획의 엑셀 해법을 살펴보자. 최적해를 구하기 위한 워크시트가 그림 6.13에 주어져 있다. 워크시트의 주요 요인들을 지정하고, 그 해가 어떻게 구해지는지, 그리고 그 해의 해석을 이해해야 한다.

수식화

그림 6.13에는 자료와 기술내용이 워크시트의 셀 A1:G7에 나타나 있다. 워크시트의 아랫부분에 색상이 있는 셀들은 엑셀 해 찾기에 필요한 정보를 보여준다(의사결정 변수, 목

	A	B	C	D	E	F	G	H
1	Eastborne Realty Problem							
2								
3		Townhouse	Apartment Building					
4	Price ($1000s)	282	400			Funds Available ($1000s)	2000	
5	Manager Time	4	40			Manager Time Available	140	
6						Townhouses Available	5	
7	Annual Cash Flow ($1000s)	10	15					
8								
9								
10	Model							
11								
12								
13	Max Cash Flow	70						
14					Constraints	LHS		RHS
15		Number of			Funds	1928	<=	2000
16		Townhouses	Apartment Buildings		Time	96	<=	140
17	Purchase Plan	4	2		Townhouses	4	<=	5

그림 6.13 이스트본 리얼티 문제를 위한 엑셀 해법

적함수, 제약조건의 왼쪽 측면, 제약조건의 오른쪽 측면).

의사결정 변수: 셀 B17:C17은 의사결정 변수들을 위한 것이다. 최적해는 타운하우스 4개와 아파트 건물 2개를 매입하는 것이다.

목적함수: 공식 = *SUMPRODUCT(B7:C7,B17:C17)*은 연간 현금흐름 결과를 셀 B13에 두고 있다. 최적해는 $70,000의 연간 현금흐름이다.

왼쪽 측면: 3개 제약조건의 왼쪽 측면의 계수 값들이 셀 F15:F17에 있다.
셀 F15 = *SUMPRODUCT(B4:C4,$B$17:$C$17)*(셀 F16에 복사)
셀 F17 = *B17*

오른쪽 측면: 3개 제약조건의 오른쪽 측면의 계수 값들이 셀 H15:H17에 있다.
셀 H15 = *G4*(셀 H16:H17에 복사)

엑셀 해법

Analysis 그룹으로부터 **DATA** 탭과 **Solver**를 선택함으로써 풀이 절차를 시작한다. 그리

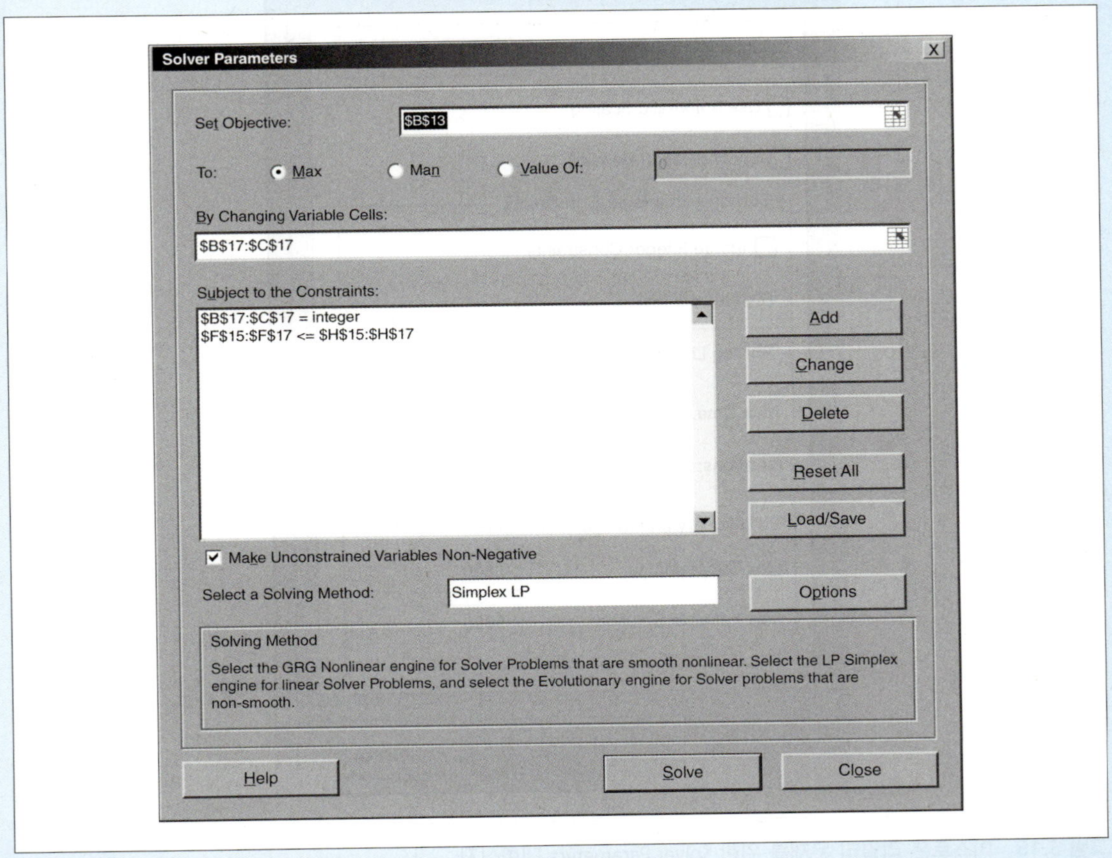

그림 6.14 이스트본 리얼티 문제를 위한 Solver Parameters 대화상자

CHAPTER 07

프로젝트 스케줄링: PERT/CPM

- **7.1** 기대 활동시간에 기반을 둔 프로젝트 스케줄링
- **7.2** 불확실한 활동시간을 고려한 프로젝트 스케줄링
- **7.3** 시간-비용 상충관계의 고찰
- **부록** 정규분포의 확률변수에 대한 누적확률 계산하기

학습 목표

이 장을 마치면 아래 내용을 이해할 수 있다.

1. PERT/CPM을 통해 프로젝트를 기술한다.
2. 프로젝트 네트워크의 주 경로를 이해하고 프로젝트 완료시간을 결정한다.
3. 기대 활동시간을 계산하기 위한 낙관적, 일상적, 비관적 시간 예측치를 활용한다.
4. 구체적인 시간에 프로젝트 완료 가능성을 계산한다.
5. 프로젝트 단축의 필요성을 이해하고 선형계획법을 통해 수식화한다.

관리자들은 대부분의 경우에 다양한 부서와 개인들에 의해 수행되는 많은 별도의 업무나 과업으로 구성된 프로젝트의 계획, 스케줄링, 그리고 프로젝트를 통제할 책임이 있다. 이런 프로젝트는 관리자가 프로젝트의 계획, 스케줄링, 진척 상태와 관련된 모든 정보를 도저히 기억할 수 없을 정도로 매우 크거나 복잡한 경우가 많다. 이런 경우 **PERT**(Program Evaluation and Review Technique, 프로그램 평가 및 검토 기법)와 **CPM**(Critical Path Method, 주 경로 기법)이 매우 유용하다는 것이 입증되었다.

PERT와 CPM은 매우 다양한 프로젝트를 계획하고, 스케줄링하고, 통제하는 데 이용될 수 있다. 일반적으로 다음과 같은 경우에 적용된다.

1. 신제품이나 새로운 프로세스의 연구개발(R&D)
2. 공장, 빌딩, 고속도로의 건설
3. 대형의 복잡한 설비의 유지보수
4. 새로운 시스템의 설계 및 설치

Henry L. Gantt는 기계의 작업 스케줄링에 대해 도식적 관리도구로 Gantt 차트를 개발했다. 이 응용법은 프로젝트 스케줄링 기법으로는 최초라고 할 수 있다.

이런 프로젝트 유형에서, 프로젝트 관리자는 전체 프로젝트가 제시간에 완료될 수 있도록 일정을 수립해야 하고 다양한 업무나 **활동**(activity)을 조율해야 한다. 이러한 과업을 수행하는 데 복잡한 요소는 활동들의 상호 의존성이다. 예를 들어, 일부 활동은 이들이 착수될 수 있기 전에 다른 활동의 완료가 필요하다. 프로젝트는 수천 개에 달하는 활동으로 구성될 수 있으므로 프로젝트 관리자는 다음과 같은 물음에 답할 수 있도록 도움을 줄 절차를 찾는다.

1. 프로젝트를 완료하는 데 소요되는 총시간은?
2. 각각의 구체적 활동에 대해 계획된 시작 날짜와 종료 날짜는 어떻게 되는가?
3. 예정대로 프로젝트를 진행하기 위해서 어떤 활동이 '중요'하고 계획대로 정확하게 완료되어야 하는가?
4. '덜 중요한' 활동은 프로젝트 총완료시간의 증가를 야기하기 전까지 얼마나 지연될 수 있는가?

PERT와 CPM은 이러한 물음에 답하는 데 도움을 줄 수 있다.

비록 PERT와 CPM이 동일한 목적을 갖고 있고 다수의 같은 전문 용어를 이용하지만, 두 기법은 독자적으로 개발되었다. PERT는 1950년대 후반 폴라리스(Polaris) 미사일 프로젝트를 위해 미 해군에 의해 특별하게 개발되었다. 이 프로젝트와 관련한 많은 활동은 전에 시도된 적이 없어서 불확실한 활동시간을 다루기 위해서 PERT가 개발되었다. CPM은 활동시간이 확실했고 변동성은 관심 사항이 아닌 산업 프로젝트에 대해 듀폰(DuPont)과 레밍턴 랜드(Remington Rand)사에 의해 처음 개발되었다. CPM은 대개 증가된 비용으로 더 많은 인력과 자원을 투입함으로써 활동시간을 줄이는 선택을 제공했다. 그래서 CPM의 구별되는 특징은 다양한 프로젝트 활동들에 대해 시간과 비용 간의 상충관계(trade-offs)를 알아보는 것이었다.

오늘날 컴퓨터화된 PERT과 CPM의 형태는 두 접근법의 가장 좋은 특징들을 결합한 것이다. 그래서 두 기법 간의 차이는 더 이상 중요하지 않다. 결과적으로, 이번 장에서 다룰 프로젝트 스케줄링 절차를 PERT/CPM이라고 부른다. 우선 웨스턴힐스(Western Hills) 쇼핑센터의 확장에 대한 프로젝트를 고려하면서 PERT/CPM의 논의를 시작한다. 이번 절의 후반부에서는 $3,100만의 병원 수익채권 프로젝트를 계획하기 위해 시즌굿앤메이어(Seasongood & Mayer) 투자 증권회사가 어떻게 PERT/CPM을 사용했는지 설명한다.

7.1 기대 활동시간에 기반을 둔 프로젝트 스케줄링

웨스턴힐스 쇼핑센터의 소유주는 현재의 32개에 달하는 복합 비즈니스 쇼핑센터를 현대화하고 확장하려고 계획하고 있다. 이 프로젝트는 8~10개의 새로운 비즈니스의 여지를 제공할 것으로 예상된다. 자금은 개인 투자자를 통해 마련되었다. 쇼핑센터의 소유주에게 남겨진 모든 것은 확장 프로젝트를 계획하고 스케줄링하여 완료하는 것이다. PERT/CPM이 어떻게 도움을 주었는지 살펴보자.

PERT/CPM 스케줄링 프로세스의 첫 번째 절차는 프로젝트를 구성하는 활동의 목록을 작성하는 것이다. 표 7.1은 웨스턴힐스 쇼핑센터의 확장 프로젝트에 대한 활동의 목록을 보여준다. 9개의 활동에 대해 설명되어 있고, 추후에 참고하기 위해서 A부터 I까지 표시

표 7.1 웨스턴힐스 쇼핑센터 프로젝트를 위한 활동

활동	활동에 대한 설명	직전 선행활동	예상되는 활동시간
A	건축 조감도 준비하기	—	5
B	잠재적인 새로운 임차인 확인하기	—	6
C	임차인을 위한 투자 설명서 작성하기	A	4
D	계약자 선택하기	A	3
E	건축 허가 준비하기	A	1
F	건축 허가의 승인 얻기	E	4
G	건축 공사 수행하기	D, F	14
H	임차인과 계약 마무리하기	B, C	12
I	임차인 이사하기	G, H	2
총 합			51

편의상 활동 순서를 알파벳순으로 표기한다. 좌측에서 우측으로 이동하면서 순서를 표기하는 것도 동일하게 적용할 것이다.

활동의 확인, 활동 간의 상호 연관관계 결정, 활동시간을 추정하기 시작하는 노력은 PERT/CPM의 성공에 결정적이다. 프로젝트 스케줄링 프로세스의 이러한 초기 단계를 완료하기 위해서는 상당한 시간이 요구된다.

되어 있다. 표 7.1은 또한 직전 선행활동과 각 활동의 활동시간(주 단위)을 보여주고 있다. 어떤 주어진 활동에 대해, **직전 선행활동**(immediate predecessor)이 열거되어 있는 열은 그 활동의 시작 직전에 반드시 완료되어야 하는 활동을 나타낸다. A 활동과 B 활동은 직전 활동이 없어서 프로젝트를 착수하자마자 시작할 수 있다. 그래서 이들 활동에 대해 직전 선행활동은 대시 기호(–)로 표시되었다. 직전 선행활동의 열에 있는 C, D, E 활동은 A 활동이 완료되기 전까지는 시작될 수 없다. F 활동은 E 활동이 완료되기 전까지는 시작될 수 없다. G 활동은 D 활동과 F 활동이 완료되기 전까지는 시작될 수 없다. H 활동은 B 활동과 C 활동이 완료되기 전까지는 시작될 수 없다. 마지막으로, I 활동은 G 활동과 H 활동이 완료되기 전까지는 시작될 수 없다. 프로젝트는 I 활동이 완료될 때 종료된다.

표 7.1의 마지막 열은 각 활동을 완료하기 위해 필요한 예상되는 시간(주)을 보여준다. 예를 들어, A 활동은 5주가 걸릴 것으로, B 활동은 6주가 걸릴 것으로 예상되는 것 등이다. 예상되는 활동 기간의 총합은 51주이다. 결과적으로, 여러분은 프로젝트를 완료하기 위해 필요한 총시간은 51주라고 생각할 것이다. 그러나 우리가 제시한 것처럼, 둘 이상의 활동이 (노동력과 장비와 같은 다른 요구되는 자원의 충분한 가용성을 가정하면) 동시에 계획되기도 하므로 프로젝트 완료시간은 단축된다. 결국, PERT/CPM은 가능한 단시간에 프로젝트를 완료하기 위해 상세한 활동 일정을 제공할 것이다.

직전 선행활동의 정보는 활동이 병행(동시에 착수)될 수 있거나, 순차적(다른 활동이 시작되기 전 어떤 활동이 완료)으로 완료될 수 있는지를 결정한다. 일반적으로, 순차적 관계가 많을수록 프로젝트가 완료되는 데 더 많은 시간이 요구될 것이다.

표 7.1의 직전 선행활동의 정보를 이용하면, 프로젝트의 도식화된 표현, 즉 **프로젝트 네트워크**(project network)를 만들 수 있다. 그림 7.1은 웨스턴힐스 쇼핑센터의 프로젝트 네트워크를 보여준다. 활동은 네트워크의 **노드**(node)에 해당되고(직사각형으로 표현), **아크**(arc)는 활동 간의 우선 관계를 보여준다(화살표를 가진 선으로 표현). 추가로, 프로젝트의 시작과 종료를 표시하기 위해 그 노드들이 네트워크에 추가되었다. 프로젝트 네트워크는 관리자가 활동의 연관성을 시각화하고 PERT/CPM 연산을 수행하기 위한 기초를 제공하는 데 도움을 줄 것이다.

프로젝트 네트워크는 활동 간의 상호 연관관계를 시각화하는 데 매우 도움을 준다. 활동 목록과 직전 선행활동의 정보를 프로젝트 네트워크로 전환하기 위해 정해진 규칙은 없다. 프로젝트 네트워크를 작성하는 프로세스는 대개 실행과 경험으로 개선된다.

주 경로의 개념

PERT/CPM 산정을 쉽게 하기 위해서, 그림 7.2에 제시된 것처럼 프로젝트 네트워크를 수정했다. 각 노드의 좌측 상단은 해당 활동을 나타내는 문자를 포함하고 있음에 주목해야 한다. 활동시간은 문자 바로 아래 표시한다.

프로젝트 완료시간을 결정하기 위해서 네트워크를 분석해야 하고 네트워크의 **주 경로**

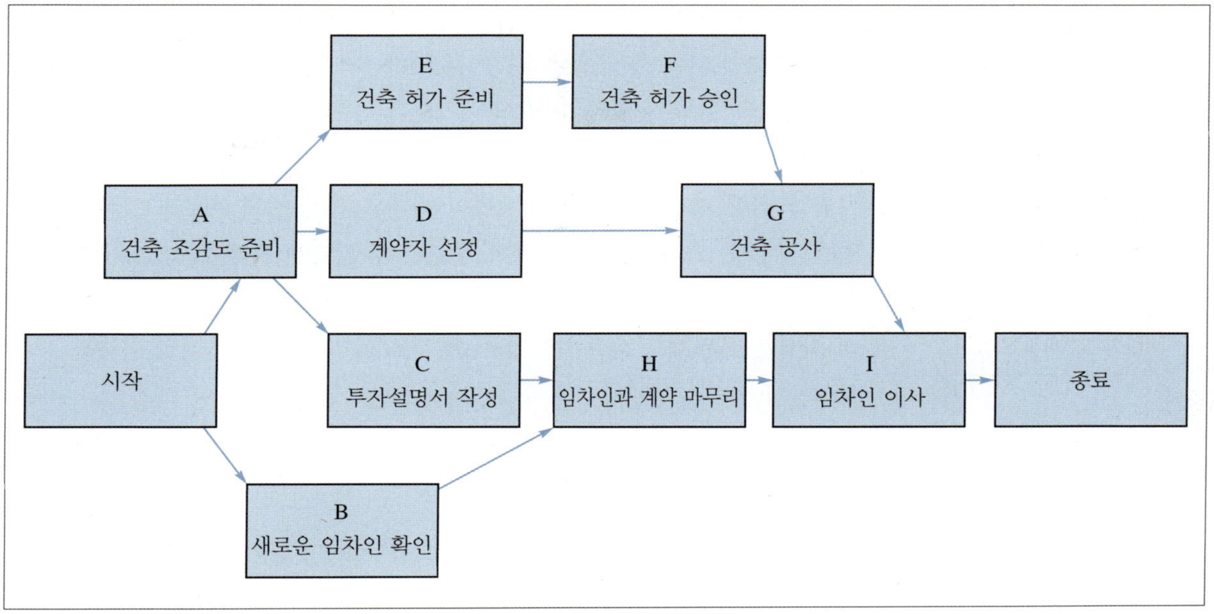

그림 7.1 웨스턴힐스 쇼핑센터의 프로젝트 네트워크

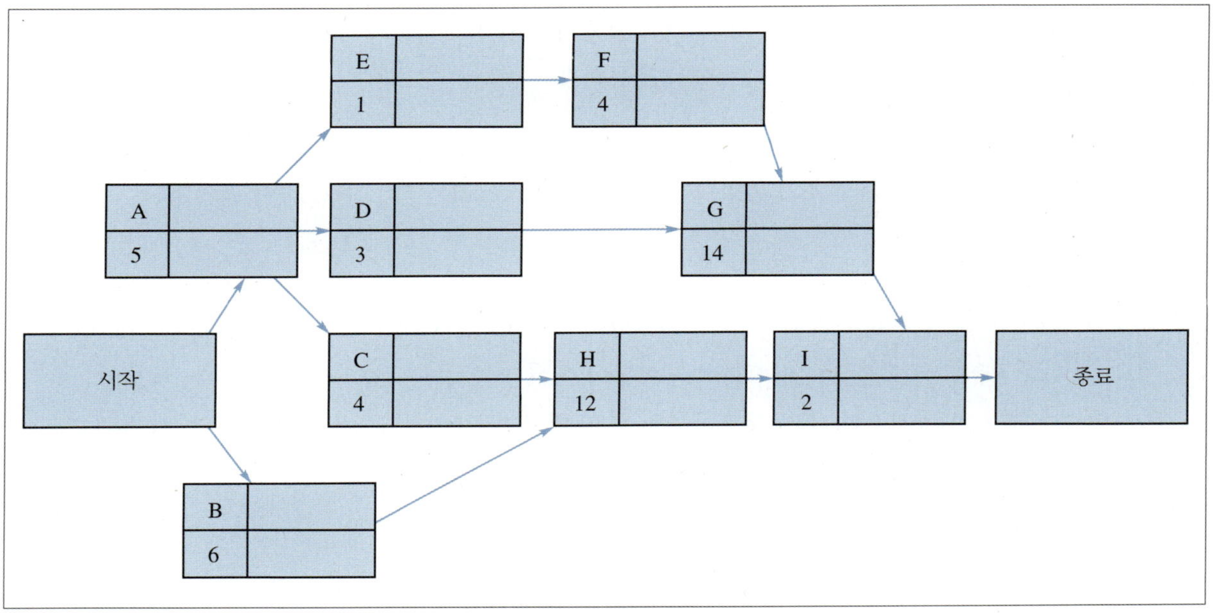

그림 7.2 활동시간이 표시된 웨스턴힐스 쇼핑센터의 프로젝트 네트워크

(critical path)라고 불리는 것을 찾아야 한다. 그러나 그렇게 하기 전에 네트워크를 통해 경로의 개념을 정의해야 한다. **경로**(path)는 시작 노드에서 종료 노드까지 이어지는 연결된 노드들의 연속이다. 예를 들어, 그림 7.2의 네트워크에서 하나의 경로는 A-E-F-G-I의 연속된 노드로 정의된다. 좀 더 살펴보면, A-D-G-I, A-C-H-I, B-H-I와 같은 또 다른 경

로들이 가능하다는 것을 알 수 있다. 프로젝트를 완료하기 위해서 네트워크의 모든 경로들은 반드시 거쳐야 하므로 우리는 가장 많은 시간이 필요한 경로를 찾을 것이다. 모든 다른 경로들은 기간상 더 짧기 때문에 **최장** 기간의 이 경로는 프로젝트를 완료하기 위해 필요한 총시간을 결정한다.

프로젝트 네트워크는 다수의 주 경로를 가질 수 있다. 둘 이상의 경로에서 가장 긴 활동 기간을 보일 때 발생하게 된다.

만약 최장 기간 경로상의 활동들이 지체된다면, 전체 프로젝트는 지연될 것이다. 그래서 최장 기간의 경로는 **주 경로**가 된다. 주 경로상의 활동들은 프로젝트에서 **'주 활동**(critical activity)'이라 불린다. 다음 논의 사항은 프로젝트 네트워크에서 주 경로를 찾기 위한 단계적 절차를 보여준다.

주 경로 결정하기

네트워크에서 모든 활동에 대해 **조기 시작시간**(earliest start time)과 **만기 시작시간**(latest start time)을 찾는 것으로 시작한다.

ES = 어떤 활동의 조기 시작시간

EF = 어떤 활동의 만기 시작시간

t = 예상 활동시간

이라고 하자.

어떤 활동에 대해 **조기 종료시간**(earliest finish time)은 식 (7.1)과 같이 정의된다.

$$EF = ES + t \tag{7.1}$$

A 활동은 프로젝트가 시작되자마자 시작할 수 있어서 A 활동의 조기 시작시간은 0과 같다. 5주의 예상 활동시간과 함께 A 활동의 조기 종료시간은 $EF = ES + t = 0 + 5 = 5$이다.

조기 시작시간과 조기 종료시간은 노드 내에 활동을 나타내는 문자의 우측에 기록할 것이다. 예를 들어, A 활동을 이용하면, 아래와 같이 표시한다.

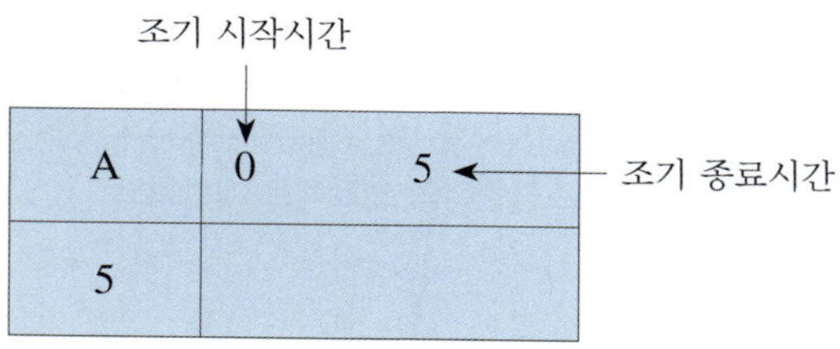

어떤 활동은 직전 선행활동들이 **모두** 종료될 때까지는 시작될 수 없으므로 각 활동의 조기 시작시간을 결정하기 위해 다음과 같은 규칙이 이용될 수 있다.

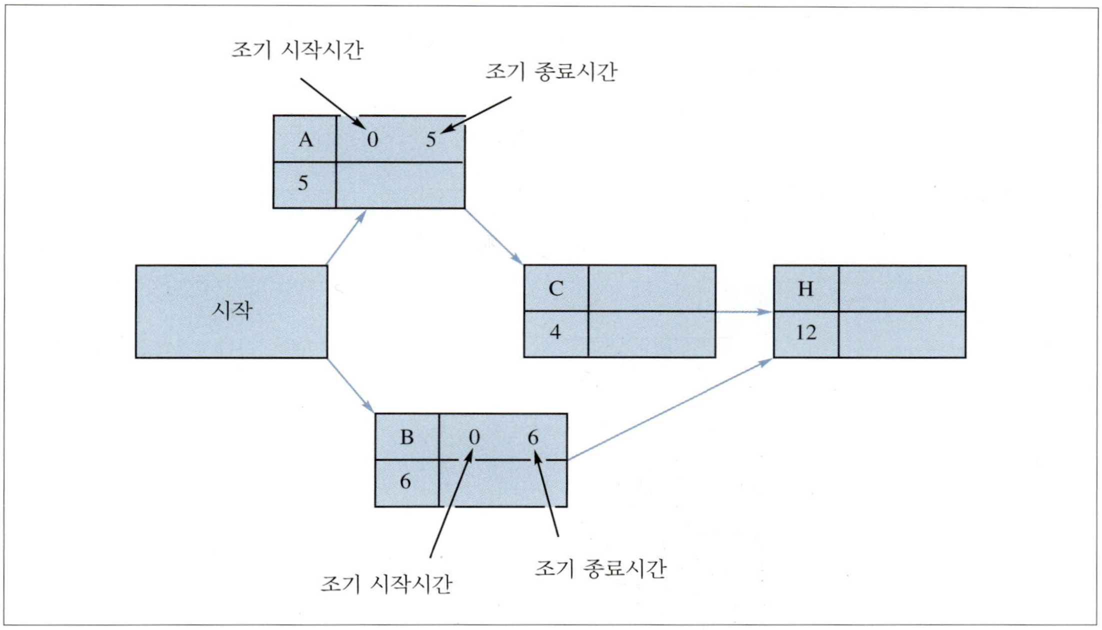

그림 7.3 A, B, C, H 활동을 보여주는 웨스턴힐스 쇼핑센터 프로젝트 네트워크의 일부분

어떤 활동의 조기 시작시간은 그 활동의 모든 직전 선행활동의 조기 종료시간들 중 **가장 큰 시간**(즉, 가장 늦은 시간)이다.

조기 시작시간 규칙을 그림 7.3에 제시된 것처럼 A, B, C, H 노드를 포함하는 네트워크의 일부에 적용해보자. 조기 시작시간이 0이고 활동시간이 6인 B 활동의 경우, B 활동의 노드 내에 $ES = 0$과 $EF = ES + t = 0 + 6 = 6$으로 보여준다. C 노드를 보면, A 활동이 C 활동의 유일한 직전 선행활동이라는 점을 주목하자. A 활동에 대해 조기 종료시간은 5이기에 C 활동의 조기 시작시간은 반드시 $ES = 5$이다. 따라서 활동시간이 4임을 감안하면 C 활동의 조기 종료시간은 $EF = ES + t = 5 + 4 = 9$이다. C 활동의 노드 내에 조기 시작시간과 조기 종료시간은 그림 7.4와 같이 나타낼 수 있다.

주 경로 계산을 거쳐서 프로젝트의 예상 완료시간을 결정하는 것은 활동들을 병행하여 수행하기에 충분한 자원(노동력, 설비, 공급 등)이 가용하다는 점을 함축적으로 가정하고 있다. PERT/CPM에 의해 생성된 일정을 지원하기에 자원이 충분하지 않으면, 정수계획법 모형(6장)과 같은 좀 더 진일보된 기법이 적용될 수 있다.

그림 7.4에 대하여, H 활동으로 넘어가서 이 활동에 조기 시작시간 규칙을 적용한다. 직전 선행활동으로서 B 활동과 C 활동을 이용하여 H 활동의 조기 시작시간은 반드시 B 활동과 C 활동에 대해 조기 종료시간 중 큰 시간과 같아야 한다. 그래서 B 활동의 $EF = 6$과 C 활동의 $EF = 9$를 이용하여 H 활동의 조기 시작시간으로 큰 값인 9를 선택한다($ES = 9$). H 활동에 대해 노드 내에 제시된 것처럼 활동시간 12를 이용하여 조기 종료

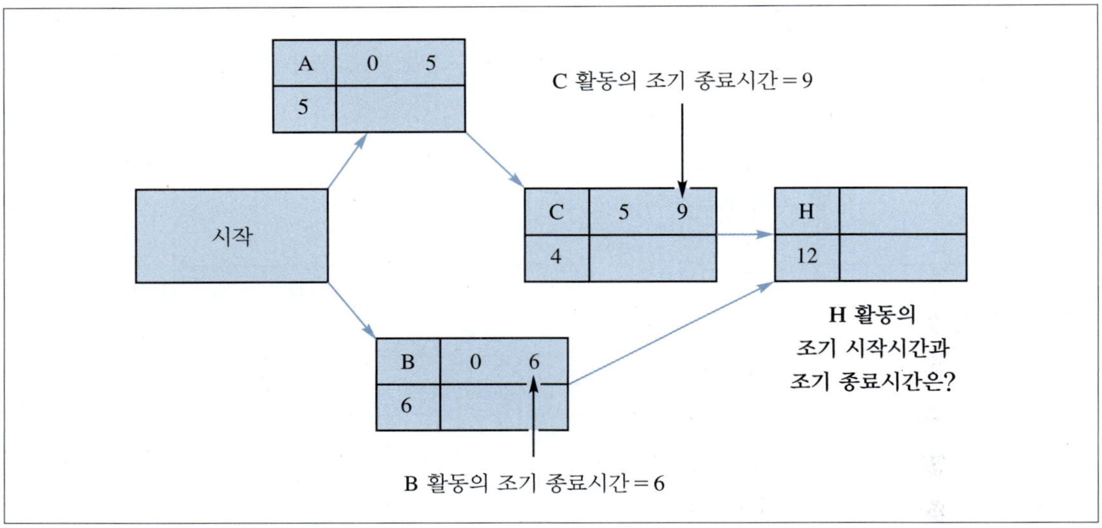

그림 7.4 H 활동을 위한 조기 시작시간의 결정

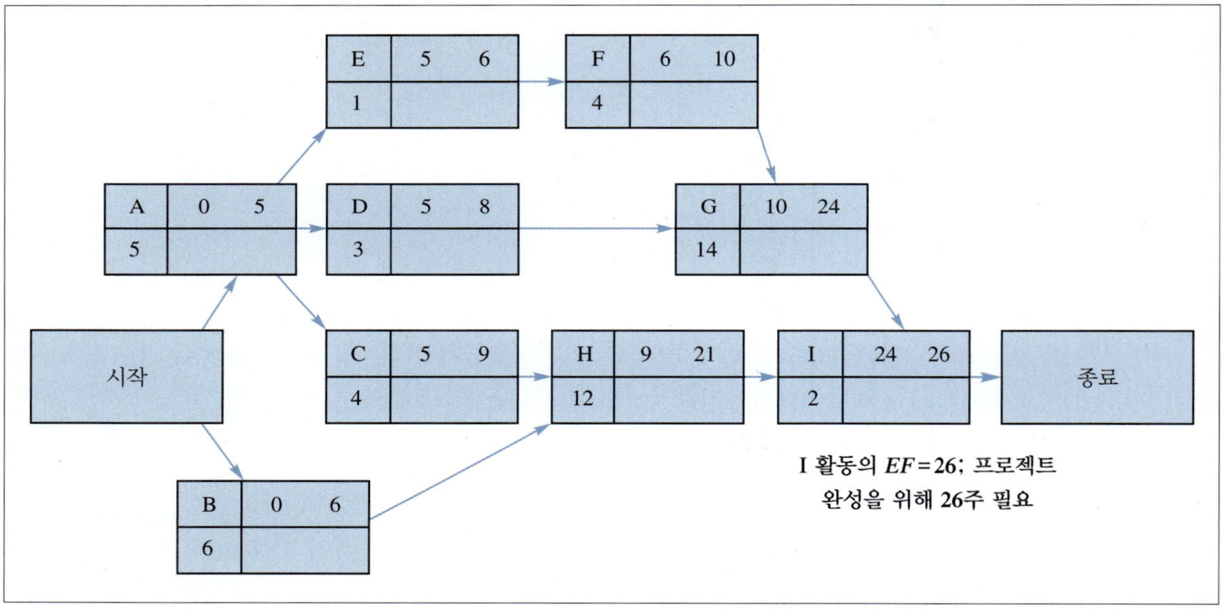

그림 7.5 모든 활동의 조기 시작시간과 조기 종료시간을 나타낸 웨스턴힐스 쇼핑센터의 프로젝트 네트워크

시간은 $EF = ES + t = 9 + 12 = 21$이다. $ES = 9$와 $EF = 21$ 값은 그림 7.4의 H 활동의 노드 내에 입력할 수 있다.

네트워크를 통해 이런 **전진 패스**(forward pass)를 지속하면, 네트워크의 각 활동에 대해 조기 시작시간과 조기 종료시간을 정할 수 있다. 그림 7.5는 각 활동에 대해 조기 시작시간(ES)과 조기 종료시간(EF)의 값을 기록한 웨스턴힐스 쇼핑센터 프로젝트의 네트워크를 보여준다. 프로젝트의 마지막 활동인 I 활동의 조기 종료시간이 26주라는 점을 확인할 수 있다. 따라서 전체 프로젝트의 예상 완료시간은 26주라는 것을 알 수 있다.

네트워크를 통해 **후진 패스**(backward pass)를 만듦으로써 주 경로를 찾는 알고리즘을 계속 실행한다. 전체 프로젝트의 예상되는 종료시간은 26주이므로 I 활동의 **만기 종료시간**(latest finish time)은 26으로 후진 패스를 시작한다. 어떤 활동에 대해 만기 종료시간이 알려지게 되면 그 활동의 만기 시작시간은 다음과 같이 계산될 수 있다.

LS = 어떤 활동의 만기 시작시간

LF = 어떤 활동의 만기 종료시간

이라고 하자. 그러면 식 (7.2)가 성립한다.

$$LS = LF - t \tag{7.2}$$

I 활동으로 후진 패스를 시작하면, 만기 종료시간 $LF = 26$이고 활동시간이 2임을 알 수 있다. 그래서, I 활동의 만기 시작시간 $LS = LF - t = 26 - 2 = 24$이다. 여기에서 노드에 만기 시작($LS$)과 만기 종료($LF$) 값을 조기 시작($ES$)시간과 조기 종료($EF$)시간 바로 밑에 기입할 것이다. 그래서, 노드 I에 대해 아래와 같은 결과를 얻는다.

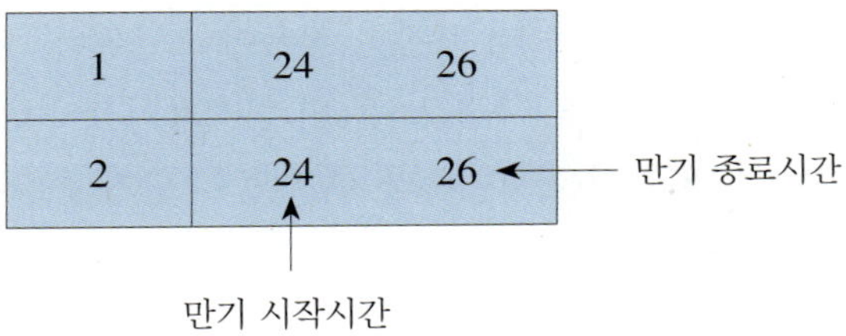

네트워크의 각 활동에 대해 만기 시작시간을 결정하기 위해 다음과 같은 규칙이 이용될 수 있다.

어떤 활동의 만기 종료시간은 그 활동의 모든 직전 선행활동의 만기 시작시간들 중 **가장 작은** 시간(즉, 가장 빠른 시간)이다.

논리적으로, 이 규칙은 어떤 활동이 종료될 수 있는 만기 시간은 다음 활동의 만기 시작시간의 조기(가장 작은) 값과 같음을 의미한다. 그림 7.6은 후진 패스의 결과인 만기 시작(LS)과 만기 종료(LF)를 포함하여 완성한 프로젝트 네트워크를 보여준다. H 활동에 대해 제시한 LS와 LF 값을 입증하기 위해 만기 종료시간 규칙을 이용할 수 있다. H 활동의 만기 종료시간은 반드시 I 활동의 만기 시작시간이어야 한다. 따라서, H 활동의 $LF = 24$로 설정한다. 식 (7.2)를 이용하면, H 활동에 대해 만기 시작시간으로서 $LS = LF -$

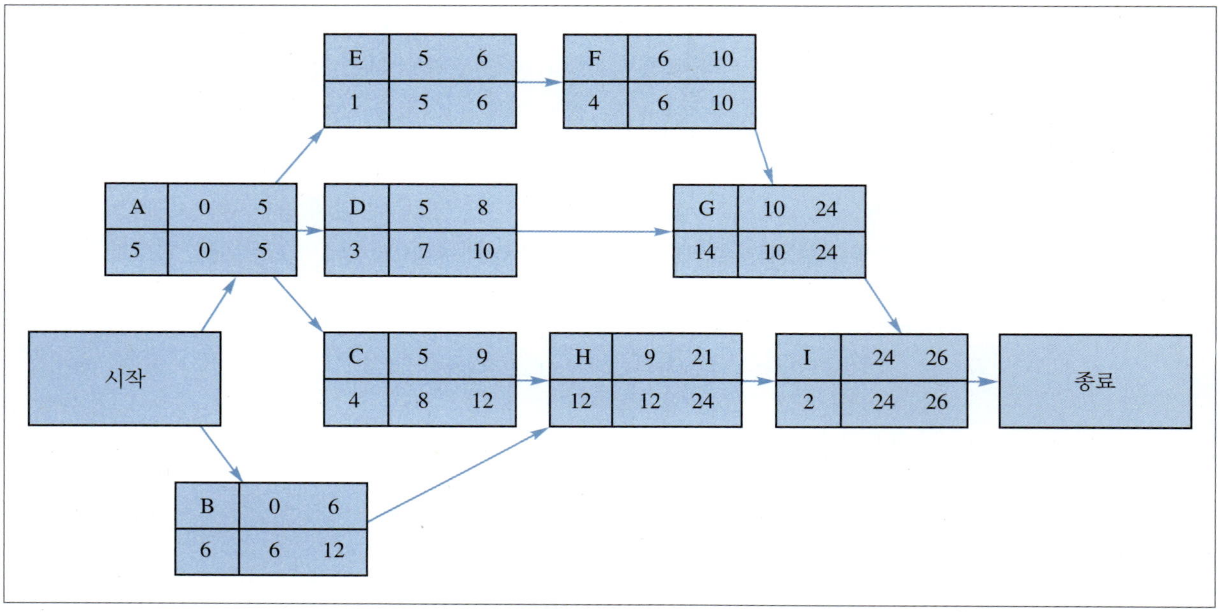

그림 7.6 모든 활동의 만기 시작시간과 만기 종료시간을 나타낸 웨스턴힐스 쇼핑센터의 프로젝트 네트워크

$t = 24 - 12 = 12$임을 알 수 있다. 그림 7.6에서 이 값들은 H 활동의 노드에 표시된다.

A 활동은 만기 시작시간 규칙에 좀 더 복잡한 적용이 요구된다. 첫째, 3개의 활동(C, D, E)은 A 활동의 바로 뒤를 따른다. 그림 7.6은 만기 시작시간이 C, D, E 활동에 대해 각각 $LS = 8$, $LS = 7$, $LS = 5$라는 것을 보여준다. A 활동의 만기 종료시간 규칙은 A 활동의 LF가 C, D, E 활동의 만기 시작시간 중 가장 작은 것이라는 점을 의미한다. 가장 작은 값은 E 활동의 5라는 것을 이용하여 A 활동의 만기 시작시간을 $LF = 5$로 설정한다. 이 결과와 다른 만기 시작시간 및 만기 종료시간이 모든 노드에 제시된 것을 그림 7.6에서 확인할 수 있다.

전방 및 후방 패스를 완성한 후, 각 활동과 연관된 **여유**(slack)시간을 결정할 수 있다. 여유시간은 프로젝트 완료시간의 증가 없이 어떤 활동을 지연할 수 있는 시간의 길이를 말한다. 어떤 활동의 여유시간은 다음과 같이 계산된다.

$$여유시간 = LS - ES = LF - EF \tag{7.3}$$

PERT/CPM의 주요 기여점 중의 하나는 중요한 활동을 식별해주는 것이다. 이러한 활동 중 어느 하나가 지연되면 프로젝트 완료시간이 연장될 것이기 때문에 프로젝트 관리자는 중요한 활동을 면밀히 감시하고 싶을 것이다.

예를 들어, C 활동과 관련하여 여유시간은 $LS - ES = 8 - 5 = 3$주이다. 그래서 C 활동은 3주까지 지연될 수 있고, 전체 프로젝트는 여전히 26주에 완료될 수 있다. 이런 의미에서, C 활동은 26주 안에 전체 프로젝트가 완료되는 데 중대한 영향을 미치지 않는다. 다음으로, E 활동을 고려해보자. 그림 7.6의 정보를 이용하면, 여유시간은 $LS - ES = 5 - 5 = 0$

표 7.2 웨스턴힐스 쇼핑센터 프로젝트의 활동 스케줄

활동	조기 시각(*ES*)	만기 시각(*LS*)	조기 종료(*EF*)	만기 종료(*LF*)	여유(*LS* − *ES*)	주 경로?
A	0	0	5	5	0	주 경로
B	0	6	6	12	6	
C	5	8	9	12	3	
D	5	7	8	10	2	
E	5	5	6	6	0	주 경로
F	6	6	10	10	0	주 경로
G	10	10	24	24	0	주 경로
H	9	12	21	24	3	
I	24	24	26	26	0	주 경로

이라는 것을 알 수 있다. 그래서 E 활동의 여유시간은 0(즉, 여유 없음)이다. 따라서, 이 활동은 전체 프로젝트의 완료시간이 증가되지 않고는 지연될 수 없다. 다시 말하면, E 활동을 계획대로 정확하게 완료하는 것은 프로젝트를 계획대로 진행되게 유지하는 관점에서 중요하며, 따라서 E 활동은 주 활동이다. 일반적으로, **주 활동**은 여유시간이 0인 활동이다.

주 경로 알고리즘은 최장 경로 알고리즘이다. 시작 노드에서 종료 노드까지 주 경로는 가장 시간이 많이 요구되는 경로를 식별한다.

그림 7.6에 제시된 시작시간과 종료시간은 모든 활동에 대해서 상세한 시작시간과 종료시간 계획을 수립하기 위해 이용될 수 있다. 이 정보를 도표 형식으로 정리하여 표 7.2에 제시한 것과 같이 활동의 일정을 제공할 수 있다. 여유시간의 열은 A, E, F, G, I 활동의 여유시간이 0임을 보여주고 있다는 점을 확인할 수 있다. 이런 이유로, 이와 같은 활동들은 프로젝트에서 주 활동이다. 노드 A-E-F-G-I에 의해 수행되는 경로는 웨스턴힐스 쇼핑센터 프로젝트 네트워크에서 **주 경로**이다. 표 7.2에 제시된 상세한 일정은 주 활동이 아닌 활동에 대해 프로젝트 완료시간이 늘어나기 전까지 용인할 수 있는 여유(또는 지연)시간을 보여주고 있다.

PERT/CPM의 기여점

앞서 프로젝트 관리자는 계획, 스케줄링, 프로젝트의 통제에 대해 중요한 질문을 해결하는 데 도움을 주는 절차를 찾는다고 했다. 주 경로 계산 과정이 우리에게 주는 정보를 고려하여 이 질문들을 다시 생각해보자.

1. 프로젝트를 완료하는 데 얼마나 오래 걸리는가?

답변: 만약 각 활동이 예정대로 완료된다면 프로젝트는 26주 내에 완료될 수 있다.

2. 각 활동에 대해 계획된 시작시간과 완료시간은 어떻게 되는가?

   답변: 활동 계획(표 7.2 참조)은 각 활동에 대해 조기 시작시간, 만기 시작시간, 조기 종료시간, 만기 종료시간을 보여준다.

3. 예정대로 프로젝트를 진행하기 위해서 어떤 활동이 '중요'하고 계획대로 정확하게 완료되어야 하는가?

   답변: A, E, F, G, I는 주 활동이다.

4. 덜 중요한 활동은 프로젝트의 완료시간의 증가를 야기하기 전까지 얼마나 지연될 수 있는가?

   답변: 활동 계획(표 7.2 참조)은 각 활동과 관련된 여유시간을 보여준다.

임의의 프로젝트를 관리하는 데 이와 같은 정보는 가치가 있다. 비록 직전 선행활동의 관계와 활동시간의 추정은 일반적으로 프로젝트의 크기에 따라 증가하지만, 대형 프로젝트에 대한 PERT/CPM의 절차와 기여는 쇼핑센터의 확장 프로젝트에서 보인 것과 동일하다. '경영과학의 실행'의 '시즌굿앤메이어의 병원 수익채권'에서는 $3,100만의 병원 수익채권을 도입하는 23개의 활동으로 구성된 프로젝트에 대해서 설명하고 있다. 주 활동, 예상 프로젝트 완료시간이 29주라는 것과 전체 프로젝트가 예정대로 진행되는 데 필요한 활동의 시작시간과 종료시간을 확인하기 위해 PERT/CPM이 사용되었다.

이러한 대형 프로젝트 계획 수립을 위해 Microsoft Project와 같은 소프트웨어는 효율적으로 주 경로를 탐색하는 데 효과적이다. 해당 프로그램의 입력자료는 각 활동과 직전 선행활동, 예상 활동시간이 필요하다. 프로젝트 관리자는 프로젝트의 다양한 측면에 대한 수정을 실행하며 수정에 따른 전체 프로젝트에 미치는 영향을 판단하고 완료시간에 대한 변화를 예측하는 것이 필요하다.

PERT/CPM을 통한 주 경로 확인과정의 요약

이번 절을 끝마치기 전에 PERT/CPM 주 경로 절차를 요약해보자.

1단계: 프로젝트를 구성하는 활동들의 목록을 작성한다.

2단계: 프로젝트에서 각 활동에 대해 직전 선행활동을 결정한다.

3단계: 각 활동에 대해 예상 완료시간을 추정한다.

4단계: 1단계와 2단계에서 열거된 활동과 직전 선행활동을 묘사하는 프로젝트 네트워크를 그린다.

5단계: 네트워크를 통해 전진 패스를 구성함으로써 각 활동의 조기 시작시간과 조기 종료시간을 결정하기 위해 프로젝트 네트워크와 활동시간의 추정치를 사용한다. 프로젝트의 마지막 활동의 조기 종료시간을 전체 프로젝트를 완료하기 위해 요구되는 예상시간과 동일시한다.

6단계: 5단계에서 동일시한 예상 프로젝트 완료시간을 마지막 활동의 만기 종료시간으로 사용하고 각 활동에 대해 만기 시작시간과 만기 종료시간을 확인하기 위해 네트워크를 통해 후진 패스를 구성한다.

7단계: 각 활동의 여유시간을 결정하기 위해 각 활동에 대해 만기 시작시간과 조기 시작시간 간의 차이를 이용한다.

8단계: 여유시간이 0인 활동을 찾는다. 이러한 활동들은 주 활동이다.

9단계: 프로젝트에 대한 활동 계획을 수립하기 위해 5단계와 6단계의 정보를 이용한다.

유의사항

PERT/CPM 네트워크 분석 후, 프로젝트 관리자가 프로젝트 완료시간을 받아들일 수 없다고, 즉 프로젝트가 너무 오래 걸릴 것이라고 가정하자. 이 경우, 관리자는 다음과 같은 절차들의 하나 또는 모두를 취해야만 한다. 첫째, 주 경로의 활동 중 적어도 일부가 동시에 수행될 수 있도록 직전 선행활동의 관계가 수정될 수 있는지를 확인하기 위해서 원래 PERT/CPM 네트워크를 재검토한다. 둘째, 주 경로 시간을 단축하려는 의도로 주 경로 활동에 자원을 투입하는 것을 고려한다. 우리는 시간 **단축**(crashing)이라 불리는 이 대안을 7.3절에서 살펴볼 것이다.

경영과학의 실행 | 시즌굿앤메이어의 병원 수익채권

시즌굿앤메이어(Seasongood & Mayer)는 오하이오주 신시내티에 있는 유가증권 투자회사이다. 이 회사는 새로 발행한 지방채를 인수하고, 기발행된 채권의 중개인으로서 활동하며, 기타 투자 은행 서비스를 수행하면서 시 재정에 관여한다.

시즌굿앤메이어는 오하이오주 해밀턴 카운티에 있는 프로비던스 병원(Providence Hospital)에 대해 $3,100만의 병원 시설 수익채권 발행에 대한 인수를 제공하였다. 이 지방채 발행을 인수하는 프로젝트는 법률 서류의 초안 작성, 기존 병원 시설의 기술서 작성, 타당성 조사를 완료하는 것과 같은 활동으로 시작했다. 병원이 공사 계획을 체결하고 채권 이익이 가능하게 될 때 완료되는 프로젝트는 총 23개 활동으로 확인되었다. 활동에 대한 직전 선행활동의 관계와 활동시간은 프로젝트 관리팀에 의해 작성되었다.

프로젝트 네트워크의 PERT/CPM 분석은 10개의 주 경로 활동으로 확인되었다. 또한, 분석 결과, 예상 완료시간은 29주, 즉 약 7개월로 나타났다. 활동 계획은 각 활동에 대해 시작시간과 종료시간을 보여주고 프로젝트를 감시하고 계획대로 유지되는 데 필요한 정보를 제공했다. PERT/CPM은 시즌굿앤메이어가 공사 입찰에 명기된 시간 안에 프로젝트에 대한 자금 확보에 도움을 주는 데 있어서 중요했다.

7.2 불확실한 활동시간을 고려한 프로젝트 스케줄링

이번 절에서는 신제품 R&D를 포함한 문제의 프로젝트 스케줄링을 자세하게 살펴본다. 이런 프로젝트에서의 많은 활동이 이전에 조직 내에서 시도되어 본 적이 없으므로 프로젝트 관리자는 활동시간의 불확실성을 고려하기를 원한다. 불확실한 활동시간으로 어떻게 프로젝트 스케줄링을 수행할 수 있는지 살펴보자.

도허티 Porta-Vac 프로젝트

정확한 활동시간의 추정은 활동 스케줄의 개발에 있어서 중요하다. 활동시간이 불명확할 때, 세 가지 종류의 시간 추정(낙관적 시간, 가장 일어날 것 같은 시간, 비관적 시간)은 프로젝트 관리자가 주 경로와 활동 스케줄을 결정하는 데 불확실성을 고려할 수 있게 해준다. 이 접근법은 PERT 기법의 개발자들에 의해 고안되었다.

H. S. 도허티사(H. S. Daugherty Company)는 수년간 산업용 진공 청소 시스템을 제조해왔다. 최근, 회사의 신제품 연구팀의 일원이 회사가 무선 진공 청소기 생산을 고려하자고 제안하는 보고서를 제출했다. Porta-Vac이라 불리는 신제품은 도허티사가 가정용 제품 시장으로 확장하는 데 기여할 수 있다. 경영진은 Porta-Vac이 합리적인 가격에 생산되기를 바라고 이 제품의 휴대성과 무선의 편리함이 잠재적인 고객에게 매우 매력적이기를 바란다.

도허티사의 경영진은 Porta-Vac 제품의 생산 가능성에 대해 조사를 원한다. 타당성 조사를 통해 실행할 활동을 확인할 수 있다. 이 조사를 완료하기 위해서, 회사의 연구개발(R&D) 부서, 제품 점검 부서, 생산 부서, 비용 추정 부서, 시장조사 그룹으로부터 정보가 수집되어야 한다. 이 타당성 조사가 완료되려면 얼마나 걸릴 것인가?

반복해서 제시하지만, 프로젝트 스케줄링 프로세스의 첫 단계는 프로젝트를 구성하

표 7.3 Porta-Vac 프로젝트의 활동 목록

활동	설명	직전 수행 활동
A	제품 디자인 개발하기	–
B	시장조사 계획하기	–
C	절차 결정을 준비하기(생산공학)	A
D	시제품 모형 제작하기	A
E	마케팅 책자 준비하기	A
F	비용 추정 준비하기(산업공학)	C
G	사전 제품 검사하기	D
H	시장 조사 완료하기	B, E
I	가격 책정 및 수요예측 보고서 준비하기	H
J	최종 보고서 준비하기	F, G, I

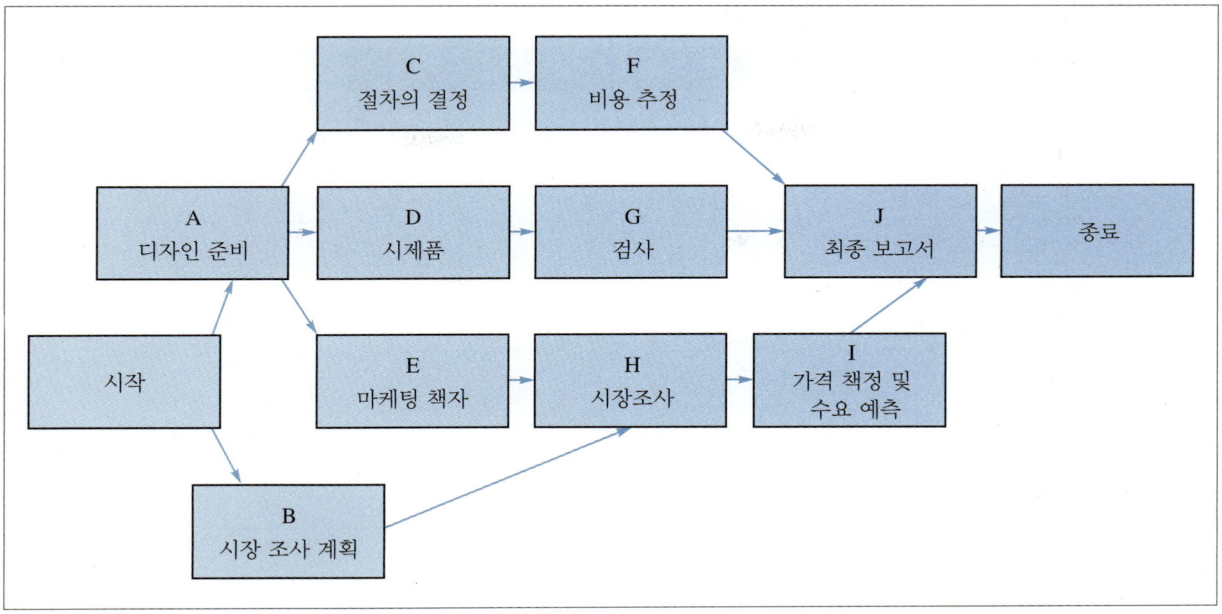

그림 7.7 Porta-Vac 무선 진공청소기 프로젝트의 네트워크

는 모든 활동을 확인하고 각 활동에 대해 직전 선행활동들을 결정하는 것이다. 표 7.3은 Porta-Vac 프로젝트의 이러한 정보를 보여준다.

Porta-Vac 프로젝트 네트워크는 그림 7.7에 제시되어 있다. 표 7.3을 통해 네트워크에서의 직전 수행되어야 활동을 확인할 수 있다.

불확실한 활동시간

일단 프로젝트 네트워크가 만들어지면, 각 활동을 완료하는 데 필요한 시간에 대한 정보가 필요할 것이다. 이 정보는 프로젝트가 완료되는 데 필요한 총시간을 계산하는 데 이용되고 구체적인 활동의 계획수립에 이용된다. 건설과 유지보수 프로젝트와 같은 반복적인 프로젝트에 대해서는, 관리자의 경험과 정확한 활동시간 추정을 제공하는 데 필요한 과거 데이터를 갖고 있다. 그러나 새로운 또는 유일한 프로젝트에 대해서, 각 활동에 대해 시간을 추정하는 것은 매우 어려울 것이다. 실제로, 많은 경우에 활동시간은 불확실하고 하나의 특정한 시간 추정보다는 가능한 값의 범위에 의해 표현되는 것이 최선일 것이다. 이러한 경우, 불확실한 활동시간은 확률분포와 관련한 확률변수로 취급된다.

불확실한 시간의 분석을 위해서, 우리는 각 활동에 대해 3개의 시간 추정치를 얻어야만 한다.

- **낙관적 시간**(optimistic time)

  a = 모든 것이 이상적으로 진행될 경우의 최소 활동시간

표 7.4 Porta-Vac 프로젝트 활동의 낙관적 시간, 가장 일어날 것 같은 시간, 비관적 시간의 추정치(단위: 주)

활동	낙관적 시간(*a*)	가장 일어날 것 같은 시간(*m*)	비관적 시간(*b*)
A	4	5	12
B	1	1.5	5
C	2	3	4
D	3	4	11
E	2	3	4
F	1.5	2	2.5
G	1.5	3	4.5
H	2.5	3.5	7.5
I	1.5	2	2.5
J	1	2	3

- **가장 일어날 것 같은 시간**(most probable time)

  m = 정상 상황에서 가장 일어날 것 같은 활동시간
- **비관적 시간**(pessimistic time)

  b = 많은 지연에 봉착하는 경우의 최대 활동시간

불확실한 활동시간으로 PERT/CPM 절차를 설명하기 위해서, 표 7.4에 나타낸 것처럼 Porta-Vac 활동에 대해 낙관적 시간의 추정치, 가장 일어날 것 같은 시간의 추정치, 비관적 시간의 추정치를 고려해보자. 일례로, A 활동의 가장 일어날 것 같은 시간은 5주이며 4주(낙관적)에서 12주(비관적)의 범위를 갖고 있음을 알 수 있다. 만약 활동이 여러 번 반복된다면, 활동의 평균 시간은 얼마인가? 이 평균, 즉 **예상시간**(expected time, t)은 다음과 같다.

$$t = \frac{a + 4m + b}{6} \tag{7.4}$$

A 활동에 대해 평균, 즉 예상시간은 아래와 같다.

$$t_A = \frac{4 + 4(5) + 12}{6} = \frac{36}{6} = 6\text{주}$$

불확실한 활동시간에 대하여, 활동시간 값의 변동성을 나타내기 위해 분산(variance)을 이용할 수 있다. 활동시간의 분산은 다음 공식에 의해 주어진다.[1]

1 분산 공식은 표준편차가 분포의 양극단 값과의 차이의 약 1/6이라는 개념에 근거하고 있다. $(b-a)/6$ 분산은 표준편차의 제곱이다.

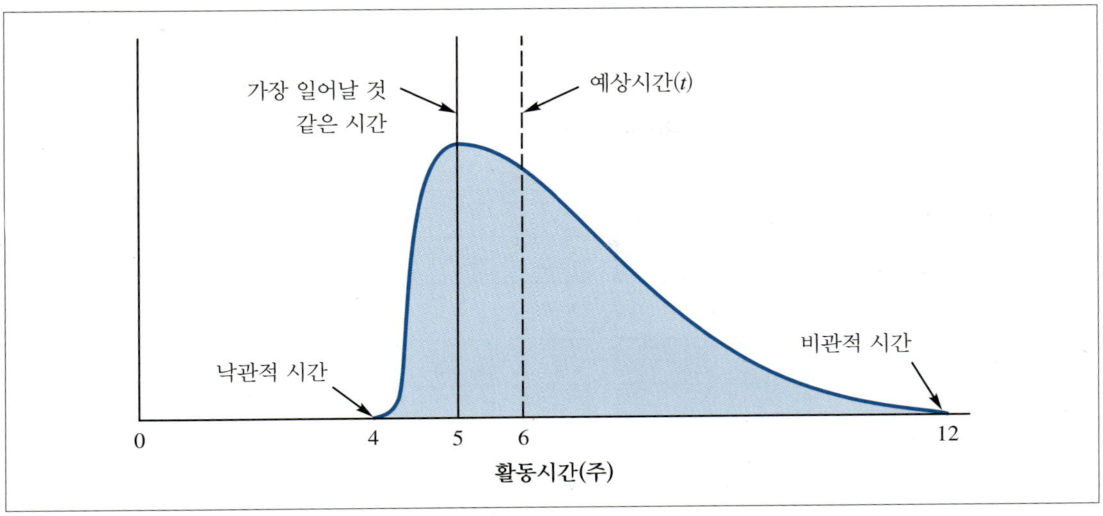

그림 7.8 Porta-Vac 프로젝트의 제품 디자인에 대한 활동(A 활동)시간의 분포

$$\sigma^2 = \left(\frac{b - a}{6}\right)^2 \tag{7.5}$$

비관적 시간(b)과 낙관적 시간(a)의 추정치 간 차이는 분산 값에 많은 영향을 준다. 두 값의 차이가 크면 활동시간의 불확실한 정도가 높음을 반영한다. 식 (7.5)를 이용하면, σ_A^2로 나타나는 A 활동의 불확실한 정도를 측정한 결과(분산)를 얻는다.

$$\sigma_A^2 = \left(\frac{12 - 4}{6}\right)^2 = \left(\frac{8}{6}\right)^2 = 1.78$$

표 7.5 Porta-Vac 프로젝트 활동에 대한 예상시간과 분산

활동	예상시간(주)	분산
A	6	1.78
B	2	0.44
C	3	0.11
D	5	1.78
E	3	0.11
F	2	0.03
G	3	0.25
H	4	0.69
I	2	0.03
J	2	0.11
총합	32	

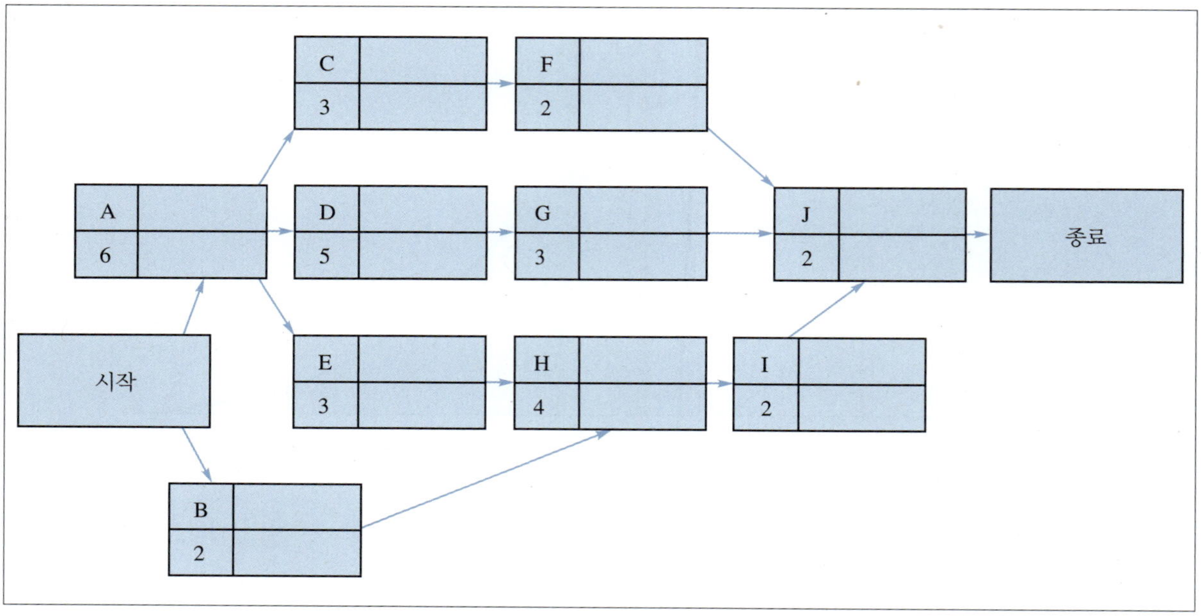

그림 7.9 기대 활동시간이 포함된 Porta-Vac 프로젝트 네트워크

식 (7.4)와 식 (7.5)는 활동시간의 분포는 **베타 확률분포**(beta probability distribution)[2]를 따른다는 점을 가정하고 있다. 이 가정으로, A 활동이 완료되는 시간에 대한 확률분포는 그림 7.8에서 제시된 것과 같다. 식 (7.4)와 식 (7.5)와 표 7.4의 데이터를 이용하여, Porta-Vac의 각 활동에 대해 예상시간과 분산을 산출한다. 그 결과는 표 7.5에 요약되어 있다. 예상 활동시간을 포함한 Porta-Vac 프로젝트 네트워크는 그림 7.9에 제시된 것과 같다.

주 경로

프로젝트 네트워크와 예상 활동시간을 알게 되면, 프로젝트 완료와 활동 계획을 결정하기 위해 필요한 예상시간을 결정하는 데 필요한 주 경로 계산을 진행할 준비가 된 것이다. 이 계산 과정에서 7.1절에서 소개했던 주 경로 절차를 예상 활동시간(표 7.5)에 적용함으로써 Porta-Vac 프로젝트의 주 경로를 찾게 된다. 프로젝트 완료를 위한 주 활동과 예상시간이 결정된 후에 활동시간의 변동성의 효과를 분석하게 된다.

그림 7.9에 제시된 네트워크를 통해 전진 패스를 계속 진행함으로써, 각 활동에 대해 조기 시작(*ES*)시간과 조기 종료(*EF*)시간을 설정할 수 있다. 그림 7.10은 *ES*와 *EF* 값을

---

2 t와 σ^2에 대한 공식들은 베타 확률분포의 매개변수(parameter) 값에 대한 추가적인 가정이 요구된다. 그러나 이러한 추가적인 가정이 없다고 하더라도 여전히 공식들은 t와 σ^2의 좋은 근사치를 제공한다.

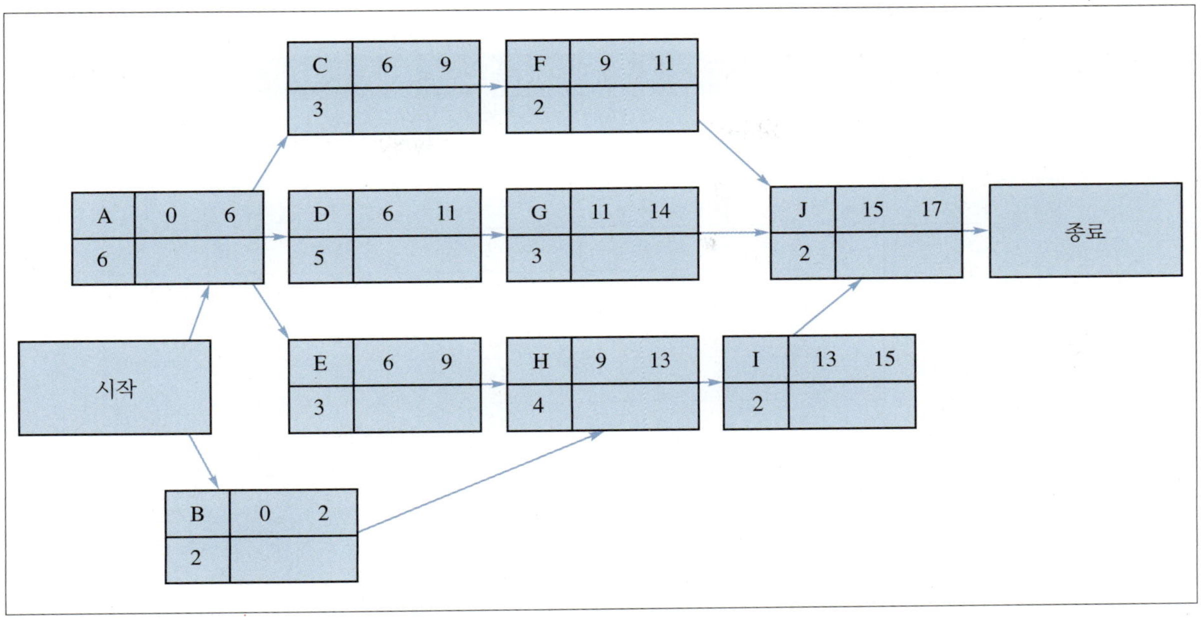

그림 7.10 조기 시작시간과 조기 종료시간이 포함된 Porta-Vac 프로젝트 네트워크

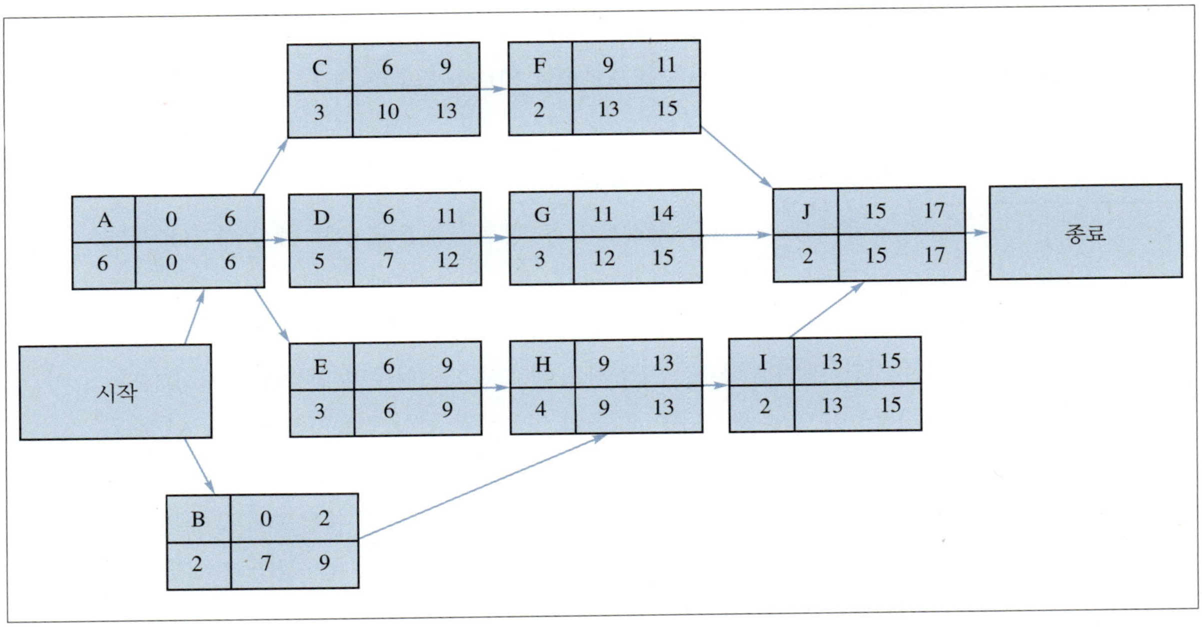

그림 7.11 만기 시작시간과 만기 종료시간이 포함된 Porta-Vac 프로젝트 네트워크

포함한 프로젝트 네트워크를 보여준다. 마지막 활동인 J 활동에 대해 조기 종료시간은 17주라는 점을 주목하라. 그래서 프로젝트의 예상 완료시간은 17주이다. 다음 과정으로, 네트워크를 통해 후진 패스를 만든다. 후진 패스는 그림 7.11에 제시된 만기 시작(*LS*)시

표 7.6 Porta-Vac 프로젝트의 활동 스케줄

활동	조기 시각(ES)	만기 시각(LS)	조기 종료(EF)	만기 종료(LF)	여유($LS-ES$)	주 경로?
A	0	0	6	6	0	주 경로
B	0	7	2	9	7	
C	6	10	9	13	4	
D	6	7	11	12	1	
E	6	6	9	9	0	주 경로
F	9	13	11	15	4	
G	11	12	14	15	1	
H	9	9	13	13	0	주 경로
I	13	13	15	15	0	주 경로
J	15	15	17	17	0	주 경로

불확실한 활동시간들이 고려될 때, 프로젝트 완료를 위해 필요한 실제 시간은 주 경로 계산에 의해 제시되는 프로젝트 완료를 위한 예상시간과 다를 수도 있다. 그러나 계획하는 목적상 예상시간은 프로젝트 관리자에게 가치 있는 정보를 제공한다.

간과 만기 종료(LF)시간을 제공한다.

Porta-Vac 프로젝트의 활동 계획은 표 7.6에 제시되어 있다. 또한 각 활동에 대해 여유시간($LS-ES$)도 제시되었다. 여유시간이 0인 활동(A, E, H, I, J)은 Porta-Vac 프로젝트 네트워크의 주 경로를 형성한다

프로젝트 완료시간의 변동성

우리는 Porta-Vac 프로젝트의 주 경로인 A-E-H-I-J의 예상 총 프로젝트 완료시간이 17주로 결정된 것을 알게 되었다. 그러나 활동시간의 변동은 프로젝트 완료시간에 있어서 변동의 원인이 될 수 있다. 주 활동이 아닌 활동들의 변동은 이러한 활동들과 관련한 여유시간 때문에 대개는 프로젝트 완료시간에 아무런 영향을 주지 않는다. 하지만, 만약 주 활동이 아닌 활동이 이 활동의 여유시간 이상으로 지연된다면, 이 활동은 새로운 주 경로의 일부가 될 것이고 프로젝트 완료시간에 영향을 미칠 것이다. 다른 활동들이 주 경로의 일부가 되지 않는다면, 주 활동들의 총시간이 예상보다 길게 만드는 변동성은 프로젝트 완료시간을 항상 연장시킬 것이고, 반대로, 주 활동들의 총시간이 예상보다 짧을 것으로 야기되는 변동성은 프로젝트 완료시간을 줄일 것이다.

불확실한 활동시간을 포함한 프로젝트에 대해, 프로젝트가 명시된 시간 내에 완료될 수 있을 확률은 유용한 경영 정보이다. 프로젝트 관리에서 변동성의 효과를 이해하기 위해서, 우리는 Porta-Vac 프로젝트 네트워크를 통해 모든 경로를 따라 변동을 고려한다. 그림 7.11을 검토하면, 프로젝트 네트워크를 통해 4개의 경로인 경로 1 = A-E-H-I-J, 경로 2 = A-C-F-J, 경로 3 = A-D-G-J, 경로 4 = B-H-I-J가 관찰된다. 확률변수 T_i를 경로 i

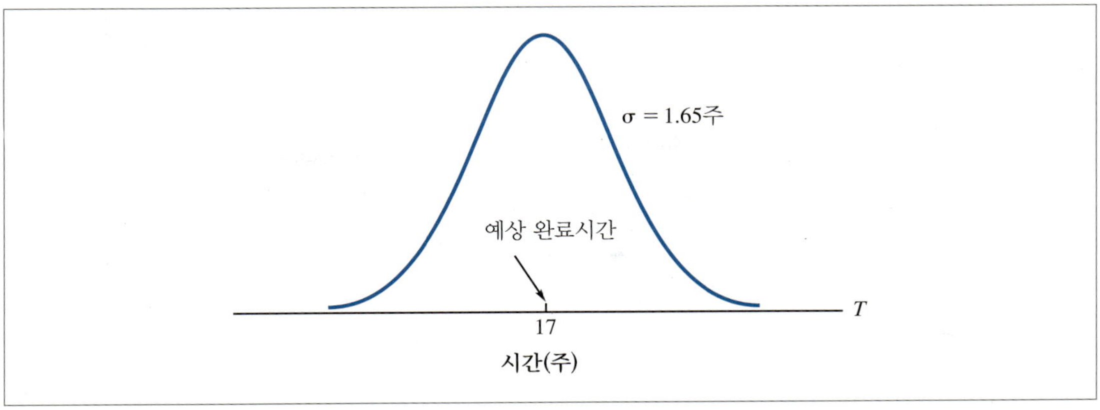

그림 7.12 Porta-Vac 프로젝트에 대한 주 경로 완료시간의 정규분포

가 완료되기 위한 총시간이라고 하자. T_i의 기댓값은 경로 i를 따라 활동들의 예상시간을 모두 더한 값과 같다. 경로 1(주 경로)에 대해, 예상시간은 아래와 같다.

$$E(T_1) = t_A + t_E + t_H + t_I + t_J = 6 + 3 + 4 + 2 + 2 = 17\text{주}$$

T_i의 분산은 경로 i를 따라 활동들의 분산을 모두 더한 값이다. 경로 1(주 경로)에 대해, 완료시간의 분산은

$$\sigma_1^2 = \sigma_A^2 + \sigma_E^2 + \sigma_H^2 + \sigma_I^2 + \sigma_J^2 = 1.78 + 0.11 + 0.69 + 0.03 + 0.11 = 2.72\text{ 주}$$

이며, 여기서 σ_A^2, σ_E^2, σ_H^2, σ_I^2, σ_J^2는 A, E, H, I, J 활동의 분산이다. σ_1^2의 공식은 활동시간들이 독립적이라는 가정에 기초한다.

만일 둘 이상의 활동이 독립적이지 않다면, 이 공식은 단지 경로 완료시간의 분산에 대한 추정치만을 제공한다. 활동이 독립적일수록 더 나은 추정치를 얻게 된다. 분산의 제곱근은 표준편차라는 점을 안다면, 경로 1의 완료시간에 대한 표준편차 σ_1은 다음과 같이 산출된다.

$$\sigma_1 = \sqrt{\sigma_1^2} = \sqrt{2.72} = 1.65$$

경로 완료시간 T_1의 분포가 정규분포, 즉 종모양의 분포를 따른다는 가정[3]은 그림 7.12에 제시된 분포를 도식할 수 있게 해준다. 이 분포를 이용하면, 여러 활동으로 구성된 한 경로가 명시된 시간 내에 완료되는 것을 만족시키는 확률을 계산할 수 있다. 예를 들어, 경

3 근삿값으로서 정규분포를 이용하는 것은 중심극한정리에 근거한 것으로, 독립된 활동시간의 합은 활동시간의 개수가 점점 많아질수록 정규분포를 따른다는 것을 나타낸다. 프로젝트의 완료시간이 개별 활동시간이 비대칭적으로 상호의존적인 관계로 정규분포에 의해 적절히 예측되지 못할 때, 분석가들은 몬테카를로 시뮬레이션을 통해 프로젝트 완료시간을 제시하게 된다.

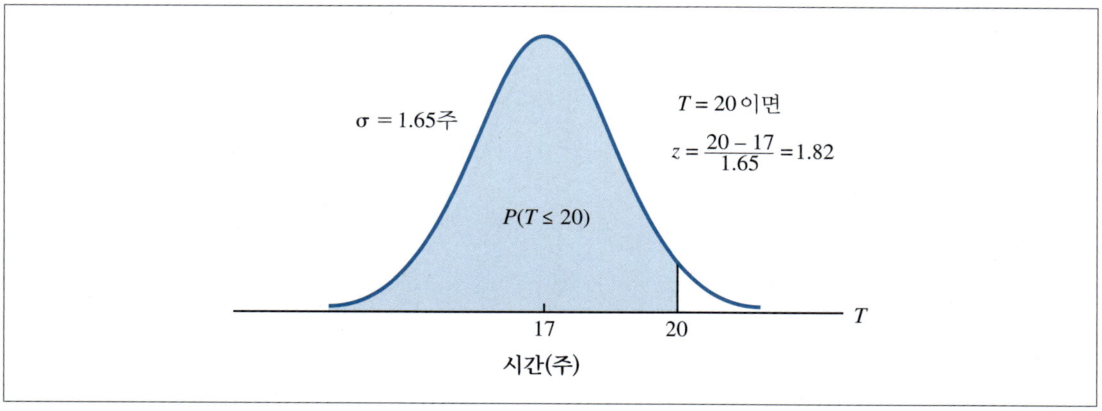

그림 7.13 주 경로가 20주 마감 시한까지 완료될 확률

영진이 Porta-Vac 프로젝트에 대해 20주를 할당했다고 가정하자. 경로 1이 20주 내에 완료될 확률은 얼마인가? 우리는 $T_1 \le 20$일 확률을 찾는 것인데, 이는 그림 7.13에서 음영이 있는 영역으로 그려진 부분에 해당한다. $T_1 = 20$에서의 z 값은 다음과 같이 산출된다.

$$z_1 = \frac{20 - 17}{1.65} = 1.82$$

정규분포는 규모가 큰 프로젝트에 대한 완료시간의 분포에 더욱 좋은 근삿값일 경향이 있다. 이 장의 부록에서는 엑셀을 이용하여 정규 확률변수의 누적확률을 계산하는 방법을 기술하고 있다.

$z = 1.82$라는 결과와 표준정규분포표(부록 B 참조)를 이용하면, 20주라는 기한을 충족하는 경로 1의 확률은 0.9656이다.

표 7.7에는 프로젝트 네트워크를 통해 나타난 다른 경로들의 예상 완료시간과 분산의 계산을 반복한 결과를 나타냈다(완성을 위한 경로 1도 포함). 표 7.7에 나타낸 것과 같이 경로 2와 경로 4는 사실상 20주 기한까지 완료됨이 보장되고 경로 3은 20주 기한을 충족시킬 확률이 0.9783이다.

Porta-Vac 프로젝트의 전체가 20주 기한까지 완료될 확률의 추정을 위한 하나의 방법은 가장 작은 완료 확률을 가진 경로만 고려하는 것이다. 흔히 있는 일이지만, 주 경로(경로 1)는 가장 작은 완료 확률을 갖는다. 그래서 Porta-Vac 프로젝트의 전체가 20주 내에 완료될 확률의 단순 추정은 0.9656이다.

일반적인 계산의 손쉬운 방법은 주 경로에 대해서만 마감 기한까지 전체 프로젝트가 완료되는 확률 추정에 기초하는 것이다. 하지만, 주 활동들에만 기초한 확률 추정은 매우 낙관적일 것이다. 불확실한 활동시간이 존재할 때, 하나 이상의 주 활동이 아닌 활동의 완료시간이 예상보다 길다면 원래 주 활동이 아닌 활동이 주 활동이 되는 원인이 될 것이고, 그 결과 프로젝트를 완료하는 데 필요한 시간이 늘어난다.

전체 프로젝트가 완료되기 위해서는 모든 경로가 완료되어야 하므로 마감 기한까지 전

표 7.7 각 프로젝트 경로가 20주 마감 시한을 충족할 확률 계산하기

기대 경로 완료시간	경로 완료시간 표준편차	z 값	기한의 충족 확률
$E(T_1)=6+3+4+2+2=17$	$\sigma_1^2=1.78+0.11+0.69+0.03+0.11=2.72$	$z_1=\frac{20-17}{\sqrt{2.72}}=1.82$	0.9656
$E(T_2)=6+3+2+2=13$	$\sigma_2^2=1.78+0.11+0.03+0.11=2.03$	$z_2=\frac{20-13}{\sqrt{2.03}}=4.91$	>0.9999
$E(T_3)=6+5+3+2=16$	$\sigma_3^2=1.78+1.78+0.25+0.11=3.92$	$z_3=\frac{20-16}{\sqrt{3.92}}=2.02$	0.9783
$E(T_4)=2+4+2+2=10$	$\sigma_4^2=0.44+0.69+0.03+0.11=1.27$	$z_4=\frac{20-10}{\sqrt{1.27}}=7.02$	>0.9999

체 프로젝트가 완료될 가능성을 계산하기 위한 대안책은 다음과 같다.

$$P(\text{경로 1이 마감 기한까지 완료})\times P(\text{경로 2가 마감 기한까지 완료})$$
$$\times P(\text{경로 3이 마감 기한까지 완료})\times P(\text{경로 4가 마감 기한까지 완료})$$
$$=0.9656\times 1.0\times 0.9783\times 1.0=0.9446$$

이 계산은 각 경로가 독립적이라는 점을 가정한다. 모든 경로가 적어도 하나의 공통된 활동을 공유하게 되면, 이 가정은 위배된다. 결과적으로, 이 추정은 프로젝트가 마감 기한

경영과학의 실행 프로젝트 관리가 미 공군의 정비시간을 절약하는 데 도움을 준다*

WR-ALC(Warner Robins Air Logistics Center)는 미 공군기와 활주로 시설에 대한 정비와 보수 서비스를 제공한다. 작전 지대의 업무를 지원하기 위해 미 공군은 WR-ALC에 C-5 수송기의 정비 서비스를 완료하는 데 걸리는 시간을 단축해달라고 요청했다.

보수와 점검 프로세스의 관리를 향상시키는 방법을 찾기 위해, WR-ALC는 설비 내의 각 항공기를 일련의 과업과 이러한 과업 간의 우선해야 하는 의존도(종속성) 및 자원이 요구되는 하나의 프로젝트로 간주하여 주 공정 프로젝트 관리(Critical Chain Project Management, CCPM) 방법을 채택했다. 감독자가 명확하게 기계, 정비 도구, 설비를 할당할 수 있을 만큼 상세한 수준에서 과업을 확인하여 약 450개의 활동으로 구성되는 프로젝트 네트워크를 만들었다.

각 과업의 자원 요구(기계, 항공기 부품, 정비 도구 등)를 명료하게 설명함으로써, CCPM은 활동들의 '주 공정'을 찾아낸다. 주 공정을 단축하기 위한 노력은 어떤 과업이 과업을 완성하기 위해 요구되는 모든 자원이 가용해질 때까지 시작될 수 없다는 이해로 이어졌다. 이 방법은 '파이프라이닝(pipelining)'이라 불리는데, 어떤 과업의 초기에는 지연되는 결과를 보이기도 하지만, 과업이 착수된 후에는 지연을 제거하고 기계들을 이용해 여러 과업에 걸쳐서 다중작업을 진행하여 효율성을 저해하는 것을 줄여줌으로써 과업이 좀 더 빠르게 완료되도록 해준다.

*출처 M. M. Srinivasan, W. D. Best, and S. Chandrasekaran, "Warner Robins Air Logistics Center Streamlines Aircraft Repair and Overhaul," *Interfaces* 37, no. 1 (2007), pp. 7-21.

시뮬레이션은 프로젝트 관리에 이용될 수 있는 방법으로, 구체적인 마감 기한까지 완료되어야 할 매우 복잡한 프로젝트 확률을 계산하는 데 특히 유용하다.

을 만족할 가능성의 비관적 추정이 될 것이다.

완료 확률을 추정하는 방법에 상관없이 프로젝트 관리자는 프로젝트의 진척 상황을 자주 점검해야 한다. 특히, 프로젝트 관리자는 활동시간 중에서 분산이 큰 활동에 대해 추적 관찰해야 한다. '경영과학의 실행'의 '프로젝트 관리가 미 공군의 정비시간을 절약하는 데 도움을 준다'에서는 각 활동의 진행과 자원의 할당을 어떻게 밀접하게 관리하여 군용 항공기의 정비에서 괄목할 만한 개선을 이끌어냈는지를 설명한다.

7.3 시간-비용 상충관계의 고찰

활동시간 단축을 위한 추가적인 자원의 활용은 CPM 기법의 개발자들에 의해 제안되었다. 활동시간을 줄이는 것을 단축(crashing)이라고 한다.

프로젝트 활동에 대해 시간 추정을 결정할 때, 프로젝트 관리자는 어떤 활동에 할당될 자원(인력, 장비 등)의 양에 관한 추정치에 기초한다. CPM을 처음 개발한 사람들은 프로젝트 관리자에게 프로젝트 완료시간을 단축하기 위해 선택된 활동에 자원을 추가하는 선택권을 부여했다. 추가되는 자원(더 많은 인력의 투입, 초과 근무 등)은 일반적으로 프로젝트 비용을 증가시켜서 활동시간을 단축하는 결정은 반드시 추가비용이 수반된다는 점을 고려해야 한다. 사실상, 프로젝트 관리자는 활동시간을 단축하기 위한 추가적인 프로젝트 비용을 결정해야 한다.

표 7.8은 5개의 활동으로 구성되는 두 개의 기계를 정비하는 프로젝트를 정의하고 있다. 관리자는 유사한 프로젝트에서 얻은 많은 경험을 갖고 있고, 정비 활동에 대한 시간은 매우 적은 변동성을 갖고 있다. 이런 이유로, 각 활동에 대해 하나의 시간 추정이 주어진다. 프로젝트 네트워크는 그림 7.14에 제시되어 있다.

정비 프로젝트 네트워크에 대한 주 경로 계산을 수행하는 절차는 웨스턴힐스 쇼핑센터 확장 프로젝트와 Porta-Vac 프로젝트에 대한 네트워크에서 주 경로를 찾기 위해 이용한 방법과 같다. 그림 7.14의 네트워크에 대해 전진 패스와 후진 패스를 계산하면, 표 7.9에

표 7.8 두 기계의 유지보수 프로젝트에 대한 활동 목록

활동	설명	바로 이전 활동	예상시간(일)
A	점검 장비 I	—	7
B	보정 장비 I	A	3
C	점검 장비 II	—	6
D	보정 장비 II	C	3
E	시스템 검사	B, D	2

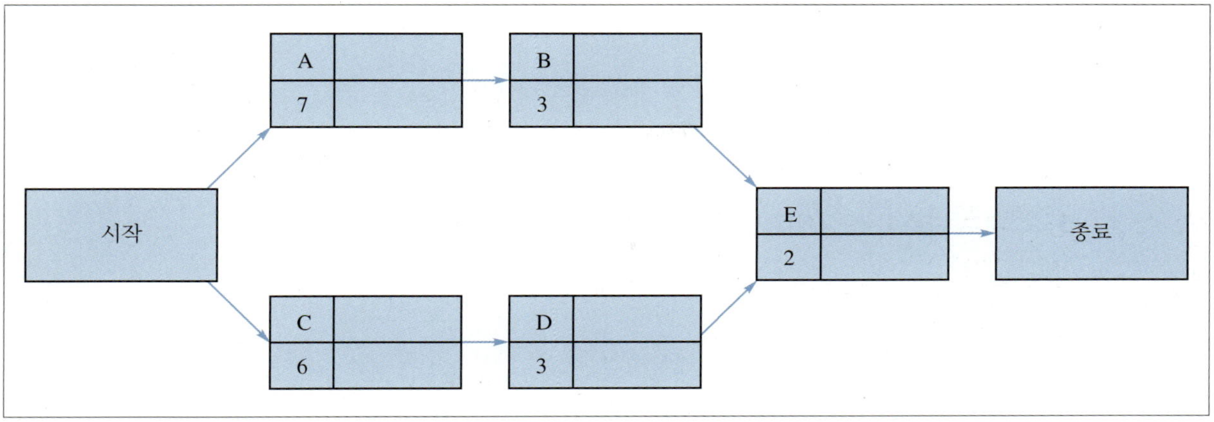

그림 7.14 두 기계의 유지보수 프로젝트의 네트워크

표 7.9 두 기계의 유지보수 프로젝트에 대한 활동 스케줄

활동	조기 시작(*ES*)	만기 시작 (*LS*)	조기 종료(*EF*)	만기 종료(*LF*)	여유(*LS* − *ES*)	주 경로?
A	0	0	7	7	0	주 경로
B	7	7	10	10	0	주 경로
C	0	1	6	7	1	
D	6	7	9	10	1	
E	10	10	12	12	0	주 경로

제시된 활동 계획을 얻을 수 있다. 여유시간이 0인 활동과 연관된 A-B-E가 주 경로가 된다. 주 경로의 길이는 12일이고, 이는 프로젝트 완료를 위해 필요한 총시간이다.

활동시간의 단축

현재 생산수준은 정비 프로젝트가 10일 이내에 완료되는 것이 불가피하다고 가정한다. 네트워크의 주 경로의 길이(12일)을 고려했을 때 선택된 활동의 시간을 줄일 수 없다면 희망하는 프로젝트 완료시간을 맞춘다는 것은 불가능하다는 것을 알 수 있다. 이렇게 활동시간을 줄이는 것을 **단축**(crashing)이라고 하는데, 대개 추가로 자원들을 투입하여 달성할 수 있다. 활동시간의 단축과 관련해서 추가되는 자원은 프로젝트 비용의 증가를 야기하므로 우리는 희망하는 프로젝트 완료시간을 지키기 위해 필요한 양만큼 그러한 활동을 단축하는 데 비용이 최소로 드는 활동을 찾길 원할 것이다.

어디에서 얼마나 활동시간을 단축할지 결정하기 위해서 각 활동이 얼마나 단축될 수 있고 단축 과정 비용이 얼마나 드는지에 대한 정보가 필요하다. 이런 이유로, 다음과 같은 정보가 반드시 필요하다.

1. 정상적인 상황에서 활동비용 또는 예상 활동시간
2. 최대로 단축하는 상황에서 활동이 완료되는 데 걸리는 시간(즉, 최단 가능 활동시간)
3. 최대로 단축하는 상황에서 활동비용

수식을 위해 다음과 같이 정의하자.

$\tau_i = i$ 활동의 예상시간
$\tau'_i =$ 최대 단축 상황에서 i 활동의 시간
$M_i = i$ 활동의 최대 가능한 단축 시간

τ_i 와 τ'_i, M_i를 산출할 수 있다.

$$M_i = \tau_i - \tau'_i \tag{7.6}$$

식 (7.7)은 활동시간의 단축으로 얻어진 시간의 매 단위는 관련된 비용이 같다는 점을 가정하고 있다. 활동시간 단축으로 얻게 되는 시간의 처음 몇 단위는 활동시간 단축으로 얻어진 시간의 다음 단위보다 적을 가능성이 있다.

C_i를 정상 또는 예상되는 활동시간에서 i 활동의 비용이라고 하고, C'_i를 최대 단축 상황에서 i 활동의 비용이라고 하자. 그러면, 시간당(예를 들어, 하루당) 각 활동에 대해 단축하는 데 드는 비용 K_i는 다음과 같이 주어진다.

$$K_i = \frac{C'_i - C_i}{M_i} \tag{7.7}$$

예를 들어, A 활동의 정상 또는 예상되는 시간이 $C_A = \$500$의 비용에 7일이고 최대 단축 상황에서는 $C_A = \$800$의 비용에 4일이라고 하면, 식 (7.6)과 식 (7.7)은 A 활동의 최대 가능한 단축 시간은

$$M_A = 7 - 4 = 3\text{일}$$

이고, 단축하는 데 드는 비용은 다음과 같다.

$$K_A = \frac{C'_A - C_A}{M_A} = \frac{800 - 500}{3} = \frac{300}{3} = \$100(\text{일 기준})$$

활동 단축 비용의 비율에 상응하는 만큼 활동 단축 시간의 일부 또는 비율이 달성될 수 있다고 가정한다. 예를 들어, 만약 A 활동을 1.5일만 단축하겠다고 결정하면, 추가되는 비용은 1.5($100) = $150가 되고, 이는 총활동비용이 $500 + $150 = $650가 되는 결과를 낳는다. 그림 7.15는 A 활동에 대한 시간-비용 관계의 그래프를 나타낸다. 두 기계의 정

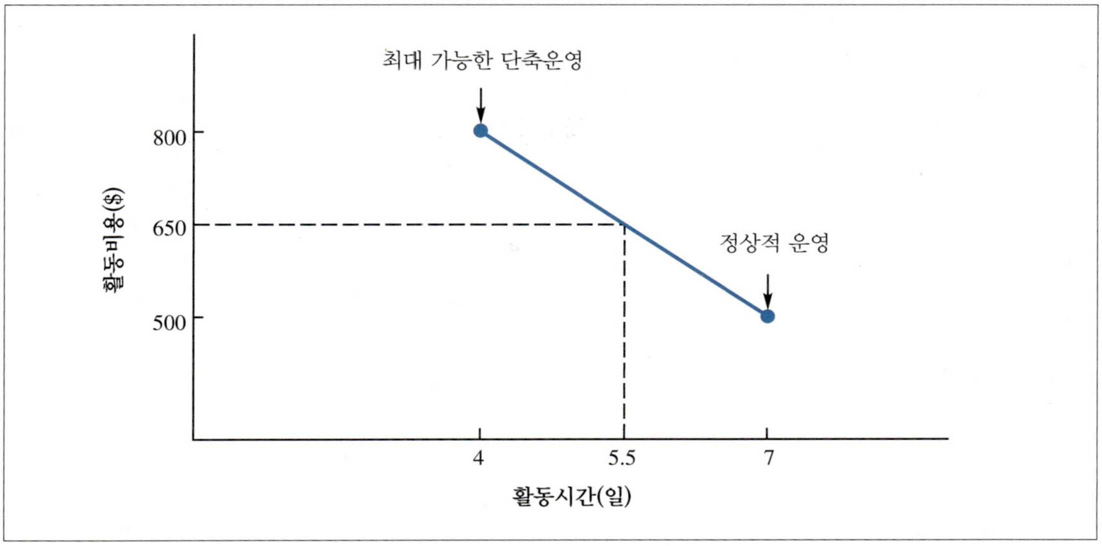

그림 7.15 A 활동에 대한 시간-비용 관계

표 7.10 두 기계의 유지보수 프로젝트의 정상과 단축 활동 자료

활동	시간(일)		총비용		최대 단축 시간(M_i)	하루당 단축 비용
	정상	단축	정상(C_i)	단축(C_i')		$K_i = \frac{C_i' - C_i}{M_i}$
A	7	4	$500	$800	3	$100
B	3	2	200	350	1	150
C	6	4	500	900	2	200
D	3	1	200	500	2	150
E	2	1	300	550	1	250
			$1,700	$3,100		

비 프로젝트에 대해서 정상 및 단축 활동의 완전한 데이터는 표 7.10 에 제시되어 있다.

최소 비용으로 10일 프로젝트 완료 마감 기한을 지키려면 어떤 활동들이 단축되어야 하고 얼마나 단축되어야 하는가? 이 물음에 대한 첫 번째 반응은 주 활동(A, B, E)의 단축을 고려하는 것이다. 셋 중에서 A 활동은 하루당 가장 저렴한 단축 비용을 갖고 있어서 이 활동을 2일만큼 단축하면 경로 A-B-E는 희망하는 대로 10일로 단축될 것이다. 그러나 명심해야 할 점은, 현재 주 활동을 단축할 때 다른 경로가 주 경로가 될 수 있다는 점이다. 그래서 수정된 네트워크에서 주 경로를 점검해야 할 것이고, 아마도 단축할 추가 활동을 찾거나 처음의 단축 결정을 수정해야 할 수도 있다. 규모가 작은 네트워크에 대해서, 이러한 시행착오 방법은 단축 결정을 내리기 위해 이용될 수 있다. 그러나 규모가 큰 네트워크라면, 최적의 단축 결정을 내리기 위해서는 수학적 접근법이 요구된다.

시간 단축을 위한 선형계획 모형의 적용

네트워크 단축 문제를 해결하기 위해 어떻게 선형계획법이 이용될 수 있는지를 살펴보자. PERT/CPM에서 어떤 활동이 조기 시작시간에 시작될 때를 알면, 다음과 같게 된다.

종료시간 = 조기 시작시간 + 활동시간

그러나 만약 여유시간이 어떤 활동과 관련이 있다면, 그 활동은 조기 시작시간에 시작해야 한다. 이 경우, 다음과 같기 때문이다.

종료시간 > 조기 시작시간 + 활동시간

어떤 활동이 조기 시작시간에 시작할 수 있을지를 미리 알 수 없으므로 종료시간, 조기 시작시간, 그리고 각 활동의 활동시간 간의 일반적인 관계를 표현하기 위해 다음과 같이 부등호를 이용한다.

종료시간 ≥ 조기 시작시간 + 활동시간

예상시간이 7일인 A 활동을 생각해보자. x_A = A 활동의 종료시간, y_A = A 활동의 단축한 시간의 양이라고 하자. 만약 프로젝트가 시간 0일 때 시작되었다고 가정하면, A 활동의 조기 시작시간은 0이다. A 활동의 시간은 A 활동이 단축된 양만큼 단축되므로 A 활동의 종료시간은 반드시 다음 관계를 만족해야 한다.

$$x_A \geq 0 + (7 - y_A)$$

y_A를 좌변으로 이항하면 다음과 같다.

$$x_A + y_A \geq 7$$

일반적으로

$x_i = i$ 활동의 종료시간 $\quad i =$ A, B, C, D, E

$y_i = i$ 활동이 단축된 시간의 양 $\quad i =$ A, B, C, D, E

만약 A 활동에 이용한 동일한 접근법을 따른다면, C 활동의 종료시간에 해당하는 제약식(예상시간 = 6일)은 아래와 같다.

$$x_C \geq 0 + (6 - y_C) \text{ 또는 } x_C + y_C \geq 6$$

PERT/CPM 절차의 전진 패스로 계속하면, B 활동의 조기 시작시간은 A 활동의 종료시간인 x_A이다. 그래서, B 활동의 종료시간에 해당하는 제약식은 아래와 같다.

$$x_B \geq x_A + (3 - y_B) \text{ 또는 } x_B + y_B - x_A \geq 3$$

비슷한 방법으로, D 활동의 종료시간에 대한 제약식은 다음과 같이 얻게 된다.

$$x_D \geq x_C + (3 - y_D) \text{ 또는 } x_D + y_D - x_C \geq 3$$

마지막으로, E 활동을 생각해보자. E 활동의 조기 시작시간은 B 활동과 D 활동 중 값이 **가장 큰** 실제 종료시간과 같다. B 활동과 D 활동의 실제 종료시간은 단축 과정에 의해 결정되므로 E 활동에 대해서는 두 개의 제약식을 고려해야 하는데, 하나는 B 활동의 종료시간에 기반을 두고, 또 하나는 D 활동의 종료시간에 기반을 두고 만들어야 한다.

$$x_E \geq x_B + (2 - y_E) \text{ 혹은 } x_E + y_E - x_B \geq 2$$

그리고

$$x_E \geq x_D + (2 - y_E) \text{ 혹은 } x_E + y_E - x_D \geq 2$$

현재 생산수준은 정비 프로젝트가 10일 이내에 완료되어야 하는 것이 불가피하다는 점을 고려해야 한다. 그래서 E 활동의 종료시간에 대한 제약식은 아래와 같다.

$$x_E \leq 10$$

아울러, 다음과 같이 각 활동에 대해 최대로 허용되는 단축 시간에 상응하는 다섯 개의 제약식이 추가되어야 한다.

$$y_A \leq 3, \quad y_B \leq 1, \quad y_C \leq 2, \quad y_D \leq 2, \quad y_E \leq 1$$

모든 선형계획법에서처럼 통상적으로 의사결정 변수에 대한 비음조건을 추가한다.

이제 남은 일은 모형을 위한 목적함수를 만드는 것이다. 정상적인 종료시간의 프로젝트 총비용은 $1,700로 고정되어 있으므로(표 7.10 참조), 총단축 비용(정상적 상황의 비용 + 단축 비용)을 최소화하여 프로젝트 총비용을 최소화할 수 있다. 그래서 선형계획법의 목적함수는 다음과 같이 만들어진다.

$$\text{Min } 100y_A + 150y_B + 200y_C + 150y_D + 250y_E$$

그래서 각 활동에 대해 최적의 단축을 결정하기 위해서, 10개의 변수와 12개의 제약식으로 만들어지는 선형계획 모형을 풀어야만 한다. 엑셀 해 찾기(Excel Solver)와 같은 최적화 소프트웨어를 활용한다면 다음과 같은 해를 구할 수 있다.

$$x_A = 6 \qquad y_A = 1$$
$$x_B = 9 \qquad y_B = 0$$
$$x_C = 6 \qquad y_C = 0$$
$$x_D = 9 \qquad y_D = 0$$
$$x_E = 10 \qquad y_E = 1$$

총단축 비용이 $100 + $250 = $350이면서, A 활동과 E 활동에 대해 하루씩 단축하라는 최적의 해법을 제공한다. 최소 비용 단축의 해법을 토대로 활동시간은 다음과 같다.

활동	일별 시간
A	6 (1일 단축)
B	3
C	6
D	3
E	1 (1일 단축)

선형계획법 해법은 수정된 활동시간을 제공했으나, 조기 시작시간, 만기 시작시간, 여유시간 정보는 수정되지 않았다. 수정된 활동시간과 일반적인 PERT/CPM 절차는 프로젝트의 활동 계획을 수립하기 위해 사용되어야 한다.

유의사항

단축을 위한 도표(그림 7.14 참조)에서 두 기계의 정비 프로젝트 네트워크는 종료 노드로 직접 연결되는 것은 E 활동만 있음을 주목하라. 결과적으로, 프로젝트 완료시간은 E 활동의 종료시간과 같다. 그래서 프로젝트 완료가 10일 또는 그 전에 완료되기 위해 필요한 선형계획법의 제약식은 $x_E \leq 10$가 된다.

만일 둘 이상의 활동이 프로젝트 네트워크의 종료 노드에 직접 연결된다면, 단축을 위한 선형계획 모형은 약간의 수정이 요구된다. 여기에서 제시된 프로젝트 네트워크의 일부를 고려한다. 이 경우에, 전체 프로젝트의 종료시간 또는 완료시간을 나타내는 추가적인 변수 x_{FIN}을 만들 것을 제안한다. 프로젝트는 E 활동과 G 활동이 완료될 때까지 종료될 수 없다는 사실은 두 제약식에 의해 모형화될 수 있다.

$$x_{FIN} \geq x_E \text{ 혹은 } x_{FIN} - x_E \geq 0$$
$$x_{FIN} \geq x_G \text{ 혹은 } x_{FIN} - x_G \geq 0$$

시간 T까지 프로젝트가 반드시 완료되어야 한다는 제약식은 $x_{FIN} \leq T$처럼 추가될 수 있다.

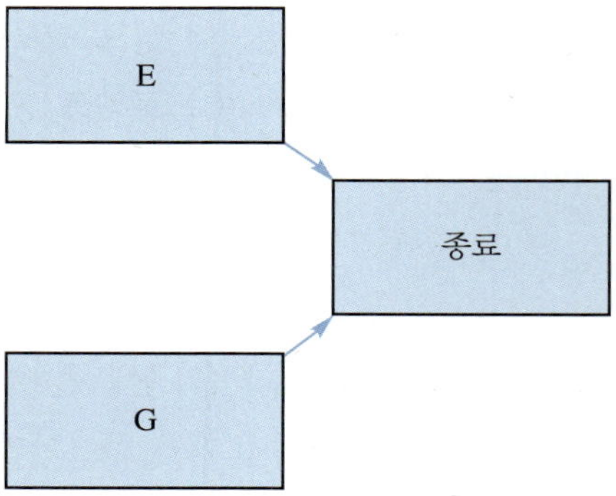

요약

이 장에서는 다양한 프로젝트를 계획하고 일정을 수립하고, 통제하기 위해서 PERT/CPM이 어떻게 이용될 수 있는지를 살펴보았다. 프로젝트 스케줄링에 대한 이러한 접근법의 핵심은 활동과 그들 간의 선행관계를 표현하는 PERT/CPM 프로젝트 네트워크를 만드는 것이다. 이 프로젝트 네트워크와 활동시간의 추정으로부터 네트워크의 주 경로와 관련된 주 활동이 확인될 수 있다. 이 과정에서 조기 시작시간과 조기 종료시간, 만기 시작시간과 만기 종료시간으로 표현되는 활동 계획과 각 활동의 여유시간을 찾아낼 수 있다.

변수 취급을 위한 역량이나 불확실한 활동시간을 어떻게 포함할 수 있는지를 살펴보았고, 프로젝트가 어떤 명시된 기간 안에 완료될 가능성에 대한 확률의 기술(statement)을 제공하는 정보를 이용하는 방법도 살펴보았다. 프로젝트 완료 마감 기한을 지키기 위해 활동시간을 줄이는 절차로서 단축(crashing)을 소개했고, 프로젝트 완료시간을 줄이는 비용을 최소화시킬 단축을 결정하기 위해서 어떻게 선형계획법이 이용될 수 있는지를 살펴보았다.

주요 용어

- **가장 일어날 것 같은 시간(most probable time)** 정상적인 상황에서 가장 일어날 것 같은 활동의 시간.
- **경로(path)** 시작 노드에서 종료 노드까지 이어진 연속된 노드의 배열.
- **낙관적 시간(optimistic time)** 모든 것이 이상적으로 진행될 경우 활동의 최소 시간.
- **단축(crashing)** 자원을 추가로 투입하여 활동시간을 줄이는 것으로, 대개 비용이 증가한다.
- **만기 시작시간(latest start time)** 프로젝트 완료시간의 연장 없이 어떤 활동이 시작될 만기 시간.
- **만기 종료시간(latest finish time)** 프로젝트 완료시간의 연장 없이 어떤 활동이 완료될 만기 시간.
- **베타 확률분포(beta probability distribution)** 활동시간을 표현하는 데 사용되는 확률분포.
- **비관적 시간(pessimistic time)** 상당한 지연에 봉착했을 경우 활동의 최대 시간.
- **여유(slack)** 프로젝트 완료시간에 미치는 영향 없이 어떤 활동이 지연될 수 있는 시간의 길이.
- **예상시간(expected time, t)** 평균 활동시간.

- **전진 패스(forward pass)** 각 활동에 대해 조기 시작시간과 조기 종료시간을 결정하기 위해 프로젝트 네트워크를 통해 전진하는 과정을 수반하는 PERT/CPM 절차의 한 부분.
- **조기 시작시간(earliest start time)** 어떤 활동이 시작될 조기 시간.
- **조기 종료시간(earliest finish time)** 어떤 활동이 완료될 조기 시간.
- **주 경로(critical path)** 프로젝트 네트워크에서 가장 시간이 긴 경로.
- **주 활동(critical activity)** 주 경로상의 활동.
- **직전 선행활동(immediate predecessor)** 주어진 활동의 시작 바로 전에 완료되어야 하는 활동.
- **프로젝트 네트워크(project network)** 활동들을 묘사하고 활동 간의 선행 관계를 보여주는 도표의 표현 방식.
- **활동(activity)** 프로젝트의 요소가 되는 특별한 업무나 과업. 활동은 프로젝트 네트워크에서 노드에 의해 표현된다.
- **후진 패스(backward pass)** 각 활동에 대해 만기 시작시간과 만기 종료시간을 결정하기 위해 네트워크를 통해 후진하는 과정을 수반하는 PERT/CPM 절차의 한 부분.
- **CPM(Critical Path Method, 주 경로 기법)** 네트워크 기반의 프로젝트 스케줄링 절차.
- **PERT(Program Evaluation and Review Technique, 프로그램 평가 및 검토 기법)** 네트워크 기반의 프로젝트 스케줄링 절차.

연습문제

1. **경영분야훈련** 모호크 할인점(Mohawk Discount Store)은 기업 본부의 개별 직원들에 대해 경영 분야 훈련 프로그램을 계획하고 있다. 이 기업은 피교육생이 가능한 한 빨리 프로그램 과정을 마치기 위해서 프로그램을 디자인하길 원한다. 주요 선행 관계는 반드시 프로그램 내의 임무나 활동 간에 지켜져야 한다. 예를 들어, 피교육생은 신용거래 부서와 적어도 하나의 판매 부서에서 경험을 습득하기 전까지는 매장 관리자의 보조원으로 근무할 수 없다. 다음 활동들이 각각의 피교육생이 프로그램에서 완수해야만 하는 임무이다. 이 문제의 프로젝트 네트워크를 작성하라. 더 이상의 분석은 수행하지 않는다.

활동	A	B	C	D	E	F	G	H
직전 선행활동	—	—	A	A, B	A, B	C	D, F	E, G

2. **픽사 애니메이션 프로젝트 네트워크** 애니메이션 영화 제작을 위해 픽사 영화사에서는 주요 활동을 정의하고 이들 간의 관계를 정리하였다. 이러한 정보를 활용하여

애니메이션 영화 제작을 위해 프로젝트 네트워크를 구성하라. 이 프로젝트는 F 활동과 G 활동이 모두 완료되면 종료된다.

활동	A	B	C	D	E	F	G
직전 선행활동	—	—	A	A	C, B	C, B	D, E

3. **픽사 프로젝트의 주 경로** 문제 2의 픽사 애니메이션 제작 프로젝트 활동의 활동시간(월 단위)이 다음과 같다고 가정하자.

활동	A	B	C	D	E	F	G
시간	4	6	2	6	3	3	5

a. 주 경로를 찾아보라.

b. 프로젝트는 반드시 1.5년 내 완료되어야 한다. 이 마감 시한을 지키는 데 어려움이 예상되는가? 이를 설명하라.

4. **웨스턴힐스 프로젝트의 개선** 그림 7.6과 표 7.2로 요약되는 웨스턴힐스 쇼핑센터 프로젝트를 생각해보라. 프로젝트는 7주 동안 진행되어왔다고 가정하자. A 활동과 E 활동은 완료되었다. F 활동은 시작되었으나 3주가 남아 있다. C 활동과 D 활동은 아직 시작되지 못했다. B 활동은 1주가 남아 있다(이 활동이 2주차까지는 시작되지 않았다). 프로젝트의 활동 스케줄을 갱신하라. 특히 각 활동의 여유시간은 어떻게 변화되는가?

5. **아파트 리노베이션** 제퍼슨파크 아파트(Jefferson Park Apartment)는 메인 건물에 대한 여름 개축(renovation)을 진행 중이다. 프로젝트는 5월 1일 시작하는 것으로 계획되었고, 완료일은 9월 1일(17주)이 되길 원하고 있다. 아파트 매니저는 다음과 같은 개축 활동과 예상시간을 파악하였다.

활동	직전 선행활동	시간
A	—	3
B	—	1
C	—	2
D	A, B, C	4
E	C, D	5
F	A	3
G	D, F	6
H	E	4

a. 프로젝트 네트워크를 작성하라.
b. 주 활동은 어떻게 되는가?
c. 어떤 활동이 최대의 여유시간을 갖고 있는가?
d. 프로젝트는 9월 1일까지 완료되는가?

6. **콘서트 계획 수립** 한 지역 대학에서 프로그램 및 엔터테인먼트 학생 위원회(Student Commission on Programming and Entertainment, SCOPE)는 첫 번째 학년 록(rock) 콘서트를 주최하기 위해 준비 중이다. 이 록 콘서트가 성공적으로 개최되기 위해, SCOPE는 필요한 활동들을 나열하고 다음의 표와 같이 정보를 연관시켰다(기간은 일 단위로 측정).

활동	직전 선행활동	낙관적 시간	가장 일어날 것 같은 시간	비관적 시간
A: 선정된 음악가와 계약 협상하기	–	8	10	15
B: 장소 예약하기	–	7	8	9
C: 음악 그룹을 위한 여정 및 물류 업무 관리하기	A	5	6	10
D: 신원 조회 및 보안 요원 고용하기	B	3	3	3
E: 광고 및 발권 업무 처리하기	B, C	1	5	9
F: 주차 요원 고용하기	D	4	7	10
G: 할인 판매 업무 처리하기	E	3	8	10

a. 프로젝트 네트워크를 작성하라.
b. 각 활동의 예상 기간과 분산을 계산하라.
c. 프로젝트 네트워크의 주 경로를 결정하라.
d. 주 경로의 예상 기간과 분산은 어떻게 되는가?
e. 이 프로젝트가 30일 이내에 완료될 가능성은 어떻게 되는가?
f. 만약 B 활동이 조기 시작시간을 지나 6일만큼 지연된다면, 이는 예상 프로젝트 기간에 어떤 영향을 미치는가?
g. 프로젝트 네트워크의 모든 경로를 이용하여 프로젝트가 30일 이내에 완료할 확률을 추정한다. 당신의 답을 e의 답과 비교하고 이를 설명하라.

7. **블루라군 수영장의 프로젝트 네트워크** 블루라군(Blue Lagoon)은 레지던스에 설치할 수영장을 설치하는 계약업체이다. 수영장의 건설은 9개의 주요 활동으로 구성된다. 이 활동과 직전 선행활동은 아래와 같다. 프로젝트 네트워크를 작성하라.

활동	A	B	C	D	E	F	G	H	I
직전 선행활동	—	—	A, B	A, B	B	C	D	D,F	E, G, H

8. **블루라군 수영장의 주 경로** 문제 7의 수영장 건설 프로젝트를 위한 활동시간 추정(일 단위)이 다음과 같다.

활동	낙관적 시간	가장 일어날 것 같은 시간	비관적 시간
A	3	5	6
B	2	4	6
C	5	6	7
D	7	9	10
E	2	4	6
F	1	2	3
G	5	8	10
H	6	8	10
I	3	4	5

a. 주 활동은 어떤 것이 있는가?

b. 프로젝트를 완료하기 위한 예상시간은 어떻게 되는가?

c. 주 경로만을 기초로 하면, 프로젝트가 25일 정도 내에 완료될 추정 확률은 어떻게 되는가?

9. **공공주차장 건립 계획** 뮬러&어소시에이츠(Mueller & Associates)사는 오마하시 외곽에 새로운 공공주차장을 건립하려는 계획을 수립하고 있다. 건설 과정에서 가장 어려운 점은 44주(약 10개월)의 완료 기한을 지키는 것이며 이를 위해 설계자와 하도급 업자들의 협력은 주요 활동을 요구하고 있다. 뮬러 프로젝트 관리자는 다음과 같은 프로젝트 네트워크를 준비했다.

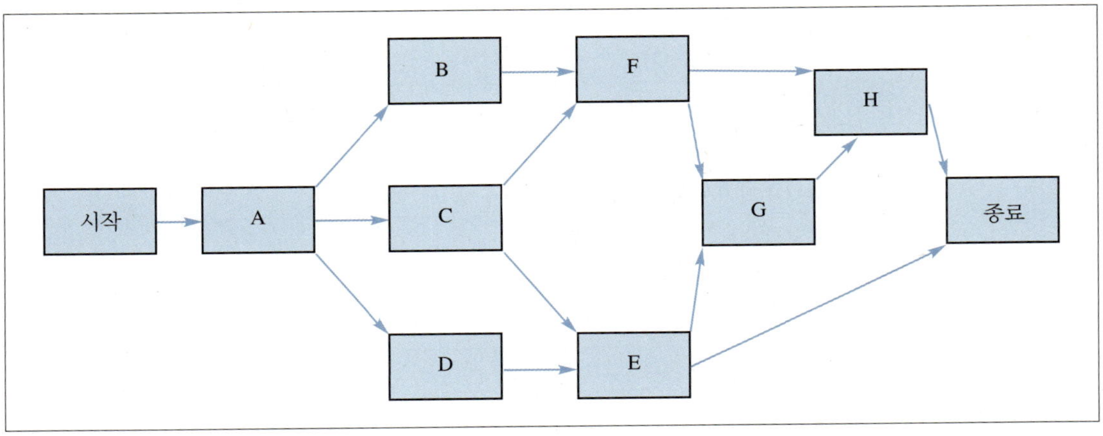

활동에 대해 낙관적 시간, 가장 일어날 것 같은 시간, 비관적 시간(주 단위)의 추정치는 다음과 같다.

활동	낙관적 시간	가장 일어날 것 같은 시간	비관적 시간
A	4	8	12
B	6	7	8
C	6	12	18
D	3	5	7
E	6	9	18
F	5	8	17
G	10	15	20
H	5	6	13

a. 주 경로를 찾아보라.

b. 예상 프로젝트 완료시간은 어떻게 되는가?

c. 경로만을 기초로 하면, 요구되는 44주 내에 프로젝트가 완료될 수 있는 추정 확률은 어떻게 되는가?

d. 경로만을 기초로 하면, 건설 프로젝트가 3개월 이상 늦게 진행될 추정 확률은 어떻게 되는가? 이 계산을 위해 57주를 이용하라.

e. 뮬러&어소시에이츠는 시 의회에 무슨 말을 할 수 있나?

10. **세미나 계획** Doug Casey는 회사의 내년도 봄 판매 관리 교육 프로그램을 계획하고 조직을 담당하고 있다. Doug는 이 프로젝트를 위해 다음과 같이 활동 정보를 정리하였다.

활동	설명	직전 선행활동	시간		
			낙관적 시간	가장 일어날 것 같은 시간	비관적 시간
A	주제 계획하기	–	1.5	2.0	2.5
B	발표자 섭외하기	A	2.0	2.5	6.0
C	미팅 장소 리스트 작성하기	–	1.0	2.0	3.0
D	장소 선택하기	C	1.5	2.0	2.5
E	발표가 여정 계획 마무리하기	B, D	0.5	1.0	1.5
F	발표자와 최종 점검하기	E	1.0	2.0	3.0
G	소책자 준비와 우편 발송	B, D	3.0	3.5	7.0
H	예매 실시	G	3.0	4.0	5.0
I	세부적 사항 처리	F, H	1.5	2.0	2.5

a. 프로젝트 네트워크를 작성하라.

b. 활동 일정을 준비하라.

c. 주 활동은 어떤 활동이고 예상 프로젝트 완료시간은 어떻게 되는가?

d. 만약 더그가 프로젝트를 정시에 완료할 확률이 0.99가 되길 원한다면, 계획된 충족 날짜에서 얼마나 미리 프로젝트 작업을 시작해야 하는가?

11. 데이터 수집 프로젝트 매니지먼트 디시젼 시스템(MDS)사는 의사결정 지원시스템에 특화된 컨설팅 기업이다. MDS사는 웹사이트에서 웹 스크랩 과정을 통해 데이터를 수집하고 분석하여 의사결정에 활용할 수 있도록 보고서를 작성하기 위한 시스템 구축을 위해 4명으로 구성된 팀을 운영 중에 있다.

활동	설명	직전 선행활동	시간		
			낙관적 시간	가장 일어날 것 같은 시간	비관적 시간
A	보고서 발행	–	1	7	11
B	웹 스크랩	–	3	8	10
C	테스트	A, B	1	1	1

a. 프로젝트 네트워크를 작성하라.

b. 주 경로를 바탕으로 프로젝트가 10주 내 완료될 수 있는 확률을 계산하라.

c. 모든 경로를 활용하여 프로젝트가 10주 내 완료되는 확률을 계산하라.

d. (b)와 (c)의 결과 중 어떤 것을 활용할 것인가?

12. 빈티지 자동차 복구 Dale Jensen에 의해 1985년에 설립된 포르쉐 숍은 오래된 자동차 복구에 특화된 기업이다. 1964년의 356SC 포르쉐를 복구하라는 의뢰를 받게 되었다. 예산과 시간을 계산하기 위해 복구를 위한 전체 활동을 크게 4가지로 구분하게 되었다. (A) 해체 및 초기 준비단계, (B) 차체 복구, (C) 엔진 복구, (D) 최종 조립으로 구분된다. A가 완료된 후 B와 C는 각각 독립적으로 진행될 수 있으며 D는 B와 C가 완료된 후 시작할 수 있다. 각 활동에 대하여 다음과 같은 시간(일)을 예측하게 되었다.

활동	낙관적 시간	가장 일어날 것 같은 시간	비관적 시간
A	3	4	8
B	5	8	11
C	2	4	6
D	4	5	12

Jenson은 차체 복구에 따른 부품원가는 $3,000가 소요될 것으로 예상하며 엔진 복구에는 관련 부품원가로 $5,000가 소요될 것으로 보고 있다. 그의 현재 노무비는 $400(일)이다.

a. 프로젝트 네트워크를 작성하라.

b. 프로젝트의 예산 완료시간은 언제인가?

c. 최선 및 최악의 상황에 기초한 시나리오를 바탕으로 경영 활동을 진행하고 있다. 이 두 가지의 경우에 기초한 원가 예측치를 계산하라. 전체 복구 원가는 노무비와 부품 자재비의 합계가 된다.

d. 기대 완료시간과 관계된 원가에 기초한 사업 제의를 받았다고 한다면, 수익을 실현하지 못할 확률은 얼마인가? 주 경로를 대상으로 평가하라.

e. $16,800 수준으로 차체 복구 제의를 받았다고 한다면, 수익을 실현하지 못할 확률은 얼마인가? 주 경로를 대상으로 평가하라.

13. 소프트웨어 개발 일정 제품 개발기업인 런던 주식회사(London Corp.)에서는 신제품에 적용될 새로운 소프트웨어 개발을 준비하고 있으며, 이를 통해 신제품의 시장 점유율을 높이고자 노력하고 있다. 외부 소식에 의하면 경쟁기업에서도 유사한 소프트웨어를 준비 중인 것으로 확인되고 있다. 결과적으로 이 기업의 최고경영자는 소프트웨어 개발팀을 독려할 수밖에 없는 상황이 되었다. PERT/CPM 일정관리를 통해 신제품 런칭 일정관리를 하게 되었다.

프로젝트 네트워크는 다음과 같다.

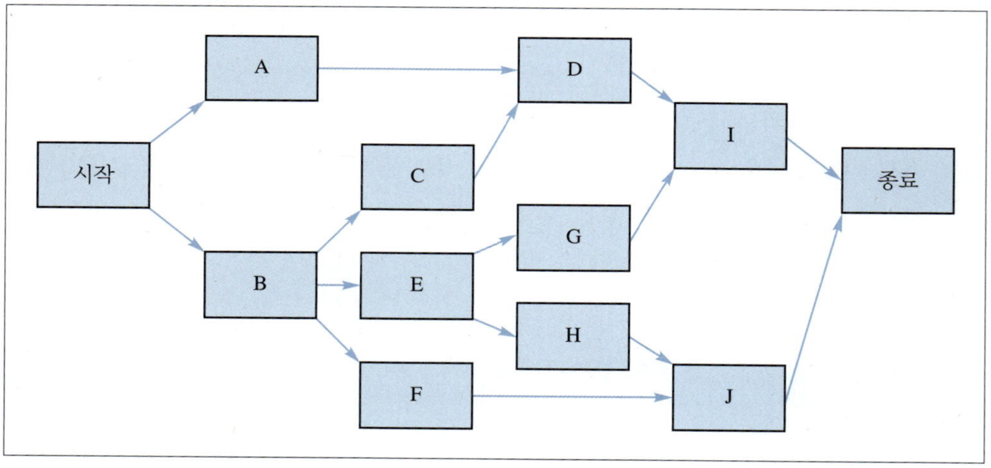

활동시간의 추정치(주)는 다음과 같다.

활동	낙관적 시간	가장 일어날 것 같은 시간	비관적 시간
A	3.0	4.0	5.0
B	3.0	3.5	7.0
C	4.0	5.0	6.0
D	2.0	3.0	4.0
E	6.0	10.0	14.0
F	7.5	8.5	12.5
G	4.5	6.0	7.5
H	5.0	6.0	13.0
I	2.0	2.5	6.0
J	4.0	5.0	6.0

a. 활동시간 스케줄을 작성하고 주 경로를 확인하라.

b. 주 경로에 기초하여 해당 프로젝트가 25주 내에 완료되어 새로운 소프트웨어가 적용된 신제품을 출시할 수 있을 확률을 계산하라.

c. 주 경로에 기초하여 30주 내에 완료되어 새로운 소프트웨어가 적용된 신제품을 출시할 수 있을 확률을 계산하라.

14. 안티바이러스 소프트웨어 판다 보안업체(Panda Security)는 새로운 안티바이러스 소프트웨어 출시를 앞두고 있는 소프트웨어 개발 전문업체이다. 각 활동과 프로젝트 네트워크는 다음과 같다.

활동	시간	활동	시간
A	3	E	4
B	6	F	3
C	2	G	9
D	5	H	3

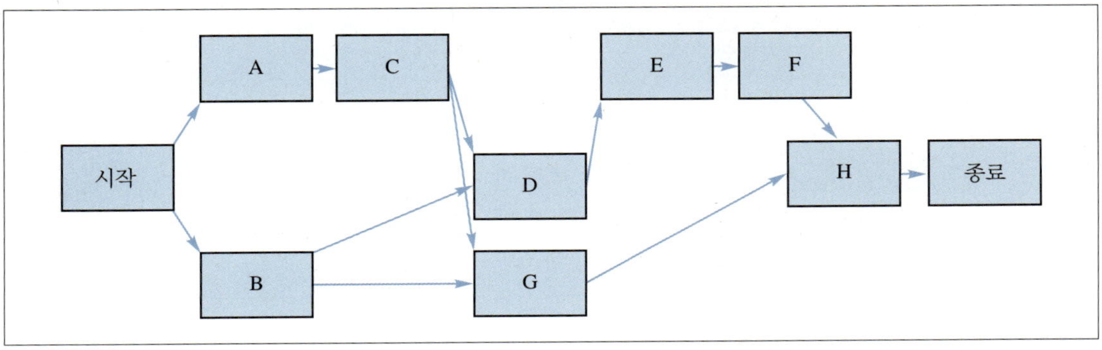

주 활동은 B-D-E-F-H이며 예정 프로젝트 완료시간은 21주인 것으로 파악되었다. 이러한 정보를 바탕으로 19주에 완성하도록 추가 근무가 요구되고 있다. 따라서 프로젝트 단축이 필요한 상황이다. 아래 표에서는 각 활동별 단축에 따른 정보가 제시되어 있다.

활동	시간(주)		원가($)	
	정상	단축	정상	단축
A	3	1	900	1,700
B	6	3	2,000	4,000
C	2	1	500	1,000
D	5	3	1,800	2,400
E	4	3	1,500	1,850
F	3	1	3,000	3,900
G	9	4	8,000	9,800
H	3	2	1,000	2,000

a. 이 프로젝트에 대한 단축에 따른 의사결정을 수행하기 위한 선형계획 모형을 작성하라.

b. 선형계획 모형을 풀어보고 최소 비용을 실현하는 단축 의사결정을 제시하라. 16주에 프로젝트를 완성하기 위해서는 추가되는 비용이 얼마인가?

c. 단축된 활동시간을 바탕으로 활동 일정을 제시하라.

15. 회계 소프트웨어의 실행 오피스 오토메이션(Office Automation)사는 지불 시스템을 자동적으로 반영할 수 있는 표준 회계 시스템을 개발하고 있다. 다음에 제시된 활동이 모두 포함된 시스템을 반드시 완료해야만 하는 상황이다. 다음의 표에서는 각 활동에 관련된 정보가 제시되고 있다.

활동	설명	직전 선행활동	시간(주)		원가($1,000)	
			정상	단축	정상	단축
A	니즈의 파악	–	10	8	30	70
B	장비의 주문	A	8	6	120	150
C	장비의 설치	B	10	7	100	160
D	교육실의 구축	A	7	6	40	50
E	교육과정의 구축	D	10	8	50	75
F	시스템 테스트	C, E	3	3	60	–

a. 프로젝트 네트워크를 구성하라.
b. 활동 스케줄을 개발하라.
c. 주 활동들과 기대 완료시간을 제시하라.
d. 해당 프로젝트를 6개월, 즉 26주에 완료하고 싶어 한다고 가정하자. 원가를 가장 줄이는 방향에서 어떠한 단축안을 권고하겠는가? 시행착오법과 선행계획법으로 실행하여 권고안을 제시하라.
e. 단축 프로젝트에 대한 활동 스케줄을 제시하라.
f. 6개월의 예상 완료시간 프로젝트를 위한 추가적 원가는 어느 수준인가?

사례 문제 : R. C. 콜맨

R. C. 콜맨(R. C. Coleman)은 식료품점과 슈퍼마켓 아울렛을 통해 판매되는 다양한 식료품을 유통한다. 이 회사는 20~50종류에 달하는 제품을 어느 곳으로든 배송하는 다수의 주문사항과 함께 개별 아울렛으로부터 직접 주문을 접수한다. 회사의 현재 창고 운영 상황에서 창고 직원은 개별 주문을 충족하기 위해 주문상품을 처리(order-picking)하는 직원을 보내서 창고의 배송 공간으로 제품을 이송한다. 수작업으로 주문상품을 처리하면 인건비는 높고 비교적 생산성은 낮아 경영진은 창고의 저장공간에서 배송 지역으로 이송하기 위한 컨베이어 시스템과 함께 컴퓨터로 제어되는 주문상품 처리 시스템을 설치함으로써 창고 운영의 자동화를 결정했다.

활동	설명	직전 선행활동
A	필요한 장비 결정하기	–
B	판매회사 제안받기	–
C	판매회사 선택하기	A, B
D	시스템 주문하기	C
E	새로운 창고배치 설계하기	C
F	창고 설계하기	E
G	컴퓨터 인터페이스 설계	C
H	컴퓨터 접속	D, F, G
I	시스템 설치	D, F
J	시스템 운영자 훈련	H
K	시스템 검사하기	I, J

활동	시간(주)		
	낙관적 시간	가장 일어날 것 같은 시간	비관적시간
A	4	6	8
B	6	8	16
C	2	4	6
D	8	10	24
E	7	10	13
F	4	6	8
G	4	6	20
H	4	6	8
I	4	6	14
J	3	4	5
K	2	4	6

R. C. 콜맨의 자재 관리 임원은 자동화 창고 시스템을 담당하는 프로젝트 관리자를 임명했다. 창고 관리 직원들이 엔지니어링 직원들에게 컨설팅을 받은 후, 프로젝트 관리자는 프로젝트와 관련한 활동의 목록을 편집하였다. 낙관적 시간, 가장 일어날 것 같은 시간, 비관적 시간(주 단위로 표현) 또한 각 활동에 대해 제시되었다.

경영 보고서

창고 확장 프로젝트에 대해 활동 일정과 예상 프로젝트 완료시간을 담은 보고서를 작성하라. 보고서에는 프로젝트 네트워크를 포함하라. 아울러, 다음과 같은 사안들을 고려하라.

1. R. C. 콜맨의 최고 경영진은 프로젝트를 위해 필요한 40주 완료시간을 설정하였다. 이 완료시간은 달성 가능한가? 이에 대한 확률적 정보를 제시하라. 만약 40주 완료시간이 필요하다면 당신은 어떤 추천을 할 것인가?
2. 경영진이 40주의 완료시간을 지킬 확률이 80%가 되도록 활동시간 단축을 요구하고 있다고 가정하자. 만약 프로젝트 완료시간의 분산이 1번 문항의 결과와 같다면, 40주 내에 완료할 가능성이 80%인 목표를 달성하기 위해서 예상 프로젝트 완료시간은 얼마나 단축되어야만 하는가?
3. 예상 활동시간을 정상 시간으로 이용하고 다음과 같은 단축 정보를 이용하여 활동 단축 결정과 창고 확장 프로젝트의 수정된 활동 일정을 결정하라.

활동	단축된 활동시간(주)	원가($)	
		정상	단축
A	4	1,000	1,900
B	7	1,000	1,800
C	2	1,500	2,700
D	8	2,000	3,200
E	7	5,000	8,000
F	4	3,000	4,100
G	5	8,000	10,250
H	4	5,000	6,400
I	4	10,000	12,400
J	3	4,000	4,400
K	3	5,000	5,500

APPENDIX

07 정규분포의 확률변수에 대한 누적확률 계산하기

엑셀은 주어진 종료시간 어느 시점 내에 종료될 불확실한 활동시간을 가진 프로젝트의 확률을 산출하기 위해 이용될 수 있다(프로젝트 완료시간의 분포가 정규분포라고 가정한다). 이 점을 7.2절에서 고려했던 Porta-Vac 프로젝트에서 입증했다. 경영진이 프로젝트를 완료하는 데 20일을 할당했다는 점을 고려해보자. $T = 20$에 상응하는 z 값은 다음과 같이 산출한다.

$$z = \frac{20 - 17}{1.65} = 1.82$$

이제 산출했던 z 값을 함수에 대입함으로써 엑셀 함수를 이용한다(z와 관련된 누적 확률 값을 원하는 것을 의미하는 두 번째 인수에는 'TRUE'를 입력한다).

= NORM.S.DIST(z, TRUE)

엑셀 워크시트 내 임의의 빈 셀에 다음 함수를 입력하라.

= NORM.S.DIST(1.82, TRUE)

결괏값은 0.96562이고, 이는 Porta-Vac 프로젝트의 완료시간이 20일이 넘지 않을 확률이다.

CHAPTER 08

대기행렬 모형

학습 목표

이 장을 마치면 당신은 아래 내용을 이해할 수 있다.

1. 푸아송 분포를 도착 모형에 적용할 수 있으며 서비스 시간 모형에 지수분포를 활용한다.
2. 푸아송 확률 도착과 지수확률 서비스 시간을 적용한 단일서버 상황에 대한 해를 구한다.
3. 푸아송 확률 도착과 지수확률 서비스 시간을 적용한 다중서버 상황에 대한 해를 구한다.
4. 리틀의 공식을 적용하여 다양한 운영 특성을 가진 대기모형에 대한 관계를 제시한다.
5. 대기행렬 관련 다양한 의사결정을 위한 경제적 고려사항을 제시한다.
6. 푸아송 확률 도착과 일반적 확률 서비스 시간을 보이는 단일서버 상황에 대한 해를 구한다.
7. 푸아송 확률 도착과 일반적 확률 서비스 시간을 보이는 다중서버 상황에 대한 해를 구한다.
8. 유한 모집단을 반영한 푸아송 확률 도착과 지수확률 서비스 시간을 보이는 다중서버 상황에 대한 해를 구한다.

슈퍼마켓 계산대, 동네 은행 창구, 또는 패스트푸드 레스토랑에서 기다리던 때를 회상해 보자. 이러한 대기 상황에서 소비하는 시간은 바람직하지 않다. 계산대 점원, 은행 직원, 웨이터를 추가하는 것이 항상 서비스 개선을 위한 가장 경제적인 전략은 아니므로 대기시간을 허용 가능한 한도 내에서 유지하는 방법을 결정해야 한다.

대기행렬의 운영과 관련하여 관리자들이 상황을 이해하고 더 나은 결정을 돕기 위한 모형이 개발되었다. 경영과학의 전문용어로, 기다리는 줄(waiting line)을 **대기행렬**(queue)이라 하고, 기다리는 줄의 지식체계를 **대기행렬 이론**(queueing theory)이라 한다. 1900년대 초기, 덴마크의 전화 엔지니어 A. K. Erlang은 전화 통화 완료 시 발생하는 혼잡과 대기시간에 대해 연구하기 시작했다. 그 이후로 대기행렬 이론은 다양한 대기 상황에서 적용될 수 있도록 훨씬 더 정교해졌다.

대기행렬 모형은 대기행렬의 **운영 특성**(operating characteristics)을 결정하는 데 사용할 수 있는 수학식 및 관계로 구성된다. 관련된 운영 특성은 다음을 포함한다.

1. 시스템 내 개체(예: 고객)가 없을 확률(시스템이 유휴상태)
2. 대기행렬 내 개체의 평균 수
3. 시스템 내 개체의 평균 수(대기행렬의 개체 수와 제공된 개체 수의 합)
4. 대기행렬 내 개체가 소비한 평균 시간
5. 시스템 내 개체가 소비한 평균 시간(대기시간과 서비스 시간의 합)
6. 도착한 개체가 서비스를 기다려야 할 확률

경영과학의 실행 시티은행의 ATM 대기시간*

미국 시티은행의 뉴욕시 프랜차이즈는 250개가 넘는 은행 센터를 운영한다. 각 센터는 다양한 은행 거래를 수행할 수 있는 하나 이상의 ATM(현금자동지급기)을 활용하고 있다. 각 센터에서 대기행렬은 ATM 중 한 곳에서 서비스를 받으려는 고객이 임의로 도착함으로써 형성된다.

선택된 은행 센터에 위치한 ATM의 수를 결정하기 위해 경영자는 잠재적 대기시간과 일반 고객 서비스에 대한 정보가 필요했다. 대기행렬의 평균 고객 수, 고객이 대기하는 평균 시간, 도착한 고객이 대기해야 할 확률 등의 대기행렬 운영 특성은 경영자가 각 은행 센터에서 권장할 ATM의 수를 결정하는 데 도움이 된다.

예를 들면, 바쁜 맨해튼 미드타운 센터 한 곳은 시간당 최고 172명의 도착률을 갖는다. 6대의 ATM이 있는 다중서버 대기행렬 모형으로부터 고객의 88%가 평균적으로 6~7분 대기해야 한다는 것을 알 수 있다. 이 서비스의 수준은 받아들일 수 없는 것으로 판단되었다. 대기행렬 모형의 받아들일 수 있는 예상 대기시간을 바탕으로 이 위치에 7대의 ATM으로 확장이 권장됐다. 대기행렬 모형을 사용하여 각 은행 센터 위치에서 ATM을 늘리도록 결정하는 지침을 제공했다.

*출처 시티은행의 Stacey Karter가 제공한 정보를 기반으로 함.

이러한 정보를 가진 관리자는 서비스를 제공하는 비용 대비 바람직한 서비스 수준의 균형을 잘 맞출 수 있다.

시티은행에서 사용되는 대기행렬 모형은 8.3절에서 논의된다.

'경영과학의 실행'에서는 '시티은행의 ATM 대기시간'에 대한 내용을 통해, 뉴욕시 은행 중심지에 배치할 ATM의 수를 결정하는 데 도움이 되었던 대기행렬 모형을 설명한다. 대기행렬 모형은 뉴욕시 첼시 인근의 홀푸드마켓에서 선착순 대기행렬 규칙을 구현하기 위해 새로운 종류의 라인 조직과 그 책임자를 임명하였다. 또한 대기행렬 모형은 코네티컷주 뉴헤이번 소방서가 화재 및 응급 상황의 대응 시간을 줄이는 정책을 개발하는 데 도움이 되었다

8.1 대기행렬 시스템의 구조

대기행렬 모형의 기본적인 특성을 설명하기 위해, 버거돔(Burger Dome) 패스트푸드 레스토랑의 대기행렬을 살펴보자. 버거돔은 햄버거, 치즈버거, 프렌치프라이, 청량음료, 밀크셰이크뿐만 아니라 한정된 스페셜 상품과 디저트 메뉴를 판매한다. 버거돔은 각 고객에게 서비스를 즉시 제공하기를 원하지만 버거돔 직원들이 처리할 수 있는 것보다 더 많은 고객이 방문한다. 따라서 고객들은 주문을 접수하고 기다리는 상황이다.

버거돔은 현재 고객에게 서비스를 제공하는 데 사용되는 방법이 과도한 대기시간과 매출 손실을 초래한다고 우려하고 있다. 경영진은 대기시간을 줄이고 서비스를 개선할 수 있는 최상의 방법을 결정하는 데 도움이 되는 대기행렬 연구를 수행하고자 한다.

단일서버 대기행렬

현재 버거돔 운영에서 직원은 고객의 주문을 받고, 주문의 총가격을 계산하고, 고객으로부터 지불받은 다음 주문을 이행한다. 첫 번째 고객의 주문이 완료되면 직원은 서비스를 기다리는 그다음 고객의 주문을 받는다. 이 운영은 **단일서버 대기행렬**(single-server waiting line)의 예이다. 버거돔 레스토랑에 들어오는 각 고객은 주문지, 청구서 지불, 음식배달을 처리하는 단일 주문처에서 서비스를 제공받고 있다. 즉시 서비스를 받을 수 있는 수보다 더 많은 고객이 도착하면 대기행렬을 형성하여 주문처에서 서비스가 가능할 때까지 기다린다. 그림 8.1은 버거돔 단일서버 대기행렬의 형태를 그림으로 보여준다.

도착 분포

대기행렬에 대한 도착 과정을 정의하는 것은 주어진 시간 동안 도착자의 확률분포를 결정하는 것을 포함한다. 많은 대기행렬에서 도착은 다른 도착자와 무관하게 **임의적이고 독립적으로** 발생하고 도착이 발생할 때를 예측할 수 없다. 이러한 경우, 분석가들은 **푸아송**

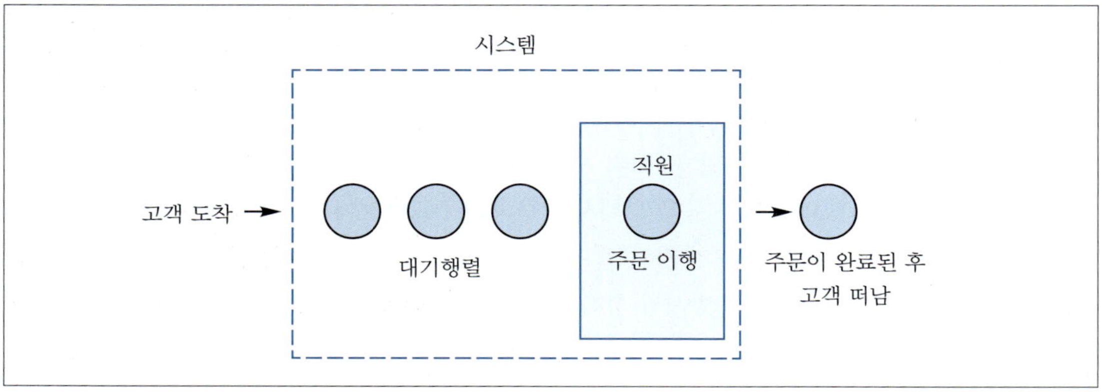

그림 8.1 버거돔 단일서버 대기행렬

확률분포(Poisson probability distribution)가 도착 패턴에 대한 좋은 설명을 제공한다는 사실을 발견했다.

푸아송 확률 함수는 특정 시간의 x 도착 확률을 제공한다. 확률 함수는 다음과 같다.[1]

$$P(x) = \frac{\lambda^x e^{-\lambda}}{x!} \quad \text{for } x = 0, 1, 2, \ldots \tag{8.1}$$

x = 시간 내 도착자 수
λ = 시간당 **평균** 도착 횟수
e = 2.71828

시간당 평균 도착 횟수 λ는 **도착률**(arrival rate)이라고 한다. $e^{-\lambda}$의 값은 컴퓨터 소프트웨어를 사용하여 찾을 수 있다.

버거돔이 고객 도착에 대한 데이터를 분석하여 도착률이 시간당 45명이라고 가정해 보자. 1분 동안 도착률은 1분당 λ = 고객 45명 ÷ 60분 = 0.75명이다. 따라서 푸아송 확률 함수를 사용하여 1분 동안 x 고객이 도착할 확률을 계산할 수 있다.

$$P(x) = \frac{\lambda^x e^{-\lambda}}{x!} = \frac{0.75^x e^{-0.75}}{x!} \tag{8.2}$$

따라서 1분 동안 0, 1, 2명의 고객이 도착할 확률은 다음과 같다.

1 $x!$은 'x 팩토리얼'이라고 불리며 $x! = x(x-1)(x-2)\cdots\cdots(2)(1)$로 정의된다. 예를 들어, 4!은 (4)(3)(2)(1) = 24가 된다. $x = 0$인 특별한 경우, 0! = 1로 정의된다.

표 8.1 1분 동안 버거돔 레스토랑에 도착 고객 수에 대한 푸아송 확률($\lambda = 0.75$)

서비스 시간	분포
0	0.4724
1	0.3543
2	0.1329
3	0.0332
4	0.0062
5 이상	0.0010

$$P(0) = \frac{(0.75)^0 e^{-0.75}}{0!} = e^{-0.75} = 0.4724$$

$$P(1) = \frac{(0.75)^1 e^{-0.75}}{1!} = 0.75e^{-0.75} = 0.75(0.4724) = 0.3543$$

$$P(2) = \frac{(0.75)^2 e^{-0.75}}{2!} = \frac{(0.5625)(0.4724)}{2} = 0.1329$$

1분 동안 고객이 없을 확률은 0.4724, 1분에 1명의 고객이 도착할 확률은 0.3543, 1분에 두 명의 고객이 도착할 확률은 0.1329이다. 표 8.1은 1분 동안 고객 도착에 대한 푸아송 확률을 보여준다.

8.2절과 8.3절에서 제시될 대기행렬 모형은 푸아송 확률분포를 사용하여 버거돔에 도착한 고객을 설명한다. 실제로는 며칠 혹은 몇 주 동안 시간별 실제 도착 횟수를 기록하고 관찰된 도착 횟수의 빈도 분포를 푸아송 확률분포와 비교하여 푸아송 확률분포가 도착 분포의 합리적인 근사치를 제공하는지 여부를 확인해야 한다.

λ가 단위 기간 동안 도착하는 평균 고객 수를 의미하지만, **평균 도착 간 시간**(average interarrival time)에 대한 도착 패턴을 이해하는 데 도움을 주기도 한다. 평균 도착 간 시간은 대기행렬에 대한 연속적 도착 간의 시간 간격을 의미하며 $1/\lambda$로 표기된다. 만약 단위기간 동안의 도착 수가 도착률 λ에 대한 푸아송 분포를 보인다고 한다면, 도착 간 시간에 대한 분포는 $1/\lambda$의 평균을 보이는 지수분포를 보이게 된다.

서비스 시간 분포

서비스 시간은 서비스가 시작된 후 고객이 서비스 시설에서 보내는 시간이다. 버거돔 사례에서 서비스 시간은 고객이 직원에게 주문을 시작하고 고객이 주문한 것을 받을 때까지 계속된다. 서비스 시간은 대부분 일정하지 않다. 고객들이 버거돔에서 주문한 상품의 수와 주문된 상품의 주문 조합은 고객마다 매우 다양하다. 간단한 주문은 몇 초 만에 처리될 수 있지만 대량 주문은 2분 이상 소요될 수 있다.

서비스 시간에 대한 확률분포가 **지수 확률분포**(exponential probability distribution)를 따르는 것으로 가정할 수 있는 경우, 대기행렬 운영에 대한 유용한 정보를 제공하기 위해 공식을 사용할 수 있다. 지수 확률분포를 사용하여 서비스 시간이 t보다 적거나 같을 확률은 다음과 같다.

$$P(\text{서비스 시간} \leq t) = 1 - e^{-\mu t} \tag{8.3}$$

μ = 매시간 제공될 수 있는 서비스 **평균** 수

$e = 2.71828$

시간당 제공할 수 있는 평균 개체 수 μ를 **서비스율**(service rate)이라고 한다.

버거돔이 주문처리 과정을 조사해 본 결과, 1명의 직원이 시간당 평균 60명의 고객 주문을 처리할 수 있다고 보았다. 1분 기준으로 서비스율은 $\mu = 60$명의 고객 ÷ 60분 = 1분당 고객 1명이다. 예를 들어 $\mu = 1$을 사용하면 식 (8.3)을 사용하여 주문이 0.5분 이하, 1분 이하 및 2분 이하로 처리될 확률을 계산할 수 있다. 이 계산은 다음과 같다.

$$P(\text{서비스 시간} \leq 0.5\text{분}) = 1 - e^{-1(0.5)} = 1 - 0.6065 = 0.3935$$
$$P(\text{서비스 시간} \leq 1\text{분}) = 1 - e^{-1(1.0)} = 1 - 0.3679 = 0.6321$$
$$P(\text{서비스 시간} \leq 2\text{분}) = 1 - e^{-1(2.0)} = 1 - 0.1353 = 0.8647$$

> 지수 확률분포의 특성은 확률변수가 평균보다 작은 값을 취할 확률이 0.6321이다. 대기행렬 응용에서 지수 확률분포는 서비스 시간의 약 63%가 평균 서비스 시간보다 작고 서비스 시간의 약 37%가 평균 서비스 시간보다 큼을 나타낸다.

따라서 주문이 ½분 내에 처리될 확률은 0.3935, 1분 이내에 처리될 확률은 0.6321, 2분 이내에 처리될 확률은 0.8647이라고 결론을 내릴 수 있다.

이 장에서 제시된 여러 가지 대기행렬 모형의 서비스 시간에 대한 확률분포는 지수 확률분포를 따른다고 가정한다. 실제로 서비스 시간에 대한 데이터를 수집하여 지수 확률분포가 적용에 대한 서비스 시간의 합리적인 근사치인지 여부를 결정해야 한다.

μ가 단위 기간 동안 제공될 서비스의 평균수를 의미하지만 **평균 서비스 시간**(average service time)을 통해 서비스 능력(service capacity)을 파악하는 데 도움을 주기도 한다. 평균 서비스 시간은 하나의 서버가 단일 고객 서비스를 완료하는 데 소요되는 평균 총시간을 의미하며 $1/\mu$로 표기된다.

대기행렬 규칙

대기행렬 시스템을 설명할 때, 대기하는 개체(고객)가 서비스를 제공받기 위해 정렬되는 방식을 정의해야 한다. 대부분의 대기행렬의 경우, 서비스에 대기 중인 개체는 **선착순**

(first-come, first-served: **FCFS**) 방식으로 정렬되며, 이 접근법을 'FCFS 대기행렬 규칙'이라고 한다. 그러나 일부 상황에서는 다른 대기행렬 규칙이 필요하다. 예를 들면, 사람들이 비행기에 탑승할 때, 많은 항공사가 가장 먼저 비행기에 탑승한 승객의 자리를 맨 뒤로 지정하므로 가장 마지막으로 탑승한 승객이 가장 먼저 비행기에서 내리게 된다. 다른 한편으로는 병원 응급실이 이러한 대기행렬의 규칙하에 운영되는 것은 신중하지 않을 수 있다. 따라서 대기하는 개체에 우선순위를 지정하는 경우에는 우선순위가 가장 높은 개체순으로 서비스를 제공한다. 이 장에서는 선착순 대기행렬의 규칙에 기초한 대기행렬에 대해서만 살펴본다.

정상상태 운영

아침에 버거돔 레스토랑이 열리면 고객이 없으며 대기행렬 시스템의 특성은 실제로 도착시간과 서비스 시간에 따라 변동된다. 점차적으로 활동은 보통 또는 정상상태로 올라간다. 시작 또는 착수 기간은 **과도기간**(transient period)이라고 한다. 과도기간은 시스템이 보통 또는 **정상상태 운영**(steady-state operation)에 도달할 때 끝난다. 대기행렬 모형은 대기행렬의 정상상태 운영 특성에 대하여 설명한다

8.2 푸아송 도착과 지수 서비스 시간에 대한 단일서버 대기행렬 모형

이 절에서는 단일서버 대기행렬의 정상상태 운영 특성에 사용될 수 있는 공식을 제시한다. 다양한 공식들이 도착자가 푸아송 확률분포를 따르고 서비스 시간이 지수의 확률분포를 따르는 경우에 사용될 수 있다. 이러한 가정이 8.1절에서의 버거돔 대기행렬 문제에 적용되며, 버거돔 운영 특성을 결정하는 데 공식이 어떻게 활용되는지 보이고, 결국 관리자들에게 적절한 의사결정을 하도록 돕게 된다.

> 대기행렬 모형은 종종 푸아송 도착 및 지수 서비스 시간과 같은 가정을 기반으로 한다. 대기행렬 모형을 적용할 때, 데이터는 모형의 가정이 합리적임을 보장하기 위해 실제 시스템에서 수집해야 한다

대기행렬의 운영 특성에 대한 공식을 유도하는 데 사용된 수학적 방법론은 다소 복잡하다. 그러나 이 장의 목적은 대기행렬 모형의 이론적인 개발을 제공하는 것이 아니라 개발된 공식을 이용하여 대기행렬의 운영에 대한 정보를 제공하는 것이다.

운영 특성

다음 식은 푸아송 도착 및 지수 서비스 시간이 있는 단일서버 대기행렬에 대한 정상상태 운영 특성을 계산하는 데 사용될 수 있다.

$$\lambda = \text{시간당 평균 도착 횟수(도착률)}$$
$$\mu = \text{시간당 평균 서비스 수(서비스율)}$$

1. 시스템 내 고객이 없을 확률

$$P_0 = 1 - \frac{\lambda}{\mu} \tag{8.4}$$

2. 대기행렬 내 고객의 평균 수

$$L_q = \frac{\lambda^2}{\mu(\mu - \lambda)} \tag{8.5}$$

3. 시스템 내 고객의 평균 수

$$L = L_q + \frac{\lambda}{\mu} \tag{8.6}$$

4. 대기행렬 내 고객이 소비한 평균 시간

$$W_q = \frac{L_q}{\lambda} \tag{8.7}$$

5. 시스템 내 고객이 소비한 평균 시간

$$W = W_q + \frac{1}{\mu} \tag{8.8}$$

6. 도착한 고객이 서비스를 위해 기다려야 할 확률

$$P_w = \frac{\lambda}{\mu} \tag{8.9}$$

7. 시스템 내 n명의 고객이 있을 확률

$$P_n = \left(\frac{\lambda}{\mu}\right)^n P_0 \tag{8.10}$$

식 (8.4)~(8.10)은 최적 조건에 대한 공식을 제공하지 않는다. 오히려 이 공식들은 대기행렬의 정상상태 운영 특성에 대한 정보를 제공한다.

도착률 λ와 서비스율 μ의 값은 운영 특성을 결정하는 데 있어서 매우 중요한 요소이다. 식 (8.9)는 서비스율에 대한 도착률의 비율 λ/μ는 서비스 시설이 사용 중이므로 신규 도착한 고객이 대기해야 할 확률을 제공하고 있다. 따라서 λ/μ는 서비스 시설의 이용률로 볼 수 있다.

식 (8.4)부터 (8.10)까지를 통해 제시된 운영 특성은 서비스율 μ가 도착률 λ보다 큰 경우, 즉 $\lambda/\mu < 1$인 경우에만 적용할 수 있다. 이 조건이 존재하지 않으면 서비스 시설에 도착한 개체를 처리할 수 있는 충분한 능력이 없으므로 대기행렬은 제한

없이 계속 증가할 것이다. 따라서 식 (8.4)부터 식 (8.10)까지를 사용하기 위해서는 $\mu > \lambda$를 확보하고 있어야 한다.

버거돔 사례에 대한 운영 특성

버거돔 문제에 대해 분당 $\lambda = 0.75$명 고객의 도착률과 분당 $\mu = 1$명 고객의 서비스율을 가졌음을 기억해야 한다. 따라서 $\mu > \lambda$일 때, 버거돔 단일서버 대기행렬에 대한 운영 특성을 제공하기 위해 식 (8.4)부터 식 (8.10)까지를 사용할 수 있다.

$$P_0 = 1 - \frac{\lambda}{\mu} = 1 - \frac{0.75}{1} = 0.25$$

$$L_q = \frac{\lambda^2}{\mu(\mu - \lambda)} = \frac{0.75^2}{1(1 - 0.75)} = 2.25\text{명}$$

$$L = L_q + \frac{\lambda}{\mu} = 2.25 + \frac{0.75}{1} = 3\text{명}$$

$$W_q = \frac{L_q}{\lambda} = \frac{2.25}{0.75} = 3\text{분}$$

$$W = W_q + \frac{1}{\mu} = 3 + \frac{1}{1} = 4\text{분}$$

$$P_w = \frac{\lambda}{\mu} = \frac{0.75}{1} = 0.75$$

식 (8.10)은 시스템에 있는 고객 수의 확률을 결정하는 데 사용할 수 있다. 이 식을 적용하면 표 8.2의 확률 정보를 얻을 수 있다.

표 8.2 버거돔 대기행렬 사례에서 시스템 내 고객 *n*명이 대기할 확률

도착한 고객의 수	확률
0	0.2500
1	0.1875
2	0.1406
3	0.1055
4	0.0791
5	0.0593
6	0.0445
7 이상	0.1335

관리자의 대기행렬 모형 사용

버거돔에 대한 단일서버 대기행렬 결과는 대기행렬의 운영에 대한 몇 가지 중요한 사항을 보여준다. 특히 고객은 빠른 서비스를 기반으로 한 비즈니스에서 다소 오래 걸릴 것으로 보이는 주문을 하기 전에 평균 3분간 기다린다. 또한 대기 중인 고객의 평균 인원수가 2.25명이고 도착한 고객의 75%가 서비스를 위해 기다려야 한다는 사실은 대기행렬 운영을 개선시키기 위해 무엇인가 행해져야 하는지 보여주는 지표이다. 표 8.2는 한 번에 7명 이상의 고객이 버거돔 시스템에 있는 확률을 0.1335로 나타낸다. 이 조건은 단일서버 운영을 계속 사용하는 경우 긴 대기행렬을 경험할 확률이 상당히 높음을 나타낸다.

운영 특성이 서비스에 대한 회사 기준 충족에 있어서 만족스럽지 않다면 버거돔 경영진은 대기행렬 운영을 개선하기 위한 대체 설계 또는 계획을 고려해야 한다.

대기행렬 운영의 개선

대기행렬 모형을 통해 운영 특성의 개선이 언제 필요한지 알 수 있다. 그러나 운영 특성을 개선시키기 위해 대기행렬 구성을 변경하는 방법에 대한 결정은 분석가의 통찰력과 창의성을 기반으로 해야 한다.

대기행렬 모형이 제공한 운영 특성을 검토한 후, 버거돔의 경영진은 대기시간을 줄이기 위해 개선이 필요하다고 결론을 내렸다. 대기행렬 운영에 있어서 개선하기 위해 분석가는 서비스율을 개선하는 방법에 중점을 둔다. 일반적으로 서비스율 향상은 다음 변경사항 중 하나 또는 모두를 수행하여 얻는다.

1. 창의적인 설계 변경 또는 새로운 기술을 사용하여 서비스율을 높인다.
2. 더 많은 고객이 동시에 서비스를 받을 수 있도록 하나 이상의 서버를 추가한다.

대안 1을 고려할 때, 버거돔의 경영진은 고객이 줄을 서서 기다리는 동안 고객이 주문서를 작성하여 주방에 직접 제출할 수 있도록 하는 설계 변경을 채택하기로 결정했다고

표 8.3 1분당 1.25명의 고객으로 증가한 서비스율을 갖는 버거돔 시스템에 대한 운영 특성

시스템 내 고객이 없을 확률	0.400
대기행렬 내 고객의 평균 수	0.900
시스템 내 고객의 평균 수	1.500
대기행렬 내 고객이 소비한 평균 시간	1.200분
시스템 내 고객이 소비한 평균 시간	2.000분
도착한 고객이 기다려야 할 확률	0.600
시스템에서 7명 이상의 고객이 있을 확률	0.028

가정한다. 이렇게 하면 직원이 고객들로부터 요금을 받을 때까지 고객들의 음식을 준비할 수 있다. 이 설계로 버거돔의 경영진은 시간당 현재 고객이 60명에서 75명으로 서비스율이 증가할 수 있다고 추정한다. 따라서 변경된 시스템의 서비스율은 1분당 $\mu = 75$명의 고객/60분 = 1.25명의 고객이다. 1분당 $\lambda = 0.75$명의 고객과 1분당 $\mu = 1.25$명의 고객에게 버거돔 대기행렬의 새로운 운영 특성을 제공하기 위해 식 (8.4)에서 식 (8.10)까지 사용할 수 있다. 이러한 운영 특성은 표 8.3에 요약되어 있다.

표 8.3의 정보는 증가된 서비스율로 인해 모든 운영 특성이 향상되었음을 나타낸다. 특히 고객이 대기행렬에서 소비한 평균 시간이 3분에서 1.2분으로 단축되었고, 고객이 시스템에서 소비한 평균 시간은 4분에서 2분으로 단축되었다. 버거돔이 서비스율을 증가시키기 위해 사용할 수 있는 다른 대안이 있을까? 그렇다면 평균 서비스율 μ의 변화 수준 확인을 통해, 식 (8.4)부터 식 (8.10)까지 사용하여 변경된 운영 특성 및 대기행렬 시스템의 개선을 결정하기 위해 사용할 수 있다. 제안한 변경사항의 추가비용은 해당 서비스 개선과 비교하여 관리자가 제안된 서비스 개선 사항의 가치 여부를 판단하는 데 도움이 된다.

앞서 대안 2에서 언급했듯이, 여러 고객에 대한 주문이 동시에 채워질 수 있도록 하나 이상의 서버를 추가하는 것이 가능할 수 있다. 단일서버 대기행렬 모형을 다중서버 대기행렬 모형으로 확장하는 것이 다음 절의 주제이다.

엑셀을 통한 대기행렬 모형의 적용

대기행렬 모형은 스프레드시트를 사용하면 쉽게 구현된다. 버거돔 단일서버 대기행렬에 대한 엑셀 워크시트가 그림 8.2에 제시되고 있다. 식을 보여주는 워크시트는 왼쪽에 있고 값을 보여주는 워크시트는 오른쪽에 있다. 도착률과 서비스율은 셀 B7과 셀 B8에 입력한다. 대기행렬의 운영 특성에 대한 식은 셀 C13부터 셀 C18에 배치한다. 워크시트는

유의사항

1. 고객이 푸아송 확률분포를 따른다는 가정은 도착하는 시간 간격이 지수 확률분포를 따를 것이라는 가정과 동일하다. 예를 들면, 대기행렬의 도착시간이 푸아송 확률분포를 따르고 시간당 평균 20회 도착한다면 도착시간 간격은 지수 확률분포를 따르고 평균 1/20 또는 0.05시간이다.
2. 많은 사람들은 서비스율 μ가 도착률 λ보다 클 때 시스템은 고객이 서비스를 기다리지 않고 모든 도착을 처리하거나 제공할 수 있어야 한다고 생각한다. 이는 고객 도착시간이 일정하고 서비스 시간이 일정한 경우에 해당된다. 그러나 버거돔의 예에서 볼 수 있듯이 도착시간과 서비스 시간의 가변성으로 인해 서비스율이 도착률을 초과하는 경우에도 대기시간이 길어질 수 있다. 대기행렬 모형을 통해 $\mu > \lambda$ 조건이더라도 바람직하지 않은 대기행렬 운영 특성을 제시할 수 있다.

	A	B	C
1	**Single-Server Waiting Line Model**		
2			
3	**Assumptions**		
4	**Poisson Arrivals**		
5	**Exponential Service Times**		
6			
7	Arrival Rate	0.75	
8	Service Rate	1	
9			
10			
11	**Operating Characteristics**		
12			
13	Probability that no customers are in the system, P_0		=1-B7/B8
14	Average number of customers in the waiting line, L_q		=B7^2/(B8*(B8-B7))
15	Average number of customers in the system, L		=C14+B7/B8
16	Average time a customer spends in the waiting line, W_q		=C14/B7
17	Average time a customer spends in the system, W		=C16+1/B8
18	Probability an arriving customer has to wait, P_w		=B7/B8

	A	B	C
1	**Single-Server Waiting Line Model**		
2			
3	**Assumptions**		
4	**Poisson Arrivals**		
5	**Exponential Service Times**		
6			
7	Arrival Rate	0.75	
8	Service Rate	1	
9			
10			
11	**Operating Characteristics**		
12			
13	Probability that no customers are in the system, P_0		0.2500
14	Average number of customers in the waiting line, L_q		2.2500
15	Average number of customers in the system, L		3.0000
16	Average time a customer spends in the waiting line, W_q		3.0000
17	Average time a customer spends in the system, W		4.0000
18	Probability an arriving customer has to wait, P_w		0.7500

그림 8.2 버거돔의 단일서버 대기행렬에 대한 워크시트

이미 얻은 운영 특성과 동일한 값을 계산한다. 대기행렬 설계의 변경은 셀 B7과 셀 B8에 다른 도착률 및 서비스율을 입력하여 평가될 수 있다. 대기행렬의 새로운 운영 특성은 즉시 표시된다. 그림 8.2에서 엑셀 워크시트는 푸아송 도착 및 지수의 서비스 시간이 있는 단일서버 대기행렬 모형과 함께 사용할 수 있는 템플릿이다.

8.3 푸아송 도착과 지수 서비스 시간에 대한 다중서버 대기행렬 모형

두 개 이상의 서버로 구성된 **다중서버 대기행렬**(multiple-server waiting line)은 서비스 능력 측면에서는 동일하다고 가정한다. 다중서버 시스템은 두 가지 일반적인 대기행렬 가능성이 있다. (1) 도착한 고객들은 하나의 대기행렬('결합' 또는 '공유'된 대기행렬)에서 대기한 후 처리를 위해 사용 가능한 첫 번째 서버로 이동하거나, (2) 각 서버는 '전용' 대기행렬을 가지고 있으며 도착한 고객은 이 행렬 중 하나를 선택한다(일반적으로 행렬을 전환할 수 없다). 이 장에서는 모든 서버에 대해 단일 공유 대기행렬을 사용하여 시스템 설계에 중점을 둔다. 다중서버 시스템의 운영 특성은 일반적으로 여러 전용 대기행렬보다

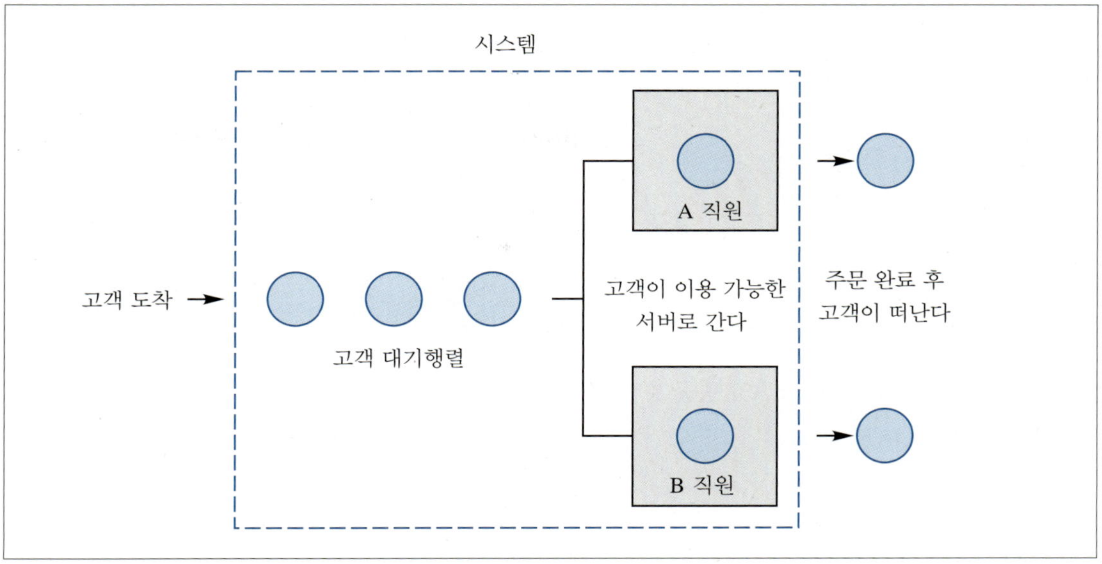

그림 8.3 버거돔 2개의 서버 대기행렬

싱글 공유 대기행렬이 사용될 때 더 좋다. 단일서버 버거돔 운영은 두 번째 서버를 열어 2개의 서버 시스템으로 확장할 수 있다. 그림 8.3은 버거돔의 2개 서버 대기행렬의 도표를 보여준다. 다중서버 대기행렬 모형에서 **시스템**(system)이라는 용어를 사용할 때, 단일 대기행렬에서 다수 서버가 있는 경우를 말한다.

이 절에서는 다중서버 대기행렬의 정상상태의 운영 특성을 결정하기 위해 사용될 수 있는 공식을 제시한다. 이러한 식들은 다음 조건들이 충족될 경우 적용할 수 있다.

1. 도착은 푸아송 확률분포를 따른다.
2. 각 서버의 서비스 시간은 지수 확률분포를 따른다.
3. 서비스율 μ는 각 서버에 대해 동일하다.
4. 도착 고객은 단일 대기행렬에서 대기하고 나서 서비스를 위해 처음 서버가 열린 곳으로 이동한다.

운영 특성

다음 식을 사용하여 다중서버 대기행렬의 정상 운영 특성을 계산할 수 있다.

λ = 시스템의 도착률

μ = 각 서버의 서비스율

k = 서버의 수

1. 시스템 내 고객이 없을 확률

$$P_0 = \frac{1}{\sum_{n=0}^{k-1} \frac{(\lambda/\mu)^n}{n!} + \frac{(\lambda/\mu)^k}{k!}\left(\frac{k\mu}{k\mu - \lambda}\right)} \tag{8.11}$$

2. 대기행렬 내 고객의 평균 수

$$L_q = \frac{(\lambda/\mu)^k \lambda\mu}{(k-1)!(k\mu - \lambda)^2} P_0 \tag{8.12}$$

3. 시스템 내 고객의 평균 수

$$L = L_q + \frac{\lambda}{\mu} \tag{8.13}$$

4. 대기행렬 내 고객이 소비한 평균 시간

$$W_q = \frac{L_q}{\lambda} \tag{8.14}$$

5. 시스템 내 고객이 소비한 평균 시간

$$W = W_q + \frac{1}{\mu} \tag{8.15}$$

6. 도착한 고객이 서비스를 기다려야 할 확률

$$P_w = \frac{1}{k!}\left(\frac{\lambda}{\mu}\right)^k \left(\frac{k\mu}{k\mu - \lambda}\right) P_0 \tag{8.16}$$

7. 시스템 내 n명의 고객이 있을 확률

$$P_n = \frac{(\lambda/\mu)^n}{n!} P_0 \qquad n \le k \tag{8.17}$$

$$P_n = \frac{(\lambda/\mu)^n}{k!k^{(n-k)}} P_0 \qquad n > k \tag{8.18}$$

μ는 각 서버의 서비스율이므로 $k\mu$는 다중서버 시스템의 서비스율이다. 단일서버 대기행렬 모형의 경우와 마찬가지로 다중서버 대기행렬의 운영 특성에 대한 식은 시스템의 서비스율이 시스템의 도착률을 초과하는 경우에만 적용될 수 있다. 즉, $\lambda/k\mu < 1$의 경우에만 적용된다.

다중서버 대기행렬의 운영 특성에 대한 일부 표현식은 단일서버보다 훨씬 복잡하다.

표 8.4 푸아송 도착과 지수의 서비스 시간의 다중서버 대기행렬에 대한 P_0의 값

비율 λ/μ	서버의 수(k)			
	2	3	4	5
0.15	0.8605	0.8607	0.8607	0.8607
0.20	0.8182	0.8187	0.8187	0.8187
0.25	0.7778	0.7788	0.7788	0.7788
0.30	0.7391	0.7407	0.7408	0.7408
0.35	0.7021	0.7046	0.7047	0.7047
0.40	0.6667	0.6701	0.6703	0.6703
0.45	0.6327	0.6373	0.6376	0.6376
0.50	0.6000	0.6061	0.6065	0.6065
0.55	0.5686	0.5763	0.5769	0.5769
0.60	0.5385	0.5479	0.5487	0.5488
0.65	0.5094	0.5209	0.5219	0.5220
0.70	0.4815	0.4952	0.4965	0.4966
0.75	0.4545	0.4706	0.4722	0.4724
0.80	0.4286	0.4472	0.4491	0.4493
0.85	0.4035	0.4248	0.4271	0.4274
0.90	0.3793	0.4035	0.4062	0.4065
0.95	0.3559	0.3831	0.3863	0.3867
1.00	0.3333	0.3636	0.3673	0.3678
1.20	0.2500	0.2941	0.3002	0.3011
1.40	0.1765	0.2360	0.2449	0.2463
1.60	0.1111	0.1872	0.1993	0.2014
1.80	0.0526	0.1460	0.1616	0.1646
2.00		0.1111	0.1304	0.1343
2.20		0.0815	0.1046	0.1094
2.40		0.0562	0.0831	0.0889
2.60		0.0345	0.0651	0.0721
2.80		0.0160	0.0521	0.0581
3.00			0.0377	0.0466
3.20			0.0273	0.0372
3.40			0.0186	0.0293
3.60			0.0113	0.0228
3.80			0.0051	0.0174
4.00				0.0130
4.20				0.0093
4.40				0.0063
4.60				0.0038
4.80				0.0017

그러나 식 (8.11)부터 식 (8.18)까지는 단일서버 모형에서 제공하는 것과 동일한 정보를 제공한다. 다중서버 공식의 사용을 단순화하기 위해 표 8.4는 λ/μ 및 k의 선택된 값에 대한 P_0 값을 포함한다. 표에 제공된 값은 $\lambda/k\mu < 1$인 경우에 해당하므로 서비스율은 모든 도착에 대해 서비스하기에 충분하다.

버거돔 사례에 대한 운영 특성

다중서버 대기행렬 모형을 설명하기 위해 버거돔 패스트푸드 레스토랑 대기행렬 문제로 돌아가 보자. 경영진은 2명의 고객이 동시에 서비스를 받을 수 있도록 2단계 주문처리 스테이션을 운영하는 것이 바람직한지 평가하려고 한다. 첫 번째 고객이 첫 번째로 사용할 수 있는 서버로 이동하는 단일 대기행렬을 가정한다. 이 2개의 서버 시스템에 대한 운영 특성을 평가해보자.

우리는 $k=2$ 서버 시스템에 대해 식 (8.11)부터 식 (8.18)까지의 식을 사용한다. 각 각의 서버에 대해 분당 $\lambda=0.75$명의 고객 도착률과 분당 $\mu=1$의 서비스율로 다음과 같은 운영 특성을 얻는다.

$$P_0 = 0.4545 \qquad (\text{표 8.4의 } \lambda/\mu = 0.75\text{를 이용})$$

$$L_q = \frac{(0.75/1)^2(0.75)(1)}{(2-1)![2(1)-0.75]^2}(0.4545) = 0.1227 \text{ 명의 고객}$$

$$L = L_q + \frac{\lambda}{\mu} = 0.1227 + \frac{0.75}{1} = 0.8727 \text{ 명의 고객}$$

$$W_q = \frac{L_q}{\lambda} = \frac{0.1227}{0.75} = 0.1636 \text{ 분}$$

$$W = W_q + \frac{1}{\mu} = 0.1636 + \frac{1}{1} = 1.1636 \text{ 분}$$

$$P_w = \frac{1}{2!}\left(\frac{0.75}{1}\right)^2\left[\frac{2(1)}{2(1)-0.75}\right](0.4545) = 0.2045$$

식 (8.17)과 식 (8.18)을 사용하여 시스템에서 n명의 고객이 있을 확률을 계산할 수 있다. 이 계산의 결과는 표 8.5에 요약되어 있다.

8.2절에서 논의된 원래의 단일서버 시스템의 운영 특성에 대한 2개의 서버 시스템의 정상 운영 특성을 비교할 수 있다.

1. 고객이 시스템에서 소비한 평균 시간(대기시간 + 서비스 시간)은 $W=4$분에서 $W=1.1636$분으로 감소한다.
2. 대기행렬의 평균 고객 수는 $L_q=2.25$명에서 $L_q=0.1227$명으로 감소한다.

표 8.5 버거돔 대기행렬 문제에 대한 2개의 시스템에 고객 n명이 대기할 확률

고객의 수	확률
0	0.4545
1	0.3409
2	0.1278
3	0.0479
4	0.0180
5인 이상	0.0109

3. 고객이 대기행렬에서 소비한 평균 시간은 $W_q = 3$분에서 $W_q = 0.1636$분으로 감소한다.
4. 고객이 서비스를 기다려야 할 확률은 $P_w = 0.75$에서 $P_w = 0.2045$이다.

확실히 2개의 서버 시스템은 대기행렬의 운영 특성을 크게 향상시킨다. 대기행렬 조사에서는 원래의 단일서버 시스템, 주문서를 주방으로 직접 제출하는 것을 포함한 설계 변경이 있는 단일서버 시스템, 그리고 2명의 주문접수 직원으로 구성된 2개의 서버 시스템의 세 가지 구성에서 예상할 수 있는 운영 특성을 제공한다. 이러한 결과를 고려한 후 추

유의사항

1. 다중서버 대기행렬 모형은 단일 대기행렬을 기반으로 한다. k개의 서버 각각에 자체 대기행렬이 있는 상황이 발생할 수도 있다. 분석가들은 단일 대기행렬이 사용될 경우 다중서버 시스템의 운영 특성이 더 우수함을 보여주었다. 또한 뒤에 도착하는 고객 누구도 당신보다 먼저 서비스를 받을 수 없다는 점 때문에 고객들은 이 시스템을 더 선호한다. 즉, 공정함을 느끼는 것이다. 따라서 가능한 경우, 은행, 항공사 예약 카운터, 공항 보안 시스템, 식품 서비스 시설 및 기타 비즈니스에서는 다중서버 시스템의 단일 대기행렬을 자주 사용한다.
2. 각각 대기행렬이 나타나는 서버를 운영하는 다중서버 시스템은 단일의 대기행렬을 공유하는 다중서버 시스템에 비하여 더욱 효율적인 것으로 알려진다. 서비스 프로세스가 지식 집약형이며 서버가 높은 수준의 고객 참여도가 나타나는 경우라고 한다면, 각 서버에 있는 대기행렬은 품질의 손실 없이 서비스율을 높이는 것으로 알려지고 있다. 그와 같은 사례는 개인적 접촉이 필수적인 의료 분야와 기술지원 분야에서 나타날 수 있다.
3. 각 서버가 동일한 서비스율을 보인다는 가정은 식 (8.11)에서 식 (8.18)까지의 공식을 유도하는 것이 더욱 간단할 수 있다. 만약 각 서버가 동일한 서비스율을 보인다면 확률적으로 동일하다고 볼 수 있어서 굳이 구분하는 것이 의미가 없을 수 있다. 즉, 고객은 어느 서버에나 무작위로 할당될 수 있는 것이다. 실제로 서버에 따른 서비스율의 차이가 없다면 식 (8.11)에서 식 (8.18)은 운영상에 의미 있는 시사점을 제공하고 있다.

천할 만한 대안은 무엇이겠는가? 이 경우에 버거돔이 채택한 정책은 고객 도착이 시간당 평균 45명으로 예상되는 기간 동안 버거돔은 2명의 주문 처리 서버를 열어 각각 1명의 직원에게 할당하는 것이다.

하루 중 다른 시간대에 도착률을 반영하여 도착률 λ를 변경하고 운영 특성을 계산하여 버거돔의 경영진은 매장 관리자에게 단일서버, 2대의 서버, 또는 3대 이상의 서버로 서비스 운영 일정을 정할 때 지침과 정책을 수립할 수 있다.

8.4 대기행렬 모형에 대한 일반적인 관계

8.2절과 8.3절에서는 푸아송 도착 및 지수의 서비스 시간이 있는 단일서버 및 다중서버 대기행렬의 운영 특성을 계산하기 위한 식을 제시했다. 관련된 운영 특성은 다음을 포함한다.

L_q = 대기행렬 내 고객의 평균 수
L = 시스템 내 고객의 평균 수
W_q = 대기행렬 내 고객이 소비한 평균 시간
W = 시스템 내 고객이 소비한 평균 시간

John D. C. Little은 이러한 네 가지 특성 사이에 몇 가지 관계가 존재하고 이러한 관계가 다양한 대기행렬 시스템에 적용된다는 것을 보여주었다. 그 관계 중 두 가지는 **Little의 방정식**(Little's flow equation)이라고 하며 다음과 같다.

$$L = \lambda W \tag{8.19}$$

$$L_q = \lambda W_q \tag{8.20}$$

식 (8.19)는 시스템에서 고객의 평균 수 L이 도착률 λ와 시스템에서 고객이 소비한 평균 시간 W를 곱하여 구할 수 있음을 보여준다. 식 (8.20)은 대기행렬에서 개체의 평균 수 L_q와 대기행렬에서 개체가 소비한 평균 시간 W_q 사이에 동일한 관계가 유지됨을 보여준다.

식 (8.20)을 사용해서 W_q를 풀면 다음과 같은 결과를 얻을 수 있다

$$W_q = \frac{L_q}{\lambda} \tag{8.21}$$

식 (8.21)은 Little의 두 번째 방정식으로부터 직접 유도된다. 8.2절의 단일서버 대기행렬 모형과 8.3절의 다중서버 대기행렬 모형에 이 매개변수를 사용하였다[식 (8.7)과 (8.14) 참조]. 이들 모형 중 하나에 대해 L_q가 계산되면 식 (8.21)을 사용하여 W_q를 계산할 수 있다.

대기행렬 모형에 적용되는 또 다른 일반 표현식은 시스템에서의 평균 시간 W가 대기행렬에서의 평균 시간 W_q와 평균 서비스 시간을 더한 값과 동일하다는 것이다. 서비스율이 μ인 시스템에의 평균 서비스 시간은 $1/\mu$이다. 따라서 일반적인 관계는 다음과 같다.

$$W = W_q + \frac{1}{\mu} \tag{8.22}$$

단일서버 및 다중서버 대기행렬 모형에 대한 시스템의 평균 시간을 제공하기 위해 식 (8.22)를 사용했음을 상기해보자[식 (8.8) 및 (8.15) 참조].

> Little의 방정식의 장점은 어떤 대기행렬 시스템에서 L, L_q, W, W_q의 운영 특성이 어떻게 관련되어 있는지를 보여주는 것이다. 도착 및 서비스 시간은 방정식에 적용하기 위해 특정 확률분포를 따를 필요가 없다.

Little의 방정식의 중요성은 도착이 푸아송 확률분포를 따르는지 여부와 서비스 시간이 지수 확률분포를 따르는지에 **관계없이 대기행렬 모형**에 적용된다는 것이다. 예를 들면, 머피의 푸드라이너(Murphy's Foodliner)의 식료품점 계산대에 대한 연구에서 분석가들은 도착이 푸아송 확률분포를 따라 시간당 24명 고객 또는 분당 $\lambda = 24/60 = 0.40$명 고객의 도착률을 따르는 것으로 결론지었다. 그러나 분석가들은 서비스 시간이 지수 확률분포가 아닌 정규 확률분포를 따른다는 것을 발견했다. 서비스율은 시간당 30명 고객 또는 분당 $\mu = 30/60 = 0.50$명의 고객으로 나타났다. 실제 고객 대기시간에 대한 시간 연구에 따르면 평균적으로 고객은 시스템에서 4.5분(대기시간과 계산시간)을 소비한다. 즉, $W = 4.5$분이다. 이 절에서 설명한 대기행렬 관계를 사용하여 이 대기행렬에 대한 다른 운영 특성을 계산할 수 있다.

먼저, 식 (8.22)를 사용하여 W_q를 푼다.

$$W_q = W - \frac{1}{\mu} = 4.5 - \frac{1}{0.50} = 2.5\text{분}$$

W와 W_q에서 알 수 있듯이, Little의 방정식을 사용하여 식 (8.19)와 식 (8.20)을 계산할 수 있다.

$$L = \lambda W = 0.40(4.5) = 1.8\text{명의 고객}$$

$$L_q = \lambda W_q = 0.40(2.5) = 1\text{명의 고객}$$

머피의 푸드라이너의 관리자는 이러한 운영 특성을 검토하여 서비스를 개선하고 대기시간과 대기행렬을 줄이기 위해 조치를 취해야 하는지 확인할 수 있다.

유의사항

대기행렬의 길이가 제한된 대기행렬 시스템(예: 작은 대기 구역)에서, 일부의 도착한 고객은 대기행렬에 합류하는 것이 차단될 수 있다. 이 경우 차단되거나 없어진 고객 도착으로 인하여 도착률보다 시스템에 들어가는 평균 개체 수는 더 적어지게 된다. 다른 경우에, 도착 고객들이 대기행렬이 너무 길어서 떠날 수도 있다. λ를 도착률로 보지 않고 시스템에 합류한 평균 고객 수로 보면, 이 절에 설명한 관계를 사용하여 W, L, W_q, L_q를 결정할 수 있다.

8.5 대기행렬의 경제성 분석

종종 대기행렬의 설계와 관련된 결정은 대기행렬의 운영 특성에 대한 주관적인 평가를 기반으로 한다. 예를 들어, 관리자는 평균 대기시간이 1분 이하이고 시스템에 있는 고객이 평균 2명 이하가 합당한 목표라고 결정할 수 있다. 이전 절에서 설명한 대기행렬 모형을 사용하여 관리자의 대기행렬 성능 목표를 충족시킬 서버 수를 판별할 수 있다.

한편, 관리자는 대기행렬 시스템을 운영하는 데 드는 비용을 확인한 다음 최소 시간당 또는 일일 운영 비용으로 시스템 설계와 관련된 결정을 내릴 수 있다. 대기행렬의 경제성 분석을 수행하기 전에 대기 비용과 서비스 비용을 포함한 총비용 모형을 개발해야 한다.

대기 비용은 시스템의 평균 고객 수를 기준으로 한다. 이는 대기행렬에서 보낸 시간과 서비스에서 보낸 시간의 합이 포함된다.

대기행렬에 대한 총비용 모형을 개발하기 위해 다음과 같이 표기를 활용한다.

c_w = 각 고객의 시간당 대기 비용
L = 시스템 내 고객의 평균 수
c_s = 각 서버의 시간당 서비스 비용
k = 서버의 수
TC = 시간당 총비용

총비용은 대기 비용과 서비스 비용의 합계이다. 이는 다음과 같다.

$$TC = c_w L + c_s k \tag{8.23}$$

대기행렬의 경제성 분석을 수행하려면 대기 비용과 서비스 비용을 합리적으로 추정해야 한다. 이 두 가지 비용 중 대기 비용은 일반적으로 평가하기가 더 어렵다. 버거돔 레스토랑 문제에서 대기 비용은 고객이 서비스를 기다리는 분당 비용이다. 이 비용은 버거돔의 직접 비용이 아니다. 그러나 버거돔이 이 비용을 무시하고 긴 대기행렬을 허용하면 고객들은 궁극적으로 다른 곳에서 주문할 것이다. 따라서 버거돔은 영업 손실을 겪게 될 것이고 사실상 비용이 발생할 것이다.

서비스 비용은 일반적으로 각 서버 운영 수립과 관련된 비용과 연관되므로 쉽게 결정할 수 있다. 버거돔 문제에서 이 비용에는 서버 설치와 관련된 서버의 임금, 이익 및 기타 직접 비용이 포함된다. 버거돔에서 이 비용은 시간당 $10로 추정된다.

더 많은 서버를 추가하면 항상 대기행렬의 운영 특성은 향상되고 대기 비용은 절감된다. 그러나 추가한 서버는 서비스 비용을 높인다. 대기행렬의 경제성 분석 측면에서 적절한 서버의 수를 찾으려는 시도는 대기 비용과 서비스 비용의 균형을 통해 총비용을 최소화할 것이다.

식 (8.23)의 사용법을 설명하기 위해, 버거돔이 고객 대기시간 동안 시간당 $15의 비용을 기꺼이 할당한다고 가정한다. 8.2절과 8.3절에서 계산된 시스템의 평균 고객 수 L을 사용하여 단일서버 및 두 대의 서버 시스템에 대한 총시간당 비용을 구한다.

단일서버 시스템($L = 3$명의 고객):

$$\begin{aligned} TC &= c_w L + c_s k \\ &= 15(3) + 10(1) = \$55.00 \text{ (시간당)} \end{aligned}$$

2개의 서버 시스템($L = 0.8727$명의 고객):

$$\begin{aligned} TC &= c_w L + c_s k \\ &= 15(0.8727) + 10(2) = \$33.09 \text{ (시간당)} \end{aligned}$$

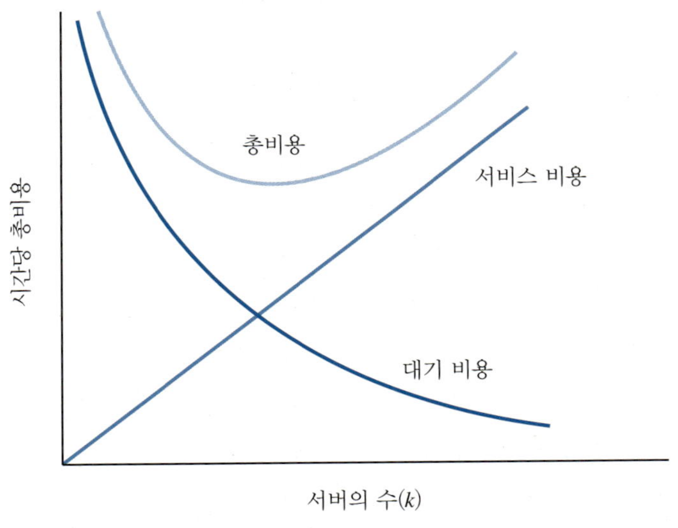

그림 8.4 대기행렬 모형에서 대기 비용, 서비스 비용, 총비용 곡선의 일반적인 형태

따라서 버거돔이 제공한 비용 데이터를 기반으로 2대의 서버 시스템은 좀 더 경제적인 운영을 제공한다. 고객 서비스 비용 c_s가 고객 대기시간 c_w의 비용을 충분히 초과하면 단일서버 시스템은 버거돔에 더욱 경제적이다.

그림 8.4는 대기행렬의 경제성 분석에서 비용 곡선의 일반적인 모양을 보여준다. 서버 수가 증가하면 서비스 비용이 증가한다. 그러나 더 많은 서버를 사용할수록 서비스는 더 좋아진다. 결과적으로 서버 수가 증가함에 따라 대기시간과 비용은 감소한다. 최소 총비용 설계를 잘 설명하는 서버의 수는 여러 설계 대안의 총비용을 계산하여 구할 수 있다.

유의사항

1. 정부기관 및 공공기관과의 거래에서 고객 입장에서 사업 파트너를 옮기는 것은 불가능하다. 이러한 상황에서 대기시간이 길어져도 사업상의 손실은 발생하지 않는다. 이러한 조건이 그러한 조직의 서비스가 형편없고 그와 같은 상황에 처한 고객들이 긴 대기시간을 겪게 되는 이유 중 하나이다.
2. 경우에 따라 서비스를 제공하는 기업에서 서비스를 제공받기 위해 대기하는 고객을 고용하기도 한다. 예를 들어, 제조공장에서 제품을 배송하기 위해 자체 트럭을 소유하고 운영하는 회사의 경우를 고려해 보자. 트럭이 적재되거나 하역되기를 기다리는 과정에서 발생하는 비용과 함께 트럭 적재인력과 하역인력에 대한 임금도 지불한다. 이 경우, 트럭이 대기하는 비용과 직원 운영 비용은 기업 입장에서 직접 비용에 해당한다. 대기행렬 시스템의 경제성 분석은 이러한 유형의 상황에서 권장된다.

8.6 대기행렬 모형을 구분하기 위한 켄들 표기법

D. G. Kendall은 개발된 다양한 대기행렬 모형을 분류하는 데 도움이 되는 표기법을 제안했다. 켄들 표기법의 세 가지 기호는 다음과 같다.

$$A/B/k$$

A = 도착자에 대한 확률분포
B = 서비스 시간에 대한 확률분포
k = 서버의 수

A 또는 B 위치에 나타나는 글자에 따라 다양한 대기행렬 시스템을 설명할 수 있다. 일반적으로 사용되는 문자는 다음과 같다.

M = 도착에 대한 푸아송 확률분포 또는 서비스 시간에 대한 지수 확률분포를 나타냄
D = 도착 또는 서비스 시간이 결정적 또는 일정함을 지정함

G = 도착 또는 서비스 시간이 알려진 평균 및 분산을 갖는 일반적 확률분포를 갖는다는 것을 나타냄

켄들 표기법을 사용하여 푸아송 도착 및 지수 서비스 시간이 있는 단일서버 대기행렬 모형은 $M/M/1$ 모형으로 분류된다. 8.3절에 제시된 푸아송 도착 및 지수 서비스 시간을 갖는 2개의 서버 대기행렬 모형은 $M/M/2$ 모형으로 분류된다.

유의사항

경우에 따라 켄들 표기법이 다섯 개의 기호로 확장되기도 한다. 네 번째 기호는 시스템에 있을 수 있는 최대 고객 수를 나타내며, 다섯 번째 기호는 모집단의 크기를 나타낸다. 네 번째 기호는 대기행렬이 유한하거나 최대 고객 수가 한정되는 상황에서 사용되며, 다섯 번째 기호는 도착한 고객 모집단이 유한한 경우에 필요하다. 켄들 표기법의 네 번째와 다섯 번째 기호를 생략하면 대기행렬 시스템은 무한대의 용량을 가지고 있다고 가정하고 모집단이 무한하다고 가정한다.

8.7 푸아송 도착과 임의의 서비스 시간에 대한 단일서버 대기행렬 모형

푸아송 확률분포로 도착을 설명하는 단일서버 대기행렬 모형으로 돌아가 보자. 다만 서비스 시간에 대한 확률분포는 지수 확률분포가 아니라고 가정한다. 따라서 켄들 표기법을 사용하여 적절한 대기행렬 모형은 $M/G/1$ 모형으로 여기서 G는 일반 또는 지정되지 않은 확률분포를 나타낸다.

$M/G/1$ 모형에 대한 운영 특성

$M/G/1$ 모형의 운영 특성을 설명하는 표기법은 다음과 같다.

λ = 도착률

μ = 서비스율

σ = 서비스 시간의 표준편차

$M/G/1$ 대기행렬 모형의 정상상태 운영 특성 중 일부는 다음과 같다.

> $M/G/1$ 모형에 입력을 제공할 때는 시간 면에서 일관성을 유지해야 한다. 예를 들어, λ와 μ를 시간당 개체 수로 표현하면 서비스 시간의 표준편차는 시간으로 표시해야 한다. 여기서의 사례는 도착과 서비스 데이터의 시간으로 분을 사용한다.

1. 시스템 내 고객이 없을 확률

$$P_0 = 1 - \frac{\lambda}{\mu} \tag{8.24}$$

2. 대기행렬 내 고객의 평균 수

$$L_q = \frac{\lambda^2\sigma^2 + (\lambda/\mu)^2}{2(1 - \lambda/\mu)} \tag{8.25}$$

3. 시스템 내 고객의 평균 수

$$L = L_q + \frac{\lambda}{\mu} \tag{8.26}$$

4. 대기행렬 내 고객이 소비한 평균 시간

$$W_q = \frac{L_q}{\lambda} \tag{8.27}$$

5. 시스템 내 고객이 소비한 평균 시간

$$W = W_q + \frac{1}{\mu} \tag{8.28}$$

6. 도착한 고객이 서비스를 기다려야 할 확률

$$P_w = \frac{\lambda}{\mu} \tag{8.29}$$

L, W_q, W의 관계는 8.2절과 8.3절에서 대기행렬 모형에 사용된 관계와 같다. 이들은 Little의 방정식에 의해 주어진다.

사례 하트레즈 시푸드 서플라이(Hartlage's Seafood Supply) 소매업체는 1명의 점원에 의해 운영된다. 고객 도착은 푸아송 분포를 따르며 도착률은 시간당 21명 또는 1분당 $\lambda = 21/60 = 0.35$명의 고객이다. 서비스 과정에 대한 조사에 따르면, 서비스 시간은 고객당 평균 2분이고 표준편차는 $\sigma = 1.2$분의 확률변수이다. 고객당 2분의 평균 시간은 점원이 분당 $\mu = 1/2 = 0.50$명의 서비스율을 보여준다. $M/G/1$ 대기행렬 시스템의 운영 특성은 다음과 같다.

$$P_0 = 1 - \frac{\lambda}{\mu} = 1 - \frac{0.35}{0.50} = 0.30$$

$$L_q = \frac{(0.35)^2(1.2)^2 + (0.35/0.50)^2}{2(1 - 0.35/0.50)} = 1.1107 \text{ 명의 고객}$$

$$L = L_q + \frac{\lambda}{\mu} = 1.1107 + \frac{0.35}{0.50} = 1.8107 \text{명의 고객}$$

$$W_q = \frac{L_q}{\lambda} = \frac{1.1107}{0.35} = 3.1733 \text{분}$$

$$W = W_q + \frac{1}{\mu} = 3.1733 + \frac{1}{0.50} = 5.1733 \text{분}$$

$$P_w = \frac{\lambda}{\mu} = \frac{0.35}{0.50} = 0.70$$

하트레즈의 관리자는 이러한 운영 특성을 검토하여 두 번째 점원을 두는 일정 수립이 가치가 있는지 판단할 수 있다

일정한 서비스 시간

무작위로 도착하지만 일정한 서비스 시간을 가정하는 단일서버 대기행렬 모형에 대해 간략하게 설명하고자 한다. 이러한 대기행렬은 기계제어 서비스 시간이 일반적으로 일정한 생산 및 제조 시 발생할 수 있다. 이 대기행렬은 $M/D/1$ 모형에 의해 설명되며, D는 결정적인 서비스 시간을 나타낸다. $M/D/1$ 모형의 경우 대기행렬의 평균 개체 수 L_q는 일정한 서비스 시간의 표준편차가 $\sigma = 0$인 조건에서 식 (8.25)를 사용하여 구할 수 있다. 따라서 $M/D/1$ 대기행렬에 대한 평균 개체 수에 대한 표현은 다음과 같다.

$$L_q = \frac{(\lambda/\mu)^2}{2(1 - \lambda/\mu)} \tag{8.30}$$

이 절의 앞부분에 제시된 다른 표현은 $M/D/1$ 시스템의 추가 운영 특성을 결정하는 데 사용될 수 있다.

유의사항

대기행렬의 운영 특성이 받아들여지지 못하는 경우 관리자는 서비스율 μ를 늘려 서비스를 개선하려고 시도한다. 이 방법은 좋지만 식 (8.25)는 서비스 시간의 변화가 대기행렬의 운영 특성에도 영향을 미친다는 것을 보여준다. 서비스 시간의 표준편차 σ가 식 (8.25)의 분자에 나타나므로 서비스 시간의 변화가 클수록 대기행렬 내 평균 고객 수가 증가한다. 따라서 대기행렬의 서비스 능력을 향상시키기 위한 또 다른 대안은 서비스 시간의 변동을 줄이는 것이다. 따라서 서비스 시설의 서비스율이 증가될 수 없는 경우에도, σ의 감소는 대기행렬 내 평균 고객 수를 감소시키고 시스템의 운영 특성을 개선할 것이다.

8.8 푸아송 도착, 임의의 서비스 시간, 비대기행렬의 다중서버 모형

지금까지 논의된 대기행렬 모형에 대하여 흥미로운 변형 모형은 대기가 허용되지 않는 시스템에 대한 것이다. 도착한 개체 또는 고객은 여러 서버 중 하나에서 서비스를 요청한다. 모든 서버가 사용 중이면 도착한 개체는 시스템 접근이 거부된다. 대기행렬 용어에서는 시스템이 가득 찼을 때 발생하는 도착은 **차단되고**(blocked) 시스템에서 없어진다. 그러한 고객은 시스템에서 사라지거나 나중에 시스템에 재진입할 수 있다.

이 절에서 고려된 특정 모형은 다음과 같은 가정을 기반으로 한다.

1. 시스템에 k개의 서버가 있다.
2. 도착은 도착률 λ인 푸아송 확률분포를 따른다.
3. 각 서버의 서비스 시간은 임의의 확률분포를 가질 수 있다.
4. 서비스율 μ는 각 서버에 대해 동일하다.
5. 적어도 하나의 서버가 사용 가능한 경우에만 시스템에 도착한다. 모든 서버가 사용 중일 때 발생하는 도착은 차단된다. 즉, 서비스가 거부되어 시스템에 들어갈 수 없다.

G가 서비스 시간에 대한 일반 또는 지정되지 않은 확률분포를 나타내는 경우, 이 상황에 적합한 모형을 '차단된 고객'이 있는 $M/G/k$ 모형이라고 부른다. 이러한 유형의 상황에서 다루어지는 질문은 '얼마나 많은 서버가 사용되어야 할 것인가?'이다.

이 모형의 기본적 형태는 도착 패턴이 통화 요청이고 서버는 사용 가능한 전화 또는 통신 회선의 수와 같은 전화 및 기타 통신 시스템의 설계와 관련이 있다. 이러한 시스템에서는 전화가 하나의 전화번호로 이루어지며, 가능하다면 각 통화가 자동으로 열린 서버로 전환된다. 모든 서버가 사용 중이면 추가 통화 요청에 통화 중 신호가 수신되고 시스템에 대한 접근이 거부된다.

대기 허용이 없으면 이전 대기행렬 모형에서 고려한 운영 특성 L_q 및 W_q는 서버의 수에 관계없이 자동으로 0이다. 이 상황에서 더 중요한 설계 고려사항은 차단된 고객의 비율이 서버의 수에 미치는 영향을 결정하는 것이다.

차단된 고객이 확실한 $M/G/k$ 모형에 대한 운영 특성

k개의 서버 중 특정 서버 j가 사용률이 높아 혼잡 상황이 될 확률을 계산하여 최적의 서버 수를 선택하는 문제에 대해 논의한다. 이 확률은 다음과 같다.

$$P_j = \frac{(\lambda/\mu)^j/j!}{\sum_{i=0}^{k} (\lambda/\mu)^i/i!} \tag{8.31}$$

λ = 도착률

μ = 각 서버의 서비스율

k = 서버 수

P_j = k 서버중 서버 j가 사용 중일 확률, $j = 0, 1, 2, \cdots\cdots, k$

가장 중요한 확률값은 P_k이며, 이는 모든 k개의 서버들이 사용 중일 확률이다. 따라서 P_k는 차단되고 시스템에 접근이 거부된 도착 고객의 비율을 나타낸다.

또 다른 중요한 운영 특성은 시스템의 평균 고객 수이다. 이 수는 사용 중인 평균 서버 수와 같다. L이 시스템의 평균 단위 수를 나타내면 L은 확실히 k보다 작을 것이다.

$$L = \frac{\lambda}{\mu}(1 - P_k) \tag{8.32}$$

사례 마이크로데이터 소프트웨어사(Microdata Software Inc.)는 컴퓨터 소프트웨어 제품 판매에 전화 주문 시스템을 사용한다. 발신자는 회사의 800 전화번호를 사용하여 마이크로데이터사에 주문한다. 이 전화번호로 걸려오는 전화 주문이 시간당 $\lambda = 12$건씩 발생한다고 가정하자. 전화 주문을 처리하는 데 필요한 시간은 주문마다 매우 다양하다. 그러나 각 마이크로데이터사 영업 담당자는 시간당 $\mu = 6$건의 통화 건수를 처리해야 한다. 현재 마이크로데이터사 800 전화번호에는 별도의 영업 담당자가 운영하는 3개의 내부회선 또는 서버가 있다. 800 번호로 수신된 전화는 가능한 경우 자동 회선이나 서버로 전송된다.

3개의 회선이 모두 통화 중이면 발신자가 통화 중 신호를 듣게 한다. 과거에 마이크로데이터사의 경영진은 통화 중 신호를 수신한 발신자기 나중에 다시 전화를 거는 것으로 추정했다. 그러나 전화 주문에 대한 최근 조사에 따르면 접근이 거부된 전화 건수가 많으면 나중에 다시 걸지 않는다는 것을 보여준다. 이러한 통화 실패는 회사의 수입 손실을 의미하므로 마이크로데이터사의 경영진은 전화 주문 시스템에 대한 분석을 요청했다. 특히 경영진은 통화 중 신호를 받고 시스템에서 차단된 발신자의 비율을 알고자 했다. 경영진의 목표가 발신자의 90%를 처리할 수 있는 충분한 용량을 제공하는 것이라면 마이크로데이터사는 얼마나 많은 전화선과 영업 담당자를 사용해야 하는가?

P_3를 계산하여 식 (8.31)의 사용을 입증할 수 있다. P_3는 현재 사용 가능한 전화 회선 3개가 모두 사용되고 있어서 추가 발신자가 차단될 확률이다.

$$P_3 = \frac{(^{12}/_6)^3/3!}{(^{12}/_6)^0/0! + (^{12}/_6)^1/1! + (^{12}/_6)^2/2! + (^{12}/_6)^3/3!} = \frac{1.3333}{6.3333} = 0.2105$$

$P_3 = 0.2105$를 사용하면 약 21%의 통화, 즉 5통 통화 중 1통 이상 통화가 차단된다. 전화 중 79%만이 3개 회선의 시스템에 의해 즉시 처리된다.

마이크로데이터사가 4개 회선의 시스템으로 확장한다고 가정하자. 그런 다음 4개의 서

표 8.6 마이크로데이터사의 4개 회선 시스템이 통화 중일 확률

통화 중인 회선의 수	확률
0	0.1429
1	0.2857
2	0.2857
3	0.1905
4	0.0952

버가 모두 사용되어 발신자가 차단될 확률은 다음과 같다.

$$P_4 = \frac{(^{12}/_6)^4/4!}{(^{12}/_6)^0/0! + (^{12}/_6)^1/1! + (^{12}/_6)^2/2! + (^{12}/_6)^3/3! + (^{12}/_6)^4/4!} = \frac{0.667}{7} = 0.0952$$

차단된 발신 고객이 9.52% 수준이면서 발신자의 90.48%가 마이크로데이터사의 판매 담당자에게 연락한다. 따라서 마이크로데이터사는 발신자의 90% 이상을 처리할 수 있는 충분한 용량을 제공한다는 경영진의 목표를 달성하기 위해 주문 처리 작업을 4개의 회선으로 확장해야 한다. 4개 회선 시스템의 평균 통화 횟수와 통화 중일 평균 회선 및 영업 담당자의 수는 다음과 같다.

$$L = \frac{\lambda}{\mu}(1 - P_4) = \frac{12}{6}(1 - 0.0952) = 1.8095$$

평균 2개 회선 미만이 통화 중이지만 4개 회선의 시스템은 발신자의 90% 이상을 처리할 수 있는 용량을 제공하는 데 필요하다. 식 (8.31)을 사용하여 0, 1, 2, 3, 4회선이 통화 중일 확률을 계산했다. 이 확률은 표 8.6에 요약되어 있다.

8.5절에서 논의된 것처럼, 대기행렬에 대한 경제성 분석을 통해 시스템 설계 의사결정에 도움을 줄 수 있다. 마이크로데이터사의 시스템에서 추가 회선 및 추가 영업 담당자의 비용은 비교적 쉽게 설정될 수 있다. 이 비용은 차단된 통화의 비용과 균형을 맞출 수 있다. 통화 차단의 9.52% 및 시간당 $\lambda = 12$회 통화로 하루에 8시간 동안 평균 8(12)(0.0952) = 9.1회의 차단 통화가 발생한다. 마이크로데이터사가 가능한 손실 판매비용을 예측할 수 있는 경우 이러한 통화 차단 비용을 설정할 수 있다. 서비스 비용과 차단된 통화 비용에 기반으로 한 경제성 분석은 시스템에 대한 최적의 회선 수를 결정하는 데 도움이 될 수 있다.

8.9 유한 모집단의 대기행렬 모형

지금까지 소개된 대기행렬 모형의 경우, 서비스를 위해 도착한 개체 혹은 고객의 인원은 무제한이라고 가정하고 있다. 얼마나 많은 고객이 서비스를 찾을지에 대해 제한이 없는 경우에, 그 모형이 **무한 모집단**(infinite calling population)을 갖는다고 말한다. 이런 가정하에, 대기행렬 시스템에 얼마나 많은 개체가 있는지에 관계없이 도착률 λ는 일정하게 유지된다. 무한 모집단의 이러한 가정은 대부분의 대기행렬 모형에서 이루어진다.

이전의 대기행렬 모형에서 도착률은 일정했고 시스템의 개체 수와 무관했다. 유한 모집단의 경우, 시스템에 있는 개체 수가 많을수록 도착할 수 있는 개체의 수는 적기 때문에 시스템의 개체 수가 증가하면 도착률이 감소한다. 도착률 λ는 유한 모집단 모형에 대해 다르게 정의된다. 구체적으로 λ는 각 개체의 도착률로 정의된다.

다른 경우에, 서비스를 요청할 수 있는 최대 개체 또는 고객 수는 유한한 것으로 가정될 수도 있다. 이 상황에서 대기행렬의 개체 수에 따라 시스템의 도착률이 변경되며, 이러한 대기행렬 모형은 **유한 모집단**(finite calling population)이 있다고 말한다. 이전 대기행렬 모형의 운영 특성에 대한 공식은 유한 모집단의 특성을 고려하여 수정해야 한다.

이 절에서 설명하는 유한 모집단의 모형은 다음 가정을 기반으로 한다.

1. 각 개체 혹은 고객 도착은 도착률 λ로 푸아송 확률분포를 따른다.
2. 서비스 시간은 서비스율 μ인 지수 확률분포를 따른다.
3. 서비스를 찾는 개체의 인원은 한정되어 있다.

단일서버에서 대기행렬 모형은 유한 모집단을 가진 $M/M/1$ 모형이라고 한다.

유한 모집단이 있는 $M/M/1$ 모형의 도착률은 각 개체 혹은 고객이 도착하거나 서비스를 찾는 빈도로 정의된다. 이 상황은 시스템의 도착률을 나타내는 λ가 이전 대기행렬 모형의 상황과는 다르다. 유한 모집단으로 시스템의 도착률은 시스템의 개체 수에 따라 다르다. 유한 모집단 모형에서 변화하는 시스템 도착률을 조정하는 대신에 λ는 각 개체(고객)의 도착률을 나타낸다. 즉, 유한 모집단 시스템에서의 λ는 시스템 전체보다는 각 개체의 시각에서 정의된다고 할 수 있다. 각 개체 혹은 고객이 대기행렬에 재진입하는 시간 간격은 평균적으로 1/λ로 본다.

유한 모집단의 *M/M/1* 모형에 대한 운영 특성

다음 공식들은 유한 모집단이 포함된 $M/M/1$ 모형의 정상상태 운영 특성을 결정하는 데 사용된다.

λ = 각 개체 혹은 고객의 도착률

μ = 서비스율

N = 모집단 인원의 크기

1. 시스템 내 고객이 없을 확률

$$P_0 = \frac{1}{\displaystyle\sum_{n=0}^{N} \frac{N!}{(N-n)!}\left(\frac{\lambda}{\mu}\right)^n} \tag{8.33}$$

2. 대기행렬 내 고객의 평균 수

$$L_q = N - \frac{\lambda + \mu}{\lambda}(1 - P_0) \tag{8.34}$$

3. 시스템 내 고객의 평균 수

$$L = L_q + (1 - P_0) \tag{8.35}$$

4. 대기행렬 내 고객이 소비한 평균 시간

$$W_q = \frac{L_q}{(N - L)\lambda} \tag{8.36}$$

5. 시스템 내 고객이 소비한 평균 시간

$$W = W_q + \frac{1}{\mu} \tag{8.37}$$

6. 도착한 고객이 서비스를 기다려야 할 확률

$$P_w = 1 - P_0 \tag{8.38}$$

7. 시스템 내 n명의 고객이 있을 확률

$$P_n = \frac{N!}{(N-n)!}\left(\frac{\lambda}{\mu}\right)^n P_0 \qquad n = 0, 1, \ldots, N \tag{8.39}$$

유한 모집단을 가진 $M/M/1$ 모형의 주요 응용 사례 중 하나는 **기계 수리 문제**이다. 이 문제에서 기계들이 수리 서비스를 요청할 수 있는 '고객'의 유한한 수로 간주된다. 기계가 고장 나면 새로운 수리 요청이 시작된다는 의미에서 도착이 발생한다. 첫 번째 기계에서 수리 작업이 완료되기 전에 다른 기계가 고장 나면 두 번째 기계가 수리 서비스를 위한 '대기행렬'을 형성하기 시작한다. 다른 기계에 의한 추가 고장은 대기행렬의 길이를 늘인다. 선착순 가정은 기계가 고장 난 순서대로 수리된다는 것을 나타낸다. $M/M/1$ 모형은 한 사람 또는 한 대의 서버가 수리 서비스를 수행할 수 있음을 나타낸다. 기계를 작동 상태로 되돌리려면 고장이 발생한 각 기계를 단일서버 운영으로 수리해야 한다. 이 모형은 종종 다양한 조직의 컴퓨터 유지보수 부서에서 적용된다.

사례 콜크마이어 제조회사(Kolkmeyer Manufacturing Company)는 고장 간격 중 평균 20시간 동안 작동하는 동일한 기계 6대를 사용한다. 따라서 각 기계에 대한 수리 서비스의 도착률 또는 요청은 시간당 $\lambda = 1/20 = 0.05$이다. 임의로 발생한 고장과 함께 푸아송 확률분포는 기계 고장 도착 과정을 설명하는 데 사용된다. 유지보수 부서의 한 사람이 6대의 기계에 대해 단일서버 수리 서비스를 제공한다. 지수분포를 보이는 서비스 시간은 평균적으로 기계당 2시간 또는 시간당 $\mu = 1/2 = 0.50$의 서비스율을 갖는다.

$\lambda = 0.05$ 및 $\mu = 0.50$일 때, 이 시스템의 운영 특성을 계산하기 위해 식 (8.33)에서 식 (8.38)까지를 사용한다. 식 (8.33)을 사용하면 계산이 다소 복잡해진다. 식 (8.33)이 $P_0 = 0.4845$의 값을 제공하는지 스스로 확인하라. 다른 운영 특성에 대한 계산은 다음과 같다.

$$L_q = 6 - \left(\frac{0.05 + 0.50}{0.05}\right)(1 - 0.4845) = 0.3297 \text{ 대의 기계}$$

$$L = 0.3295 + (1 - 0.4845) = 0.8451 \text{ 대의 기계}$$

$$W_q = \frac{0.3295}{(6 - 0.845)0.50} = 1.279 \text{ 시간}$$

$$W = 1.279 + \frac{1}{0.50} = 3.279 \text{ 시간}$$

$$P_w = 1 - P_0 = 1 - 0.4845 = 0.5155$$

마지막으로 식 (8.39)를 사용하여 수리 시스템에 있는 기계가 n대 있을 확률을 계산할 수 있다.

다른 대기행렬 모형과 마찬가지로 운영 특성은 대기행렬의 운영에 대한 유용한 정보를 관리자에게 제공한다. 이 경우 유지보수가 시작되기 전에 기계 고장이 평균 $W_q = 1.279$시간을 기다리고 기계 고장의 50% 이상이 서비스를 위해 기다려야 한다는 사실($P_w = 0.5155$)은 2개의 서버 시스템이 기계 수리 서비스를 개선시키기 위해 필요하다는 것을 나타낸다.

다중서버 유한 모집단 대기행렬의 운영 특성 계산은 단일서버 모형보다 복잡하다. 이 경우 컴퓨터 해법이 필수적이다. 콜크마이어 2개의 서버 기계 수리 시스템의 엑셀 워크시트는 그림 8.5에 나와 있다. 두 명의 수리 요원과 함께 평균 기계 고장 대기시간은 $W_q = 0.0834$시간 또는 5분으로 줄어들고 기계 고장의 10%($P_w = 0.1036$)만 사용 대기 상태가 된다. 따라서 2개의 서버 시스템은 기계 수리 서비스 운영을 크게 향상시킨다. 궁극적으로 기계 중단 비용과 수리 인력 비용을 고려하여 관리자는 2개의 서버 시스템의 향상된 서비스가 비용 효율적인지 여부를 판단할 수 있다.

- **대기행렬(queue)** 기다리는 줄.
- **도착률(arrival rate)** 주어진 시간 내에 도착하는 고객 또는 개체의 평균 수.
- **무한 모집단(infinite calling population)** 특정한 상한선이 없는 서비스를 찾는 고객 또는 개체의 인원.
- **서비스율(service rate)** 주어진 시간 내에 하나의 서비스 시설에 의해 제공될 수 있는 고객 또는 개체의 평균 수
- **선착순(First-Come, First-Served: FCFS)** 먼저 도착한 개체에게 서비스를 제공하는 대기행렬의 규칙.
- **운영 특성(operating characteristics)** 시스템에 개체(예: 고객)가 없을 확률, 대기행렬에서 개체의 평균 수, 평균 대기시간 등과 같이 대기행렬을 위해 사용되는 성과 측정치.
- **유한 모집단(finite calling population)** 고정되고 한정된 값을 갖는 서비스를 찾는 고객 또는 개체의 인원.
- **정상상태 운영(steady-state operation)** 시작 또는 과도 기간이 지난 후 대기행렬의 정상적인 운영. 대기행렬의 운영 특성은 정상상태 조건에서 계산된다.
- **지수 확률분포(exponential probability distribution)** 대기행렬 모형의 서비스 시간을 설명하기 위해 사용되는 확률분포.
- **차단되다(blocked)** 도착한 개체가 시스템에 여유가 없어 대기 줄에 진입하지 못하는 것을 말한다. 차단된 개체는 대기 줄에 여유가 없어 발생할 수도 있고 대기 능력의 유한한 규모에 의해서 발생할 수도 있다.
- **평균 도착 간 시간(average interarrival time)** 대기 줄에의 연속된 도착 간의 평균 시간을 의미하며 도착률의 역수로 계산된다.
- **평균 서비스 시간(average service time)** 서버가 고객에 대한 서비스를 완료하는 평균 시간을 의미하며 서비스율의 역수로 계산된다.
- **푸아송 확률분포(Poisson probability distribution)** 대기행렬 모형의 도착 패턴을 설명하기 위해 사용한 확률분포.

연습문제

1. **드라이브업 뱅킹 도착 문제** 윌로 브룩 내셔널 뱅크(Willow Brook National Bank)는 고객들이 승용차에서 내리지 않고 은행 거래를 완료할 수 있게 해주는 드라이브업(drive-up) 창구를 운영한다. 평일 오전에 드라이브업 창구에 임의로 발생하는 도착자는 시간당 24명 또는 분당 0.4명의 고객이 있다.

   a. 5분 안에 도착할 고객의 평균 또는 예상 고객 수는 얼마인가?

b. 푸아송 확률분포는 도착 과정을 설명하는 데 사용될 수 있다고 가정한다. (a)에서의 도착률을 사용하여 정확히 0, 1, 2, 3 고객이 5분 동안 도착할 확률을 계산하라.

b. 5분 동안 3명 이상의 고객이 도착한다면 지연이 예상된다. 지연이 발생할 확률은 얼마인가?

2. **드라이브업 뱅킹 서비스 시간(재논의)** 윌로 브룩 내셔널 뱅크 대기선 시스템(문제 1 참조)에서 드라이브업 창구 서비스 시간은 시간당 36명의 고객 또는 분당 0.6명 고객의 서비스율로 지수 확률분포를 따른다고 가정한다. 지수 확률분포를 사용하여 다음 질문에 답하라.

a. 서비스 시간이 1분 이내일 확률은 얼마인가?

b. 서비스 시간이 2분 이내일 확률은 얼마인가?

c. 서비스 시간이 2분 이상일 확률은 얼마인가?

3. **드라이브업 뱅킹 대기행렬(재논의)** 문제 1과 문제 2에서 언급된 단일서버 드라이브업 창구 운영을 사용하여 시스템에 대한 운영 특성을 알아내라.

a. 시스템 내 고객이 없을 확률

b. 대기 중인 고객의 평균 수

c. 시스템 내 고객의 평균 수

d. 고객이 대기하는 평균 시간

e. 고객이 시스템에서 소비한 평균 시간

f. 도착한 고객이 서비스를 기다려야 할 확률

4. **푸드 트럭** 로베르토 파니아구아사(Roberto Paniagua)는 주말에만 지역 내 스포츠 센터 인근에서 푸드 트럭을 통해 음식을 판매하고 있다. 이번 주말에 스포츠 토너먼트 경기가 있었고 분당 1.25명의 고객이 도착했다. 분당 서비스율은 2명이다. 도착은 푸아송 확률분포에 따르고 서비스 시간은 지수 확률분포를 따르는 것을 가정한다.

a. 시스템 내에 고객이 없을 확률은 얼마인가?

b. 서비스를 받기 위해 대기하는 평균 고객 수는 얼마인가?

c. 서비스를 받기 위해 대기하는 평균 시간은 얼마인가?

d. 도착한 고객이 서비스를 제공받기 위해 기다릴 확률은 얼마인가?

e. 혼잡을 피하고자 대기 라인에 2명이 넘게 받지 않고 있다. 이 경우에, 한 사람의 엔지니어로 운영되는 경우가 충분한 수준의 서비스를 제공한다고 볼 수 있는가?

5. **버거돔(재논의)** 8.2절에서 살펴본 단일서비스 운영 시스템을 가진 버거돔의 경우

에, 도착률이 분당 1명으로 상승하고 서비스율도 분당 1.25명으로 높아졌다. 이 경우에 아래에서 제시한 운영 특성을 계산하라.

a. P_0

b. L_q

c. L

d. W_q

e. W

f. P_w

g. 기존 시스템에 비하여 새로운 시스템이 더 나은 성과를 보인다고 할 수 있는가? 차별점과 이러한 차이가 발생하는 이유에 대하여 설명하라.

대기행렬을 공유하는 다중서버 시스템과 각 서버 대기행렬이 운영되는 다중서버 시스템의 비교를 위해, 버거돔이 2개 서버 운용하면서 고객들이 각각의 대기행렬을 선택하여 줄을 서는 시스템을 가정해보자. 이러한 경우 8.3절에서 설명한 공유형 대기행렬을 이용하는 경우와 어떤 차이점을 보이겠는가? 대기하는 평균 고객 수와 시스템 내의 평균 고객 수, 평균 대기시간, 시스템 내에서의 평균 시간을 비교하라.

6. **인테리어 설계 컨설팅** 아간 인테리어 디자인(Agan Interior Design)은 고객들에게 집과 사무실 인테리어 컨설팅을 제공한다. 정상 업무시간에 시간마다 평균 2.5명의 고객이 도착한다. 1명의 디자인 컨설턴트가 고객 질문에 대답하고 제품을 추천한다. 컨설턴트는 각 고객에게 평균 10분을 할애한다.

a. 푸아송 도착과 지수 서비스 시간을 가정하여 고객 대기행렬의 운영 특성을 계산하라.

b. 서비스 목표는 도착한 고객이 평균 5분 이상 서비스를 위해 대기하지 않아야 한다는 것이다. 이 목표는 충족되고 있는가? 그렇지 않다면 어떠한 행동을 권해야 하는가?

c. 컨설턴트가 고객당 평균 소요시간을 8분으로 줄일 수 있다면 평균 서비스율은 얼마인가? 서비스 목표를 달성하는가?

7. **식료품 가게** 피트 마켓(Pete's Market)은 1명의 카운터 직원이 있는 지역의 작은 식료품 가게이다. 구매자들은 푸아송 확률분포로 계산을 위해 카운트 앞에 대기를 하며 시간당 평균 15명이 도착하고 있다. 서비스 제공과 관련하여 시간당 20명 수준의 서비스율로 지수분포를 보이고 있다.

a. 이러한 대기행렬에 대한 운영 특성을 계산하라.

b. 매니저의 서비스 목표가 5분 이상 계산하기 전 대기시간을 넘지 않는 것으로 정했다고 한다면, 현재의 계산 시스템은 만족스러운 수준이라고 할 수 있는가?

8. **소프트웨어 지원 콜센터** 오칼라 소프트웨어 시스템(Ocala Software System)은 고객들을 위한 기술지원 센터를 운영하고 있다. 고객들의 도움 요청 사항이 발생하면 지원센터에 전화하여 무료 지원을 받을 수 있다. 현재 1명의 지원 컨설턴트를 운영하고 있다. 고객에 대한 지원을 제공하고 있는 중에 새로운 고객들의 지원 요청이 들어오면, 신규 고객은 다른 고객 서비스로 인하여 현재 서비스를 제공할 수 없다는 자동응답을 듣게 된다. 이때 계속 전화기를 들고 있으며 가능한 한 빠른 서비스를 제공받을 수 있다는 설명을 듣게 된다. 고객들의 요청은 푸아송 분포를 보이며 시간당 5건 정도 평균적으로 발생하고 있다. 고객들의 요청에 대한 서비스 시간은 평균 7.5분 정도이다. 서비스 시간은 지수분포를 따르고 있다.

a. 시간당 고객 기준으로 본다면 서비스율이 얼마인가?

b. 시스템 내 고객이 한 명도 없어 컨설턴트가 유휴 상황일 확률은 얼마인가?

c. 고객이 컨설팅을 받기 위해 대기할 확률은 얼마인가?

d. 고객들이 대기하는 평균 시간은 얼마인가?

e. 고객들이 컨설턴트를 기다려야 하는 확률은 얼마인가?

f. 고객들로부터 적절한 고객지원 활동에 대한 불만을 접수하고 있는 상황에서, 35% 이상의 고객들이 기다리지 않도록 하고 대기시간도 평균 2분 이내가 되도록 하는 것이 이 회사의 가이드라인이라고 한다면 대기행렬 분석을 통해 적절한 수준이라고 말할 수 있는지 분석하라. 어떠한 변화를 권유하겠는가?

9. **공항 검색대** 레이크시티(Lake City) 지역 공항을 이용하는 모든 탑승객은 탑승구역으로 가기 전에 반드시 검색 구역을 통과해야만 한다. 3기의 검색 설비가 있으며 관리자는 특정 시간대에 몇 기의 검색 설비를 운용할 것인지 판단해야만 한다. 각 검색대에서의 서비스 수준은 분당 평균 3명이다. 월요일 오전에는 분당 5.4명의 승객이 도착했다. 도착률은 푸아송 분포를 보이며 서비스율은 지수분포를 보이는 것으로 확인되었다.

a. 월요일 오전에 3기의 검색대 중 2기가 운용되고 있다고 가정해보자. 검색 설비에 대한 운용 특성을 계산해보라.

b. 설비 능력을 고려하면서, 관리자는 검색대별 10분 이내로 대기하는 시간을 승객들이 소비하도록 목표를 세우고 있다. 2기의 검색대 운영으로 이러한 목표를 달성할 수 있는가?

c. 검색대를 통과하는 데 요구되는 고객들의 평균 시간은 어느 정도인가?

10. **패스트푸드 드라이브업 코너** 한 패스트푸드 프랜차이즈가 드라이브업 코너를 운영할 계획을 세우고 있다. 시간당 24대 수준의 차량 도착률로 푸아송 확률분포를 따르고, 서비스 시간은 지수 확률분포를 따른다고 가정한다. 도착한 고객은 주문을

위해 매장 후면의 인터콤을 이용하고 서비스 매장 창문을 통해 결재와 상품 수령이 이루어진다. 다음과 같이 세 가지 운영 계획이 논의되고 있다.

- 한 명의 직원이 주문을 받고 계산하는 단일서버 시스템의 운영. 이 경우의 평균 서비스 시간은 2분이다.
- 한 명의 점원은 주문을 받고 다른 한 명의 점원은 계산을 받는 단일서버 시스템. 이 경우에 서비스 시간은 평균 1.25분이다.
- 두 개의 서비스 매장 창문을 운용하면서 두 명의 점원이 배치되는 2개의 서버 시스템. 각각의 서비스 매장 창문을 통해 고객들로부터 주문을 받고 계산을 하는 시스템이다. 이 경우의 평균 서비스 시간은 2분이다.

각 대안을 바탕으로 다음의 질문에 답하라. 매장 설계와 관련된 의견을 제시하라.

a. 시스템 내에 차량이 한 대도 없을 확률은 얼마인가?
b. 서비스를 받기 위해 기다리는 평균 차량 수는 몇 대인가?
c. 시스템 내의 평균 차량 수는 몇 대인가?
d. 서비스를 받기 위해 기다리는 차량의 평균 대기시간은 어느 정도인가?
e. 시스템 내에서의 차량당 평균 시간은 어느 정도인가?
f. 도착한 차량이 서비스를 제공받기 위해 기다릴 확률이 어느 정도인가?

11. **패스트푸드 드라이브업 코너: 대안 설계에 대한 경제성 분석** 다음의 원가 자료는 문제 10에 대한 정보이다.

- 고객의 대기에 따른 원가는 기존의 패스트푸드 산업의 수준을 고려할 때 시간당 $25 정도의 가치를 가진다.
- 각 직원에 대한 원가는 시간당 $6.50 수준이다.
- 각 서버에 대해 $20 수준으로 매장 설비와 공간 운영에 대한 원가를 산정할 수 있다.

패스트푸드 설계를 평가할 때 원가 기준으로는 어느 대안이 가장 효과적인가?

12. **암 치료** 병원에서 암 환자에게 정맥주사 치료를 시행하고 있다. 환자에 대한 치료를 마치기 위해 간호사들은 병원 내 약국을 이용하기도 한다. 병원 내 약국에는 간호사들이 시간당 4명 정도 방문하고 있다. 간호사들에 응대하고 처방전을 처리하기 위해 약사들은 평균 6분 정도를 할애하고 있다.

a. 현재의 1명의 약사가 있다. 신규 간호사들의 처방전 처리를 위해 도착 간호사들은 평균 4분 정도 대기하고 있다. 이때 단일서버 시스템에서의 L_q, W, L을 계산하라.

b. 추가 1명의 약사를 통해 평균 대기시간이 1분 수준을 감소하고 있다. 이때 2개의 서버 시스템에서의 L_q, W, L을 계산하라.

13. 조립 공장 조립공장에 신규 작업은 무작위로 도착하며 시간당 5건 정도 발생하고 있다. 서비스 시간(분)은 지수분포를 따르지 않고 있다. 현재 두 가지 설계 대안이 제시되어 있다.

설계 대안	서비스 시간	
	평균	표준편차
A	6.0	3.0
B	6.25	0.6

a. 각 설계 대안에서의 시간당 서비스율은 얼마인가?

b. (a)로 볼 때, 어느 대안이 서비스율 기준에서 최선이라고 할 수 있는가?

c. 서비스 시간의 표준편차(시)는 얼마인가?

d. $M/G/1$ 대기행렬 모형을 활용하여 각 설계 대안에 대한 운영 특성을 계산하라.

e. 어느 설계 대안이 최적의 운영 특성을 보이고 있는가? 왜 그런지 설명하라.

14. 기계 수리 8.9절에서 살펴본 콜크마이어 제조회사는 제조설비 운영을 위해 기계를 추가하는 것을 고려하고 있다. 이렇게 된다면 기계는 총 8대가 된다. 사장은 기계의 수리를 위해 직원 고용을 계획하고 있다. 이에 대한 조사과정을 통해 고장 기계의 도착률은 시간당 0.05이며 수리 활동에 대한 서비스율은 시간당 0.5이다.

a. 만약에 한 명의 인력을 유지하는 경우에 운영 특성은 어떠한지를 계산하라.

b. 기계 수리업무를 위해 1명이 추가되는 경우의 운영 특성은 어떠한지를 계산하라.

c. 각 직원들은 시간당 $20를 받게 된다. 기계 고장은 시간당 $80 정도의 가치가 있다. 경제적 관점에서 1명 혹은 2명이 기계 수리 업무를 담당할 수 있겠는가? 그 이유를 설명하라.

15. 배송 트럭 칩스 백화점(Schips Department Store)은 10대의 트럭을 운용 중에 있다. 트럭들은 무작위로 백화점 수하물 상하차를 위해 도착하고 있다. 8시간 기준으로 2회 백화점에 들어오고 있다. 따라서 트럭당 도착률은 시간당 0.25이다. 서비스율은 시간당 4대이다. 도착에는 푸아송 분포를, 서비스 시간에는 지수분포를 적용한 10대의 유한 모집단 모형을 적용할 때 아래의 운영 특성을 계산하라.

a. 트럭 도크에 트럭이 0대일 확률은 얼마인가?

b. 트럭 도크에 상하차를 위해 대기 중인 평균 트럭 수는 몇 대인가?

c. 도크 부근에의 평균 트럭 수는 몇 대인가?

d. 상하차를 시작하기 전에 대기하는 평균 시간은 몇 시간인가?

e. 시스템에서의 평균 대기시간은 몇 시간인가?

f. 각 트럭이 평균 $50 정도를 비용을 발생시키고 도크 운영에 시간당 $30 정도를 사용한다고 할 때 운영 비용은 시간당 어느 정도 수준인가?

g. 두 번째 서버가 시간당 $30 정도로 운영되는 2개의 서버 트럭 도크 시스템이 운영된다고 본다면, 상하차를 위해 대기하는 평균 트럭 수를 고려했을 때 경제적이라고 할 수 있는가?

h. 2개의 서버 도크 시스템으로의 확장을 고려할 필요가 있는가? 설명하라.

사례 문제 : 리저널 에어라인

리저널 에어라인(Regional Airlines)은 항공편 예약을 처리할 수 있는 새로운 전화 시스템을 구축하고 있다. 오전 10시부터 오전 11시 사이에 예약 상담원에 대한 통화는 매 3.75분마다 평균 한 건 무작위로 발생한다. 이전 서비스 시간 데이터는 예약 상담원이 각 고객과 상담하는 데 평균 3분이 걸린다는 것을 보여준다. 푸아송 도착 및 지수 서비스 시간의 대기행렬 모형 가정은 전화 예약 시스템에서 합리적인 것으로 보인다.

리저널 에어라인의 경영진은 효율적인 전화 예약 시스템을 제공하는 것이 서비스 지향 항공사로서의 이미지를 구축하는 중요한 부분이라고 생각한다. 시스템이 제대로 구현되면 리저널 에어라인은 장기적으로 비즈니스를 증대시킬 수 있는 우수한 고객 관계를 수립할 것이다. 그러나 전화 예약 시스템에 과부하가 자주 걸리고 고객이 상담원에게 문의하는 데 어려움이 있는 경우 부정적인 고객 반응으로 인해 결국 비즈니스에 손실을 입을 수 있다. 티켓 예약 대행 비용은 시간당 $20이다. 따라서 경영자는 훌륭한 서비스를 제공하고자 하지만, 필요한 것보다 많은 상담원으로 전화 예약 작업을 과다하게 수행하는 비용 발생을 원하지는 않는다.

리저널의 관리팀은 기획 회의에서 수용 가능한 고객 서비스 목표가 고객으로부터의 호출 중 최소 85%만큼 즉시 응답하는 데 동의했다. 리저널의 관리 부사장은 기획 회의에서 상담원의 평균 서비스율이 평균 통화 도달률보다 빠르다는 데이터를 보여주었다고 지적했다. 부사장은 한 명의 상담원으로 인건비를 최소화할 수 있고 단일 상담원이 전화 예약을 처리할 수 있어야 하며, 유휴 시간이 남아 있어야 한다고 결론 내렸다. 마케팅 담당 부사장은 고객 서비스의 중요성을 다시 강조하고 적어도 두 명의 예약 상담원에 대한 지원을 표명했다.

현재의 전화 예약 시스템 설계는 발신자가 대기하는 것을 허용하지 않는다. 모든 상담원이 바쁘면 예약 상담원에게 연락하려는 발신자는 통화 중 신호를 받고 시스템에서 차단된다. 전화 회사 관계자는 리저널 에어라인이 대기를 수용할 수 있는 확장된 시스템을 고려해야 한다고 제안했다. 확장된 시스템에서 고객이 전화를 걸고 모든 상담원이 통화 중이면 녹음된 메시지는 통화가 수신된 순서대로 보류 중이며, 곧 상담원이 배정될 것임을 고객에게 알린다. 고객은 상담원을 기다리는 동안 회선에 머물면서 배경 음악을 들을 수 있다. 리저널의 경영진은 확장된 시스템으로 전환하기 전에 더 많은 정보가 필요하다.

경영 보고서

전화 예약 시스템을 분석하는 리저널 에어라인의 경영 보고서를 준비하라. 대기를 허용하지 않는 시스템과 대기를 허용하는 확장된 시스템을 모두 평가하라. 보고서에 다음 정보를 포함시켜야 한다.

1. 관리부 부사장이 제안한 한 명의 상담원에 의한 예약 시스템의 운영 특성에 대한 자세한 분석. 단일 상담원 시스템에 관한 당신의 권장 사항은 무엇인가?
2. 리저널에서 고용해야 하는 상담원 수에 대한 권장 사항을 기반으로 한 예약 시스템의 운영 특성에 대한 자세한 분석.
3. 이 보고서는 평균 3.75분에 한 번 전화가 오는 오전 10시부터 11시까지의 예약 시스템에 대한 예비 조사를 나타낸다. 그러나 들어오는 호출의 도착률은 시간 단위로 변경될 것으로 예상된다. 당신의 대기행렬 분석이 회사가 하루 중 다른 시간에 티켓 예약 시스템에 대해 다양한 수준의 인력을 제공할 수 있도록 티켓 상담원 인력 배치 계획을 개발하는 방법을 설명하라. 이 인력 계획을 수립하는 데 필요한 정보를 제시하라.

CHAPTER 09

시뮬레이션

학습 목표

이 장을 마치면 아래 내용을 이해할 수 있다.

1. 불확실한 의사결정 문제에서 기본 시나리오, 최악의 시나리오, 최상의 시나리오를 구별한다.
2. 불확실한 수량을 연속확률분포로 모델링하는 것이 적절한 경우를 식별한다.
3. 불확실한 수량을 이산확률분포로 모델링하는 것이 적절한 경우를 식별한다.
4. 컴퓨터 소프트웨어를 사용하여 정적 시뮬레이션 모델을 구현하고 그 결과를 해석한다.
5. 컴퓨터 소프트웨어를 사용하여 동적 시뮬레이션 모델을 구현하고 그 결과를 해석한다.

불확실성은 비즈니스, 정부, 개인 생활의 의사결정에 만연해 있다. 이 장에서는 불확실성이 의사결정에 미치는 영향을 평가하기 위해 **시뮬레이션**(simulation)을 사용하는 방법을 소개한다. 시뮬레이션 모델은 다양한 분야에서 성공적으로 사용되고 있다. 재무 분야에는 투자계획, 프로젝트 선정, 옵션 가격 결정 등이 포함된다. 마케팅 분야에는 신제품 개발 및 제품 시장진입 시기 등이 포함된다. 생산운영 분야에는 프로젝트 관리, 재고관리, 용량 계획, 수익 관리(항공, 호텔, 렌터카 업계에서 두드러짐)가 포함된다. 이러한 각 응용 분야에는 의사결정 과정을 복잡하게 만드는 불확실한 수량이 존재한다.

앞으로 설명하겠지만, 스프레드시트 시뮬레이션 분석에는 **매개변수**(parameter)와 의사결정 간의 관계를 정확하게 표현하여 관심 있는 결과를 생성하는 논리적 공식의 모델 기반이 필요하다. 시뮬레이션 모델은 매개변수에 단일 값을 사용하는 대신 가능한 범위의 값으로 대체한다. 예를 들어, 간단한 스프레드시트 모델은 제조업체에서 주문한 스키복의 수와 고객이 요구하는 스키복의 수에 대한 값이 주어지면 의류 소매업체의 수익을 계산할 수 있다. 시뮬레이션 분석은 스키복 수요에 사용된 단일 값을 스키복 수요의 가능한 값에 대한 **확률분포**(probability distribution)로 대체하여 이 모델을 확장한다. 스키복 수요의 확률분포는 가능한 값의 범위뿐만 아니라 다양한 수준의 수요에 대한 상대적인 가능성도 나타낸다.

시뮬레이션 모델을 사용하여 의사결정을 평가하기 위해 분석가는 높은 수준의 확실성으로 알려지지 않은 매개변수를 식별하고 이러한 매개변수를 확률변수 또는 불확실한 변수로 취급한다. **확률변수 또는 불확실한 변수**(random variable or uncertain variable)의 값은 지정된 확률분포에서 무작위로 생성된다. 시뮬레이션 모델은 무작위로 생성된 확률변수의 값과 매개변수와 의사결정 간의 관계를 사용하여 출력의 해당 값을 계산한다. 구체적으로 시뮬레이션 실험은 불확실한 입력변수의 무작위로 생성된 값에 해당하는 출력 값의 **분포**를 생성한다. 이 출력 값의 확률분포는 가능한 결과의 범위와 각 결과의 상대적 가능성을 설명한다. 시뮬레이션 결과를 검토한 후 분석가는 **평균** 출력과 출력의 **가변성**을 다루는 **통제할 수 있는 투입요소**(controllable input)에 대한 의사결정 권장 사항을 만들 수 있다. 불확실성이 존재하는 상황에서 의사결정을 내릴 때 의사결정권자는 평균 또는 예상 결과뿐만 아니라 가능한 결과의 가변성에 관한 정보에도 관심을 가져야 한다. 특히 의사결정권자는 **위험 분석**(risk analysis), 즉 바람직하지 않은 결과의 가능성과 규모를 정량화하는 데 관심이 있다. '경영과학의 실행'의 '대출업체의 재무위험 평가'에서는 대출자의 연체 또는 선지급에 따른 재무위험에 대한 대출기관의 부도를 평가하기 위해 시뮬레이션을 사용하는 예를 제공한다.

경영과학의 실행 대출업체의 재무위험 평가*

2008년 금융위기로 인해 2008년과 2009년 미국에서는 전체 노동인구의 약 6%에 해당하는 900만 개의 일자리가 사라졌다. 미국 가계의 순자산은 $13조 가까이 감소했고 미국 주식시장은 50% 가까이 하락했다. 이러한 금융위기의 주요 요인 중 하나는 서브프라임 모기지 채무 불이행의 증가였다. 서브프라임 모기지는 신용점수가 낮아 기존 대출을 받을 자격이 없는 개인에게 제공되는 대출이다. 이러한 유형의 모기지는 당시에는 완전히 이해되지 않았던 상당한 금융위험에 노출되어 있었다.

미국의 금융시장과 전반적인 경제는 2008년 금융위기 이후 크게 회복되었지만, 많은 기업이 여전히 대규모 대출로 인한 유사한 재무위험에 직면해 있다. 오늘날에도 미국의 대형 은행들은 100만 건 이상의 모기지를 보유하고 있는 경우가 많다. 미국의 대출업체들은 최대 1,000만 건의 모기지를 서비스하고 있다. 이러한 유형의 기업은 대출을 제때 상환하지 못하는 고객을 의미하는 연체위험과 대출을 조기에 상환하여 대출업체의 현금흐름을 감소시키는 고객으로 인해 발생하는 선납 위험의 형태로 상당한 재무위험에 직면해 있다.

대규모 대출 풀(pool)에 대한 일부 형태의 연체 및 선지급 위험에 대해서는 복잡한 폐쇄형 공식을 사용할 수 있다. 그러나 이러한 공식은 입력 매개변수에 민감하며 연체금과 선불금 분포에 관한 엄격한 가정에 의존하는 경우가 많다. 따라서 몬테카를로 시뮬레이션은 연체 및 선지급 위험을 정량화하는 데 사용되는 일반적인 도구이다.

한 연구에서는 미국 전역의 36,000개 우편번호에 걸쳐 있는 1,000만 개의 서브프라임 모기지에 대한 과거 데이터와 모기지를 매입하여 투자자를 위해 모기지 담보증권으로 포장하는 미국 정부 후원 기관인 프레디맥(Freddie Mac)이 보험에 가입한 1,600만 개의 모기지에 대한 별도의 데이터 세트를 사용했다. 데이터 세트에는 신용점수, 모기지 대출자의 최초 주택 구입 여부, 모기지 유형, 모기지 대출자의 소득 대비 부채, 모기지 우편번호 등의 대출 정보가 포함된다. 데이터 세트에는 선납 및 채무 불이행 이벤트에 대한 정보도 포함된다. 이러한 과거 정보를 사용하여 연체 및 선납을 예측하는 분석모델을 만들 수 있다.

그런 다음 예측모델은 다양한 입력 매개변수를 기반으로 미래의 연체 및 선납 위험을 추정하는 데 사용할 수 있는 몬테카를로 시뮬레이션 모델에 입력된다. 입력 매개변수는 대출 풀의 모기지 위치, 대출 풀의 최초 주택 구매자 수 등과 같은 입력 매개변수에 대한 연체 및 선납 위험의 민감도를 추정하기 위해 다양하게 변경할 수 있다. 이러한 모델의 목표는 기업이 대출 풀에 존재하는 재무위험을 더 잘 추정하여 향후 이벤트에 적절히 대비할 수 있도록 지원하는 것이다.

*출처 J. Sirignano and K. Giesecke, "Risk Analysis for Large Pools of Loans," *Management Science* 65, no. 1 (2019): 107-121.

9.1 What-If 분석

이 장에서는 입력 매개변수를 변경하여 소규모 가상 시나리오를 생성하여 비즈니스 벤처에 대한 기본적인 평가를 수행하는 방법을 보여준다. 이 접근방식은 이 장의 뒷부분에서 설명하는 보다 정교한 시뮬레이션 모델링의 기초를 제공한다.

사노트로닉스

사노트로닉스(Sanotronics)는 병원에서 사용하는 의료기기를 제조하는 스타트업 회사이다. 암과 싸웠던 가족과의 경험에서 영감을 받은 사노트로닉스의 창립자들은 의료진이 화학요법 치료를 준비하고, 투여하고, 폐기하는 동안 위험한 약물에 노출되는 것을 제한하는 새로운 기기의 프로토타입을 개발했다. 이 새로운 기기는 혁신적인 디자인이 특징이며 시장에서 상당한 점유율을 차지할 수 있는 잠재력을 가지고 있다.

사노트로닉스는 이 기기의 첫해 수익 잠재력에 대한 분석을 원한다. 사노트로닉스의 현금흐름이 빠듯한 상황 때문에 경영진은 특히 손실 가능성을 우려하고 있다. 사노트로닉스는 첫해 수익을 결정하는 주요 매개변수인 한 대당 판매가격(p), 첫해 관리 및 광고비용(c_a), 한 대당 직접 인건비(c_l), 한 대당 부품비용(c_p), 첫해 수요(d)를 파악했다. 시장조사와 재무분석을 수행한 후 사노트로닉스는 장치의 판매가격이 단위당 $249가 될 것이며 첫해 관리 및 광고비용은 총 $1,000,000가 될 것이라고 높은 수준의 확실성을 가지고 추정한다.

사노트로닉스는 직접 인건비, 부품비용 및 첫해 수요에 대한 값을 확신할 수 없다. 계획 단계에서 이러한 입력에 대한 사노트로닉스의 기본 추정치는 직접 인건비는 한 대당 $45, 부품비용은 한 대당 $90, 첫해 수요는 15,000대이다.

기본 시나리오

사노트로닉스의 첫해 이익은 다음과 같은 공식으로 계산된다.

$$\text{이익} = (p - c_l - c_p) \times d - c_a \tag{9.1}$$

사노트로닉스의 판매가격은 한 대당 $249이고 관리 및 광고비용은 총 $1,000,000라고 가정해보자. 이 값을 식 (9.1)에 대입하면 다음과 같은 결과가 도출된다.

$$\text{이익} = (249 - c_l - c_p) \times d - 1{,}000{,}000 \tag{9.2}$$

한 대당 직접 인건비, 한 대당 부품비용 및 첫해 수요에 대한 사노트로닉스의 기본 추정치는 각각 $45, $90 및 15,000대이다. 이 값은 사노트로닉스의 **기본 시나리오**(base-case scenario)를 구성한다. 이러한 값을 식 (9.2)에 대입하면 다음과 같은 수익 예측이 도출된다.

$$\text{이익} = (249 - 45 - 90)(15{,}000) - 1{,}000{,}000 = 710{,}000$$

따라서 기본 시나리오에서 예상되는 수익은 $710,000이다.

기본 시나리오는 매력적으로 보이지만 한 대당 직접 인건비, 한 대당 부품비용 및 첫해 수요의 값이 불확실하므로 기본 시나리오가 실현되지 않을 수도 있다는 것을 사노트로닉스는 알고 있다. 불확실성의 영향을 측정하는 데 도움이 되는 **What-If 분석**(what-if analysis)에는 확률변수(직접 인건비, 부품비용 및 첫해 수요)에 대한 대체 값을 고려하고 결괏값(수익)을 계산하는 작업이 포함된다.

사노트로닉스는 한 대당 직접 인건비, 한 대당 부품비용, 첫해 수요의 추정치가 기본 시나리오에서 예상한 대로 나오지 않을 경우 어떤 일이 발생하는지 궁금하다. 예를 들어, 사노트로닉스가 직접 인건비가 한 대당 $43에서 $47, 부품비용이 한 대당 $80에서 $100, 첫해 수요가 0대에서 30,000대 범위일 수 있다고 가정해보자. 이러한 범위를 사용하여 What-If 분석을 통해 **최악의 시나리오**(worst-case scenario)와 **최상의 시나리오**(best-case scenario)를 평가할 수 있다.

최악의 시나리오

직접 인건비에 대한 최악의 경우 값은 $47(최곳값), 부품비용에 대한 최악의 경우 값은 $100(최곳값), 수요에 대한 최악의 경우 값은 0대(최젓값)이다. 이를 식 (9.2)에 대입하면 다음과 같은 수익 예측이 나온다.

$$\text{이익} = (249 - 47 - 100)(0) - 1{,}000{,}000 = -1{,}000{,}000$$

따라서 최악의 시나리오에서는 $1,000,000의 예상 **손실**이 발생한다.

최상의 시나리오

직접 인건비에 대한 최상의 경우 값은 $43(최젓값), 부품비용에 대한 최상의 경우 값은 $80(최젓값), 수요에 대한 최상의 경우 값은 30,000대(최곳값)이다. 이를 식 (9.2)에 대입하면 다음과 같은 수익 예측이 도출된다.

$$\text{이익} = (249 - 43 - 80)(30{,}000) - 1{,}000{,}000 = 2{,}780{,}000$$

따라서 최상의 시나리오는 $2,780,000의 예상 수익으로 이어진다.

이 시점에서 What-If 분석은 기본 시나리오의 이익이 $710,000인 경우, 이익이 $1,000,000의 손실에서 $2,780,000의 이익까지 다양할 수 있다는 결론을 제공한다. $710,000의 기본 시나리오 이익이 가능하지만, What-If 분석에 따르면 상당한 손실 또는 상당한 이익도 가능하다는 것을 알 수 있다. 사노트로닉스는 다른 시나리오에 대해서도 이러한 What-If 분석을 반복할 수 있다. 그러나 단순 What-If 분석은 다양한 손익 값의 가능성을 나타내지 못한다. 특히 손실 가능성에 대해서는 아무것도 알 수 없다. 바람직하지 않은 결과의 잠재적 규모와 확률에 대한 인사이트를 확보하여 보다 철저한 위험평가를 수행하기 위해 이제 스프레드시트 시뮬레이션 모델을 개발하는 내용을 소개한다.

9.2 사노트로닉스 문제 시뮬레이션

이 절에서는 기본 엑셀 기능을 사용하여 시뮬레이션 모델을 구성하고 위험 분석을 수행하는 방법을 보여준다. 스프레드시트 시뮬레이션 모델을 구축하는 첫 번째 단계는 적절한 수식 논리를 사용하여 입력과 출력 간의 관계를 표현하는 것이다. 그림 9.1은 사노트로닉스 스프레드시트의 공식과 값 보기를 보여준다. 한 대당 판매가격, 관리 및 광고비용, 한 대당 직접 인건비, 한 대당 부품비용 및 수요에 대한 데이터는 셀 B4에서 셀 B8까지에 있다. 식 (9.1)에 해당하는 수익계산은 적절한 셀 참조와 수식 논리를 사용하여 셀 B11에 표현되어 있다. 그림 9.1에 표시된 값에 대해 스프레드시트 모델은 기본 시나리오에 대한 수익을 계산한다. 입력 매개변수의 값을 하나 이상 변경하면 스프레드시트 모델을 사용하여 What-If 분석(예: 최상의 경우 및 최악의 경우 시나리오)을 수행할 수 있다.

확률분포를 사용하여 확률변수 표현하기

위험 분석에 대한 What-If 접근법을 사용하여 확률변수(한 대당 직접 인건비, 한 대당 부품비용, 첫해 수요)에 대한 값을 수동으로 선택한 후 수익을 계산한다. 확률변수의 값을 수동으로 선택하는 대신 시뮬레이션 모델이 무작위로 확률변수의 값을 생성하여 사용된 값이 실제로 관찰할 수 있는 값을 반영하도록 한다. 확률분포는 확률변수의 가능한 값과 확률변수가 이러한 값을 실현할 상대적 가능성을 설명한다. 분석가는 과거 데이터와 확률변수에 대한 지식(범위, 평균, 최빈값, 표준편차 등)을 사용하여 확률변수에 대한 확률분포를 지정할 수 있다. 아래에서 설명한 바와 같이, 사노트로닉스는 한 대당 직접 인건비, 한 대당 부품비용 및 첫해 수요에 대한 확률분포를 파악하기 위해 확률변수를 조사하였다.

	A	B
1	Sanotronics	
2		
3	Parameters	
4	Selling Price per Unit	249
5	Administrative & Advertising Cost	1000000
6	Direct Labor Cost per Unit	45
7	Parts Cost per Unit	90
8	Demand	15000
9		
10	Model	
11	Profit	=((B4-B6-B7)*B8)-B5
12		

	A	B
1	Sanotronics	
2		
3	Parameters	
4	Selling Price per Unit	$249.00
5	Administrative & Advertising Cost	$1,000,000
6	Direct Labor Cost per Unit	$45.00
7	Parts Cost per Unit	$90.00
8	Demand	15,000
9		
10	Model	
11	Profit	$710,000.00

그림 9.1 사노트로닉스 문제의 엑셀 워크시트

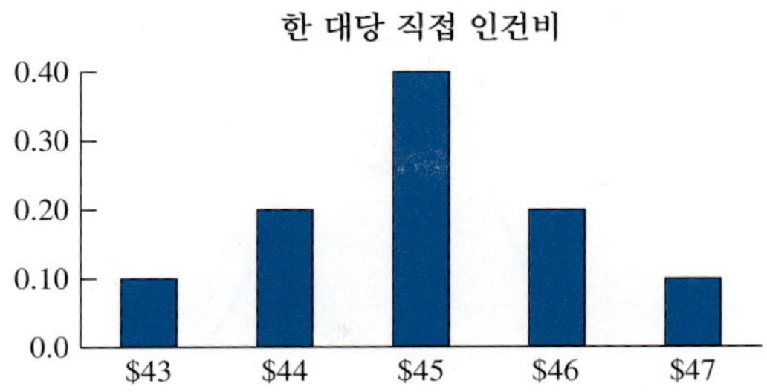

그림 9.2 한 대당 직접 인건비의 확률분포

직접 인건비 최근 임금률과 장치의 예상 처리 요구사항을 기반으로 사노트로닉스는 직접 인건비가 단위당 $43에서 $47 사이가 될 것으로 예상하며, 이는 그림 9.2에 표시된 이산확률분포로 설명된다. 따라서 직접 인건비가 한 대당 $43가 될 확률은 0.1, 직접 인건비가 한 대당 $44가 될 확률은 0.2 등이다. 가장 높은 확률인 0.4는 한 대당 직접 인건비가 $45인 경우이다. 사노트로닉스는 한 대당 직접 인건비를 **이산확률분포**(discrete probability distribution, 불연속확률분포)로 모델링하므로 한 대당 직접 인건비는 $43, $44, $45, $46, $47의 값만 취할 수 있다(다른 값은 사용할 수 없다).

부품비용 부품비용은 일반 경제 상황, 전반적인 부품 수요, 사노트로닉스 부품 공급업체의 가격 정책 등 여러 요인에 따라 달라지기 때문에 부품비용의 가치를 상대적으로 확신할 수 없다. 사노트로닉스는 부품비용이 한 대당 $80에서 $100 사이가 될 것이라고 확신하지만, $80에서 $100 사이의 특정 값이 다른 값보다 더 클 가능성이 있는지 확신할 수 없다. 따라서 사노트로닉스는 그림 9.3과 같이 부품비용의 불확실성을 일양확률분포(uniform probability distribution)로 설명하기로 결정한다.

시뮬레이션의 한 가지 장점은 분석가가 확률변수의 확률분포를 조정하여 불확실성의 '모양'에 대한 가정이 결과에 미치는 영향(그리고 궁극적으로 확률변수에 대한 분포 가정에 대한 결정의 민감도)을 결정할 수 있다는 것이다.

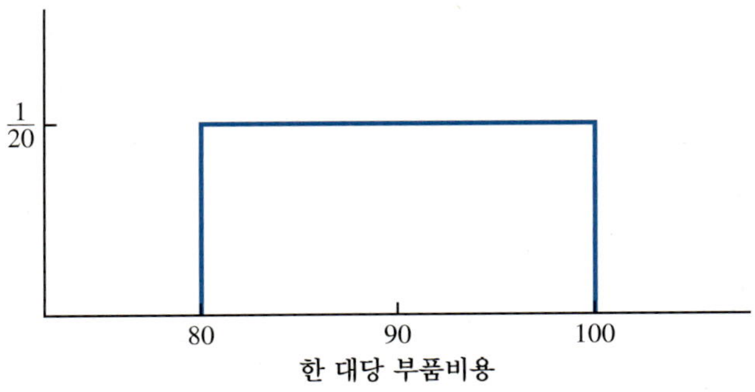

그림 9.3 한 대당 부품비용의 일양확률분포

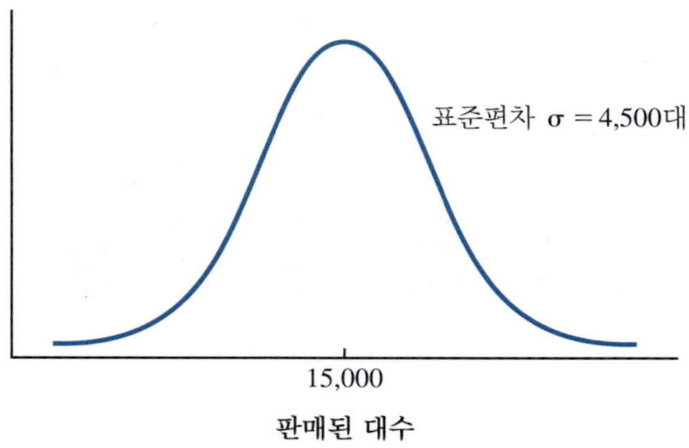

그림 9.4 첫해 수요의 정규확률분포

한 대당 비용이 $80와 $100 사이일 가능성은 모두 동일하다. 일양확률분포는 **연속확률분포**(continuous probability distribution)의 한 예로, 부품비용이 $80에서 $100 사이의 모든 값을 동일한 확률로 취할 수 있음을 의미한다.

첫해 수요 비교 가능한 의료기기의 판매량을 기반으로 사노트로닉스는 첫해 수요가 그림 9.4에 표시된 정규확률분포로 설명된다고 생각한다. 첫해 수요의 평균 또는 예상 값은 15,000대이다. 4,500대의 표준편차는 첫해 수요의 변동성을 나타낸다. 정규확률분포는 모든 값이 가능하지만 평균보다 훨씬 크거나 작은 값은 점점 더 가능성이 희박해지는 연속확률분포이다.

엑셀로 확률변수의 값 생성하기

사노트로닉스 문제를 시뮬레이션하려면 세 가지 확률변수에 대한 값을 생성하고 그에 따른 수익을 계산해야 한다. 확률변수에 대한 값 집합을 실험(trial)이라고 한다. 그런 다음 또 다른 실험을 생성하고 두 번째 수익 값을 계산하는 식으로 반복한다. 수익에 대한 확률분포를 설명하기에 충분한 실험이 수행되었다고 만족할 때까지 이 과정을 계속한다. 간단히 말해, 시뮬레이션은 확률변수의 값을 생성하고 그에 해당하는 출력 측정값을 계산하는 프로세스이다.

사노트로닉스 모델에서는 한 대당 직접 인건비, 한 대당 부품비용, 첫해 수요에 해당하는 확률변수에 대한 대표 값을 생성해야 한다. 이러한 값을 생성하는 방법을 설명하기 위해 컴퓨터 생성 난수라는 개념을 도입해야 한다.

표 9.1 한 대당 직접 인건비 값 생성을 위한 난수 구간

한 대당 직접 인건비	확률	난수의 간격
$43	0.1	[0.0, 0.1)
$44	0.2	[0.1, 0.3)
$45	0.4	[0.3, 0.7)
$46	0.2	[0.7, 0.9)
$47	0.1	[0.9, 1.0)

컴퓨터 생성 난수[1]는 0에서 1까지 무작위로 선택된 숫자이며, 이 간격을 [0, 1)로 표시한다. 컴퓨터 생성 난수의 모든 값은 동일한 확률을 가지므로 0에서 1 사이의 간격에 균일하게 분포된다. 컴퓨터 시뮬레이션 패키지 및 스프레드시트에서 사용할 수 있는 내장함수를 사용하여 컴퓨터 생성 난수를 얻을 수 있다. 예를 들어, 엑셀 워크시트의 셀에 =RAND() 수식을 입력하면 0에서 1 사이의 난수가 해당 셀에 배치된다.

난수를 사용하여 사노트로닉스 예제의 확률변수에 대한 확률분포에 해당하는 값을 생성하는 방법을 살펴보자. 먼저 한 대당 직접 인건비에 대한 값을 생성하는 방법을 보도록 한다. 설명한 접근방식은 모든 이산확률분포에서 값을 생성하는 데 적용할 수 있다.

표 9.1은 0에서 1 사이의 간격을 하위간격으로 분할하여 하위간격에서 난수를 생성할 확률이 해당 직접 인건비의 확률과 같도록 하는 과정을 보여준다. 0에서 0.1까지의 난수 간격 [0, 0.1)은 직접 인건비 $43, 0.1에서 0.3까지의 난수 간격 [0.1, 0.3)은 직접 인건비 $44와 연관되어 있다. 이렇게 난수 구간을 직접 인건비의 가능한 값에 할당하면 모든 구간에서 난수가 생성될 확률은 직접 인건비에 해당하는 값을 얻을 확률과 동일하다. 따라서 직접 인건비 값을 선택하기 위해 엑셀의 RAND 함수를 사용하여 0에서 1 사이의 난수를 생성한다. 난수가 0.0 이상 0.1 미만이면 직접 인건비를 $43로 설정하고, 0.1 이상 0.3 미만이면 직접 인건비를 $44로 설정하는 등의 방식으로 직접 인건비를 설정한다.

시뮬레이션의 각 실험에는 직접 인건비 값이 필요하다. 첫 번째 실험에서 난수가 0.9109라고 가정한다. 표 9.1에서 0.9109는 [0.9, 1.0) 간격에 있으므로 해당 직접 인건비에 대한 시뮬레이션 값은 한 대당 $47이다. 두 번째 실험에서 난수가 0.2841이라고 가정하자. 표 9.1에서 직접 노동 비용의 시뮬레이션 값은 한 대당 $44이다.

시뮬레이션의 각 실험에는 부품비용과 첫해 수요의 값도 필요하다. 이제 부품비용에

1 컴퓨터로 생성된 난수는 수학 공식을 사용하여 생성되므로 기술적으로 무작위가 아니므로 공식적으로 '의사 난수(pseudorandom number)'라고 한다. 난수와 의사 난수의 차이점은 주로 철학적 개념에서 비롯되며, 컴퓨터에서 생성되는지 여부와 관계없이 '난수'라는 용어를 사용한다.

대한 값을 생성하는 문제로 넘어가도록 하자. 단위당 부품비용에 대한 확률분포는 그림 9.3에 표시된 일양분포이다. 이 확률변수는 직접 인건비와는 다른 확률분포를 가지므로, 부품비용에 대한 시뮬레이션 값을 생성하기 위해 약간 다른 방식으로 난수를 사용한다. 연속 일양분포를 특징으로 하는 확률변수의 값을 생성하기 위해 다음 엑셀 공식을 사용한다.

$$\text{일양확률변수의 값} = \text{하한값} + (\text{상한값} - \text{하한값}) \times \text{RAND()} \tag{9.3}$$

사노트로닉스의 경우 한 대당 부품비용은 하한이 $80이고 상한이 $100인 균일하게 분포된 확률변수이다. 식 (9.3)을 적용하면 부품원가를 생성하는 다음 공식이 도출된다.

$$\text{부품비용} = 80 + 20 \times \text{RAND()} \tag{9.4}$$

식 (9.4)를 자세히 살펴보면 난수를 사용하여 부품비용에 대해 균일하게 분포된 값을 생성하는 방법을 이해할 수 있다. 식 (9.4)의 첫 번째 항은 80이며, 이는 사노트로닉스가 부품비용이 단위당 $80 이하로 떨어지지 않는다고 가정하기 때문이다. RAND는 0과 1 사이이므로 두 번째 항인 20×RAND()는 시뮬레이션된 부품비용의 하한값보다 얼마나 더 많은지에 해당한다. RAND는 0과 1 사이의 값일 가능성이 동일하므로 부품비용의 시뮬레이션된 값은 하한(80 + 0 = 80)과 상한(80 + 20 = 100) 사이에 있을 가능성이 동일하다. 예를 들어, 0.4576의 난수를 얻었다고 가정해보자. 그림 9.5에 표시된 것처럼 부품비용의 값은 다음과 같다.

$$\text{부품비용} = 80 + 20 \times 0.4576 = 80 + 9.15 = 89.15(\text{한 대당})$$

다음 실험에서 0.5842의 난수가 생성된다고 가정하자. 부품비용의 값은 다음과 같다.

$$\text{부품비용} = 80 + 20 \times 0.5842 = 80 + 11.68 = 91.68(\text{한 대당})$$

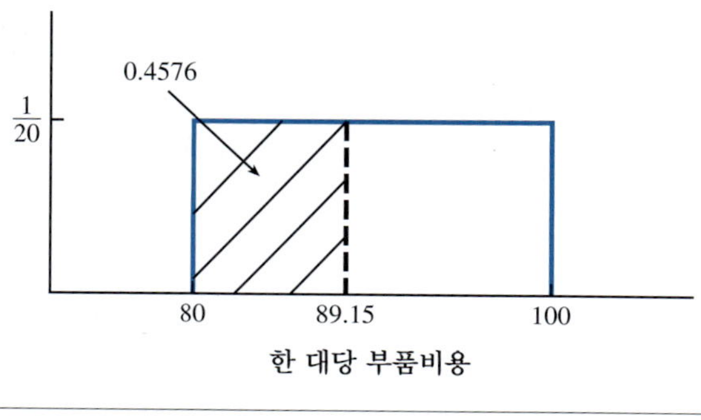

그림 9.5 난수 0.4576에 해당하는 한 대당 부품비용 값 생성

하한과 상한을 적절히 선택하면 식 (9.3)을 사용하여 모든 일양확률분포에 대한 값을 생성할 수 있다.

마지막으로 컴퓨터로 생성된 난수에서 첫해 수요를 생성하는 절차가 필요하다. 첫해 수요는 평균 15,000개, 표준편차 4,500개의 정규분포이므로(그림 9.4 참조), 이 정규확률분포에서 무작위 값을 생성하기 위한 절차가 필요하다.

평균과 표준편차를 적절히 지정하면 방정식 (9.5)를 사용하여 모든 정규확률분포에 대한 값을 생성할 수 있다.

다시 한번 0과 1 사이의 난수를 사용하여 첫해 수요에 대한 값을 시뮬레이션해 보자. 지정된 평균과 표준편차를 가진 정규분포를 특징으로 하는 확률변수의 값을 생성하기 위해 다음 엑셀 공식을 사용한다.

$$\text{정규 확률변수의 값} = \text{NORM.INV(RAND( ), 평균, 표준편차)} \tag{9.5}$$

사노트로닉스의 경우, 첫해 수요는 평균이 15,000이고 표준편차가 4,500인 정규분포의 확률변수이다. 식 (9.5)를 적용하면 첫해 수요를 생성하기 위한 다음 공식이 도출된다.

$$\text{수요} = \text{NORM.INV(RAND( ), 15000, 4500)} \tag{9.6}$$

스프레드시트의 RAND() 함수에서 0과 1 사이의 다양한 RAND 값을 생성하려면 **'Formulas(수식)'** 탭의 **'Calculation(계산)'** 그룹에서 **'Calculate Now(지금 계산)'** 를 선택한다.

RAND 함수에 의해 0.6026이라는 난수가 생성되었다고 가정하고, 식 (9.6)을 적용하면 수요 = NORM.INV(0.6026, 15000, 4500) = 16,170단위가 된다. 식 (9.6)이 난수를 사용하여 첫해 수요에 대한 정규분포 값을 생성하는 방법을 이해하기 위해 엑셀 식 = NORM.INV(0.6026, 15000, 4500)은 평균이 15,000이고 표준편차가 4,500인 정규분포의 값을 제공하므로 정규 곡선 아래 영역의 60.26%가 이 값의 왼쪽에 있다는 점에 유의한다(그림 9.6 참조). 이제 RAND 함수에 의해 생성된 난수가 0.3551이라고 가정하고 식 (9.6)을 적용하면, 수요 = NORM.INV(0.3551, 15000, 4500) = 13,328단위가 된다. 이 정규분포의 절반은 평균 15,000대 아래에 있고 절반은 그 위에 있기 때문에 RAND 값

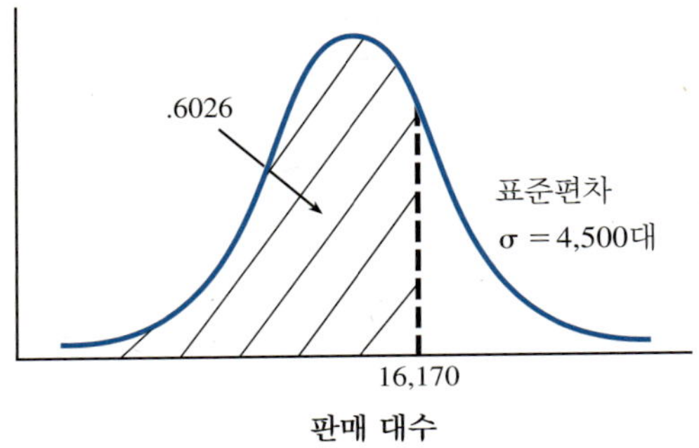

그림 9.6 난수 0.6026에 해당하는 첫해 수요 값 생성

	A	B	C	D	E	F
1	**Sanotronics**					
2						
3	**Parameters**					
4	**Selling Price per Unit**	249				
5	**Administrative & Advertising Cost**	1000000				
6	**Direct Labor Cost per Unit**	=VLOOKUP(RAND(),A15:C19,3,TRUE)				
7	**Parts Cost per Unit**	=F14+(F15-F14)*RAND()				
8	**Demand**	=NORM.INV(RAND(),F18,F19)				
9						
10	**Model**					
11	**Profit**	=((B4-B6-B7)*B8)-B5				
12						
13	**Direct Labor Cost**				**Parts Cost (Uniform Distribution)**	
14	Lower End of Interval	Upper End of Interval	Cost per Unit	Probability	Lower Bound	80
15	0	=D15+A15	43	0.1	Upper Bound	100
16	=B15	=D16+A16	44	0.2		
17	=B16	=D17+A17	45	0.4	**Demand (Normal Distribution)**	
18	=B17	=D18+A18	46	0.2	Mean	15000
19	=B18	1	47	0.1	Standard Deviation	4500
20						

그림 9.7 사노트로닉스의 워크시트 셀 수식

이 0.5 미만이면 첫해 수요의 값이 평균 15,000대보다 낮고 0.5 이상이면 첫해 수요의 값이 평균 15,000대보다 높은 값에 해당한다.

이제 각각의 확률분포에서 확률변수(직접 인건비, 부품비용, 첫해 수요)의 값을 무작위로 생성하는 방법을 알았으므로 이 정보를 추가하여 스프레드시트를 수정한다. 그림 9.1의 셀 B6, B7 및 B8에 있는 이러한 매개변수에 대한 정적 값은 스프레드시트를 다시 계산할 때마다 값을 무작위로 생성하는 셀 수식으로 대체된다(그림 9.7 참조). 표 9.1에 해당하는 셀 B6은 RAND 함수에 의해 생성된 난수를 사용하고 셀 A15:C19에 포함된 간격 표(표 9.1에 대응)에 VLOOKUP 함수를 적용하여 해당 단위당 비용을 조회한다. 셀 B7은 셀 F14 및 F15에서 각각 부품비용의 일양분포의 하한과 상한을 참조하여 식 (9.4)를 실행한다.[2] 셀 B8은 셀 F18 및 F19에서 각각 첫해 수요의 정규분포의 평균과 표준편차를 참조하여 식 (9.6)을 실행한다.[3]

VLOOKUP 함수에 대한 자세한 설명은 부록 A를 참조하라. 엑셀의 데이터 테이블 기능에 대한 자세한 설명은 부록 A를 참조하라.

2 기술적으로 연속확률분포로 모델링된 확률변수는 모델링 오류를 방지하기 위해 적절히 반올림해야 한다(예: 단위당 부품비용의 시뮬레이션 값은 가장 가까운 페니로 반올림해야 함). 설명을 단순화하기 위해 발생하는 소량의 모델링 오류에 대해서는 걱정하지 않는다. 이러한 확률변수를 보다 정확하게 모델링하려면 셀 B7의 수식을 =ROUND(F12+(F13−F12)*RAND(),2)로 지정해야 한다.

3 정규분포는 불연속적인 현상(예: 의료기기 수요 단위)에 적용할 때 기술적으로 반올림이 필요한 연속 분포일 뿐 아니라 음수 값도 허용한다. 첫해 수요의 경우 음수 값이 나올 확률은 매우 낮으며, 단순성을 위해 소량의 모델링 오류는 무시한다. 첫해 수요를 보다 정확하게 모델링하려면 B8 셀의 수식을 =MAX(ROUND(NORM.INV(RAND(),F16,F17),0),0)으로 지정해야 한다.

엑셀로 시뮬레이션 실행

시뮬레이션의 각 실험에는 확률변수(직접 인건비, 부품비용, 첫해 수요)에 대한 값을 무작위로 생성하고 수익을 계산하는 작업이 포함된다. 여러 번의 시뮬레이션 실험을 쉽게 실행하기 위해 엑셀의 데이터 테이블(Data Table) 기능을 정통적이지 않지만 효과적인 방식으로 사용한다. 1,000회의 시뮬레이션 시험을 실행하기 위한 스프레드시트를 설정하기 위해 그림 9.8의 셀 A21에서 E1021까지에 표시된 것처럼 테이블을 구성한다. 그림 9.8에서 볼 수 있듯이 A22:A1021은 1,000회의 시뮬레이션 시험에 번호를 매긴다(행 25~1019는 숨겨져 있음). 데이터 테이블의 셀 A23부터 E1021까지를 채우려면 다음 단계를 실행한다.

F9 키를 누르면 스프레드시트를 다시 계산하여 새로운 시뮬레이션 시험 세트를 생성하는 단축키가 있다.

이 단계에서는 A22~A1021 범위에서 시뮬레이션 실험 번호를 반복적으로 선택하고 4단계(D1)에서 선택한 빈 셀에 대체한다. 이러한 1,000개의 치환이 이루어질 때마다 엑셀은 셀 B6, B7, B8에 RAND 함수를 사용하여 새로운 난수를 생성하며, 이는 데이터 테이블의 B, C, D열에 기록된다.

1단계: 셀 범위 A22:E1021 선택한다.

2단계: 리본에서 **Data** 탭을 클릭한다.

	A	B	C	D	E	F
1	**Sanotronics**					
2						
3	**Parameters**					
4	**Selling Price per Unit**	249				
5	**Administrative & Advertising Cost**	1000000				
6	**Direct Labor Cost per Unit**	=VLOOKUP(RAND(), A15:C19,3,TRUE)				
7	**Parts Cost per Unit**	=F14+(F15-F14)*RAND()				
8	**Demand**	=NORM.INV(RAND(),F18,F19)				
9						
10	**Model**					
11	**Profit**	=((B4-B6-B7)*B8)-B5				
12						
13	**Direct Labor Cost**				**Parts Cost (Uniform Distribution)**	
14	Lower End of Interval	Upper End of Interval	Cost per Unit	Probability	Lower Bound	80
15	0	=D15+A15	43	0.1	Upper Bound	100
16	=B15	=D16+A16	44	0.2		
17	=B16	=D17+A17	45	0.4	**Demand (Normal Distribution)**	
18	=B17	=D18+A18	46	0.2	Mean	15000
19	=B18	1	47	0.1	Standard Deviation	4500
20						
21	**Simulation Trial**	**Direct Labor Cost per Unit**	**Parts Cost per Unit**	**Demand**	**Profit**	
22	1	=B6	=B7	=B8	=B11	
23	2					
24	3					
1019	998					
1020	999					
1021	1000					

Data Table
Row input cell:
Column input cell: D1
OK
Cancel

그림 9.8 시뮬레이션 반복 실행을 위한 사노트로닉스 스프레트시트 설정

3단계: **Forecast**(예상) 그룹에서 **What-If 분석**을 클릭하고 **Data Table**을 선택한다.

4단계: **Data Table** 대화 상자가 나타나면 스프레드시트의 빈 셀(예: D1)을 **Column input cell:**(열 입력 셀:) 상자에 입력한다.

5단계: **OK**를 클릭한다.

그림 9.8은 시뮬레이션 결과를 보여준다. 데이터 테이블로 시뮬레이션을 실행한 후, 이 표의 각 행은 서로 다른 확률변수 값으로 구성된 별개의 시뮬레이션 실험에 해당한다. 시험 1(스프레드시트의 22행)에서는 다음을 확인할 수 있다. 직접 인건비는 한 대당 $45, 부품비용은 한 대당 $86.29, 첫해 수요는 19,976대이므로 $1,351,439의 수익이 발생한다. 시험 2(스프레드시트의 23행)에서는 직접 인건비 $45, 부품비용 $81.02, 첫해 수요 14,910의 확률변수를 관찰한다. 이 값은 두 번째 시뮬레이션 실험에서 $833,700의 시뮬레이션 수익을 제공한다.

시뮬레이션 결과 측정 및 분석

일련의 시뮬레이션 실험에서 관찰된 결과의 분석은 시뮬레이션 프로세스의 중요한 부분이다. 이를 위해서는 표본평균, 표본표준편차, 최소, 최대 및 표본비율과 같은 기술통계량을 계산하는 것이 도움이 된다. 사노트로닉스 예제에서 이러한 통계량을 계산하기 위해 다음 엑셀 함수를 사용한다.

셀 H22 = AVERAGE(E22:E1021)

셀 H23 = STDEV.S(E22:E1021)

셀 H24 = MIN(E22:E1021)

셀 H25 = MAX(E22:E1021)

셀 H26 = COUNTIF(E22:E1021, "<0") / COUNT(E22:E1021)

시뮬레이션 연구를 통해 손실 확률의 객관적인 추정치를 알아낼 수 있으며, 이는 위험 분석의 중요한 측면이다.

셀 H26은 총실험 횟수 대비 수익이 0보다 작은 실험 횟수의 비율을 계산한다. COUNTIF 함수의 두 번째 인자의 값을 변경하면 셀 H26에서 수익이 지정된 값보다 작을 확률을 계산할 수 있다.

그림 9.9에서 볼 수 있듯이 평균 수익은 $717,663, 표준편차는 $521,536, 극단값은 −$996,547에서 $2,253,674 사이이며 손실의 추정 확률은 0.078이다.

이러한 기술통계량의 기반이 되는 수익분포를 시각화하기 위해 엑셀의 빈도함수와 열 차트를 사용한다. 그림 9.9에서 셀 J23:J41에는 셀 E22:E1021에 나열된 1,000개의 시뮬레이션된 수익 관측값을 그룹화할 구간들의 상한이 포함되어 있다.

1단계: 셀 K23:K42를 선택한다.

2단계: 수식 입력줄에 =FREQUENCY(E22:E1021, J23:J41) 수식을 입력한다.

	A	B	C	D	E	F	G	H	I	J	K	L	M
1	**Sanotronics**												
2													
3	**Parameters**												
4	**Selling Price per Unit**	$249											
5	**Administrative & Advertising Cost**	$1,000,000											
6	**Direct Labor Cost per Unit**	$45											
7	**Parts Cost per Unit**	$86.29											
8	**Demand**	19,976											
9													
10	**Model**												
11	**Profit**	$1,351,439											
12													
13	**Direct Labor Cost**				**Parts Cost (Uniform Distribution)**								
14	Lower End of Interval	Upper End of Interval	Cost per Unit	Probability	Lower Bound	$80							
15	0.0	0.1	$43	0.1	Upper Bound	$100							
16	0.1	0.3	$44	0.2									
17	0.3	0.7	$45	0.4	**Demand (Normal Distribution)**								
18	0.7	0.9	$46	0.2	Mean	15,000							
19	0.9	1.0	$47	0.1	Standard Deviation	4,500							
20													
21	**Simulation Trial**	**Direct Labor Cost per Unit**	**Parts Cost per Unit**	**Demand**	**Profit**		**Profit Summary Statistics**						
22	1	$45	$86.29	19,976	$1,351,439		**Mean**	$717,663		**Bin**	**Frequency**		
23	2	$45	$81.02	14,910	$833,700		**Standard Deviation**	$521,536		–$1,500,000	0		
24	3	$46	$98.15	18,570	$947,064		**Minimum Profit**	–$996,547		–$1,250,000	0		
25	4	$45	$92.29	12,561	$403,085		**Maximum Profit**	$2,253,674		–$1,000,000	0		
26	5	$47	$88.82	6,844	–$225,345		**P(Profit < $0)**	0.078		–$750,000	3		
27	6	$45	$95.98	15,337	$656,778					–$500,000	4		
28	7	$44	$88.23	18,723	$1,186,276					–$250,000	22		
29	8	$47	$96.20	17,589	$861,005					$0	49		
30	9	$44	$85.97	19,967	$1,376,760					$250,000	113		
31	10	$45	$89.62	14,056	$607,650					$500,000	151		
32	11	$45	$85.96	11,204	$322,448					$750,000	188		
33	12	$45	$92.06	11,150	$248,172					$1,000,000	193		
34	13	$47	$85.34	11,880	$385,901					$1,250,000	122		
35	14	$44	$80.05	24,733	$2,090,469					$1,500,000	79		
36	15	$46	$92.47	10,933	$208,447					$1,750,000	47		
37	16	$45	$81.61	17,453	$1,136,087					$2,000,000	20		
38	17	$45	$84.16	13,205	$582,483					$2,250,000	7		
39	18	$45	$93.07	15,809	$753,735					$2,500,000	2		
40	19	$47	$85.33	9,422	$99,247					$2,750,000	0		
41	20	$43	$83.58	13,599	$664,800					$3,000,000	0		
42	21	$47	$92.23	17,168	$884,578					>$3,000,000	0		
1021	1,000	$45	$92.87	22,467	$1,496,677								
1022													

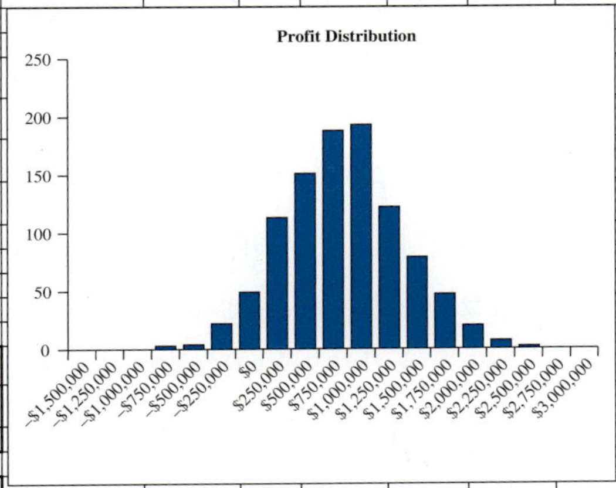

그림 9.9 사노트로닉스 시뮬레이션 결과

3단계: 2단계에서 공식을 입력한 후 **CTRL + SHIFT + ENTER**를 누른다.

엑셀에서 CTRL + SHIFT + ENTER를 누르면 함수가 셀 범위 K23:K42를 채우는 값 배열을 반환해야 함을 나타낸다. 예를 들어, 셀 K23에는 –$1,500,000 미만의 수익관찰 횟수, 셀 K24에는 –$1,500,000 이상 –$1,250,000 미만의 수익관찰 횟수, 셀 K25에는 –$1,250,000 이상 –$1,000,000 미만의 수익관찰 횟수 등이 포함되어 있다.

이 빈도 데이터를 기반으로 열 차트를 구성한다.

1단계: 셀 J23:K42를 선택한다.
2단계: 리본에서 **Insert**(삽입) 탭을 클릭한다.
3단계: **Charts**(차트) 그룹에서 **Insert Column Chart**(열 차트 삽입) 버튼을 클릭한다.
4단계: 막대형 차트 하위 유형 목록이 나타나면 **2-D Column** 섹션에서 **Clustered Column**(클러스터된 열) 버튼을 클릭한다.

그림 9.9는 수익 값의 분포가 $250,000에서 $1,250,000까지 범위에 많은 값이 있는 상당히 대칭적인 것을 보여준다. 큰 손실이나 큰 이익이 발생할 확률은 낮다. 1,000회 중 7회만 $500,000 이상의 손실이 발생했고, 9회만 $2,000,000 이상의 이익이 발생했다. 가장 많은 값을 가진 구간은 $750,000에서 $1,000,000 사이의 이익을 얻었다.

시뮬레이션 접근방식과 What-If 접근방식을 비교할 때, 시뮬레이션을 사용하면 훨씬 더 많은 정보를 얻을 수 있음을 알 수 있다. 9.1절의 What-If 분석에서 기본 시나리오는 $710,000의 수익을, 최악의 시나리오는 $1,000,000의 손실을, 최상의 시나리오는 $2,591,000의 수익을 예상했다는 사실을 상기해보자. 시뮬레이션을 1,000회 실행한 결과, 최악의 시나리오와 최상의 시나리오는 가능성은 있지만 실현 가능성은 작다는 것을 알 수 있었다. 실제로 위험 분석을 위한 시뮬레이션의 장점은 결괏값의 가능성에 대한 정보를 제공한다는 점이다. 이제 손실이 발생할 확률, 이익 값이 범위별로 어떻게 분포되어 있는지, 어떤 이익 값이 가장 가능성이 큰지 알 수 있다.

시뮬레이션 결과는 사노트로닉스의 경영진이 새로운 의료기기의 손익 가능성을 더 잘 이해하는 데 도움이 된다. 0.078의 손실 확률은 경영진이 수용할 수 있는 수준일 수 있다. 반면에 사노트로닉스는 제품 도입 여부를 결정하기 전에 추가 시장조사를 수행할 수도 있다. 어떤 경우든 시뮬레이션 결과는 적절한 결정을 내리는 데 도움이 될 것이다.

유의사항

이 절에서는 사용자 지정 이산 분포, 일양 분포 및 정규분포에서 확률변수의 값을 생성하는 방법을 설명하였다. 정규분포 확률변수의 값을 생성하려면 NORM.INV와 RAND 함수를 사용해야 한다. 엑셀 수식 =NORM.INV(RAND(), *m*, *s*)를 사용할 때 RAND 함수는 0과 1 사이의 난수 *r*을 생성한 다음 NORM.INV 함수는 $P(X \le k) \ge r$이 되도록 가장 작은 값 *k*를 식별한다. 여기서 *X*는 평균 *m*과 표준편차 *s*를 갖는 정규확률변수이다. 마찬가지로 RAND 함수는 엑셀 함수 BETA와 함께 사용할 수 있다.

9.3 재고 시뮬레이션

이 절에서는 수요가 불확실한 제품에 대한 재고 정책을 수립하는 데 시뮬레이션을 사용하는 방법을 설명한다. 이 예에서는 무선 라우터를 배포하는 버틀러 인터넷 회사를 고려한다. 각 라우터의 비용은 \$75이며 \$125에 판매된다. 따라서 버틀러는 라우터를 판매할 때마다 \$125 − \$75 = \$50의 총이익을 실현한다. 라우터에 대한 월별 수요는 평균 100대, 표준편차 20대의 정규확률분포로 설명된다.

버틀러는 공급업체로부터 월별 배송을 받고 매월 초에 재고를 Q 수준까지 보충한다. 이 초기 재고수준을 보충수준이라고 한다. 월별 수요가 보충수준보다 적으면 판매되지 않은 각 단위에 대해 \$15의 재고유지비용이 부과된다. 그러나 월별 수요가 보충수준보다 크면 재고 부족이 발생하고 재고부족비용이 발생한다. 버틀러는 고객 한 명당 \$30의 영업손실비용을 할당하므로 충족할 수 없는 수요 단위당 \$30의 재고부족비용이 부과된다.

경영진은 시뮬레이션 모델을 사용하여 특정 보충수준을 사용했을 때 발생하는 월평균 순이익을 결정하고자 한다. 경영진은 또한 충족할 수 있는 총수요의 비율에 대한 정보도 원한다. 이 비율을 **서비스 수준**(service level)이라고 한다.

버틀러 재고 시뮬레이션 모델에 통제할 수 있는 투입요소는 보충수준인 Q이며, 월별 수요인 D는 확률변수이다. 두 가지 출력 측정값은 월평균 순이익과 서비스 수준이다. 서비스 수준을 계산하려면 매월 판매되는 라우터 수와 매월 라우터에 대한 총수요를 추적해야 한다. 서비스 수준은 시뮬레이션 실행이 끝날 때 총수요에 대한 총판매량의 비율로 계산된다.

수요가 보충수준($D \le Q$)보다 적거나 같으면 D 단위가 판매되고 재고로 남아있는 각 $Q - D$ 단위에 대해 \$15의 재고유지비용이 발생한다. 이 경우의 순이익은 다음과 같이 계산된다.

경우 1: $D \le Q$

$$\text{매출 총이익} = \$50D$$
$$\text{재고유지비용} = \$15(Q - D)$$
$$\text{순이익} = \text{매출 총이익} - \text{재고유지비용} = \$50D - \$15(Q - D)$$

수요가 보충수준($D > Q$)보다 크면 Q 라우터가 판매되고, 충족되지 않은 수요에 대해 부족비용 \$30가 충족되지 않은 수요의 $D - Q$ 단위당 부과된다. 이 경우의 순이익은 다음과 같이 계산된다.

경우 2: $D > Q$

매출 총이익 $= \$50D$

재고부족비용 $= \$30(D - Q)$

순이익 = 매출 총이익 − 재고부족비용 $= \$50Q - \$30(D - Q)$

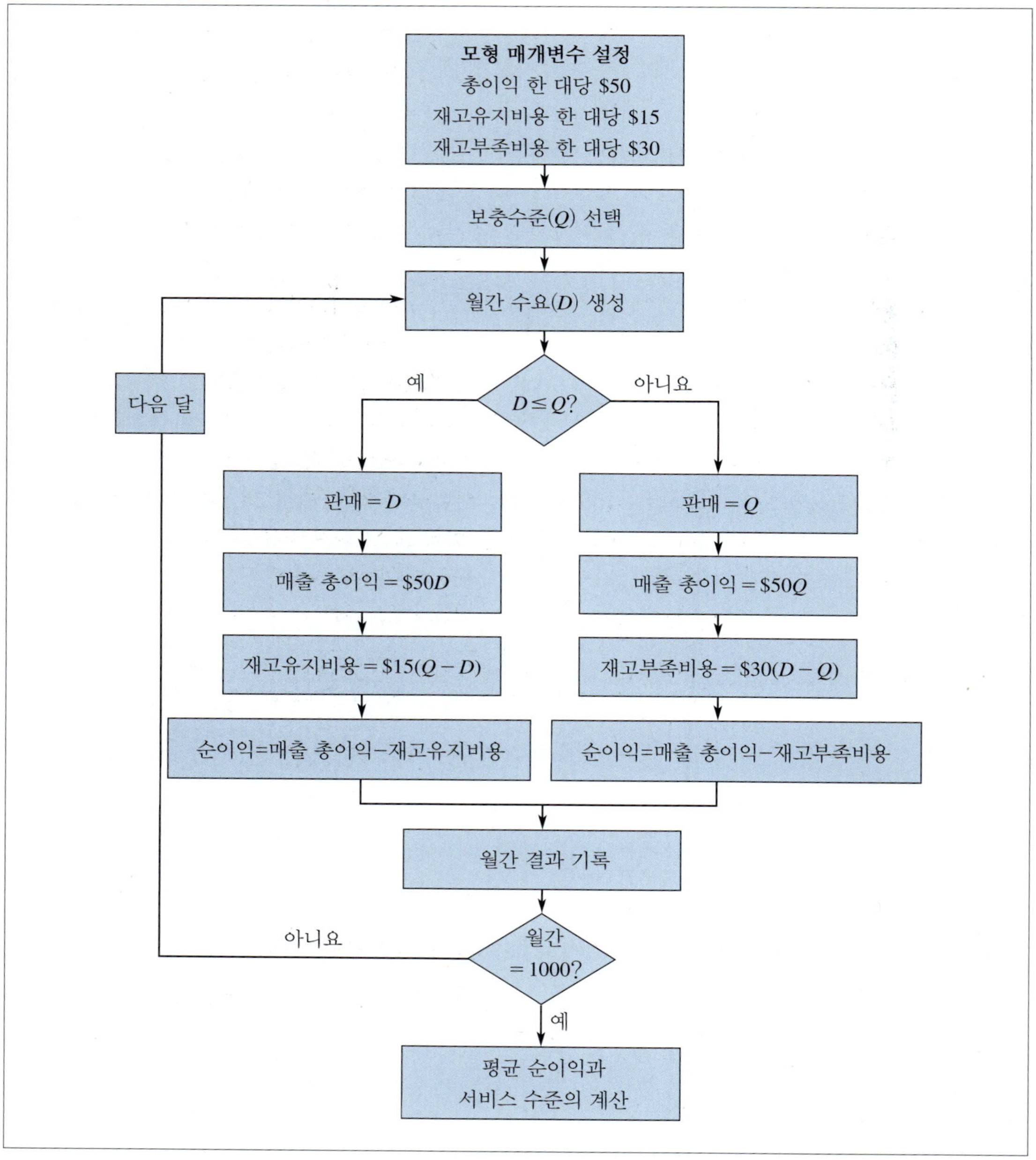

그림 9.10 버틀러 재고 시뮬레이션에 대한 순서도

그림 9.10은 버틀러 재고 시스템을 시뮬레이션하는 데 필요한 논리적 및 수학적 연산 순서를 정의하는 순서도를 보여준다. 시뮬레이션의 각 실험은 한 달의 운영을 나타낸다. 시뮬레이션은 주어진 보충수준인 Q를 사용하여 1,000개월 동안 실행된 다음 평균 수익 및 서비스 수준 산출 측정값을 합산한다. 보충수준 $Q = 100$을 사용하여 시뮬레이션을 실행한 첫 두 달 동안의 결과를 보여줌으로써 시뮬레이션에 관련된 단계를 설명하겠다.

그림 9.10의 순서도의 첫 번째 블록은 모델 매개변수 값(총이익 = 한 대당 \$50, 재고유지비용 = 한 대당 \$15, 재고부족비용 = 한 대당 \$30)을 설정한다. 다음 블록은 보충수준 Q가 선택되었음을 보여준다(이 그림에서는 $Q = 100$). 그런 다음 평균 100대, 표준편차 20대의 정규분포에서 월별 수요에 대한 값을 생성한다. 이 작업은 엑셀에서 =NORM.INV(RAND(), 100, 20) 명령을 사용하여 수행할 수 있다. 첫 번째 실험에서 $D = 79$의 값이 생성되었다고 가정하자. 그런 다음 이 수요 값을 보충수준인 Q와 비교한다. 보충수준을 $Q = 100$으로 설정하면 수요가 보충수준보다 작아지고 순서도의 왼쪽 부분이 수행된다. 매출은 수요(79)와 동일하게 설정되고 매출 총이익, 재고유지비용 및 순이익은 다음과 같이 계산된다.

$$\text{매출 총이익} = 50D = 50(79) = 3950$$
$$\text{재고유지비용} = 15(Q - D) = 15(100 - 79) = 315$$
$$\text{순이익} = \text{매출 총이익} - \text{재고유지비용} = 3950 - 315 = 3635$$

수요, 판매, 매출 총이익, 재고유지비용 및 순이익의 값은 첫 달에 기록된다. 표 9.2의 첫 번째 행은 이 첫 번째 실험에 대한 정보를 요약한 것이다.

둘째 달에 월별 수요에 대해 111의 값이 생성되었다고 가정하자. 수요가 보충수준보다 크므로 순서도의 오른쪽 부분이 수행된다. 매출액은 보충수준(100)과 동일하게 설정되고 매출 총이익, 재고부족비용 및 순이익은 다음과 같이 계산된다.

표 9.2 Q=100에 대한 버틀러 재고 시뮬레이션 5회 실험 결과

월	수요	판매	매출 총이익($)	재고유지비용($)	재고부족비용($)	순이익($)
1	79	79	3,950	315	0	3,635
2	111	100	5,000	0	330	4,670
3	93	93	4,650	105	0	4,545
4	100	100	5,000	0	0	5,000
5	118	100	5,000	0	540	4,460
합계	501	472	23,600	420	870	22,310
평균	100	94	$ 4,720	$84	$174	$ 4,462

$$\text{매출 총이익} = 50Q = 50(100) = 5{,}000$$

$$\text{재고부족비용} = 30(D - Q) = 30(111 - 100) = 330$$

$$\text{순이익} = \text{매출 총이익} - \text{재고부족비용} = 5{,}000 - 330 = 4{,}670$$

수요, 판매, 매출총이익, 재고유지비용, 재고부족비용, 순이익의 값은 둘째 달에 기록된다. 표 9.2의 두 번째 행에는 두 번째 실험에서 생성된 정보가 요약되어 있다.

표 9.2는 시뮬레이션의 다섯 번의 실험(개월)에 대한 결과를 보여준다. 합계는 누적 총순이익이 \$22,310이며, 월평균 순이익은 \$22,310/5 = \$4,462임을 보여준다. 총단위판매량은 472대이고 총수요는 501대이다. 따라서 서비스 수준은 472/501 = 0.942이며, 이는 버틀러가 5개월 동안 수요의 94.2%를 충족할 수 있었음을 나타낸다.

버틀러 재고 시뮬레이션

엑셀을 사용하여 1,000개월 동안 버틀러 재고 작업을 시뮬레이션한다. 시뮬레이션을 수행하는 데 사용되는 워크시트는 그림 9.11에 나와 있다. 결과를 적당한 크기의 그림으로 표시할 수 있도록 22개월부터 999개월까지의 시뮬레이션 결과는 숨겨져 있다. 원하는 경우 이러한 달에 대한 행을 표시하고 1,000개월 전체에 대한 시뮬레이션 결과를 표시할 수 있다. 버틀러 재고 시뮬레이션을 제공한 엑셀 워크시트의 세부 사항을 설명하겠다.

한 대당 매출 총이익, 한 대당 재고유지비용 및 한 대당 재고부족비용 데이터는 셀 B4,

	A	B	C	D	E
1	**Butler**				
2					
3	**Parameters**				
4	Gross Profit per Unit	\$50			
5	Holding Cost per Unit	\$15		**Demand (Normal Distribution)**	
6	Shortage Cost per Unit	\$30		Mean	100
7	Demand	106		Standard Deviation	20
8					
9	**Model**				
10	Replenishment Level (Q)	100			
11	Sales	100			
12	Gross Profit	\$5,000			
13	Holding Cost	\$0			
14	Shortage Cost	\$191			
15	Net Profit	\$4,809.39			
16					

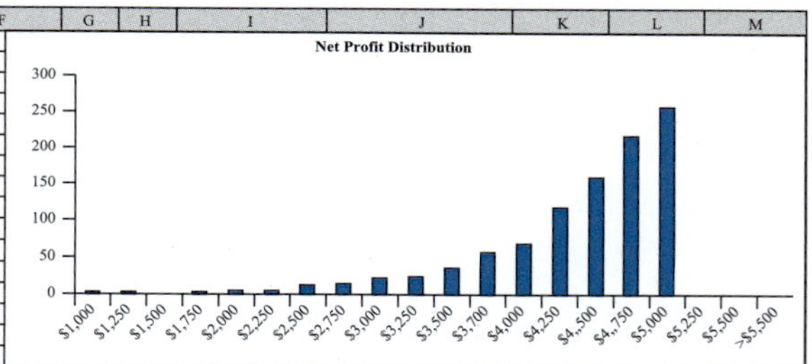

17	**Simulation Trial**	**Demand**	**Sales**	**Gross Profit**	**Holding Cost**	**Shortage Cost**	**Profit**
18	1	106	100	\$5,000	\$0	\$191	\$4,809
19	2	90	90	\$4,477	\$157	\$0	\$4,320
20	3	109	100	\$5,000	\$0	\$265	\$4,735
21	4	106	100	\$5,000	\$0	\$168	\$4,832
22	5	107	100	\$5,000	\$0	\$225	\$4,775
23	6	121	100	\$5,000	\$0	\$627	\$4,373
24	7	94	94	\$4,696	\$91	\$0	\$4,605
25	8	80	80	\$3,999	\$300	\$0	\$3,699
26	9	76	76	\$3,806	\$358	\$0	\$3,447
27	10	77	77	\$3,830	\$351	\$0	\$3,479
28	11	104	100	\$5,000	\$0	\$120	\$4,880
29	12	58	58	\$2,896	\$631	\$0	\$2,264
30	13	81	81	\$4,060	\$282	\$0	\$3,778
31	14	142	100	\$5,000	\$0	\$1,254	\$3,746
32	15	101	100	\$5,000	\$0	\$18	\$4,982
33	16	108	100	\$5,000	\$0	\$247	\$4,753
34	17	121	100	\$5,000	\$0	\$623	\$4,377
35	18	74	74	\$3,715	\$386	\$0	\$3,329
36	19	115	100	\$5,000	\$0	\$449	\$4,551
37	20	59	59	\$2,938	\$619	\$0	\$2,320
38	21	103	100	\$5,000	\$0	\$103	\$4,897
1017	1,000	102	100	\$5,000	\$0	\$57	\$4,943

Net Profit Summary Statistics	
Mean	\$4,276
Standard Deviation	\$661
Minimum	\$883
Maximum	\$4,997
Service Level	0.924

Bin	**Frequency**
\$1,000	1
\$1,250	1
\$1,500	0
\$1,750	3
\$2,000	5
\$2,250	4
\$2,500	12
\$2,750	14
\$3,000	21
\$3,250	24
\$3,500	36
\$3,750	57
\$4,000	68
\$4,250	117
\$4,500	160
\$4,750	218
\$5,000	259
\$5,250	0
\$5,500	0
>\$5,500	0

그림 9.11 버틀러 재고 시뮬레이션 엑셀 워크시트 산출물

B5, B6에 직접 입력된다. 수요에 대한 정규확률분포의 평균과 표준편차는 셀 E6, E7에 입력한다. 보충수준(통제할 수 있는 투입요소)은 셀 B10에 입력된다. 이제 각 시뮬레이션 월 또는 실험에 대해 실행될 엑셀 공식을 입력할 준비가 되었다.

수요에 대한 값을 생성하기 위해 B7 셀의 셀 수식은 =NORM.INV(RAND(), E6, E7)이다. 다음으로, 수요가 보충수준보다 작거나 같으면 수요(셀 B7)와 같고, 수요가 보충수준보다 크면 보충수준(셀 B10)과 같은 매출액을 계산한다.

셀 B11　매출 계산=MIN(B7, B10)

셀 B12　매출 총이익 계산=B11*B4

셀 B13　수요가 보충수준보다 작거나 같은 경우 재고유지비용 계산
=IF(B10>B7, (B10−B7)*B5, 0)

셀 B14　수요가 보충수준보다 큰 경우 재고부족비용 계산
=IF(B7>B10, (B7−B10)*B6, 0)

셀 B15　순이익 계산=B12−B13−B14

셀 A18:G1017의 시뮬레이션 실험 표와 요약 통계는 9.2절에 설명된 단계를 사용하여 생성된다. 그림 9.11의 요약 통계는 버틀러가 보충수준 100을 사용하여 재고 시스템을 운영할 경우 1,000개월 동안 예상할 수 있는 것을 보여준다. 평균 순이익은 월 $4,276이고 서비스 수준은 92.4%이다. 순이익의 분포를 자세히 살펴보면 최대 순이익이 $5,000를 초과하지 않는다는 것을 알 수 있다(실제로 월별 수요가 라우터 100대이고 보충수준과 일치할 때 월 최대 순이익 $5,000가 발생). 가장 가능성이 큰 월 순이익 수준은 $4,750에서 $5,000 사이이지만 $1,000 미만의 순이익도 가능하다.

통제할 수 있는 투입요소 값을 다양하게 변경함으로써 시뮬레이션 모델을 사용하여 올바른 운영 정책과 의사결정을 파악할 수 있다. 버틀러의 경우, 시뮬레이션 모델을 사용하여 다양한 보충수준이 월 순이익에 미치는 영향을 테스트할 수 있다. 표 9.3은 110, 120, 130, 140대의 보충수준을 변화시켰을 때의 결과를 월평균 순이익, 월 순이익의 표준편차, 각 보충수준에 대한 서비스 수준으로 요약하여 보여준다. 표 9.3을 보면 보충수준이

표 9.3　1,000회 실험에 대한 버틀러 재고 시뮬레이션 결과

보충수준	평균 순이익($)	순이익의 표준편차($)	서비스 수준(%)
100	4276	661	92.4
110	4498	853	96.2
120	4573	1078	98.1
130	4462	1201	99.4
140	4327	1247	99.9

방식일 수 있다. 대기행렬의 일시적인 기간은 비즈니스 의사결정과 관련이 있을 수 있다(특히 제한된 시간 동안 운영되고 교대 근무가 시작될 때마다 비어 있는 시스템의 경우). 시뮬레이션 모델링은 대기행렬의 과도기적 행동을 직접적으로 파악할 수 있는 방법을 제공한다.

블랙십 스카프

이 절에서는 블랙십 스카프(Black Sheep Scarves)의 품질검사 부서에서 대기행렬의 정상상태 특성을 분석하기 위해 시뮬레이션을 사용하는 방법에 대해 설명한다. 블랙십 스카프는 내년에 몇 개의 새로운 생산시설을 오픈할 예정이다. 새로운 생산시설마다 한 대의 품질검사기가 양모 스카프가 소매업체로 배송되기 전에 뜨개질을 검사하도록 설계되었다. 수작업으로 편직된 양모 스카프가 품질검사 부서에 도착하는 시간은 하루 24시간 근무시간 동안 변동될 수 있다. 바쁜 기간에는 검사를 기다리는 동안 소매업체로의 스카프 배송이 지연될 수 있다는 우려가 있다. 이러한 우려로 인해 블랙십 스카프는 품질검사 부서로 들어오는 스카프의 흐름을 대기행렬로 연구하기 시작했다. 블랙십 스카프의 부사장은 시설당 한 대의 품질검사기로 충분할지 여부를 결정하고자 했다. 블랙십 스카프는 품질검사를 기다리는 평균 지연 시간이 1분 이내여야 한다는 서비스 지침을 수립했다. 시뮬레이션 모델을 사용하여 특정 생산시설의 품질검사를 연구하는 방법을 소개한다. 스카프는 시스템을 통과하는 흐름 단위이므로 이 예에서는 각 스카프를 고객으로 볼 수 있다.

고객(스카프) 도착시간

블랙십 스카프 시뮬레이션 모델에서 하나의 확률변수는 스카프가 품질검사 부서에 도착하는 시간이다. 대기행렬 시뮬레이션에서 도착시간은 연속적으로 도착하는 시간 사이의 시간을 무작위로 생성하여 결정되며, 이를 **도착 간 시간**이라고 한다. 연구 중인 품질검

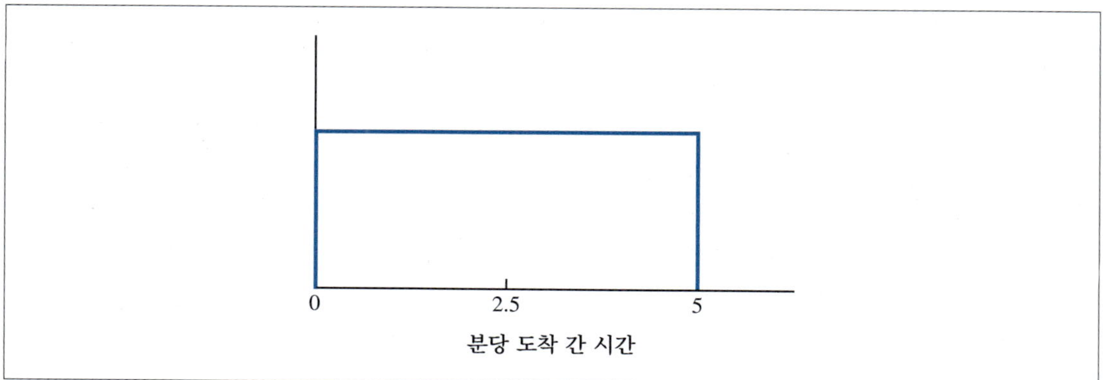

그림 9.12 블랙십 스카프 문제에 대한 도착시간의 일양확률분포

사 부서의 경우 그림 9.12에 표시된 것처럼 스카프 도착 간 시간이 0분에서 5분 사이에 균일하게 분포한다고 가정하자. 9.2절의 식 (9.3)에서 볼 수 있듯이, 하한이 0이고 상한이 5인 일양확률분포의 값은 엑셀 함수 =RAND()*5를 사용하여 생성할 수 있다.

시뮬레이션 계산을 설명하기 위해 도착 간 시간의 균일한 확률분포가 여기에 사용된다. 실제로 모든 도착 간 시간 확률분포가 가정될 수 있고, 대기행렬 시뮬레이션 모형의 기본 논리는 변하지 않을 것이다.

시뮬레이션 실행이 시간=0에서 시작된다고 가정하자. 난수 0.2804는 스카프 1에 대해 5(0.2804)=1.4분의 도착시간을 생성한다. 따라서 스카프 1은 시뮬레이션 실행이 시작된 후 1.4분 후에 도착한다. 두 번째 난수 0.2598은 스카프 2가 스카프 1보다 1.3분 후에 도착한다는 것을 나타내는 5(0.2598)=1.3분의 도착 간 시간을 생성한다. 따라서 스카프 2는 시뮬레이션 시작 후 1.4+1.3=2.7분 후에 도착한다. 계속해서 세 번째 난수인 0.9802는 스카프 3이 스카프 2가 도착한 지 4.9분 후에 스카프 2가 도착하며, 이는 시뮬레이션이 시작된 지 7.6분 후이다.

고객(스카프) 서비스(검사) 시간

블랙십 스카프 시뮬레이션 모델의 또 다른 확률변수는 서비스 시간이며, 이는 품질검사기가 스카프를 검사하는 데 걸리는 시간이다. 유사한 품질검사 부서의 과거 데이터에 따르면 그림 9.13과 같이 평균 2분, 표준편차 0.5분의 정규확률분포를 사용하여 서비스(검사) 시간을 설명할 수 있다. 9.2절의 식 (9.5)에서 볼 수 있듯이 평균 2, 표준편차 0.5인 정규확률분포의 값은 엑셀 함수 =NORMINV(RAND(), 2, 0.5)를 사용하여 생성할 수 있다. 예를 들어, 난수 0.7257은 스카프 서비스 시간을 2.3분으로 생성한다.

시뮬레이션 모델

블랙십 스카프 시뮬레이션 모델의 확률변수는 도착시간과 서비스 시간이다. 통제할 수 있는 투입요소는 품질검사기 수이다. 출력은 대기 확률, 평균 대기시간, 최대 대기시간

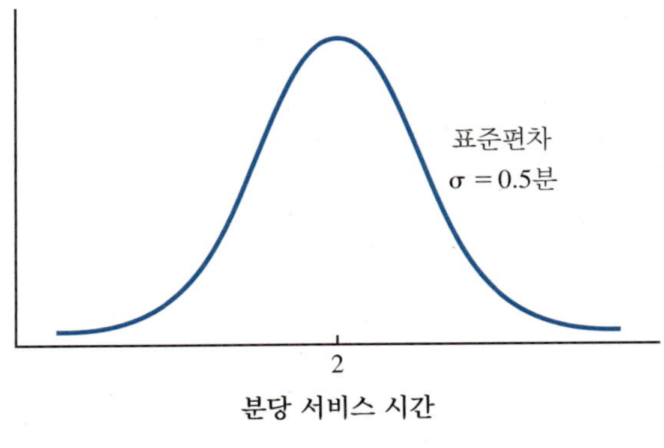

그림 9.13 블랙십 스카프 문제에 대한 서비스 시간의 정규확률분포

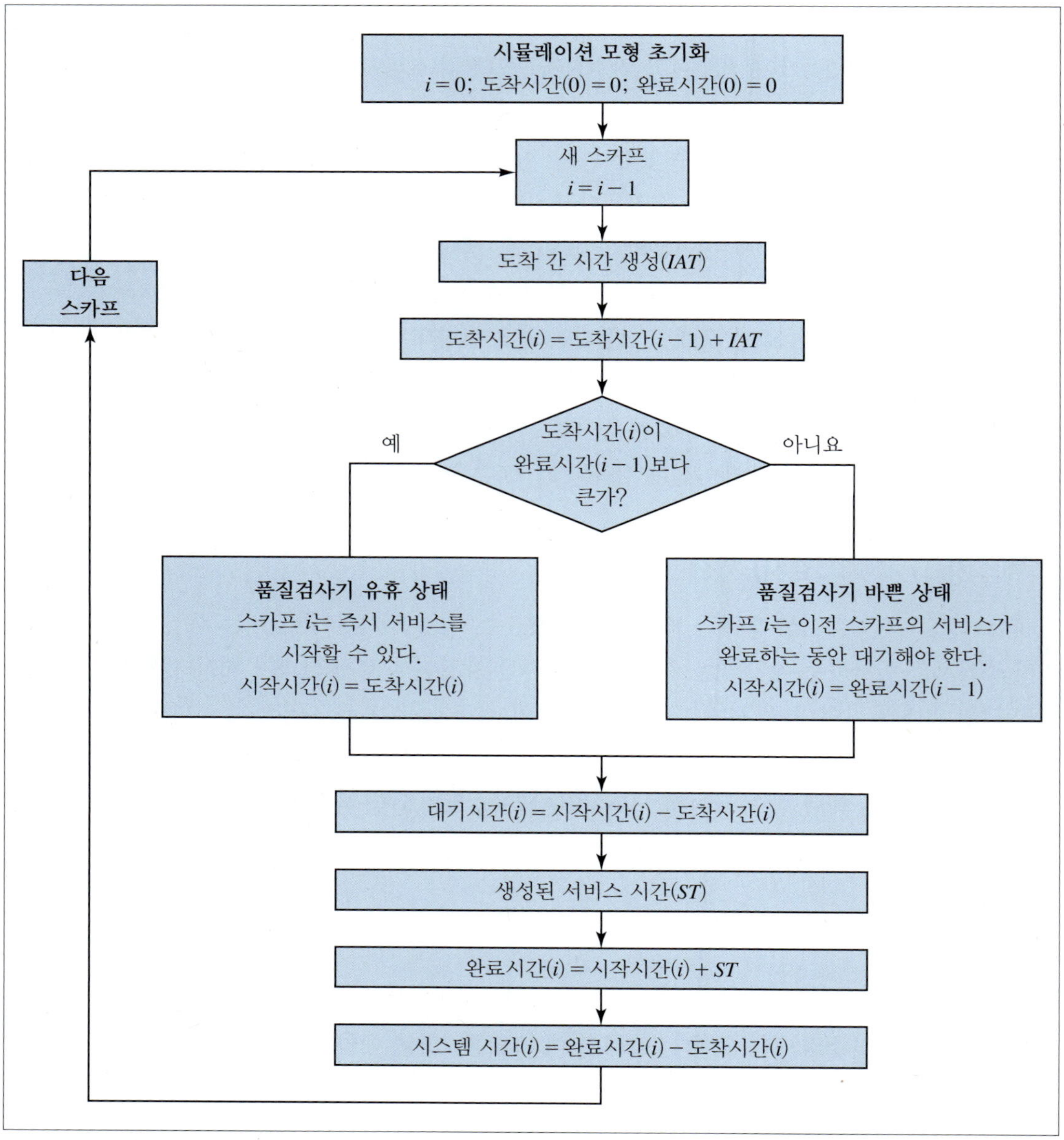

그림 9.14 블랙십 스카프 시뮬레이션의 순서도

등과 같은 다양한 운영 특성으로 구성된다. 그림 9.14는 블랙십 스카프 시스템을 시뮬레이션하는 데 필요한 논리적 및 수학적 연산 순서를 정의하는 순서도를 보여준다. 순서도에는 다음과 같은 표기법이 사용된다.

IAT = 생성된 도착 간 시간
도착시간(i) = 스카프 i가 도착한 시간
시작시간(i) = 스카프 i가 서비스를 시작하는 시간

대기시간(i) = 스카프 i의 대기시간

ST = 생성된 서비스 시간

완료시간(i) = 스카프 i가 서비스를 완료한 시간

시스템 시간(i) = 스카프 i의 시스템 시간(완료시간 − 도착시간)

그림 9.14를 참조하면 순서도의 첫 번째 블록에서 시뮬레이션이 초기화되는 것을 볼 수 있다. 그런 다음 새 스카프가 생성된다. 이전 스카프가 도착한 후 경과한 시간을 결정하기 위해 도착 간 시간이 생성된다. 그런 다음 이전 스카프의 도착시간에 도착 간 시간을 더하여 새 스카프의 도착시간을 계산한다.

새 스카프의 도착시간을 이전 스카프의 완료시간과 비교하여 품질검사기가 유휴 상태인지 또는 바쁜 상태인지 확인해야 한다. 새 스카프의 도착시간이 이전 스카프의 완료시간보다 길면 이전 스카프는 새 스카프가 도착하기 전에 서비스를 완료(검사 완료)한 것이다. 이 경우 품질검사기는 유휴 상태가 되며 새 스카프는 즉시 서비스를 시작할 수 있다. 이러한 경우, 새 스카프의 서비스 시작시간은 새 스카프의 도착시간과 동일하다. 그러나 새 스카프의 도착시간이 이전 스카프의 완료시간보다 크지 않은 경우, 새 스카프는 이전 스카프가 서비스를 완료하기 전에 도착한 것이다. 이 경우 품질검사기가 바쁘고 품질검사기가 이전 스카프 검사를 완료할 때까지 새 스카프 검사를 시작할 수 없다. 새 스카프의 서비스 시작시간은 이전 스카프의 완료시간과 동일하다.

서버(블랙십 스카프 예시에서 품질검사기)가 유휴 상태인지 아니면 바쁜 상태인지를 결정하는 규칙은 대기행렬 시뮬레이션 모형에서 그 논리성을 찾기가 가장 어렵다.

새 스카프가 품질검사기를 사용하기 위해 대기해야 하는 시간은 스카프의 서비스 시작시간과 스카프 도착시간의 차이다. 이 시점에서 스카프는 품질검사기를 사용할 준비가 된 것이며, 시뮬레이션 실행은 스카프의 서비스 시간 생성과 함께 계속된다. 스카프가 서비스를 시작하는 시간에 생성된 서비스 시간을 더하면 스카프의 완료시간이 결정되며, 이 시간은 다음 도착하는 스카프의 검사를 위한 가장 빠른 시작시간이 된다. 마지막으로 스카프가 시스템에서 보낸 총시간은 스카프의 서비스 완료시간과 스카프 도착시간의 차이다. 이 시점에서 현재 스카프에 대한 계산이 완료되고 다음 스카프에 대한 시뮬레이션이 계속된다. 품질검사기가 지정된 수의 스카프를 제공할 때까지 시뮬레이션이 계속된다.

10장의 스카프 세트에 대한 시뮬레이션 결과는 표 9.4에 나와 있다. 시뮬레이션 모델의 논리를 설명하고 표 9.4의 정보가 어떻게 개발되었는지 보여주기 위해 처음 세 장의 스카프에 대한 계산을 살펴보자.

스카프 1

- 도착 간 시간 $IAT = 1.4$분이 생성된다.
- 시뮬레이션 실행이 시간 0에서 시작되므로 스카프 1의 도착시간은 $0 + 1.4 = 1.4$분

표 9.4 스카프 10장에 대한 시뮬레이션 결과

스카프	도착 간 시간	도착시간	서비스 시작시간	대기시간	서비스 시간	완료시간	시스템 내 시간
1	1.4	1.4	1.4	0.0	2.3	3.7	2.3
2	1.3	2.7	3.7	1.0	1.5	5.2	2.5
3	4.9	7.6	7.6	0.0	2.2	9.8	2.2
4	3.5	11.1	11.1	0.0	2.5	13.6	2.5
5	0.7	11.8	13.6	1.8	1.8	15.4	3.6
6	2.8	14.6	15.4	0.8	2.4	17.8	3.2
7	2.1	16.7	17.8	1.1	2.1	19.9	3.2
8	0.6	17.3	19.9	2.6	1.8	21.7	4.4
9	2.5	19.8	21.7	1.9	2.0	23.7	3.9
10	1.9	21.7	23.7	2.0	2.3	26.0	4.3
합계	21.7			11.2	20.9		32.1
평균	2.17			1.12	2.09		3.21

이다.

- 스카프 1은 시작시간 1.4분으로 즉시 서비스를 시작할 수 있다.
- 스카프 1의 대기시간은 시작시간에서 도착시간을 뺀 값이다. $1.4 - 1.4 = 0$분.
- 스카프 1의 서비스 시간은 $ST = 2.3$분이다.
- 스카프 1의 완료시간은 시작시간에 서비스 시간을 더한 시간이다. $1.4 + 2.3 = 3.7$분.
- 스카프 1에 대한 시스템 내 시간은 완료시간에서 도착시간을 뺀 값이다. $3.7 - 1.4 = 2.3$분.

스카프 2

- 도착 간 시간 $IAT = 1.3$분이 생성된다.
- 스카프 1의 도착시간이 1.4이므로 스카프 2의 도착시간은 $1.4 + 1.3 = 2.7$분이다.
- 스카프 1의 완료시간이 3.7분이므로 스카프 2의 도착시간이 스카프 1의 완료시간보다 크지 않으므로 스카프 2가 도착하면 품질검사기가 바쁘다.
- 스카프 2는 스카프 1이 서비스를 완료할 때까지 대기했다가 서비스를 시작해야 한다. 스카프 1이 3.7분에 서비스를 완료하면 스카프 2의 서비스 시작시간이 된다.
- 스카프 2의 대기시간은 시작시간에서 도착시간을 뺀 시간이다. $3.7 - 2.7 = 1$분.
- 스카프 2에 대해 $ST = 1.5$분의 서비스 시간이 생성된다.
- 스카프 2의 완료시간은 시작시간에 서비스 시간을 더한 값이다. $3.7 + 1.5 = 5.2$분.

- 스카프 2의 시스템 내 시간은 완료시간에서 도착시간을 뺀 값이다.
  5.2 − 2.7 = 2.5분.

스카프 3

- 도착 간 시간 $IAT = 4.9$분이 생성된다.
- 스카프 2의 도착시간이 2.7분이므로 스카프 3의 도착시간은 2.7 + 4.9 = 7.6분이다.
- 스카프 2의 완료시간이 5.2분이므로 스카프 3의 도착시간이 스카프 2의 완료시간보다 크므로 스카프 3이 도착하면 품질검사기는 유휴 상태이다.
- 스카프 3은 시작시간이 7.6분으로 즉시 서비스를 시작한다.
- 스카프 3의 대기시간은 시작시간에서 도착시간을 뺀 값이다. 7.6 − 7.6 = 0분.
- 스카프 3의 서비스 시간은 $ST = 2.2$분이다.
- 스카프 3의 완료시간은 시작시간에 서비스 시간을 더한 값이다. 7.6 + 2.2 = 9.8분.
- 스카프 3에 대한 시스템 내 시간은 완료시간에서 도착시간을 뺀 시간이다.
  9.8 − 7.6 = 2.2분.

표 9.4의 합계를 사용하면 스카프 10장의 평균 대기시간은 11.2/10 = 1.12분, 시스템 내 평균 시간은 32.1/10 = 3.21분으로 계산할 수 있다. 표 9.4는 10장 스카프 중 7장이 대기해야 한다는 것을 보여준다. 스카프 10장의 시뮬레이션의 총시간은 10번째 스카프의 완료시간(26분)으로 주어진다. 그러나 이 시점에서 스카프 10장에 대한 시뮬레이션은 대기행렬 운영에 대한 확실한 결론을 도출하기에는 너무 짧은 기간이라는 것을 알 수 있다.

블랙십 스카프 시뮬레이션

엑셀 워크시트를 사용하여 1,000장의 스카프 품질검사를 위한 블랙십 스카프 대기행렬의 운영을 시뮬레이션했다. 시뮬레이션을 수행하는 데 사용된 워크시트는 그림 9.15에 나와 있다. 결과를 적당한 크기의 그림으로 표시할 수 있도록 스카프 3~998에 대한 시뮬레이션 결과는 숨겨져 있다. 원하는 경우 이러한 스카프에 대한 행을 표시하고 1,000장의 모든 스카프에 대한 시뮬레이션 결과를 표시할 수 있다.

기술통계량에 대해 논의하기 전에 동적 시스템에 대한 많은 시뮬레이션 연구가 장기실행 또는 정상상태 작동 중 시스템의 작동에 초점을 맞춘다는 점을 지적할 수 있다. 시작 조건의 영향이 정상상태 계산에 포함되지 않도록 하기 위해 일반적으로 동적 시뮬레이션 모델은 시스템 작동에 대한 데이터를 수집하지 않고 지정된 기간 동안 실행된다. 가동 기간은 애플리케이션에 따라 다를 수 있지만 시뮬레이션 모델을 실험하여 결정할 수 있다. 블랙십 스카프 생산시설은 하루 24시간 운영되므로 처음 100장의 스카프에 대한 결과를 가동 기간으로 처리하여 일시적인 효과를 피할 것이다. 따라서 그림 9.15에 표시된 기술

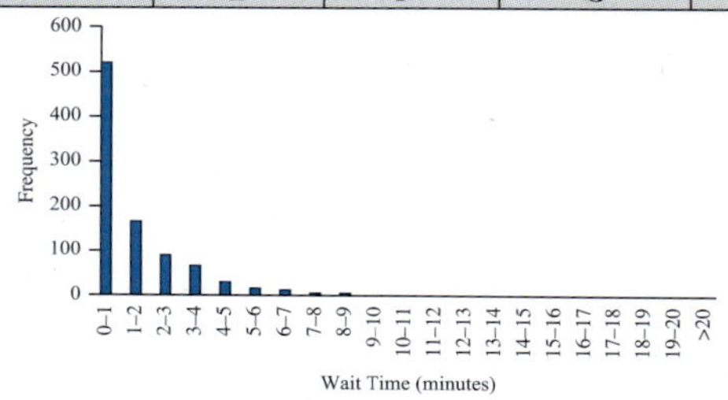

	A	B	C	D	E	F	G	H
1	**Black sheep Scarves with One Quality Inspector**							
2								
3	**Parameters**							
4	**Interarrival Times (Uniform Distribution)**							
5	Smallest Value	0.0						
6	Largest Value	5.0						
7								
8	**Service Times (Normal Distribution)**							
9	Mean	2.0						
10	Standard Dev	0.5						
11								
12	**Model**							
13	Customer	Interarrival Time	Arrival Time	Service Start Time	Waiting Time	Service Time	Completion Time	Time in System
14	1	2.6	2.6	2.6	0.0	1.8	4.4	1.8
15	2	0.6	3.1	4.4	1.3	1.7	6.1	3.0
16	3	4.1	7.3	7.3	0.0	0.9	8.2	0.9
1012	999	2.9	2565.7	2565.9	0.3	1.9	2567.8	2.1
1013	1000	4.5	2570.1	2570.1	0.0	1.9	2572.0	1.9
1014								
1015	**Summary Statistic**			**Wait Time Range**	**Bin**	**Frequency**		
1016	Number Waiting	531		0–1	1	521.0		
1017	Number of Customers	900		1–2	2	164.0		
1018	Probability of Waiting	0.5900		2–3	3	89.0		
1019	Average Waiting Time	1.21		3–4	4	65.0		
1020	Maximum Waiting Time	8.6		4–5	5	29.0		
1021	Utilization of Quality Inspector	0.7829		5–6	6	15.0		
1022	Number Waiting > 1 Min	379		6–7	7	12.0		
1023	Probability Waiting > 1 Min	0.4211		7–8	8	3.0		
1024				8–9	9	2.0		
1025				9–10	10	0.0		

그림 9.15 한 대의 품질검사기를 사용한 블랙십 스카프에 대한 엑셀 워크시트 산출물

통계량은 정상상태 기간 동안 도착한 900장의 스카프에 대한 통계이다.

기술통계량에 따르면 900장의 스카프 중 531장이 대기해야 했다. 이 결과는 531/900 = 0.59의 확률로 스카프가 서비스를 대기해야 할 확률을 제공한다. 즉, 스카프가 도착했을 때 품질검사기가 사용 중이기 때문에 약 59%의 스카프가 일정 시간을 대기해야 한다는 뜻이다. 스카프 한 장당 평균 대기시간은 1.21분이며, 최소 한 장 이상의 스카프가 최대 8.6분 동안 대기한다. 사용률 0.7829는 품질검사기가 약 78%의 시간 동안 사용 중임을 나타낸다.

마지막으로 900장의 스카프 중 379장의 스카프가 1분 이상 대기해야 했다(전체 스카프의 약 42%). 대기시간 분포를 보면 17장 스카프(전체 스카프의 약 2%)의 대기시간이 6분을 초과한 것으로 나타났다. 시뮬레이션 도착 1,000건을 모두 사용했다면 시뮬레이션 초반에 도착한 스카프가 더 적은 빈도로 더 짧은 시간 동안 대기해야 했기 때문에 이러한 추정치는 상당히 달라졌을 수 있다.

이 시뮬레이션은 생산시설에 품질검사 부서가 바쁠 것이라는 결론을 뒷받침한다. 평균 스카프 대기시간은 1.21분으로, 이 시스템은 평균 스카프 대기시간 1분 이내라는 블랙십의 서비스 지침을 충족하지 못했다. 이 생산시설은 두 번째 품질검사기 또는 보다 효율적인 검사 프로세스가 필요한 것을 보여준다.

표 9.5 두 대의 품질검사기 시스템에 대한 10장의 스카프 시뮬레이션 결과

스카프	도착 간 시간	도착 시간	서비스 시작시간	대기 시간	서비스 시간	완료 시간	시스템 내 시간	사용 가능한 시간	
								QI 1	QI 2
1	1.7	1.7	1.7	0.0	2.1	3.8	2.1	3.8	0.0
2	0.7	2.4	2.4	0.0	2.0	4.4	2.0	3.8	4.4
3	2.0	4.4	4.4	0.0	1.4	5.8	1.4	5.8	4.4
4	0.1	4.5	4.5	0.0	0.9	5.4	0.9	5.8	5.4
5	4.6	9.1	9.1	0.0	2.2	11.3	2.2	5.8	11.3
6	1.3	10.4	10.4	0.0	1.6	12.0	1.6	12.0	11.3
7	0.6	11.0	11.3	0.3	1.7	13.0	2.0	12.0	13.0
8	0.3	11.3	12.0	0.7	2.2	14.2	2.9	14.2	13.0
9	3.4	14.7	14.7	0.0	2.9	17.6	2.9	14.2	17.6
10	0.1	14.8	14.8	0.0	2.8	17.6	2.8	17.6	17.6
합계	14.8			1.0	19.8		20.8		
평균	1.48			0.1	1.98		2.08		

두 대의 품질검사기를 사용한 시뮬레이션

이 절에서는 블랙십 시뮬레이션 모델의 논리를 확장하여 두 대의 품질검사기를 고려한다. 두 번째 품질검사기의 경우 서비스 시간이 일반적으로 평균 2분, 표준편차 0.5분이라고 가정하자. 표 9.5는 처음 10장의 스카프에 대한 시뮬레이션 결과를 보여준다. 표 9.5의 두 품질검사기 시스템 결과를 표 9.4에 표시된 단일 품질검사기 시뮬레이션 결과와 비교하면 두 개의 추가 열이 필요하다는 것을 알 수 있다. 이 두 열은 각 품질검사기가 스카프 서비스에 사용할 수 있게 되는 시점을 나타낸다. 새 스카프가 도착하면 먼저 사용 가능한 품질검사기가 스카프 서비스를 제공한다고 가정하자. 시뮬레이션이 시작되면 첫 번째 스카프는 품질검사기 1에 임의로 할당된다.

표 9.5는 스카프 7이 품질검사기를 사용하기 위해 대기해야 하는 첫 번째 스카프임을 보여준다. 스카프 6, 7, 8이 어떻게 처리되는지 설명하면서 두 대의 품질검사기에 대한 시뮬레이션 실행 논리가 한 대의 품질검사기를 사용하는 경우와 어떻게 다른지 보여준다.

스카프 6

- 1.3분의 도착 간 시간이 생성되고 스카프 6은 시뮬레이션 시작 후 9.1 + 1.3 = 10.4분 후에 도착한다.

- 스카프 5행에서 품질검사기 1은 5.8분에, 품질검사기 2는 시뮬레이션 시작 후 11.3분에 여유가 있음을 알 수 있다. 품질검사기 1이 여유가 있으므로 스카프 6은 대기하지 않고 도착시간인 10.4분에 품질검사기 1이 서비스를 시작한다.
- 스카프 6에 1.6분의 서비스 시간이 생성되므로 스카프 6의 완료시간은 10.4 + 1.6 = 12.0분이다.
- 품질검사기 1이 다음에 사용할 수 있는 시간은 12.0분으로 설정되고, 품질검사기 2의 사용 가능 시간은 11.3분으로 유지된다.

스카프 7

- 0.6분의 도착 간 시간이 생성되고 스카프 7은 시뮬레이션에 10.4 + 0.6 = 11.0분 후에 도착한다.
- 이전 행에서 품질검사기 1은 12.0분까지 사용할 수 없고 품질검사기 2는 11.3분까지 사용할 수 없음을 알 수 있다. 따라서 스카프 7은 품질검사기를 사용하기 위해 대기해야 한다. 품질검사기 2가 먼저 사용 가능하므로 스카프 7은 시작시간인 11.3분에 해당 기계에서 서비스를 시작한다. 도착시간이 11.0이고 서비스 시작시간이 11.3인 경우 스카프 7의 대기시간은 11.3 − 11.0 = 0.3분이다.
- 1.7분의 서비스 시간이 발생하여 완료시간은 11.3 + 1.7 = 13.0분이 된다.
- 품질검사기 2의 가용시간은 13.0분으로 업데이트되고 품질검사기 1의 가용시간은 12.0분으로 유지된다.

스카프 8

- 0.3분의 도착 간 시간 생성되고 스카프 8은 시뮬레이션에 11.0 + 0.3 = 11.3분 후에 도착한다.
- 이전 행에서 품질검사기 1이 가장 먼저 사용할 수 있음을 알 수 있다. 따라서 스카프 8은 12.0분에 품질검사기 1이 서비스를 시작하므로 대기시간은 12.0 − 11.3 = 0.7분이 된다.
- 2.2분의 서비스 시간이 생성되어 완료시간은 12.0 + 2.2 = 14.2분, 시스템 시간은 0.7 + 2.2 = 2.9분이 된다.
- 품질검사기 1의 사용 가능한 시간은 14.2분으로 업데이트되고 품질검사기 2의 사용 가능한 시간은 13.0분으로 유지된다.

표 9.5의 합계에서 이 10장의 스카프에 대한 평균 대기시간은 1.0/10 = 0.1분에 불과하다는 것을 알 수 있다. 물론 신뢰할 수 있는 결론을 도출하려면 훨씬 더 긴 시뮬레이션이 필요하다.

두 대의 품질검사기를 사용할 경우 시뮬레이션 결과

두 대의 품질검사기를 사용하여 1,000장의 스카프에 대한 시뮬레이션을 수행하는 데 사용한 엑셀 워크시트는 그림 9.16에 나와 있다. 처음 100장의 스카프에 대한 결과는 시작기간을 고려하여 폐기되었다. 품질검사기 두 대를 사용하면 대기해야 하는 스카프의 수가 531장에서 87장으로 감소했다. 이렇게 감소한 결과 품질검사기 두 대를 사용할 때 스카프가 서비스를 위해 대기해야 할 확률은 87/900 = 0.0967이 된다. 또한 두 대의 품질검사기 시스템으로 스카프당 평균 대기시간이 0.07분(4.2초)으로 단축되었다. 최대 대기시간은 8.6분에서 2.8분으로 줄었고, 품질검사기가 39.61%의 시간 동안 사용되었다. 마지막으로, 900장의 스카프 중 24장만이 품질검사기를 사용할 수 있을 때까지 때까지 1분 이상 대기해야 했다. 따라서 1분 이상 대기해야 하는 스카프는 2.67%에 불과했다. 시뮬레이션 결과는 두 번째 품질검사기를 추가할 경우의 이점을 보여주며, 이 두 번째 품질검사기의 비용 정보와 결합하여 블랙십 스카프는 품질검사기를 두 대로 확대하기로 한 결정을 평가할 수 있다.

이제 개발한 시뮬레이션 모델을 다른 생산시설의 품질검사를 연구하는 데 사용할 수 있다. 각각의 경우 적절한 도착시간과 서비스 시간 확률분포에 대한 가정을 해야 한다. 그러나 적절한 가정이 이루어지면 동일한 시뮬레이션 모델을 사용하여 품질검사기 대기행렬 시스템의 운영 특성을 결정할 수 있다.

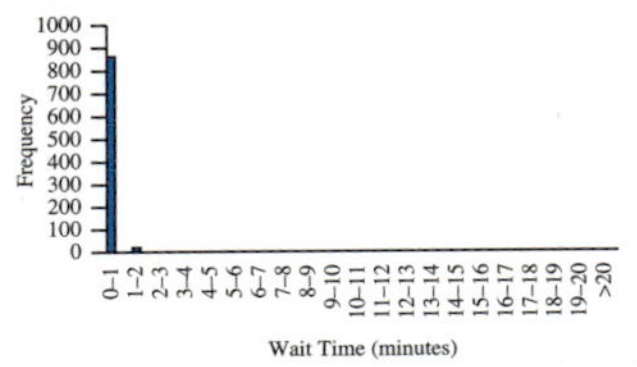

	A	B	C	D	E	F	G	H	I	J
1	**Black Sheep Scarves with Two Quality Inspectors**									
2										
3	**Parameters**									
4	**Interarrival Times (Uniform Distribution**									
5	Smallest value	0.0								
6	Largest Value	5.0								
7										
8	**Service Times (Normal Distribution)**									
9	Mean	2.0								
10	standard Dev	0.5								
11										
12	**Model**									
13	Customer	Interarrival Time	Arrival Time	Service Start Time	Waiting Time	Service Time	Completion Time	Time in System	Inspector 1 Available	Inspector 2 Available
14	1	4.4	4.4	4.4	0.0	1.6	6.0	1.6	6.0	0.0
15	2	0.8	5.2	5.2	0.0	2.0	7.2	2.0	6.0	7.2
16	3	2.1	7.3	7.3	0.0	1.8	9.1	1.8	9.1	7.2
1012	999	2.6	2507.0	2507.0	0.0	2.3	2509.3	2.3	2507.3	2509.3
1013	1000	3.0	2510.0	2510.0	0.0	3.0	2513.0	3.0	2513.0	2509.3
1014										
1015	**Summary Statistics**			**Wait Time Range**	**Bin**	**Frequency**				
1016	Number Waiting	87		0–1	1	876.0				
1017	Number of Customers	900		1–2	2	18.0				
1018	Probability of Waiting	0.0967		2–3	3	6.0				
1019	Average Waiting Time	0.07		3–4	4	0.0				
1020	Maximum Waiting Time	2.8		4–5	5	0.0				
1021	Utilization of Quality Inspectors	0.3961		5–6	6	0.0				
1022	Number Waiting > 1 Min	24		6–7	7	0.0				
1023	Probability of Waiting > 1 Min	0.0267		7–8	8	0.0				
1024				8–9	9	0.0				
1025				9–10	10	0.0				
1026				10–11	11	0.0				
1027				11–12	12	0.0				

그림 9.16 두 대의 품질검사기를 사용한 블랙십 스카프에 대한 엑셀 워크시트 산출물

유의사항

1. 블랙십 스카프 대기행렬 모델은 균일하게 분포된 도착시간과 정규분포된 서비스 시간을 기반으로 했다. 시뮬레이션의 한 가지 장점은 다양한 확률분포를 유연하게 수용할 수 있다는 것이다. 예를 들어, 지수분포가 도착 간 시간에 더 적합하다고 생각되면 도착 간 시간 생성 방식을 변경하기만 하면 이 대기행렬 시뮬레이션을 쉽게 반복할 수 있다.
2. 이 절의 시작 부분에서 이산 이벤트 시뮬레이션은 시간이 지남에 따라 진화하는 동적 시스템을 포함하는 것으로 정의했다. 시뮬레이션 계산은 불연속적인 시점에 발생하는 이벤트 순서에 중점을 둔다. 블랙십 스카프 대기행렬 예제에서는 스카프 도착과 스카프 서비스 완료가 불연속 이벤트이다. 다음 표의 도착시간과 완료시간을 참조하면 이 대기행렬 시뮬레이션의 처음 5개의 불연속 이벤트가 다음과 같음을 알 수 있다.

이벤트	시간
스카프 1 도착	1.4
스카프 2 도착	2.7
스카프 1 완료	3.7
스카프 2 완료	5.2
스카프 3 도착	7.6

3. 스카프 단위로 품질검사 시뮬레이션 계산을 수행했기 때문에 품질검사 대기행렬에 있는 스카프 수를 추적하지 않았다. 그러나 시뮬레이션 결과의 다른 정보를 통해 대기행렬에 있는 스카프의 평균 장수를 파악할 수 있다. 다음 관계는 모든 대기행렬 시스템에 유효하다.

$$\text{대기행렬에서 평균 장수} = \frac{\text{총대기시간}}{\text{시뮬레이션의 총시간}}$$

품질검사기가 한 대인 시스템의 경우, 100번째 스카프가 시뮬레이션 247.8분에 서비스를 완료했다고 가정하자. 따라서 다음 900장의 스카프에 대한 시뮬레이션의 총시간은 2572.0−247.8=2324.2분이다. 평균 대기시간은 1.21분이었다. 시뮬레이션 동안 900장의 스카프의 총대기시간은 900(1.21)=1089분이었다. 따라서 대기행렬에 있는 스카프의 평균 장수는 다음과 같다.

$$\text{대기행렬에서 평균 장수} = 1089/2342.2 = 0.47\text{장}$$

4. 기본 엑셀 기능이나 몬테카를로 시뮬레이션 패키지를 사용하여 소규모 이산 이벤트 시뮬레이션을 수행할 수 있지만, 이산 이벤트 시뮬레이션 모델링은 Arena®, ProModel®, AnyLogic®, ExtendSim®과 같은 특수 목적 소프트웨어를 사용하는 것이 가장 좋다. 이러한 패키지에는 시뮬레이션 클락(clocks), 확률변수 생성을 위한 간소화된 방법, 시뮬레이션 결과 수집 및 요약 절차가 내장되어 있다.

9.5 시뮬레이션 고려사항

확인 및 검증

모든 시뮬레이션 연구에서 중요한 단계는 시뮬레이션 모델이 실제 시스템을 정확하게 설명하는지 확인하는 것이다. 부정확한 시뮬레이션 모델은 가치 있는 정보를 제공한다고 기대할 수 없다. 따라서 시뮬레이션 결과를 사용하여 실제 시스템에 대한 결론을 도출하기 전에 시뮬레이션 모델을 확인하고 검증하는 단계를 수행해야 한다.

확인(verification)은 시뮬레이션 계산을 수행하는 컴퓨터 절차가 논리적으로 올바른지 확인하는 프로세스이다. 주로 시뮬레이션을 구현하는 컴퓨터 절차에 오류가 없는지 확인하기 위한 디버깅(debugging) 작업이다. 경우에 따라 분석가는 제한된 수의 이벤트에 대한 컴퓨터 결과를 독립적인 수작업 계산과 비교할 수 있다. 다른 경우에는 확률변수가 올바르게 생성되고 있는지, 시뮬레이션 모델의 결과가 합리적인지 확인하기 위해 테스트를 수행할 수 있다. 확인 단계는 사용자가 컴퓨터 절차에 오류가 없다는 높은 수준의 확신을 가질 때까지 완료되지 않는다.

검증(validation)은 시뮬레이션 모델이 실제 시스템을 정확하게 표현하는지 확인하는 프로세스이다. 검증을 위해서는 시뮬레이션 모델 설계에 사용된 로직(logic)과 가정이 실제 시스템의 작동 방식을 정확하게 반영한다는 분석가와 관리자 간의 합의가 필요하다. 검증 프로세스의 첫 번째 단계는 시뮬레이션 프로세스를 위한 컴퓨터 절차를 개발하기 전 또는 개발과 함께 수행된다. 검증은 컴퓨터 프로그램이 개발된 후에도 계속 진행되며, 분석가는 시뮬레이션 결과를 검토하여 시뮬레이션 결과가 실제 시스템의 성능에 근접하는지 확인한다. 가능하면 시뮬레이션 모델의 출력을 기존 실제 시스템의 출력과 비교하여 시뮬레이션 출력이 실제 시스템의 성능에 근접하는지 확인한다. 이러한 형태의 검증이 불가능한 경우 분석가가 시뮬레이션 모델을 실험하고 실제 시스템 운영 경험이 있는 한 명 이상의 개인이 시뮬레이션 출력을 검토하여 유사한 조건에서 실제 시스템에서 얻을 수 있는 결과의 합리적인 근사치인지 판단할 수 있다.

확인과 검증은 가볍게 생각할 수 있는 작업이 아니다. 이는 모든 시뮬레이션 연구의 핵심 단계이며 시뮬레이션 결과를 기반으로 한 결정과 결론이 실제 시스템에 적합한지 확인하는 데 필요하다.

시뮬레이션 사용의 장단점

시뮬레이션의 주요 장점은 이해하기 쉽고, 분석적으로 처리하기는 어렵지만 불가능하지는 않은 복잡한 시스템의 동작을 모델링하고 학습하는 데 사용할 수 있다는 점이다. 시뮬레이션 모델은 유연하기 때문에 수학적 모델에서 흔히 요구되는 가정 없이도 시스템을 설명하는 데 사용할 수 있다. 일반적으로 시스템의 확률변수 수가 많을수록 시뮬레이션 모델이 시스템을 연구하는 데 가장 적합한 접근방식을 제공할 가능성이 커진다. 시뮬레이션의 또 다른 장점은 시뮬레이션 모델이 실제 시스템을 위한 편리한 실험실을 제공한다는 것이다. 시뮬레이션 모델에서 가정이나 운영 정책을 변경하고 다시 실행하면 이러한 변경이 실제 시스템 운영에 어떤 영향을 미치는지 이해하는 데 도움이 되는 결과를 얻을 수 있다. 실제 시스템으로 직접 실험하는 것은 비용이 많이 들거나 불가능한 경우가 많다. 시뮬레이션 모델은 종종 시스템 장애, 막대한 재정적 손실 등과 같은 재앙적인 결과를 예상하여 잘못된 의사결정 전략에 대해 경고한다.

시뮬레이션에 단점이 없는 것은 아니다. 복잡한 시스템의 경우 시뮬레이션 모델을 개발, 검증 및 검증하는 프로세스에 많은 시간과 비용이 소요될 수 있다(하지만 일반적으로 모델을 개발하는 과정을 통해 시스템을 더 잘 이해할 수 있으므로 중요한 이점이 있다). 모든 수학적 모델과 마찬가지로 분석가는 모델의 한계를 이해하기 위해 모델의 가정을 염두에 두어야 한다. 또한 각 시뮬레이션 실행은 실제 시스템이 어떻게 작동할지에 대한 샘플만 제공한다. 따라서 시뮬레이션 데이터의 요약은 실제 시스템에 대한 추정치 또는 근사치만 제공한다. 그럼에도 불구하고 분석가가 시뮬레이션 모델을 개발할 때 현명한 판단을 내리고 적절한 확인 및 검증 단계를 따르며 시뮬레이션 프로세스를 다양한 조건에서 충분히 오래 실행하여 분석가가 실제 시스템이 어떻게 작동할지 예측할 수 있는 충분한 데이터를 확보한다면 잘못된 해를 얻을 위험은 크게 완화될 수 있다.

요약

시뮬레이션은 시스템을 나타내는 모델을 실험하여 실제 시스템에 대해 학습하는 방법이다. 시뮬레이션이 자주 사용되는 몇 가지 이유는 다음과 같다.

1. 다양한 실제 문제에 사용할 수 있다.
2. 시뮬레이션 접근방식은 비교적 설명과 이해가 쉽다. 그 결과, 시뮬레이션에 대한 신뢰도가 높아지고 결과를 더 쉽게 받아들일 수 있다.
3. 스프레드시트 패키지는 이제 모델 구현을 위한 또 다른 대안을 제공하며, 타사 공급업체는 스프레드시트 패키지의 기능을 확장하는 추가 기능(add-in)을 개발했다.
4. 컴퓨터 소프트웨어 개발자들은 더 복잡한 문제에 대한 시뮬레이션 모델을 쉽게 개발하고 구현할 수 있는 시뮬레이션 패키지를 제작했다.

이 장에서는 먼저 기본 시나리오, 최상의 시나리오, 최악의 시나리오를 고려하여 불확실성을 분석했다. 그런 다음 기본 엑셀 함수를 사용하여 사노트로닉스의 신제품인 장치 개발과 관련된 위험을 평가하기 위한 시뮬레이션을 실행하는 방법을 보여주었다. 다음으로 버틀러 재고 문제를 사용하여 시뮬레이션 모델링의 또 다른 예를 보여주었다. 마지막으로 엑셀을 사용하여 블랙십 문제에 대한 이산 이벤트 시뮬레이션을 만드는 방법을 설명했다. 이러한 예는 시뮬레이션 모델링으로 해결할 수 있는 광범위한 문제를 나타낸다.

이 장에서는 통제할 수 있는 투입요소와 확률변수를 모두 포함하는 시뮬레이션 모델을 개발하는 방식으로 접근했다. 확률변수에 대한 값을 무작위로 생성하는 절차를 개발하고, 시뮬레이션 프로세스의 단계를 설명하는 논리 및 수학적 연산 순서를 모델링하고,

적절한 횟수 동안 시뮬레이션을 실행하여 시뮬레이션 결과를 얻었다. 시뮬레이션 결과를 얻고 실제 시스템의 작동에 대한 결론을 도출했다.

시뮬레이션 분석 수행 단계 요약

1. **주어진 입력 값에 대한 출력 측정값을 계산하는 스프레드시트 모델을 구축한다.** 좋은 시뮬레이션 모델의 기본은 입력값과 출력값을 정확하게 연관시키는 논리이다. 스프레드시트를 감사하여 셀 수식이 가능한 입력 값의 전체 범위에 걸쳐 출력을 올바르게 평가하는지 확인한다.
2. **불확실한 입력을 식별하고 이러한 셀에 대한 확률분포를 지정한다(정해진 숫자 대신).** 모든 입력값이 확률분포로 모델링해야 할 만큼 불확실성이 큰 것은 아니다. 다른 입력은 실제로 의사결정자가 통제할 수 있는 값인 의사결정 변수일 수 있으므로 확률분포로 모델링할 수 있는 임의의 수량이 아니다.
3. **시뮬레이션 실험 동안 기록할 출력을 하나 이상 선택한다.** 출력에 대해 기록되는 일반적인 정보에는 출력 값의 히스토그램과 평균, 표준편차, 최댓값, 최솟값, 백분위 값 등과 같은 요약 통계량이 포함된다.
4. **지정된 횟수만큼 시뮬레이션을 실행한다.** 대부분의 시뮬레이션 모델의 경우 최소 1,000회 이상의 실험을 사용하는 것이 좋다. 여러 시뮬레이션 실행에 걸쳐 시뮬레이션 출력 측정값이 변동하는 정도를 관찰하여 샘플링 오차의 양을 모니터링할 수 있다.
5. **결과를 분석하고 의사결정 프로세스에 대한 의미를 해석한다.** 시뮬레이션을 통해 평균 결괏값을 추정하는 것 외에도 가능한 결괏값의 분포를 구성할 수 있다.

주요 용어

- **검증(validation)** 시뮬레이션 모델이 실제 시스템을 정확하게 재현하는지 확인하는 프로세스.
- **기본 시나리오(base-case scenario)** 모델의 확률변수에 대해 가장 가능성이 큰 값을 가정하여 출력을 결정한다.
- **동적 시뮬레이션 모델(dynamic simulation model)** 시스템 상태가 시간이 지남에 따라 시스템이 변화하거나 진화하는 방식에 영향을 미치는 상황에서 사용되는 시뮬레이션 모델.
- **매개변수(parameter)** 모델의 수학적 관계에 나타나는 수치 값. 확률분포 불확실한 변수의 가능한 값의 범위와 상대적 가능성에 대한 설명이다.

- **시뮬레이션(simulation)** 실제 시스템을 나타내는 모델에서 불확실성을 나타내기 위해 값의 반복적인 무작위 샘플링을 사용하여 모델 출력 값을 계산하는 방법.
- **연속확률분포(continuous probability distribution)** 확률변수의 가능한 값이 지정된 두 값 사이의 모든 값을 취할 수 있는 확률분포. 지정된 값에는 음수 및 양수 무한대가 포함될 수 있다.
- **위험 분석(risk analysis)** 바람직하지 않은 결과의 가능성과 규모를 정량화하여 불확실성에 직면한 결정을 평가하는 프로세스.
- **이산 이벤트 시뮬레이션 모델(discrete-event simulation model)** 불연속적인 이벤트 시퀀스(예: 시간 경과에 따른 고객 도착 또는 이탈)를 관리하여 시간이 지남에 따라 시스템이 어떻게 진화하는지를 설명하는 시뮬레이션 모델.
- **이산확률분포(discrete probability distribution)** 확률변수의 가능한 값이 지정된 이산값만 취할 수 있는 확률분포.
- **정적 시뮬레이션 모델(static simulation model)** 한 시점의 시스템 상태가 미래 시점의 시스템 상태에 영향을 미치지 않는 상황에서 각 실험이 사용되는 시뮬레이션 모델이고, 시뮬레이션의 각 시험은 독립적이다.
- **최상의 시나리오(best-case scenario)** 모델의 확률변수에 대해 예상할 수 있는 최상의 값을 가정하여 출력을 결정한다.
- **최악의 시나리오(worst-case scenario)** 모델의 확률변수에 대해 예상할 수 있는 최악의 값을 가정하여 출력을 결정한다.
- **통제할 수 있는 투입요소(controllable input)** 의사결정자가 선택한 시뮬레이션 모델에 대한 입력.
- **확률변수 또는 불확실한 변수(random variable or uncertain variable)** 값이 불확실하고 확률분포로 설명되는 시뮬레이션 모델에 입력하는 변수.
- **확률분포(probability distribution)** 불확실한 변수의 가능한 값의 범위와 상대적 가능성에 대한 설명.
- **확인(verification)** 컴퓨터 프로그램이 의도한 대로 시뮬레이션 모델을 구현하는지 확인하는 프로세스.
- **What-If 분석(what-if analysis)** 모델에 대해 가능한 결과의 범위를 학습하기 위한 시행착오 접근방식. 모델 입력에 대한 시험 값(즉, 가정)을 선택하고 출력 값을 계산한다.

연습문제

1. **신제품 수익성** 브링클리 코퍼레이션(Brinkley Corporation)의 경영진은 시뮬레이

션을 사용하여 신제품의 단위당 수익을 추정하는 데 관심이 있다. 제품의 판매가격은 개당 $45이다. 구매비용, 인건비 및 운송비용에 대한 확률분포는 다음 표에서 추정된다.

구매비용($)	확률	인건비($)	확률	운송비용($)	확률
10	0.25	20	0.10	3	0.75
11	0.45	22	0.25	5	0.25
12	0.30	24	0.35		
		25	0.30		

a. 기본 시나리오에 대한 단위당 수익을 계산하라.

b. 최악의 시나리오에 대한 단위당 수익을 계산하라.

c. 최상의 시나리오에 대한 단위당 수익을 계산하라.

d. 시뮬레이션 모델을 구성하여 단위당 평균 수익을 추정하라.

e. 다양한 가정 시나리오를 생성하는 것보다 위험 분석에 대한 시뮬레이션 접근방식이 더 나은 이유는 무엇인가?

f. 경영진은 단위당 수익이 $5 미만이면 프로젝트가 지속 가능하지 않을 수 있다고 생각한다. 시뮬레이션을 사용하여 단위당 수익이 $5 미만이 될 확률을 추정하라.

2. **VR 고글** 갤럭시사(Galaxy Co.)는 특히 비디오 게임을 좋아하는 고객을 대상으로 가상현실(VR) 고글을 판매한다. 갤럭시는 공급업체로부터 고글 한 세트당 공급업체로부터 $150에 조달하여 $300에 판매한다. VR 고글의 월별 수요는 평균 160개, 표준편차 40개인 정규분포 확률변수이다. 매월 초에 갤럭시는 공급업체에 충분한 고글을 주문하여 재고수준을 140개까지 끌어올린다. 월별 수요가 140개 미만인 경우 갤럭시는 월말에 재고로 남아있는 고글 한 세트당 $20를 지불한다. 월별 수요가 140세트를 초과하는 경우 갤럭시는 재고가 있는 140세트의 고글만 판매한다. 갤럭시는 충족되지 않은 수요 단위당 $40의 재고부족비용을 할당하여 고객 간의 영업권 손실을 나타낸다. 경영진은 이 상황을 분석하기 위해 시뮬레이션 모델을 사용하고자 한다.

a. 갤럭시의 월평균 이익은 얼마인가?

b. 갤럭시의 수요가 완전히 충족되는 달의 비율은 얼마인가?

3. **타이어 보증 분석** 그리어 타이어사(Grear Tire Company)는 평균 주행 거리가 36,500마일로 추정되는 새 타이어를 생산했다. 경영진에 따르면 표준편차는 5,000마일이며 주행거리가 정규분포를 따른다고 한다. 그리어는 새 타이어를 홍보하기

위해 타이어 교체가 필요하기 전에 타이어가 30,000마일에 도달하지 못할 경우, 구매가격의 일부를 환불해주겠다고 제안했다. 구체적으로, 수명이 30,000마일 미만인 타이어의 경우 고객에게 30,000마일에 미달하는 100마일당 $1를 환불해주기로 했다. 다음 질문에 답하기 위해 시뮬레이션 모델을 구성하라.

a. 판매된 각 타이어에 대한 홍보의 평균비용은 얼마인가?

b. 그리어가 타이어 한 개에 대해 $25 이상을 환불할 확률은 얼마인가?

4. **주사위 굴리기** 스프레드시트 시뮬레이션 모델을 구성하여 6면이 1, 2, 3, 4, 5, 6으로 번호가 매겨진 공정한(각 결과가 동일하게 나올 확률) 주사위를 1,000회 굴리는 시뮬레이션을 수행하라.

a. 관찰된 1,000회의 주사위 굴림의 히스토그램을 작성하라.

b. 스프레드시트 시뮬레이션 모델을 수정하여 두 개의 주사위를 1,000회 굴리도록 시뮬레이션한다. 두 개의 주사위를 굴릴 때마다 주사위의 합을 기록한다. 두 주사위의 합에 대한 1,000개의 관측값에 대한 히스토그램을 작성하라.

c. 스프레드시트 시뮬레이션 모델을 수정하여 주사위 세 개를 1,000회 굴리도록 시뮬레이션한다. 주사위 세 개를 굴릴 때마다 주사위의 합을 기록한다. 주사위 3개 합계에 대한 1,000개의 관측값에 대한 히스토그램을 작성하라.

d. 스프레드시트 시뮬레이션 모델을 수정하여 주사위 4개를 1,000회 굴리도록 시뮬레이션한다. 주사위 4개를 굴릴 때마다 주사위의 합을 기록한다. 주사위 4개 합계에 대한 1,000개의 관측값에 대한 히스토그램을 작성하라.

e. (a), (b), (c), (d)의 히스토그램을 비교하라. 이 일련의 차트가 나타내는 통계적 현상은 무엇인가?

5. **채용 세미나를 통한 수익률** 새로운 비즈니스를 위한 리드를 창출하기 위해 거스틴 투자 서비스(Gustin Investment Services)는 플로리다 남서부의 주요 호텔에서 무료 재무계획 세미나를 개최한다. 각 세미나 비용은 $3,500이며, 신규 계좌 개설 시 첫해 평균 수수료는 $5,000이다. 거스틴은 세미나에 참석하는 각 개인이 새 계좌를 개설할 확률이 0.01%라고 추정한다.

a. 관련 매개변수의 값이 주어졌을 때, 세미나당 거스틴의 수익을 계산하는 식을 구하라.

b. 새로 개설된 계좌의 수는 어떤 유형의 확률변수인가?

c. 거스틴의 세미나의 수익성을 분석하기 위해 스프레드시트 시뮬레이션 모델을 구축하라. 거스틴이 세미나를 계속 진행하도록 추천하겠는가?

d. 시뮬레이션을 사용하여 세미나의 평균 수익이 0보다 커지는 데 필요한 최소 참석자 수(예: 5의 배수, 25명, 30명, 35명 등)를 찾아보라.

6. **웨어러블 전자 제품 출시** 머디라 컴퓨팅((Madeira Computing)의 경영진은 노트북 컴퓨터와 휴대폰의 기능을 갖춘 웨어러블 전자 장치의 도입을 고려하고 있다. 이 신제품을 출시하는 데 드는 고정비는 $300,000이다. 제품의 변동비용은 $160에서 $240 사이로 예상되며, 대당 $200가 될 가능성이 가장 크다. 제품은 대당 $300에 판매될 것이다. 제품에 대한 수요 추정치는 0~20,000대 범위로 매우 다양하며, 4,000대가 가능성이 가장 크다.
   a. 기본 시나리오에 대한 수익을 계산하라.
   b. 최악의 시나리오에 대한 수익을 계산하라.
   c. 최상의 시나리오에 대한 수익을 계산하라.
   d. 변동비용을 최소 $160에서 최대 $240의 일양확률변수로 모델링한다. 제품 수요를 형태 매개변수(알파)가 3이고 규모 매개변수(베타)가 2인 감마 확률변수 값의 1,000배로 모델링한다. 시뮬레이션 모델을 구축하여 평균 수익과 해당 프로젝트가 손실을 초래할 확률을 추정하라.
   e. (d)의 시뮬레이션 모델을 바탕으로, 제품 도입과 관련하여 당신이 추천하는 것은 무엇인가?

7. **메이저리그 야구의 월드 시리즈** 메이저리그 야구의 월드 시리즈는 최대 7게임으로 진행되며, 4게임을 먼저 승리한 팀이 우승한다. 애틀랜타 브레이브스와 미네소타 트윈스가 월드 시리즈에 출전한다고 가정하자. 시리즈에서 처음 두 경기는 애틀랜타에서, 다음 세 경기는 트윈스 야구장에서, 마지막 두 경기는 필요한 경우 애틀랜타로 돌아와서 치른다고 가정한다. 각 경기의 예상 선발투수와 홈 어드밴티지를 고려할 때 애틀랜타가 각 경기에서 승리할 확률은 다음과 같다.

게임	1	2	3	4	5	6	7
승리 확률	0.60	0.55	0.48	0.45	0.48	0.55	0.50

   애틀랜타의 각 경기 승패가 확률변수인 시뮬레이션 모델을 구축한다. 이 모델을 사용하여 다음 문제에 답하라.

   a. 승자와 상관없이 플레이되는 평균 경기 수는 얼마인가?
   b. 애틀랜타 브레이브스가 월드 시리즈에서 우승할 확률은 얼마인가?

8. **주가 시뮬레이션** 뉴욕 증권 거래소에 상장된 특정 주식의 현재 주가는 $39이다. 다음 확률분포는 3개월 동안 주당 가격이 어떻게 변할 것으로 예상되는지 보여준다.

주가 변화($)	확률
−2	0.05
−1	0.10
0	0.25
+1	0.20
+2	0.20
+3	0.10
+4	0.10

3개월 동안의 주가 변동이 다른 3개월 동안의 주가 변동과 독립적이라는 가정하에 3개월, 6개월, 9개월, 12개월 후의 주가 가치를 계산하는 스프레드시트 시뮬레이션 모델을 작성한다.

a. 현재 주가가 주당 $39인 경우, 12개월 후 주당 평균 주가는 얼마인가?
b. 현재 주당 가격이 $39인 경우, 12개월 후 예상되는 주가의 표준편차는 얼마인가?
c. 주가가 높을수록 더 좋다고 볼 때, 기본 시나리오, 최악의 시나리오, 최상의 시나리오의 주가는 얼마인가?
d. 주식시장에 대한 여러분의 지식을 바탕으로, 이 주식 가격의 모델링이 얼마나 타당하다고 생각하는가? 3개월 동안 주가가 어떻게 변하는지를 모델링하는 대안을 제안하라.

9. **농구 경기의 포인트 분배** 아이오와 울브스(Iowa Wolves)는 다가오는 NBA(미국 프로 농구 협회) G 리그에서 메인 레드 클로스(Maine Red Claws)와 경기를 치를 예정이다. NBA G 리그의 선수는 아직 기술을 개발 중이므로 한 경기에서 득점하는 점수는 크게 다를 수 있다. 각 팀이 득점한 점수를 시뮬레이션하는 스프레드시트 모델을 개발한다. 각 선수의 득점 생산량을 다음 표에 제공된 범위의 정수로 일양 확률변수로 나타낼 수 있다고 가정한다.

선수	아이오와 울브스	메인 레드 클로스
1	[5, 20]	[7, 12]
2	[7, 20]	[15, 20]
3	[5, 10]	[10, 20]
4	[10, 40]	[15, 30]
5	[6, 20]	[5, 10]
6	[3, 10]	[1, 20]
7	[2, 5]	[1, 4]
8	[2, 4]	[2, 4]

a. 아이오와 울브스가 득점한 점수의 평균과 표준편차는 어떻게 되는가? 아이오와 울브스가 획득한 점수 분포의 모양은 어떻게 되는가?

b. 메인 레드 클로스가 득점한 점수의 평균과 표준편차는 얼마인가? 메인 레드 클로스가 득점한 점수 분포의 모양은 무엇인가?

c. 점수 차이 = 아이오와 울브스 점수 − 메인 레드 클로 점수라고 가정한다. 아이오와 울브스와 메인 레드 클로스의 평균 점수 차이는 얼마인가? 점수 차의 표준편차는 얼마인가? 점수 차분 분포의 모양은 무엇인가?

d. 아이오와 울브스가 메인 레드 클로스보다 더 많은 점수를 얻을 확률은 얼마인가?

e. 아이오와 울브스의 코치는 자신이 약자라고 생각하여 '더 위험한' 게임 전략을 고려하고 있다. 더 위험한 게임 전략의 효과는 각 울브스 플레이어의 점수 생산 범위가 대칭적으로 증가하여 새로운 범위가 [0, 원래 상한 + 원래 하한]이 되도록 하는 것이다. 예를 들어, 위험 전략을 사용하는 울브스 플레이어 1의 범위는 [0, 25]이다. 새 전략이 울브스 포인트 총합의 평균과 표준편차에 어떤 영향을 미치는가? 아이오와 울브스가 메인 레드 클로스보다 더 많은 점수를 획득할 확률은 어떻게 영향을 받는가?

10. 프로젝트 관리 프로젝트에는 순차적으로 수행해야 하는 네 가지 활동(A, B, C, D)이 있다. 각 활동을 완료하는 데 필요한 시간에 대한 확률분포는 다음과 같다.

활동	활동시간(주)	확률
A	5	0.25
	6	0.35
	7	0.25
	8	0.15
B	3	0.20
	5	0.55
	7	0.25
C	10	0.10
	12	0.25
	14	0.40
	16	0.20
	18	0.05
D	8	0.60
	10	0.40

프로젝트를 완료하는 데 걸리는 시간을 시뮬레이션할 수 있는 스프레드시트 모델을 구축한다.

a. 프로젝트를 완료하는 데 걸리는 평균 시간은 얼마인가?

b. 프로젝트를 완료하는 데 걸리는 시간의 표준편차는 얼마인가?

c. 프로젝트가 35주 이내에 완료될 것으로 예상되는 확률은 얼마인가?

11. 홀리데이 장난감 재고 다가오는 홀리데이 시즌을 준비하기 위해 프레시 장난감 회사(Fresh Toy Company, FTC)는 아이들에게 춤추는 법을 가르쳐주는 더기(Dougie)라는 새로운 인형을 디자인했다. 이 인형을 생산하는 데 드는 고정비는 $100,000이다. 재료비, 인건비, 배송비를 포함한 변동비용은 인형 한 개당 $34이다. 연말 판매시즌 동안 FTC는 인형을 개당 $42에 판매한다. FTC가 인형을 과잉생산할 경우 초과 생산된 인형은 1월에 인형당 $10를 FTC에 지불하기로 합의한 유통업체를 통해 판매된다. 연말연시 판매시즌에 새로운 장난감에 대한 의무는 매우 불확실하다. 예측은 60,000개의 인형이 판매될 것으로 예상되며 표준편차는 15,000이다. 정규확률분포가 수요를 잘 설명한다고 가정하자. FTC는 잠정적으로 평균 수요와 동일한 60,000개를 생산하기로 결정했지만, 최종 결정을 내리기 전에 이 생산량에 대한 분석을 수행하고자 한다.

a. 관련 매개변수(예: 수요, 생산량 등)의 주어진 값에 대한 FTC의 이익을 계산하는 식을 결정하고, 이 식을 사용하여 실현된 수요가 60,000개(평균 수요)일 때 FTC의 이익을 계산하라.

b. 수요를 평균이 60,000이고 표준편차가 15,000인 정규 확률변수로 모델링하고, 생산 수량을 60,000개로 사용하여 더기 인형의 판매를 시뮬레이션한다. 60,000개의 인형 생산 수량과 관련된 평균 이익의 추정치는 얼마인가?

c. (b)의 시뮬레이션으로 추정된 평균 이익을 (a)의 이익 계산과 비교하라. 왜 차이가 나는지 설명하라.

d. 경영진은 생산량을 최종 결정하기 전에 보다 공격적인 생산량 70,000개와 보다 보수적인 생산량 50,000개에 대한 분석을 원한다. 이 두 가지 생산량으로 시뮬레이션을 실행한다. 각각의 평균 수익은 얼마인가?

e. 평균 이익 외에 FTC가 생산 수량을 결정할 때 고려해야 할 다른 요소는 무엇인가? 이 모든 요소를 사용하여 세 가지 생산량(50,000개, 60,000개, 70,000개)을 비교하라. 어떤 상충효과가 발생하는가? 여러분은 몇 개를 추천하는가?

12. 초과 예약 정책 평가 사우스 센트럴 항공(South Central Airlines, SCA)은 애틀랜타와 샬럿 간 직항편을 운항하고 있다. 이 지역 제트기에는 50명의 승객이 탑승할 수 있으며 현재 SCA는 최대 50명까지만 예약을 받고 있다. 과거 데이터에 따르면

SCA는 항상 50명의 예약 건을 모두 판매하지만 평균적으로 2명의 승객이 항공편에 나타나지 않는 것으로 나타났다. 그 결과, 예약이 50건이면 빈 좌석으로 항공편이 운항되는 경우가 많다. 추가 수익을 확보하기 위해 SCA는 비행기에 승객이 50명만 탑승하더라도 52명의 예약을 수락하는 오버부킹 전략을 고려하고 있다. SCA는 항상 52개의 예약을 모두 예약할 수 있을 것이라고 믿는다. 52건의 예약을 수락했을 때 나타나는 승객 수에 대한 확률분포는 다음과 같이 추정된다.

탑승객 수	확률
48	0.05
49	0.25
50	0.50
51	0.15
52	0.05

SCA는 예약한 각 승객에 대해 $100의 한계수익을 받는다(승객의 출석 여부와 관계없이). 또한 항공사는 항공편 좌석이 거부된 승객에 대해 비용을 부담하게 된다. 이 비용에는 승객의 일정 변경에 따른 추가비용과 영업권 손실이 포함되며, 승객당 $150로 추정된다. 이 초과 예약 시스템에 대한 스프레드시트 모델을 개발하고 항공편에 나타나는 승객 수를 시뮬레이션한다.

a. 초과 예약 전략을 사용하는 각 항공편의 평균 순이익은 얼마인가?

b. 초과 예약 전략을 사용한 순이익이 초과 예약을 하지 않은 순이익(50*$100 = $5000)보다 적을 확률은 얼마인가?

c. 51, 53, 54명과 같은 기타 초과 예약 수준을 평가하고 최적의 초과 예약 전략을 추천하는 데 시뮬레이션 모델을 어떻게 사용할 수 있는지 설명하라.

13. 결혼식 참석 커플의 결혼식 날짜가 빠르게 다가오고 있으며, 웨딩 플래너는 뷔페에 적절한 양의 음식이 준비될 수 있도록 피로연에 참석할 하객 수를 케이터링 업체에 제공해야 한다. 다음 표에는 145명의 초대장에 참석 여부에 답변을 준(RSVP) 하객 수에 대한 정보가 포함되어 있다. 안타깝게도 하객 수가 항상 예상 손님 수와 일치하는 것은 아니다.

웨딩 플래너는 자신의 경험을 바탕으로 하객이 결혼식에 참석하지 않겠다고 통보한 경우 결혼식에 참석하는 경우가 극히 드물다는 것을 알고 있다. 따라서 웨딩 플래너는 이 50명의 초대장 중 아무도 참석하지 않을 것이라고 가정한다. 웨딩 플래너는 혼자 참석할 예정인 25명의 하객이 혼자 참석할 확률은 75%, 불참할 확률은 20%, 동반자를 데려올 확률은 5%라고 추정한다. 동반자를 동반할 계획이라고 응답

한 60명의 경우, 동반자와 함께 참석할 확률은 90%, 혼자 참석할 확률은 5%, 전혀 참석하지 않을 확률은 5%이다. 응답하지 않은 10명의 경우, 웨딩 플래너는 각각 참석하지 않을 확률이 80%, 혼자 참석할 확률이 15%, 동반자와 함께 참석할 확률이 각각 5%라고 가정한다.

RSVP에 답변을 준 하객 수	초대장 수
0	50
1	25
2	60
회신 없음	10

a. 피로연에 참석할 평균 하객 수를 추정하기 위한 시뮬레이션 모델을 구축하여 웨딩 플래너를 지원하라.

b. 호스트가 되기 위해 부부는 웨딩 플래너에게 시뮬레이션 모델을 사용하여 케이터링 업체가 식사를 준비해야 하는 최소 하객 수인 X를 결정하여 실제 참석자가 X보다 적거나 같을 확률이 90% 이상 되도록 하라고 지시했다. X의 값에 대한 최선의 추정치는 얼마인가?

14. **대학 입학률** 카리브해의 네커섬에서 열리는 경영자 MBA 프로그램의 입학 책임자인 리처드 브랜슨은 어떤 지원자가 입학 제안을 받을지 결정해야 한다. 지원자가 입학 제안을 수락할 수도 있고 수락하지 않을 수도 있기 때문에 이는 어려운 의사결정 문제이다. 현재 리처드는 30명의 지원자를 고려하고 있으며, 각 지원자는 입학 제안을 수락할 가능성이 서로 다르다. 리처드는 지원자의 학업 자격과 경험을 바탕으로 1부터 10까지의 가치 점수를 사용하여 각 지원자를 평가했다(가치 점수가 높을수록 우수한 지원자임을 의미한다). 입학 파일에는 30명의 지원자에 대한 데이터가 포함되어 있다.

시설의 수용 인원을 기준으로 리처드는 12명의 학생으로 구성된 학급을 원한다. 학생 수가 12명보다 적으면 활용도가 낮은 리소스(빈 교실 좌석)가 발생하지만, 학생 수가 12명보다 많으면 한계비용이 증가한다. 구체적으로 12명을 초과하는 학생 1명당 20포인트의 비용이 발생한다. 지원자는 입학 제안을 수락하고 입학 허가를 받은 경우에만 재학생이 된다는 점에 유의하라. 가치 점수별로 순위를 매긴 상위 20명의 학생에게 입학 제안을 할 경우의 순가치를 추정하는 시뮬레이션 모델을 구축한다. 순가치는 학생의 입학 가치에서 정원 12명을 초과하는 학생의 비용을 뺀 값의 합계로 계산한다. 상위 20명의 학생에게 입학을 제안할 때 얻을 수 있는 평균 순가치는 얼마인가?

15. **부동산 입찰** 스트라셀 인베스터스(Strassel Investors)는 부동산을 매입하여 개발한 후 수익을 위해 재판매한다. 새로운 부동산이 매물로 나왔고, 사장 겸 소유주인 버드 스트라셀은 이 부동산을 매입하여 개발하면 $160,000에 판매할 수 있다고 생각한다. 현재 부동산 소유주는 입찰을 요청했으며, 최고 입찰가가 $100,000를 초과하는 경우 해당 부동산을 매각할 것이라고 밝혔다. 두 명의 경쟁자가 해당 부동산에 대한 입찰을 제출할 것이다. 스트라셀은 경쟁자들이 얼마를 입찰할지 모르지만, 계획 수립을 위해 각 경쟁자가 입찰하는 금액이 $100,000에서 $150,000 사이에 균등하게 분배될 것이라고 가정한다.

a. 스트라셀이 $130,000의 입찰가를 사용하여 해당 부동산을 획득할 수 있을 확률은 얼마인가?

b. 스트라셀이 해당 부동산을 낙찰받으려면 얼마를 입찰해야 하는가? 이 입찰과 관련된 이익은 얼마인가?

c. 시뮬레이션 모델을 사용하여 시뮬레이션 실행의 각 시험에 대한 이익을 계산한다(입찰이 낙찰되지 않으면 스트라셀의 이익은 $0이다). 수익 극대화를 스트라셀의 목표로 삼고 시뮬레이션을 사용하여 스트라셀의 입찰 대안인 $130,000, $140,000 또는 $150,000를 평가한다. 권장 입찰가는 얼마였으며 예상 수익은 얼마인가?

사례 문제 : 포코너스

10년 후 포트폴리오의 가치는 얼마나 될까? 20년 후에는? 언제 일을 그만둘 수 있는가? 포코너스 코퍼레이션(Four Corners Corporation)의 인사부에서는 직원들이 이러한 질문에 답하는 데 도움이 되는 재무 계획 모델을 개발해 달라는 요청을 받았다. 이 작업을 주도해 달라는 요청을 받은 톰 기퍼드(Tom Gifford)는 스스로 재무 계획을 수립하는 것부터 시작하기로 결정했다. 톰은 40세이고 경영학 학위를 받았으며 연봉은 $85,000이다. 회사의 퇴직 프로그램에 대한 기여금과 소액의 유산을 통해 톰은 $50,000 상당의 포트폴리오를 축적했다. 톰은 앞으로 20년을 더 일할 계획이며 $1,000,000 상당의 포트폴리오를 모으기를 희망한다. 그는 과연 실행에 옮길 수 있을까?

톰은 미래 연봉, 새로운 투자 기여도, 포트폴리오 성장률에 대한 몇 가지 가정으로 시작했다. 그는 연봉 인상률을 5%로 가정하고 신규 투자 불입금은 연봉의 6%로 계획했다. 과거 주식시장 수익률을 조사한 결과, 톰은 연간 10%의 포트폴리오 성장률이 합리적이라고 판단했다. 이러한 가정을 사용하여 톰은 아래 그림에 표시된 엑셀 워크시트를 개발했다. 이 워크시트는 향후 5년간의 재무 예측을 제공한다. 특정 연도의 포트폴리오 수익을 계산할 때 톰은 신규 투자 기여도가 연중 균등하게 발생하므로 신규 투자의 절반이 해

	A	B	C	D	E	F	G
1	**포코너스**						
2							
3	나이	40					
4	현재 연봉	$85,000					
5	현재 포트폴리오	$50,000					
6	연간 투자율	6%					
7	연봉 인상률	5%					
8	포트폴리오 증가율	10%					
9							
10	연도	시작 잔액	연봉	신규 투자	수익	결산 잔액	나이
11	1	$50,000	$85,000	$5,100	$5,255	$60,355	41
12	2	$60,355	$89,250	$5,355	$6,303	$72,013	42
13	3	$72,013	$93,713	$5,623	$7,482	$85,118	43
14	4	$85,118	$98,398	$5,904	$8,807	$99,829	44
15	5	$99,829	$103,318	$6,199	$10,293	$116,321	45
16							

당 연도의 포트폴리오 수익 계산에 포함될 수 있다고 가정했다. 위 그림에서 45세가 되었을 때 톰은 $116,321의 포트폴리오를 보유할 것으로 예상된다.

톰의 계획은 이 워크시트를 템플릿으로 사용하여 회사 직원을 위한 재무 계획을 개발하는 것이었다. 스프레드시트의 데이터는 각 직원에 맞게 조정되고, 직원의 계획 기간을 반영하기 위해 워크시트에 행이 추가된다. 워크시트에 15개의 행을 추가한 후, 톰은 20년 후에 $772,722의 포트폴리오를 보유할 수 있을 것으로 예상했다. 그런 다음 톰은 결과를 상사인 케이트(Kate Krystkowiak)에게 보여주었다.

케이트는 톰의 성과에 만족했지만 몇 가지 비판적인 의견을 제시했다. 그중 하나는 일정한 연봉 인상률을 가정한 것이었다. 그녀는 대부분의 직원이 해마다 연봉 인상률에 약간의 편차를 경험한다고 지적했다. 또한 연간 포트폴리오 성장률이 일정하다는 것은 비현실적이며 실제 성장률은 해마다 상당히 달라질 수 있다고 지적했다. 케이트는 포트폴리오 예측을 위한 시뮬레이션 모델을 사용하면 톰이 급여 증가율과 포트폴리오 증가율의 무작위 변동성을 고려할 수 있을 것이라고 제안했다.

톰과 케이트는 몇 가지 연구 끝에 연봉 인상률이 0%에서 5%까지 다양하고 일양확률분포가 실수 근사치를 제공한다고 가정하기로 결정했다. 포코너스의 회계사는 연간 포트폴리오 성장률을 평균 10%, 표준편차 5%의 정규확률분포로 근사화할 수 있다고 제안했다. 이 정보를 바탕으로 톰은 회사 직원들이 재무 계획에 사용할 수 있도록 스프레드시트를 다시 디자인하기 시작했다.

경영 보고서

톰 기퍼드 역할을 맡아 재무 계획을 위한 시뮬레이션 모델을 개발한다. 톰의 상사를 위한 보고서를 작성하되, 최소한 다음 사항을 포함시킨다.

1. 확률변수를 고려하지 않고 현재 워크시트를 20년으로 확장한다. 상수 연봉 인상률과 상수 연간 포트폴리오 증가율을 사용하여 톰이 20년 동안 $772,722의 포트폴리오를 가질 것으로 예상할 수 있음을 확인한다. 톰의 포트폴리오가 20년 동안 $1,000,000의 목표에 도달하려면 연간 투자 비율을 얼마까지 늘려야 할까? **힌트**: 목푯값 찾기를 사용하라.
2. 연간 연봉 인상률과 연간 포트폴리오 증가율의 무작위 변동성을 시뮬레이션 모델에 통합하도록 스프레드시트 모델을 재설계한다. 톰이 위의 문제 (1)에서 20년간 $1,000,000 포트폴리오를 예측한 연간 투자 비율을 사용하고자 한다고 가정한다. 톰의 20년 재무 계획을 시뮬레이션하는 방법을 보여준다. 시뮬레이션 모델의 결과를 사용하여 톰이 20년간 $1,000,000의 목표에 도달하는 것과 관련된 불확실성에 대해 설명하라.

목푯값 찾기에 대한 검토는 부록 A를 참조하라.

3. 연봉 인상률과 연간 포트폴리오 증가율의 불확실성이 미치는 영향을 확인한 후 톰과 비슷한 현재 프로필을 가진 직원에게 어떤 권장 사항을 제시할 수 있나?
4. 톰이 20년이 아닌 25년을 더 근무하는 것을 고려하고 있다고 가정해보자. 톰의 목표가 $1,000,000 상당의 포트폴리오를 보유하는 것이라면 이 전략에 대해 어떻게 평가하는가?
5. 톰 기퍼드를 위해 개발한 재무 계획 모델을 회사 직원의 재무 계획을 개발하는 데 템플릿으로 사용할 수 있는 방법에 대해 토론하라.

CHAPTER 10

의사결정 분석

학습 목표

이 장을 마치면 아래 내용을 이해할 수 있다.

1. 성과표를 사용하여 의사결정 분석 문제를 검토하고 의사결정, 기회 사건, 결과 측면에서 상황을 설명한다.
2. 내려야 할 의사결정, 기회 사건, 결과를 고려하여 문제 상황에 대한 의사결정 나무를 구성한다.
3. 위험 프로필을 개발하고 그 의미를 해석한다.
4. 민감도 분석을 사용하여 문제 입력의 변화가 추천된 의사결정에 어떤 영향을 미치거나 변경하는지 연구한다.
5. 추가 정보의 잠재적 가치를 평가한다.
6. 문제해결을 위한 의사결정 분석 접근방식에서 새로운 정보와 수정된 확률값을 사용한다.
7. 추가 의사결정 정보의 기여도와 효율성을 평가한다.
8. 수정된 확률을 계산할 때 베이지안 접근법을 사용한다.
9. 효용함수를 사용하여 의사결정자를 위험 회피자, 위험 수용자, 위험 중립자로 분류한다.
10. 금전적 성과를 효용으로 변환하고 지수 효용함수를 사용한다.

의사결정 분석은 의사결정자가 몇 개의 의사결정 대안과 향후 사건의 불확실하거나 위험한 형태에 직면했을 때, 최적의 전략을 개발하기 위해 사용될 수 있다. 예를 들어, 오하이오 에디슨(Ohio Edison)은 황 함량 제한, 건설비용 등과 관련한 미래의 불확실성에 직면했을 때 석탄 생성 단위에 대한 특정 통제 설비를 선택하기 위해 의사결정 분석을 사용했다. 노스캐롤라이나주는 신생아의 신진대사 장애를 발견하기 위해 의학적 선별 검사를 실행할 것인지 평가하는 데 의사결정 분석을 사용하였다. '경영과학의 실행'의 '천연자원 관리'에서는 멸종위기에 처한 동식물을 보호하기 위한 대안 활동을 평가하기 위해 의사결정 분석의 사용을 논의한다.

의사결정 분석을 조심스럽게 수행했다고 하더라도, 불확실한 미래 사건은 불확실한 최종 결과를 가져올 수 있다. 몇몇 경우에, 선택된 의사결정 대안은 좋거나 아주 훌륭한 결과를 제공할 수 있다. 어떤 경우에는 선택된 의사결정 대안이 그냥 타당한 또는 심지어는 좋지 못한 결과를 제공하도록 만듦으로써 상대적으로 좋지 않은 미래 사건이 발생할 수 있다. 어떤 의사결정 대안과 관련된 위험은 최종 결과와 관련된 불확실성의 직접적인 결과이다. 좋은 의사결정 분석은 위험에 대한 주의 깊은 고려를 포함한다. 위험 분석을 통해 의사결정자는 발생할 수 있는 우호적인 결과뿐만 아니라 비우호적인 결과에 대한 확률정보를 제공받는다.

경영과학의 실행 천연자원 관리*

멸종 위기종을 보호하기 위해 어떤 조치를 취할 것인지에 대해 의사결정을 할 때는 주의를 기울여야 한다. 공격적인 행동은 심각한 경제적 결과를 초래할 수 있는 반면에, 보수적인 행동은 멸종위기종을 보호하는 데 충분하지 않을 수도 있으므로 의사결정 분석은 두 문제 간의 균형을 위해 오랜 기간 사용되어왔다. 그런데 최근 수년간 정책 분석가들은 또 다른 이슈(궁극적으로 멸종위기종의 생태계에 미칠 수 있는 잠재적인 장기간의 해로운 효과)에 대한 고려를 더 많이 하고 있다. 최근 자연보호 및 정책 분석가들은 이러한 의사결정을 할 때 생태 시스템의 복원력, 또는 생태 시스템이 실질적으로 변경되지 않고 흡수할 수 있는 장애의 정도가 중요한 고려사항이라는 점을 인식하고 있다.

미 지질조사국(U.S. Geological Survey)과 미 어류 · 야생동물 관리국(U.S. Fish and Wildlife Service)의 자금 지원을 받아 실시된 연구조사 결과, 야생동물학회의 B. Ken Williams, 미 지질조사국의 Fred A. Johnson과 James D. Nichols는 멸종위기종을 보호하기 위한 대안 전략을 평가할 때 생태계의 복원력을 고려하는 의사결정 분석을 활용하는 방법을 개발해왔다. 비록 생태계의 복원력과 종을 보호하기 위한 다양한 전략의 경제적, 사회적 이익은 측정하기 어렵다 하더라도, 이러한 접근법은 다양한 대안 전략 중에서 선택할 때 그것들을 고려하기 위해 노력하고 있다. 생태계의 복원력을 멸종위기종을 보호하기 위한 대안 전략의 의사결정 분석에 통합하는 것은 생태계에 대한 위험을 줄이면서 종의 생존 확률을 높이기 위한 조치로 이어질 것을 약속한다.

*출처 Fred A. Johnson, B. Ken Williams, and James D. Nichols, "Resilience Thinking and a Decision-Analytic Approach to Conservation: Strange Bedfellows or Essential Partners?" *Ecology and Society* 17, no. 4 (2013): 28.

우리는 비합리적인 의사결정 대안과 또한 비합리적인 미래 사건의 문제를 우선적으로 살펴봄으로써 의사결정 분석에 관한 연구를 시작한다. 의사결정 문제를 위한 틀을 제공하기 위해, 그리고 의사결정 분석의 기본적 원리를 설명하기 위해 영향도와 성과표가 소개된다. 그다음 의사결정 문제의 연속적인 사건들을 보여주기 위해 의사결정 나무를 소개한다. 의사결정 나무는 더 복잡한 문제를 분석하기 위해, 그리고 최적 의사결정 전략으로 언급되는 의사결정의 최적의 순서를 정의하기 위해 사용된다. 민감도 분석은 문제의 다양한 측면에서의 변화가 추천하는 의사결정 대안에 어떻게 영향을 미치는지를 보여준다.

10.1 문제의 수식화

의사결정 분석 프로세스의 첫 단계는 문제의 수식화이다. 먼저 문제에 대한 이야기로 시작한다. 그다음에 **의사결정 대안**(decision alternative), **기회(혹은 우연) 사건**(chance event)으로 언급되는 불확실한 미래의 사건, 의사결정 대안과 기회 사건 결과의 각 조합과 연관된 **결과**(consequence)에 대해 정의한다. 피츠버그 개발공사(Pittsburgh Development Corporation, PDC)의 건설 프로젝트로 시작해 보자.

PDC는 새로운 럭셔리 콘도 단지가 될 토지를 구입했다. 위치는 피츠버그 시내와 오하이오강을 형성하기 위해 앨러게이니강과 머논가힐라강이 만나는 곳인 골든 트라이앵글(Golden Triangle)이 보이는 환상적인 경관을 제공한다. PDC는 개별 콘도 단위의 가격을 $30만에서 $140만 사이로 계획했다.

PDC는 세 가지 프로젝트(30개의 콘도, 60개의 콘도, 90개의 콘도)에 대한 예비 설계도면을 의뢰했다. 프로젝트의 재정적 성공은 콘도 단지의 크기와 콘도에 대한 수요를 고려한 기회 사건에 따라 결정된다. PDC 의사결정 문제는 콘도의 수요와 관련된 불확실성 대비 가장 큰 이익으로 연결될 수 있는 새로운 럭셔리 콘도 프로젝트의 크기를 결정하는 것이다.

문제를 감안할 때, 의사결정이 콘도 단지에 가장 적합한 크기를 선택하는 것이라는 것은 명확하다. PDC는 다음의 세 가지 의사결정 대안을 갖는다.

$d_1 =$ 30개의 콘도를 갖는 5개의 소형 단지

$d_2 =$ 60개의 콘도를 갖는 5개의 중형 단지

$d_3 =$ 90개의 콘도를 갖는 대형 단지

최적의 의사결정 대안을 고르는 요소는 콘도에 대한 수요를 고려한 기회 사건에 관련된 불확실성이다. 콘도의 가능한 수요에 관해 물었을 때, PDC의 사장은 넓은 범위의 가능성을 인정했으나, 강한 수요와 약한 수요의 두 가지 가능한 기회 사건 결과를 고려 중이다.

의사결정 분석에서, 기회 사건의 가능한 결과를 **자연의 상태**(states of nature)라 부른다. 자연의 상태는 상호배타적이고(한 개 이상이 동시에 발생할 수 없고), 그리고 모두 누락이 없도록(최소한 한 번 발생하도록) 정의된다. 그러므로 하나의 기회 사건과 하나의 자연의 상태가 발생한다. PDC 문제에서, 콘도의 수요를 고려한 기회 사건은 두 가지 자연의 상태를 갖는다.

s_1 = 콘도의 강한 수요
s_2 = 콘도의 약한 수요

경영진은 우선 의사결정 대안(단지의 크기)을 선택해야 한다. 그다음에 자연의 상태(콘도의 수요)가 결정된다. 마지막으로 결과가 발생할 것이다. 이 경우의 결과는 PDC의 이익이다.

영향도

영향도(influence diagram)는 의사결정, 기회 사건, 의사결정 문제의 결과 사이의 관계를 보여주는 다이어그램이다. 영향도에서 **노드**(node)는 의사결정, 기회 사건, 결과를 나타낸다. 삼각형이나 사각형은 **의사결정 노드**(decision node)를 의미하고, 원이나 타원은 **기회 노드**(chance node)를 의미하며, 다이아몬드 모양은 결과 노드(consequence node)를 의미한다. **아크**(arc)라고 불리는 각 노드를 연결하는 선은 각 노드가 다른 노드에 미치는 영향의 방향을 보여준다. 그림 10.1은 PDC 문제의 영향도를 보여준다. 단지 크기는 의사결정 노드이고, 수요는 기회 노드, 이익은 결과 노드이다. 각 노드를 연결하는 아크는 단지 크기와 수요가 PDC의 이익에 영향을 미치는 것을 나타낸다.

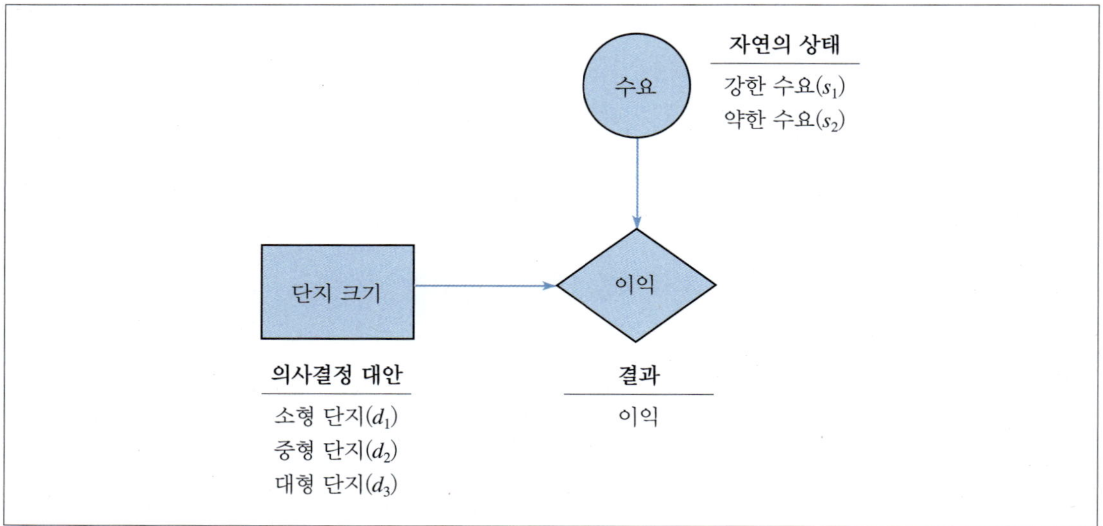

그림 10.1 PDC 프로젝트의 영향도

표 10.1 PDC 콘도 프로젝트의 성과표(단위: $1,000,000)

의사결정 대안	자연의 상태	
	강한 수요 s_1	약한 수요 s_2
소형 단지, d_1	8	7
중형 단지, d_2	14	5
대형 단지, d_3	20	−9

성과표

주어진 3개의 대안과 2개의 자연의 상태를 가지고 PDC는 어떤 단지 크기를 선택해야 하는가? 이 질문에 답하기 위해서는 PDC는 각 의사결정 대안과 각 자연의 상태와 관련된 결과에 대해 알아야 할 것이다. 의사결정 분석에서, 우리는 **성과**(payoff)라 불리는 의사결정 대안과 자연 상태의 특정 조합으로부터 나오는 결과를 참조한다. 의사결정 대안과 자연 상태의 모든 조합에 대한 성과를 보여주는 것이 **성과표**(payoff table)이다.

성과는 이익, 비용, 시간, 거리 등 의사결정 문제에 있어서 분석대상이 될 수 있는 모든 종류의 측정값을 의미한다.

PDC가 가장 큰 이익을 줄 수 있는 단지 크기를 결정하고 싶어하므로 이익은 결과로 사용된다. $1,000,000 단위로 표현된 이익을 갖는 성과표는 표 10.1과 같다. 예를 들어, 중형 단지가 구축되고 수요가 강한 것으로 판명되면, $1,400만의 이익이 실현될 것이다. 우리는 V_{ij}를 대안 i와 자연의 상태 j와 관련된 성과를 V_{ij}로 표기할 것이다. 표 10.1을 사용하여, $V_{31} = 20$은 대형 단지(d_3)를 구축하고 강한 수요 자연의 상태(s_1)가 발생하는 것으로 결정한다면 $2,000만의 성과가 발생한다는 것을 의미한다. 유사하게, $V_{32} = -9$는 대형 단지(d_3)를 구축하고, 약한 수요 자연의 상태(s_2)가 발생하는 것으로 의사결정을 한다면, $900만의 손실이 있음을 의미한다.

의사결정 나무

의사결정 나무(decision tree)는 의사결정 과정을 도표로 표현한다. 그림 10.2는 PDC 문제의 의사결정 나무를 나타낸다. 의사결정 나무는 시간이 지남에 따라 발생할 수 있는 자연적 또는 논리적 진행을 보여준다. 우선, PDC는 콘도 단지의 크기(d_1, d_2, d_3)를 고려하여 의사결정을 해야 한다. 다음으로, 의사결정이 완료된 후, 자연의 상태 s_1 또는 s_2가 발생할 것이다. 나무의 각 종료점에서의 수는 특정 결과와 관련된 성과를 나타낸다. 예를 들어, 8의 최상위 성과는 PDC가 소형 콘도 단지(d_1)를 건설하고 강한 수요(s_1)가 된다면 $800만의 이익이 예상된다는 것을 의미한다. 다음 성과인 7은 PDC가 소형 콘도 단지(d_1)를 구성하고 약한 수요(s_2)가 될 때 $700만의 이익이 예상됨을 나타낸다. 따라서, 의사결정 나무는 의사결정 대안의 결과와 PDC에 대한 6개의 가능한 성과를 제공하는 자연 상

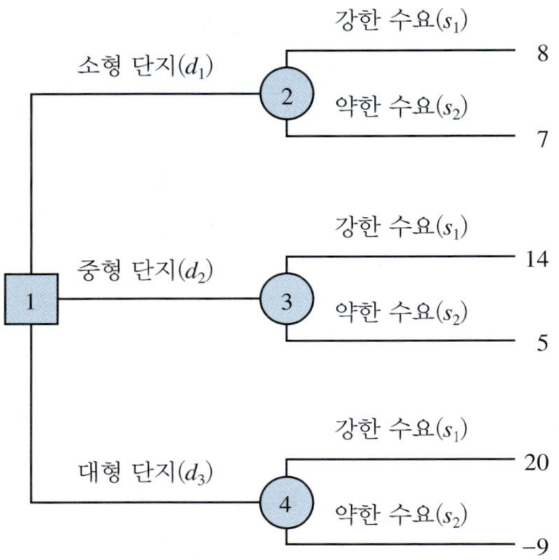

그림 10.2 PDC 콘도 프로젝트에 대한 의사결정 나무(단위: $1,000,000)

태의 도표적인 예측을 제공한다.

성과표에서 의사결정 나무를 전개할 수 있다.

그림 10.2의 의사결정 나무는 1~4번의 4개의 노드를 보여준다. 사각형은 결정 노드를 묘사하는 데 사용되고, 원은 기회 노드를 묘사하는 데 사용된다. 따라서, 노드 1은 의사결정 노드이며, 노드 2, 3, 4는 기회 노드이다. **가지**(branch)는 노드를 연결하고, 의사결정 노드를 떠나는 것들은 의사결정 대안에 대응한다. 각각의 기회 노드를 떠나는 가지는 자연의 상태에 해당한다. 성과는 자연의 상태 가지의 끝부분에 표시된다. 다시 질문으로 돌아가 보자. 의사결정자는 최적의 의사결정 대안을 선택하기 위해 성과표 또는 의사결정 나무의 정보를 어떻게 사용할 수 있는가? 몇몇 접근법이 사용될 수 있다.

유의사항

1. 복잡한 문제를 해결하기 위한 첫 번째 단계는 더 작은 하위 문제로 분해하는 것이다. 의사결정 나무는 문제를 분해하고, 의사결정 과정의 순차적인 성질을 설명하는 유용한 방법을 제공한다.
2. 사람들은 같은 문제를 다른 관점에서 본다. 따라서 의사결정 나무의 개발에 대한 논의는 문제에 대한 추가 통찰력을 제공할 수 있다.

10.2 확률을 사용하지 않는 의사결정

이 절에서는 자연의 상태의 확률 지식을 필요로 하지 않는 의사결정 방법을 다룬다. 이러한 접근법은 의사결정자가 확률을 평가하기 위한 능력이 없거나 혹은 간단한 최상의 경우와 최악의 경우의 분석이 바람직한 상황에 적합하다. 다른 접근법은 때때로 다른 의사결정을 추천하므로 의사결정자는 가능한 접근법을 이해하고, 의사결정자의 판단에 따라 가장 적합하다고 판단되는 특정 접근법을 선택해야 한다.

대부분의 사람들은 좋은 의사결정은 좋은 결과를 낳을 것으로 생각한다. 그러나 좋은 의사결정을 했음에도 불구하고, 기대에 못 미치거나 심지어는 나쁜 결과가 생기는 경우도 존재한다. 반대로, 나쁜 의사결정을 했음에도 불구하고, 좋은 결과를 얻는 경우도 존재한다.

낙관적 접근법

낙관적 접근법에서 최대화 문제는 최대 극대화로 정의되며, 최소화 문제는 최소 극소화로 정의된다.

낙관적 접근법(optimistic approach)은 발생할 수 있는 최선의 성과의 관점에서 각 의사결정 대안을 평가한다. 추천되는 의사결정 대안은 최고의 성과를 제공하는 것이다. PDC 문제에서처럼 최대 이익이 요구되는 문제의 경우, 낙관적 접근법은 의사결정자에게 가장 큰 이익을 가져다주는 대안을 선택하도록 이끈다. 최소화 관련된 문제의 경우, 이러한 접근법은 최소의 대가를 갖는 대안을 선택하도록 이끈다.

낙관적 접근법을 설명하기 위해, PDC 문제에 대한 추천안을 개발하는 데 이 접근법을 사용한다. 우선, 각 의사결정 대안에 대한 최대 성과를 결정한다. 그런 후 전체적으로 최대 성과를 제공하는 의사결정 대안을 선택한다. 이러한 단계는 가능한 최대 이익을 제공하는 의사결정 대안을 체계적으로 식별할 수 있게 해준다. 표 10.2는 이러한 단계를 설명한다.

d_3에 대응하는 20이 최대의 성과이므로 대형 콘도 단지를 구성하기 위한 결정은 낙관적 접근법을 사용하는 의사결정 대안으로 추천된다.

보수적 접근법

보수적 접근법(conservative approach)은 각 의사결정 대안을 발생 가능한 최악의 성과의 관점에서 평가한다. 의사결정 대안은 최악의 가능한 성과를 최대로 제공하는 것이 추천

표 10.2 PDC 의사결정 대안에 대한 최대 성과

의사결정 대안	최소 성과
소형 단지, d_1	8
중형 단지, d_2	14
대형 단지, d_3	20 ← 최대 성과 값의 최대화

표 10.3 PDC 의사결정 대안에 대한 최소의 성과

의사결정 대안	최소 성과
소형 단지, d_1	7 ← 최소 성과 값의 최대화
중형 단지, d_2	5
대형 단지, d_3	−9

된다. PDC 문제에서처럼 이익으로 결과를 측정하는 문제에서 보수적 접근법은 의사결정자가 얻을 수 있는 최소로 가능한 이익을 최대화할 수 있는 대안을 선택하도록 한다. 최소화 관련 문제의 경우, 이 방법은 최대 성과를 최소화할 수 있는 대안을 결정한다.

보수적 접근법을 설명하기 위해, PDC 문제에 대한 추천안을 개발하는 데 이 접근법을 사용한다. 우선, 각각의 의사결정 대안에 대한 최소 성과를 정의한다. 그다음 최소 성과를 최대화할 수 있는 의사결정 대안을 선택한다. 표 10.3은 PDC 문제에 대한 이러한 단계를 보여준다.

보수적 접근법에서 최대화 문제는 최소 극대화로 정의되며, 최소화 문제는 최대 극소화로 정의된다.

d_1에 대응하는 7이 최소의 성과를 최대로 산출하므로 소형 콘도 단지의 의사결정 대안이 추천된다. 이러한 의사결정 접근은 가능한 최악의 성과를 정의하고 그다음에 극도의 '나쁜' 성과의 가능성을 피하는 의사결정 대안을 추천하므로 보수적으로 고려된다. 보수적 접근법에서 PDC는 최소 $700만의 수익을 보장한다. 비록 PDC가 더 많이 벌 수 있더라도 $700만보다 적게 벌 수는 없다.

미니맥스 후회 접근법

의사결정 분석에서 **후회**(regret)는 특정 의사결정 대안과 관련된 성과와 주어진 자연의 상태를 위해 요구되는 최적의 성과를 얻을 수 있는 의사결정과 관련된 성과의 차이이다. 따라서, 후회는 특정한 자연의 상태가 발생할 수 있다고 주어졌을 때, 의사결정 대안을 선택함으로써 포기해야 하는 잠재적 성과가 얼마나 많은지를 나타낸다. 후회가 종종 **기회 손실**(opportunity loss)로 언급되는 이유이다.

이름에서 알 수 있듯이, 의사결정에서의 **미니맥스 후회 접근법**(minimax regret approach)은 모든 가능한 자연의 상태에 대해서 발생할 수 있는 후회의 최대 상태를 최소화할 수 있는 의사결정 대안을 선택한다. 이 방법은 순수하게 낙관적이지도, 순수하게 보수적이지도 않다. 우리는 PDC 문제에 대한 의사결정 대안을 선택하는 데 어떻게 사용될 수 있는지 보여주기 위해 미니맥스 후회 접근법을 설명할 것이다.

PDC는 소형 콘도 단지(d_1)를 구성하고 수요가 강한 것(s_1)으로 변했다고 가정해보자. 표 10.1은 PDC의 이익이 $800만임을 보여준다. 그러나 강한 수요 자연의 상태(s_1)가 발생한다고 주어지면, 우리는 \$2,000만의 이익을 낼 수 있는 대형 콘도 단지(d_3)를 구성하는 의사결정을 하고, 이는 최적의 의사결정이 되었을 것이다. 최적의 의사결정 대안(\$2,000만)에 대한 성과와 소형 콘도 단지를(\$800만) 구성하기로 한 결정에 대한 성과의 차이는 자연의 상태 s_1이 발생할 때 의사결정 대안 d_1과 관련된 후회 또는 기회 손실이다. 따라서, 이러한 경우에 기회 손실이나 후회는 \$2,000 − \$800만 = \$1,200만이다. 유사하게, PDC가 강한 수요 자연의 상태 s_1이 발생하고, 중형 콘도 단지 d_2를 건설하는 것으로 의사결정을 한다면, d_2와 연관된 기회 손실 또는 후회는 \$2,000 − \$1,400만 = \$600만이다.

일반적으로, 다음의 표현은 기회 손실 또는 기회를 나타낸다.

$$R_{ij} = |V_j^* - V_{ij}| \tag{10.1}$$

여기서,

R_{ij} = 의사결정 대안 d_i와 자연의 상태 s_j와 관련된 후회
V_j^* = 자연의 상태 s_j에 대한 최적의 의사결정에 따른 성과 값[1]
V_{ij} = 의사결정 대안 d_i와 자연의 상태 s_j에 따른 성과

식 (10.1)에서의 절댓값의 역할에 주의하라. 최소화 문제에서, 최고의 성과 V_j^*는 열 j의 최소 항목이다. 이 값은 항상 V_{ij} 이하이므로 V_j^*와 V_{ij}의 절댓값 차이는 후회가 항상 차이의 크기임을 보장한다.

식 (10.1)과 표 10.1의 성과를 사용하여 의사결정 대안 d_i와 자연의 상태 s_j의 조합에 대한 후회를 계산할 수 있다. PDC 문제는 최대화 문제이므로 V_j^*는 성과표의 j열에서 가장 큰 항목이 될 것이다. 따라서, 후회를 계산하기 위해 간단히 열의 가장 큰 항목으로부터 열의 각 항목을 빼면 된다. 표 10.4는 PDC 문제에 대한 기회 손실, 후회, 표를 보여준다.

미니맥스 후회 접근법을 적용하는 다음 단계는 각 의사결정 대안에 대한 최대 후회를

표 10.4 PDC 콘도 단지 프로젝트에 대한 기회 손실 또는 후회 표(단위: \$1,000,000)

의사결정 대안	자연의 상태	
	강한 수요 s_1	약한 수요 s_2
소형 단지, d_1	12	0
중형 단지, d_2	6	2
대형 단지, d_3	0	16

1 최대화 문제에서 V_j^*는 성과표의 j열에서 가장 큰 값이 될 것이고, 최소화 문제에서는 가장 작은 값이 된다.

표 10.5 PDC 의사결정 대안에 대한 최대 후회

의사결정 대안	최대 후회
소형 단지, d_1	12
중형 단지, d_2	6 ← 최대 후회 값의 최소화
대형 단지, d_3	16

열거하는 것이다. 표 10.5는 PDC 문제의 결과를 보여준다. **최대 후횟값을 최소화하는** 의사결정 대안을 선택함으로써 **미니맥스 후회** 접근법을 통한 의사결정을 진행하는 것이다. PDC 문제에서, $600만의 최대 후회에 대응하는, 중형 콘도 단지를 건설하기 위한 대안은 미니맥스 후회 의사결정의 추천안이다.

이 절에서 논의된 세 가지 접근법은 다른 추천안을 제공하며, 그 자체로 나쁘지 않다는 것을 기억하라. 단순히 다양한 접근법을 기초가 되는 의사결정 철학의 차이를 반영한다. 궁극적으로, 의사결정자가 가장 적절한 방법을 선택하고 그에 따라 최종 결정을 해야 할 것이다. 이 절에서 설명하는 접근법의 주요 비판은 다양한 자연의 상태의 확률에 대한 어떠한 정보도 고려하지 않는다는 것이다. 다음 절에서는 의사결정 대안을 선택하는 확률 정보를 이용하는 방법에 대해 설명할 것이다.

10.3 확률을 사용한 의사결정

많은 의사결정 상황에서, 우리는 자연의 상태에 대한 확률 평가를 얻을 수 있다. 이러한 확률을 사용할 수 있는 경우, 최적의 의사결정 대안을 식별하기 위해 **기댓값 접근법**(expected value approach)을 사용할 수 있다.

먼저 의사결정 대안의 예상 값을 정의하고 PDC 문제에 적용해보도록 하자.

$$N = \text{자연의 상태의 수}$$
$$P(s_j) = \text{자연의 상태 } s_j\text{의 확률}$$

이라고 할 때, 자연의 상태 N 중 하나만 발생할 수 있으므로 확률은 두 가지 조건을 만족해야 한다.

$$P(s_j) \geq 0 \quad \text{모든 자연의 상태에 대해} \tag{10.2}$$

$$\sum_{j=1}^{N} P(s_j) = P(s_1) + P(s_2) + \cdots + P(s_N) = 1 \tag{10.3}$$

의사결정 대안 d_i의 **기댓값**(expected value, **EV**)은 다음과 같이 정의된다.

$$\mathrm{EV}(d_i) = \sum_{j=1}^{N} P(s_j)V_{ij} \tag{10.4}$$

즉, 의사결정 대안의 기댓값은 의사결정 대안에 대한 가중치 성과의 합이다. 성과의 가중치는 관련 자연의 상태의 확률이고, 따라서 성과가 발생할 수 있는 확률이다. 기댓값 접근법을 적용할 수 있는 방법을 확인하기 위해 PDC 문제로 돌아가 보자.

PDC는 고급 고층 콘도 단지의 가능성에 대해 낙관적이다. 이러한 낙관주의가 수요가 강함(s_1)의 확률 0.8, 수요가 약함(s_2)의 확률 0.2의 초기 주관적인 확률 평가로 연결된다고 가정해보자. 따라서, $P(s_1) = 0.8$이고 $P(s_2) = 0.2$이다. 표 10.1 및 식 (10.4)의 성과 값을 이용하여 다음과 같이 세 가지 의사결정 각각의 기댓값을 계산할 수 있다.

$$\begin{aligned}
\mathrm{EV}(d_1) &= 0.8(8) + 0.2(7) &&= 7.8 \\
\mathrm{EV}(d_2) &= 0.8(14) + 0.2(5) &&= 12.2 \\
\mathrm{EV}(d_3) &= 0.8(20) + 0.2(-9) &&= 14.2
\end{aligned}$$

따라서, 기댓값의 접근법을 사용하여 $1,420만의 예상 값을 갖는 대형 콘도 단지가 추천 대안임을 알 수 있다.

최고의 기댓값을 갖는 의사결정 대안을 결정하기 위해 요구되는 계산은 편리하게 의사결정 나무에 수행될 수 있다. 그림 10.3은 자연의 상태 가지확률로 PDC 문제에 대한 의사결정 나무를 보여준다. 의사결정 나무를 통해 역순으로, 우리는 먼저 각 기회 노드에서 기댓값을 계산한다. 즉, 각각의 기회 노드에서 발생 확률에 따라 각각의 가능한 성과에

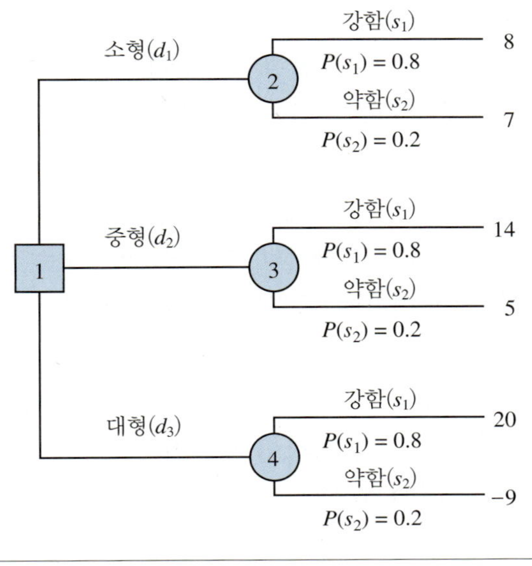

그림 10.3 자연의 상태 가지확률을 갖는 PDC 의사결정 나무

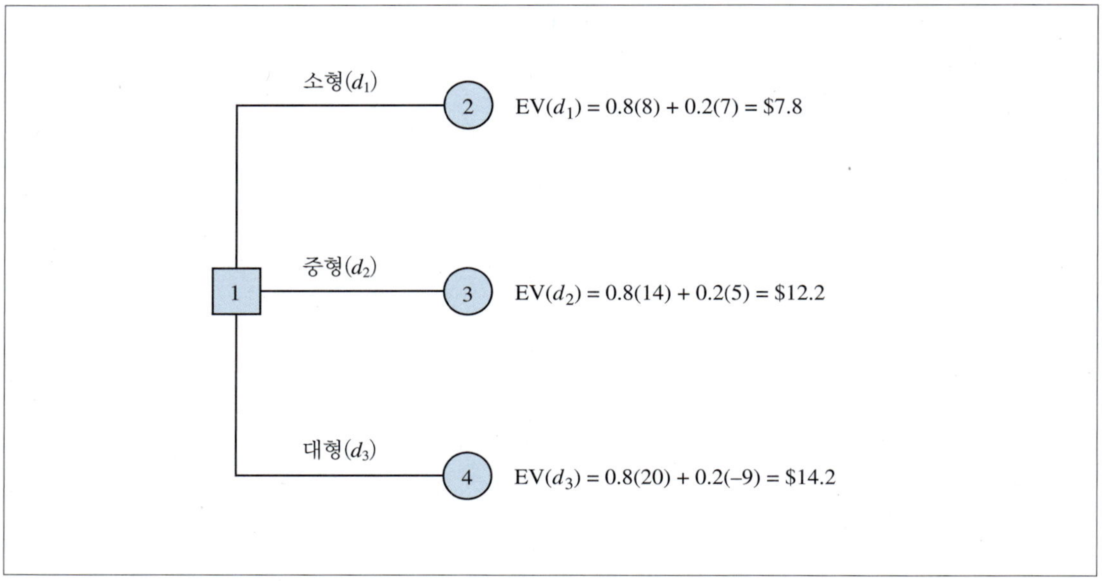

그림 10.4 의사결정 나무를 사용한 기댓값 접근법

가중치를 준다. 그렇게 함으로써, 우리는 그림 10.4에 나타낸 것처럼, 노드 2, 3, 4에서의 기댓값을 얻을 수 있다.

의사결정자가 의사결정 노드 1을 떠나는 가지를 제어하고, 우리는 기대 이익을 최대화하려고 하므로 노드 1에서의 최적의 의사결정 대안은 d_3이다. 따라서, 의사결정 나무 분석은 \$1,420만의 기댓값을 갖는 d_3의 추천으로 이어진다. 이 권장 사항은 또한 성과표와 함께 기댓값 접근법을 가지고 얻을 수 있다.

> 더 복잡한 형태의 의사결정 나무를 구성하기 위해서 다양한 컴퓨터 패키지가 제공되고 있다. 이 장 뒤의 부록을 참고하자.

다른 의사결정 문제는 PDC 문제보다 훨씬 더 복잡할 수 있지만, 자연의 상태와 의사결정 대안의 합리적인 숫자가 있는 경우, 여기에 설명된 의사결정 나무 방법을 사용할 수 있다. 우선, 문제의 연속적인 특성을 보여주는 의사결정 노드, 기회 노드, 가지로 구성된 의사결정 나무를 그려보자. 만약 기댓값 방식을 사용하는 경우, 다음 단계는 자연의 상태들 각각에 대한 확률을 결정하고 각각의 기회 노드에서의 기댓값을 계산하는 것이다. 그리고 최적의 기댓값을 갖는 기회 노드로 이어지는 의사결정 가지를 선택한다. 이 가지와 관련된 의사결정 대안이 권장되는 결정이다.

'경영과학의 실행'의 '유정 개발 대상 지역에 대한 의사결정 분석'에서는 현명한 개발을 결정하기 위한 가능한 결과와 관련된 이익 및 가능성을 정확하게 측정하기 위해 석유 및 천연가스 산업에서의 데이터 사용의 중요성을 설명한다.

경영과학의 실행 **유정 개발 대상 지역에 대한 의사결정 분석***

석유와 천연가스는 큰 사업이다. 「포춘」지가 선정한 글로벌 500개의 기업에서 상위 10개 기업 중 9개의 기업이 석유 및 가스 회사이다. 이들 산업에서의 보상은 높을 수 있지만, 관련 위험은 중대하다. 배럴당 $100 이상의 유가는 잠재적으로 백만 배럴의 공급을 갖는 오일 탱크가 매혹적인 개발 벤처로 보이게 한다. 그러나 Drillinginfo 사업 개발 수석 부사장인 Adam Farris는 잠재적으로 $1억의 수익 구조를 실현하는 것은 간단하지 않다고 설명한다. 그는 시추에 $3,000만의 비용을 쏟아붓기 전에 가능성을 평가하기 위해 필요한 지진 데이터의 수집, 처리 및 해석이 선행되어야 함을 지적한다. 일반적인 거래에서 수천 에이커의 땅에 대한 접근의 조달이 포함된다. 단일 유정은 120에이커가 요구되고, 토지는 에이커당 $3만의 비용이 소요될 것이다. 드릴링은 미국 육상 석유 시추에 $500만~$1,000만의 비용이 발생할 수 있으며, 해저 석유 시추인 경우에는 $1억 이상의 비용이 발생할 수 있다. 석유를 생산하고 그것을 시장으로 연결하기 위한 비용도 상당하다. 시추를 시도했으나, 석유가 생산되지 않는 경우, 회사는 아무런 수익 없이 토지에 대한 접근 권한 획득, 시추, 지진 데이터의 수집, 처리, 해석과 관련된 비용을 부담해야 한다.

"당신이 주요 통합 석유 및 가스 회사를 운영할 경우, $1억에 대한 당신의 이익은 $100만~$1,200만일 것이다(독립 사업자에 비해 아주 조금 높은 것)."라고 Farris는 말한다. "많은 경우, 전반적으로 돈을 잃게 된다. 석유와 가스를 개발하고 생산하기 위한 비용을 발견하거나 줄이기 위한 성공률에 영향을 주는 분석 방법은 에너지를 더 저렴하고 안전하고 환경친화적으로 얻을 수 있도록 한다."

의사결정 분석은 복잡한 데이터를 체계적인 방법으로 평가하고, 잠재적인 유정 지역에 시추를 할 것인지 결정하기 위해 사용할 수 있는 데이터로부터 정보를 추출해 내도록 석유 탐사 회사에 수단을 제공한다. 잠재적인 이익이 초과하는 유정 지역을 확인하는 것은 시추의 위험이 이러한 기업의 경제적 성공에 매우 중요함을 정당화한다.

*출처 Adam Farris, "How Big Data Is Changing the Oil & Gas Industry," *Analytics* (November/December 2012).

완벽한 정보의 기댓값

PDC가 콘도 프로젝트에 대한 구매자의 관심을 평가하고 자연의 상태에 대한 확률 평가를 향상시키기 위해 사용할 수 있는 정보를 제공하는 데 도움이 되는 시장조사 연구를 수행할 기회를 갖는다고 가정해보자. 이 정보의 잠재적 가치를 결정하기 위해 우리는 그 연구가 자연의 상태에 관한 **완벽한 정보**(perfect information)를 제공할 수 있다고 가정한다. 즉, 우리는 의사결정을 하기 이전에 자연의 상태가 발생하게 되는, PDC가 확실하게 결정할 수 있는 순간에 대해 가정한다. 이 완벽한 정보를 사용하려면, 우리는 PDC가 자연의 상태가 발생할 것이라는 것을 알게 되면 따라야만 하는 의사결정 전략을 개발할 것이다. 의사결정 전략은 간단하게 새로운 정보가 가능해진 후에 선택되기 위해 의사결정 대안을 지정하는 의사결정 규칙이다.

PDC에 대한 의사결정 전략을 결정하는 것을 돕기 위해, PDC 성과표를 표 10.6과 같이 다시 작성하였다. PDC가 자연의 상태 s_1이 발생한다고 확실히 알았다면 최적의 의사결정 대안은 $2,000만의 성과를 갖는 d_3가 될 것이다. 유사하게, PDC가 자연의 상태 s_2가

표 10.6 PDC 콘도 단지에 대한 성과표($1,000,000)

의사결정 대안	자연의 상태	
	강한 수요 s_1	약한 수요 s_2
소형 단지, d_1	8	7
중형 단지, d_2	14	5
대형 단지, d_3	20	−9

발생한다고 확실히 알았다면, 최적의 의사결정 대안은 $700만의 성과를 갖는 d_1이 될 것이다. 따라서, 우리는 PDC의 최적의 의사결정 전략은 다음과 같이 완벽한 정보가 사용 가능해질 때라고 말할 수 있다.

s_1이라면 d_3를 선택하고 $2,000만의 성과를 받는다.
s_2라면 d_1을 선택하고 $700만의 성과를 받는다.

의사결정 전략에 대한 기댓값은 무엇인가? 완벽한 정보를 갖는 기댓값을 계산하기 위해, 자연의 상태에 대한 기존의 확률로 돌아가보자. $P(s_1) = 0.8$이고 $P(s_2) = 0.2$이다. 따라서, 완벽한 정보가 자연의 상태 s_1을 의미하고 결과적으로 의사결정 d_3가 $2,000만의 이익을 제공할 것이라는 0.8의 확률이 있다. 이와 유사하게, 자연의 상태 s_2에 대한 0.2의 확률을 가지고, 최적의 의사결정 대안 d_1은 $700만의 이익을 제공할 것이다. 따라서, 식 (10.4)로부터 완벽한 정보를 사용하는 의사결정 전략의 기댓값은 $0.8(20) + 0.2(7) = 17.4$가 된다.

우리는 **완벽한 정보를 갖는 기댓값**(expected value with perfect information, EVwPI)으로 $1,740만의 기댓값을 언급한다.

이번 절에 앞서서 우리는 기댓값 방식을 사용한 추천 의사결정안은 $1,420만의 기댓값을 갖는 의사결정 대안 d_3임을 보여주었다. 이 의사결정 추천안과 기댓값 계산은 완벽한 정보의 이익 없이 이루어졌으므로 $1,420만는 **완벽한 정보를 갖지 않는 기댓값**(expected value without perfect information, EVwoPI)으로 지칭된다.

완벽한 정보를 갖는 기댓값은 $1,740만, 완벽한 정보 없는 기댓값은 $1,420만이다. 따라서, 완전한 정보의 기댓값은 $1,740만 − $1,420만 = $320만이다. 즉, 자연의 상태에 대한 완벽한 정보를 얻을 수 있다면 $320만의 추가적인 기댓값을 얻을 수 있다.

의사결정 대안을 선택하기 전에 시장의 수용 수준에 대해서 제대로 파악하는 것은 PDC 입장에서 $320만의 값어치가 있게 되는 것이다.

일반적으로 말해서, 시장조사 연구는 '완벽한' 정보를 제공하지 않을 것이다. 그런데 시장조사 연구가 좋은 것이라면, 얻을 수 있는 정보는 $320만의 상당한 부분의 가치가 있을 수도 있다. $320만의 완전한 정보의 기댓값을 감안할 때, PDC는 자연의 상태에 대한 더 많은 정보를 얻을 수 있는 방법으로서 시장조사를 진지하게 고려할 수 있다.

일반적으로, **완벽한 정보의 기댓값**(expected value of perfect information, EVPI)은 다음과 같이 계산된다.

$$\text{EVPI} = |\text{EVwPI} - \text{EVwoPI}| \tag{10.5}$$

여기서,

EVPI = 완벽한 정보의 기댓값

EVwPI = 자연의 상태에 대한 완벽한 정보를 갖는 기댓값

EVwoPI = 자연의 상태에 대한 완벽한 정보를 갖지 않는 기댓값

식 (10.5)에서 절댓값의 역할을 기억하라. 최소화 문제에 있어서, 완벽한 정보를 갖는 기댓값은 항상 완벽한 정보를 갖지 않는 기댓값보다 작거나 같다. 이러한 경우, EVPI는 EVwPI와 EVwoPI의 차이의 크기이거나 식 (10.5)에서 보여지는 차이의 절댓값이다.

유의사항

우리는 다음과 같이 PDC 문제에 대한 기회 손실 또는 후회, 표를 재작성한다(표 10.4 참조).

의사결정	자연의 상태	
	강한 수요 s_1	약한 수요 s_2
소형 단지, d_1	12	0
중형 단지, d_2	6	2
대형 단지, d_3	0	16

$P(s_1)$, $P(s_2)$, 기회 손실 값을 이용하여 우리는 각 의사결정 대안에 대한 **기대 기회 손실**(EOL)을 계산할 수 있다. $P(s_1)=0.8$, $P(s_2)=0.2$를 가지고 세 가지 의사결정 대안의 기대 기회 손실은 다음과 같다.

$$\text{EOL}(d_1)=0.8(12)+0.2(0)=9.6$$

$$\text{EOL}(d_2)=0.8(6)+0.2(2)=5.2$$

$$\text{EOL}(d_3)=0.8(0)+0.2(16)=3.2$$

의사결정 분석이 최대화를 포함하는지 혹은 최소화를 포함하는지와 관계없이, 최소의 기대 기회 손실은 항상 최적의 의사결정 대안을 제공한다. 따라서, $\text{EOL}(d_3)=3.2$일 때, d_3는 추천되는 의사결정이다. 추가적으로, 최소의 기대 기회 손실은 항상 완벽한 정보를 갖는 기댓값과 같다. 즉, EOL(최적의 의사결정)=EVPI; PDC 문제에 있어서 이 값은 $320만이다.

10.4 위험 분석 및 민감도 분석

위험 분석(risk analysis)은 의사결정자가 의사결정 대안의 기댓값과 실제 발생할 수 있는 성과 간의 차이를 인식할 수 있도록 돕는다. **민감도 분석**(sensitivity analysis)은 자연의 상태 확률에서의 변화 및 성과에서의 변화가 어떻게 추천 의사결정 대안에 영향을 미치

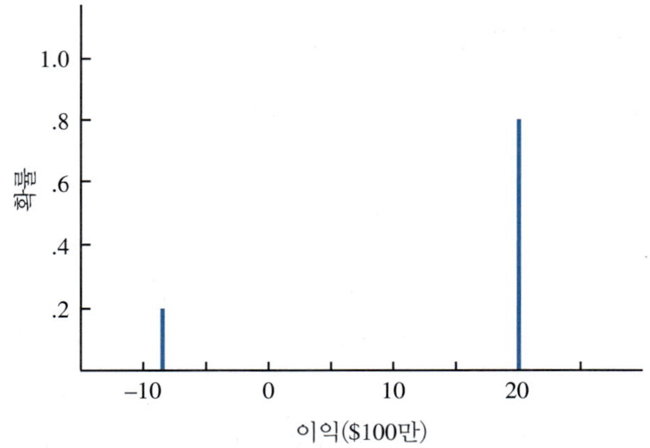

그림 10.5 PDC 콘도 프로젝트에 있어서 대형 단지 의사결정 대안에 대한 위험 프로필

는지 설명함으로써 의사결정자를 돕는다.

위험 분석

의사결정 대안과 자연의 상태는 의사결정과 관련된 성과를 생성하기 위해 결합한다. 의사결정 대안에 대한 **위험 프로필**(risk profile)은 관련 확률과 함께 가능한 성과를 보여준다.

PDC 콘도 건설 프로젝트로 돌아가서 위험 분석과 위험 프로필을 구성해보자. 기댓값 접근법을 사용하여, 우리는 최적의 의사결정 대안으로 대형 콘도미니엄 단지(d_3)를 선택하였다. d_3에 대한 \$1,420만의 기댓값은 \$2,000만의 이익을 얻을 0.8 확률과 \$900만의 손실을 얻을 0.2 확률을 기반으로 한다. \$2,000만에 대한 0.8 확률과 \$900만에 대한 0.2 확률은 대형 단지 의사결정 대안에 대한 위험 프로필을 제공한다. 위험 프로필은 그림 10.5에 시각적으로 보인다.

때때로 최적의 의사결정 대안과 관련된 위험 프로필의 검토는 심지어 다른 의사결정 대안의 기댓값이 좋지 않더라도 의사결정자가 다른 의사결정 대안을 선택하도록 할 수도 있다. 예를 들어, 중형 단지의 의사결정 대안(d_2)에 대한 위험 프로필은 \$1,400만의 성과에 대한 0.8 확률과 \$500만의 성과에 대한 0.2 확률을 보여준다. 의사결정 대안 d_2에 대한 손실의 확률이 없으므로 중형 단지 의사결정 대안은 대형 단지 의사결정 대안보다 덜 위험한 것으로 판단된다. 그 결과, 의사결정자는 대형 단지 대안보다 기댓값이 \$200만 적더라도 덜 위험한 중형 단지 의사결정 대안을 선호할 수 있다.

민감도 분석

민감도 분석은 자연의 상태에 대한 확률의 변화 또는 성과의 변화가 추천 의사결정 대안에 어떻게 영향을 미치는지 결정하는 데 사용될 수 있다. 많은 경우, 자연의 상태와 성과에 대한 확률은 주관적인 평가에 기반을 둔다. 민감도 분석은 의사결정자가 이러한 입력 값 중에서 최적의 의사결정 대안을 선택하는 데 중요한 것을 이해하도록 돕는다. 하나의 입력 값의 작은 변화가 추천 의사결정 대안의 변화를 유발할 수 있다면, 의사결정 분석 문제의 해결책은 특정 입력 값에 대해 민감하다. 이러한 경우, 우리는 입력 값을 정확히 알기 위해서 추가적인 노력과 관심이 필요하다. 한편, 입력 값이 크게 변하더라도 그 의사결정 대안에 변화를 유발하지 않는다면, 의사결정 분석 문제의 해는 특정 입력에 민감하지 않은 것이다. 이러한 경우, 우리는 입력 값을 정확히 알기 위해 추가적인 노력과 시간이 필요치 않다.

민감도 분석에 대한 접근법 중 하나는 자연의 상태와 성과의 확률에 대한 다른 값을 선택하고 의사결정 분석 문제를 해결하는 것이다. 추천된 의사결정 대안이 바뀐다면, 우리는 그 해가 취해진 변화에 민감함을 알 수 있다. 예를 들어, PDC 문제에서 강한 수요에 대한 확률이 0.2로 조정되고, 약한 수요에 대한 확률이 0.8로 조정된다고 가정해보자. 추천안이 변하는가? $P(s_1) = 0.2$, $P(s_2) = 0.8$, 식 (10.4)를 가지고 이 세 개의 의사결정 대안에 대해 수정된 기댓값은 다음과 같다.

$$\begin{aligned} EV(d_1) &= 0.2(8) + 0.8(7) &&= 7.2 \\ EV(d_2) &= 0.2(14) + 0.8(5) &&= 6.8 \\ EV(d_3) &= 0.2(20) + 0.8(-9) &&= -3.2 \end{aligned}$$

이러한 확률 평가를 가진다면, 추천된 의사결정 대안은 \$720만의 기댓값을 갖는 소형 콘도 단지(d_1)를 건설하는 것이다. 강한 수요의 확률은 0.2이다. 따라서 기댓값 −\$320만(손실)를 갖는 대형 콘도 단지(d_3)를 건설하는 것은 가장 덜 선호되는 대안이다.

따라서, 강한 수요의 확률이 클 때, PDC는 대형 단지를 구축해야 한다. 강한 수요의 확률이 작을 때 PDC는 소형 단지를 구축해야 한다. 분명하게, 자연의 상태의 확률을 수정하는 것을 계속할 수 있고, 확률에서의 변화가 추천 의사결정 대안에 어떠한 영향을 미치는지에 대해 배울 수 있다. 이러한 접근법의 단점은 자연의 상태 확률에서의 몇몇 가능한 변화의 영향을 평가하는 데 많은 계산이 요구된다는 것이다.

두 종류를 갖는 자연의 상태를 위해, 그래픽 절차는 자연의 상태의 확률에 대해 변화가 추천 의사결정 대안에 어떠한 영향을 미치는지 결정하기 위해 사용될 수 있다. 이러한 절차를 보여주기 위해, p가 자연의 상태 s_1의 확률이라고 하자. 즉, $P(s_1) = p$이다. PDC 문제에서의 유일한 두 개의 자연의 상태를 가지고, 자연의 상태 s_2의 확률은

> 의사결정 분석용 소프트웨어 패키지를 사용하면 이러한 수정된 시나리오의 결괏값을 쉽게 계산할 수 있다.

$$P(s_2) = 1 - P(s_1) = 1 - p$$

식 (10.4)와 표 10.1에서의 성과 값을 가지고, 우리는 의사결정 대안 d_1의 기댓값을 다음과 같이 결정한다.

$$\begin{aligned} EV(d_1) &= P(s_1)(8) + P(s_2)(7) \\ &= p(8) + (1 - p)(7) \\ &= 8p + 7 - 7p = p + 7 \end{aligned} \tag{10.6}$$

의사결정 대안 d_2와 d_3의 기댓값 계산을 반복함으로써 우리는 각 의사결정 대안의 기댓값에 대한 표현을 p의 함수로 얻을 수 있다.

$$EV(d_2) = 9p + 5 \tag{10.7}$$

$$EV(d_3) = 29p - 9 \tag{10.8}$$

따라서, 우리는 이러한 의사결정 대안의 기댓값을 보여주기 위해 자연의 상태 s_1의 확률 함수로서 세 개의 식을 갖는다.

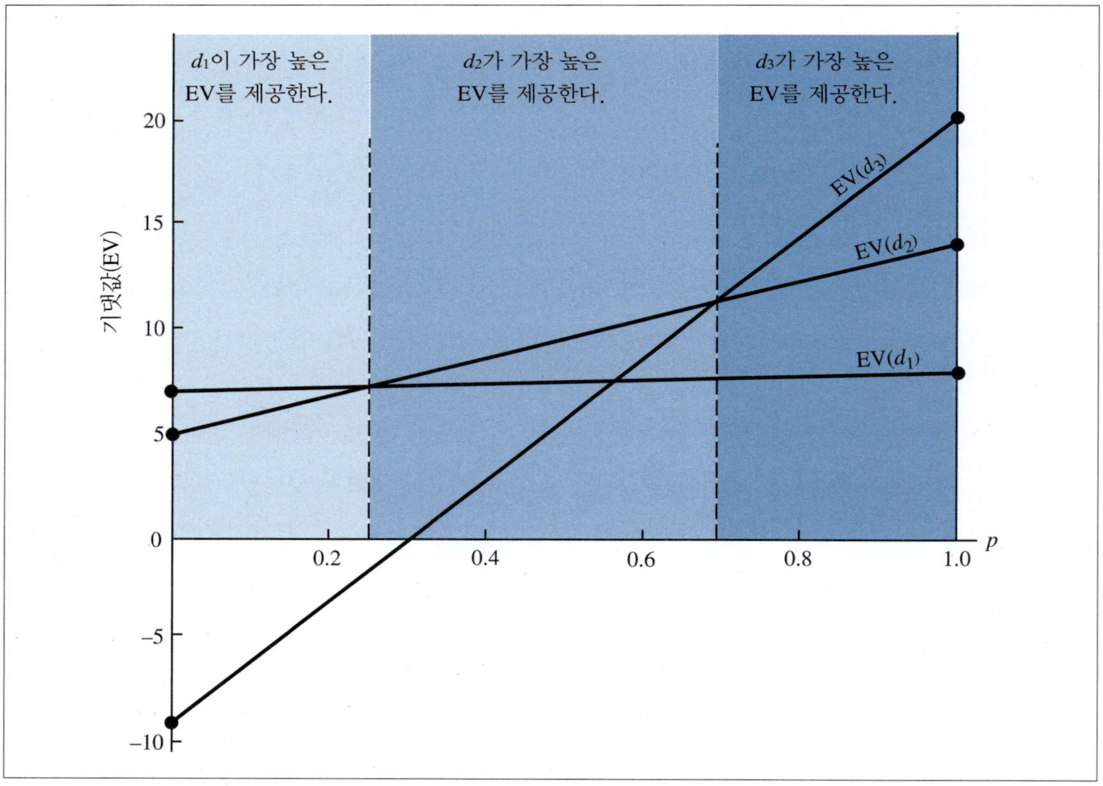

그림 10.6 PDC 의사결정 대안에 대한 p의 함수로서의 기댓값

세로축에서의 관련된 EV들과 가로축에서의 p 값들을 가지고 그래프를 만드는 것을 계속한다. 식 (10.6), 식 (10.7), 식 (10.8)이 선 형식이므로 각 식의 그래프는 직선이다. 각 식에서 식을 만족하는 두 가지를 정의하고 점들을 잇는 선을 그림으로써 선을 얻을 수 있다. 예를 들어, 식 (10.6)에서 $p=0$이라고 가정하면, $EV(d_1)=7$이다. 다음, $p=1$이라고 놓으면, $EV(d_1)=8$이다. 두 개의 점 (0,7)과 (1,8)을 연결하면, 그림 10.6에서 $EV(d_1)$로 표기된 선이 나온다. 유사하게, 우리는 $EV(d_2)$와 $EV(d_3)$도 얻을 수 있다. 이 선들은 식 (10.7)과 식 (10.8)의 그래프들이다.

그림 10.6은 강한 수요 자연의 상태(s_1)의 확률 p가 변함에 따라 추천된 의사결정 대안이 어떻게 변하는지를 보여준다. p의 작은 값에 대해 의사결정 대안 d_1(소형 단지)이 가장 큰 기댓값을 제공하고, 따라서 추천 의사결정안이 됨을 기억하라. p의 값이 특정 가지까지 증가할 때, 의사결정 대안 d_2(중형 단지)는 가장 큰 기댓값을 갖고 추천안이 된다. 마지막으로, p의 큰 값에 대해 의사결정 대안 d_3(대형 단지)는 추천 의사결정안이 된다.

d_1과 d_2의 기댓값이 같게 되는 p의 값은 $EV(d_1)$과 $EV(d_2)$ 선의 교차점과 연관되는 p의 값이다. 이 값을 결정하기 위해 $EV(d_1)=EV(d_2)$로 놓고 p의 값을 위해 문제를 풀어보자.

$$p + 7 = 9p + 5$$
$$8p = 2$$
$$p = \frac{2}{8} = 0.25$$

따라서, $p=0.25$일 때 의사결정 대안 d_1과 d_2는 같은 기댓값을 제공한다. $EV(d_2)$와 $EV(d_3)$의 교차점에 대응하는 p 값을 반복해서 계산함으로써 $p=0.7$임을 알 수 있다.

그래프를 활용한 민감도 분석은 자연 상태의 확률변화가 의사결정 대안에 어떻게 영향을 미치는지 보여준다.

그림 10.6을 이용하여 우리는 의사결정 대안 d_1이 $p \le 0.25$에 대한 가장 큰 기댓값을 제공하고, 대안 d_2는 $0.25 \le p \le 0.70$일 때 가장 큰 기댓값을 제공하고, d_3는 $p \ge 0.7$일 때 가장 큰 기댓값을 제공한다는 결론을 얻을 수 있다. p는 자연의 상태 s_1의 확률이고 $(1-p)$는 자연의 상태 s_2에 대한 확률이므로 우리는 자연의 상태 확률에서의 변화가 어떻게 추천 대안에 영향을 미치는지를 알려주는 민감도 분석 정보를 갖는다.

성과 값에 대해서도 민감도 분석을 계산할 수 있다. 기본 PDC 문제에서, 세 개의 의사결정 대안에 대한 기댓값은 다음과 같다. $EV(d_1)=7.8$, $EV(d_2)=12.2$, $EV(d_3)=14.2$. 의사결정 대안 d_3(대형 단지)가 추천된다. $EV(d_2)=12.2$인 의사결정 대안 d_2는 두 번째로 좋은 대안임을 기억하라. $EV(d_3)$가 두 번째 의사결정 대안의 기댓값보다 크거나 같을 동안에는 의사결정 대안 d_3는 최적의 대안으로 남을 것이다. 따라서, 의사결정 대안 d_3가 다음과 같기만 하면 최적의 의사결정 대안으로 남을 것이다.

$$\mathrm{EV}(d_3) \geq 12.2 \tag{10.9}$$

S = 수요가 강할 때 의사결정 대안 d_3의 성과

W = 수요가 약할 때 의사결정 대안 d_3의 성과

라고 하자. $P(s_1) = 0.8$과 $P(s_2) = 0.2$를 이용하여, $\mathrm{EV}(d_3)$에 대한 일반식은 다음과 같다.

$$\mathrm{EV}(d_3) = 0.8S + 0.2W \tag{10.10}$$

수요가 약할 때 d_3에 대한 성과가 −$900만의 기본값에 머무른다고 가정하면, 대형 단지 의사결정 대안은

$$\mathrm{EV}(d_3) = 0.8S + 0.2(-9) \geq 12.2 \tag{10.11}$$

일 동안 최적으로 남을 것이다. S를 풀면, 다음을 얻을 수 있다.

$$\begin{aligned} 0.8S - 1.8 &\geq 12.2 \\ 0.8S &\geq 14 \\ S &\geq 17.5 \end{aligned}$$

수요가 강해지면, 의사결정 d_3는 $2,000만의 예상 성과 값을 갖는다는 것을 다시 떠올려 보자. 위의 계산은 강한 수요일 때 d_3의 성과 값이 최소 $1,750만인 동안에는 의사결정 대안 d_3가 최적으로 유지됨을 보여준다.

수요가 강할 때 d_3의 성과 값이 $2,000만의 처음 값으로 유지된다고 가정해보면, 수요가 약할 때 d_3의 성과 값에 관해 최적의 해가 얼마나 민감한지 알 수 있는 유사한 계산을 할 수 있다. 식 (10.10)의 기댓값 계산으로 돌아가서, 대형 단지 의사결정 대안이

$$\mathrm{EV}(d_3) = 0.8(20) + 0.2W \geq 12.2 \tag{10.12}$$

인 동안에는 최적으로 유지됨을 알 수 있다.

W를 풀어보면,

$$\begin{aligned} 16 + 0.2 &\geq 12.2 \\ 0.2W &\geq -3.8 \\ W &\geq -19 \end{aligned}$$

수요가 약할 때로 돌아가서, 의사결정 대안 d_3는 −$900만의 예상 성과 값을 갖는다. 위의 계산은 수요가 약할 때 d_3의 성과 값이 최소 −$1,900만로 유지되는 동안 의사결정 대안 d_3가 최적으로 유지됨을 보여준다.

이러한 민감도 분석에 기반으로 하여, 우리는 대형 단지 의사결정 대안(d_3)에 대한 성

과 값이 상당히 다양하고, d_3는 추천 의사결정 대안으로 남을 것임을 알 수 있다. 따라서, PDC 의사결정 문제의 최적해는 대형 단지 의사결정 대안의 성과 값에 대해 특별히 민감하지 않다. 그런데 이러한 민감도 분석은 한 번에 하나의 변화에 대해서만 수용됨을 기억하라. 즉, 단 하나의 성과 값이 변했고 자연의 상태에 대한 확률이 $P(s_1) = 0.8$, $P(s_2) = 0.2$로 유지되었다. 유사한 민감도 분석 계산은 소형 단지 의사결정 d_1과 중형 단지 의사결정 대안 d_2와 관련된 성과에 대해서도 수행될 수 있다. 그런데, 이러한 경우 의사결정 대안 d_3는 의사결정 d_1과 d_2의 성과 값에 대한 변화가 $\text{EV}(d_1) \leq 14.2$, $\text{EV}(d_2) \leq 14.2$를 만족시킬 때만 최적이 될 수 있다.

민감도 분석은 경영진이 성과와 확률값에 대한 추정값을 더 정확하게 하기 위해 시간과 비용을 더 투자할 것인지 여부를 판단하는 데 활용된다.

유의사항

1. 몇몇 의사결정 분석 소프트웨어는 자동으로 최적의 의사결정 대안에 대한 위험 프로필을 제공한다. 이러한 패키지는 또한 사용자가 다른 의사결정 대안에 대한 위험을 얻을 수 있게 해준다. 위험 프로필을 비교한 후, 의사결정자는 의사결정 대안의 예상 값이 최적의 의사결정 대안만큼 좋지 않더라도, 좋은 위험 프로필을 갖는 의사결정 대안을 선택할 수 있다.
2. 시각적 디스플레이인 토네이도 다이어그램(tornado diagram)은 몇 개의 입력값이 최적해의 값을 결정하기 위해 연결될 때, 특별히 도움이 될 수 있다. 값의 범위에 걸쳐 각 입력값을 다양하게 함으로써, 각 입력값이 최적해의 값에 어떻게 영향을 미치는지에 대한 정보를 얻을 수 있다. 이러한 정보를 디스플레이하기 위해, 입력값이 최적해의 값에 어떤 영향을 미치는지 폭으로 보여주는 바(막대기)가 입력값에 대해 구성된다. 가장 넓은 바는 가장 민감한 입력에 대응한다. 막대는 토네이도 형태를 띠는 그래프의 결과로, 위쪽에 가장 넓은 막대 그래프로 배치된다.

10.5 샘플 정보를 이용한 의사결정 분석

기댓값 접근법을 적용함에 있어서, 우리는 자연의 상태에 대한 확률 정보가 기댓값 계산과 의사결정 추천안에 어떠한 영향을 미치는지를 보여주었다. 자주, 의사결정자는 그 시간에 가능한 한 최고의 확률값을 갖는 자연의 상태에 대한 예비 또는 **사전확률**(prior probability) 평가를 한다. 그러나 가능한 한 최적의 의사결정을 하기 위해, 의사결정자는 자연의 상태에 대한 추가 정보를 탐색하길 원한다. 이러한 새로운 정보는 최종 의사결정이 자연의 상태에 대한 더욱 정확한 확률에 기반이 되도록 사전확률을 수정하거나 업데이트하기 위해 사용될 수 있다. 대부분의 경우, 추가 정보는 자연의 상태에 대한 **샘플 정보**(sample information)를 제공하기 위해 설계된 실험을 통해 얻을 수 있다. 원료 채취, 제품 테스트, 시장조사 연구는 자연의 상태 확률을 수정하거나 업데이트 관리를 가능하게 하는 실험(또는 연구)의 예이다. 이러한 수정된 확률을 **사후확률 혹은 수정확률**(posterior probability, revised probability)이라 불린다.

PDC 문제로 돌아가서 경영진은 PDC 콘도 프로젝트의 잠재적인 시장에 대해 더 많이 알기 위해 6개월 동안의 시장조사 연구를 고려하고 있다고 가정해보자. 경영진은 그 시장조사의 결과가 다음 중 하나일 것으로 예상한다.

1. 우호적인 보고서: 연락한 상당수의 개인이 PDC 콘도 구입에 관심을 보였다.
2. 비우호적인 보고서: 연락한 극소수의 인원이 PDC 콘도 구입에 관심을 보였다.

영향도

시장 연구조사 수행의 가능성을 소개함으로써, PDC 문제는 더 복잡해진다. 확장된 PDC 문제에 대한 영향도는 그림 10.7에 나타나 있다. 두 의사결정 노드는 시장조사와 복잡한 크기의 의사결정과 대응한다는 점을 기억하라. 두 기회 노드는 연구조사 결과와 콘도에 대한 수요와 대응한다. 마지막으로, 결과 노드는 이익이다. 영향도의 아크로부터 수요가 시장조사 결과와 이익 모두에 영향을 미침을 알 수 있다. 비록 현재 PDC에 대한 수요를 알 수 없지만, 어느 정도 수준의 수요는 피츠버그 지역에 존재한다. 수요가 강하다면, 시장조사는 콘도 구입에 관심을 보인 상당수의 사람을 찾을 가능성이 크다. 그런데 존재하는 수요가 약하다면, 시장조사는 콘도 구입에 관심을 보이지 않는 상당수의 사람을 찾을 가능성이 크다. 이러한 의미에서, 콘도에 대한 기존 수요는 시장조사 결과에 영향을 미칠 것이며, 분명히 수요는 PDC의 이익에 따라 영향이 있을 것이다.

복잡한 크기의 의사결정 노드에 대한 시장조사 의사결정 노드에서의 아크는 시장조사 의사결정이 복잡한 크기의 의사결정을 앞선다는 것을 나타낸다. 시장조사를 수행하기 위한 의사결정은 실제로 시장조사 결과에 영향을 미치지 않으므로 시장조사 결과 노드에 대해 시장조사 의사결정 노드로부터 걸쳐진 아크는 없다. 시장조사를 수행하기 위한 의

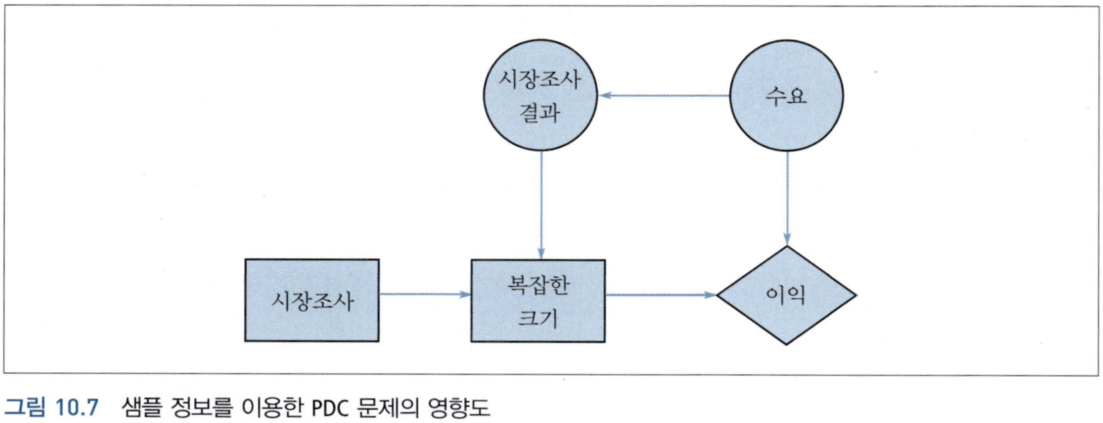

그림 10.7 샘플 정보를 이용한 PDC 문제의 영향도

사결정은 시장조사 결과를 가능하게 만들지만, 시장조사의 결과에 영향을 주지는 않는다. 마지막으로, 복잡한 크기의 노드와 수요 노드는 모두 이익에 영향을 미친다. 시장조사를 수행하기 위해 명시된 비용이 주어진다면, 시장조사를 수행하기 위한 의사결정은 또한 이익에 영향을 미칠 것이다. 그러한 경우에, 우리는 시장조사 비용이 이익에 미치는 영향을 보여주기 위해 시장조사 의사결정 노드로부터 이익 노드까지의 아크를 추가해야 할 것이다.

의사결정 나무

샘플 정보를 갖는 PDC 문제에 대한 의사결정 나무는 그림 10.8에서 의사결정과 기회 사건에 대한 논리적인 순서를 보여준다.

먼저, PDC의 경영진은 시장조사를 수행해야 하는지를 결정해야 한다. 수행된다면, PDC의 경영진은 시장조사 보고서가 우호적일 경우 콘도 프로젝트의 크기에 대한 의사결정을 준비해야 하며, 시장조사 보고서가 비우호적일 경우 콘도 프로젝트의 크기에 대한 다른 의사결정을 준비해야 한다. 그림 10.8에서 사각형은 의사결정 노드이고, 원은 기회 노드이다. 각 의사결정 노드에서, 나무의 가지는 정해진 의사결정에 근거하여 결정된다. 각 기회 노드에서, 나무의 가지는 가능성 또는 기회에 근거하여 결정된다. 예를 들어, 의사결정 노드 1은 PDC가 시장조사 연구를 수행할지에 대한 의사결정을 우선해야 한다는 것을 보여준다. 시장조사 연구가 실시되지 않는다면, 기회 노드 2는 우호적인 보고서 가지와 비우호적인 보고서 가지 둘 다 PDC의 통제하에 없고, 기회에 의해 결정될 것임을 나타낸다. 노드 3은 시장 연구조사가 우호적이라면, PDC가 소형 단지, 중형 단지, 대형 단지를 건설하기 위한 의사결정을 해야 함을 나타내는 의사결정 노드이다. 노드 4는 시장조사 보고서가 비우호적이라면, PDC가 소형 단지, 중형 단지, 또는 대형 단지를 건설하기 위해 의사결정을 해야 함을 보여준다. 노드 5는 시장조사가 실시되지 않을 때, 소형 단지, 중형 단지, 또는 대형 단지를 건설하기 위해 의사결정을 해야 함을 보여주는 의사결정 노드이다. 노드 6에서 14는 강한 수요 또는 약한 수요 자연의 상태 가지가 기회에 의해 결정될 것임을 보여주는 기회 노드이다.

의사결정 나무의 분석과 최적 전략의 선택은 우리가 모든 기회 노드와 관련된 가지의 확률을 알 것을 요구한다. PDC는 다음의 가지확률을 개발했다.

> 10.6절에는 우호적인 보고서의 발생 확률과 비우호적인 보고서에 대한 발생확률에 대한 전개 방법을 설명한다.

시장조사 연구가 수행되지 않으면

$$P(\text{우호적인 보고서}) = 0.77$$
$$P(\text{비우호적인 보고서}) = 0.23$$

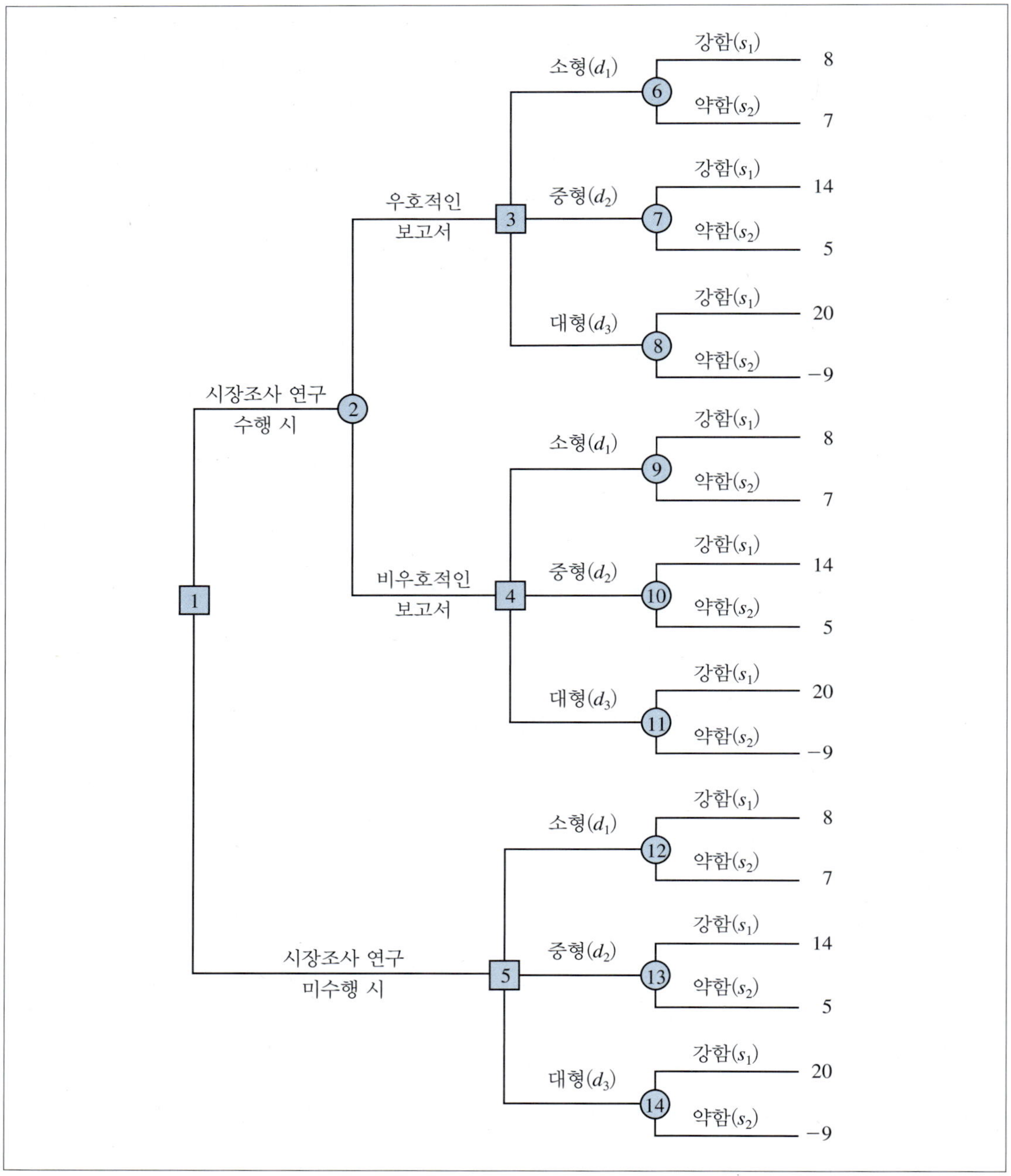

그림 10.8 시장조사 연구를 포함하는 PDC 의사결정 나무

시장조사 연구가 우호적이면

$$P(\text{우호적인 보고서에 강한 수요일 때}) = 0.94$$
$$P(\text{우호적인 보고서에 약한 수요일 때}) = 0.06$$

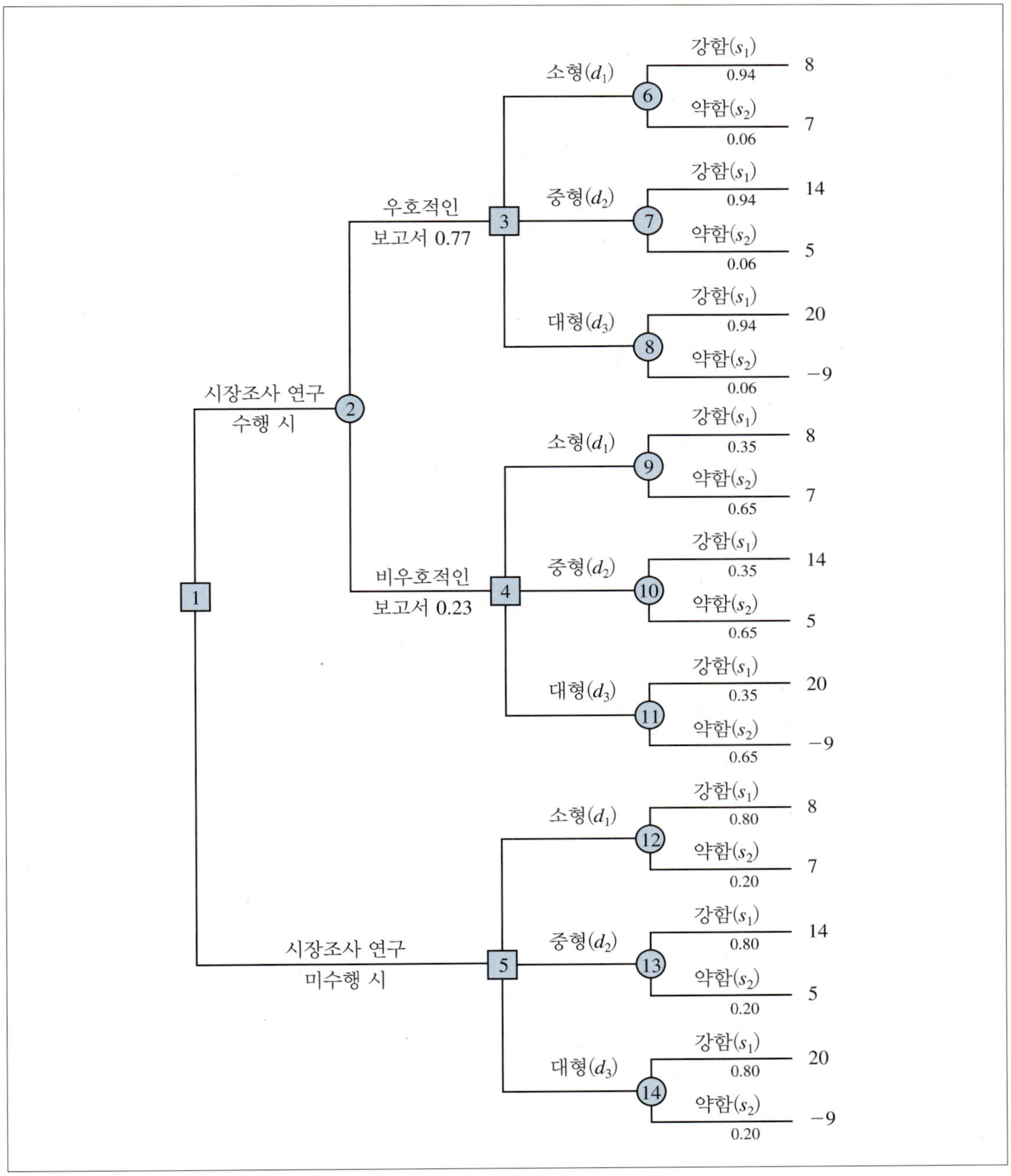

그림 10.9 가지확률을 이용한 PDC 의사결정 나무

시장조사 연구가 비우호적이면

$$P(\text{비우호적인 보고서에 강한 수요일 때}) = 0.35$$

$$P(\text{비우호적인 보고서에 약한 수요일 때}) = 0.65$$

시장조사 연구가 수행되지 않는다면, 이전의 확률을 적용할 수 있다.

$$P(\text{강한 수요}) = 0.80$$
$$P(\text{약한 수요}) = 0.20$$

가지확률은 그림 10.9의 의사결정 나무에 나타내었다.

의사결정 전략

의사결정 전략(decision strategy)은 기회 사건의 결과를 토대로 의사결정을 연속적으로 하는 것이다.

최적의 의사결정 전략을 결정하기 위해, 우리는 다음의 단계를 사용하여 의사결정 나무를 통해 후방 패스한다.

1. 기회 노드에서 대응하는 가지확률에 따라 각 가지의 끝에 성과를 곱함으로써 기댓값을 계산한다.
2. 의사결정 노드에서 최고의 기댓값에 이르게 의사결정 가지를 선택한다. 이러한 기댓값은 의사결정 노드에서 기댓값이 된다.

기회 노드 6~14에서 기댓값을 계산하면 다음과 같다.

$$\begin{aligned}
\text{EV}(\text{노드 } 6) &= 0.94(8) + 0.06(7) &&= 7.94\\
\text{EV}(\text{노드 } 7) &= 0.94(14) + 0.06(5) &&= 13.46\\
\text{EV}(\text{노드 } 8) &= 0.94(20) + 0.06(-9) &&= 18.26\\
\text{EV}(\text{노드 } 9) &= 0.35(8) + 0.65(7) &&= 7.35\\
\text{EV}(\text{노드 } 10) &= 0.35(14) + 0.65(5) &&= 8.15\\
\text{EV}(\text{노드 } 11) &= 0.35(20) + 0.65(-9) &&= 1.15\\
\text{EV}(\text{노드 } 12) &= 0.80(8) + 0.20(7) &&= 7.80\\
\text{EV}(\text{노드 } 13) &= 0.80(14) + 0.20(5) &&= 12.20\\
\text{EV}(\text{노드 } 14) &= 0.80(20) + 0.20(-9) &&= 14.20
\end{aligned}$$

그림 10.10은 이러한 기회 노드에서 기댓값을 계산한 후에 수정된 의사결정 나무를 보여준다.

다음으로, 의사결정 노드 3, 4, 5로 이동해보자. 이 노드들의 각각에 대해, 최적의 기댓값으로 이어지는 의사결정 대안 가지를 선택한다. 예를 들어, 노드 3에서 우리는 EV(노드 6) = 7.94를 갖는 소형 단지 가지, EV(노드 7) = 13.46인 중형 단지 가지, EV(노드 8) = 18.26인 대형 단지 가지의 선택을 갖는다. 따라서, 우리는 대형 단지 의사결정 대

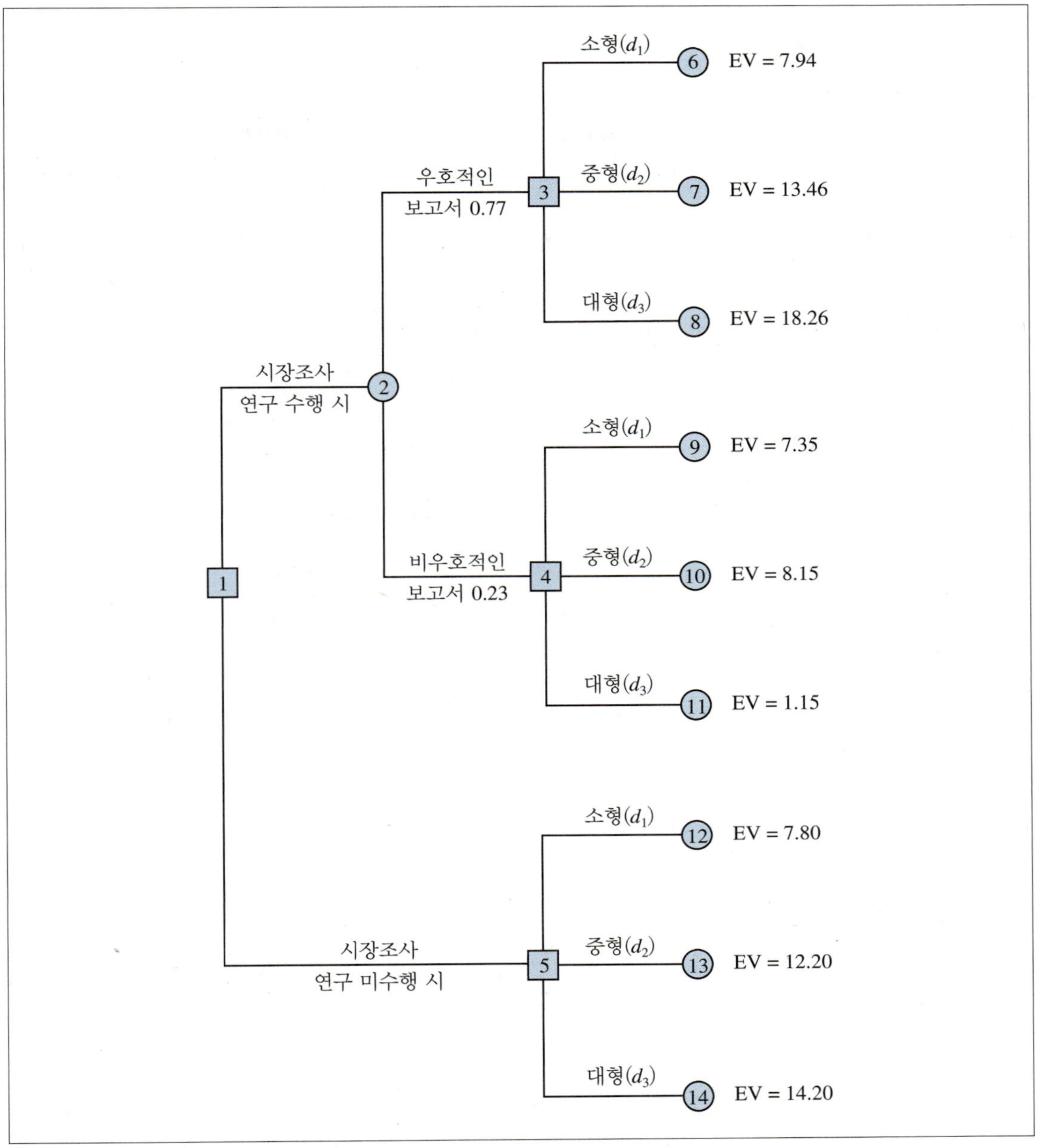

그림 10.10 기회 노드 6~14에서 기댓값을 계산한 후의 PDC 의사결정 나무

안 가지를 선택하고, 노드 3에서의 기댓값은 EV(노드 3) = 18.26이 된다.

노드 4에서, 노드 9, 10, 11로부터 최적의 기댓값을 선택한다. 최적 의사결정 대안은 EV(노드 4) = 8.15를 제공하는 중형 단지 가지이다. 노드 5에서, 노드 12, 13, 14로부터 최적의 기댓값을 선택한다. 최적의 의사결정 대안은 EV(노드 5) = 14.20을 제공하는 대형 단지 가지이다. 그림 10.11은 노드 3, 4, 5에서 최적의 의사결정을 선택한 후 수정된 의사결정 나무이다.

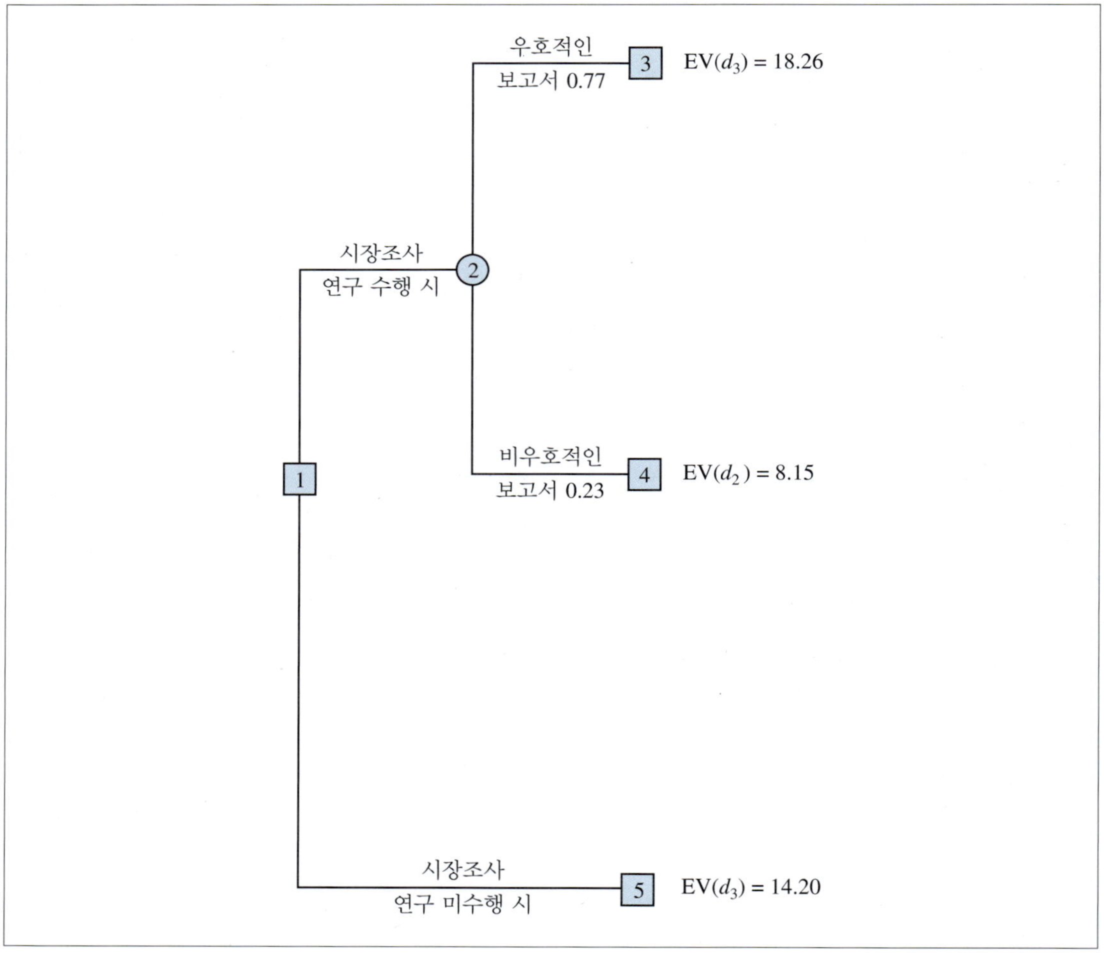

그림 10.11 노드 3, 4, 5에서 최적의 의사결정을 선택한 후의 PDC 의사결정 나무

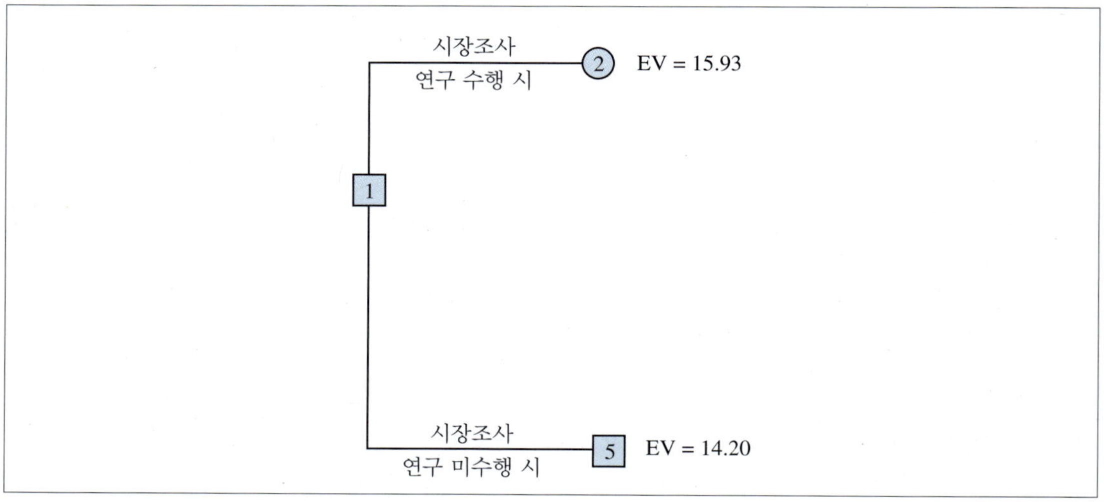

그림 10.12 두 개의 의사결정 가지로 감소된 PDC 의사결정 나무

기회 노드 2에서의 기댓값은 다음과 같이 계산될 수 있다.

$$EV(\text{노드 }2) = 0.77EV(\text{노드 }3) + 0.23EV(\text{노드 }4) = 0.77(18.26) + 0.23(8.15) = 15.93$$

이 계산은 노드 1에서 단 두 개의 의사결정 가지를 포함하는 하나의 의사결정 나무로 감소시킨다(그림 10.12 참조).

마지막으로, 노드 2와 5로부터 최적의 기댓값을 선택함으로써 의사결정 노드 1에서 의사결정이 수행될 수 있다. 이 작업은 15.93의 전체 기댓값을 제공하는 시장조사 연구를 수행하는 의사결정 대안으로 이어진다.

경영과학의 실행 타석에서의 의사결정 분석*

Evan Gattis는 메이저리그 선수가 되기 위한 긴 여정을 지나왔다. 2013년 애틀랜타 브레이브스에서 데뷔한 26세 신인인 그의 모습은 소설과 영화 「내추럴(The Natural)」의 주인공인 Roy Hobbs와 비교되기도 한다. 영화 「내추럴」의 주인공인 Roy Hobbs의 이야기에서와 같이, Gattis는 몇 년 동안 야구에서 완전히 벗어난 삶을 살아왔다. 메이저리그에 데뷔한 첫 달에 그는 6개의 홈런을 치고 내셔널리그의 '이달의 신인왕'에 이름을 올렸다. 그는 둘째 달에도 똑같이 6개 홈런을 더 치고 내셔널리그의 '이달의 신인왕'에 다시 이름을 올렸다. 하지만 Gattis의 또 다른 주목받을 일 중 하나는 그가 경영과학 및 의사결정 분석에 메이저리그 야구 선수로는 처음으로 기여한 것이 있다는 것이다.

마이너리그에서 Gattis는 텍사스 대학교 교수인 J. Eric Bickel의 의사결정 분석 방법론을 적용해서 타자가 각 볼 카운트별로 최적의 의사결정에 따른 다른 접근법을 가져가야 한다는 연구에 대한 내용을 읽어 보았다. Bickel은 "내가 쓴 연구 논문은 다른 볼 카운트에서 어떻게 행동해야 하는지에 대한 내용이었다."라고 말했다.

"때로는 타자가 의도적으로 공을 그대로 흘려보낸다. 노스트라이크 3볼 상황에서 대부분의 코치들은 그다음 공에는 무조건 스윙하지 말라고 조언한다." Bickel이 말한 것은 대부분의 사람들이 왜 타자가 다음 공을 그대로 흘려보내는지 이해하지 못한다는 것이다.

노스트라이크 3볼에서는 하나의 볼로도 타자가 1루에 그냥 걸어나갈 수 있기 때문에, 상대편 투수는 다음 공을 스트라이크 존의 심장부에 가까운 상대적으로 치기 쉬운 공을 던지게 된다. 그러나 Bickel은 연구를 통해서 노스트라이크 3볼에서 스윙을 하는 것보다 그대로 공을 지켜보는 것이 궁극적으로 출루에 더 유리하다는 것을 증명하였다.

"약 38%의 타자는 결국 출루를 한다. 단, 노스트라이크 3볼에서는 77%의 타자가 출루를 하게 된다. 만약 노스트라이크 3볼에서 타자가 공을 흘려보내서 스트라이크가 되면 출루할 확률은 63%로 떨어지게 된다. 그러나 만약 스윙을 해서 인플레이 상황을 만들면 출루 확률이 1/3로 줄게 된다. 즉, 타자의 선택은 스윙을 해서 인플레이 상황의 1/3의 출루율을 획득하거나 그냥 공을 흘려보내서 63%의 출루율을 얻거나 하는 대안 중에서 일어나게 되는 것이다. 이것이 타자가 노스트라이크 3볼에서 그다음 공을 그대로 흘려보내는 이유이다."

Bickel은 이런 분석을 통해서 각 카운트별 타격 접근법에 대한 타자의 최적 전략을 제안했으며, 의사결정 분석과 다양한 볼–스트라이크 카운트를 위한 최적의 전략에 대한 그의 명쾌한 설명은 Gattis가 타석에서 각 투구의 접근방식을 결정하는 데 도움이 되었다.

*출처 Joe Lemire, "This Photo Is Just One Good Reason You Need to Know the Story of Evan Gattis," *Sports Illustrated* (June 10, 2013) and "Mastering the Numbers Game—ports Illustrated Coverage," *Petroleum and Geosystems Engineering News*, University of Texas at Austin, http://www.pge.utexas.edu/news/136-eric-bickel.

PDC의 최적의 결정은 시장조사 연구를 수행한 후 다음의 의사결정 전략을 수행한다.

시장조사가 우호적이면, 대형 콘도 단지를 건설한다.
시장조사가 비우호적이면, 중형 콘도 단지를 건설한다.

PDC 의사결정 나무의 분석은 보다 복잡한 순서의 의사결정 문제를 분석하는 데 사용될 수 있다. 우선, 문제의 순차적 특성을 설명하는 의사결정 및 기회 노드 가지로 구성된 의사결정 나무를 그린다. 모든 기회 사건의 결과에 대한 확률을 결정한다. 그런 다음, 나무를 통해 뒤쪽으로부터 작업함으로써, 모든 기회 노드에서 기댓값을 계산하고 모든 의사결정 노드에서 최적의 의사결정 가지를 선택한다. 최적의 의사결정 가지의 순서가 최적의 의사결정 전략이 된다.

'경영과학의 실행'의 '야구경기에서의 의사결정 분석'은 야구경기에서 타석에 있는 동안 타자의 전략을 안내하는 의사결정 분석의 적용을 설명한다.

위험 프로필

그림 10.13은 PDC 최적 의사결정 전략에 대해 의사결정 대안과 기회 사건의 순서만을 보여주는 수정된 의사결정 나무를 제공한다. 최적의 의사결정 전략을 구현함으로써, PDC는 의사결정 나무의 종료 가지에서 보여지는 4개의 성과 중 하나를 얻을 것이다. 위험 프로필은 관련 확률과 가능한 성과를 보여주고 있음을 기억하자. 따라서, 최적의 의사결정 전략에 대한 위험 프로필을 구성하기 위해 4개의 성과 각각에 대해 확률을 계산해야 할

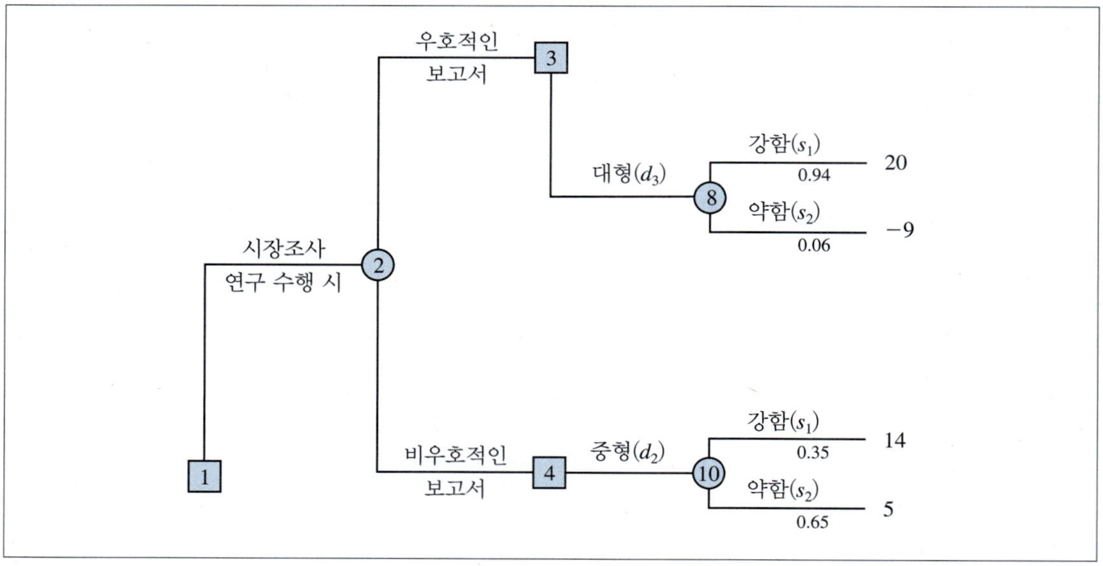

그림 10.13 최적 의사결정 전략과 관련된 유일한 가지를 보여주는 PDC 의사결정 나무

것이다.

각 성과는 노드 1에서 성과로 이어지는 가지의 순서로 결정됨을 기억하라. 예를 들어, $2,000만의 성과는 노드 1로부터 상위 가지를, 노드 2로부터 상위 가지, 노드 3으로부터 하위 가지, 노드 8로부터 상위 가지를 따름으로써 얻어진다. 가지의 순서를 따르는 확률은 순서대로 기회 노드로부터 가지에 대한 확률들을 곱함으로써 알 수 있다. 따라서 $2,000만의 확률은 (0.77)(0.94) = 0.72이다. 유사하게, 다른 성과의 각각에 대한 확률은 성과로 이어지는 기회 노드로부터 가지들에 대한 확률을 곱함으로써 얻을 수 있다. 그렇게 함으로써, −$900만의 성과의 확률은 (0.77)(0.06) = 0.05임을 알 수 있다. $1,400만의 성과의 확률은 (0.23)(0.35) = 0.08이고, $500만 성과의 확률은 (0.23)(0.65) = 0.15이다. PDC 최적 의사결정 전략에 대한 성과의 확률분포를 보여주는 다음의 표는 최적 의사결정 전략에 대한 위험 프로필을 표로 나타낸 것이다.

성과($100만)	확률
−9	0.05
5	0.15
14	0.08
20	0.72
	1.00

그림 10.14는 위험 프로필을 시각적으로 보여준다. 그림 10.5와 10.14를 비교해보면, PDC 위험 프로필이 시장조사 연구를 수행하기 위해 전략에 의해 변경됨을 알 수 있다. 사실, 시장조사 연구의 사용은 $900의 손실 확률을 0.20에서 0.05로 낮추었다. PDC의 경

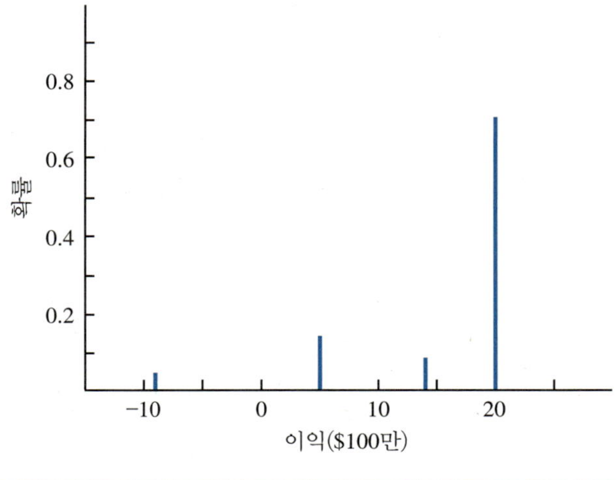

그림 10.14 최적 의사결정 전략과 관련된 성과를 보여주는 샘플 정보를 이용한 PDC 콘도 프로젝트에 대한 위험 프로필

영진은 이러한 0.20에서 0.05으로의 감소를 콘도 프로젝트의 위험을 상당히 줄였다고 여길 수 있다.

샘플 정보의 기댓값

PDC 문제에서, 시장조사 연구는 최적 의사결정 전략을 결정하기 위해 사용되는 샘플 정보이다. 시장조사 연구와 관련된 기댓값은 $15.93이다. 10.3절에서, 시장조사 연구를 실시하지 **않을** 때 최적의 기댓값은 $14.20임을 보았다. 따라서, 우리는 $15.93 − $14.20 = $1.73의 차이가 **샘플 정보의 기댓값**(Expected Value of Sample Information, **EVSI**)임을 결론지을 수 있다. 즉, 시장조사 연구의 수행은 PDC 기댓값에 $173만를 추가한다. 일반적으로, 샘플 정보의 기댓값은 다음과 같다.

$$\text{EVSI} = |\text{EVwSI} - \text{EVwoSI}| \tag{10.13}$$

EVSI = 샘플 정보의 기댓값
EVwSI = 자연의 상태에 대한 샘플 정보가 있는 기댓값
EVwoSI = 자연의 상태에 대한 샘플 정보가 **없는** 기댓값

샘플 정보의 기댓값(EVSI)이 $173만라는 뜻은 PDC가 $173만까지는 시장조사를 위해서 충분히 지불해야만 하는 금액이란 뜻이다.

식 (10.13)의 절댓값의 역할에 주의하라. 최소화 문제에서, 샘플 정보를 갖는 기댓값은 항상 샘플 정보가 없는 기댓값보다 작거나 같다. 이 경우, EVSI는 EVwSI와 EVwoSI의 크기의 차이이다. 따라서 식 (10.13)에 나타낸 것처럼, 차이의 절댓값을 취함으로써 하나의 식으로 최대화와 최소화 경우를 모두 다룰 수 있다.

샘플 정보의 효율성

10.3절에서, PDC 문제에 대한 완벽한 정보(EVPI)의 기댓값은 $320만임을 알 수 있었다. 시장조사 보고서를 통해 완벽한 정보를 얻을 수 있다고 기대하지는 않지만, 시장조사 정보의 가치를 표현하기 위해 **효율성**(efficiency) 측정치를 사용할 수 있다. 100% 효율성을 갖는 완벽한 정보를 가지고, 샘플 정보에 대한 효율성 E는 다음과 같이 계산된다.

$$E = \frac{\text{EVSI}}{\text{EVPI}} \times 100 \tag{10.14}$$

PDC 문제에 있어서,

$$E = \frac{1.73}{3.2} \times 100 = 54.1\%$$

즉, 시장조사 연구에서의 정보는 완벽한 정보 대비 54.1% 효율적이다.

샘플 정보의 낮은 효율성은 의사결정자가 다른 형태의 정보를 찾아보도록 할 수 있다. 그런데 높은 효율성은 샘플 정보가 거의 완벽할 정도로 좋다는 것을 의미하고, 추가 정보가 충분히 더 나은 결과를 보장하지 않음을 가리킨다.

10.6 베이즈 이론을 이용한 가지확률 계산

10.5절의 문제 설명에서 PDC 의사결정 나무 기회 노드에 대한 가지확률을 정의했다. 이 확률을 결정하기 위한 계산은 요구되지 않았다. 이 장에서는 **베이즈 이론**(Bayes' theorem)이 의사결정 나무에 대한 가지확률을 계산하는 데 어떻게 사용될 수 있는지를 보여줄 것이다.

PDC 의사결정 나무는 그림 10.15에서 다시 볼 수 있다.

F = 우호적인 시장조사 보고서

U = 비우호적인 시장조사 보고서

s_1 = 강한 수요(자연의 상태 1)

s_2 = 약한 수요(자연의 상태 2)

기회 노드 2에서 가지확률 $P(F)$와 $P(U)$를 알아야 한다. 기회 노드 6, 7, 8에서 우호적인 시장조사 보고서가 주어졌을 때, 자연의 상태 1의 확률인 $P(s_1|F)$를 알아야 하고, 우호적인 시장조사 보고서가 주어졌을 때, 자연의 상태 2의 확률인 $P(s_2|F)$를 알아야 한다. $P(s_1|F)$와 $P(s_2|F)$는 샘플 정보의 결과에 기인한 조건적인 확률이므로 **사후확률**(posterior probability)로 언급된다. 기회 노드 9, 10, 11에서, 가지확률 $P(s_1|U)$와 $P(s_2|U)$를 알 필요가 있다. 이들은 시장조사 보고서가 비우호적이라고 주어졌을 때, 두 자연의 상태의 확률을 의미하는 사후확률임에 주의하라. 마지막으로, 기회 노드 12, 13, 14에서 시장조사 연구가 실시되지 않는다면, 자연의 상태에 대한 확률 $P(s_1)$과 $P(s_2)$가 필요하다.

확률 계산을 수행함에 있어서, 우리는 두 자연의 상태에 대한 확률 $P(s_1)$과 $P(s_2)$에 대한 PDC의 평가를 알아야 하고, 이들은 앞서 논의된 바와 같이 사전확률이다. 추가로, 주어진 각 자연의 상태에 대해 시장조사 결과(샘플 정보)의 **조건부 확률**(conditional probability)을 알아야 한다. 예를 들어, PDC 프로젝트에 대해 자연의 상태가 강한 수요임이 주어졌을 때, 우호적인 시장조사 보고서의 조건부 확률을 알아야 한다. 자연의 상태 s_1이 주어졌을 때 F의 조건부 확률은 $P(F|s_1)$으로 쓰임을 기억하라. 확률 계산을 수행하기 위해, 우리는 모든 자연의 상태가 주어졌을 때, 모든 샘플 결과에 대한 조건부 확률, 즉 $P(F|s_1)$, $P(F|s_2)$, $P(U|s_1)$, $P(U|s_2)$이 필요할 것이다. 예를 들어, $P(F|s_1)$은 강한 수

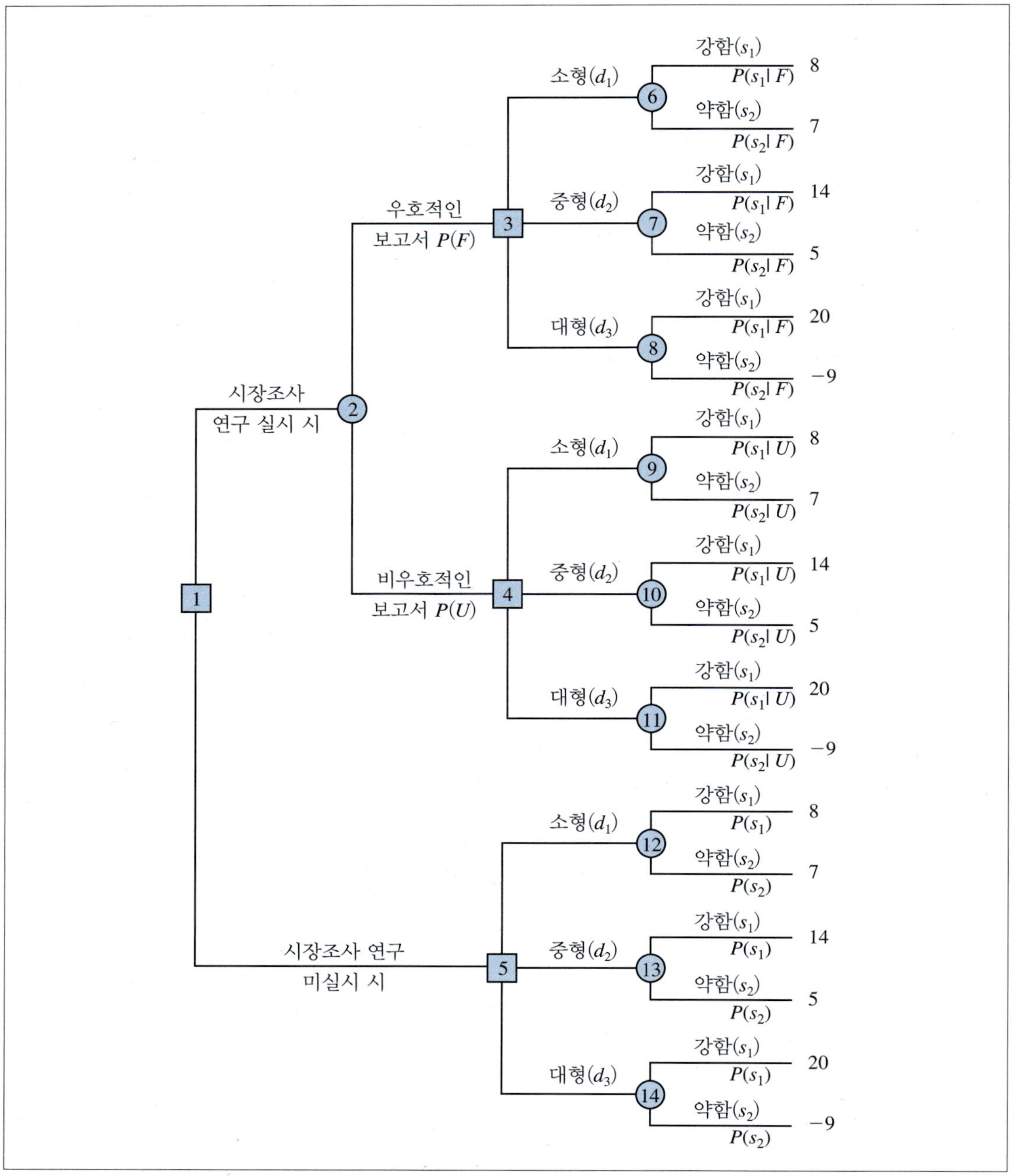

그림 10.15 PDC 의사결정 나무

요가 궁극적으로 관찰되었을 경우에 우호적인 시장조사 보고서의 과거 빈도를 통해 계산될 수 있다. PDC 문제에서 이러한 조건부 확률에 대해 다음의 평가가 가능하다고 가정해 보자.

자연의 상태	시장조사	
	우호적, F	비우호적, U
강한 수요, s_1	$P(F\|s_1)=0.90$	$P(U\|s_1)=0.10$
약한 수요, s_2	$P(F\|s_2)=0.25$	$P(U\|s_2)=0.75$

약한 수요 상황에서 우호적인 보고서는 '잘못된 긍정' 오류이며, 반대의 경우인 강한 수요 상황에서 비우호적인 보고서는 '잘못된 부정' 오류이다.

선행하는 확률 평가는 시장조사 연구에서 합리적인 신뢰도를 제공함을 기억하라. 진실된 자연의 상태가 s_1이라면, 우호적인 시장조사 보고서의 확률은 0.09이고, 비우호적인 시장조사 보고서의 확률은 0.10이다. 진실된 자연의 상태가 s_2라면, 우호적인 시장조사 보고서의 확률은 0.25이고, 비우호적인 시장조사 보고서의 확률은 0.75이다. 자연의 상태 s_2에 대한 잠재적으로 오해의 소지가 우호적인 시장조사 보고서의 0.25 확률의 이유는 몇 가지 잠재적인 구매자가 먼저 새 콘도 프로젝트에 대해 들을 때, 그들의 열정이 그들의 진짜 관심을 과장하도록 이끌 수 있다는 것이다. 잠재적인 구매자의 초기 호의적인 반응은 나중에 구매 계약을 체결하고 계약금을 만드는 현실에 직면할 때 '별로 관심이 없다'로 신속하게 변할 수 있다.

이어지는 논의에서 확률 계산을 수행하기 위한 편리한 방법으로서 표 방식을 제시한다. 우호적인 시장조사 보고서(F)에 기반을 둔 PDC 문제에 대한 계산은 표 10.7에 요약되어 있다. 이 표에서 사용된 절차는 다음과 같다.

1단계: 1열에 자연의 상태를 입력한다. 2열에는 자연의 상태에 대한 **사전확률**을 입력한다. 3열에는 주어진 각 자연의 상태에 대해 우호적인 시장조사 보고서(F)의 **조건부 확률**을 입력한다.

2단계: 4열에서는 3열에 대응하는 조건부 확률값과 2열의 사전 확률값을 곱하여 **결합확률**(joint probability)을 계산한다.

3단계: 우호적인 시장조사 보고서의 확률 $P(F)$를 얻기 위해 4열에 결합확률을 합한다.

4단계: 수정된 또는 **사후확률** $P(s_1|F)$와 $P(s_2|F)$를 얻기 위해 4열의 각 결합확률을 $P(F)=0.77$로 나눈다.

표 10.7은 우호적인 시장조사 보고서를 얻을 확률이 $P(F)=0.77$임을 보여준다. 추가로, $P(s_1|F)=0.94$이고 $P(s_2|F)=0.06$이다. 특히, 우호적인 시장조사 보고서는 콘도에 대한 강해질 시장수요(s_1)가 0.94의 수정된 또는 사후확률이 되도록 유도할 것임을 기억하라.

표의 확률 계산 절차는 각각의 가능한 샘플 정보 결과에 대해 반복되어야 한다. 표 10.8은 비우호적인 시장조사 보고서에 근거한 PDC 문제의 가지확률의 계산을 보여준다.

표 10.7 우호적인 시장조사 보고서에 근거한 PDC 콘도 프로젝트의 가지확률

자연의 상태 s_j	사전확률 $P(s_j)$	조건부확률 $P(F \mid s_j)$	결합확률 $P(F \cap s_j)$	사후확률 $P(s_j \mid F)$
s_1	0.8	0.90	0.72	0.94
s_2	0.2	0.25	0.05	0.06
	1.0		$P(F)=0.77$	1.00

표 10.8 비우호적인 시장조사 보고서에 근거한 PDC 콘도 프로젝트의 가지확률

자연의 상태 s_j	사전확률 $P(s_j)$	조건부확률 $P(U \mid s_j)$	결합확률 $P(U \cap s_j)$	사후확률 $P(s_j \mid U)$
s_1	0.8	0.10	0.08	0.35
s_2	0.2	0.75	0.15	0.65
	1.0		$P(U)=0.23$	1.00

비우호적인 시장조사 보고서의 확률은 $P(U)=0.23$임을 기억하라. 비우호적인 보고서가 얻어진다면, 강한 시장수요 s_1의 사후확률은 0.35이고, 약한 시장수요 s_2의 확률은 0.65이다. 표 10.7과 10.8로부터 가지확률을 그림 10.9의 PDC 의사결정 나무에 나타내었다.

표의 방법은 의사결정 나무에서 가지확률을 계산하기 위해 직접 사용될 수 있다. 대신, 식 (10.15)는 사후확률 계산에 대한 베이즈 이론에 대한 일반적인 식을 제공한다.

베이즈 이론

$$P(A_i|B) = \frac{P(B|A_i)P(A_i)}{\Sigma_j P(B|A_j)\, P(A_j)} \tag{10.15}$$

식 (10.15)를 가지고 $P(s_1 \mid U)$에 대한 베이즈 이론을 계산하기 위해, B를 U(비우호적인 보고서)로 치환하고, A_i를 식 (10.15)에서의 s_1으로 바꾼다. 그럼으로써 우리는 표 10.7의 수치와 같은 동일한 값을 얻는다.

$$\begin{aligned} P(s_1|U) &= \frac{P(U|s_1)P(s_1)}{\Sigma_j P(U|s_j)\, P(s_j)} \\ &= \frac{0.10 \times 0.80}{(0.10 \times 0.80) + (0.20 \times 0.75)} = 0.35 \end{aligned}$$

이 장에서의 논의는 의사결정 나무에서 다양한 가지에서의 확률 간의 근본적인 관계를 보여준다. 이러한 변화가 $P(F)$와 $P(U)$에 어떻게 달라지게 할지를 결정하지 않고, 사후확률 $P(s_1 \mid F)$, $P(s_2 \mid F)$, $P(s_1 \mid U)$와 $P(s_2 \mid U)$뿐만 아니라 $P(s_1)$과 $P(s_2)$와 같은 다른 사전확률

경영과학의 실행 **의사결정 분석이 B형 간염의 치료와 예방을 돕는다***

B형 간염은 바이러스성 질환으로 완치되지 않은 상태로 방치할 시에 간경화나 암 같은 치명적인 간 질환으로 이어질 수 있다. B형 간염 바이러스는 치료가 가능하며 이를 예방하기 위한 백신 또한 존재한다. 그러나 보건기관의 건강 관리 담당자는 제한된 의료 예산을 경제적으로 신중하게 배분하기 위해서 잠재적 건강 프로그램의 비용 효과($1 투자당 건강 혜택)에 대한 분석을 필요로 한다. 불행히도 B형 간염은 급성인 경우가 드물고 천천히 진행되는 경우가 많기 때문에 피해자가 잠재적으로 치명적인 감염을 인식하지 못하는 경우가 많다. 따라서, B형 간염에 대한 공중 보건 정책의 혜택에 대한 비용 효과 분석의 기반이 되는 데이터를 수집하는 데 수십 년의 세월이 필요할 수 있다.

경영과학 연구자들과 스탠퍼드 대학교의 간이식 의사로 구성된 종합 프로젝트팀은 미국에서 B형 간염 검진, 치료 및 예방 접종의 어느 조합이 적절한지를 결정하기 위한 의사결정 분석 기법을 수행하였다. 그들의 의사결정 나무에는 (1) B형 간염 감염자를 선별하기 위해 혈액검사를 실시할지 여부, (2) 감염된 개인을 치료할지 여부, (3) 비감염(또는 비심사) 개인에 대한 예방 접종 여부에 대한 순차적 의사결정 대안이 포함되어 있다.

연구진은 일련의 검사, 치료 및 예방 접종 의사결정으로 구성된 각 정책에 대해 기존의 감염 및 치료 지식을 활용하여 향후 질병 진행에 대한 모형을 구축하였다. 엑셀 스프레드시트에서 의사결정 모형을 구현함으로써 감염된 개인을 치료할 수 있도록 성인 아시아인과 태평양 섬 주민을 검사하는 것이 비용 효율적이라는 결론을 내렸다(실제로 이들은 유전적으로 B형 간염 감염 위험이 크다).

모든 미국의 아시아 태평양계 성인들에게 보편적으로 예방 접종을 하는 것이 비용 효과적이지는 않지만, 감염된 사람들과 긴밀한 접촉을 하는 사람들에게 예방 접종을 하는 것이 비용 효과적임이 증명된 것이다. 이러한 결과를 바탕으로 질병 통제 예방 센터는 2008년 공식적인 정책을 업데이트하여 B형 간염 유병률이 중간(2%~7%)인 아시아계와 태평양 섬 주민 및 모든 성인을 대상으로 하는 검사를 권장했다.

*출처 David W. Hutton, Margaret L. Brandeau, and Samuel K. So, "Doing Good With Good OR: Supporting Cost-Effective Hepatitis B Interventions," *Interfaces* 41(May/June 2011): 289-300.

을 가정하는 것은 적절치 않을 수도 있다.

'경영과학의 실행'의 '의사결정 분석이 B형 간염의 치료와 예방을 돕는다'에서는 의료 연구자들이 치료 및 심사 절차와 관련된 위험과 비용을 이해하기 위해 사후확률 정보와 의사결정 분석을 어떻게 사용하는지에 대해 설명한다.

10.7 효용 이론

지금까지 이 장에 제시된 의사결정 분석 상황은 화폐 가치의 관점에서 결과(성과)를 제시했다. 기회 사건의 결과에 대해 가능한 확률 정보를 가지고, 우리는 최적의 예상 값을 제공하는 것과 같은 최적의 의사결정 대안을 정의했다. 그러나 일부 상황에서는 최적의 기댓값을 갖는 의사결정 대안이 바람직한 대안이 될 수 없을 수도 있다. 의사결정자는 의사결정 대안을 평가하기 위해 위험, 이미지 또는 기타 비금전적 기준과 같은 무형의 요소를 고려하길 원할 수도 있다. 금전적 가치가 반드시 가장 바람직한 의사결정 대안으로 이어지지 않을 때, 효용의 측면에서 결과의 값(또는 가치)을 표현하는 것은 가장 바람직한 의사결정 대안을 정의하기 위해 예상되는 효용의 사용을 허용한다. 효용과 의사결정 분석에서의 적용에 대한 논의는 이 장에서 진행한다.

효용(utility)은 특정 결과의 전체적 가치 또는 상대적 바람직함에 대한 측정치이다. 이는 의사결정자의 이익, 손실, 위험과 같은 요소의 집합에 대한 태도를 반영한다. 연구자들은 의사결정자가 합리적으로 고려하는 범위 내에서 성과의 금전적 가치가 유지되는 한, 최고의 기댓값을 갖는 의사결정 대안의 선택이 일반적으로 가장 바람직한 것으로 나타났다. 그러나 성과가 극단적일 때, 의사결정자는 종종 최고의 기댓값을 단순히 제공하는 의사결정에 대해 불만족하거나 불편해한다.

효용은 최적의 의사결정 대안을 선택하는 데 도움을 줄 수 있는 상황의 예로서, 애틀랜타주 조지아에 위치한 비교적 작은 부동산 투자회사인 스워포드사(Swofford, Inc.)가 직면한 문제를 생각해보자. 스워포드는 현재 같은 수준의 현금 지출을 필요로 하는 두 개의 투자 기회를 가지고 있다. 투자에 필요한 현금 때문에 스워포드가 동시에 둘 이상의 투자를 결정하는 것은 불가능하다. 결과적으로, 세 가지 의사결정 대안이 고려될 수 있다. d_1, d_2, d_3로 표기되는 3개의 의사결정 대안은 다음과 같다.

d_1 = A 투자를 결정함
d_2 = B 투자를 결정함
d_3 = 투자하지 않음

투자 기회와 관련된 금전적 성과는 향후 6개월 동안 부동산 시장의 방향과 투자 결정(기회 사건)에 따라 달라진다. 부동산 가격은 올라가거나, 안정적으로 유지되거나, 하락한다. 따라서 s_1, s_2, s_3로 표기되는 자연의 상태는 다음과 같다.

s_1 = 부동산 가격 상승
s_2 = 부동산 가격 안정
s_3 = 부동산 가격 하락

표 10.9 스워포드에 대한 성과표

의사결정 대안	자연의 상태		
	가격 상승 s_1	가격 안정 s_2	가격 하락 s_3
A 투자, d_1	\$30,000	\$20,000	−\$50,000
B 투자, d_2	\$50,000	−\$20,000	−\$30,000
투자하지 않음, d_3	0	0	0

가능한 한 최고의 정보를 사용하여 스워포드는 각 의사결정 대안과 자연의 상태 조합과 관련된 수익 또는 성과를 추정했다. 그에 따른 성과표는 표 10.9에 나와 있다.

부동산 가격이 오를 것이라는 확률의 최고 추정은 0.3이고, 가격이 안정적으로 유지될 것이라는 확률의 최고 추정은 0.5, 가격이 하락할 것이라는 확률의 최고 추정은 0.2이다. 따라서 3개의 의사결정 대안의 기댓값은 다음과 같다.

$$\begin{aligned}
EV(d_1) &= 0.3(30{,}000) + 0.5(20{,}000) + 0.2(-50{,}000) = 9{,}000 \\
EV(d_2) &= 0.3(50{,}000) + 0.5(-20{,}000) + 0.2(-30{,}000) = -11{,}000 \\
EV(d_3) &= 0.3(0) + 0.5(0) + 0.2(0) = 0
\end{aligned}$$

기댓값 접근법을 가지고, 최적의 의사결정은 $9,000의 기댓값을 갖는 A 투자를 선택하는 것이다. 그것이 정말로 최적의 의사결정 대안인가? A 투자가 결정되고 가격이 실제로 하락한다면 $50,000의 손실을 흡수할 수 있는 스워포드의 능력에 관한 몇 가지 다른 관련 요소를 고려해보자.

사실, 스워포드의 현재 재무 상태가 약하다. 이 조건은 하나의 투자만 할 수 있는 스워포드의 능력을 부분적으로 반영한다. 그런데 더 중요한 것은, 회사의 사장은 다음 투자가 상당한 손실을 초래한다면, 스워포드의 미래는 위험에 처할 것이라고 믿는다는 것이다. 비록 기댓값 접근법이 d_1에 대한 추천안으로 이끌더라도, 당신은 회사 사장이 이 의사결정을 선호할 것이라고 생각하는가? 우리는 회사 사장이 $50,000의 손실을 초래할 가능성을 피하기 위해 d_2나 d_3를 선택할 것이라고 생각한다. 사실, 합리적인 결론은, 심지어 $30,000의 손실이 스워포드를 도산하게 하더라도, 사장은 A 투자와 B 투자 모두 스워포드의 현재 재정 상태가 너무 위험하다는 것을 믿으며, d_3를 선택했을 것이다.

스워포드의 딜레마를 해결하기 위한 방법은 우선 다양한 결과에 대한 스워포드의 효용을 결정하는 것이다. 어떤 결과의 효용은 그 결과와 관련된 모든 위험과 성과를 포함한 총가치이다. 다양한 결과에 대한 효용을 정확하게 평가하는 경우, 가장 높은 예상 효용을 갖는 의사결정 대안이 가장 바람직하거나 좋은 대안이다. 다음으로, 가장 높은 예상 효용을 갖는 대안을 선택하기 위해서, 우리는 그 결과의 효용을 결정하는 방법을 알아본다.

효용과 의사결정 분석

스워포드의 상황에서의 각 성과에 대한 효용을 수립하기 위해 사용한 절차는 우선 효용을 최고와 최악의 가능한 성과에 대해 할당하는 것을 요구한다. 최고의 성과에 할당된 효용이 최악의 성과에 할당된 효용보다 큰 동안에는 어떤 값이든 작동할 것이다. 이러한 경우, $50,000가 최고의 성과이고 −$50,000가 최악의 성과이다. 그럼, 우리가 임의로 이러한 두 개의 성과에 대한 할당을 다음과 같이 함을 가정하자.

0에서 1 사이의 효용값이 일반적이나, 이 장에서는 성과에 대한 효용값이 확률값과의 혼동을 피하기 위해서 0에서 10 사이의 값으로 적용되었다.

$$-\$50{,}000\text{의 효용} = U(-50{,}000) = 0$$
$$\$50{,}000\text{의 효용} = U(50{,}000) = 10$$

모든 다른 성과와 관련된 효용을 이제 결정해보자.

$30,000의 성과 효용을 수립하는 프로세스를 고려해보자. 먼저 우리가 선택한 p의 확률에 대해 스워포드의 사장에게 보증된 $30,000의 성과와 다음의 복권이나 배팅에 참여할 수 있는 기회 사이에서 선호하는 것을 골라보자.

복권: 스워포드는 p의 확률로 $50,000의 성과를, $1-p$의 확률로 −$50,000의 성과를 얻는다.

분명하게도, p가 1에 매우 가까워지면, 스워포드의 사장은 회사가 사실상 $50,000의 성과를 보장할 것이므로 $30,000의 보장된 성과에 대한 복권을 선호할 것이다. p가 0에 매우 가까워지면, 스워포드의 사장은 명백하게 $30,000의 보장을 선호할 것이다. 어떠한 사건에서, p가 0에서 1까지 지속적으로 증가함에 따라 $30,000의 보장된 성과에 대한 선호도는 감소하고, 어떤 가지에서 복권에 대한 선호도와 같게 된다. p의 값에서, 스워포드의 사장은 $30,000의 보장된 성과와 복권에 대해 같은 선호도를 갖게 될 것이다. 더 큰 p 값에서, 스워포드의 사장은 $30,000의 보장된 성과에 대한 복권을 선호할 것이다. 예를 들어, $p=0.95$라고 가정하면, 스워포드의 사장은 $30,000의 보장된 성과와 복권 사이의 차이가 없다. 이러한 p의 값에 대해, 우리는 $30,000의 성과의 효용을 다음과 같이 계산할 수 있다.

$$\begin{aligned} U(30{,}000) &= pU(50{,}000) + (1-p)U(-50{,}000) \\ &= 0.95(10) + (0.05)(0) \\ &= 9.5 \end{aligned}$$

분명하게, $50,000와 −$50,000의 성과에 대해 다른 효용 할당을 갖고 시작했다면, 결과는 $30,000에 대한 다른 효용이 나왔을 것이다. 예를 들어, $50,000에 대한 100과 −$50,000에 대한 10의 할당을 가지고 시작했다면, $30,000 성과의 효용은 다음과 같을 것이다.

$$\begin{aligned} U(30{,}000) &= 0.95(100) + 0.05(10) \\ &= 95.0 + 0.5 \\ &= 95.5 \end{aligned}$$

즉, 각 성과에 할당된 효용은 고유하지 않지만 단지 최고와 최악의 성과에 대한 효용의 초기 선택에 따라 달라진다는 결론을 내려야 한다.

다른 성과에 대한 효용을 계산하기 전에, $30,000의 성과에 대해 9.5의 효용을 할당한 스워포드 사장의 시사점에 대해 고려해보자. 명백하게, $p = 0.95$일 때, 복권의 기댓값은 다음과 같다.

$$\begin{aligned} \text{EV(복권)} &= 0.95(\$50,000) + 0.05(-\$50,000) \\ &= \$47,500 - \$2,500 \\ &= \$45,000 \end{aligned}$$

복권의 예상 가치와 보장된 보상의 차이는 의사결정자가 기꺼이 지불하고자 하는 프리미엄으로 볼 수 있다.

비록 $p = 0.95$일 때 복권의 기댓값이 $45,000이지만, 스워포드 사장은 복권(과 관련된 위험)과 $30,000의 보장된 성과 사이에 무관심하다. 따라서, 스워포드 사장은 보수적이거나 위험을 피하려는 시각을 갖는다. 복권을 통해 보장된 성과를 선택하려는 의사결정자는 우수한 기대성과를 가지고 복권을 통해 보장된 성과를 선택하려는 의사결정자는 **위험 회피자**(risk avoider)이다(또는 위험을 싫어하는 사람이라고 한다). 사장은 $50,000의 손실을 발생시키는 기회가 5%보다 큰 어떤 위험보다는 확실한 $30,000를 갖는 것을 선호할 것이다. 즉, $45,000의 기댓값과 $30,000의 보장된 성과 사이의 차이는 위험 프리미엄이다. 스워포드 사장이 $50,000 손실의 5% 기회를 피하기 위해 기꺼이 지불할 의사가 있는 위험 프리미엄이다.

−$20,000의 성과와 관련된 효용을 계산하기 위해, 우리는 스워포드 사장에게 보장된 −$20,000의 성과와 다음 복권에서 다시 참여할 수 있는 기회 중에서 어느 것을 더 선호하는지 물어봐야 한다.

복권: 스워포드는 p의 확률로 $50,000의 성과와 $(1 - p)$의 확률로 −$50,000의 성과를 얻는다.

이 복권은 정확하게 $30,000 성과의 효용을 수립하기 위해 사용했던 것과 같음을 기억하라(사실, 이 복권을 스워포드 성과표에서 어떤 값에 대한 효용을 수립하기 위해 사용할 수 있다.) 우리는 사장을 −$20,000 보장 지급과 복권 사이에서 무관심하게 만들 p의 값을 결정해야 한다. 예를 들어, 우리는 $20,000의 특정 손실과 $p = 0.90$의 확률을 갖는 $50,000의 성과와 $(1 - p) = 0.10$의 확률로 −$50,000의 성과를 갖는 복권 사이에서 사장이 선택을 하도록 요청함으로써 시작할 수 있다. 당신은 우리가 얻을 수 있는 답이 무엇이라 생각하는가? 물론, $50,000 성과를 얻을 수 있는 높을 확률을 가지고, 사장은 복권을 선택할 것이다. 다음으로, 우리는 $p = 0.85$가 확실한 $20,000의 손실과 복권 사이에서 무관심을 초래할 것인지 물을 수 있다. 다시 사장은 복권을 선호할 것이다. 우리가 사장이 −$20,000의 성과와 복권 사이에서 무관심해지는 가지인 $p = 0.55$에 도달할 때까지 계속한다고 가정해보자. 즉, 0.55 이하의 p의 값에 대해, 사장은 복권을 가지고 $50,000의 잠재적 손실 위험보다는 확실한 $20,000의 손실을 취할 것이다. 0.55 이상의 p 값에 대해 사장은 복권을 선택할 것이다. 따라서, −$20,000 성과에 할당된 효용은 다음과 같다.

$$\begin{aligned} U(-\$20{,}000) &= pU(50{,}000) + (1-p)U(-\$50{,}000) \\ &= 0.55(10) + 0.45(0) \\ &= 5.5 \end{aligned}$$

다시 기댓값 접근법과 비교하여 이 과제의 의미를 평가하자. $p = 0.55$일 때, 복권의 기댓값은 다음과 같다.

$$\begin{aligned} \text{EV(복권)} &= 0.55(\$50{,}000) + 0.45(-\$50{,}000) \\ &= \$27{,}500 - \$22{,}500 \\ &= \$5{,}000 \end{aligned}$$

따라서, 복권의 기댓값이 $5,000라고 하더라도, 스워포드 사장은 복권과 그와 관련된 위험을 취하기보다는 −$20,000의 확실한 손실을 흡수할 것이다. 다시 한번 이 선호도는 스워포드 사장의 보수적인 또는 위험 회피적인 시각을 보여준다.

이러한 두 가지 사례에서, 우리는 $30,000와 −$20,000 성과에 대한 효용을 계산했다. 유사한 방식으로 어떤 성과 M에 대한 효용을 결정할 수 있다. 먼저, 우리는 의사결정자가 보장된 성과 M과 p의 확률로 $50,000의 성과를 갖거나 $(1-p)$의 확률로 $50,000의 손실을 가질 수 있는 복권 사이에서 무관심해지는 확률 p를 찾아야 한다.

M의 효용은 다음과 같이 계산된다.

$$\begin{aligned} \mathrm{U(M)} &= pU(\$50{,}000) + (1-p)U(-\$50{,}000) \\ &= p(10) + (1-p)0 \\ &= 10p \end{aligned}$$

표 10.10 스워포드에 대한 화폐 성과의 효용

화폐 가치	p 값의 무관심	효용
$50,000	적용하지 않음	10.0
30,000	0.95	9.5
20,000	0.90	9.0
0	0.75	7.5
−20,000	0.55	5.5
−30,000	0.40	4.0
−50,000	적용하지 않음	0

표 10.11 스워포드의 효용 표

의사결정 대안	자연의 상태		
	가격 상승 s_1	가격 안정 s_2	가격 하락 s_3
A 투자, d_1	9.5	9.0	0
B 투자, d_2	10.0	5.5	4.0
투자하지 않음, d_3	7.5	7.5	7.5

이 절차를 사용하여 우리는 스워포드 문제의 나머지 성과의 각 효용을 개발했다. 결과는 표 10.10에 제시되어 있다.

이제 우리는 가능한 화폐 가치의 각각의 효용을 결정했고, 우리는 효용의 관점에서 원래 성과 테이블을 작성할 수 있다. 표 10.11은 스워포드 문제에 있어서 다양한 결과에 대한 효용을 보여준다. 효용 표에서 입력값으로 U_{ij}를 사용하며, 이는 자연의 상태 s_j와 의사결정 대안 d_i와 관련된 효용을 의미한다. 이러한 용어를 사용하여 우리는 $U_{23} = 4.0$임을 알 수 있다.

우리는 10.3절에서 기댓값을 계산했던 것과 유사한 방식으로 표 10.11에서 **기대 효용**(expected utility, **EU**)을 계산할 수 있다. 즉, 스워포드에 대한 최적의 의사결정 대안을 결정하기 위해 기대 효용 접근법은 분석가들에게 각 의사결정 대안에 대한 기대 효용을 계산하고, 가장 높은 기대 효용을 제공하는 대안을 선택하길 요구한다. N개의 가능한 자연의 상태를 가지고, 의사결정 대안 d_i의 기대 효용은 다음과 같이 주어진다.

기대 효용(EU)

$$EU(d_i) = \sum_{j=1}^{N} P(s_j)U_{ij} \tag{10.16}$$

스워포드 문제의 의사결정 대안 각각의 기대 효용은 다음과 같다.

$$\text{EU}(d_1) = 0.3(9.5) + 0.5(9.0) + 0.2(0) = 7.35$$
$$\text{EU}(d_2) = 0.3(10) + 0.5(5.5) + 0.2(4.0) = 6.55$$
$$\text{EU}(d_3) = 0.3(7.5) + 0.5(7.5) + 0.2(7.5) = 7.50$$

기대 효용 접근법을 사용한 최적의 의사결정은 d_3, 투자하지 않는 것이다. 사장의 효용 할당과 관련 화폐 가치에 따른 대안의 순위는 다음과 같다.

의사결정 대안 순위	기대 효용	기댓값
투자 없음	7.50	0
A 투자	7.35	9,000
B 투자	6.55	−1,000

비록 A 투자가 가장 높은 기댓값 $9,000를 갖지만, 분석 결과는 스워포드가 이 투자를 기각해야 한다고 보인다. A 투자를 선택하지 않는 이면의 이론적 근거는 $50,000 손실의 0.2 확률이 스워포드 사장에게는 심각한 위험을 수반하는 것으로 고려되었다. 이러한 위험과 회사에 관련된 영향의 심각성은 충분히 A 투자의 기댓값에 의해 반영되지 않았다. 이러한 위험을 적절하게 평가하기 위해 각 성과에 대한 효용을 평가했다.

다음의 단계는 일반적인 관점에서 스워포드 투자 문제를 해결하기 위해 사용된 절차를 설명한다.

1단계: 화폐 가치를 이용하여 성과표를 개발하라.

2단계: 표에서 최고/최악의 성과 값을 정하고 각각을 U(최고의 성과), U(최악의 성과)를 갖는 효용에 할당하라.

3단계: 최초의 성과표의 모든 다른 화폐 가치 M에 대해 효용을 결정하기 위해 다음을 수행하라.

a. 최고 성과의 확률 p와 최악의 성과 확률 $(1-p)$를 갖는 복권을 정의하라.

b. 의사결정자가 보장된 보수 M과 3단계 (a)에서 결정된 복권 사이에서 무관심한 p 값을 결정하라.

c. M의 효용을 다음과 같이 계산하라.

$$U(M) = pU(\text{최고의 성과}) + (1-p)U(\text{최악의 성과})$$

4단계: 성과표의 화폐 가치를 효용으로 전환하라.

5단계: 기대 효용 접근법을 4단계에서 개발된 효용 표에 적용하고 가장 높은 기대 효용을 갖는 대안을 선택하라.

화폐 결과의 효용을 결정하는 데 설명한 절차는 비화폐적인 결과에 대한 효용 측정을 개발하기 위해 사용될 수 있다. 최고의 결과를 효용 10으로 최악을 효용 0으로 지정하라. 그리고 나서 최고 결과에 대한 확률 p와 최악의 결과에 대한 확률 $(1-p)$를 갖는 복권을 만들어보라. 각각의 다른 결과에 대해, 의사결정자가 복권과 결과 사이에서 무관심해지는 p의 값을 찾아보라. 그리고 나서 질문에서의 결과 효용을 다음과 같이 계산하라.

$$U(\text{결과}) = pU(\text{최고의 결과}) + (1-p)U(\text{최악의 결과})$$

효용함수

다음으로 다른 의사결정자들이 효용 평가의 관점에서 위험을 어떻게 접근할 수 있는지 설명하고자 한다. 스워포드의 재정적 위치는 회사 사장이 보수적이고 위험 회피적인 관점에서 투자 기회를 평가하는 것과 같다. 그런데 회사가 현금의 흑자와 안정적 미래를 갖는다면, 스워포드 사장은 비록 위험하더라도 실질적인 이익에 대한 잠재 가능성을 포함하는 투자 대안을 찾을 것이다. 그러한 행동 타입은 사장이 이러한 의사결정과 비교해서 위험 감수자임을 설명해준다.

위험 감수자(risk taker)는 복권의 기댓값이 보장된 성과에 비해 열등할 때, 보장된 성과보다 복권을 선택하는 의사결정자이다. 이 절에서는 스워포드가 직면한 의사결정 문제를 위험 감수자로 분류되는 의사결정자들의 관점에서 분석한다. 그런 다음, 우리는 스워포드 사장(위험 회피자)의 보수적인 관점과 위험 감수자인 의사결정자의 행동을 비교할 것이다.

스워포드가 마주한 의사결정 문제에 대해, 앞서 논의된 효용 개발에 대한 일반적인 절차를 사용하여, 위험 감수자는 표 10.12에서 보이는 다양한 성과에 대한 효용을 표현할 수 있다. 앞에서처럼, $U(50{,}000) = 10$이고 $U(-50{,}000) = 0$이다. 표 10.12와 표 10.10에 반영된 행동의 차이에 주목하라. 즉, 의사결정자가 M의 보장된 성과와 $50,000를 얻을 확률 p와 $(1-p)$의 확률로 $50,000를 잃을 수 있는 복권 사이에서 무관심해지는 p의 값을 결정하는 데 있어서, 위험 감수자는 $50,000의 이익을 실현할 수 있는 기회를 얻기 위해 $50,000의 손실을 초래할 수 있는 더 큰 위험을 기꺼이 받아들일 것이다.

위험 감수자에 대한 효용 표 개발을 돕기 위해 표 10.13의 스워포드 성과표를 다시 만들었다. 이러한 성과와 표 10.12에서 주어진 위험 감수자의 효용을 이용하여 위험 감수자의 효용 표를 표 10.14와 같이 만들 수 있다. 자연의 상태 확률 $P(s_1) = 0.3$, $P(s_2) = 0.5$, $P(s_3) = 0.2$를 이용하여 각 의사결정 대안에 대한 기대 효용은 다음과 같다.

표 10.12 위험 감수자로 가정했을 때 스워포드의 수정된 효용

화폐 가치	p 값의 무관심	효용
$50,000	적용하지 않음	10.0
30,000	0.50	5.0
20,000	0.40	4.0
0	0.25	2.5
−20,000	0.15	1.5
−30,000	0.10	1.0
−50,000	적용하지 않음	0

표 10.13 스워포드에 대한 성과표

의사결정 대안	자연의 상태		
	가격 상승 s_1	가격 안정 s_2	가격 하락 s_3
A 투자, d_1	\$30,000	\$20,000	−\$50,000
B 투자, d_2	\$50,000	−\$20,000	−\$30,000
투자하지 않음, d_3	0	0	0

표 10.14 스워포드의 위험 감수자에 대한 효용 표

의사결정 대안	자연의 상태		
	가격 상승 s_1	가격 안정 s_2	가격 하락 s_3
A 투자, d_1	5.0	4.0	0
B 투자, d_2	10.0	1.5	1.0
투자하지 않음, d_3	2.5	2.5	2.5

$$\mathrm{EU}(d_1) = 0.3(5.0) + 0.5(4.0) + 0.2(0) = 3.50$$
$$\mathrm{EU}(d_2) = 0.3(10) + 0.5(1.5) + 0.2(1.0) = 3.95$$
$$\mathrm{EU}(d_3) = 0.3(2.5) + 0.5(2.5) + 0.2(2.5) = 2.50$$

추천된 대안은 무엇인가? 아마도 약간 놀랍게도, 분석 결과는 3.95의 가장 높은 예상 효용을 갖는 B 투자를 권장한다. 이 투자는 −\$1,000 예상 값을 갖는 것을 기억하라. 그것이 현재 왜 추천된 의사결정안인가? 수정된 문제에서 의사결정자는 위험 감수자임을 기억하라. 따라서, 비록 B 투자의 기댓값이 음수이더라도, 효용 분석은 이 의사결정자가 B 투자와 잠재적인 \$50,000의 이익을 더 선호할 만큼 충분히 위험 감수자임을 보여준다.

기대 효용에 의한 순위는 위험 감수자 및 관련된 기댓값에 대한 의사결정 대안의 선호도 순서를 다음과 같이 생성한다.

의사결정 대안 순위	기대 효용	기댓값
B 투자	3.95	−\$1,000
A 투자	3.50	\$9,000
투자하지 않음	2.50	0

위험 감수자에 대한 효용 분석을 위험 회피자인 스워포드 사장의 더 보수적인 선호도와 비교하여, 우리는 심지어 같은 의사결정 문제를 가지고도 위험에 대한 서로 다른 태도가 다른 추천 의사결정안으로 이어질 수 있음을 알 수 있다. 위험 감수자에 의해 수립된

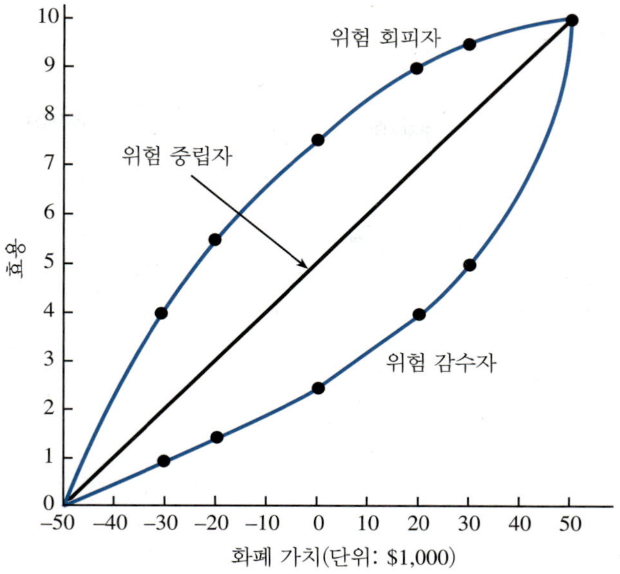

그림 10.16 위험 회피자, 위험 감수자, 위험 중립자에 대한 금전적 효용함수

효용은 B 투자에 대한 선호도를 보여주는 반면, 스워포드의 사장에 의해 수립된 효용은 회사가 투자해서는 안 됨을 보여준다. 이러한 의사결정 모두는 최고의 기댓값 의사결정은 A 투자와는 다름을 기억하라.

화폐 가치와 효용 간의 관계를 예측하는 그래프를 개발함으로써, 위험 회피자와 위험 감수자의 행동 간의 차이에 대한 또 다른 관점을 얻을 수 있다. 화폐 가치를 나타내는 가로축과 각 화폐 가치와 관련된 효용을 나타내는 세로축을 사용한다. 이제, 표 10.10에 있는 데이터를 기본 스워포드에 대한 각 화폐 가치와 관련된 효용을 가지고 고려해보자. 이러한 값은 그림 10.16에서 위쪽 곡선을 생성하기 위해 그래프를 그릴 수 있다. 결과 곡선은 스워포드 사장을 위한 **화폐에 대한 효용함수**(utility function for money)이다. 이러한 점들은 스워포드 사장의 보수적이거나 위험 회피적인 성향을 반영한다. 따라서 위험 회피자에 대한 효용함수로서 그림 10.16에서의 위쪽 커브를 언급한다. 위험 감수자에 대해 개발된 표 10.12에서의 데이터를 사용하여, 이러한 점들을 가지고 그림 10.16에 있는 아래쪽 곡선을 그릴 수 있다. 결과 곡선은 위험 감수자에 대한 효용 곡선을 예측한다.

그림 10.16에서의 효용함수를 지켜봄으로써, 위험 회피자와 위험 감수자에 대한 효용함수에 관해 일반화를 시작할 수 있다. 비록 각 효용함수의 정확한 모양이 의사결정자마다 다를 수 있더라도, 효용함수의 두 가지 형태의 일반적인 모양을 볼 수 있다. 위험 회피자에 대한 효용함수는 돈에 대한 감소하는 한계 수익을 보여준다. 예를 들어, 화폐 가치가 $0에서 $30,000로 효용의 증가는 단지 9.5 − 7.5 = 2.0인 반면에, − $30,000에서 $0로

가는 효용 증가는 7.5 − 4.0 = 3.5이다.

그런데 위험 감수자에 대한 효용함수는 증가하는 한계 수익을 보여준다. 예를 들어, 그림 10.16에서 위험 감수자에 대한 $0에서 $30,000로의 효용 증가는 5.0 − 2.5 = 2.5인 반면, 위험 감수자에 대한 − $30,000에서 $0로의 효용 증가는 2.5 − 1.0 = 1.5이다. 또한 효용 기능이 항상 증가하는 경우에, 즉 더 많은 돈이 더 많은 효용으로 연결된다. 모든 효용함수는 이러한 속성을 갖는다.

우리는 위험 회피자에 대한 효용함수가 한계 감소 수익을 보여주고, 위험 감수자에 대한 효용함수는 한계 증가 수익을 보여준다고 결론을 내렸다. 돈에 대한 한계 수익이 감소하거나 증가함이 없이 일정하게 유지된다면, 해당 효용함수는 위험에 중립적인 의사결정자의 행동을 설명한다. 다음 특성은 **위험 중립자**(risk neutral)와 관련된 특성들이다.

1. 효용함수는 '최고'와 '최악' 가지를 연결하는 직선으로 그려질 수 있다.
2. 금전적 성과에 적용된 기대 효용 접근법과 기댓값 접근법은 같은 행동 결과를 나타낸다.

그림 10.16의 직선, 대각선은 스워포드 문제 데이터를 사용하여 위험 중립적 의사결정자의 효용함수를 나타낸다.

일반적으로, 특정 의사결정 문제에 대한 성과가 합리적인 범위 내에 있을 때(최고가 너무 좋지도 않고, 최악이 너무 나쁘지 않은) 의사결정자는 기댓값 접근법을 취한다. 따라서, 우리는 의사결정자에게 문제의 최고와 최악이 가능한 성과를 고려하도록 요청하고 합리성을 평가하도록 하는 것이 좋다. 의사결정자가 그들이 합리적인 범위 내에 있다고 믿는다면, 최고의 기댓값을 갖는 의사결정 대안이 사용될 수 있다. 그러나 성과가 비합리적으로 크거나 이유 없이 작다면(예: 큰 손실) 그리고 의사결정자가 자신의 선호도를 적절히 반영한 화폐 가치의 성과가 아니라면, 그 문제의 효용 분석은 제고되어야 한다.

지수 효용함수

식 (10.17)에서 숫자 e ≈ 2.718282…는 자연로그의 밑변에 해당하는 수학적 상수이다. 엑셀에서는 함수 *EXP*(*x*)를 사용하여 모든 거듭제곱 *x*에 대해 e^x를 평가할 수 있다.

의사결정자로 하여금 효용함수를 만들기 위해 충분한 무차별 값을 제공하도록 하는 것은 시간 낭비일 수 있다. 대안은 의사결정자의 효용이 지수함수로 정의된다고 가정하는 것이다. 그림 10.17은 각각 다른 지수 효용함수의 예를 보여준다. 모든 지수 효용함수는 의사결정자가 위험을 회피함을 가리킨다. 지수 효용함수의 형태는 다음과 같다.

지수 효용함수

$$U(x) = 1 - e^{-x/R} \tag{10.17}$$

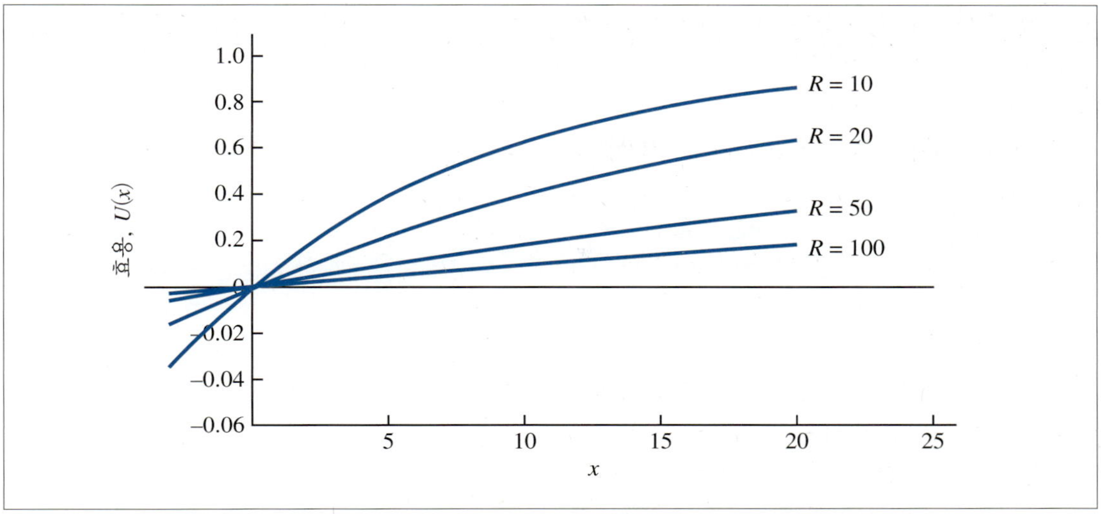

그림 10.17 다른 위험 허용치(R)을 갖는 지수 효용함수

식 (10.17)의 변수 R은 의사결정자의 위험 허용치를 나타낸다. 이것은 지수 효용함수의 모양을 결정한다. 큰 R 값은 의사결정자가 위험을 덜 회피함(위험 중립적)을 나타내고, 상대적으로 완만한 형태의 지수함수를 생성한다. 작은 R 값은 의사결정자가 위험 허용치를 작게 갖고 있음(위험을 더욱 회피하는)을 나타낸다. 대략적인 위험 허용치를 결정하는 일반적 방법은 의사결정자에게 0.5의 확률로 \$$R$를 얻고 0.5의 확률로 \$$R$/2를 잃을 수 있는 시나리오를 고려하도록 하는 것이다. 식 (10.17)에 사용된 R 값은 의사결정자가 도박을 받아들일 수 있는 가장 큰 \$$R$이다. 예를 들어, 의사결정자가 \$2,000 획득의 50% 기회와 \$1,000를 잃을 50% 기회를 갖는 도박을 받아들이는 데는 편안하지만, \$3,000 획득의 50% 기회와 \$1,500를 잃을 50% 기회를 갖는 도박에는 아니라면, 우리는 식 (10.17)에서 R = \$2,000를 사용할 것이다. 의사결정자가 할 용의가 있는 최대 도박을 결정하고 지수 효용함수의 값을 사용하는 것은 무차별 확률의 전체 표를 생성하는 것보다 더 시간 소비가 적을 수 있다. 지수 효용함수를 사용하는 것은 의사결정자가 위험 회피적임을 가정하는 것임을 기억해야 한다. 그런데 이는 종종 비즈니스 의사결정을 위한 사례에서 사실로 나타난다.

유의사항

1. 스워포드 문제에서, 우리는 최고의 성과에 대한 효용 10과 최악의 성과에 대한 효용 0을 사용해왔다. 우리는 최고의 성과와 관련된 효용이 최악의 성과와 관련된 효용을 초과하는 동안 모든 값을 선택할 수 있었다. 상대적으로, 1의 효용은 최고의 성과와 관련될 수 있고, 0의 효용은 최악의 성과와 관련될 수 있다. 우리는 이 선택을 했듯이, 화폐 가치 M에 대한 효용은 의사결정자가 M의 보장된 보수와 최고의 성과가 p의 확률로 얻어지고 최악의 성과가 $(1-p)$의 확률로 얻어지는 복권 사이의 무관심한 p의 값이다. 따라서, 모든 금전적 가치에 대한 효용은 최고의 성과를 얻는 확률과 동일했을 것이다. 이 선택은 계산의 용이성 때문에 종종 이루어진다. 우리는 효용과 복권에 대해 무관심 확률 사이의 차이를 강조하기 위해 그렇게 하지 않도록 선택했다.
2. 상황은 종종 의사결정을 할 때 위험 회피자로 행동할지 위험 감수자로 행동할지를 지시한다. 예를 들어, 당신은 재정적 의사결정에 직면했을 때 당신을 위험 회피자로 생각할 수 있지만, 복권을 구입할 때는 실제로 위험 감수자처럼 행동했다. 예를 들어, 당신이 50개의 잠재적인 숫자에서 6개의 숫자를 선택하는 간단한 방식의 $1 복권을 산다고 가정해보자. 또한 당첨자(6개의 숫자를 모두 정확하게 선택한 사람)는 $1,000,000를 받게 된다고 가정해보자. 15,890,700개의 가능한 조합이 있고, 당신의 승리 확률은 15,890,700분의 1=0.0000000629298898 09763(즉, 매우 낮다)이며, 당신의 복권의 기댓값은 다음과 같거나 거의 −$0.94이다.

$$\frac{1}{15{,}890{,}700}(\$1{,}000{,}000 - \$1) + \left(1 - \frac{1}{15{,}890{,}700}\right)(-\$1)$$
$$= -\$0.93707$$

복권이 음수의 기댓값을 갖지만, 누구나 사지 않을 이유가 있겠는가? 답은 효용에 있다. 복권을 사는 대부분의 사람들은 $1,000,000 당첨의 가능성에 대한 큰 효용과 티켓에 대한 $1의 비용에 대한 작은 효용을 연결하고, 복권의 효용의 기댓값은 복권의 기댓값이 음수더라도 양수가 된다.

요약

의사결정 분석은 추천 의사결정 대안을 결정하거나 의사결정자가 미리 사건에 대한 불확실하고 위험이 가득한 형태에 직면했을 때 최적의 의사결정 전략을 결정하기 위해 사용될 수 있다. 의사결정 분석의 목적은 불확실한 사건과 가능한 결과 또는 성과에 대한 주어진 정보를 가지고 최적의 의사결정 대안을 결정하거나 최적의 의사결정 전략을 선택하는 것이다. 불확실한 미래 사건은 기회 사건(chance event)이라고 불리며, 기회 사건의 결과는 자연의 상태(state of nature)라고 불린다. '최적의' 의사결정은 결과를 평가하는 데 있어서 의사결정자의 위험 선호도를 고려해야 한다.

영향도, 성과표, 의사결정 나무가 의사결정 문제를 구조화하고 의사결정과 기회 사건, 결과 간 관계를 설명하는 데 어떻게 사용될 수 있는지를 보여주었다. 확률을 사용하지 않는 의사결정 문제에 대한 세 가지 접근법, 즉 낙관적 접근법, 보수적 접근법, 미니맥스 후회 접근법을 소개했다. 자연의 상태에 대해 확률이 제공될 때, 기댓값 접근법은 추천 의사결정 대안 또는 의사결정 전략을 얻기 위해 사용될 수 있다.

기댓값 접근법이 추천 의사결정 대안이나 최적 의사결정 전략을 얻기 위해 사용될 수 있다고 하더라도, 실제로 발생하는 성과는 기댓값과는 다른 값일 수 있다. 위험 프로필은 가능한 성과에 대한 확률분포를 제공하고 의사결정자가 다른 의사결정 대안과 관련된 위험을 평가하는 데 도움을 줄 수 있다. 마지막으로, 민감도 분석은 자연의 상태에 대한 확률의 변화와 성과 값의 변화 결과가 추천 의사결정 대안에 영향을 미칠 수 있음을 결정하기 위해 사용될 수 있다.

기회 사건에 대한 샘플 정보가 가능한 경우, 의사결정 순서는 다음과 같이 이루어져야 한다. 우선, 샘플 정보를 얻을 것인지 결정해야 한다. 이 의사결정에 대한 답이 '예'라면, 특정 샘플 정보를 기반으로 하는 최적의 의사결정 전략은 개발되어야 한다. 이 상황에서, 의사결정 나무와 기댓값 접근법은 최적의 의사결정 전략을 결정하기 위해 사용될 수 있다.

베이즈 이론은 의사결정 나무에 대한 가지의 확률을 계산하기 위해 사용될 수 있다. 베이즈 이론은 수정된 사후확률을 계산하기 위해 샘플 정보를 사용하여 자연의 상태에 대한 의사결정자의 사전확률을 업데이트한다.

화폐 가치로 측정되는 성과가 적절하지 못한 의사결정 상황에서, 우리는 효용이 어떻게 사용될 수 있는지를 살펴보았다. 효용은 이익, 손실, 위험, 부가적인 비금전적인 요인 등의 모든 면을 포함한 결과에 대해 의사결정자의 평가를 반영한다. 이 장에서 제시된 예들은 기댓값을 토대로 추천된 의사결정 대안과는 달리, 기대 효용의 사용이 어떻게 다른 의사결정 추천안을 이끄는지 제시하였다.

의사결정자의 판단은 각 결과에 대한 효용을 수립하기 위해 사용된다. 우리는 금전적 성과에 대한 의사결정자의 효용을 결정하기 위한 단계별 절차를 보여주었다. 또한, 보수적이고 위험 회피적인 의사결정자가 더 공격적이고 위험을 감수하는 의사결정자와 얼마나 다르게 효용을 평가하는지에 대해 설명하였다.

주요 용어

- **가지(branch)** 의사결정 노드로부터의 대안과 기회 노드로부터의 결과를 보여주는 선.
- **결과(consequence)** 의사결정 대안이 선택되고 기회 사건이 발생할 때 얻어지는 결과. 결과의 측정은 종종 성과로 불린다.
- **결과 노드(consequence node)** 성과가 발생하는 가지를 나타내는 노드.
- **결합확률(joint probability)** 샘플 정보와 동시에 발생하는 특정 자연의 상태의 확률.

- **기대 효용(expected utility, EU)** 의사결정 대안과 관련된 효용의 가중 평균. 가중치는 자연의 상태 확률이다.
- **기댓값(expected value, EV)** 기회 노드에 대해 성과의 가중 평균. 가중치는 자연의 상태 확률이다.
- **기댓값 접근법(expected value approach)** 각 의사결정 대안의 기댓값에 근거한 의사결정 대안을 선택하는 방법. 추천 의사결정 대안은 최고의 기댓값을 제공하는 것이다.
- **기회 노드(chance node)** 불확실한 사건이 발생하는 가지를 나타내는 노드.
- **기회 사건(chance event)** 결과, 성과, 의사결정과 관련된 것에 영향을 미치는 불확실한 미래 사건.
- **기회 손실 또는 후회(opportunity loss, or regret)** 각 자연의 상태에 대해 최적의 의사결정을 결정하지 않음으로써 발생하는 손실의 양(더 낮은 이익 또는 더 높은 비용).
- **낙관적 접근법(optimistic approach)** 확률 사용 없이 의사결정 대안을 선택하는 접근법. 최대화 문제에서는 가장 큰 성과에 대응하는 의사결정 대안을 선택하도록 한다. 최소화 문제에서는 가장 작은 성과에 대응하는 의사결정 대안을 선택하도록 한다.
- **노드(node)** 영향도 또는 의사결정 나무의 교차점.
- **미니맥스 후회 접근법(minimax regret approach)** 확률 사용 없이 의사결정 대안을 선택하는 방법. 각 의사결정 대안에 대해 최대 후회가 계산되고, 최대 후회를 최소화하는 의사결정 대안을 선택하도록 한다.
- **민감도 분석(sensitivity analysis)** 추천 의사결정 대안에 영향을 미치는 성과의 변화 또는 자연의 상태에 대한 확률 평가에서의 변화에 대한 연구.
- **베이즈 이론(Bayes' theorem)** 샘플 정보의 사용이 사전확률 수정을 가능하게 하는 이론.
- **보수적 접근법(conservative approach)** 확률 사용 없이 의사결정 대안을 선택하는 방법. 최대화 문제에서는 최소 성과를 최대화하는 의사결정 대안을 선택하도록 한다. 최소화 문제에서는 최대 성과를 최소화하는 의사결정 대안을 선택하도록 한다.
- **사전확률(prior probability)** 샘플 정보를 얻기 전의 자연 상태의 확률.
- **사후확률 또는 수정확률(posterior probability, or revised probability)** 샘플 정보에 근거한 사전확률을 수정한 후의 자연 상태의 확률.
- **샘플 정보(sample information)** 자연 상태의 확률의 업데이트나 수정을 가능하게 하는 조사나 실험을 통해 얻어지는 새로운 정보.
- **샘플 정보의 기댓값(expected value of sample information, EVSI)** 샘플 정보에 근거한 최적 전략의 기댓값과 샘플 정보 없는 '최고'의 기댓값 간의 차이.
- **성과(payoff)** 이익, 비용, 시간과 같은 의사결정의 결과의 측정방법. 의사결정 대안과 자연의 상태의 각 조합은 관련된 성과(결과)를 갖는다.

- **성과표(payoff table)** 의사결정 문제에 대한 성과를 표로 나타낸 것.
- **영향도(influence diagram)** 의사결정 문제에서 의사결정, 기회 사건, 그리고 의사결정 문제의 결과 사이의 관계를 보여주는 다이어그램.
- **완벽한 정보의 기댓값(expected value of perfect information, EVPI)** 의사결정자에게 정확하게 발생할 수 있는 자연의 상태를 알려줄 수 있는 정보의 기댓값(완벽한 정보).
- **위험 감수자(risk taker)** 더 나은 보장된 성과에 대한 복권을 선택할 의사결정자.
- **위험 분석(risk analysis)** 의사결정 대안 또는 의사결정 전략과 관련된 가능한 성과와 확률의 연구.
- **위험 중립자(risk neutral)** 위험에 중립적인 의사결정자. 이러한 의사결정자에 있어 최고의 기댓값을 갖는 의사결정 대안은 가장 높은 기대 효용을 갖는 의사결정 대안과 동일하다.
- **위험 프로필(risk profile)** 의사결정 대안 또는 의사결정 전략과 관련된 가능한 성과의 확률 분산.
- **위험 회피자(risk avoider)** 더 나은 기대 성과를 갖는 복권에 대한 보장된 성과를 선택하는 의사결정자.
- **의사결정 나무(decision tree)** 의사결정 과정의 시간적 특정을 보여주는 의사결정 문제의 시각적 표현.
- **의사결정 노드(decision node)** 의사결정이 이루어지는 가지를 나타내는 노드.
- **의사결정 대안(decision alternative)** 의사결정자에게 가능한 옵션.
- **의사결정 전략(decision strategy)** 의사결정 문제의 최적해를 얻기 위해 기회 사건의 결과를 토대로 의사결정을 연속적으로 하는 것.
- **자연의 상태(states of nature)** 의사결정 대안의 성과에 영향을 미치는 기회 사건의 결과.
- **조건부 확률(conditional probability)** (가능한) 관련 사건의 알려진 결과에 주어진 한 사건의 확률.
- **화폐에 대한 효용함수(utility function for money)** 금전적 가치와 효용 간의 관계를 보여주는 곡선.
- **효용(utility)** 의사결정자의 이익, 손실, 위험과 같은 결과 측정치의 전체 가치.
- **효율성(efficiency)** EVPI에 대한 EVSI의 비율을 퍼센트로 나타낸 것. 완벽한 정보는 100% 효율적이다.

연습문제

1. **두 가지 의사결정 대안과 세 가지 자연 상태** 다음 성과표는 두 가지 의사결정 대

안과 세 가지 자연 상태의 의사결정 분석 문제에 대한 이익을 보여준다.

의사결정 대안	자연의 상태		
	s_1	s_2	s_3
d_1	250	100	25
d_2	100	100	75

a. 이 문제에 대한 의사결정 나무를 그려보라.

b. 의사결정자가 세 가지 자연 상태의 확률에 대해 아무것도 모른다면, 긍정적, 보수적, 미니맥스 후회 접근법을 사용하여 추천된 의사결정은 무엇인가?

2. **네 가지 의사결정 대안과 네 가지 자연 상태** 네 가지 의사결정 대안과 네 가지 자연 상태에 직면한 의사결정권자가 다음과 같은 이익 성과표를 작성한다고 가정해 보자.

의사결정 대안	자연의 상태			
	s_1	s_2	s_3	s_4
d_1	14	9	10	5
d_2	11	10	8	7
d_3	9	10	10	11
d_4	8	10	11	13

a. 의사결정자가 네 가지 자연 상태의 확률에 대해 아무것도 모른다면, 긍정적, 보수적, 미니맥스 후회 접근법을 사용한 추천 의사결정은 무엇인가?

b. 어떤 접근방식을 선호하는가? 설명해보라. 문제를 분석하기 전에 가장 적절한 접근방식을 수립하는 것이 의사결정자에게 중요한가? 설명해보라.

c. 성과표가 이익 성과가 아닌 비용을 제공한다고 가정해보라. 긍정적, 보수적, 미니맥스 후회 접근법을 사용한 추천 의사결정은 무엇인가?

3. **플랜트 규모 결정** 무뇨스(Muñoz) 코퍼레이션은 새로운 레크리에이션 제품 라인을 생산하기로 결정하면서 소규모 공장 또는 대규모 공장을 건설해야 한다. 공장 규모를 가장 잘 선택하는 것은 새로운 제품 라인에 대한 시장의 반응에 따라 달라진다. 분석을 수행하기 위해 마케팅 경영진은 장기적으로 발생할 수 있는 수요를 낮음, 중간, 높음으로 보기로 결정했다. 다음 성과표에는 예상 수익(단위: $100만)이 표시되어 있다.

플랜트 규모	장기적 수요		
	낮음	중간	높음
소규모	250	100	25
대규모	100	100	75

a. 무뇨스 문제에 대한 의사결정은 무엇이며, 기회 사건은 무엇인가?

b. 영향도를 작성하라.

c. 의사결정 나무를 작성하라.

d. 긍정적 접근법, 보수적 접근법, 미니맥스 후회 최소화 접근법을 사용하여 의사결정을 추천해보라.

4. **자동차 리스** 에이미 로이드(Amy Lloyd)는 새 혼다(Honda) 리스에 관심이 있어 세 곳의 자동차 딜러에게 가격 정보를 문의했다. 각 딜러는 에이미에게 계약 시 선납금이 없는 36개월 리스를 제안했다. 각 리스에는 월별 요금과 마일리지 수당이 포함되어 있다. 추가 마일에는 마일당 할증료가 부과된다. 월 리스 비용, 마일리지 허용 한도 및 추가 마일 비용은 다음과 같다.

딜러	월 비용	마일리지 허용 한도	추가 마일 비용
헴번 혼다	$299	36,000	$0.15
미드타운 모터스	$310	45,000	$0.20
홉킨스 오토	$325	54,000	$0.15

에이미는 총 36개월 비용을 최소화할 수 있는 리스 옵션을 선택하기로 결정했다. 문제는 에이미가 향후 3년 동안 얼마나 많은 거리를 운전할지 확실하지 않다는 것이다. 이 결정을 내리기 위해 에이미는 연간 12,000마일, 연간 15,000마일 또는 연간 18,000마일을 운전할 것이라고 가정하는 것이 합리적이라고 생각한다. 이러한 가정을 바탕으로 에이미는 세 가지 리스 옵션에 대한 총비용을 추정했다. 예를 들어, 연간 12,000마일을 주행하는 경우 헴번 혼다 리스를 이용할 경우 $10,764, 연간 15,000마일을 주행하는 경우 $12,114, 연간 18,000마일을 주행하는 경우 $13,464의 비용이 들 것으로 예상했다.

a. 의사결정은 무엇이며 기회 사건은 무엇인가?

b. 에이미의 문제에 대한 성과표를 작성하라.

c. 에이미가 세 가지 마일리지 가정 중 어떤 것이 가장 적절한지 모를 경우, 긍정적 접근법, 보수적 접근법, 미니맥스 후회 접근법을 사용하여 권장되는 결정(리스 옵션)은 무엇인가?

d. 에이미가 연간 12,000마일, 15,000마일, 18,000마일을 운전할 확률이 각각 0.5,

0.4, 0.1이라고 가정한다. 에이미는 기대가치 접근법을 사용하여 어떤 옵션을 선택해야 하는가?

e. 위 (d) 문제에서 선택한 결정에 대한 위험 프로필을 개발하라. 가장 가능성이 큰 비용은 무엇이며, 그 확률은 얼마인가?

f. 추가 고려 끝에 에이미가 연간 12,000마일, 15,000마일, 18,000마일을 운전할 확률이 각각 0.3, 0.4, 0.3이라는 결론을 내렸다고 가정한다. 에이미는 기대가치 접근법을 사용하여 어떤 의사결정을 내려야 하는가?

5. **최적 의사결정에 대한 기대가치 접근법** 문제 1에 다음과 같은 성과표가 제시되어 있다. 의사결정자가 확률 평가 $P(s_1) = 0.65$, $P(s_2) = 0.15$, $P(s_3) = 0.20$을 얻었다고 가정한다. 기댓값 접근법을 사용하여 최적의 의사결정을 추천하라.

의사결정 대안	자연의 상태		
	s_1	s_2	s_3
d_1	250	100	25
d_2	100	100	75

6. **시장 부문 투자** 투자 자문가들은 컴퓨터, 금융, 제조, 제약 등 4개 시장 부문의 주식시장 수익률을 추정했다. 연간 수익률 예상치는 전반적인 경제 상황의 개선, 안정, 하락 여부에 따라 달라진다. 각 경제 상황에 따른 각 시장 부문의 연간 예상 수익률은 다음과 같다.

시장 부문	경제 상황		
	개선	안정	하락
컴퓨터	10	2	−4
금융	8	5	−3
제조	6	4	−2
제약	6	5	−1

a. 개인 투자자가 신규 투자를 위해 한 시장 부문을 선택하려고 한다고 가정한다. 예측에 따르면 경제 상황이 개선(0.2), 안정(0.5), 하락(0.3)의 확률을 가지는 것으로 나타났다. 투자자가 선호하는 시장 부문은 무엇이며 예상 수익률은 얼마인가?

b. 나중에 수정된 예측은 경제 상황이 개선될 가능성을 보여준다. 새로운 확률은 다음과 같다. 개선(0.4), 안정(0.4), 하락(0.2). 이 새로운 확률을 기준으로 투자자가 선호하는 시장 부문 무엇인가? 예상 수익률은 얼마인가?

7. **데이터 웨어하우스 운영** 강(Kang) 코퍼레이션은 데이터 처리 작업을 관리하기 위해 자체 직원으로 계속 운영하거나, 외부 공급업체를 고용하여 관리(아웃소싱이라고 함)하거나, 자체 직원과 외부 공급업체를 함께 사용하는 세 가지 옵션을 고려하고 있다. 운영 비용은 향후 수요에 따라 달라진다. 각 옵션의 연간 비용(단위: $1,000)은 다음과 같이 수요에 따라 달라진다.

직원 배치 옵션	수요		
	높음	중간	낮음
자체 직원	650	650	600
외부 공급업체	900	600	300
조합	800	650	500

a. 수요 확률이 0.2, 0.5, 0.3인 경우, 데이터 처리 작업의 예상비용을 최소화하는 의사결정 대안은 무엇인가? 해당 권장 사항과 관련된 연간 예상비용은 얼마인가?

b. 위 (a) 문제의 최적의 의사결정에 대한 위험 프로필을 구성하라. 비용이 $700,000를 초과할 확률은 얼마인가?

8. **두 가지 자연 상태와 두 가지 의사결정 대안** 다음 성과표는 두 가지 자연의 상태와 두 가지 의사결정 대안이 있는 문제에 대한 성과표이다.

의사결정 대안	자연의 상태	
	s_1	s_2
d_1	10	1
d_2	4	3

a. 그래픽 민감도 분석을 사용하여 각 의사결정 대안의 예상 값이 가장 큰 자연 상태 s_1의 확률 범위를 결정하라.

b. $P(s_1) = 0.2$ 및 $P(s_2) = 0.8$이라고 가정한다. 기대가치 접근법을 사용하는 최적의 의사결정은 무엇인가?

c. 의사결정 대안 d_1에 대한 성과에 대한 민감도 분석을 수행한다. 확률이 위 (b) 문제에 주어진 것과 같다고 가정하고, (b)에서 찾은 해를 최적으로 유지할 수 있는 자연의 상태 s_1과 s_2에서의 성과 범위를 구하라. 이 해는 자연 상태 s_1 또는 s_2의 성과에 더 민감한가?

9. **클리블랜드-머틀 비치 항공 서비스** 머틀(Myrtle) 에어 익스프레스는 클리블랜드에서 머틀 비치까지 직항 서비스를 제공하기로 결정했다. 경영진은 회사의 새로운

제트기를 이용한 정가 서비스와 소용량의 통근 비행기를 이용한 할인 서비스 중 하나를 결정해야 한다. 최선의 선택은 머틀 에어가 제공하는 서비스에 대한 시장 반응에 달려 있다는 것은 분명하다. 경영진은 머틀 비치에 대한 서비스 수요의 강세와 약세라는 두 가지 가능한 수준을 기준으로 각 서비스 유형에 대한 수익 기여도 추정치를 개발했다. 다음 표는 분기별 예상 수익(단위: $1,000)을 보여준다.

서비스	서비스 수요	
	강함	약함
전체 가격	$960	−$490
할인	$670	$320

a. 내려야 할 의사결정은 무엇이고, 기회 사건은 무엇이며, 이 문제에 대한 결과는 무엇인가? 의사결정 대안은 몇 개인가? 기회 사건에 대한 결과는 몇 개인가?

b. 결과에 대한 확률을 알 수 없는 경우 긍정적 접근법, 보수적 접근법, 미니맥스 후회 접근법을 사용하여 추천되는 의사결정은 무엇인가?

c. 머틀 에어 익스프레스의 경영진이 수요가 강할 확률이 0.7이고 수요가 약할 확률이 0.3이라고 믿는다고 가정해 보자. 기대가치 접근법을 사용하여 최적의 의사결정을 하라.

d. 수요가 강할 확률이 0.8이고 수요가 약할 확률이 0.2라고 가정한다. 기대가치 접근법을 사용한 최적의 의사결정은 무엇인가?

e. 그래픽 민감도 분석을 사용하여 각 의사결정 대안의 예상 값이 가장 큰 수요 확률의 범위를 결정하라.

10. **비디오 게임 수익성** 비디오 테크는 다가오는 홀리데이 시즌에 배틀 퍼시픽 또는 스페이스 파이리츠의 두 가지 새로운 비디오 게임 중 하나를 마케팅하는 것을 고려하고 있다. 배틀 퍼시픽은 독특한 게임으로 경쟁작이 없을 것으로 보인다. 수요가 높을 때, 중간일 때, 낮을 때의 예상 수익(단위: $1,000)은 다음과 같다.

배틀 퍼시픽	수요		
	높음	중간	낮음
수요	$1,000	$700	$300
확률	0.2	0.5	0.3

비디오 테크는 스페이스 파이리츠 게임에 대해 낙관적이다. 하지만 경쟁업체가 스페이스 파이리츠와 유사한 비디오 게임을 출시할 경우 수익성에 영향을 미칠 수 있다는 점이 우려된다. 경쟁작이 있을 때와 없을 때의 예상 수익(단위: $1,000)은 다음과 같다.

경쟁작이 있는 스페이스 파이리츠	수요		
	높음	중간	낮음
수익	$800	$400	$200
확률	0.3	0.4	0.3

경쟁작이 없는 스페이스 파이리츠	수요		
	높음	중간	낮음
수익	$1,600	$800	$400
확률	0.5	0.3	0.2

a. 비디오 기술 문제에 대한 의사결정 나무를 작성하라.

b. 기획을 위해, 비디오 테크는 경쟁자가 우주 해적과 유사한 새로운 게임을 제작할 확률이 0.6이라고 판단한다. 이 경쟁 확률을 감안할 때, 기획 책임자는 배틀 퍼시픽 비디오 게임을 마케팅할 것을 권장한다. 기대가치를 사용하여, 어떤 의사결정을 내리는 것이 좋겠는가?

c. 추천된 의사결정에 대한 위험 프로필을 표시하라.

d. 민감도 분석을 사용하여 추천된 의사결정 대안을 변경하려면 스페이스 파이리츠의 경쟁 확률이 어느 정도여야 하는지 결정하라.

11. **콘도미니엄 개발에 대한 민감도 분석** 10.3절의 피츠버그 개발회사 문제의 경우, 기대가치 접근법을 사용하여 대형 콘도 단지를 건설하는 의사결정 대안이 최적이라는 것을 발견했다. 10.4절에서는 이 의사결정 대안과 관련된 성과에 대한 민감도 분석을 수행했다. 그 결과, 강한 수요에 대한 성과가 $1,750만 이상이고 약한 수요에 대한 성과가 −$1,900만 이상인 한 대형 단지가 최적이라는 것을 발견했다.

a. 중간 정도의 복잡한 의사결정을 생각해보자. 수요가 강할 때 성과를 얼마나 늘리면서도 의사결정 대안 d_3를 최적해로 유지할 수 있는가?

b. 작고 복잡한 의사결정을 생각해보자. 수요가 많을 때 성과를 얼마나 늘리면서도 의사결정 대안 d_3를 최적해로 유지할 수 있는가?

12. **활주로 연장** 포츠담(Potsdam)에서 더 큰 시장까지의 거리와 제한된 항공 서비스는 새로운 산업을 유치하는 데 걸림돌이 되었다. 주요 익일 배송 서비스인 에어 익스프레스(Air Express)는 포츠담에 지역 물류 센터 설립을 고려하고 있다. 그러나 에어 익스프레스는 현지 공항의 활주로 길이가 늘어나지 않는 한 센터를 설립하지 않을 것이다. 또 다른 신규개발 후보로는 선도적인 의료 검사 장비 생산업체인 다이어그노스틱 리서치(Diagnostic Research, Inc., DRI)가 있다. DRI는 새로운 제조 공장 건설을 고려하고 있다. 활주로 길이를 늘이는 것이 DRI의 필수 요건은 아니지

만, 계획 위원회는 활주로 길이를 늘이는 것이 DRI가 포츠담에 새 공장을 짓도록 설득하는 데 도움이 될 것이라고 생각한다. 도시가 활주로 길이를 늘인다고 가정하면 활주로의 경우, 포츠담 계획 위원회는 다음 표에 표시된 확률이 적용 가능하다고 판단하고 있다.

	DRI 공장	DRI 공장 없음
에어 익스프레스 센터	0.30	0.10
에어 익스프레스 센터 없음	0.40	0.20

예를 들어, 에어 익스프레스가 물류 센터를 설립하고 DRI가 공장을 건설할 확률은 0.30이다.

활주로 연장 비용을 공제한 후 마을의 연간 예상 수익은 다음과 같다.

	DRI 공장	DRI 공장 없음
에어 익스프레스 센터	$600,000	$150,000
에어 익스프레스 센터 없음	$250,000	−$200,000

활주로 확장 프로젝트가 진행되지 않는 경우, 계획 위원회는 DRI가 포츠담에 새 공장을 설립할 확률을 0.6으로 평가하며, 이 경우 포츠담에 예상되는 연간 수익은 $450,000가 될 것으로 예상한다. 활주로 확장 프로젝트가 진행되지 않고 DRI가 포츠담에 입지하지 않는 경우, 비용이 발생하지 않고 수익이 발생하지 않으므로 연간 수익은 $0가 된다.

a. 의사결정을 해야 할 사항은 무엇이고, 기회 사건은 무엇이며, 결과는 무엇인가?
b. 활주로 연장 의사결정 대안과 관련된 예상 연간 수익을 계산하라.
c. 활주로를 연장하지 않는 의사결정 대안과 관련된 예상 연간 수익을 계산하라.
d. 마을에서 활주로 연장을 선택해야 하는가? 설명해보라.
e. 활주로 연장과 관련된 확률이 다음 표의 값으로 변경되었다고 가정한다. 이 변경이 추천 의사결정에 어떤 영향을 미치는가?

	DRI 공장	DRI 공장 없음
에어 익스프레스 센터	0.40	0.10
에어 익스프레스 센터 없음	0.30	0.20

13. 샤르도네 또는 리슬링 포도 세네카 힐 와이너리(Seneca Hill Winery)는 최근 새로운 포도밭을 조성하기 위해 토지를 매입했다. 경영진은 새로운 포도밭을 위해 두 가지 품종의 백포도(샤르도네와 리슬링)를 고려하고 있다. 샤르도네 포도는 드라이 샤르도네 와인을 생산하는 데 사용하고, 리슬링 포도는 세미 드라이 리슬링 와인을

생산하는 데 사용할 것이다. 새로운 포도를 수확하기까지는 심은 시점부터 약 4년이 걸린다. 이 기간이 길어지면 미래 수요에 대한 불확실성이 커지고 심을 포도의 종류를 결정하기가 어려워진다. 세 가지 가능성을 고려하고 있다. 샤르도네 포도만 심는 경우, 리슬링 포도만 심는 경우, 샤르도네와 리슬링 포도를 모두 심는 경우이다. 세네카 경영진은 계획 수립을 위해 각 와인 유형에 대해 강하거나 약한 두 가지 수요 가능성만 고려하는 것이 적절하다고 판단했다. 각 와인 유형에 대해 두 가지 가능성이 있으므로 네 가지 확률을 평가해야 한다. 경영진은 업계 간행물의 일부 예측을 참고하여 다음과 같은 확률 평가를 수행했다.

수요	리슬링	
	약함	강함
약함	0.05	0.50
강함	0.25	0.20

수익 예측에 따르면 세네카 힐에서 샤르도네 포도만 재배하고 샤르도네 와인에 대한 수요가 약할 경우, 연간 수익 기여도는 $20,000, 세네카에서 샤르도네 포도만 재배하고 샤르도네 와인에 대한 수요가 강할 경우 $70,000가 된다. 만약 세네카가 리슬링 포도만 재배하는 경우, 리슬링 포도에 대한 수요가 약할 경우 연간 수익 예측은 $25,000이고 리슬링 포도에 대한 수요가 강할 경우 연간 수익 예측은 $45,000이다. 세네카가 두 가지 유형의 포도를 모두 심는 경우 연간 수익 예상치는 다음 표에 나와 있다.

수요	리슬링	
	약함	강함
약함	$22,000	$40,000
강함	$26,000	$60,000

a. 내려야 할 의사결정은 무엇이고, 기대 사건은 무엇이며, 결과는 무엇인가? 의사결정에 대한 대안과 우연적 사건에 대한 가능한 결과를 알아보라.

b. 의사결정 나무를 작성하라.

c. 기대가치 접근법을 사용하여 예상 연간 수익을 극대화하기 위해 어떤 대안을 따라야 하는지 추천해보라.

d. 샤르도네 와인에 대한 수요가 강할 때 경영진이 확률 평가에 대해 우려하고 있다고 가정해 보자. 이 경우 리슬링 와인 수요도 강할 가능성이 크다고 생각하는 사람도 있다. 샤르도네 와인에 대한 수요가 강하고 리슬링 와인에 대한 수요가 약할 확률이 0.05이고, 수요가 강할 확률은 다음과 같다고 가정한다. 샤르도네의

경우 0.40, 리슬링에 대한 강한 수요는 0.40이다. 이렇게 하면 추천된 의사결정이 어떻게 바뀌는가? 샤르도네 수요가 약할 때의 확률은 여전히 0.05와 0.50이라고 가정한다.

e. 다른 경영진은 미래의 어느 시점에 샤르도네 시장이 포화 상태에 이르러 가격이 하락할 것으로 예상한다. 샤르도네에 대한 수요가 강하고 샤르도네 포도만 심는 경우, 연간 수익 예측이 $50,000로 떨어진다고 가정하자. 원래의 확률 평가를 사용하여 이 변경이 최적의 결정에 어떤 영향을 미치는지 결정하라.

14. 완벽한 정보의 가치 문제 1에 다음과 같은 성과표가 제시되었다.

의사결정 대안	자연의 상태		
	s_1	s_2	s_3
d_1	250	100	25
d_2	100	100	75

자연 상태의 확률은 $P(s_1) = 0.65$, $P(s_2) = 0.15$, $P(s_3) = 0.20$이다.

a. 완벽한 정보를 얻을 수 있다면 최적의 의사결정 전략은 무엇인가?

b. (a)에서 개발한 의사결정 전략의 예상 가치는 얼마인가?

c. 기대가치 접근법을 사용하면 완벽한 정보가 없을 때 추천하는 의사결정은 무엇인가? 기대가치는 얼마인가?

d. 완벽한 정보의 기대가치는 얼마인가?

15. 커뮤니티 센터 건설 레이크플래시드 시의회는 컨벤션, 콘서트 및 기타 공공행사에 사용할 새로운 커뮤니티 센터를 건립하기로 결정했지만, 적절한 규모를 둘러싸고 상당한 논란이 일고 있다. 많은 영향력 있는 시민들은 지역을 홍보할 수 있는 대형 센터를 원한다. 그러나 시장은 수요가 그러한 센터를 뒷받침하지 않으면 커뮤니티가 많은 손실을 입을 것이라고 생각한다. 의사결정 과정을 돕기 위해 시의회는 건물 대안을 소형, 중형, 대형의 세 가지 크기로 좁혔다. 최적의 규모를 선택하는 데 있어 가장 중요한 요소는 새 시설을 이용하고자 하는 사람들의 수라는 데 모두가 동의했다. 지역계획 컨설턴트는 최악의 경우, 기본 경우, 최상의 경우 등 세 가지 시나리오에 따른 수요 추정치를 제공했다. 최악의 시나리오는 관광객이 크게 감소하는 상황을, 기본 시나리오는 레이크플래시드 호수가 현재 수준의 방문객을 계속 유치하는 상황을, 최상의 시나리오는 관광객이 크게 증가하는 상황을 나타낸다. 컨설턴트는 최악의 시나리오, 기본 시나리오, 최상의 시나리오에 대해 각각 0.10, 0.60, 0.30의 확률 평가를 제공했다.

시의회는 최적의 규모를 결정하는 기준으로 5년 계획 기간 동안의 순현금 흐름을 사용할 것을 제안했다. 5년 계획 기간에 대한 순현금 흐름(단위: $1,000)은 다음과 같이 예측되었다. 컨설턴트 수수료를 포함한 모든 비용이 포함되었다.

센터 규모	수요 시나리오		
	최악의 경우	기본 경우	최상의 경우
소형	400	500	660
중형	−250	650	800
대형	−400	580	990

a. 기대가치 접근방식을 사용하여 레이크플래시드는 어떤 결정을 내려야 하는가?
b. 중형 및 대형 규모 대안에 대한 위험 프로필을 작성하라. 손실 가능성에 대한 시장의 우려와 (a)의 결과를 고려할 때, 어떤 대안을 추천하겠는가?
c. 완벽한 정보의 기댓값을 계산하라. 어떤 시나리오가 발생할 가능성이 큰지에 대한 추가 정보를 얻을 가치가 있다고 생각하는가?
d. 최악의 시나리오가 발생할 확률이 0.2로 증가한다고 가정하자. 기본 시나리오의 확률은 0.5로 감소하고 최상의 시나리오의 확률은 0.3으로 유지된다. 이러한 변경 사항이 의사결정 추천에 어떤 영향을 미치는가?
e. 컨설턴트는 계획 기간 동안 홍보 캠페인에 $150,000를 지출하면 최악의 시나리오가 발생할 확률을 0으로 효과적으로 줄일 수 있다고 제안했다. 이 캠페인을 통해 최상의 시나리오가 발생할 확률도 0.4로 높일 수 있다면 좋은 투자인가?

사례 문제 : 부동산 구매 전략

오션뷰 개발회사(Oceanview Development Corporation)의 사장인 닐라 다위시(Nyla Darwish)는 카운티 세금 압류에서 밀봉 입찰로 매각될 부동산을 구매하기 위해 입찰서를 제출할 것을 고려하고 있다. 닐라의 초기 판단은 $500만의 입찰가를 제출하는 것이다. 자신의 경험에 비추어 볼 때 $500만의 입찰가가 가장 높은 입찰가가 될 확률은 0.2이라고 닐라는 추정한다. 현재 날짜는 6월 1일이다. 해당 부동산에 대한 봉인된 입찰서는 8월 15일까지 제출해야 한다. 낙찰은 9월 1일에 발표된다.

오션뷰가 최고 입찰가를 제출하고 부동산을 확보하면 고급 콘도 단지를 건설해 판매할 계획이다. 그러나 이 부동산은 현재 단독주택 전용으로 용도 변경되어 있다는 점이 복잡한 요인이다. 닐라는 11월 선거에 맞춰 주민투표가 실시될 수 있을 것으로 보고 있다. 주민투표가 통과되면 해당 부동산의 용도 지역이 변경되고 콘도 건설이 허용된다.

봉인 입찰 절차에서는 입찰 금액의 10%에 해당하는 자기앞수표와 함께 입찰서를 제출해야 한다. 입찰이 거부되면 보증금은 환불된다. 입찰이 수락되면 보증금은 해당 부동산의 계약금으로 사용된다. 그러나 입찰이 수락되고 입찰자가 구매를 이행하지 않고 6개월 이내에 나머지 재정적 의무를 이행하지 않으면 보증금은 몰수된다. 이 경우 카운티는 차순위 입찰자에게 해당 부동산을 제공한다.

오션뷰가 $500만의 입찰가를 제출해야 하는지 여부를 결정하기 위해 닐라는 몇 가지 예비 분석을 수행했다. 이 예비 작업을 통해 구역 변경에 대한 주민투표가 승인될 확률을 0.3으로 평가하고 콘도미니엄이 건설될 경우 발생할 비용과 수입을 다음과 같이 추산했다.

비용 및 수익 추정치	
콘도 판매 수익	$15,000,000
비용	
부동산	$5,000,000
건설 비용	$8,000,000

11월에 오션뷰가 부동산을 인수하고 구역 변경이 거부되면 닐라는 회사가 부동산 매입을 완료하지 않는 것이 최선의 선택이라고 생각한다. 이 경우 오션뷰는 입찰에 수반된 10%의 보증금을 몰수당하게 된다.

구역 변경 주민투표가 승인될 가능성은 결정 과정에서 중요한 요소이므로 닐라는 회사가 시장조사 서비스를 고용하여 유권자 설문조사를 실시할 것을 제안했다. 설문조사를 통해 구역 변경에 대한 주민투표가 승인될 가능성을 더 잘 예측할 수 있을 것이기 때문이다. 오션뷰 개발이 과거에 함께 일한 적이 있는 시장조사 회사는 $15,000에 조사를 수행하기로 동의했다. 조사 결과는 8월 1일에 발표될 예정이므로 오션뷰는 8월 15일 입찰 마감일 전에 이 정보를 확보할 수 있다. 조사 결과는 구역 변경이 승인될 것이라는 예측 또는 구역 변경이 거부될 것이라는 예측이 될 것이다. 닐라는 오션뷰에 대해 수행된 이전의 시장조사 서비스 기록을 고려한 후 시장조사 정보의 정확성과 관련하여 다음과 같은 확률 추정치를 개발했다.

$$P(A \mid s_1) = 0.9 \qquad P(N \mid s_1) = 0.1$$
$$P(A \mid s_2) = 0.2 \qquad P(N \mid s_2) = 0.8$$

A = 구역 변경 승인 예측
N = 구역 변경이 승인되지 않을 것이라는 예측
s_1 = 구역 변경이 유권자들에 의해 승인됨
s_2 = 구역 변경이 유권자들에 의해 부결됨

경영 보고서

오션뷰 개발회사가 직면한 문제를 분석하고, 그 결과와 권장 사항을 요약한 보고서를 준비하라. 보고서에 다음 항목을 포함시켜야 한다.

1. 의사결정 문제의 논리적 순서를 보여주는 의사결정 나무
2. 시장조사에 대한 정보를 사용할 수 없는 경우 오션뷰가 해야 할 일에 대한 추천안
3. 시장조사를 수행한 경우 오션뷰가 따라야 하는 의사결정 전략
4. 시장조사 기관이 제공한 정보의 가치와 함께 오션뷰가 해당 시장조사 기관을 고용해야 하는지 여부에 대한 추천안

분석의 세부 사항을 보고서에 부록으로 포함하라.

CHAPTER 11

다기준 의사결정

학습 목표

이 장을 마치면 아래 내용을 이해할 수 있다.

1. 다중 기준 문제의 목표계획 모형을 구성하고 해석한다.
2. 두 개의 의사결정 변수를 포함하는 목표계획 문제를 해결하기 위해 목표계획의 그래프를 이용한 해 찾기 절차를 사용한다.
3. 목표의 상대적 중요성이 목적함수의 의사결정 변수에 대한 가중치나 계수를 변경함으로써 어떻게 반영될 수 있는지 설명한다.
4. 일반적인 선형계획 패키지를 사용하여 일련의 선형계획 모형을 적용함으로써 목표계획 모형의 해법을 개발한다.
5. 평점 모형이 무엇인지 설명하고 다기준 의사결정 문제를 해결하는 데 사용한다.
6. 다기준을 포함한 문제를 해결하기 위해 계층화 분석법을 사용한다.

앞의 장들에서 학습한 다양한 계량적 방법들이 좀 더 나은 의사결정을 위해 어떻게 도움이 될 수 있는지를 살펴보았다. 지금까지는 최적해를 구할 때 하나의 기준(예: 이익 최대화, 비용 최소화, 시간 최소화)을 적용하였다. 이 장에서는 종합적으로 최상의 의사결정을 하기 위해서 다수의 기준을 고려해야 하는 상황에 적합한 기법을 살펴보기로 한다. 예를 들어, 신규 공장을 짓기 위해 입지를 결정해야 하는 기업을 생각해보자. 토지 및 건축 비용이 입지에 따라 다를 수 있으며, 이러한 비용이 하나의 기준이 될 수 있다. 만일 비용이 유일한 기준이라면 단순하게 토지와 건축에 들어가는 비용의 합을 최소화하는 입지를 선택하면 될 것이다. 그러나 의사결정을 하기 전에 경영진은 공장에서 유통센터까지의 수송 가능성, 직원 고용 및 유지의 용이성, 에너지 비용, 세금 등과 같은 추가적인 기준을 고려해야 할 수 있다. 그러한 상황에서는 어떤 입지가 특정 기준에서는 우월할지라도 다른 기준에서는 열등할 수가 있으므로 문제의 복잡성이 증가하게 된다.

다기준 의사결정이라는 제목을 소개하는 차원에서 먼저 **목표계획법**(goal programming)이라 불리는 기법을 살펴보기로 한다. 이 기법은 선형계획법의 일반적인 틀 내에서 다기준의 상황을 다루기 위해서 개발되었다. 다음으로 다기준의 문제에 대한 최상의 대안을 확인하는데, 상대적으로 쉬운 방법인 **평점 모형**(scoring model)을 살펴본다. 마지막으로, **계층적 분석법**(analytical hierarchy process, AHP)을 살펴보는데, 이 방법에서는 기준 간의 쌍별 비교 및 의사결정 대안 간의 일련의 쌍별 비교를 통하여 의사결정 대안의 우선순위가 정해진다.

11.1 목표계획법: 수식화와 그래프 해법

다기준 의사결정 문제에 대한 목표계획법 접근법을 설명하기 위해서 니콜로 투자자문사(Nicolo Investment Advisors)가 직면한 문제를 살펴보기로 하자. 어떤 고객이 $80,000를 투자하려고 한다. 초기 전략으로서 투자 포트폴리오는 다음 두 개의 주식으로 제한하려고 한다.

주식	가격/주	연수익 추정치/주	위험지수/주
U.S. 오일	$25	$3	0.50
허브 프로퍼티즈	$50	$5	0.25

U.S. 오일(Oil)은 주당 가격이 $25이고 연수익이 $3이므로 연수익률은 12%이다. 반면에, 허브 프로퍼티즈(Hub Properties)의 연수익률은 10%이다. U.S. 오일의 주당 위험지수는 0.5이고 허브 프로퍼티즈의 주당 위험지수는 0.25이며, 이는 니콜로사가 투자의 상대적 위험을 측정하기 위해 부여한 비율이다. 지수가 높을수록 더 큰 위험을 의미한다. 그러므로 니콜로는 U.S. 오일이 더 위험한 투자라고 판단한 것이다. 니콜로는 포트폴리오

경영과학의 실행 아랍에미레이트(UAE)의 에너지 소비와 배출*

정책 결정자들은 정기적으로 여러 가지, 그리고 종종 상충하는 목표들을 고려한다. 실제로, 정책 결정자의 도전적 과제는 여러 목표 사이의 좋은 절충안(trade–off)를 찾는 것이다. 예를 들어, 각 국가의 정책은 그 국민의 성장하는 에너지 요구와 천연 자원 및 환경을 보존하고 보호하는 것 사이의 균형을 이루어야 한다. 정책 결정자들은 이러한 목표가 일반적으로 상충된다는 것을 잘 알고 있다. 즉, 한 목표의 달성에 다가가게 되면 다른 목표의 달성에서는 멀어진다. 따라서, 이러한 정책 결정자들은 이 두 경쟁 목표 사이의 균형을 이루려고 노력하게 된다.

칼리파 대학교의 라자 자야라마나, 투파일 말릭, 얀테 피어슨과 밀라노 대학교의 다비데 라 토레는 아랍에미리트(UAE)에서 이 두 목표 사이의 균형을 이루기 위해 목표계획법을 사용하는 방법을 개발했다. 구체적으로 말하면, 그들은 UAE 경제에 대한 전기 소비와 온실가스 배출 사이의 절충안를 고려한다. 목표계획법의 사용을 통해, 그들은 두 목표의 달성을 향상시키는 해결책을 찾고 지속 가능한 개발 계획에 투자하는 이유를 제공하였다.

자야라마나, 라 토레, 말릭, 피어슨의 노력은 상충하는 목표 사이의 절충안을 체계적으로 고려하는 방법에 대한 틀을 제공하며, 목표계획법의 탁월한 응용의 대표 사례이다. 그들의 접근방식은 다른 국가들의 유사한 문제뿐만 아니라 다중 목표를 포함하는 다른 문제들을 분석하기 위한 틀을 제공한다.

*출처 Raja Jayaramana, Davide La Torre, Tufail Malik, and Yanthe E. Pearson, “A Polynomial Goal Programming Model with Application to Energy Consumption and Emissions in United Arab Emirates,” Proceedings of the 2015 *International Conference on Industrial Engineering and Operations Management*, Dubai, United Arab Emirates, March 3–5, 2015.

위험지수의 최대치를 명시하여 포트폴리오가 지나치게 고위험의 투자가 되는 것을 피하려고 한다.

포트폴리오 위험지수를 측정하기 위해 개별 주당 위험지수를 어떻게 이용하는지를 설명하기 위해서 니콜로가 $80,000 모두를 고위험 고수익의 U.S. 오일에 투자하는 포트폴리오를 선택했다고 가정하자. 니콜로는 $80,000/$25 = 3,200주의 U.S. 오일 주식을 구입할 수 있고, 포트폴리오의 위험지수는 3,200(0.5) = 1,600이다. 반대로, 니콜로가 두 가지 주식 모두 한 주도 구매하지 않을 경우에 포트폴리오는 위험이 없으며 물론 수익도 없다. 그러므로 포트폴리오 위험지수는 0(최소 위험)에서 1,600(최대 위험) 사이가 된다.

니콜로의 고객이 고위험의 포트폴리오를 피하기를 원하므로 투자 금액 전부를 U.S. 오일에 투자하는 것은 바람직하지 않을 것이다. 고객이 수용할 수 있는 포트폴리오 위험지수의 최대치를 700에 동의했다고 하자. 그러면 위험만 고려할 경우에 **목표**는 위험지수가 700 이하의 포트폴리오를 찾는 것이 된다.

또 고객의 추가적인 목표는 연수익을 적어도 $9,000를 얻는 것이다. 이 목표는 U.S. 오일 주식 2,000주[비용: 2,000($25) = $50,000]와 허브 프로퍼티즈 주식 600주[비용: 600($50) = $30,000]로 구성된 포트폴리오로 달성될 수 있다. 이 경우의 연수익은 2,000($3) + 600($5) = $9,000이다. 그러나 이 포트폴리오의 위험지수는

2,000(0.5) + 600(0.25) = 1,150이다. 그러므로 이 포트폴리오는 연수익 목표는 달성할 수 있으나 포트폴리오 위험지수 목표는 만족시킬 수가 없다.

그러므로 포트폴리오 선택 문제는 위험과 연수익이라는 두 가지 상충되는 목표를 가진 다기준 의사결정 문제이다. 목표계획법은 이러한 문제를 해결하기 위해 개발되었다. 목표계획법은 두 가지 목표를 가장 근접하게 달성하는 포트폴리오를 확인하는 데 이용될 수 있다. 이 방법을 이용하기 전에 고객은 어떤 목표가 더 중요한지를 결정해야 한다.

고객의 최우선 목표가 위험을 제한하는 것이라고 하자. 즉, 포트폴리오 위험지수 최대치를 700 이하로 하는 것이 매우 중요하여 어떠한 연수익의 증가와도 위험지수 목표 달성과는 바꿀 수가 없다고 하자. 포트폴리오 위험지수가 700을 넘지 않는 선에서 최상의 수익을 추구한다고 하자. 이러한 우선순위에 대한 진술을 바탕으로 포트폴리오 선택 문제의 목표는 다음과 같다.

1차 목표(우선순위 수준 1)

목표 1: 위험지수가 700 이하인 포트폴리오를 찾는다.

2차 목표(우선순위 수준 2)

목표 2: 연수익이 적어도 $9,000인 포트폴리오를 찾는다

선제적 우선순위가 있는 목표계획법에서는 상위수준 목표와 하위 수준 목표 사이의 상충관계(trade–offs)가 허용되지 않는다.

1차 목표(primary goal)는 **우선순위 수준 1**(priority level 1)의 **목표**라 부르고, 2차 목표(secondary goal)는 **우선순위 수준 2**(priority level 2)의 **목표**라 부른다. 목표계획법의 용어로 이러한 목표들을 **선제적 우선순위**(preemptive priority)라고 하는데, 의사결정자가 우선순위 수준 1의 목표에서 약간이라도 하위 수준의 목표를 달성하기 위해 희생하지 않는다는 의미이다. 포트폴리오 위험 수준 700이 우선순위 수준 1의 **목표치**(target value)이고 연 수익 $9,000가 우선순위 수준 2의 목표치이다. 이러한 목표를 달성하는 해를 찾는 데 있어서의 어려운 점은 투자금액이 $80,000라는 데 기인한다.

제약조건과 목표방정식의 개발

의사결정 변수를 정의하는 데서 시작한다.

U = 구매하는 U.S. 오일 주식의 수
H = 구매하는 허브 프로퍼티즈 주식의 수

목표계획 문제의 제약조건은 일반적인 선형계획법에서와 동일한 방법으로 다루어진다. 니콜로 투자자문사의 문제에서 제약조건 중 하나는 투자가능액에 해당된다. U.S. 오일의 주당 가격은 $25이고 허브 프로퍼티즈의 주당 가격은 $50이므로 투자가능액을 나

타내는 제약조건은 다음과 같다.

$$25U + 50H \le 80{,}000$$

모형의 구성을 완료하기 위해서는 개별 **목표방정식**(goal equation)을 개발해야 한다. 먼저 1차 목표에 대한 목표방정식을 만들기로 한다. U.S. 오일의 주당 위험지수는 0.50이고 허브 프로퍼티즈의 주당 위험지수는 0.25이다. 그러므로 포트폴리오 위험지수는 $0.50U + 0.25\text{H}$이다. U와 H의 값에 따라 포트폴리오 위험지수는 목표치 700보다 작거나, 같거나, 크거나 할 것이다. 이러한 가능성을 수학적으로 표현하면 다음과 같은 방정식을 만들 수 있다.

$$0.50U + 0.25H = 700 + d_1^+ - d_1^-$$

d_1^+ = 포트폴리오 위험지수가 목표치 700을 초과하는 양
d_1^- = 포트폴리오 위험지수가 목표치 700을 초과하는 양

목표를 정확하게 달성하기 위해서는 두 개의 편차변수 값이 모두 영(0)이 되어야 한다.

목표계획법에서, d_1^+, d_1^-을 **편차변수**(deviation variable)라 한다. 편차변수의 목적은 목표치에 정확하게 맞지 않을 가능성을 대비한 것이다. 예를 들어, U.S. 오일 주식 2,000주($U = 2{,}000$) 그리고 허브 프로퍼티즈 주식 0주($H = 0$)인 포트폴리오를 생각해보자. 포트폴리오 위험지수는 $0.5(2{,}000) + 0.25(0) = 1{,}000$이다. 이 경우에 $d_1^+ = 300$이고 이는 포트폴리오 위험지수가 목표치를 300만큼 초과한 것을 의미한다. 그리고 d_1^+이 0보다 크기 때문에 값이 0이어야 한다. U.S. 오일 주식 0주($U = 0$), 그리고 허브 프로퍼티즈 주식 1,000주($H = 1{,}000$)인 포트폴리오의 경우에 포트폴리오 위험지수는 $0.5(0) + 0.25(1{,}000) = 250$이다. 이 경우에 $d_1^- = 450$이고 $d_1^+ = 0$인데, 그 의미는 포트폴리오 위험지수가 목표치 700보다 450이 낮은 포트폴리오라는 것이다.

일반적으로 d라는 알파벳은 목표계획 모형에서 편차변수를 나타내는 데 이용된다. + 혹은 − 위첨자는 목표치로부터 초과 혹은 미달의 편차를 나타내는 데 이용된다. 만일 편차변수를 방정식의 좌측으로 옮기면 다음과 같은 방정식이 된다.

$$0.50U + 0.25H - d_1^+ + d_1^- = 700$$

목표방정식의 오른쪽 값은 목표치를 나타낸다. 목표방정식의 좌측은 두 부분으로 구성된다.

1. 의사결정 변수를 이용하여 목표 달성 정도를 정의하는 함수(예: $0.5U + 0.25H$)
2. 목표치와 달성 수준과의 차이를 나타내는 편차변수

2차 목표에 대한 목표방정식을 개발하기 위해서 먼저 투자에 대한 연수익을 나타내는 함수를 만든다.

$$\text{연수익} = 3U + 5H$$

그리고 목표를 초과하는 초과량 혹은 목표에 미달하는 미달량을 나타내는 편차변수를 정의한다.

d_2^+ = 포트폴리오 연수익이 목표치 $9,000를 초과하는 양

d_2^- = 포트폴리오 연수익이 목표치 $9,000에 미달하는 양

이 두 편차변수를 이용하여 2차 목표의 목표방정식을 다음과 같이 나타낸다.

$$3U + 5H = 9000 + d_2^+ - d_2^-$$

혹은

$$3U + 5H - d_2^+ + d_2^- = 9000$$

이것으로 니콜로 포트폴리오 문제의 목표방정식과 제약조건에 대한 개발이 완료되었다. 이제 그 문제에 대한 적절한 목적함수를 개발할 준비가 되었다.

선제적 우선순위를 가진 목적함수의 개발

목표계획 모형에서 목적함수는 편차변수를 최소화하는 함수여야 한다. 포트폴리오 선택 문제에서 가장 중요한 1차 목표 P_1은 포트폴리오 위험지수가 700 이하인 포트폴리오를 찾는 것이다. 이 문제는 두 개의 목표가 있으며, 고객은 2차 목표를 달성하기 위해 포트폴리오 위험지수가 700보다 큰 것을 받아들이지는 않는다. 2차 목표는 P_2로 표시한다. 이러한 목표 우선순위를 선제적 우선순위라고 하는데, 그 이유는 높은 단계의 목표에 대한 만족도를 낮은 단계의 목표에 대한 만족도와 서로 맞바꾸지 않기 때문이다.

선제적 우선순위를 가진 목표계획 문제는 목적함수에서 우선순위 수준 1의 목표(P_1)를 우선적으로 반영하여 해를 찾게 된다. 이렇게 하는 이유는 우선순위 수준 1의 목표를 만족시키는 데 가장 근접하는 해를 찾기 위함이다. 이렇게 찾은 해는 다음으로 우선순위 수준 2의 목표(P_2)를 반영하는 목적함수로 해를 찾는 과정에서 해가 수정된다. 그러나 해의 수정은 목표의 달성을 방해하지 않는 경우에만 허락된다. 일반적으로 선제적 우선순위를 가지는 목표계획 문제를 해결하기 위해서는 서로 다른 목적함수를 가진 일련의 선형계획 문제를 순차적으로 해결해야 한다. P_1 목표를 처음으로 고려하고, P_2 목표는 두 번째로, P_3는 세 번째로 고려하게 된다. 이러한 절차의 각 단계에서 해의 수정은 우선순위가 높은 목표의 달성도를 줄이지 않는 경우에만 이루어진다.

목표계획 문제의 해를 찾기 위해서 순서대로 풀어야 하는 선형계획 모형의 수는 우선순위의 수준의 수에 의하여 결정된다. 각각의 우선순위 수준에 대해서 선형계획 모형 하나가 해결되어야 한다. 즉, 첫 번째 선형계획법은 우선순위 수준 1의 문제를 푸는 것이고, 두 번째 선형계획법은 우선순위 수준 2의 문제를 푸는 것이다. 각 선형계획 모형은 바로 위 단계의 선형계획 모형에서 목적함수를 바꾸고 제약조건을 더해 만들어진다.

우선순위 수준 각각에 대하여 선형계획 모형을 하나씩 만들고 그에 대한 해를 찾아야 한다.

먼저 우선순위 수준 1의 문제에 대한 목적함수를 만들어보자. 고객이 포트폴리오 위험지수가 700을 초과해서는 안 된다고 진술했다. 목표치 700에 못 미치는 것이 문제가 되는가? 대답은 분명히 '아니요'이다. 왜냐하면 700보다 작은 포트폴리오 위험지수는 위험이 덜한 것에 해당되기 때문이다. 목표치 700을 초과하는 것은 문제가 되는가? 대답은 '예'이다. 왜냐하면 700을 넘는 포트폴리오 위험지수는 수용이 불가능한 수준의 위험에 해당되기 때문이다. 그러므로 우선순위 수준 1의 문제에 해당하는 선형계획법의 목적함수는 d_1^+ 값을 최소화하는 것이어야 한다.

목표방정식과 투자가능액에 대한 제약조건은 이미 개발되었다. 그러므로 우선순위 1에 대한 선형계획 모형은 다음과 같다.

P_1 문제

$$
\begin{aligned}
&\text{Min} \quad d_1^+ \\
&\text{s.t.} \\
&\quad 25U + 50H \le 80{,}000 \quad \text{투자가능액} \\
&\quad 0.50U + 0.25H - d_1^+ + d_1^- = 700 \quad P_1 \text{ 목표} \\
&\quad 3U + 5H - d_2^+ + d_2^- = 9000 \quad P_2 \text{ 목표} \\
&\quad U, H, d_1^+, d_1^-, d_2^+, d_2^- \ge 0
\end{aligned}
$$

그래프를 이용한 해 찾기 절차

목표계획법에 대한 그래프를 이용한 해 찾기 절차는 2장에서 제시된 선형계획법에 대한 것과 유사하다. 차이점은 목표계획법에 대한 해 찾기 절차는 각각의 우선순위 수준에 대하여 해를 각각 찾아야 한다는 것이다. 선형계획법에 대한 그래프를 이용한 해 찾기 절차는 의사결정 변수의 값을 나타내기 위해 그래프를 이용한다는 점을 기억하라. 의사결정 변수가 음수가 아니므로 그래프의 $U \ge 0$, $H \ge 0$인 영역만을 고려한다. 그래프 상의 모든 점은 **솔루션 포인트**임을 기억하라.

어려운 문제를 해결하는 데 종종 이용될 수 있는 접근법 중 하나는 그 문제를 여러 개의 작고 쉬운 문제로 쪼개는 것이다. 목표계획 문제를 해결하는 데 이용되는 선형계획법 절차는 이러한 접근법에 기반을 두고 있다.

먼저 니콜로 투자 문제에 대한 그래프를 이용한 해 찾기 절차를 수행하기 위해 투자가

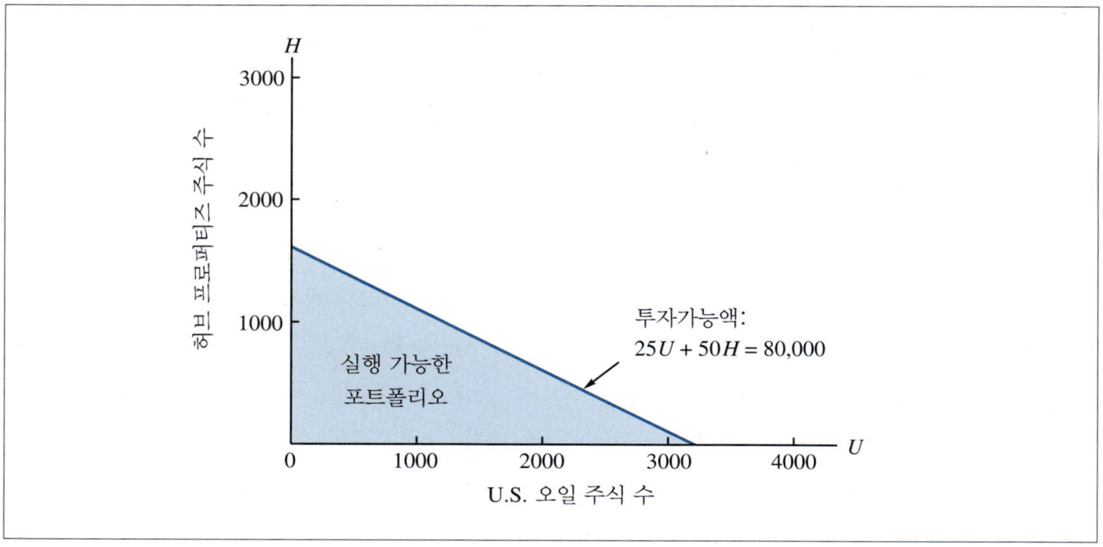

그림 11.1 투자가능액 제약조건을 충족시키는 포트폴리오

능액에 대한 제약조건을 만족하는 모든 솔루션 포인트를 확인한다.

$$25U + 50H \le 80{,}000$$

그림 11.1의 음영 영역(실행 가능한 포트폴리오)은 이 제약조건을 충족시키는 모든 점, 즉 $25U + 50H \le 80{,}000$을 충족하는 U와 H 값으로 구성된다.

우선순위 수준 1의 선형계획법의 목적은 포트폴리오 위험지수가 목표치 700을 초과하는 양을 나타내는 d_1^+을 최소화하는 것이다. 앞에서 보았듯이 P_1 목표방정식은 다음과 같다.

$$0.50U + 0.25H - d_1^+ + d_1^- = 700$$

목표가 정확하게 달성되면 $d_1^+ = 0$이고 $d_1^- = 0$이다. 그러면 목표방정식은 다음과 같이 된다. $0.50U + 0.25H = 700$. 그림 11.2는 이 방정식의 그래프를 보여준다. 음영 영역은 투자가능액 제약조건과 $d_1^+ = 0$을 만족시키는 모든 가능한 해를 포함한다. 그러므로 음영 영역은 우선순위 수준 1의 목표를 달성하는 모든 실행가능해를 포함한다.

이 시점에서 우선순위 수준 1의 문제를 해결하였다. 주목해야 할 것은 대안적인 최적해가 가능하다는 것이며, 실상 그림 11.2의 음영 영역에 있는 모든 가능한 해가 포트폴리오 위험지수가 700 이하이고 그러므로 $d_1^+ = 0$이 유지된다.

니콜로 투자 문제에 대한 우선순위 수준의 목표는 연수익이 적어도 \$9,000가 되는 포트폴리오를 찾는 것이다. 연수익이 목표치 \$9,000를 초과하는 것이 문제가 되는가? 답은 분명히 '아니요'이다. 왜냐하면 연수익이 \$9,000를 초과하는 포트폴리오는 더 높은 수

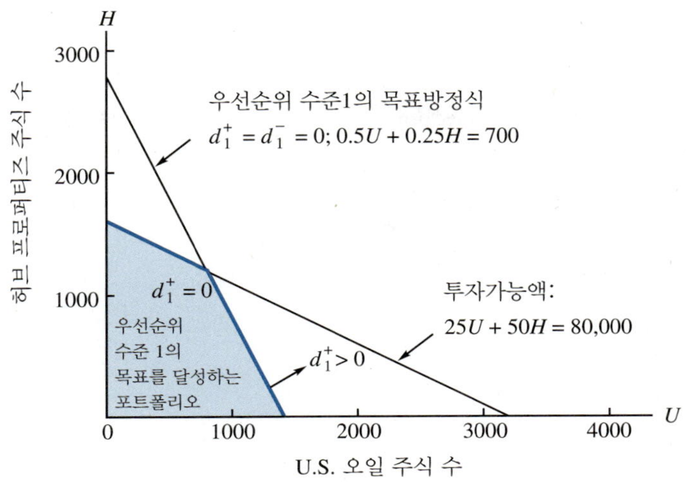

그림 11.2 P_1 목표를 충족시키는 포트폴리오

익에 해당하기 때문이다. 연수익이 목표치 $9,000에 미달하는 것은 문제가 되는가? 답은 '예'이다. 왜냐하면 연수익이 $9,000 미만인 포트폴리오는 고객에게 수용 가능하지 않기 때문이다. 그러므로 우선순위 수준 2의 선형계획법에 해당하는 목적함수는 d_2^-를 최소화하는 것이다. 그러나 목표 2는 2차 목표이다. 우선순위 수준 2에 대한 선형계획법의 해는 우선순위 수준 1의 문제에 대한 최적해를 악화시켜서는 안 된다. 그러므로 우선순위 수준 2에 대한 선형계획 모형은 다음과 같다.

P_2 문제

$$
\begin{aligned}
\text{Min} \quad & d_2^- \\
\text{s.t.} \quad & \\
& 25U + 50H \le 80{,}000 \quad \text{투자가능액} \\
& 0.50U + 0.25H - d_1^+ + d_1^- = 700 \quad P_1 \text{ 목표} \\
& 3U + 5H - d_2^- + d_2^+ = 9000 \quad P_2 \text{ 목표} \\
& d_1^+ = 0 \quad P_1 \text{ 목표의 달성 유지} \\
& U, H, d_1^+, d_1^-, d_2^+, d_2^- \ge 0
\end{aligned}
$$

우선순위 수준 2에 대한 선형계획법은 우선순위 수준 1에 대한 선형계획법과는 두 가지 면에서 다르다는 것을 주목하라. 목적함수는 포트폴리오의 연수익이 수준 2의 목표에 미달하는 양을 최소화하는 것이다. 그리고 우선순위 수준 1의 목표의 달성치가 희생되지 않도록 다른 하나의 제약조건이 추가된다. 그러면 그래프를 이용한 해 찾기 절차를 알아보자. 우선순위 수준 2에 대한 목표방정식은 다음과 같다.

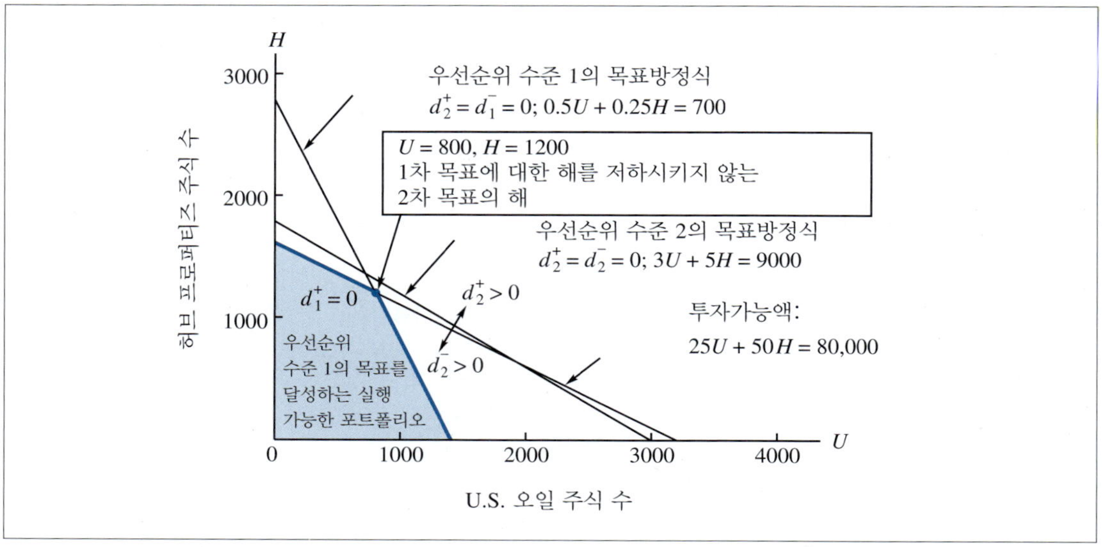

그림 11.3 두 가지 목표를 고려할 경우의 최상의 해(P_2 문제의 해)

$$3U + 5H - d_2^+ + d_2^- = 9000$$

d_2^+과 d_2^-이 둘다 0이면 목표방정식은 $3U + 5H = 9000$이 된다. 이 그래프는 그림 11.3에 나타나 있다.

이 단계에서 우선순위 수준 1의 목표 달성치를 악화시키는 해는 고려할 수가 없다. 그림 11.3은 우선순위 수준 1의 목표를 달성하면서 동시에 우선순위 수준 2의 목표를 달성하는 해가 존재하지 않음을 보여준다. 실상 우선순위 수준 2의 목표를 고려할 경우에 얻을 수 있는 최상의 점은 $U = 800$, $H = 1{,}200$이다. 다시 말해서, 이 점은 우선순위 수준 1의 목표를 충족시키는 가능한 해 중에서 우선순위 수준 2의 목표를 충족시키는 데 가장 근접한 점이다. 이 점에 해당하는 연수익은 $\$3(800) + \$5(1{,}200) = \$8{,}400$이므로 우선순위 수준 1과 우선순위 수준 2의 목표를 동시에 충족시키는 포트폴리오를 확인하는 것은 불가능하다. 실상 최상의 해가 목표 2에 $d_2^- = \$9{,}000 - \$8{,}400 = \$600$만큼 미달한다.

그러므로 니콜로 투자 문제에 대한 목표계획법 해는 투자가능액 $80,000를 U.S. 오일 주식 800주와 허브 프로퍼티즈 주식 1,200주를 구입하는 데 투자할 것을 추천한다. 우선순위 수준 1의 목표인 포트폴리오 위험지수 700 이하는 달성한 것에 주목하라. 그러나 우선순위 수준 2의 목표인 적어도 연수익 $9,000는 달성할 수 없다. 추천된 포트폴리오의 연수익은 $8,400이다.

요약하면 목표계획법의 그래프를 이용한 해 찾기 절차는 다음과 같은 단계를 거친다.

1단계: 문제의 제약조건을 충족시키는 실행가능해를 확인한다.

2단계: 최우선의 목표를 달성하는 모든 가능한 해를 확인한다. 만일 최우선의 목표를 달성하는 실행가능해가 없을 경우에는 목표를 달성하는 데 가장 근접한 해를 확인한다.

3단계: 우선순위상의 한 수준 아래로 이동하고 위 수준에서 달성한 목표를 희생하지 않고 최상의 해를 결정한다.

4단계: 모든 우선순위 수준이 고려될 때까지 3단계를 반복한다.

비록 그래프를 이용한 해 찾기 절차가 두 변수만 있는 목표계획법을 해결하는 데 편리하기는 하지만, 더 큰 규모의 문제의 해를 찾는 데는 컴퓨터를 이용한 접근법이 요구된다. 11.2절에서는 더 복잡한 목표계획 문제를 해결하기 위한 컴퓨터 소프트웨어 이용 방법을 설명한다.

목표계획 모형

앞에서 언급되었듯이 선제적인 목표계획 문제는 순차적인 선형계획법의 적용으로 해를 구한다. 즉, 각각의 우선순위 수준마다 선형계획 모형이 필요하다. 그러나 목표계획 문제를 하나의 함축된 모형으로 표현하는 것이 도움이 될 것이다. 포트폴리오 선택 문제의 목적을 표현할 때 목적함수는 선제적인 우선순위를 보여주는 방식으로 만들어야 한다. 그러기 위해서는 목적함수를 다음과 같이 만들면 된다.

$$\text{Min } P_1(d_1^+) + P_2(d_2^-)$$

우선순위를 나타내는 P_1과 P_2는 편차변수에 대한 가중치가 아니라 단순히 목표의 우선순위를 나타내기 위함이다.

목표계획 모형을 완전하게 나타내면 다음과 같다.

$$\begin{aligned}
&\text{Min } P_1(d_1^+) + P_2(d_2^-) \\
&\text{s.t.} \\
&\qquad 25U + 50H \leq 80{,}000 \quad \text{투자가능액} \\
&\qquad 0.50U + 0.25H - d_1^+ + d_1^- = 700 \quad P_1 \text{ 목표} \\
&\qquad 3U + 5H - d_2^+ + d_2^- = 9000 \quad P_2 \text{ 목표} \\
&\qquad U, H, d_1^+, d_1^-, d_2^+, d_2^- \geq 0
\end{aligned}$$

목적함수에서 우선순위 수준을 나타내는 P_1과 P_2를 제외하고 이 모형은 선형계획 모형이다. 이 선형계획법의 해를 찾는 방법은 우선순위 수준을 낮추어가면서 수준별 선형계획법의 해를 찾는 것이다.

이제 목표선형계획 모형을 개발하는 데 이용되는 절차를 요약한다.

1단계: 목표와 목표달성을 저해하는 자원 능력이나 다른 제한을 반영하는 제약조건을 확인한다.

2단계: 각 목표의 우선순위를 결정한다. 우선순위 수준 P_1의 목표가 가장 중요하고 우선순위 수준 P_2의 목표가 다음으로 중요하다.

3단계: 의사결정 변수를 정의한다.

4단계: 보통의 선형계획 모형을 만드는 방식으로 제약조건을 만든다.

5단계: 각 목표에 대해서 목표방정식을 개발한다. 목표방정식의 오른쪽은 목표치를 명시한다. 목표치에 대한 초과 및 미달을 반영하는 편차변수인 d_i^+와 d_i^-가 각각의 목표방정식에 포함된다.

6단계: 편차변수에 우선순위가 부여된 함수를 최소화하는 목적함수를 만든다.

유의사항

1. 일반적인 목표계획 모형의 제약조건은 두 가지 형태이다. 하나는 목표방정식이고, 다른 하나는 보통의 제약조건이다. 일부 분석가들은 목표방정식을 목표 제약조건이라고 부르고, 보통의 선형계획 제약조건을 시스템 제약조건이라고 부른다.
2. 일반적인 목표계획 모형을 '하드(hard)' 제약조건과 '소프트(soft)' 제약조건을 가지는 것으로 생각해도 된다. '하드' 제약조건이란, 위반이 되어서는 안 되는 보통의 선형계획 제약조건이다. '소프트' 제약조건이란, 목표방정식으로부터 나오는 제약조건이다. 이러한 제약조건은 위반이 될 수도 있으나 일정한 벌칙이 부과된다. 이러한 벌칙은 목적함수에서 편차변수의 계수로 나타낸다. 11.2절에서 편차변수 중 하나의 계수가 2인 문제를 다루어 설명한다.
3. 하나의 우선순위 수준의 선형계획 문제에서 하위 수준의 선형계획 문제로 이동하면서 추가되는 제약조건은 하위의 우선순위 목표를 달성하는데, 상위의 우선순위 목표 달성치를 희생하지 않도록 하기 위해 추가되는 '하드' 제약조건이다.

11.2 목표계획법: 더 복잡한 문제의 해결

11.1절에서 하나의 우선순위 수준 1의 목표와 하나의 우선순위 수준 2의 목표를 가진 목표계획법에 대한 모형을 만들고 해를 찾았다. 이 절에서는 동일한 우선순위 내에서 다수의 목표를 가진 목표계획 모형을 만들고 해를 찾는 방법을 살펴보기로 한다. 비록 특별히 개발된 컴퓨터 프로그램으로 목표계획 모형의 해를 찾을 수 있겠으나, 이러한 프로그램은 일반적인 선형계획 모형을 해결하는 프로그램만큼 쉽게 이용할 수가 없다. 그러므로 이 절에서 소개되는 컴퓨터 프로그램을 이용한 해 찾기 절차는 일반적인 선형계획 모형의 해를 찾는 컴퓨터 프로그램을 이용하여 일련의 선형계획 모형을 해결함으로써 목표계획 모형의 해를 찾는 접근법을 보여주는 것이다.

페레즈 사무용품 회사의 문제

페레즈(Pérez) 사무용품 회사의 경영진은 접촉하는 고객 형태에 따라 월별 목표 혹은 할당량을 수립한다. 다음 4주 동안의 페레즈의 고객접촉 전략은 4명의 판매원으로 구성되는 판매팀이 페레즈로부터 예전에 사무용품을 구입했던 기존 고객과 200회 접촉을 하는 것이다. 추가적으로 신규 고객과의 접촉도 120회 해야 한다. 후자의 목적은 판매팀이 새로운 판매처를 지속적으로 찾도록 하기 위함이다.

시연과 직접 판매를 위한 시간뿐만 아니라 이동시간과 기다리는 시간을 참작하여 페레즈는 기존 고객과의 접촉시간을 2시간으로 하였다. 신규 고객과의 접촉은 시간이 오래 걸리는 경향이 있으므로 접촉시간을 3시간으로 하였다. 정상적으로 개별 판매원은 주당 40시간 혹은 4주에 걸쳐서 160시간 일을 하며, 정상적인 업무일정상 4명의 판매원은 고객을 접촉하기 위해 4(160) = 640시간 동안 이용 가능한 셈이다.

경영진은 필요하면 잔업도 할 계획이며, 또한 이용 가능한 640시간보다 적게 활용하는 방안도 수용할 준비가 되어 있다. 그러나 경영진은 잔업 시간이나 덜 활용하는 판매시간을 4주에 걸쳐서 각각 40시간 이내로 제한하기를 원한다. 그러므로 잔업 측면에서는 경영진의 목표는 판매에 소요되는 시간이 640 + 40 = 680시간을 초과하지는 않도록 하고, 노동 활동 측면에서는 경영진의 목표는 적어도 640 − 40 = 600시간을 판매에 활용하는 것이다.

고객과의 접촉 목표와 더불어 페레즈는 매출액 목표도 수립하였다. 경험을 바탕으로 페레즈는 접촉하는 기존 고객은 한 사람당 $250의 매출을 창출하고, 신규 고객은 한 사람당 $125의 매출을 창출할 것으로 예상한다. 경영진은 다음 달에 적어도 $70,000의 매출을 창출하기를 원한다.

페레즈의 작은 규모의 판매 인력과 짧은 시간 일정을 고려하여 경영진은 잔업 목표와 노동 활용 목표 모두 우선순위 수준 1의 목표로 결정하였다. 경영진은 또한 $70,000의 매출 목표를 우선순위 수준 2의 목표로 결정하였으며, 기존 고객 및 고객 접촉과 관련한 목표들을 우선순위 수준 3의 목표로 결정하였다. 이러한 우선순위를 바탕으로 목표를 요약하면 다음과 같다.

우선순위 수준 1의 목표

목표 1: 판매에 소요되는 시간이 680시간을 초과하지 않도록 한다.

목표 2: 판매에 소요되는 시간이 600시간보다 적지 않도록 한다.

우선순위 수준 2의 목표

목표 3: 적어도 $70,000의 매출을 창출한다.

우선순위 수준 3의 목표

목표 4: 적어도 200명의 기존 고객과 접촉한다.

목표 5: 적어도 120명의 신규 고객과 접촉한다.

목표방정식 만들기

다음으로 목표를 달성할 수 있을지를 결정하는 데 이용되는 의사결정 변수를 정의해야 한다.

$$E = \text{접촉하는 기존 고객의 수}$$
$$N = \text{접촉하는 신규 고객의 수}$$

이 의사결정 변수와 적절한 편차변수를 이용하여 각각의 목표에 대한 목표 방정식을 개발할 수 있다. 그 절차는 앞 절에서 소개한 접근법과 동일하다. 각각의 목표에 대한 목표 방정식은 다음과 같다.

목표 1

$$2E + 3N - d_1^+ + d_1^- = 680$$

여기서

$$d_1^+ = \text{목표치 680시간을 초과하는 판매시간}$$
$$d_1^- = \text{목표치 680시간에 미달하는 판매시간}$$

목표 2

$$2E + 3N - d_2^+ + d_2^- = 600$$

여기서

$$d_2^+ = \text{목표치 600시간을 초과하는 판매시간}$$
$$d_2^- = \text{목표치 600시간에 미달하는 판매시간}$$

목표 3

$$250E + 125N - d_3^+ + d_3^- = 70,000$$

여기서

$$d_3^+ = \text{목표치 \$70,000를 초과하는 매출액}$$
$$d_3^- = \text{목표치 \$70,000에 미달하는 매출액}$$

목표 4

$$E - d_4^+ + d_4^- = 200$$

여기서

d_4^+ = 목표치 200명을 초과하는 기존 고객 수
d_4^- = 목표치 200명에 미달하는 기존 고객 수

목표 5

$$N - d_5^+ + d_5^- = 120$$

여기서

d_5^+ = 목표치 120명을 초과하는 신규 고객 수
d_5^- = 목표치 120명에 미달하는 신규 고객 수

목적함수 만들기

페레즈 사무용품 회사 문제에 대한 목적함수를 개발하기 위해서 먼저 우선순위 수준 1의 목표를 고려한다. 목표 1을 고려할 때 만일 $d_1^+ = 0$이면 판매시간이 680시간을 초과하지 않는 해를 찾은 셈이 된다. d_1^+이 0보다 큰 해는 바람직한 수준을 초과하는 잔업을 의미하므로 목적함수는 d_1^+값을 최소화해야 한다. 목표 2를 고려할 때 만일 $d_2^- = 0$이면 적어도 600시간의 판매시간을 이용하는 해를 찾은 셈이 된다. 그러나 만일 d_2^-이 0보다 크면 노동 활동 정도가 수용 가능한 수준에 도달하지 못한 것이다. 그러므로 목적함수는 d_2^-값을 최소화해야 한다. 우선순위 수준 1의 목표 둘 모두가 동일하게 중요하므로 우선순위 수준 1의 문제에 대한 목적함수는 다음과 같다.

$$\text{Min} \quad d_1^+ + d_2^-$$

우선순위 수준 2의 목표를 살펴보면 경영진은 적어도 \$70,000의 매출액을 달성하기를 원한다. 만일 $d_3^- = 0$이면 페레즈는 적어도 \$70,000의 매출을 달성한 셈이다. 만일 $d_3^- > 0$이면 매출이 \$70,000 미만인 것을 의미한다. 따라서 우선순위 수준 2의 문제에 대한 목적함수는 다음과 같다.

$$\text{Min} \quad d_3^-$$

다음으로 우선순위 수준 3의 문제에 대한 목적함수에 대해서 살펴본다. 목표 4를 살펴보

면 만일 $d_4^- = 0$이면 접촉하는 기존 고객의 수가 적어도 200명이 되는 해를 찾은 셈이다. 그러나 만일 $d_4^- > 0$이면 접촉하는 기존 고객의 수가 적어도 200명이 되어야 한다는 목표에 미달하는 셈이다. 그러므로 목표 4를 위한 목적함수는 d_4^-를 최소화하는 것이다. 목표 5를 살펴보면 만일 $d_5^- = 0$이면 접촉하는 신규 고객의 수가 적어도 120명이 되는 해를 찾은 셈이다. 그러나 만일 $d_5^- > 0$이면 접촉하는 신규 고객의 수가 적어도 120명이 되어야 한다는 목표에 미달하는 셈이다. 그러므로 목표 5를 위한 목적함수는 d_5^-를 최소화하는 것이다. 목표 4와 목표 5가 동일하게 중요하므로 우선순위 3의 문제에 대한 목적함수는 다음과 같다.

$$\text{Min} \quad d_4^- + d_5^-$$

그러나 경영진이 신규 고객을 창출하는 것이 기업의 장기적인 성공에 중요하며 목표 4보다 목표 5에 가중치를 부여해야 한다고 믿는다고 가정해보자. 만일 경영진이 목표 5가 목표 4보다 두 배 중요하다고 믿는다면 우선순위 수준 3의 문제에 대한 목적함수는 다음과 같다.

$$\text{Min} \quad d_4^- + 2d_5^-$$

모두 세 가지의 우선순위 수준에 대한 목적함수를 조합하면 페레즈 사무용품 회사 문제에 대한 종합적인 목적함수는 다음과 같다.

$$\text{Min} \quad P_1(d_1^+) + P_1(d_2^-) + P_2(d_3^-) + P_3(d_4^-) + P_3(2d_5^-)$$

앞서 지적했듯이 P_1, P_2, P_3는 단순히 목표 1과 목표 2가 우선순위 수준 1의 목표이고, 목표 3은 우선순위 수준 2의 목표이며, 목표 4와 목표 5는 우선순위 수준 3의 목표임을 나타내는 기호이다. 이제 페레즈 사무용품 회사의 문제에 대한 완전한 목표계획 모형을 나타내면 다음과 같다.

$$
\begin{aligned}
&\text{Min} \quad P_1(d_1^+) + P_1(d_2^-) + P_2(d_3^-) + P_3(d_4^-) + P_3(2d_5^-) \\
&\text{s.t.} \\
&\qquad 2E + 3N - d_1^+ + d_1^- = 680 \quad \text{목표 1} \\
&\qquad 2E + 3N - d_2^+ + d_2^- = 600 \quad \text{목표 2} \\
&\qquad 250E + 125N - d_3^+ + d_3^- = 70{,}000 \quad \text{목표 3} \\
&\qquad E - d_4^+ + d_4^- = 200 \quad \text{목표 4} \\
&\qquad N - d_5^+ + d_5^- = 120 \quad \text{목표 5} \\
&\qquad E, N, d_1^+, d_1^-, d_2^+, d_2^-, d_3^+, d_3^-, d_4^+, d_4^-, d_5^+, d_5^- \geq 0
\end{aligned}
$$

컴퓨터 해법

아래의 컴퓨터 절차는 일련의 선형계획 문제를 순차적으로 풀어서 목표계획 모형의 해를 찾는 방법을 보여준다. 첫 번째 문제는 모든 제약조건과 완전한 목표계획 모형의 모든 목표방정식으로 구성된다. 그러나 이 문제의 목적함수는 단지 P_1 우선순위 수준의 목표만 포함한다. 이 문제를 P_1 문제라고 부르기로 하자.

P_1 문제에 대한 해가 무엇이든 간에, 이 해는 P_1 문제 모형에 제약조건으로 추가되어 P_2 문제가 만들어진다. 이러한 제약조건이 추가되는 이유는 P_1 문제에서 얻어진 해가 다음 문제에서 악화되는 것을 막기 위함이다. 우선순위 수준 2에 대한 목적함수는 P_2 목표만 고려한다. 모든 우선순위 수준을 고려할 때까지 이러한 프로세스를 지속한다.

페레즈 사무용품 회사의 문제를 풀기 위해서 먼저 다음의 P_1 문제를 푸는 것으로 시작한다.

$$
\begin{aligned}
&\text{Min} \quad d_1^+ + d_2^- \\
&\text{s.t.} \\
&\quad 2E + 3N - d_1^+ + d_1^- = 680 \quad \text{목표 1} \\
&\quad 2E + 3N - d_2^+ + d_2^- = 600 \quad \text{목표 2} \\
&\quad 250E + 125N - d_3^+ + d_3^- = 70{,}000 \quad \text{목표 3} \\
&\quad E - d_4^+ + d_4^- = 200 \quad \text{목표 4} \\
&\quad N - d_5^+ + d_5^- = 120 \quad \text{목표 5} \\
&\quad E, N, d_1^+, d_1^-, d_2^+, d_2^-, d_3^+, d_3^-, d_4^+, d_4^-, d_5^+, d_5^- \geq 0
\end{aligned}
$$

이 선형계획 문제의 해는 그림 11.4에 나타나 있다. D1PLUS는 d_1^+를 의미하고

```
Optimal Objective Value =  0.00000

 Variable              Value              Reduced Cost
------------------    -----------------   -------------------------
 D1PLUS                  0.00000               1.00000
 D2MINUS                 0.00000               1.00000
 E                     250.00000               0.00000
 N                      60.00000               0.00000
 D1MINUS                 0.00000               0.00000
 D2PLUS                 80.00000               0.00000
 D3PLUS                  0.00000               0.00000
 D3MINUS                 0.00000               0.00000
 D4PLUS                 50.00000               0.00000
 D4MINUS                 0.00000               0.00000
 D5PLUS                  0.00000               0.00000
 D5MINUS                60.00000               0.00000
```

그림 11.4 P_1 문제의 해

D2MINUS는 d_2^-를 의미하며, D1MINUS는 d_1^-을 의미하며, 다른 것들도 이와 같이 해석하면 된다. 해는 다음과 같다. 접촉해야 할 기존 고객의 수는 $E=250$명이고, 접촉해야 할 신규 고객의 수는 $N=60$이다. D1PLUS = 0이고 D2MINUS = 0인 것으로 보아 목표 1과 목표 2는 달성한 것으로 확인된다. 다음으로 우선순위 수준 2의 목표인 D3MINUS를 최소화하는 목표 3을 살펴보기로 한다. 그림 11.4에서 D3MINUS = 0 임을 알 수 있다. 그러므로 $E=250$, $N=60$이라는 해가 적어도 매출 $70,000를 창출해야 한다는 우선순위 수준 2의 목표 3도 달성함을 알 수 있다. D3PLUS = 0이 의미하는 것은 목표 3을 정확히 $70,000에 충족시킨다는 것이다. 마지막으로 그림 11.4에서 D4PLUS = 50이고 D5MINUS = 60임을 알 수 있다. 이것이 의미하는 것은 우선순위 수준 3의 목표인 목표 4는 목표치를 50만큼 초과하였음을 의미하고, 목표 5의 목표치에는 60만큼 미달한다는 것이다. 현시점에서는 우선순위 수준 1과 수준 2의 목표를 달성한 셈이며, 이제 우선순위 수준 3의 목표를 달성하는 새로운 해를 찾기 위해서 또 다른 선형계획법을 풀어야 한다. 그러므로 이제 P_3 문제를 다루어보자.

P_3 문제에 대한 선형계획 모형은 P_1 선형계획 모형을 수정하여 만든다. P_3 문제의 목적함수는 우선순위 수준 3의 목표를 고려하여 만들어진다. 그러므로 문제의 목적함수는 D4MINUS + 2D5MINUS를 최소화하는 것이 된다. P_1 문제의 기존의 제약조건은 그대로 P_3 문제에도 적용된다. 그러나 두 개의 제약조건이 추가되어야 하는데, 이는 P_3 문제의 해가 우선순위 수준 1과 수준 2의 목표를 지속적으로 충족시키기 위함이다. 그러므로 우선순위 수준 1의 목표를 지속적으로 충족시키기 위하여 D1PLUS + D2MINUS = 0이라는 제약조건이 추가되고 우선순위 수준 2의 목표를 지속적으로 충족시키기 위하여

Optimal Objective Value = 120.00000

Variable	Value	Reduced Cost
D1PLUS	0.00000	0.00000
D2MINUS	0.00000	1.00000
E	250.00000	0.00000
N	60.00000	0.00000
D1MINUS	0.00000	1.00000
D2PLUS	80.00000	0.00000
D3PLUS	0.00000	0.08000
D3MINUS	0.00000	0.00000
D4PLUS	50.00000	0.00000
D4MINUS	0.00000	1.00000
D5PLUS	0.00000	2.00000
D5MINUS	60.00000	0.00000

그림 11.5 P_3 문제의 해

D3MIUS = 0이라는 제약조건이 추가된다. P_1 문제에 이러한 수정을 가하여 P_3 문제가 만들어지며, 그 해는 그림 11.5에서 볼 수 있다.

그림 11.5에서 목적함수의 값이 120인 것으로 보아 우선순위 수준 3의 목표는 달성될 수 없음을 알 수 있다. D5MINUS = 60이므로 $E = 250$, $N = 60$이라는 최적해는 신규 고객 수의 목표치에 60명이 미달하는 결과를 초래한다. 그러나 P_3 문제를 풀었다는 것은 그 해가 우선순위 수준 1과 수준 2를 달성하면서 우선순위 수준 3을 가장 근접하게 충족시키는 해임을 의미한다. 이제 모든 우선순위 수준이 고려되었으므로 해 풀이 절차는 종료된다. 페레즈의 최적해는 250명의 기존 고객을 접촉하고 60명의 신규 고객을 접촉하는 것이다. 비록 이 해가 120명의 신규 고객을 접촉하는 경영진의 목표를 달성할 수는 없으나, 다른 목표들은 모두 달성된다. 만일 경영진이 이 해에 만족하지 못하면 다른 우선순위를 고려할 수 있다. 그러나 경영진은 다른 우선순위 수준에서도 다수의 목표가 존재하는 경우에 기존의 자원으로 모든 목표를 달성하기는 어렵다는 것을 알아야 한다.

유의사항

1. 목표계획법이라고 해서 모두가 다수의 우선순위 수준을 가지는 것은 아니다. 우선순위 수준이 하나인 문제의 경우에는 목표계획법의 해를 구하기 위해 하나의 선형계획 문제를 풀면 된다. 목적함수는 목표로부터의 가중치가 부여된 편차를 최소화하는 것이다. 목표는 모두 동일한 우선순위를 가지므로 목표 간의 절충안이 가능하다.
2. 보통의 선형계획법에서 해를 찾을 수 없는 경우에 목표계획법 접근법이 이용될 수 있다. 일부 제약조건을 편차변수를 가지는 목표방정식으로 전환하고 가중치가 부여된 편차변수의 합을 최소화하는 해를 찾는다. 이러한 접근법을 통하여 적절한 해를 찾을 수 있다.
3. 다수의 우선순위 수준을 가지는 목표계획 문제를 해결하는 데 이용되는 접근법은 일련의 선형계획 문제를 순차적으로 푸는 것이다. 이러한 선형계획 문제들은 밀접하게 관련이 있어서 매번 모형을 완전히 새로 만들 필요가 없다. 하나의 선형계획 문제를 풀고 나면 제약조건을 추가하고 목적함수를 바꾸는 방식으로 다음의 선형계획 문제가 만들어진다.

11.3 평점 모형

평점 모형이란, 다기준 의사결정 문제에 대한 최상의 의사결정 대안을 확인하는 데 이용되는 상대적으로 빠르고 쉬운 방법이다. 직업 선정 사례를 이용하여 평점 모형을 이용하는 방법을 설명한다.

재무와 회계를 복수 전공한 대학 졸업자가 다음과 같은 세 개의 기업에 입사 통지를 받았다고 하자.

- 시카고에 있는 투자회사의 재무 분석가
- 덴버에 있는 제조업의 회계 담당자
- 휴스턴에 있는 회계법인의 회계 감사관

어떤 일자리를 선호하는지에 대한 질문을 받은 학생이 다음과 같은 답을 했다고 하자. "시카고에 있는 재무 분석가 자리는 나의 장기적인 커리어 발전을 위해서 가장 좋은 기회를 제공한다. 그러나 나는 시카고나 휴스턴보다는 덴버에 살기를 원한다. 반면에, 나는 휴스턴에 있는 회계법인의 경영 스타일과 철학을 가장 좋아한다." 이와 같은 학생의 진술을 통해 이 사례가 다기준 의사결정 문제임을 확인할 수 있다. **장기적인 커리어 발전** 기준만을 고려하면 시카고의 재무 분석가 자리가 가장 선호하는 의사결정 대안이다. **위치** 기준만을 고려한다면 최상의 의사결정 대안은 덴버의 회계 담당 자리이다. 마지막으로 **경영 스타일** 기준만을 고려한다면 최상의 의사결정 대안은 휴스턴에 있는 회계법인의 회계 감사관 자리이다. 대부분의 사람들에게 있어서 여러 개의 기준 간의 절충안이 요구되는 다기준 의사결정 문제를 해결하는 것은 어렵다. 이 절에서는 다기준 의사결정 문제를 분석하고 가장 좋은 의사결정 대안을 확인하는 데 **평점 모형**(scoring model)이 어떻게 이용되는지를 설명한다.

평점 모형을 개발하기 위해 필요한 단계는 다음과 같다.

평점 모형은 의사결정자가 기준들을 확인하고 각 기준의 가중치나 중요도를 정할 수 있도록 한다.

1단계: 고려할 기준의 목록을 개발한다. 기준이란, 의사결정자가 각각의 의사결정 대안을 평가할 때 적합하다고 생각하는 요인을 의미한다.

2단계: 기준별로 상대적 중요도를 나타내는 가중치를 부여한다.

$$w_i = \text{기준 } i\text{에 대한 가중치}$$

3단계: 각각의 의사결정 대안이 각 기준을 얼마나 충족시키는지를 나타내는 점수를 부여한다.

$$r_{ij} = \text{기준 } i\text{에 대한 의사결정 대안 } j\text{의 점수}$$

4단계: 각각의 의사결정 대안별로 점수를 계산한다.

$$S_j = \text{의사결정 대안 } j\text{의 점수}$$

S_j를 산출하는 데 이용되는 식은 다음과 같다.

$$S_j = \sum_i w_i r_{ij} \tag{11.1}$$

5단계: 의사결정 대안에 대한 평점 모형의 순위를 정하기 위해서 높은 점수에서 낮은 점수순으로 의사결정 대안을 순서대로 정렬한다.

다시 학생이 직면한 다기준 직업 선정 문제로 돌아가서 의사결정 과정을 지원하는 데 평점 모형을 어떻게 이용하는지를 설명하기로 한다. 평점 모형 절차의 1단계에서 학생이 의사결정 과정에서 영향을 미치는 중요한 요인으로서 다음의 일곱 가지 기준을 정했다.

- 커리어 발전
- 위치
- 경영 스타일
- 봉급
- 명성
- 직업 안정성
- 일의 즐거움

2단계에서 의사결정 과정에서 기준별 상대적 중요성을 반영하기 위해서 가중치를 부여한다. 예를 들어, 5점 척도를 이용하여 커리어 발전에 대한 가중치를 부여하기 위해 이용하는 질문은 '다른 기준과 비교할 경우에 커리어 발전이 얼마나 중요한가?'이다.

중요도	가중치
매우 중요함	5
다소 중요함	4
보통	3
다소 중요하지 않음	2
전혀 중요하지 않음	1

일곱 가지 기준의 각각에 대해서 이러한 질문을 반복하여 표 11.1에서와 같은 가중치를 만들었다. 이 표에 의하면 커리어 발전과 일의 즐거움이 각각 가중치 5를 받은 두 가지 가장 중요한 기준임을 알 수 있다. 경영 스타일과 직업 안정성은 다소 중요한 것으로 평

표 11.1 일곱 가지 기준에 대한 가중치

기준	중요도	가중치(w_i)
커리어 발전	매우 중요함	5
위치	보통	3
경영 스타일	다소 중요함	4
봉급	보통	3
명성	다소 중요하지 않음	2
직업 안정성	다소 중요함	4
일의 즐거움	매우 중요함	5

가되어 각각 4점의 가중치를 받았다. 위치와 봉급은 보통으로 평가되어 각각 3점의 가중치를 받았다. 마지막으로 명성은 다소 중요하지 않음으로 평가되어 2점의 가중치를 받았다.

표 11.1에서 보여주는 가중치는 학생이 부여한 주관적인 가치이다. 다른 학생은 기준별로 가중치를 달리할 것이다. 평점 모형의 핵심 장점 중 하나는 개별 의사결정자의 선호도를 가장 밀접하게 반영하는 주관적인 가중치를 이용한다는 점이다.

3단계에서는 각각의 의사결정 대안이 얼마나 각 기준을 충족시키는지에 따라 점수가 매겨진다. 예를 들어, 9점 척도를 이용하여 '시카고의 재무 분석가'라는 대안이 커리어 발전이라는 기준을 충족시키는지에 대한 점수를 부여하기 위한 질문은 다음과 같다.

시카고의 재무 분석가 자리가 커리어 발전 기준을 얼마나 충족시키는가?

만족 수준	평점
극도로 높음	9
매우 높음	8
높음	7
약간 높음	6
보통	5
약간 낮음	4
낮음	3
매우 낮음	2
극도로 낮음	1

이 질문에 대하여 8점이 의미하는 것은 학생이 재무 분석가 자리가 커리어 발전이라는 기준을 충족시키는 정도가 '매우 높음'이라고 생각한다는 것이다.

이러한 평점 과정은 의사결정 대안과 의사결정 기준의 각 조합에 대해서 완료되어야 한다. 일곱 가지의 의사결정 기준과 세 가지의 의사결정 대안이 있으므로 $7 \times 3 = 21$개의 평점이 부여된다. 표 11.2는 학생이 부여한 평점을 요약한 것이다. 이 표를 보면 학생이 의사결정 기준과 의사결정 대안의 각 조합에 대해서 어떻게 평가하고 있는지를 대충 알 수 있다. 예를 들어, 극도로 높은 만족 수준에 해당하는 평점 9는 경영 스타일과 휴스턴의 회계 감사관 자리의 조합에만 나타난다. 그러므로 모든 조합을 고려할 경우에 학생은 휴스턴의 회계 감사관 자리가 경영 스타일 기준 측면에서는 최고라고 생각하고 있음을 나타낸다. 표에서 평점이 가장 낮은 3점은 위치 기준과 시카고의 재무 분석가의 조합의 경우에 해당한다. 이 평점이 의미하는 것은 학생의 위치 기준을 충족시키는 데 있어서 시카고는 만족 수준이 낮음을 의미한다. 다른 해석도 가능하지만 이 시점에서의 문제는 평점 모형이 어떻게 표 11.1과 11.2의 자료를 이용하여 종합적으로 최상의 의사결정 대안을 확인하는가이다.

절차상의 4단계에서는 식 (11.1)을 이용하여 각각의 의사결정 대안에 대한 평점을 계산한다. 표 11.1의 자료는 각 기준에 대한 가중치(w_i)를 제공하며, 표 11.2의 자료는 각 기준에 대한 의사결정 대안별 평점(r_{ij})을 제공한다. 그러므로 의사결정 대안 1인 시카고의 재무 분석가에 대한 평점은 다음과 같다.

$$S_1 = \sum_i w_i r_{i1} = 5(8) + 3(3) + 4(5) + 3(6) + 2(7) + 4(4) + 5(8) = 157$$

다른 의사결정 대안에 대한 평점도 동일한 방법으로 산출된다. 그 결과가 표 11.3에 요약되어 있다.

각 기준별로 점수를 비교하면 왜 특정 대안이 가장 높은 점수를 얻었는지를 알 수 있다.

표 11.2 의사결정 기준과 의사결정 대안의 각 조합에 대한 평점

의사결정 기준	의사결정 대안		
	재무 분석가 시카고	회계 담당자 덴버	회계 감사관 휴스턴
커리어 발전	8	6	4
위치	3	8	7
경영 스타일	5	6	9
봉급	6	7	5
명성	7	5	4
직업 안정성	4	7	6
일의 즐거움	8	6	5

표 11.3 세 가지 의사결정 대안에 대한 평점 산출

의사결정 기준	가중치 w_i	의사결정 대안					
		재무 분석가 시카고		회계 담당자 덴버		회계 감사관 휴스턴	
		평점(r_{i1})	점수($w_i r_{i1}$)	평점(r_{i2})	점수($w_i r_{i2}$)	평점(r_{i3})	점수($w_i r_{i3}$)
커리어 발전	5	8	40	6	30	4	20
위치	3	3	9	8	24	7	21
경영 스타일	4	5	20	6	24	9	36
봉급	3	6	18	7	21	5	15
명성	2	7	14	5	10	4	8
직업 안정성	4	4	16	7	28	6	24
일의 즐거움	5	8	40	6	30	5	25
점수			157		167		149

표 11.3으로부터 가장 높은 점수 167은 덴버의 회계 담당자에 해당한다. 그러므로 덴버의 회계 담당자 자리가 의사결정 대안으로 추천된다. 시카고의 재무 분석가 자리는 157점으로 두 번째로 등위가 매겨지고 휴스턴의 회계 감사관 자리는 149점으로 3위로 등위가 매겨진다.

평점 모형의 이용법을 설명하기 위해 사용된 직업 선정 사례는 일곱 가지 기준이 이용되고 각각의 기준에 대해서 1점에서 5점까지의 가중치가 부여된다. 어떤 경우에는 기준에 부여되는 가중치가 각 기준의 중요성을 반영하는 백분율일 수도 있다. 게다가 다기준 의사결정 문제는 종종 특정 기준에 하위기준이 존재하여 의사결정 과정에 세부적인 것을 추가로 고려해야 한다. 예를 들어, 직업 선정 문제의 위치 기준을 생각해보자. 이 기준은 다음과 같이 세 가지 하위기준으로 나누어질 수 있다.

- 주택 구입 능력
- 여가 기회
- 기후

이러한 경우에 세 가지 하위기준에 가중치가 부여되어야 하고, 각각의 하위기준에 대한 의사결정 대안 점수가 산출되어야 한다.

11.4 계층화 분석법

계층화 분석법(Analytic Hierarchy Process, AHP)은 토머스 사티(Thomas L. Saaty)[1]가 개발한 기법으로 복잡한 다기준 의사결정 문제를 해결하는 데 이용된다. 계층화 분석법에서는 의사결정자가 각 기준의 상대적인 중요성에 대한 판단을 제공하고 각 기준을 이용하여 각각의 의사결정 대안에 대한 선호도를 명시해야 한다. 계층화 분석법의 결과는 의사결정자가 명시한 종합적인 선호도에 바탕을 둔 의사결정 대안의 우선순위가 정해진 순위이다.

계층화 분석법을 소개하기 위해서 다이앤 페인(Diane Payne)이 직면한 자동차 구입 문제를 살펴보기로 한다. 여러 중고 자동차의 생산자와 모형에 대한 예비적인 분석을 통하여 다이앤은 의사결정 대안을 다음 세 종류의 자동차로 좁혔다. 혼다 어코드(Honda Accord), 포드 토러스(Ford Taurus), 시보레 크루즈(Chevrolet Cruze). 표 11.4는 이 자동차에 대해서 다이앤이 수집한 정보를 요약한 것이다.

다이앤은 자동차 선정 의사결정 과정에서 다음과 같은 기준이 적합하다고 결정하였다.

---

1 T. Saaty, Decision Making for Leaders: *The Analytic Hierarchy Process for Decisions in a Complex World*, 3rd rev. ed. RWS, 2012.

표 11.4 자동차 선정 문제에 대한 정보

특성	의사결정 대안		
	어코드	토러스	크루즈
가격	$36,100	$34,200	$32,500
색상	검정	빨강	파랑
연비(갤런당 마일 수)	29	33	38
내장	고급	평균 이상	표준
본체 형태	4도어 중형	2도어 스포츠	2도어 소형
음향 시스템	고급형	기본	기본

- 가격
- 연비
- 안락감
- 스타일

가격과 연비에 대한 자료는 표 11.4에 제공된다. 그러나 안락감과 스타일에 대한 측정치는 직접적으로는 명시될 수 없다. 다이앤은 각 자동차의 안락감을 결정하기 위해서 자동차 내장, 오디오 시스템, 승차의 쉬운 정도, 좌석 조절 기능, 운전자의 시야 등과 같은 요인을 살펴보아야 할 것이다. 스타일 기준은 각 자동차의 색상과 일반적인 외양에 대한 다이앤의 주관적인 평가에 바탕을 두고 결정되어야 한다.

가격과 같은 기준은 쉽게 측정이 될지라도 의사결정자가 가격에 바탕을 두고 의사결정 대안에 대한 개인적인 선호도를 표시할 때마다 주관성이 문제가 된다. 예를 들어, 어코드의 가격($36,100)은 크루즈의 가격($32,500)보다 $3,600만큼 더 높다. $3,600만큼의 차이는 어떤 사람에게는 상당히 큰 액수이지만 다른 어떤 사람에게는 그렇지 않을 수 있다. 그러므로 어코드가 크루즈보다 '극도로 더 비싼지' 혹은 '중간 정도로 더 비싼지'는 비교를 하는 사람의 재정 상황과 주관적인 의견에 달려있다. 계층화 분석법의 장점은 의사결정자의 주관적인 판단이 의사결정 과정에서 중요한 부분을 차지하는 상황도 처리할 수 있다는 것이다.

계층화 분석법(AHP)에서는 다기준 문제의 여러 측면에 대하여 의사결정자의 개인적인 선호도나 주관적인 판단이 허용된다.

계층화 방법

계층화 분석법에서의 첫 단계는 문제를 목표, 의사결정 기준, 의사결정 대안을 이용하여 그림으로 나타내는 것이다. 이러한 그림은 문제의 **계층**(hierarchy)을 보여준다. 그림 11.6은 자동차 선정 문제의 계층을 보여준다. 계층의 첫 수준은 목표가 최상의 자동차를 선정하는 것임을 보여준다. 두 번째 수준에서는 네 가지 기준(가격, 연비, 안락감, 스타일) 각

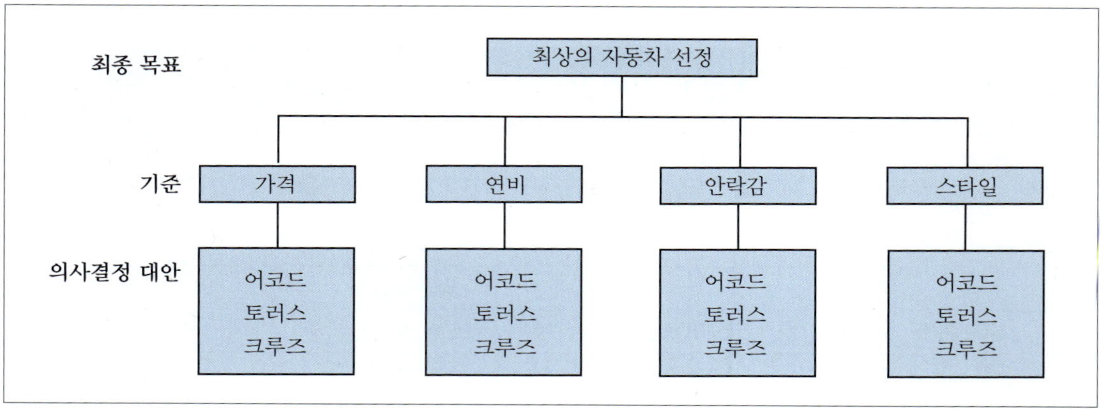

그림 11.6 자동차 선정 문제의 계층

각이 목표 달성에 기여함을 보여준다. 마지막으로 세 번째 수준은 각각의 의사결정 대안(어코드, 토러스, 크루즈) 각각이 각 기준에 기여함을 보여준다.

계층화 분석법을 이용할 때 의사결정자는 네 가지 기준의 각각에 대하여 목표 달성에 대한 기여도 차원에서 상대적인 중요성에 대한 판단을 명시해야 한다. 다음 수준에서는 의사결정자가 각 기준별로 의사결정 대안에 대한 선호도를 명시해야 한다. 의사결정 대안에 대한 우선순위를 찾기 위하여 기준의 상대적 중요도와 의사결정 대안의 선호도에 대한 정보를 종합하기 위해서 수학적인 과정이 이용된다. 자동차 선정 문제에서는 다이앤의 개인적인 선호도를 이용하여 세 종류의 자동차가 얼마나 최고의 자동차가 되는 목표에 근접하는지에 따라 우선순위를 정하게 된다.

11.5 계층화 분석법을 이용한 우선순위 정하기

이 절에서는 기준의 우선순위 그리고 각 기준별 의사결정 대안의 우선순위를 정하기 위해서 계층화 분석법에서 의사결정자가 제시하는 쌍별 비교를 어떻게 이용하는지를 보여준다. 자동차 선정 사례를 이용하여 계층화 분석법에서 다음 각각에 대해서 우선순위가 어떻게 결정되는지를 설명한다.

1. 네 가지 기준이 어떻게 최고의 자동차를 선정한다는 목표에 기여하는지
2. 가격 기준을 이용하여 세 가지 자동차가 어떻게 비교되는지
3. 연비 기준을 이용하여 세 가지 자동차가 어떻게 비교되는지
4. 안락감 기준을 이용하여 세 가지 자동차가 어떻게 비교되는지
5. 스타일 기준을 이용하여 세 가지 자동차가 어떻게 비교되는지

이어서 네 가지 기준이 최고의 자동차를 선정한다는 목표에 얼마나 기여하는지에 따라

우선순위를 정하는 방법을 설명하기로 한다. 각 기준을 이용하여 세 가지 자동차의 우선순위를 정하는 것도 비슷한 방식으로 결정된다.

쌍별 비교

쌍별 비교(pairwise comparison)는 계층화 분석법의 기본적인 구성단위이다. 네 가지 기준에 대한 우선순위를 결정할 때 계층화 분석법에서는 다이앤이 두 가지 기준을 한 번에 비교할 때 각 기준이 다른 기준에 비해 얼마나 중요한지를 명시해야 하는데, 이를 위해서 한 번에 두 개씩 쌍으로 비교가 이루어진다. 즉, 네 가지 기준(가격, 연비, 안락감, 스타일)이 있으므로 다이앤은 다음과 같은 쌍별 비교를 해야 한다.

가격과 연비의 비교
가격과 안락감의 비교
가격과 스타일의 비교
연비와 안락감의 비교
연비와 스타일의 비교
안락감과 스타일의 비교

각각의 쌍별 비교에서 다이앤은 더 중요한 기준을 선정해야 하고 선정된 기준이 얼마나 중요한지를 표현해야 한다.

예를 들어, 가격과 연비의 쌍별 비교에서 다이앤이 가격이 연비보다 중요하다고 했다고 가정하자. 가격이 연비보다 얼마나 더 중요한지를 측정하기 위하여 계층화 분석법에서는 9점 척도를 이용한다. 즉, 1에서 9까지 점수를 부여한다. 표 11.5는 의사결정자의

표 11.5 계층화 분석법을 이용한 기준의 중요도에 대한 비교 척도

구두적 판단	점수
극도로 더 중요하다	9
	8
매우 강하게 더 중요하다	7
	6
강하게 더 중요하다	5
	4
보통으로 더 중요하다	3
	2
동등하게 중요하다	1

표 11.6 자동차 선정 문제의 네 가지 기준에 대한 다이앤의 쌍별 비교 결과 요약

쌍별 비교	더 중요한 기준	더 중요한 정도	점수
가격 – 연비	가격	보통	3
가격 – 안락감	가격	동등과 보통 사이	2
가격 – 스타일	가격	동등과 보통 사이	2
연비 – 안락감	안락감	보통과 강하게 사이	4
연비 – 스타일	스타일	보통과 강하게 사이	4
안락감 – 스타일	스타일	동등과 보통 사이	2

두 기준에 대한 상대적인 중요도에 대한 구두적인 표현이 어떻게 점수로 환산이 되는지를 보여준다. 자동차 선정의 사례에서 다이앤이 가격이 연비보다 '보통으로 더 중요하다'라고 표현한다고 하자. 이 경우에 가격과 연비의 쌍별 비교에 대하여 3점이 부여된다. 표 11.5로부터 '강하게 더 중요하다'는 5점, '매우 강하게 더 중요하다'는 7점이 부여됨을 볼 수 있다. '강하게 더 중요하다'와 '매우 강하게 더 중요하다' 사이의 중간적 판단도 가능하며, 이 경우는 6점이 부여된다.

표 11.6은 자동차 선정 문제에서 다이앤이 제공한 여섯 개의 쌍별 비교 결과를 요약한 것이다. 이 표의 정보를 보면 다이앤은 다음과 같은 판단을 하였다.

가격이 연비보다 보통으로 더 중요하다.
가격이 안락감보다 동등과 보통 사이만큼 더 중요하다.
가격이 스타일보다 동등과 보통 사이만큼 더 중요하다.
안락감이 연비보다 보통과 강하게 사이만큼 더 중요하다.
스타일이 연비보다 보통과 강하게 사이만큼 더 중요하다.
스타일이 안락감보다 동등과 보통 사이만큼 더 중요하다.

AHP에서는 쌍별 비교를 통하여 부여된 점수를 이용하여 각 기준에 대한 우선순위나 중요도 측정치가 만들어진다.

이와 같이 계층화 분석법은 개별 의사결정자의 독특한 선호도를 수용할 수 있다. 첫째, 이용되는 기준은 의사결정자에 따라 달라질 수 있다. 자동차 선정 문제에서 가격, 연비, 안락감, 스타일 기준이 이용되어야 한다는 데 모두가 동의하는 것은 아니다. 만일 당신이 자동차 선정 문제의 의사결정자가 된다면 아마도 안전도, 중고가격 등의 다른 기준을 추가하기를 원할 수도 있다. 계층화 분석법은 의사결정자가 명시하는 어떠한 기준 세트도 수용할 수 있다. 물론 기준이 추가되면 더 많은 쌍별 비교가 필요할 것이다. 게다가 당신이 다이앤과 같이 가격, 연비, 안락감, 스타일의 네 가지 기준을 이용하는 것에 동의하더라도 기준의 상대적인 중요도는 다이앤과는 다를 것이다. 표 11.6의 형식을 이용하여 각각의 쌍별 비교에 대한 당신 자신의

만약 k개의 기준이 이용되면 $k(k-1)/2$ 가능한 쌍별 비교를 하게 된다.

중요도 평가를 명시하면 계층화 분석법은 당신의 개인적인 선호도를 반영하여 점수를 부여한다.

쌍별 비교 매트릭스

네 가지 기준의 우선순위를 결정하기 위해서 표 11.6에 제시된 쌍별 비교 점수에 대한 매트릭스를 만들어야 한다. 네 가지 기준을 이용할 경우에 **쌍별 비교 매트릭스**(pairwise comparison matrix)는 다음과 같이 네 개의 행과 네 개의 열로 구성된다.

	가격	연비	안락감	스타일
가격				
연비				
안락감				
스타일				

표 11.6의 점수가 비교 매트릭스에 기록된다. 이 과정을 보여주기 위해 가격–연비 쌍별 비교의 점수 3을 살펴보기로 한다. 표 11.6에서 가격–연비 쌍별 비교에서는 가격이 더 중요한 기준인 것으로 나타나 있다. 그러므로 쌍별 비교 매트릭스에 가격이라는 이름의 행과 연비라는 이름의 열이 만나는 곳에 3을 입력한다. 일반적으로 표 11.6에서 '더 중요한 기준'이라는 이름의 열에 나타난 기준 이름이 쌍별 비교 매트릭스에 점수를 입력할 행의 이름이 된다. 또 다른 예로서, 연비–안락감 쌍별 비교를 살펴보자. 표 11.6에서 이 쌍별 비교의 경우에 안락감이 더 중요한 기준으로 나타나 있으며 점수는 4점이다. 그러므로 안락감이라고 이름이 붙여진 행과 연비라고 이름이 붙여진 열이 만나는 곳에 4를 입력한다. 표 11.6에 있는 다른 쌍별 비교의 경우에도 이러한 절차를 적용하여 다음과 같은 쌍별 비교 매트릭스를 얻는다.

	가격	연비	안락감	스타일
가격		3	2	2
연비				
안락감		4		
스타일		4	2	

대각선의 경우에는 각 기준이 자신과 비교가 되므로 쌍별 비교 매트릭스에 1이 입력된

다. 예를 들어, 가격이 가격과 비교가 되면 구두적인 판단은 1점인 '동등하게 중요'가 될 것이고, 그러므로 쌍별 비교 매트릭스에서 가격이라는 이름의 행과 가격이라는 이름의 열이 만나는 곳에 1을 입력한다. 이 시점에서 쌍별 비교 매트릭스는 다음과 같다.

	가격	연비	안락감	스타일
가격	1	3	2	2
연비		1		
안락감		4	1	
스타일		4	2	1

이제 남은 것은 매트릭스의 빈칸에 점수를 채우는 것이다. 이 점수가 어떻게 얻어지는지를 설명하기 위해서 가격–연비 쌍별 비교에 대한 점수 3을 살펴보기로 하자. 이 점수는 연비–가격 쌍별 비교의 점수가 $1/3$이 되어야 함을 의미한다. 즉, 다이앤이 이미 가격이 연비보다 보통으로 중요하다고(점수 3) 했으므로 연비 대 가격의 쌍별 비교는 $1/3$이 되어야 함을 추론할 수 있다. 유사하게 안락감–연비 쌍별 비교의 점수가 4이므로 연비–안락감 쌍별 비교 점수는 $1/4$이다. 그러므로 자동차 선정 기준에 대한 완전한 쌍별 비교 매트릭스는 다음과 같다.

	가격	연비	안락감	스타일
가격	1	3	2	2
연비	$1/3$	1	$1/4$	$1/4$
안락감	$1/2$	4	1	$1/2$
스타일	$1/2$	4	2	1

종합

쌍별 비교 매트릭스를 이용하여 이제 최고의 자동차를 선정하는 목표에 대한 기여도를 고려하여 각 기준의 우선순위를 계산할 수 있다. 계층화 분석법에서 이 과정을 **종합**(synthesization)이라고 한다. 종합을 수행하기 위한 정확한 수학적인 절차는 이 책의 범위를 벗어난다. 그러나 다음 세 단계의 절차는 종합 결과에 근사치를 제공한다. 종합 과정이 어떻게 작동하는지를 보여주기 위하여 쌍별 비교 매트릭스에 대한 세 단계를 수행한다.

1단계: 각 열의 값들의 합을 구한다.

	가격	연비	안락감	스타일
가격	1	3	2	2
연비	$^1/_3$	1	$^1/_4$	$^1/_4$
안락감	$^1/_2$	4	1	$^1/_2$
스타일	$^1/_2$	4	2	1
	2.333	12.000	5.250	3.750

2단계: 각 셀의 점수를 그 셀이 속한 열의 합으로 나눈다. 그 결과 매트릭스를 **표준화된 쌍별 비교 매트릭스**(normalized pairwise comparison matrix)라고 한다.

	가격	연비	안락감	스타일
가격	0.429	0.250	0.381	0.533
연비	0.143	0.083	0.048	0.067
안락감	0.214	0.333	0.190	0.133
스타일	0.214	0.333	0.381	0.267

3단계: 각 기준의 우선순위를 결정하기 위하여 각 행의 점수 평균을 구한다.

	가격	연비	안락감	스타일	우선순위
가격	0.429	0.250	0.381	0.533	0.398
연비	0.143	0.083	0.048	0.067	0.085
안락감	0.214	0.333	0.190	0.133	0.218
스타일	0.214	0.333	0.381	0.267	0.299

계층화 분석법의 종합 과정은 최고의 자동차를 선정하는 목표에 대한 기여도에 따라 각 기준의 우선순위를 제공한다. 그러므로 표 11.6에 제시된 다이앤의 쌍별 비교를 이용하여 계층화 분석법은 자동차 선정 과정에서 가격이 우선순위 점수 0.398로 가장 중요한 기준으로 결정되었다. 우선순위 점수 0.299의 스타일이 두 번째 중요한 기준으로 결정되

었으며, 안락감이 우선순위 점수 0.218로 그다음으로 중요한 기준으로 결정되었다. 연비는 우선순위 점수 0.085로 가장 덜 중요한 기준으로 결정되었다.

일관성

이미 언급하였듯이 계층화 분석법에서 핵심 단계는 여러 개의 쌍별 비교를 수행하는 것이다. 이 과정에서 중요하게 고려해야 할 것은 의사결정자가 제공하는 쌍별 비교 판단의 **일관성**(consistency)이다. 예를 들어, A 기준과 B 기준을 비교하여 쌍별 비교 점수가 3이라고 하고 B 기준과 C 기준을 비교하여 쌍별 비교 점수가 2라면 A 기준과 C 기준을 비교하면 완벽한 일관성이 있으려면 쌍별 비교 점수가 3×2=6이 되어야 한다. 그런데 만일 의사결정자가 제공한 A와 C의 쌍별 비교 점수가 4 혹은 5라면 쌍별 비교가 일관성이 약간 결여된 것으로 생각할 수 있다.

무수히 많은 쌍별 비교에서 완벽한 일관성을 얻기는 어렵다. 실상 거의 대부분의 쌍별 비교에서 어느 정도의 일관성 결여는 존재한다고 예상할 수 있다. 일관성 문제를 다루기 위해서 계층화 분석법은 의사결정자가 제공한 쌍별 비교의 일관성을 측정하는 방법을 제공한다. 만일 일관성의 정도가 수용할 수 없을 정도이면 의사결정자는 계층화 분석을 더 진행하기 전에 쌍별 비교를 검토하고 수정해야 한다.

일관성비가 0.1보다 크면 일관성이 결여된 것임을 나타낸다. 이러한 경우에 의사결정자는 더 진행하기 전에 쌍별 비교를 재검토해야 한다.

계층화 분석법은 쌍별 비교에 대한 일관성 측정치로서 **일관성비**(Consistency Ratio, CR)를 계산한다. 이 비율은 그 값이 0.1보다 클 경우에 쌍별 비교 판단에 일관성이 결여된 것으로 판단하도록 만들어졌다. 그러므로 만일 일관성비가 0.1보다 작거나 같을 경우에 쌍별 비교의 일관성은 적절하다고 할 수 있으며, 계층화 계획법은 종합 단계로 진행될 수 있다.

비록 일관성비에 대한 정확한 수학적인 계산은 이 책의 범위에서 벗어나지만 일관성비의 근사치는 별 어려움 없이 얻을 수 있다. 자동차 선정 문제에 대한 일관성비를 추정하는 단계별 절차는 다음과 같다.

1단계: 쌍별 비교 매트릭스의 첫 번째 열의 각 점수와 첫 번째 행의 우선순위 점수를 곱한다. 그리고 두 번째 열의 각 점수와 두 번째 행의 우선순위 점수를 곱한다. 이 과정을 쌍별 비교 매트릭스의 모든 열에 대해 시행한다. '가중치 합(weighted sum)'이라는 벡터를 얻기 위해서 각 행의 합을 구한다. 자동차 선정 문제에 대한 이 계산은 다음과 같다.

$$0.398\begin{bmatrix}1\\ 1/3\\ 1/2\\ 1/2\end{bmatrix} + 0.085\begin{bmatrix}3\\ 1\\ 4\\ 4\end{bmatrix} + 0.218\begin{bmatrix}2\\ 1/2\\ 1\\ 2\end{bmatrix} + 0.299\begin{bmatrix}2\\ 1/4\\ 1/2\\ 1\end{bmatrix} =$$

$$\begin{bmatrix}0.398\\0.133\\0.199\\0.199\end{bmatrix}+\begin{bmatrix}0.255\\0.085\\0.340\\0.340\end{bmatrix}+\begin{bmatrix}0.436\\0.054\\0.218\\0.436\end{bmatrix}+\begin{bmatrix}0.598\\0.075\\0.149\\0.299\end{bmatrix}=\begin{bmatrix}1.687\\0.347\\0.907\\1.274\end{bmatrix}$$

2단계: 1단계에서 얻은 가중치 합 벡터의 각 점수를 상응하는 각 기준의 우선순위 점수로 나눈다.

$$\text{가격}\ \frac{1.687}{0.398}=4.236$$
$$\text{연비}\ \frac{0.347}{0.085}=4.077$$
$$\text{안락감}\ \frac{0.907}{0.218}=4.163$$
$$\text{스타일}\ \frac{1.274}{0.299}=4.264$$

3단계: 2단계에서 계산된 값들의 평균을 구한다. 이 평균을 λ_{max}라고 하자.

$$\lambda_{max}=\frac{(4.236+4.077+4.163+4.264)}{4}=4.185$$

4단계: 일관성 지수(Consistency Index, CI)를 다음과 같이 구한다.

$$\text{CI}=\frac{\lambda_{max}-n}{n-1}$$

여기서 n은 비교가 되는 기준의 수이다.

$$\text{CI}=\frac{4.185-4}{4-1}=0.0616$$

5단계: 일관성비(Consistency Ratio, CR)를 구한다. 일관성비는 다음과 같이 정의된다.

$$\text{CR}=\frac{\text{CI}}{\text{RI}}$$

여기서 RI는 임의로 생성된 쌍별 비교 매트릭스의 일관성 지수를 의미한다. RI 값은 비교가 되는 기준의 수에 달려 있으며 다음과 같다.

n	3	4	5	6	7	8
RI	0.58	0.90	1.12	1.24	1.32	1.41

그러므로 자동차 선정 문제의 경우에 $n = 4$이므로 $\text{RI} = 0.9$이다. 따라서 일관성비는 다음과 같다.

$$\text{CR} = \frac{0.0616}{0.90} = 0.068$$

앞서 언급했듯이 일관성비가 0.1보다 작거나 같은 경우는 수용 가능하다. 자동차 선정 기준에 대한 쌍별 비교의 경우에 $\text{CR} = 0.068$이므로 쌍별 비교의 일관성 정도는 수용이 가능하다고 결론을 내릴 수 있다.

자동차 선정 문제에 대한 서로 다른 쌍별 비교

자동차 선정 문제의 계층화 분석법을 계속하면 각각의 기준(가격, 연비, 안락감, 스타일)에 대한 세 가지 자동차의 우선순위를 결정하기 위해 쌍별 비교를 해야 한다. 이러한 우선순위 결정을 위해서는 다이앤이 각 기준별로 세 가지 자동차에 대한 쌍별 비교 선호도를 명시해야 한다. 예를 들어, 가격 기준을 이용하여 다음과 같은 쌍별 비교를 해야 한다.

어코드와 토러스의 비교
어코드와 크루즈의 비교
토러스와 크루즈의 비교

각각의 비교에서 다이앤은 더 선호하는 자동차를 선정해야 하고 선정된 자동차를 얼마나 더 선호하는지를 명시해야 한다.

예를 들어, 가격을 비교의 기준으로 하고 어코드와 토러스의 쌍별 비교에서 다이앤이

표 11.7 계층화 분석법을 이용한 의사결정 대안의 선호도에 대한 쌍별 비교 척도

구두적 판단	점수
극도로 선호	9
	8
매우 강하게 선호	7
	6
강하게 선호	5
	4
보통으로 선호	3
	2
동등하게 선호	1

표 11.8 각 기준별 자동차 선호도를 보여주는 쌍별 비교 매트릭스

가격				연비			
	어코드	토러스	크루즈		어코드	토러스	크루즈
어코드	1	1/3	1/4	어코드	1	1/4	1/6
토러스	3	1	1/2	토러스	4	1	1/3
크루즈	4	2	1	크루즈	6	3	1
안락감				**스타일**			
	어코드	토러스	크루즈		어코드	토러스	크루즈
어코드	1	2	8	어코드	1	1/3	4
토러스	1/2	1	6	토러스	3	1	7
크루즈	1/8	1/6	1	크루즈	1/4	1/7	1

덜 비싼 토러스를 선호한다고 하자. 표 11.7은 계층화 분석법에서 어코드와 토러스 사이에 구두로 표현된 선호도를 어떻게 숫자로 전환하는지를 보여준다. 예를 들어, 다이앤이 가격에 기준을 두고 토러스를 어코드에 비하여 '보통으로 선호'한다고 하였다고 하자. 그러면 가격 기준의 쌍별 비교 매트릭스에서 토러스 행과 어코드 열이 만나는 곳에 3점을 입력한다.

표 11.8은 자동차 선정 문제에 대한 각 기준별로 다이앤이 제공한 쌍별 비교를 요약한 것이다. 이 표에서 일부의 쌍별 비교 점수를 보면 다이앤은 다음과 같은 선호도를 보임을 알 수 있다.

- 가격 기준에서는 어코드보다 크루즈를 보통과 강하게 사이만큼 더 선호한다.
- 연비 기준에서는 토러스보다 크루즈를 보통으로 더 선호한다.
- 안락감 기준에서는 크루즈보다 어코드를 매우 강하게와 극도로 사이만큼 더 선호한다.
- 스타일 기준에서는 어코드보다 토러스를 보통으로 더 선호한다.

표 11.8의 쌍별 비교 매트릭스를 이용하면 다이앤이 자동차에 대하여 명시한 선호도에 대해서 더 많은 것을 알 수 있다. 그러나 이 시점에서 계층화 분석법에서는 각 기준별로 자동차의 우선순위를 결정하기 위해서 표 11.8의 쌍별 비교 매트릭스를 각각 종합하게 된다. 앞에서 기준의 우선순위를 결정할 때 이용한 세 단계 절차를 이용하여 각각의 쌍별 비교 매트릭스를 종합하게 된다. 네 가지 기준별 쌍별 비교 매트릭스 각각에 대한 종합이 이루어지므로 네 번의 종합이 계산되고 표 11.9와 같이 네 세트의 우선순위가 도출된다. 이 표를 이용하여 가격 기준(0.557)으로는 크루즈가 가장 선호하는 자동차이고, 연비 기준(0.639)으로도 크루즈가 가장 선호하는 자동차이다. 어코드는 안락감 기준(0.593)으로

표 11.9 각 기준별 자동차의 우선순위

	기준			
	가격	연비	안락감	스타일
어코드	0.123	0.087	0.593	0.265
토러스	0.320	0.274	0.341	0.656
크루즈	0.557	0.639	0.065	0.080

가장 선호하는 자동차이고, 토러스는 스타일 기준(0.656)으로 가장 선호하는 자동차이다. 이 시점에서 어느 자동차가 종합적으로 최고인지가 명확하지 않다. 다음 절에서는 세 자동차에 대한 종합적인 우선순위를 개발하기 위해 어떻게 기준별 우선순위와 표 11.9의 우선순위를 종합하는지를 보여준다.

11.6 계층화 분석법을 이용한 종합적인 우선순위의 개발

11.5절에서 다이앤의 기준 간의 쌍별 비교를 통하여 가격(0.398), 연비(0.085), 안락감(0.218), 스타일(0.299)의 우선순위를 개발하였다. 이제 이 우선순위와 표 11.9의 우선순위를 이용하여 세 가지 자동차의 종합적인 우선순위를 개발하기로 한다.

종합적인 우선순위를 계산하는 데 이용되는 절차는 표 11.9의 각 자동차의 기준별 우선순위에 상응하는 기준의 우선순위로 가중치를 부여하는 것이다. 예를 들어, 가격 기준은 우선순위 0.398이고, 가격 기준으로 어코드의 우선순위는 0.123이다. 그러므로 가중치가 부여된 어코드의 가격에 대한 우선순위는 $0.398 \times 0.123 = 0.049$이다. 어코드에 대한 종합적인 우선순위를 구하기 위해서는 연비, 안락감, 스타일의 가중치가 부여된 우선순위를 구하여 다음과 같이 모두 더하면 된다.

어코드의 종합적 우선순위

$$0.398(0.123) + 0.085(0.087) + 0.218(0.593) + 0.299(0.265) = 0.265$$

토러스와 크루즈에 대해서도 이러한 계산을 하면 다음과 같다.

토러스의 종합적 우선순위

$$0.398(0.320) + 0.085(0.274) + 0.218(0.341) + 0.299(0.656) = 0.421$$

크루즈의 종합적 우선순위

$$0.398(0.557) + 0.085(0.639) + 0.218(0.065) + 0.299(0.080) = 0.314$$

이러한 우선순위의 등위를 매기면 의사결정 대안에 대한 계층화 분석법의 순위를 얻게 된다.

자동차	우선순위
1. 토러스	0.421
2. 크루즈	0.314
3. 어코드	0.265

이러한 결과는 다이앤이 자동차 구매 의사결정을 하는 데 기초가 된다. 다이앤이 기준의 중요도와 기준별 자동차 선호도에 대한 자신의 판단이 유효하다고 생각한다면 계층화

경영과학의 실행 **유통기업이 환경적으로 지속 가능한 수송 경로를 개발하는 데 계층화 분석법을 이용하다***

많은 기업들이 자신들의 비즈니스 운영에 환경적인 지속 가능성을 포함시키려고 노력을 하고 있다. 기업들은 제조 활동으로 인한 오염을 감축하고, 유통시스템에서 연료를 덜 사용하고, 제품에 이용되는 포장을 감축함으로써 해로운 환경적인 영향을 최소화하기 위해 노력하고 있다. 유럽의 여러 유통기업들은 유통 활동으로 인한 오염량을 감축하기 위해 가장 환경적으로 지속 가능한 경로를 선택하기 위해서 계층화 분석법을 이용하였다.

두 스페인 유통기업인 하이드로 이네사(Hydro Inasa)와 지멘사에올리카(GamesaEólica)는 스페인의 팜플로나에서 피레네산맥을 거쳐 프랑스로 이어지는 환경적으로 가장 덜 영향을 미치는 수송 경로를 확인하기 위해서 계층화 분석법을 이용하였다. 이 경로를 결정하기 위해서 5개의 잠재적인 경로상의 여러 지역의 오염에 대한 자료를 수집하였고, 수송 경로 대안에 대한 평가를 위해 다기준 의사결정 모형을 개발하였다.

수송 경로에 의하여 영향을 받는 특정 지역과 관련이 있을 수 있는 세 가지 기준으로 경제, 사회, 자연 지역이 선정되었다. 각각의 기준은 수송 경로상의 특정 지역과 관련이 있는 문제를 명확히 하기 위해서 하위기준을 포함한다. 예를 들어, '사회'라는 기준은 수송 경로가 도심, 유적지, 혹은 휴양지를 통과하는지와 관련된 하위기준을 포함한다.

수송 및 환경 전문가와의 인터뷰를 통하여 주 기준과 하위기준에 대한 쌍별 비교가 이루어졌다. 쌍별 비교로 피레네산맥을 통과하는 5개의 경로에 대한 우선순위가 수립되었다. 계층화 분석법의 결과로 두 개의 경로가 탁월한 것으로 확인되었는데, 두 경로의 우선순위 점수 차이가 거의 없었다. 그래서 주 기준과 하위기준의 우선순위에 임의로 변화를 주는 방법으로 민감도 분석을 실시하였다. 이 민감도 분석의 결과는 두 개의 경로 중에서 하나의 경로가 검토한 시나리오의 91%에서 탁월한 것으로 나타났다. 그러므로 이 경로가 최고의 경로로 선정되었고 하이드로 이네사와 지멘사에올리카사가 이 경로를 이용하게 되었다.

*출처 Javier Faulin, Esteban de Paz, Fernando Lera-López, Ángel Juan, and Israel Gil-Ramírez, "Distribution Companies Use Analytical Hierarchy Process for Environmental Assessment Transportation Routes Crossing Pyrenees in Navarre, Spain," *Interface* 43, no. 13(May-June 2013): 285-287.

분석법은 토러스가 가장 선호하는 자동차임을 보여주고 있다. 토러스를 최고의 자동차로 추천하는 것뿐만 아니라 계층화 분석법은 다이앤이 의사결정 과정에서의 상충관계에 대한 이해도를 높이고 왜 토러스가 계층화 분석법에서 추천되는 대안인지에 대하여 분명하게 이해하는 데도 도움을 준다. 앞에 나오는 '경영과학의 실행'의 '유통기업이 환경적으로 지속 가능한 수송 경로를 개발하는 데 계층화 분석법을 이용하다'에서는 두 유통기업과 스페인의 연구팀이 스페인에서 프랑스까지의 피레네산맥을 넘어 가장 환경적으로 친화적인 수송 경로를 결정하기 위해서 계층화 분석법을 이용한 사례를 보여준다. 이 사례는 오염 수준에 관한 자료와 다수의 의사결정 기준에 대한 전문가 의견을 종합하여 환경상의 피해를 최소화하는 수송 경로를 결정한다.

유의사항

1. 11.3절의 평점 모형은 의사결정 대안에 대한 종합적인 평점을 계산하기 위해서 다음과 같은 식을 이용한다.

$$S_j = \sum_i w_i r_{ij}$$

여기서

w_i = 기준 i에 대한 가중치

r_{ij} = 기준 i에 대한 의사결정 대안 j의 점수

11.5절의 계층화 분석법도 각각의 의사결정 대안에 대한 종합적인 우선순위를 결정할 때 동일한 방식으로 계산한다. 두 접근법의 차이는 평점 모형에서는 의사결정자가 w_i와 r_{ij}의 값을 직접적으로 추정해야 하는 반면에, 계층화 분석법에서는 의사결정자가 제공한 쌍별 비교 정보를 바탕으로 종합이라는 과정을 거쳐 기준에 대한 우선순위와 의사결정 대안에 대한 우선순위가 계산된다는 점이다.

2. 엑스퍼트 초이스(Expert Choice)라는 소프트웨어는 계층화 분석법을 컴퓨터로 실행하는 데 사용하기 쉬운 절차를 제공한다. 엑스퍼트 초이스는 의사결정자가 쌍별 비교 과정을 한 단계씩 차례로 진행하도록 이끌어준다. 의사결정자가 쌍별 비교를 완료하면 엑스퍼트 초이스는 자동으로 쌍별 비교 매트릭스를 만들고 종합 과정을 거쳐서 종합적인 우선순위를 제시한다. 엑스퍼트 초이스는 다양한 다기준 의사결정 문제를 풀기를 원하는 의사결정자가 이용을 고려할 만한 소프트웨어이다.

요약

이 장에서 다수의 목표를 가진 문제를 풀기 위해 선형계획법의 틀 내에서 목표계획법을 사용하였다. 목표계획 모형은 하나 이상의 목표 및 목표로부터의 편차를 최소화하도록 만들어진 목적함수를 포함하고 있다. 자원 능력이나 다른 제한이 목표의 달성에 영향을 미치는 경우에 이것들은 모형에 제약조건으로 포함되는데, 이 제약조건은 일반적인 선형계획 모형에서의 제약조건과 동일한 방법으로 만들어지고 취급된다.

선제적인 우선순위를 가지는 목표계획 문제에서 우선순위 수준 1의 목표가 목적함수에서 먼저 고려되는데, 이는 이러한 목표를 가장 잘 충족시키는 해를 확인하기 위함이다. 이렇게 얻어진 해는 우선순위 수준 2의 목표를 고려한 목적함수를 고려하여 수정된다. 이러한 수정은 우선순위 수준 1의 목표를 달성하기 위해 얻어진 해를 악화시키지 않는 경우에만 이루어진다. 모든 우선순위 수준의 목표를 고려할 때까지 이러한 과정을 계속한다.

두 개의 변수만 있는 목표계획 문제를 해결하는 데 선형계획법에서의 그래프를 이용한 해 찾기 절차를 약간 변형하여 이용할 수 있다. 일반적인 목표계획법의 문제를 푸는 데 이용되는 소프트웨어가 있으나 선형계획법 컴퓨터 패키지만큼 흔하지 않다. 따라서 목표계획 문제를 푸는 데 선형계획법을 이용하는 방법을 설명하였다.

다기준 문제에서 가장 바람직한 의사결정 대안을 확인하는 데 이용되는 빠르고 상대적으로 쉬운 평점 모형을 소개하였다. 의사결정자는 각 기준의 중요도를 나타내는 주관적인 가중치를 제공해야 한다. 그다음 의사결정자는 각각의 의사결정 대안이 각각의 기준을 얼마나 충족시키는지에 대하여 점수를 부여한다. 결과적으로 모든 기준을 고려할 경우에 의사결정 대안의 선호도를 나타내는 평점이 의사결정 대안별로 산출된다.

또 다기준 의사결정에 이용되는 계층화 분석법이라는 접근법을 소개하였다. 계층화 분석법에서의 핵심은 비교대상이 되는 것들의 상대적 중요도 혹은 선호도에 대한 판단을 개발하는 것이다. 쌍별 비교를 할 때 의사결정자의 일관성 정도를 결정하기 위하여 일관성비가 계산된다. 일관성비가 1보다 작거나 같아야 수용이 가능하다.

쌍별 비교가 모두 이루어지면 종합이라는 과정을 거쳐서 비교 대상이 되는 것들의 우선순위가 결정된다. 계층화 분석법의 마지막 단계는 기준별로 얻은 대안별 우선순위 수준과 각각의 기준 자체의 중요도를 나타내는 우선순위 수준을 곱하는 것이다. 모든 기준에 대한 이러한 곱을 합하면 각각의 의사결정 대안에 대한 종합적 우선순위가 정해진다.

주요 용어

- **계층(hierarchy)** 문제의 수준을 목표, 기준, 의사결정 대안으로 구분하여 보여주는 다이어그램.
- **계층화 분석법(Analytic Hierarchy Process, AHP)** 계층화된 비교 대상들의 쌍별 비교를 바탕으로 다기준 의사결정에 이용되는 접근법.
- **목표계획법(goal programming)** 목적함수가 목표로부터의 편차를 최소화하도록 만들어지는 다기준 의사결정 문제의 해결에 이용되는 선형계획법 접근법.
- **목표방정식(goal equation)** 방정식의 오른쪽이 목표의 목표치가 되고, 왼쪽은 달성 수준을 나타내는 함수와 목표치와 달성 수준의 차이를 나타내는 편차변수를 포함한다.

- **목표치(target value)** 목표의 진술에 명시된 값. 문제의 내용에 따라 경영진은 목표계획 문제에 대한 해가 목표치보다 작거나, 같거나 혹은 큰 값을 원하게 된다.
- **선제적 우선순위(preemptive priority)** 상위 목표의 충족이 하위 목표의 충족을 위해 희생되지 않도록 하기 위해 목표에 부여된 우선순위.
- **쌍별 비교 매트릭스(pairwise comparison matrix)** 일련의 쌍별 비교를 통하여 얻어지는 선호도나 상대적 중요도로 구성되는 매트릭스.
- **일관성(consistency)** 일련의 쌍별 비교 시에 이루어진 판단의 품질을 평가하기 위해서 개발된 개념. 이러한 비교의 내적 일관성에 대한 측정치이다.
- **일관성비(Consistency Ratio, CR)** 일련의 쌍별 비교에서 일관성의 정도를 측정하는 수치. 그 수치가 0.10보다 작거나 같으면 일관성은 적절하다고 할 수 있다.
- **종합(synthesization)** 우선순위를 개발하기 위해서 쌍별 비교 매트릭스에 있는 선호도나 상대적 중요도를 이용하는 수학적 과정.
- **편차변수(deviation variable)** 목표치로부터의 편차가 허용되도록 목표방정식에 추가되는 변수.
- **평점 모형(scoring model)** 다기준 의사결정에 이용되는 접근법으로 이용자는 기준별로 상대적 중요도를 나타내는 가중치를 부여하고, 또한 각각의 의사결정 대안이 각각의 기준을 얼마나 충족시키는지 점수를 부여한다. 각 대안별 평점이 산출된다.
- **표준화된 쌍별 비교 매트릭스(normalized pairwise comparison matrix)** 쌍별 비교 매트릭스의 각 요소를 해당 열의 총합으로 나누어 얻은 행렬. 이 매트릭스는 우선순위를 종합하는 중간 단계에서 계산된다.

연습문제

1. **원료의 배합** RMC 회사는 세 가지 원료를 배합하여 두 가지 제품(연료 첨가제와 기본 용매)을 생산한다. 연료 첨가제 1톤은 $^2/_5$톤의 원료 1과 $^3/_5$톤의 원료 3을 배합하여 생산한다. 기본 용매 1톤은 $^1/_2$톤의 원료 1, $^1/_5$톤의 원료 2, $^3/_{10}$톤의 원료 3을 배합하여 생산한다. RMC의 생산은 세 가지 원료의 이용 가능한 양에 의하여 제한된다. RMC는 원료 1 20톤, 원료 2 5톤, 원료 3 21톤을 보유하고 있다. 경영진은 다음과 같은 P_1 우선순위 수준의 목표를 달성하기를 원한다.

   목표 1: 적어도 30톤의 연료 첨가제를 생산한다.

   목표 2: 적어도 15톤의 기본 용매를 생산한다.

   다른 목표는 없다고 가정한다.

   a. 이용 가능한 원료의 양이 제한적임에도 불구하고 P_1 우선순위 수준의 목표를 둘

다 달성 가능한가? 설명하라.

b. 이용 가능한 각 원료의 양을 제약조건으로 하여 최적의 제품 믹스를 결정하기 위한 목표계획 모형을 만들어보라. P_1 우선순위 수준의 목표 두 개가 동등하게 중요하다고 가정하라.

c. 그래프를 이용한 목표계획법 해 찾기 절차를 이용하여 (b)에서 만든 모형의 해를 구하라.

d. 만일 목표 1이 목표 2보다 두 배 중요하다면 최적의 제품 믹스는?

2. **생산계획** L. Young & Sons 제조회사는 두 가지 제품을 생산한다. 각 제품의 수익과 생산에 필요한 자원은 다음과 같다.

특성	제품 1	제품 2
수익/개당	$4	$2
A 작업장 시간/개당	1	1
B 작업장 시간/개당	2	5

지난달의 생산 스케줄에 의하면 A 작업장에서 350시간의 노동시간을 이용했고 B 작업장에서 1,000시간의 노동시간을 이용하였다.

Young의 경영진은 월별 작업장별 작업부하의 변동으로 인하여 지난 6개월 동안 작업자 사기와 노동조합 문제를 겪어왔다. 작업부하를 안정화시키려는 노력을 하지 않아서 신규 고용, 해고, 작업장 간의 이동은 일상적인 일이 되었다.

경영진은 다음과 같은 목표를 달성하도록 다음 달의 생산 스케줄을 개발하려고 한다.

목표 1: 작업장 1에서 350시간의 노동시간을 이용한다.

목표 2: 작업장 2에서 1,000시간의 노동시간을 이용한다.

목표 3: 적어도 $1,300의 수익을 얻는다.

a. 목표 1과 목표 2는 P_1 우선순위 수준의 목표이고, 목표 3은 P_2 우선순위 수준의 목표라고 가정하고, 또 목표 1과 목표 2는 동등하게 중요하다고 가정하여 목표계획 모형을 만들어보라.

b. 그래프를 이용한 목표계획법 해 찾기 절차를 이용하여 (a)에서 만든 모형에 대한 해를 구하라.

c. 작업부하의 변동을 무시하고 작업장 1에서의 350시간의 노동시간과 작업장 2에서의 1,000시간의 노동시간이 각각 최대한 이용 가능한 노동시간이라고 가정하자. 이러한 제약조건하에서 수익을 극대화하는 선형계획 문제의 해를 구하라.

d. (b)에서의 해와 (c)에서의 해를 비교하라. 어떤 접근법을 선호하는지 그리고 그

이유는 무엇인지 설명하라.

e. 목표 3이 P_1 우선순위 수준의 목표이고, 목표 1과 목표 2가 P_2 우선순위 수준의 목표라고 가정하고, 또 목표 1과 목표 2는 동등하게 중요하다고 가정하고 목표계획 모형을 만들어 그래프를 이용하여 해를 구하라. 여기서 얻은 해를 (a)에서 얻은 해와 비교하라.

3. **월별 생산** 스탠더드 펌프(Standard Pump)사는 최근에 U.S. Navy에 4개월에 걸쳐서 2,000대의 맞춤식 수중 펌프를 공급하는 $1,400만의 계약을 체결하였다. 계약에 따르면 5월 말까지 200대, 6월 말까지 600대, 7월 말까지 600대, 8월 말까지 600대를 배송하기로 되어있다. 스탠더드는 5월에 400대, 6월에 400대, 7월에 800대, 8월에 500대를 생산할 수 있다. 경영진은 월별 재고수준의 변동을 최소화하면서 월별 월말 재고를 낮은 수준으로 유지하는 생산 스케줄을 개발하려고 한다. 이 문제에 대한 목표계획 모형을 개발하면서 생산 스케줄 담당자는 m월에 생산되는 펌프의 수를 x_m으로 하고 m월 말의 펌프의 재고량을 s_m으로 하기로 하였다. 여기서, $m=1$은 5월, $m=2$는 6월, $m=3$은 7월, $m=4$는 8월을 의미한다. 경영진이 여러분에게 생산 스케줄 담당자의 모형 개발에 도움을 주도록 요청하였다.

a. 이러한 변수들을 이용하여 다음 수요 요건을 충족시키는 월별 제약조건을 만들어보라.

$$\text{기초 재고} + \text{당월 생산량} - \text{기말 재고} = \text{당월 수요}$$

b. 5월에서 6월, 6월에서 7월, 7월에서 8월의 생산수준의 변동을 나타내는 목표방정식을 만들어보라.

c. 재고유지비용이 크다. 스탠더드가 5월에서 8월에 걸쳐서 월별 기말 재고를 전혀 보유하지 않는 것이 가능한가? 그렇지 않다면 5월, 6월, 7월의 기말 재고의 목표치가 0이 되도록 목표방정식을 만들어보라.

d. (b)와 (c)에서 만든 목표방정식 이외에 모형에 어떠한 다른 제약조건이 필요한가?

e. 생산량 변동목표와 재고목표가 동일하게 중요하다고 가정하고 최상의 생산 스케줄을 결정하기 위한 목표계획 모형의 해를 구하라.

f. 기말 재고에 대한 목표방정식과 편차변수를 제거하여 모형에 필요한 변수와 제약조건을 줄일 방법이 있는가? 설명하라.

4. **광고캠페인 계획** LPGA(Ladies Professional Golf Association)의 프로모션을 책임지는 위원회는 대회 개최 전 2주 동안 광고하는 방법을 결정하려고 한다. 위원회는 이용하려고 하는 세 가지 매체에 대해 다음 정보를 수집하였다.

	광고 1회당 노출 독자 수	광고 1회당 비용	최대 광고 횟수
TV	200,000	$2,500	15
라디오	50,000	$400	15
인터넷	100,000	$500	20

이 표의 마지막 열은 다음 2주 동안 이용할 수 있는 최대 광고횟수이며, 제약조건으로 취급이 되어야 한다. 위원회는 이번 프로젝트에 대한 다음과 같은 목표를 수립하였다.

우선순위 수준 1의 목표

목표 1: 적어도 4백만 명에게 노출되도록 한다.

우선순위 수준 2의 목표

목표 2: TV 광고 횟수는 적어도 전체 광고 횟수의 30%는 되어야 한다.

우선순위 수준 3의 목표

목표 3: 라디오 광고 횟수는 전체 광고 횟수의 20%를 초과해서는 안 된다.

우선순위 수준 4의 목표

목표 4: 총광고비는 $20,000로 제한된다.

a. 이 문제에 대한 목표계획 모형을 만들어보라.

b. 11.2절에서 소개된 목표계획법 컴퓨터 절차를 이용하여 (a)에서 만든 모형의 해를 구하라.

5. 여러 직업에 대한 선택 이 장에서 소개된 다기준 의사결정법을 이용하는 장점은 의사결정자의 독특한 관심이나 선호도를 반영하도록 기준에 대한 가중치나 의사결정 대안에 대한 점수를 조정할 수 있다는 것이다. 예를 들어, 또 다른 학생이 11.3절에 소개된 세 회사로부터 입사통지서를 받았다고 하자. 이 학생이 다음과 같은 평점 모형 정보를 제공했다고 하자. 세 가지 직업에 대한 종합적인 선호도의 순위를 정하라. 어떤 직업이 추천되는가?

기준	가중치	점수		
		분석가 시카고	회계 담당자 덴버	회계 감사관 휴스턴
커리어 발전	5	7	4	4
위치	2	5	6	4
경영 스타일	5	6	5	7
봉급	4	7	8	4

명성	4	8	5	6
직업 안정성	2	4	5	8
일의 즐거움	4	7	5	5

6. **휴가지 선정** 조지아주의 애틀랜타에 사는 자오(Zhao) 가족은 여름휴가를 계획하고 있다. 세 가지 대안 휴가지가 있으며, 기준별 가중치 그리고 각 기준에 대한 세 개의 휴가지별 점수는 다음과 같다. 추천되는 휴가지는 어디인가?

기준	가중치	점수		
		사우스캐롤라이나주의 머틀 해변	스모키산	미주리주의 브랜슨
여행 거리	2	5	7	3
휴가비용	5	5	6	4
오락시설 이용성	3	7	4	8
야외 활동	2	9	6	5
독특한 경험	4	6	7	8
가족 재미	5	8	7	7

7. **부동산 투자안의 선택** 부동산 투자자가 플로리다주의 네이플스에 있는 콘도미니엄을 구입하려고 한다. 세 가지 대안 콘도미니엄이 있으며, 의사결정 기준별 가중치와 각 기준에 대한 세 개의 콘도미니엄별 점수가 다음과 같다. 어떤 콘도미니엄이 선호되는가?

기준	가중치	점수		
		파크쇼어	테라스	걸프뷰
비용	5	5	6	5
위치	4	7	4	9
외관	5	7	4	7
주차	2	5	8	5
배치도	4	8	7	5
수영장	1	7	2	3
경치	3	5	4	9
부엌	4	8	7	6
수납공간	3	6	8	4

8. **본사의 이동** 어느 기업이 본사를 세 도시 중 한 곳으로 옮기려고 한다. 세 도시에 대한 사장님의 선호도 판단에 대한 쌍별 비교 매트릭스는 다음과 같다.

	도시 1	도시 2	도시 3
도시 1	1	5	7
도시 2	1/5	1	3
도시 3	1/7	1/3	1

a. 세 도시의 우선순위를 결정하라.

b. 사장님의 판단에 일관성이 있는지 설명하라.

9. **세금부과방식의 공정성** 다음 쌍별 비교 매트릭스는 두 개의 세금부과 방식, A와 B의 공정성에 대한 개인의 판단을 담고 있다.

	A	B
A	1	3
B	1/3	1

a. 두 가지 방식의 우선순위를 결정하라.

b. 개인의 판단에 일관성이 있는지 설명하라.

10. **탄산음료 비교** 탄산음료의 맛을 비교하라고 요청을 받은 사람이 다음과 같이 진술하였다.

A를 B보다 보통으로 더 선호한다.
A를 C보다 동등에서 보통 사이에서 더 선호한다.
B를 C보다 강하게 더 선호한다.

a. 이 문제에 대한 쌍별 비교 매트릭스를 만들어보라.

b. 맛의 기준으로 탄산음료의 우선순위를 결정하라.

c. 일관성비를 계산하라. 판단에 일관성이 있는지 설명하라.

11. **회의개최 장소 선택** 존스(Jones) 사무용품 회사의 판매 담당 이사는 다음 전국 판매 담당자 회의를 개최할 위치를 결정해야 한다. 세 도시, 즉 댈러스, 샌프란시스코, 뉴욕이 위치 대안으로 제안되었다. 의사결정에서 중요한 기준의 하나는 식당, 오락 등의 측면에서의 우수성이다. 판매 담당 이사는 이러한 기준으로 세 도시에 대하여 다음과 같이 판단하였다.

댈러스보다 뉴욕을 매우 강하게 더 선호한다.
샌프란시스코보다 뉴욕을 보통으로 더 선호한다.
댈러스보다 샌프란시스코를 보통에서 강하게 사이만큼 더 선호한다.

a. 이 문제 대한 쌍별 비교 매트릭스를 만들어보라.

b. 위의 문제에서 언급한 기준에 대한 우선순위를 결정하라.

c. 일관성비를 계산하라. 판매 담당 이사의 판단에 일관성이 있는지 설명하라.

12. PC 선택하기 네 가지 PC를 비교하는 연구에서 성능을 기준으로 한 쌍별 비교 매트릭스는 다음과 같다.

	1	2	3	4
1	1	3	7	1/3
2	1/3	1	4	1/4
3	1/7	1/4	1	1/6
4	3	4	6	1

a. 성능 기준에 대한 네 가지 PC의 우선순위를 결정하라.

b. 일관성비를 계산하라. 성능에 대한 판단에 일관성이 있는지 설명하라.

13. 두 가지 주식 중 선택 어떤 사람이 두 가지 주식, 즉 CCC(Central Computing Company)와 SRI(Software Research Inc.) 중에서 어디에 투자할지를 결정하려고 한다. 의사결정에서 중요하다고 생각되는 기준은 주식의 잠재적 수익성과 투자의 위험성이다. 이 문제에 대한 쌍별 비교 매트릭스는 다음과 같다.

	기준	
	수익성	위험성
수익성	1	2
위험성	1/2	1

	수익성	
	CCC	SRI
CCC	1	3
SRI	1/3	1

	위험성	
	CCC	SRI
CCC	1	1/2
SRI	2	1

a. 각각의 쌍별 비교 매트릭스에 대한 우선순위를 계산하라.

b. 두 가지 투자대안, CCC와 SRI에 대한 종합적 운선순위를 결정하라. 수익성과 위험성의 기준으로 어느 투자안이 선호되는가?

14. 마케팅 담당이사 선택 할링(Harling) 설비사의 부사장은 마케팅 담당 이사를 선정해야 한다. 두 후보자는 빌 제이컵스(Bill Jacobs)와 니아 마틴(Nia Martin)이다. 가장 적절한 기준은 리더십(L), 개인 능력(P), 행정 능력(A)이라고 생각된다. 다음과 같은 쌍별 비교 매트릭스를 얻었다.

	기준		
	L	P	A
L	1	1/3	1/4
P	3	1	2
A	4	1/2	1

	리더십	
	제이컵스	마틴
제이컵스	1	4
마틴	1/4	1

	개인 능력	
	제이컵스	마틴
제이컵스	1	1/3
마틴	3	1

	행정 능력	
	제이컵스	마틴
제이컵스	1	2
마틴	1/2	1

a. 각각의 쌍별 비교 매트릭스에 대한 우선순위를 계산하라.

b. 각 후보자의 종합적 우선순위를 결정하라. 어느 후보자가 선호되는가?

15. **자동차 스테레오 시스템 비교** 자신의 자동차에 음향 스테레오 시스템을 장착하려는 사람이 세 가지 대안 시스템(A, B, C)을 검토하고 있다. 이러한 시스템은 가격, 음향 품질, FM 수신 측면에서 차이가 있다. 다음과 같은 쌍별 비교 매트릭스가 만들어졌다.

	기준		
	가격	음향	수신
가격	1	3	4
음향	1/3	1	3
수신	1/4	1/3	1

	가격		
	A	B	C
A	1	4	2
B	1/4	1	1/3
C	1/2	3	1

	음향		
	A	B	C
A	1	1/2	1/4
B	2	1	1/3
C	4	3	1

	수신		
	A	B	C
A	1	4	2
B	1/4	1	1
C	1/2	1	1

a. 각 쌍별 비교 매트릭스에 대한 우선순위를 계산하라.

b. 각 시스템에 대한 종합적인 우선순위를 결정하라. 어느 시스템이 선호되는가?

사례 문제 : 반 트레일러사

반 트레일러사(Banh Trailers, Inc.)는 보트 트레일러 일체의 모형을 포함하여 다양한 다 목적 트레일러를 생산하고 있다. 가장 잘 팔리는 보트 트레일러 중 두 개의 모형은 EZ-190과 EZ-250이다. EZ-190은 보트 길이가 19피트 이하인 경우에 적합하고, EZ-250은 보트 길이가 25피트까지도 사용 가능하다.

반 트레일러사는 이 두 모형에 대한 다음 2개월간의 생산 스케줄을 정하려고 한다. EZ-190 한 대를 제작하는 데 생산시간이 4시간 소요되고, EZ-250 한 대를 제작하는 데 생산시간이 6시간 소요된다. 3월과 4월의 주문량은 다음과 같다.

모형	3월	4월
EZ-190	800	600
EZ-250	1,100	1,200

2월 말의 재고는 EZ-190 200대와 EZ-250 300대이다. 2월에 이용한 총생산시간은 6,300시간이었다.

반 트레일러사의 경영진은 3월과 4월의 EZ-250 주문량을 충족시킬 수 있을지를 걱정하고 있다. 사실 이 목표가 생산 스케줄을 정할 때 가장 중요한 목표이다. 다음으로 중요한 것은 EZ-190의 주문을 충족시키는 것이다. 추가적으로 경영진은 월별 노동시간의 변동이 심한 생산 스케줄을 실행하는 것을 원하지 않는다. 이러한 측면에서 월별노동시간의 변동을 최대 1,000시간으로 제한하려고 한다.

경영 보고서

반 트레일러사의 생산 스케줄 문제를 분석하고 그 결과를 요약하여 반 트레일러사 사장에게 보고하기 위한 보고서를 작성하라. 보고서에는 다음의 내용에 대한 분석이 포함되도록 한다.

1. 경영진에 의하여 명시된 목표를 달성하는 생산 스케줄
2. 반 트레일러사의 창고가 월 최대 300대의 트레일러를 수용할 수 있다고 가정하자. 이것이 생산 스케줄에 어떠한 영향을 미치는가?
3. 반 트레일러사의 창고가 월 최대 300대의 트레일러를 수용할 수 있다고 가정하자. 추가적으로 4월의 월말 재고로 각 모형을 적어도 100대 보유하기를 원한다고 하자. 이 두 가지 변화가 생산 스케줄에 어떠한 영향을 미치는가?
4. 만일 노동시간의 변동에 대한 목표가 가장 우선순위가 높은 목표라면 생산 스케줄에 어떠한 변화가 생기는가?

APPENDIX

11 엑셀을 이용한 평점 모형

엑셀은 평점 모형으로 해결할 수 있는 다기준 의사결정 문제를 분석하는 데 효율적인 방법을 제공한다. 11.3절의 직업 선택 사례를 가지고 이러한 절차를 설명하기로 한다.

그림 11.7은 직업선택 평점 모형에 대한 워크시트를 보여준다. 기준별 가중치는 셀 B6에서 B12까지 입력된다. 각 기준에 대한 의사결정 대안별 점수는 셀 C6에서 E12까지 입력된다.

각 의사결정 대안에 대한 점수를 산출하기 위한 계산은 워크시트의 하단에서 이루어진다. 셀 C18에 입력된 식은 다음과 같다.

$$=\$B6*C6$$

이 셀에 입력된 식을 셀 C18에서 E24까지 복사한다. 그 결과는 18열부터 24열까지에 나타나 있다. 시카고의 재무 분석가에 대한 점수는 셀 C26에 다음 식을 입력하여 구한다.

$$=SUM(C18:C24)$$

셀 C26을 D26:E26에 복사하여 덴버의 회계 담당자와 휴스턴의 회계 감사관에 대한 점수를 구한다.

	A	B	C	D	E	F
1	**Job Selection Scoring Model**					
2						
3				**Ratings**		
4			**Analyst**	**Accountant**	**Auditor**	
5	**Criteria**	**Weight**	**Chicago**	**Denver**	**Houston**	
6	Career Advancement	5	8	6	4	
7	Location	3	3	8	7	
8	Management	4	5	6	9	
9	Salary	3	6	7	5	
10	Prestige	2	7	5	4	
11	Job Security	4	4	7	6	
12	Enjoy the Work	5	8	6	5	
13						
14						
15	**Scoring Calculations**					
16			**Analyst**	**Accountant**	**Auditor**	
17	**Criteria**		**Chicago**	**Denver**	**Houston**	
18	Career Advancement		40	30	20	
19	Location		9	24	21	
20	Management		20	24	36	
21	Salary		18	21	15	
22	Prestige		14	10	8	
23	Job Security		16	28	24	
24	Enjoy the Work		40	30	25	
25						
26	**Score**		157	167	149	

그림 11.7 직업선택 평점 모형에 대한 워크시트

스프레드시트 모형 구축

A P P E N D I X A

학습 목표

이 장을 마치면 아래 내용을 이해할 수 있다.

1. 엑셀 스프레드시트 모형의 설정 및 저장 방법을 알게 된다.
2. 수식 설정 및 복사 방법 및 엑셀의 절대 참조(absolute reference)를 사용한다.
3. SUMPRODUCT, IF, COUNTIF, VLOOK 등과 같은 정량적 모형화에 유용한 함수를 사용한다.
4. 좋은 스프레드시트 모형 구축 원칙을 적용한다.
5. 모형의 오류 및 정확성을 확인하기 위한 엑셀 스프레드시트 검토 방법을 이해한다.

이 부록의 목적은 두 가지이다. 첫째, 엑셀에 대한 개요를 제공하고 엑셀을 이용하는 데 필요한 기본적인 방법을 설명한다. 둘째, 엑셀을 이용하여 수학적인 모형을 구축하는 방법을 소개한다. 여기에는 특정 엑셀 함수를 찾는 방법과 좋은 스프레드시트를 계획하고 구축하는 방법, 이러한 모형에 오류가 없도록 하는 방법 등이 포함된다.

마이크로소프트 엑셀의 개요

워크북은 하나 이상의 워크시트를 포함하는 파일이다.

모형을 구축하기 위해 엑셀을 이용할 때 자료와 모형은 일련의 워크시트로 구성되는 워크북이라는 곳에 나타나게 된다. 그림 A.1은 엑셀을 실행할 때 만들어지는 빈 상태의 워크북을 보여준다. 워크북의 이름은 Book1이고 Sheet1이라는 워크시트를 포함하고 있다. 초기에 셀 A1이 선택되어 있음을 주의하라.

워크북의 상단에 걸쳐 있는 폭이 넓은 바(bar)를 Ribbon이라고 한다. Ribbon 상단에 있는 탭(tab)들은 관련 명령들의 그룹으로 빠르게 접근할 수 있게 해준다. 다음과 같이 아홉 가지 탭이 있다. **File**(파일), **Home**(홈), **Insert**(삽입), **Page Layout**(페이지 레이아웃), **Formulas**(수식), **Data**(데이터), **Review**(검토), **View**(보기), **Help**(도움).

추가 패키지를 설치하면 추가 탭을 생성할 수도 있다. 각각의 탭은 여러 개의 관련 명령들의 그룹을 포함하고 있다. 엑셀을 처음 열면 **HOME** 탭이 선택된다. **HOME** 탭에 속

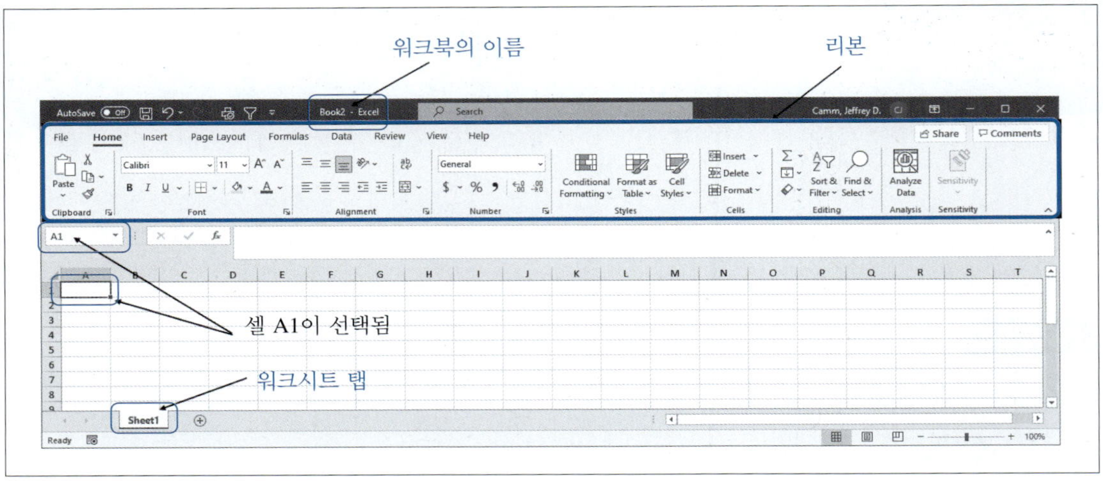

그림 A.1 엑셀 실행 시에 만들어지는 빈 워크북

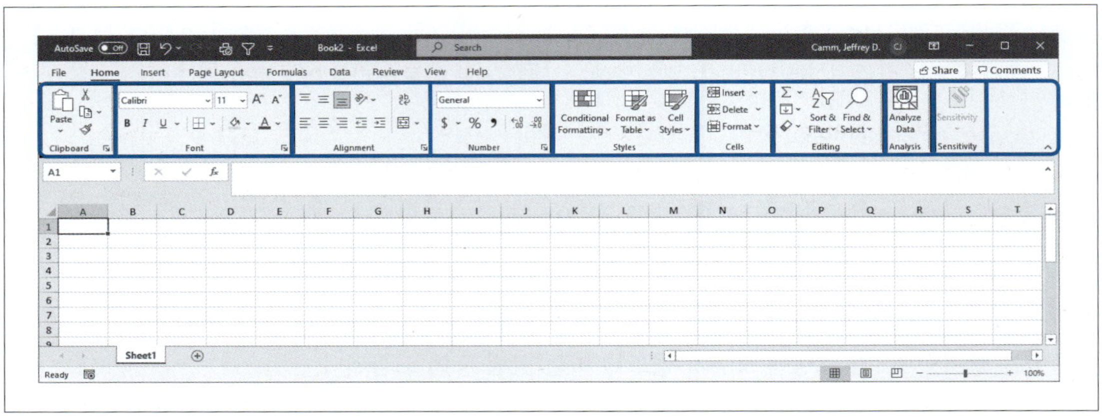

그림 A.2 HOME 탭 구역

하는 다음과 같은 9개의 그룹이 그림 A.2에 나타나 있다. **Clipboard**(클립보드), **Font**(글꼴), **Alignment**(맞춤), **Number**(표시 형식), **Styles**(스타일), **Cells**(셀), **Editing**(편집), **Analysis**(분석), **Sensitive**(민감도). 각 그룹에는 명령들이 정렬되어 있다. 예를 들어, 선택된 문자를 굵은 글씨체로 바꾸려면 **HOME** 탭을 클릭하고 **Font**(글꼴) 그룹의 **Bold** 버튼(**B**)을 클릭한다.

그림 A.3은 **File**(파일) 탭, **Quick Access Toolbar**(빠른 실행 도구 모음), **Formula Bar**(수식 입력 바)의 위치를 보여준다. **File** 탭을 클릭하면 열기, 저장, 인쇄와 같은 워크북 옵션의 목록이 제공된다. **Quick Access Toolbar**는 빠르게 워크북 옵션을 이용할 수 있게 해준다. 예를 들어, 그림 A.3에 있는 **Quick Access Toolbar**는 **File** 탭을 클릭하지 않고 파일을 저장하기 위해서 사용할 수 있는 **Save**(저장) 버튼()을 포함한다. **Quick Access Toolbar** 도구를 추가하거나 제거하려면 빠른 실행 도구 모음에 있는 **Customize**

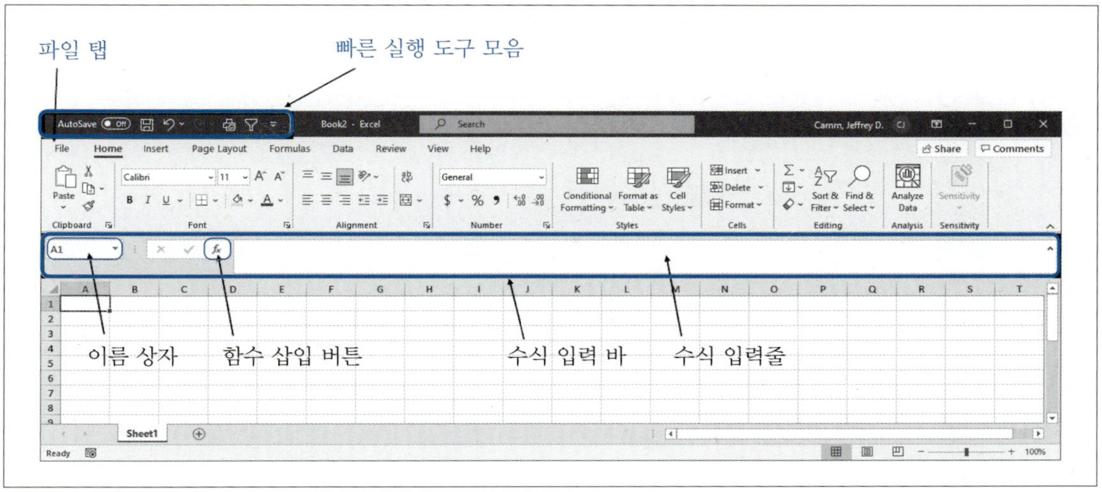

그림 A.3 엑셀의 FILE 탭, 빠른 실행 도구 모음, 수식 입력 바

Quick Access Toolbar(빠른 실행 도구 모음 사용자 지정) 버튼(▼)을 클릭한다.

수식 입력 바는 **Name**(이름) 상자, **Insert Function**(함수 삽입) 버튼 *fx*와 **Formula Box**(수식 입력줄)를 포함한다. 그림 A.3의 이름 상자에 'A1'이 나타나 있는데, 이는 셀 A1이 선택되어 있기 때문이다. 마우스를 이용하여 커서를 다른 셀로 이동하거나 이름 상자에 다른 셀의 이름을 입력하고 Enter 키를 누르는 방법으로 워크시트의 다른 셀을 선택할 수 있다. 수식 입력줄은 현재 선택된 셀에 입력된 수식을 나타내는 데 이용된다. 예를 들어, 셀 A3에 '=A1+A2'를 입력하였다면 수식 =A1+A2가 수식 입력줄에 나타난다. 이 기능은 매우 쉽게 특정 셀에 입력된 수식을 편집할 수 있게 해준다. **Insert Function**(함수 삽입) 버튼은 엑셀에서 이용 가능한 모든 함수에 빨리 접근할 수 있게 해준다.

기초 워크북 작동법

그림 A.4는 워크시트 탭을 마우스 오른쪽 클릭했을 때 이용할 수 있는 워크시트 옵션을 보여준다.

기초 스프레드시트 워크북 작동법

현재의 워크시트 이름을 바꾸고자 한다면 다음의 단계들을 거치면 된다.

1단계: 이름을 바꾸려면 **Sheet1**이라는 이름을 가진 탭을 마우스 오른쪽 클릭한다.

2단계: **Rename**(이름 바꾸기)을 선택한다.

3단계: 워크시트에 새로운 이름을 입력하고 **Enter** 키를 누른다.

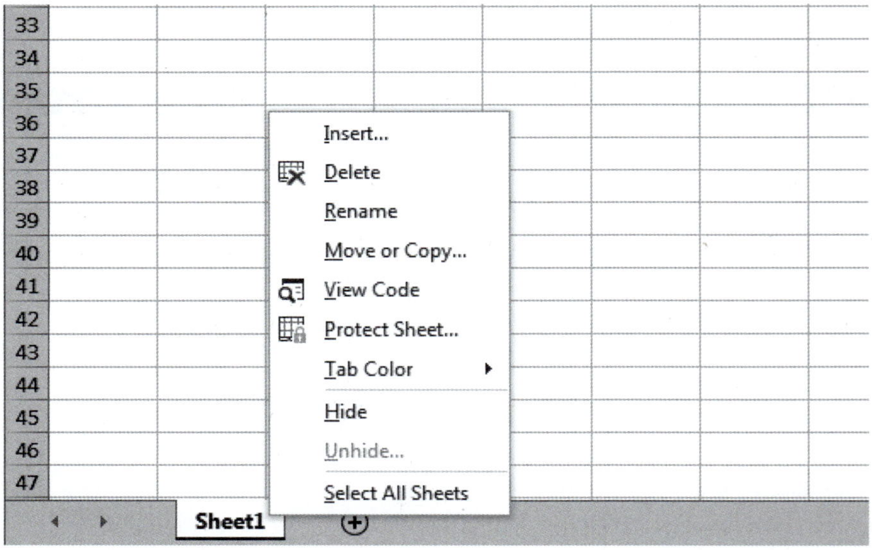

그림 A.4 워크시트 탭을 마우스 오른쪽 클릭하면 나타나는 워크시트 옵션

만일 **'Sheet1'**의 복사본을 만들기를 원한다면 다음의 단계를 따르면 된다.

1단계: **'Sheet1'** 탭을 마우스 오른쪽 클릭한다.

2단계: **Move or Copy**(이동/복사) 옵션을 선택한다.

3단계: **Move or Copy** 대화상자가 나타나면 **Create a Copy**(복사본 만들기)를 선택하고 **OK**(확인)를 클릭한다.

워크북에 워크시트를 추가하려면 다음 단계를 거치면 된다.

1단계: 기존 워크시트의 탭 위에서 마우스 오른쪽 버튼을 클릭한다.

2단계: **Insert**(삽입)를 선택한다.

3단계: **Insert** 대화상자가 나타나면 워크시트를 선택하고 **OK**를 클릭한다.

새로운 워크시트는 스크린 아래의 추가 워크시트 버튼을 사용하여 또한 생성될 수 있다.

워크시트 탭을 마우스 오른쪽 클릭하고 **Delete**(삭제) 옵션을 선택하여 워크시트를 삭제할 수 있다. **Delete** 버튼을 클릭하면 워크시트에 있는 데이터를 잃어버릴 수 있다는 경고 창이 나타난다. 그래도 워크시트를 삭제하기를 원한다면 **Delete** 버튼을 클릭하면 된다.

파일 생성, 저장, 열기

수동적으로 파일의 입력, 저장, 열기를 설명하기 위해서 1장의 놀린 플라스틱(Nowlin

Plastics) 생산 사례를 이용하자. 이 사례의 목적은 $3,000의 고정비(fixed cost), $2의 단위당 변동비(variable cost per unit), $5의 단위당 판매가격(selling price per unit)을 가진 제품(Viper 핸드폰 커버)의 손익분기점을 계산하는 것이다. 문제의 데이터를 포함하는 워크시트를 만드는 것부터 시작하자.

엑셀을 처음 열었을 때 Sheet1을 포함하는 빈 상태의 워크북이 나타난다. 놀린 데이터는 워크시트에 $3,000의 고정비, $2의 단위당 변동비, $5의 단위당 판매가격을 수동으로 입력하면 된다. 만일 엑셀이 이미 열려 있고 작동되고 있으면 빈 상태의 워크북이 나타나지 않는다. 이때에는 다음과 같은 단계로 새로운 빈 상태의 워크북을 생성할 수 있다.

1단계: File(파일) 탭을 클릭한다.
2단계: New(새로 만들기)를 클릭한다.
3단계: Blank workbook(새 통합 문서)을 클릭한다.

위의 단계에 따라 새로운 워크북이 나타난다.

놀린 사례의 데이터를 Sheet1 상단에 입력한다. 첫째, 셀 A1에 'Nowlin Plastics'라는 레이블을 입력한다. 그리고 세 가지 값을 확인하기 위하여 'Fixed Cost'라는 레이블을 셀 A3에, 'Variable Cost Per Unit'라는 레이블을 셀 A5에, 'Selling Price Per Unit'라는 레이블을 셀 A7에 입력한다. 다음으로 실제 비용과 가격 데이터를 B열에 상응하는 셀에 입력한다. 즉, '$3,000'을 셀 B3에, '$2'를 셀 B5에, '$5'를 셀 B7에 입력한다. 끝으로 이전에

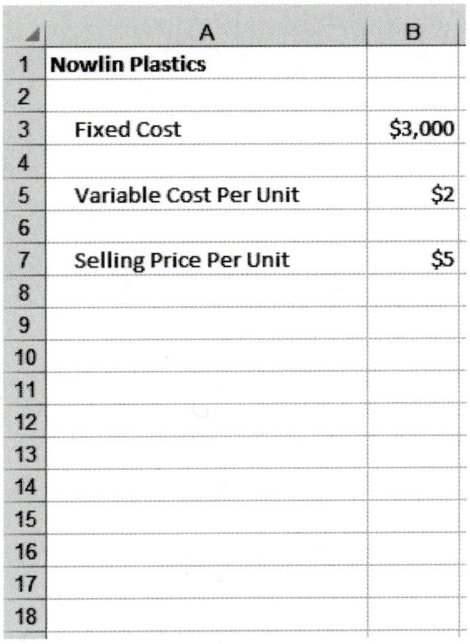

	A	B
1	**Nowlin Plastics**	
2		
3	Fixed Cost	$3,000
4		
5	Variable Cost Per Unit	$2
6		
7	Selling Price Per Unit	$5
8		
9		
10		
11		
12		
13		
14		
15		
16		
17		
18		

그림 A.5 놀린 플라스틱사의 데이터

설명한 절차를 이용하여 워크시트 이름을 'Sheet1'에서 'Nowlin'로 변경한다. 그림 A.5는 지금까지 개발한 워크시트를 보여준다.

워크시트 모형 개발에 앞서 현재의 파일을 저장한다. 이렇게 엑셀이 갑자기 종료될 경우에도 데이터를 다시 입력할 필요가 없다. 워크북을 'Nowlin'이라는 이름으로 저장하기 위해서는 다음과 같은 단계를 따른다.

1단계: **File**(파일) 탭을 클릭한다.
2단계: **Save**(저장)를 클릭한다.
3단계: **Save As**(다른 이름으로 저장)에서 **This PC**(이 PC)를 클릭한다.
4단계: **Save As** 대화상자가 나타나면 파일을 저장하고자 하는 위치를 선택하여 'Nowlin'을 파일 이름으로 입력한 후 **Save**를 클릭한다.

단축키: 파일을 저장하려면 **CTRL + S**를 누른다.

엑셀의 **Save** 명령은 파일을 엑셀 워크북으로 저장하도록 되어있다. 엑셀에서 모형을 구축하거나 작업을 할 때 정기적으로 파일을 저장하여 작업한 것을 잃어버리는 일이 없도록 할 필요가 있다. 이를 위해서는 위에서 언급한 절차를 따르면 된다.

때로는 기존의 파일을 복사해야 한다. 예를 들어, 데이터 값을 일부 변경하여 변경된 파일을 'NowlinMod'라는 파일 이름으로 저장한다고 하자. 다음 과정은 'NowlinMod'라는 이름으로 변경된 워크북을 저장하는 방법을 보여준다.

1단계: **File** 탭을 클릭한다.
2단계: **Save As**(다른 이름으로 저장)를 클릭한다.
3단계: **Save As**에서 **This PC**를 클릭한다.
4단계: **Save As** 대화상자가 나타나면 파일을 저장하고자 하는 위치를 선택하여 'NowlinMod'를 파일 이름으로 입력한 후 **Save**를 클릭한다.

Nowlin 파일 이름은 최근 항목에 나타날 수도 있기 때문에 저장된 파일을 직접 찾지 않아도 파일을 열 수 있다.

'NowlinMod' 워크북이 저장되면 그 파일로 적합한 형태의 분석을 계속 수행할 수 있다. 작업이 종료되면 Ribbon의 오른쪽 상단 구석에 있는 창에 있는 버튼(x)을 클릭한다.

어느 때라도 쉽게 저장된 파일에 접근할 수 있다. 예를 들어, 다음 과정은 이전에 저장된 Nowlin 워크북을 여는 방법을 보여준다.

1단계: **File** 탭을 클릭한다.
2단계: **Open**(열기)을 선택한다.
3단계: **Open**에서 **This PC**를 클릭한다.
4단계: Nowlin이 저장된 위치를 찾은 후 'Nowlin'을 클릭한다.

엑셀에서의 셀, 참조, 수식

Nowlin 워크북을 열고 주어진 생산량에 따라 수익이나 손실을 계산하기 위해 모형을 개발한다고 하자. 모형을 개발하기 위해 그림 A.5에 있는 워크시트의 하단을 이용하기로 하자. 모형은 워크시트 상단에 있는 **데이터 셀의 위치를 참조**하는 수식을 포함할 것이다. 수식에 데이터 셀의 위치를 사용함으로써 새로운 데이터로 쉽게 갱신할 수 있는 모형을 구축할 것이다. 이 부분은 후에 '좋은 스프레드시트 모형 구축의 원칙'이라는 절에서 상세하게 다룰 것이다.

워크시트의 셀에 모든 수식을 나타나게 하려면 **CTRL+** ~를 누른다.

워크시트 하단부에 모형이 포함될 것이라는 것을 시각적으로 나타내기 위하여 'Model'이라는 레이블을 셀 A10에 입력한다. 다음으로 'Production Volume'이라는 레이블을 셀 A12에, 'Total Cost'라는 레이블을 셀 A14에, 'Total Revenue'라는 레이블을 셀 A16에, 'Total Profit(Loss)'이라는 레이블을 셀 A18에 입력한다. 셀 B12는 생산량 값을 포함하는 데 이용된다. 셀 B14, B16, B18에는 셀 B12의 생산량을 이용하여 총비용, 총수입, 총수익 혹은 손실을 계산하기 위해 수식을 입력할 것이다.

총비용은 고정비(셀 B3)와 총변동비의 합이다. 총변동비는 단위당 변동비(셀 B5)와 생산량(셀 B12)의 곱이다. 그러므로 총변동비에 대한 수식은 B5*B12이며, 총비용을 계산하기 위해 수식 '=B3+B5*B12'를 셀 B14에 입력한다. 다음으로 총수입은 단위당 판매가격(셀 B7)과 생산량(셀 B12)의 곱이며, 셀 B16에 수식 '=B7*B12'를 입력한다. 끝으로, 총수익 혹은 손실은 총수입(셀 B16)과 총비용(셀 B14)의 차이이다. 그러므로 셀 B18

	A	B
1	**Nowlin Plastics**	
2		
3	Fixed Cost	3000
4		
5	Variable Cost Per Unit	2
6		
7	Selling Price Per Unit	5
8		
9		
10	Model	
11		
12	Production Volume	800
13		
14	Total Cost	=B3+B5*B12
15		
16	Total Revenue	=B7*B12
17		
18	Total Profit (Loss)	=B16-B14

그림 A.6 놀린 플라스틱사의 데이터와 모형

	A	B
1	**Nowlin Plastics**	
2		
3	Fixed Cost	$3,000
4		
5	Variable Cost Per Unit	$2
6		
7	Selling Price Per Unit	$5
8		
9		
10	Model	
11		
12	Production Volume	800
13		
14	Total Cost	$4,600
15		
16	Total Revenue	$4,000
17		
18	Total Profit (Loss)	-$600

그림 A.7 놀린 플라스틱사의 결괏값

에 수식 '=B16−B14'를 입력한다. 그림 A.6은 지금까지의 수식이 입력된 워크시트의 일부를 보여준다.

이제 셀 B12에 값을 입력하여 특정 생산량에 대한 총수익 혹은 손실을 계산할 수 있다. 그림 A.7은 셀 B12에 800을 입력한 후의 결과를 보여준다. 생산량이 800일 경우 총비용은 $4,600이고 총수입은 $4,000이며, 총손실은 $600임을 알 수 있다

What-If 분석

엑셀은 What-If 분석(가상분석)을 위한 여러 도구를 제공한다. 이번 절에서는 데이터 테이블(Data Tables)과 목푯값 찾기(Goal Seek)라는 두 가지 도구를 소개한다. 이 도구들은 수동적인 시행착오 접근법을 피할 수 있도록 설계되었다. 1.4절에서 논의한 Nowlin의 손익분기점을 분석하는 데 있어 이 두 도구가 어떻게 도움되는지 알아보자.

데이터 표

엑셀 **Data Table**(데이터 표) 특정 입력값의 변화가 출력값에 미치는 영향을 계량화해준다. 엑셀은 단방향 데이터 표와 양방향 데이터 표를 생성할 수 있는데, 단방향 데이터 표

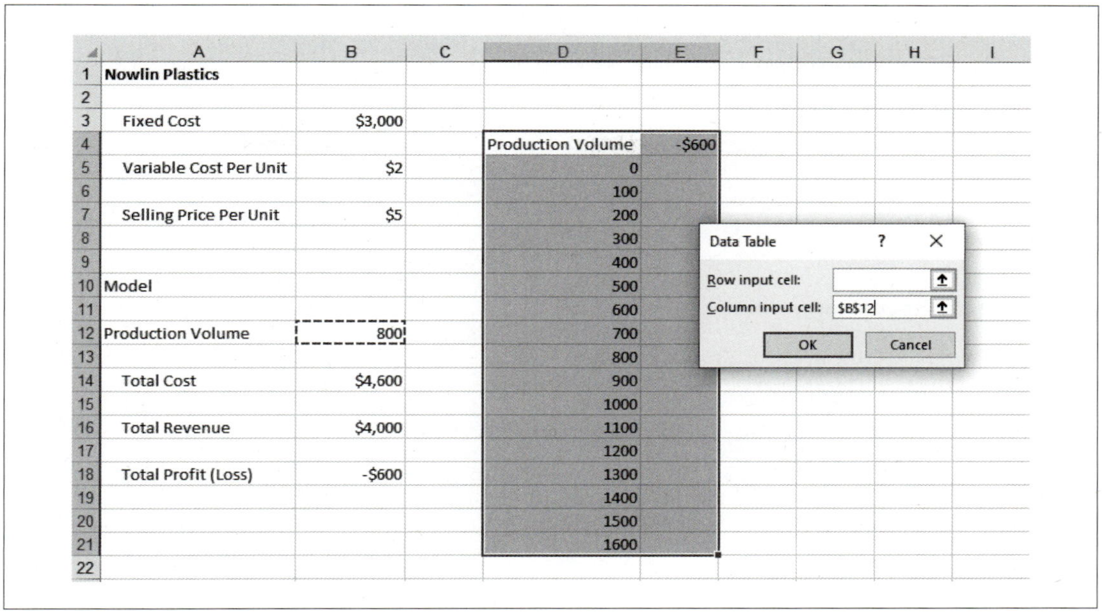

그림 A.8 놀린 플라스틱사에 대한 단방향 데이터 표 작성을 위한 입력

는 출력값에 미치는 단일 입력값의 영향을 요약해주며, 양방향 데이터 표는 출력값에 대한 두 개의 입력값의 영향을 요약해준다.

놀린 플라스틱사의 이익이 제품(Viper 핸드폰 커버) 생산량의 변화에 따라 어떻게 변하는지 살펴보자. 생산량 변경에 따른 총이익(또는 손실)을 확인하기 위해서는 단방향 데이터 테이블이 유용하다. 이 분석을 위해 이전에 구축된 Nowlin 스프레드시트를 사용하자.

단방향 데이터 테이블을 만들기 위한 첫 단계는 검토하고자 하는 입력값들의 목록을 만드는 것이다. 생산량을 0부터 1,600까지 100단위씩 증가시키며 분석을 진행하자. 그림 A.8은 이 데이터를 셀 D5부터 셀 D21까지 입력했음을 보여준다. 그리고 셀 D4는 라벨이다. 이 데이터 열은 생산량에 대한 입력값으로 사용된다. 출력값은 셀 B18에 위치한 이익(또는 손실)이므로 셀 E4에 수식 '=B18'을 입력했다. 일반적으로 라벨 오른쪽의 셀을 출력값의 셀 위치로 설정한다.

기본 구조가 마련되면, 다음 단계를 통해 **Data Table**(데이터 표)을 불러낸다.

1단계: 셀 D4:E21을 선택한다.

2단계: **Data**(데이터) 탭을 클릭한다

3단계: **What-If Analysis**(가상분석)을 클릭한 후 **Data Table**(데이터 표)를 선택한다.

Column input cell(열 입력 셀)에 'B12'를 입력하면, 데이터 열은 셀 B12에 있는 다른 입력값에 해당하는 것을 나타낸다.

	A	B	C	D	E	F
1	**Nowlin Plastics**					
2						
3	Fixed Cost	$3,000				
4				Production Volume	-$600	
5	Variable Cost Per Unit	$2		0	-$3,000	
6				100	-$2,700	
7	Selling Price Per Unit	$5		200	-$2,400	
8				300	-$2,100	
9				400	-$1,800	
10	Model			500	-$1,500	
11				600	-$1,200	
12	Production Volume	800		700	-$900	
13				800	-$600	
14	Total Cost	$4,600		900	-$300	
15				1000	$0	
16	Total Revenue	$4,000		1100	$300	
17				1200	$600	
18	Total Profit (Loss)	-$600		1300	$900	
19				1400	$1,200	
20				1500	$1,500	
21				1600	$1,800	

그림 A.9 놀린 플라스틱사에 대한 단방향 데이터 표 결과

4단계: **Data Table** 대화상자가 나타나면 열 입력 셀에 'B12'를 입력하고 Enter를 누른 후 **OK**를 클릭한다.

그림 A.9에 나와 있듯이 각 생산량에 대한 이익(또는 손실)이 채워져 있는 것을 알 수 있다. 예를 들어, Production Volume = 1,200인 경우 Profit = $600이고, Production = 500일 경우, Profit = $1,500이다. 생산량이 1,000개일 경우 Profit = 0임을 알 수 있다. 따라서 10,000단위가 손익분기 생산량이다. 놀린 플라스틱사는 1,000단위보다 많이 생산하면 이익을 올리고, 1,000단위보다 적게 생산하면 손실을 입게 된다.

놀린 플라스틱사는 판매가격이 변화함에 따라 손익분기 생산량이 어떻게 변화하는지 알고 싶어 할 수 있다. 이러한 경우 생산량에 해당하는 행과 다양한 판매가격에 해당하는 열로 구성된 양방향 데이터 테이블이 도움이 된다.

그림 A.10에서 확인할 수 있듯이, 셀 D5에서 셀 D21까지 다양한 값을 입력했다. 이 값들은 단방향 테이블에서의 값과 같다. 이 값들은 셀 B12에 대응된다. 셀 E4에서 L4까지 $3에서 $10로 $1단위씩 증가하는 판매가격을 입력했다. 이 값들은 셀 B7에 대응되는 것이다. 열 입력값 위에 있으며 행 입력값 왼쪽에 있는 셀 D4에 수식 '= B18'을 입력한다. 테이블 입력값들이 스프레드시트에 입력되면, 양방향 데이터 테이블을 구성하기 위해 다음 단계를 수행한다.

1단계: 셀 D4:L21을 선택한다.

2단계: **Data**(데이터) 탭을 선택한다.

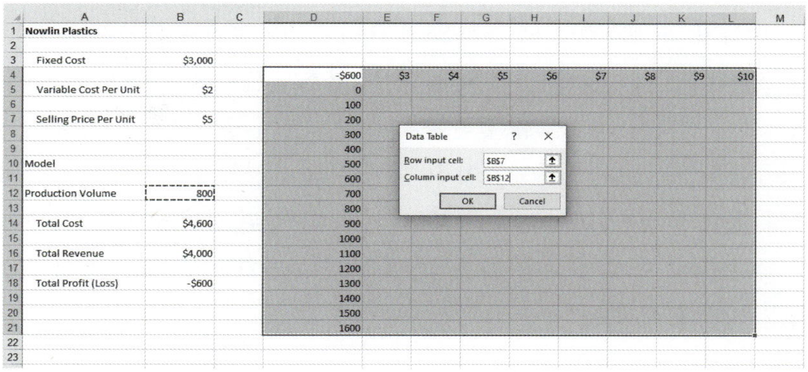

그림 A.10 놀린 플라스틱사에 대한 양방향 데이터 표 작성을 위한 입력

	A	B	C	D	E	F	G	H	I	J	K	L	M
1	**Nowlin Plastics**												
2													
3	Fixed Cost	$3,000											
4				-$600	$3	$4	$5	$6	$7	$8	$9	$10	
5	Variable Cost Per Unit	$2		0	-$3,000	-$3,000	-$3,000	-$3,000	-$3,000	-$3,000	-$3,000	-$3,000	
6				100	-$2,900	-$2,800	-$2,700	-$2,600	-$2,500	-$2,400	-$2,300	-$2,200	
7	Selling Price Per Unit	$5		200	-$2,800	-$2,600	-$2,400	-$2,200	-$2,000	-$1,800	-$1,600	-$1,400	
8				300	-$2,700	-$2,400	-$2,100	-$1,800	-$1,500	-$1,200	-$900	-$600	
9				400	-$2,600	-$2,200	-$1,800	-$1,400	-$1,000	-$600	-$200	$200	
10	Model			500	-$2,500	-$2,000	-$1,500	-$1,000	-$500	$0	$500	$1,000	
11				600	-$2,400	-$1,800	-$1,200	-$600	$0	$600	$1,200	$1,800	
12	Production Volume	800		700	-$2,300	-$1,600	-$900	-$200	$500	$1,200	$1,900	$2,600	
13				800	-$2,200	-$1,400	-$600	$200	$1,000	$1,800	$2,600	$3,400	
14	Total Cost	$4,600		900	-$2,100	-$1,200	-$300	$600	$1,500	$2,400	$3,300	$4,200	
15				1000	-$2,000	-$1,000	$0	$1,000	$2,000	$3,000	$4,000	$5,000	
16	Total Revenue	$4,000		1100	-$1,900	-$800	$300	$1,400	$2,500	$3,600	$4,700	$5,800	
17				1200	-$1,800	-$600	$600	$1,800	$3,000	$4,200	$5,400	$6,600	
18	Total Profit (Loss)	-$600		1300	-$1,700	-$400	$900	$2,200	$3,500	$4,800	$6,100	$7,400	
19				1400	-$1,600	-$200	$1,200	$2,600	$4,000	$5,400	$6,800	$8,200	
20				1500	-$1,500	$0	$1,500	$3,000	$4,500	$6,000	$7,500	$9,000	
21				1600	-$1,400	$200	$1,800	$3,400	$5,000	$6,600	$8,200	$9,800	
22													

그림 A.11 놀린 플라스틱 사에 대한 양방향 데이터 표 결과

3단계: **What-If Analysis**(가상분석)를 클릭한 후 **Data Table**(데이터 표)을 선택한다.

4단계: **Data Table** 대화상자가 나타나면 **Row input cell:**(행 입력 셀)에 'B7'을 입력하고, **Column input cell:**(열 입력 셀)에 'B12'를 입력한 후 Enter를 누른 후 **OK**를 클릭한다.

그림 A.10은 선택된 셀과 데이터 표 대화상자를 보여준다. 그 결과는 그림 A.11에 나와 있다.

이 양방향 데이터 테이블을 통해 손익분기점 생산량을 다양한 판매가격에서 확인할 수 있다. 예를 들어, 판매가격이 $3인 경우를 고려해보자. 높은 생산량에서 손실의 규모가 작아지고 1,600단위에서도 손실이 발생하고 있기 때문에, 손익분기 생산량이 1,600단위를 초과할 것이라는 것을 알 수 있다. 판매가격이 $4일 때의 손익분기점은 1,500단위이다. 유사하게, 판매가격이 $5, $7, $8일 때의 정확한 손익분기점은 각각 1,000단위, 600단위, 500단위이다. 판매가격이 $6일 경우, 부호가 음수에서 양수로 바뀌는 것(손실에서 이익으로의 변화를 나타냄)을 감안했을 때 손익분기 생산량은 700단위와 800단위 사이에 있음을 알 수 있다. 판매가격이 $9인 경우, 손익분기점은 400단위와 500단위 사이에 있으며, 판매가격이 $10인 경우는 300단위와 400단위 사이에 있다. 다음에는 엑셀의 목푯값 찾기(Goal Seek) 도구를 사용하여 이러한 판매가격에서의 정확한 손익분기 생산량을 찾는 방법을 살펴보자.

목푯값 찾기

엑셀의 Goal Seek(목푯값 찾기) 도구는 출력값을 특정한 값(목표)과 동일하게 만드는 입력값을 찾도록 해준다. 놀린 플라스틱사 사례에서 $6의 판매가격에 대한 정확한 손익분기 수량을 알고 싶다고 가정해보자. 그림 A.11을 통해 $6 판매가격에서의 손익분기 수량은 700단위와 800단위 사이에 있다(이 부분에서 이익이 음수에서 양수로 바뀐다). 700단위와 800단위 사이의 어느 지점에서 이익은 0이 되며 바로 이 지점의 생산수량이 손익분기 수량이 된다. 셀 B7을 $6로 설정한 후 목푯값 찾기를 통해 손익분기 수량을 찾기 위한 방법은 다음 단계를 거친다.

1단계: Data(데이터) 탭을 클릭한다.

2단계: What-If Analysis(가상분석)를 클릭한 후 **Goal Seek**(목푯값 찾기)를 선택한다.

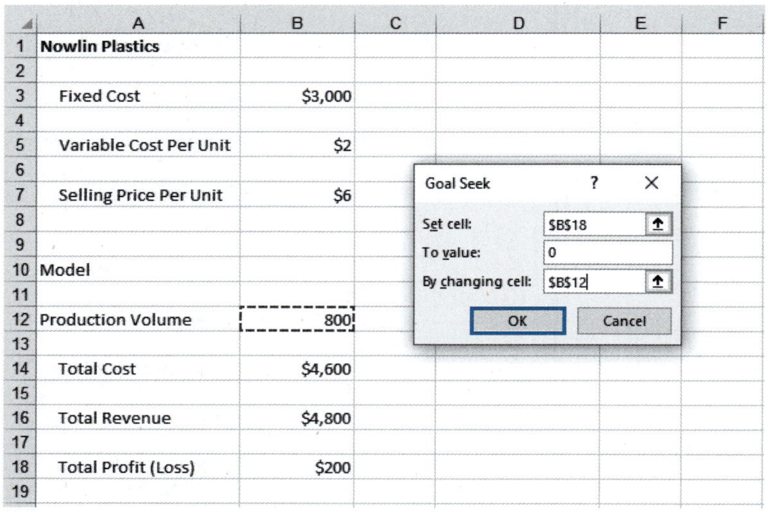

그림 A.12 놀린 플라스틱사에 대한 목푯값 찾기 대화상자

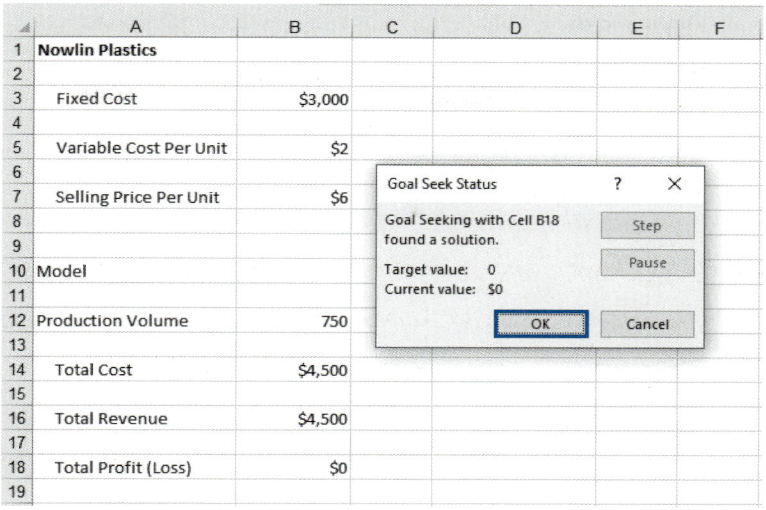

그림 A.13 놀린 플라스틱사에 대한 목푯값 찾기 결과

3단계: **Goal Seek**(목푯값 찾기) 대화상자가 나타나면(그림 A.12 참조) **Set cell:**(수식 셀)에 'B18'을, **To value:**(찾는 값)에 '0'을, **By changing cell:**(값을 바꿀 셀)에 'B12'를 입력한 후 **OK**를 클릭한다.

4단계: **Goal Seek Status**(목푯값 찾기 상태) 대화상자가 나타나면 **OK**를 클릭한다.

완성된 목푯값 찾기 대화상자는 그림 A.12에 나와 있다.

목푯값 찾기를 통한 결과는 그림 A.13에 나타나 있다. 판매가격 $6의 손익분기 수량이 750단위임을 알 수 있다.

유의사항

1. 단방향 데이터 표와 양방향 데이터 표에서 원하는 출력값에 대한 참조 위치를 강조할 필요가 있다. 단방향 표의 경우 출력 셀 위치에 대한 참조는 입력 데이터 열의 오른쪽 위에 배치되며, 이로써 입력 데이터 열 라벨 바로 오른쪽에 위치하게 된다. 양방향 데이터의 경우 출력 셀 위치에 대한 참조는 열 입력 데이터 위와 행 입력 데이터 왼쪽에 위치한다.
2. 그림 A.9와 그림 A.11 표는 통화 형식으로 서식이 지정되어 있다. 이는 **HOME**(홈) 탭에 있는 **Number**(숫자) 옵션을 사용하여 수동으로 작업해야 한다. 표의 행과 열에 레이블을 붙이는 것도 좋은 아이디어이다.
3. 매우 복잡한 함수의 경우 목푯값 찾기는 안정된 해에 수렴하지 않을 수도 있다. 이러한 경우, 목푯값 찾기를 실행할 때 여러 가지 초기 값[목푯값 찾기 대화상자의 **By changing cell:**(바꿀 셀)에 참조된 실제 값]을 시도해보라.

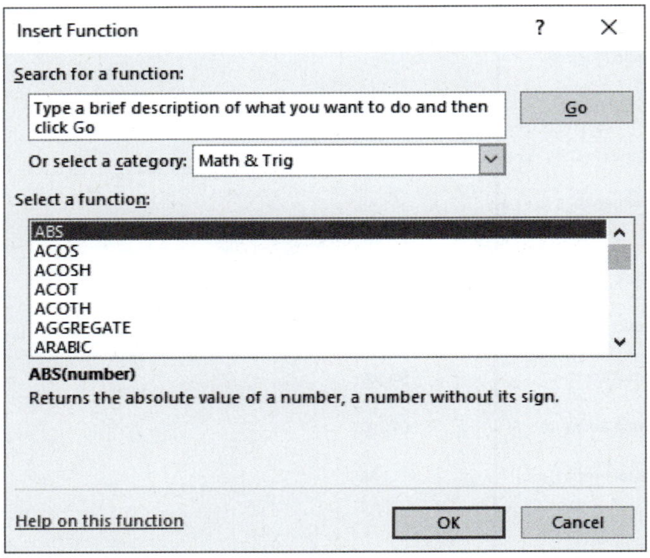

그림 A.14 Insert Function(함수 삽입) 대화상자

엑셀 함수의 이용

엑셀은 수학적 모형을 구축하기 위해 내장된 수식과 함수를 풍부하게 제공한다. 만일 어떤 함수가 필요한지 그리고 어떻게 사용하는지를 알면 적합한 워크시트 셀에 함수를 입력하면 된다. 그러나 특정 작업을 수행하는 데 어떤 함수를 어떻게 이용해야 되는지 확신이 없다면 아래에서 제시될 엑셀의 도움 기능을 활용하면 된다.

적합한 엑셀 함수 찾기

엑셀에서 이용할 수 있는 함수를 확인하기 위해서 Ribbon에서 **Formulas**(수식) 탭을 클릭하고 **Function Library**(함수 라이브러리) 그룹의 **Insert Function**(함수 삽입) 버튼을 클릭한다. 다른 방법으로 수식 입력 바의 **Insert Function** 버튼 *fx*를 클릭하는 방법도 있다. 어떤 방법을 선택하든 그림 A.14와 같은 **Insert Function** 대화상자가 나타난다.

Insert Function 대화상자 상단에 있는 **Search for a function:**(함수 검색) 상자에 원하는 것에 대한 간단한 설명을 입력할 수 있다. 그렇게 하고 **Go**(검색) 버튼을 클릭한다. 엑셀은 **Select a function:**(함수 선택) 상자에 작업할 수 있는 함수를 보여준다. 그러나 많은 경우에 어떤 것이 이용 가능한지 함수 범주 전체를 검색할 필요가 있을 수도 있다. 이를 위해서는 **Or select a category**(범주 선택) 상자가 도움이 된다. 이 상자는 엑셀이 제공하는 여러 개의 범주에 대한 목록을 포함하고 있다. 그림 A.14는 **Math & Trig**(수학/삼각) 범주를 선택했다는 것을 보여준다. 그 결과 엑셀의 수학/삼각함수가 알파벳순으로 함수 선택 상자에 나타난다. ABS 함수가 먼저 보이고 그다음에 ACOS 등이 나온다.

콜론 기호

ABS 함수처럼 많은 함수들이 하나의 인수(argument)를 가지지만 일부 엑셀 함수는 배열(array)에 의존한다. 콜론 기호(:)는 셀의 배열과 매트릭스를 함수에 전달하는 데 효율적이다. 콜론 표기는 다음과 같이 설명될 수 있다. 'B1:B5'는 셀 B1에서 셀 B5까지, 즉 B1, B2, B3, B4, B5에 들어있는 값들의 배열을 의미한다. 함수 '=SUM(B1:B5)'를 보자. 합(sum) 함수는 함수의 인수에 포함된 구성요소의 합을 구한다. 그러므로 '=SUM(B1:B5)'는 다음과 같은 수식과 동일한 의미이다.

$$=B1+B2+B3+B4+B5$$

함수를 워크시트 셀에 삽입하기

예로서, Insert Function(함수 삽입)과 Function Arguments(함수 인수) 대화상자를 이용하여 함수 선택 및 인수입력 그리고 워크시트 셀에 함수를 삽입하는 방법을 살펴보자. 또한 매우 유용한 함수인 SUMPRODUCT 함수와 이 함수의 인수에 콜론 기호를 어떻게 사용하는지 살펴보자.

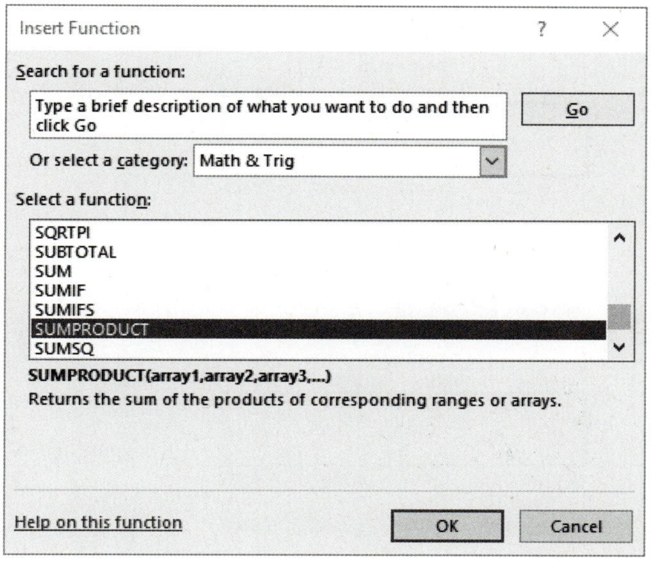

그림 A.15 Insert Function(함수 삽입) 대화상자의 SUMPRODUCT 함수 설명

그림 A.15의 SUMPRODUCT 함수는 이 책의 여러 해 찾기 예에서 사용된다. 'SUMPRODUCT' 함수가 하이라이트 표시되어 있고 **Select a function**(함수 선택) 상자 아래에 'SUMPRODUCT(array1, array2, array3,...)'를 볼 수 있다. 이것이 의미하는 것은 SUMPRODUCT 함수는 배열 인수인 array1, array2, array3 ……을 포함한다는 것이다. 추가로, SUMPRODUCT 함수는 'Returns the sum of the products of corresponding ranges or arrays(배열 또는 범위의 대응되는 값끼리 곱해서 그 합을 구한다).'라는 설명을 볼 수 있다. 예를 들어, 함수 '=SUMPRODUCT(A1:A3, B1:B3)'은 수식 'A1*B1+A2*B2+A3*B3'과 동일한 의미이다. 다음 예에서 보여주듯이 이 함수는 비용, 이익을 계산하거나 다수의 숫자 배열이 있는 경우에 매우 유용하다.

그림 A.16은 5장 FG(Foster Generators) 회사의 문제에 대한 엑셀 워크시트를 보여준다. 이 문제는 세 개의 공장(클리블랜드, 베드퍼드, 요크)에서 네 개의 물류센터(보스턴, 시카고, 세인트루이스, 렉싱턴)로 제품을 수송하는 것이다. 각 공장에서 각 물류센터로 수송할 때의 단위당 수송비용은 셀 B5:E7에 나타나 있고, 셀 B17:E19에 입력된 값들은 각 공장에서 각 물류센터로 보내는 수송량이다. 셀 B13은 총수송비용 값을 포함하는데, 이 값은 셀 B5:E17의 값들과 셀 B17:E19의 값들을 이용하여 계산된다.

다음 절차는 FG 회사의 총수송비용을 계산하는 데 SUMPRODUCT 함수가 어떻게 이용되는지를 보여준다.

	A	B	C	D	E	F	G	H
1	**Foster Generators**							
2								
3			**Destination**					
4	**Origin**	Boston	Chicago	St. Louis	Lexington	**Supply**		
5	Cleveland	3	2	7	6	5000		
6	Bedford	7	5	2	3	6000		
7	York	2	5	4	5	2500		
8	**Demand**	6000	4000	2000	1500			
9								
10								
11	**Model**							
12								
13		**Min Cost**						
14								
15			**Destination**					
16	**Origin**	Boston	Chicago	St. Louis	Lexington	**Total**		
17	Cleveland	3500	1500	0	0	5000	<=	5000
18	Bedford	0	2500	2000	1500	6000	<=	6000
19	York	2500	0	0	0	2500	<=	2500
20	**Total**	6000	4000	2000	1500			
21		=	=	=	=			
22		6000	4000	2000	1500			

그림 A.16 FG 회사의 수송문제에 대한 총수송비용을 계산하기 위해 이용된 엑셀 워크시트

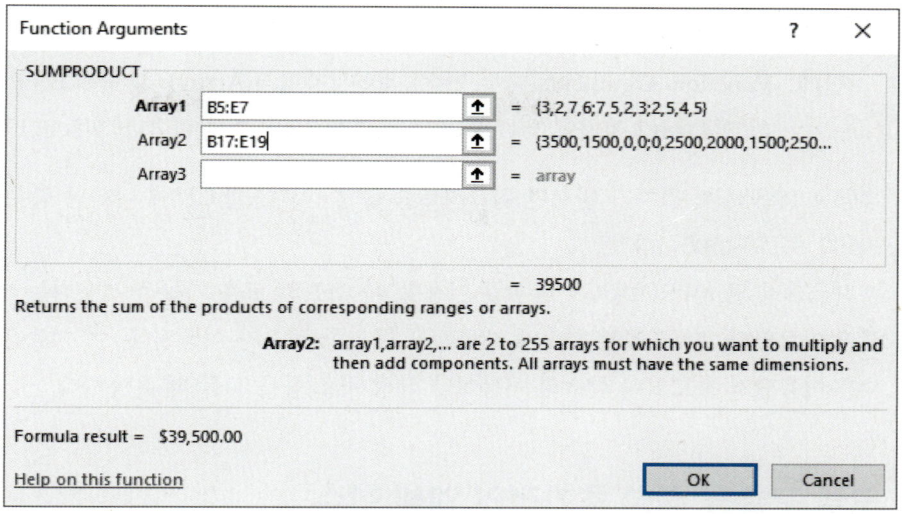

그림 A.17 SUMPRODUCT 함수의 완료된 Function Arguments 대화상자

	A	B	C	D	E	F	G	H
1	**Foster Generators**							
2								
3				**Destination**				
4	**Origin**	Boston	Chicago	St. Louis	Lexington	**Supply**		
5	Cleveland	3	2	7	6	5000		
6	Bedford	7	5	2	3	6000		
7	York	2	5	4	5	2500		
8	**Demand**	6000	4000	2000	1500			
9								
10								
11	**Model**							
12								
13		**Min Cost**	$39,500.00					
14								
15				**Destination**				
16	**Origin**	Boston	Chicago	St. Louis	Lexington	**Total**		
17	Cleveland	3500	1500	0	0	5000	<=	5000
18	Bedford	0	2500	2000	1500	6000	<=	6000
19	York	2500	0	0	0	2500	<=	2500
20	**Total**	6000	4000	2000	1500			
21		=	=	=	=			
22		6000	4000	2000	1500			

그림 A.18 총수송비용의 계산을 위해 엑셀의 SUMPRODUCT 함수가 어떻게 이용되는지를 보여주는 엑셀 워크시트

1단계: **셀 C13**을 선택한다.

2단계: 수식 입력 바의 *fx*를 클릭한다.

3단계: **Insert function**(함수 삽입) 대화상자의 **Or select a category**(범주 선택) 상자에서 **Math & Trig**(수학/삼각)를 선택한다.

Select a function(함수 선택) 상자에서 **SUMPRODUCT** 함수를 선택하고 **OK**를 클릭한다(그림 A.15 참조).

4단계: **Function Arguments**(함수 인수) 대화상자에서 **Array1** 상자에 'B5:E7'을 입력하고 **Array2** 상자에 'B17:E19'를 입력하고 **OK**를 클릭한다(그림 A.17 참조).

그림 A.18에서 이 절차가 완료된 워크시트를 볼 수 있다. 셀 C13에 나타난 총수송비용은 39500, 즉 $39,500이다.

지금까지 SUMPRODUCT 함수를 이용할 때 엑셀의 도움 기능을 사용하는 방법에 대해 알아보았다. 다른 엑셀 함수에 대해서도 동일한 절차가 이용된다. 이 기능은 어떤 함수를 이용할지 모르거나 함수의 이름이나 작성 구조 등을 모를 때 유용하다.

모델 구축을 위한 추가적인 엑셀 함수

이 절에서는 의사결정 문제를 모형화하는 데 유용한 엑셀 함수를 소개한다.

IF 함수와 COUNTIF 함수

갬브럴 제조회사(Gambrell Manufacturing) 사례를 보도록 하자. 갬브럴 제조회사는 자동차용 스테레오를 생산한다. 스테레오를 제작하는 데 다양한 부품이 필요하며, 원활한 생산을 위해 이러한 부품들을 재고로 보유해야 한다. 그러나 재고보유는 비용을 발생시키

	A	B	C	D	E	F
4	Component ID	**570**	**578**	**741**	**755**	
5	Inventory On-Hand	5	30	70	17	
6	Up to Order Point	100	55	70	45	
7	Cost per unit	$4.50	$12.50	$3.26	$4.15	
8						
9	Fixed Cost per Order	$120				
10						
11	**Model**					
12						
13	Component ID	**570**	**578**	**741**	**755**	
14	Order Quantity	95	25	0	28	
15	Cost of Goods	$384.75	$312.50	$0.00	$116.20	
16						
17	Total Number of Orders	3				
18						
19	Total Fixed Costs	$360.00				
20	Total Cost of Goods	$813.45				
21	Total Cost	$1,173.45				
22						

그림 A.19 갬브럴 제조회사의 부품 주문 모형

므로 갬브럴사는 생산에 소요되는 부품 재고를 최소한으로 보유하기 원한다. 부품 재고를 모니터하고 관리하기 위하여 갬브럴은 'order up to'라는 재고정책을 이용한다.

'order up to' 정책은 다음과 같다. 재고보유수준이 미리 정해진 수준 아래로 내려갈 경우 재고수준을 정해진 수준까지 올릴 만큼 주문을 하는 것이다. 현 재고수준(H)이 M 아래로 내려가면 재고수준을 M 수준으로 다시 올릴 만큼 주문을 하는 것이다. M을 Order Up to Point라고 한다. 수학적으로 표현하면, Q를 주문량이라고 했을 때 $Q = M - H$이다.

갬브럴 제조회사의 재고모형을 그림 A.19에 볼 수 있다. 워크시트에 네 가지 부품 각각에 대한 부품 ID, 보유재고(H), Order Up to Point(M), 단위당 비용이 주어져 있다. 또한 주문당 고정비가 주어져 있다. 한편 주문당 고정비가 \$120이므로 주문을 할 때마다 주문량과 상관없이 \$120가 발생한다는 것을 알 수 있다.

워크시트의 모형 부분에서 각 부품의 주문량이 계산된다. 예를 들어, 부품 570의 경우 $M = 100$, $H = 5$이므로 $Q = M - H = 100 - 5 = 95$이다. 부품 741의 경우 $M = 70$, $H = 70$, 즉 현 보유재고 70단위가 Order Up to Point인 70과 동일하므로 주문은 없다. 다른 두 부품에 대해서도 주문량에 대한 계산은 유사하게 이루어진다.

주문량에 따라 단위당 비용의 할인을 받게 된다. 만일 주문량이 50 이상이면 단위당 비용에 대하여 10% 할인을 받게 된다. 예를 들어, 부품 741의 단위당 비용이 \$4.5이고 95단위를 주문한다고 하자. 주문량 95단위는 50단위를 초과하므로 10% 할인을 받게 되고 단위당 비용은 \$4.5 − 0.1(\$4.50) = \$4.5 − \$0.45 = \$4.05가 된다. 따라서, 고정비를 제외한 구매비용은 \$4.05(95) = \$384.75이다.

이 계산을 수행하기 위해 이용되는 엑셀 함수를 그림 A.20에 나타내었다. 15행에서 각 부품에 대한 구매가를 계산하는 데 IF 함수가 이용되었다. IF 함수의 일반적인 형태는 다음과 같다.

= IF(조건, 조건이 참일 경우의 결과, 조건이 거짓일 경우의 결과)

예를 들어, 셀 B15에 = IF(B14 > = 50,0.9*B7,B7)*B14를 입력한다고 하자. 이것의 의미는 주문량(셀 B14)이 50보다 크거나 같을 경우 단위당 비용은 0.9*B7(10% 할인 적용)인 반면 주문량이 50보다 작을 경우 단위당 비용은 셀 B7이라는 것이다. 다른 부품에 대한 구매가도 유사하게 산출된다.

셀 B21의 총비용은 15행에서 계산된 구매가와 고정비의 합이다. 세 번의 주문이 이루어지므로(부품 570, 578, 755) 고정비는 3*120 = \$360이다.

셀 B17의 COUNTIF 함수는 몇 번의 주문을 하는지를 세기 위해 이용된다. 특별히, 주문량이 양수인 부품의 수를 센다. COUNTIF 함수의 일반적인 형태는 다음과 같다.

= COUNTIF(범위, 조건)

	A	B	C	D	E
4	Component ID	**570**	**578**	**741**	**755**
5	Inventory On-Hand	5	30	70	17
6	Up to Order Point	100	55	70	45
7	Cost per unit	4.5	12.5	3.26	4.15
8					
9	Fixed Cost per Order	120			
10					
11	**Model**				
12					
13	Component ID	**=B4**	**=C4**	**=D4**	**=E4**
14	Order Quantity	=B6-B5	=C6-C5	=D6-D5	=E6-E5
15	Cost of Goods	=IF(B14 >= 50, 0.9*B7,B7)*B14	=IF(C14 >= 50, 0.9*C7,C7)*C14	=IF(D14 >= 50, 0.9*D7,D7)*D14	=IF(E14 >= 50, 0.9*E7,E7)*E14
16					
17	Total Number of Orders	=COUNTIF(B14:E14,">0")			
18					
19	Total Fixed Costs	=B17*B9			
20	Total Cost of Goods	=SUM(B15:E15)			
21	Total Cost	=SUM(B19:B20)			
22					

그림 A.20 갬브럴 제조회사에 대한 수식과 함수

범위는 조건을 조사하는 범위를 말한다. 조건은 충족시키는지 여부를 테스트하는 것이다. COUNTIF 함수의 조건을 입력할 때 인용부호가 이용되어야 함을 주의하라. 그림 A.20의 갬브럴 모형의 경우 셀 B17은 셀 B14:E14 범위에서 0보다 큰 셀의 수를 센다. 모형에서 셀 B14, C14, E14가 양수이므로, 셀 B17의 COUNTIF 함수는 숫자 3을 생성한다.

위에서 살펴보았듯이 IF 함수와 COUNTIF 함수는 조건 충족 여부에 따라 계산을 다르게 하는 함수이다. 한편, 또 다른 조건부 함수인 VLOOKUP 함수는 매우 유용한 함수이다. 다음 절에서는 사례를 이용하여 VLOOKUP 함수에 대해 살펴보기로 한다.

VLOOKUP 함수

그림 A.21의 'OM455'라는 이름의 워크북을 보자. Grades라는 이름의 워크시트가 있다. 이 워크시트는 OM455라는 과목에 대한 성적을 산출한다. 11명의 학생이 있고, 각 학생의 중간고사 성적과 기말고사 성적이 있다. 과목에 대한 개인별 평균 점수가 D열에 계산되어 있다. 워크시트의 상단에 주어진 척도는 학생의 과목 학점을 결정하기 위해 사용한다. 예를 들어, 16행의 Choi 학생의 성적을 살펴보자. 이 학생은 중간고사 82점, 기말고사 80점, 평균 81점을 얻었다. 이 성적은 척도에 의하면 B 학점으로 환산된다.

평균 성적은 중간고사와 기말고사의 평균이다. 그런데 어떻게 엑셀에서 척도 표를 참고하여 자동으로 각 학생에게 학점을 부여하도록 할 수 있는가? VLOOKUP 함수를 이용하여 이러한 작업을 할 수 있다. 그림 A.22는 OM455에서 이용된 수식과 함수를 보여준다.

VLOOKUP 함수는 데이터 표에서 특정 기준에 따라 일부의 데이터를 끌어오는 데 이용된다. VLOOKUP 함수의 일반적인 형태는 다음과 같다.

	A	B	C	D	E	F
1	**OM 455**					
2	Section 001					
3	Course Grading Scale Based on Course Average:					
4		**Lower**	**Upper**	**Course**		
5		**Limit**	**Limit**	**Grade**		
6		0	59	F		
7		60	69	D		
8		70	79	C		
9		80	89	B		
10		90	100	A		
11						
12		Midterm	Final	Course	Course	
13	Lastname	Score	Score	Average	Grade	
14	Benson	70	56	63.0	D	
15	Chin	95	91	93.0	A	
16	Choi	82	80	81.0	B	
17	Cruz	45	78	61.5	D	
18	Doe	68	45	56.5	F	
19	Honda	91	98	94.5	A	
20	Hume	87	74	80.5	B	
21	Jones	60	80	70.0	C	
22	Miranda	80	93	86.5	B	
23	Murigami	97	98	97.5	A	
24	Ruebush	90	91	90.5	A	
25						

그림 A.21 OM455 과목의 성적 스프레드시트

	A	B	C	D	E
1	**OM 455**				
2	Section 001				
3	Course Grading Scale Based on Course Average:				
4		**Lower**	**Upper**	**Course**	
5		**Limit**	**Limit**	**Grade**	
6		0	59	F	
7		60	69	D	
8		70	79	C	
9		80	89	B	
10		90	100	A	
11					
12		Midterm	Final	Course	Course
13	Lastname	Score	Score	Average	Grade
14	Benson	70	56	=AVERAGE(B14:C14)	=VLOOKUP(D14,B6:D10,3,TRUE)
15	Chin	95	91	=AVERAGE(B15:C15)	=VLOOKUP(D15,B6:D10,3,TRUE)
16	Choi	82	80	=AVERAGE(B16:C16)	=VLOOKUP(D16,B6:D10,3,TRUE)
17	Cruz	45	78	=AVERAGE(B17:C17)	=VLOOKUP(D17,B6:D10,3,TRUE)
18	Doe	68	45	=AVERAGE(B18:C18)	=VLOOKUP(D18,B6:D10,3,TRUE)
19	Honda	91	98	=AVERAGE(B19:C19)	=VLOOKUP(D19,B6:D10,3,TRUE)
20	Hume	87	74	=AVERAGE(B20:C20)	=VLOOKUP(D20,B6:D10,3,TRUE)
21	Jones	60	80	=AVERAGE(B21:C21)	=VLOOKUP(D21,B6:D10,3,TRUE)
22	Miranda	80	93	=AVERAGE(B22:C22)	=VLOOKUP(D22,B6:D10,3,TRUE)
23	Murigami	97	98	=AVERAGE(B23:C23)	=VLOOKUP(D23,B6:D10,3,TRUE)
24	Ruebush	90	91	=AVERAGE(B24:C24)	=VLOOKUP(D24,B6:D10,3,TRUE)
25					

그림 A.22 OM455 과목에서 사용된 수식과 함수

$$= \text{VLOOKUP}(arg1, arg2, arg3, arg4)$$

여기서 *arg1*에는 표의 첫 번째 열에서 찾는 값, *arg2*에는 표의 위치, *arg3*에는 되돌아가는 열의 위치를 입력하고, *arg4*에는 *arg1*과 부분적으로 일치하는 것을 찾을 경우에는 TRUE, 정확하게 일치하는 것을 찾는 경우에는 FALSE를 선택한다. 부분적인 것과 정확하게 일치하는 것의 차이는 잠시 후에 설명한다. VLOOKUP는 표의 첫 번째 열이 오름차순으로 정렬되었다고 가정한다.

Choi 학생에 대한 VLOOKUP 함수는 다음과 같다.

= VLOOKUP(D16,B6:D10,3,TRUE)

이 함수는 셀 D16에 있는 과목의 평균 점수를 이용하며, B6:D10으로 정의되는 표의 첫 번째 열을 찾는다. 표의 첫 번째 열인 B열 상단부터 검색하여 셀 D16(81)보다 큰 값이 나올 때까지 진행된다. 그런 다음 한 행 위로 이동하여(9행으로 이동하여) 해당 값을 찾는다. 즉, 표의 첫 번째 열에서 81보다 작거나 같은 마지막 값을 찾는다. 이제 VLOOKUP 함수의 세 번째 인자가 3이므로 표의 세 번째 열에 있는 9행의 값인 'B'를 얻는다. 요약하면, VLOOKUP 함수는 *arg1*의 값을 가지고 표의 첫 번째 열에서 *arg1*의 값보다 작거나 같은 마지막 행을 찾는다. 여기서 찾은 행과 *arg3*의 열이 만나는 곳의 값을 얻게 된다.

주의: 만일 VLOOKUP 함수의 *arg4*가 FALSE면, 표의 첫 번째 열에서 *arg1*의 값과 정확하게 일치하는 행을 찾게 된다. VLOOKUP 함수는 조건에 따라 표의 일부만을 찾을 때 유용하다.

좋은 스프레드시트 모형 구축의 원칙

지금까지 스프레드시트 모형을 구축하는 데 필요한 기초사항을 살펴보았다. 스프레드시트 모형 구축 시 이용하기 쉽고 오류의 위험을 완화시킬 수 있도록 하는 일반적인 원칙이 있다. 이 절에서는 이러한 원칙에 대해서 살펴본다.

데이터를 모형으로부터 분리

좋은 모형을 구축하는 첫 번째 원칙은 데이터를 모형으로부터 분리하는 것이다. 이는 수식이나 함수를 실수로 삭제하지 않고 모형의 파라미터를 갱신할 수 있게 해준다. 이러한 이유로 스프레드시트의 상단을 데이터를 위한 구획으로 이용하는 것이 좋다. 스프레드시트 모형 구획은 모든 계산을 포함하고 이용자에 의하여 갱신되어서는 안 된다. What-If 분석(가상분석) 모형이나 최적화 모형의 경우에는 의사결정 셀을 위한 분리된 구획이 필요하다. 그 이유는 의사결정 셀은 데이터도 아니고 수식도 아니며 모형으로부터 도출되는 결과이기 때문이다.

그림 A.6의 놀린 모형의 경우가 좋은 예이다. 스프레드시트의 상부에 데이터 구획이 있고 계산을 포함하는 모형 구획이 하단에 위치한다. 그림 A.19의 갬브럴 모형은 데이터/모형 분리 원칙을 완전하게 적용한다고는 볼 수 없다. 더 좋은 모형은 50단위 기준과 90% 비용 기준(10% 할인 기준)을 상단 데이터로 위치시키는 것이다. 이 경우에 15행의 수식은 상단에 있는 셀을 참조하면 된다. 이렇게 하면 15행의 수식을 변경할 필요 없이 쉽게 할인율을 변경할 수 있게 된다.

모형의 기록

좋은 스프레드시트 모형은 기록이 잘 되어야 한다. 분명한 레이블 및 적절한 형식과 정렬은 스프레드시트를 더 쉽게 이해하고 이용하게 해준다. 예를 들어, 워크시트의 값들이 비용인 경우에는 화폐 형식이 이용되어야 한다. 모든 셀에는 레이블을 붙여야 한다. 새로운 이용자가 모형과 계산을 쉽게 이해하도록 해야 한다. 그림 A.23은 그림 A.16에서 보여준 FG 회사의 모형을 더 잘 정리한 것이다. 표에는 더 분명하게 레이블이 붙어있고 음영은 이용자가 목적과 의사결정 셀(수송량)에 초점을 맞추도록 해준다. 단위당 배송단가 데이터와 총비용은 적절하게 화폐형식으로 지정되어 있다.

간단한 수식과 셀 이름을 이용하라

명확한 수식은 불필요한 계산을 제거하고 오류를 줄이며 스프레드시트 유지를 쉽게 해준

	A	B	C	D	E	F	G	H
1	**Foster Generators**							
2								
3	Origin to Destination - Cost per unit to ship							
4			**Destination**					
5	**Origin**	Boston	Chicago	St. Louis	Lexington	**Units Available**		
6	Cleveland	$3.00	$2.00	$7.00	$6.00	5000		
7	Bedford	$7.00	$5.00	$2.00	$3.00	6000		
8	York	$2.00	$5.00	$4.00	$5.00	2500		
9	**Units Demanded**	6000	4000	2000	1500			
10								
11								
12	**Model**							
13								
14		**Min Cost**	$39,500.00					
15								
16	Origin to Destination - Units Shipped							
17			**Destination**					
18	**Origin**	Boston	Chicago	St. Louis	Lexington	**Units Shipped**		
19	Cleveland	3500	1500	0	0	5000	<=	5000
20	Bedford	0	2500	2000	1500	6000	<=	6000
21	York	2500	0	0	0	2500	<=	2500
22	**Units Received**	6000	4000	2000	1500			
23		=	=	=	=			
24		6000	4000	2000	1500			

그림 A.23 더 잘 정리된 FG 회사의 모형

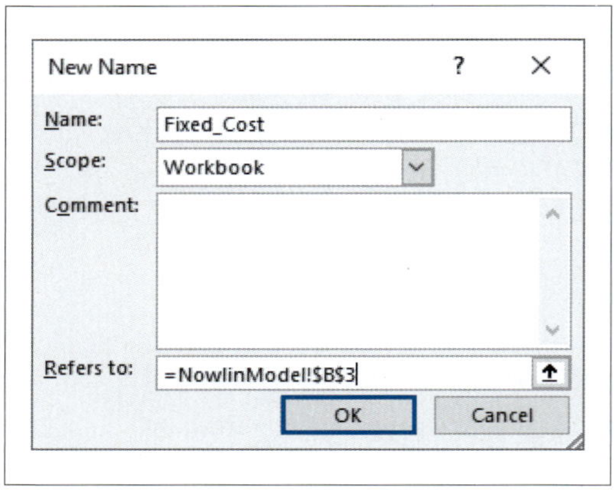

그림 A.24 New Name 대화상자

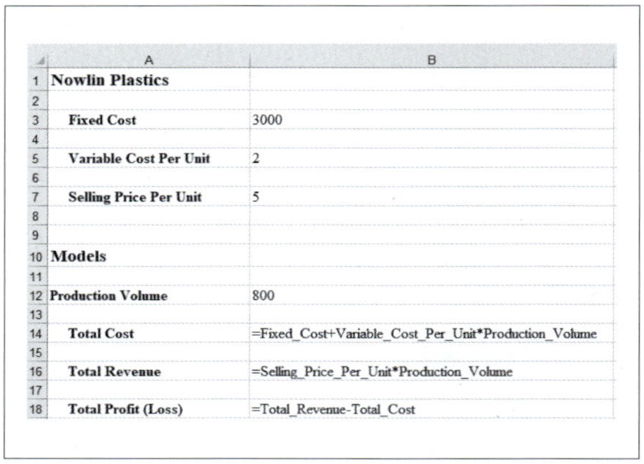

그림 A.25 놀린 플라스틱 회사 모형의 이름이 부여된 수식

다. 길고 복잡한 계산은 여러 개의 셀로 나누는 것이 낫다. 이렇게 하면 수식을 이해하기가 쉽고 편집하기도 쉬워진다. 수식에 숫자를 이용하는 것을 피하라. 대신에 워크시트의 데이터 구획에 있는 셀에 숫자를 입력하고 수식에는 숫자가 입력된 셀을 참조하도록 하는 것이 좋다. 이러한 방식으로 수식을 구축하면 데이터 변경으로 인한 수식 편집을 피할 수 있다.

셀 이름을 이용하면 수식을 더 쉽게 이해하도록 해준다. 셀에 이름을 부여하기 위해서는 다음의 절차를 이용한다.

1단계: 이름을 부여하기를 원하는 셀이나 범위를 선택한다.
2단계: Ribbon의 **Formulas**(수식) 탭을 선택한다.
3단계: **Defined Names**(이름 관리자) 그룹의 **Define Name**(이름 정의)을 선택한다.
4단계: 그림 A.24에서와 같이 **New Name**(새 이름) 대화상자가 나타난다. 이름을 입력하고 **OK**를 클릭한다.

그림 A.25는 위의 절차에 따라 NowlinPlastics 스프레드시트의 모든 셀에 이름을 붙인 모형을 보여준다. 이것을 그림 A.6과 비교해 보면 모형의 수식을 더 쉽게 이해할 수 있음을 알 수 있다.

이름은 범위에 대해서도 쉽게 부여할 수 있다. 먼저 범위를 하이라이트한다. **Formula Bar**(수식 입력 바)의 **Name Box**(이름 상자)(그림 A.3 참조)를 클릭하고 원하는 이름을 입력한다.

상대 셀 및 절대 셀 참조 이용

엑셀 워크시트에서 한 셀에서 다른 셀로 수식을 복사하는 방법은 다양하다. 수식을 복사하는 한 가지 방법을 소개하면 다음과 같다.

1단계: 복사할 셀을 선택한다.
2단계: 마우스 오른쪽 클릭한다.
3단계: **Copy**(복사)를 클릭한다.
4단계: 복사될 셀을 선택한다.
5단계: 마우스 오른쪽 클릭한다.
6단계: **Paste**(붙여넣기)를 클릭한다.

엑셀에서 복사를 할 때 상대적 혹은 절대적 주소를 이용할 수 있다. 복사가 될 때 상대적 주소는 변하게 되지만, 절대적 주소는 변하지 않는다. 상대적 주소는 C7과 같은 형식이고 절대적 주소는 $C$7처럼 열과 행 앞에 $ 사인이 붙는다. 어떻게 상대적 주소와 절대적 주소를 이용하는지는 모형을 구축하는 데 들어가는 노력에 영향을 미치고 또한 모형을 구축할 때 오류가 발생할 가능성에도 영향을 미친다.

이 부록에서 살펴본 그림 A.22의 OM455 성적 스프레드시트를 다시 살펴보기로 하자. 학생들의 학점을 부여하기 위하여 VLOOKUP 함수를 이용했던 것을 상기해보자. 셀 E14에 다음과 같은 수식이 입력되어 있다.

= VLOOKUP(D14,B6:D10,3,TRUE)

이 수식은 상대적 주소만 포함하고 있음에 주목하라. 만일 이것을 셀 E15에 복사를 한다면 다음과 같은 결과를 얻을 것이다.

= VLOOKUP(D15,B7:D11,3,TRUE)

이 경우에 *arg1*은 올바르게 D15로 변환되었으나(15행의 학생에 대한 학점을 부여하기를 원함) 함수에 있는 표는 B7:B11로 변환된다. 우리가 원하는 것은 표의 위치가 동일하게 유지되는 것이다. 더 좋은 방법은 셀 E14에 다음과 같이 수식을 입력하는 것이다.

= VLOOKUP(D14,$B$6:$D$10,3,TRUE)

이 수식을 셀 E15에 복사하면 다음과 같은 결과를 가져온다.

= VLOOKUP(D15,$B$6:$D$10,3,TRUE)

이 수식은 *arg1*을 올바르게 D15로 변환하고 표는 그대로 유지되도록 한다. 절대적 참조를 이용하는 것은 다른 셀에 적용될 때 변하지 않아야 하는 참조를 가진 함수가 있거나 수식을 다른 위치로 복사하는 경우에 매우 유용하다. OM455 워크북의 경우에 각 학생에 대해서 VLOOKUP를 입력하는 것 대신에 표에 대한 절대적 참조를 이용하여 셀 E14를 셀 E15에서 셀 E24까지 복사하면 된다.

이번 절에서는 좋은 스프레드시트 모형 구축을 위한 유용한 가이드라인을 살펴보았다. 다음 절에서는 스프레드시트를 검토하고 오류를 수정하는 엑셀 도구를 살펴보기로 한다.

엑셀 모형 검토

엑셀에는 스프레드시트의 개발과 오류 수정을 위한 다양한 도구가 있다. 이러한 도구는 그림 A.26에 나타낸 것처럼 **Formulas**(수식) 탭의 **Formula Auditing**(수식 분석) 그룹에 포함되어 있다.

참조되는 셀 추적과 참조하는 셀 추적

Trace Precedents(참조되는 셀 추적) 버튼(Trace Precedents)은 해당 셀의 수식에 포함된 셀을 가리키는 화살표를 생성한다. 반면에, **Trace dependents**(참조하는 셀 추적) 버튼(Trace Dependents)은 해당 셀이 포함되어 있는 셀을 가리키는 화살표를 생성한다. 두 가지 도구는 어떻게 모형이 연결되는지 빠르게 파악하는 데 도움이 된다.

그림 A.27은 참조되는 셀 추적의 예를 보여준다. Foster rev라는 워크시트를 열고 셀 C14를 선택한 후에 **Formulas Auditing**(수식 분석) 그룹의 **Trace Precedents**(참조되는 셀 추적) 버튼을 클릭한다. 셀 C14의 비용은 단위당 수송비용과 수송량의 SUMPRODUCT임을 기억하라. 그림 A.27에서 이러한 관계는 해당되는 각각의 범위로부터 셀 C14로 화살표가 생성되어 있음을 볼 수 있다. 이 화살표는 **Formulas Auditing**(수식 분석) 그룹의 **Remove Arrows**(연결 선 제거) 버튼을 클릭하여 제거할 수 있다.

그림 A.28에 참조하는 셀 추적의 예를 볼 수 있다. 베드퍼드에서 렉싱턴으로 가는 수송량인 셀 E20을 선택하고 **Formulas Auditing**(수식 분석) 그룹의 **Trace Precedents**(참조되는 셀 추적) 버튼을 클릭한다. 그림 A.28과 같이 베드퍼드에서 렉싱턴으로 가는 수송량은 셀 C14의 비용 함수에 영향을 미치고 셀 F20의 베드퍼드로부터 나가는 총수송량 및 셀 E22의 렉싱턴으로 들어오는 총수송량에도 영향을 미친다. 이 화살표는 **Formulas**

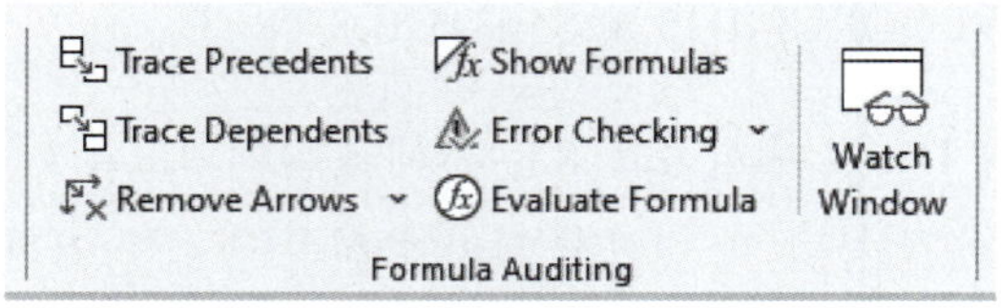

그림 A.26 FORMULAS(수식) 탭의 Formula Auditing(수식 분석) 그룹

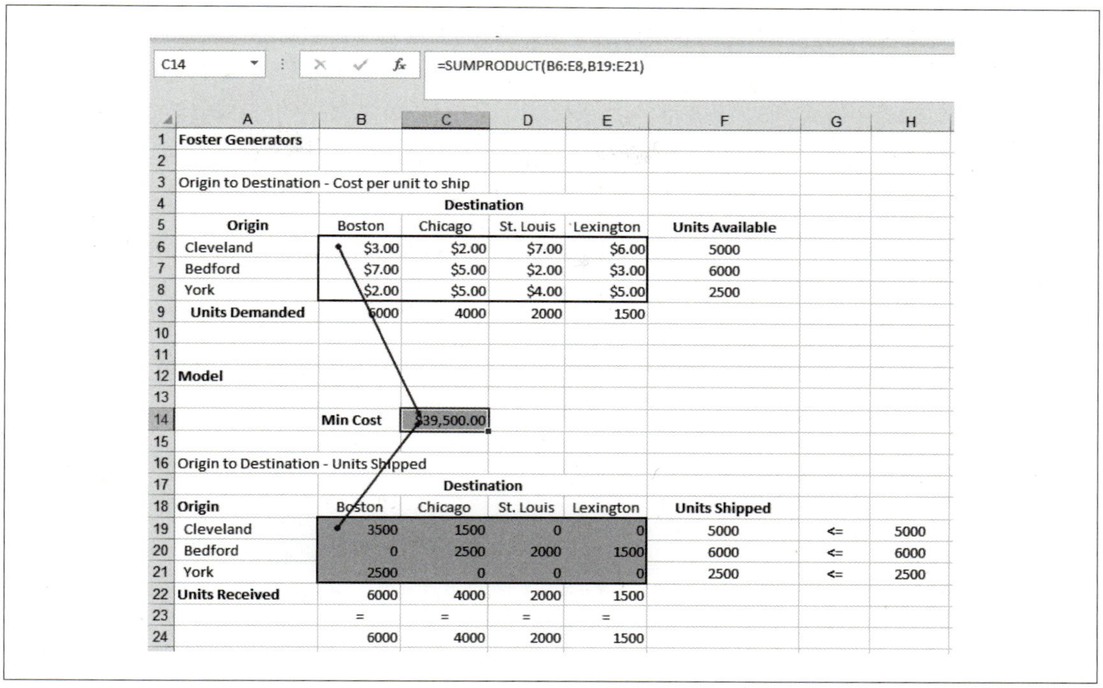

C14 =SUMPRODUCT(B6:E8,B19:E21)

	A	B	C	D	E	F	G	H
1	**Foster Generators**							
2								
3	Origin to Destination - Cost per unit to ship							
4				**Destination**				
5	**Origin**	Boston	Chicago	St. Louis	Lexington	**Units Available**		
6	Cleveland	$3.00	$2.00	$7.00	$6.00	5000		
7	Bedford	$7.00	$5.00	$2.00	$3.00	6000		
8	York	$2.00	$5.00	$4.00	$5.00	2500		
9	**Units Demanded**	6000	4000	2000	1500			
10								
11								
12	**Model**							
13								
14		**Min Cost**	$39,500.00					
15								
16	Origin to Destination - Units Shipped							
17				**Destination**				
18	**Origin**	Boston	Chicago	St. Louis	Lexington	**Units Shipped**		
19	Cleveland	3500	1500	0	0	5000	<=	5000
20	Bedford	0	2500	2000	1500	6000	<=	6000
21	York	2500	0	0	0	2500	<=	2500
22	**Units Received**	6000	4000	2000	1500			
23		=	=	=	=			
24		6000	4000	2000	1500			

그림 A.27 FG 회사의 수정 모형에서 셀 C14(비용)에 대한 참조되는 셀 추적

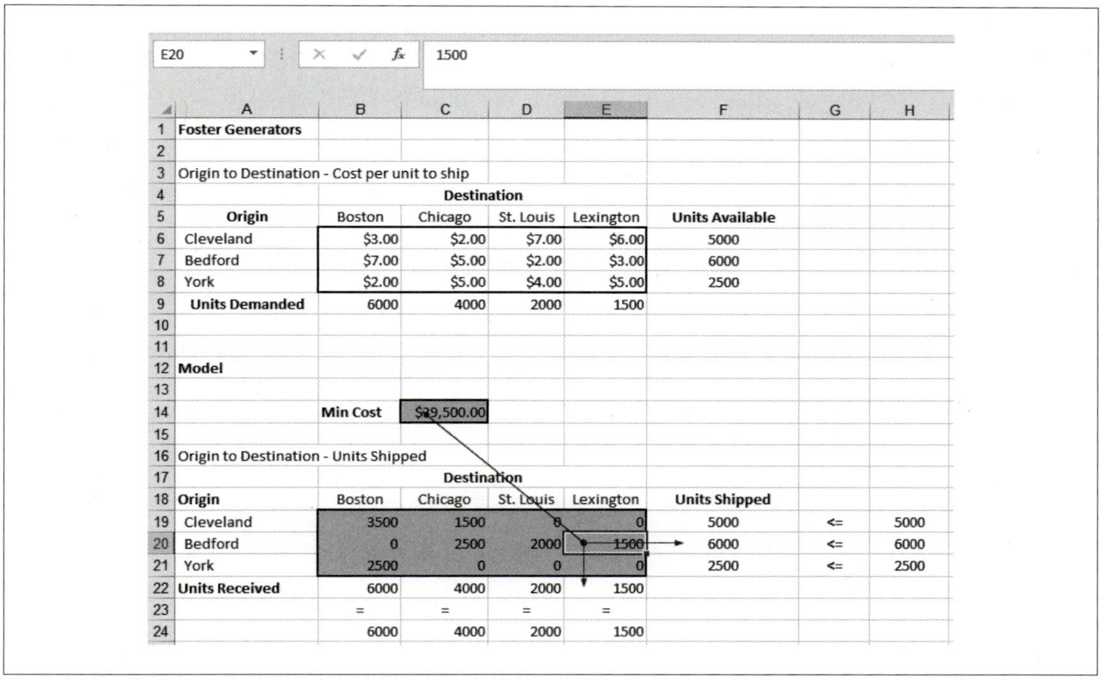

E20 1500

	A	B	C	D	E	F	G	H
1	**Foster Generators**							
2								
3	Origin to Destination - Cost per unit to ship							
4				**Destination**				
5	**Origin**	Boston	Chicago	St. Louis	Lexington	**Units Available**		
6	Cleveland	$3.00	$2.00	$7.00	$6.00	5000		
7	Bedford	$7.00	$5.00	$2.00	$3.00	6000		
8	York	$2.00	$5.00	$4.00	$5.00	2500		
9	**Units Demanded**	6000	4000	2000	1500			
10								
11								
12	**Model**							
13								
14		**Min Cost**	$39,500.00					
15								
16	Origin to Destination - Units Shipped							
17				**Destination**				
18	**Origin**	Boston	Chicago	St. Louis	Lexington	**Units Shipped**		
19	Cleveland	3500	1500	0	0	5000	<=	5000
20	Bedford	0	2500	2000	1500	6000	<=	6000
21	York	2500	0	0	0	2500	<=	2500
22	**Units Received**	6000	4000	2000	1500			
23		=	=	=	=			
24		6000	4000	2000	1500			

그림 A.28 FG 회사의 수정 모형에서 셀 C14(비용)에 대한 참조하는 셀 추적

Auditing(수식 분석) 그룹의 **Remove Arrows**(연결 선 제거) 버튼을 클릭하여 제거할 수 있다.

참조되는 셀 추적과 참조하는 셀 추적은 워크시트의 참조가 잘못되었음을 보여줌으로써 복사나 수식 만들기에서의 오류를 밝혀줄 수 있다.

수식 표시

Show Formulas(수식 표시) 버튼(Show Formulas)은 셀에 입력된 수식을 표시해주는 역할을 한다. 워크시트에서 수식을 보려면 워크시트의 아무 셀이나 선택하고 **Show Formulas** 버튼을 클릭하면 된다. 수식을 감추기를 원하면 다시 **Show Formulas** 버튼을 클릭하면 된다. 그림 A.6은 수식 표시의 예를 보여준다. 이를 통하여 각 수식을 세부적으로 검사할 수 있다.

수식 계산

Evaluate Formula(수식 계산) 버튼(Evaluate Formula)은 특정 셀의 계산을 세부적으로 검토할 수 있도록 해준다. 이 기능을 이용하려면 수식을 포함하는 셀을 선택하고 **Formulas Auditing**(수식 분석) 그룹의 **Evaluate Formula** 버튼을 클릭한다. 예를 들어, 갬브럴 제조회사 모형(그림 A.19과 A.20 참조)에서 셀 B15를 선택한다. 할인 여부에 따라 구매가를 계산하였다는 점을 기억하라. **Evaluate Formula** 버튼을 클릭하면 이 수식을 평가하도록 해준다. 그림 A.29와 같이 **Evaluate Formula** 대화상자가 나온다. 그림 A.30은 대화상자에서 **Evaluate**(계산) 버튼을 클릭한 결과를 보여준다. B14가 95라는 값으로 변환되었다. **Evaluate** 버튼을 지속적으로 클릭하게 되면 수식의 나머지를 왼쪽에서 오른쪽으로 가면서 순서대로 평가하게 된다.

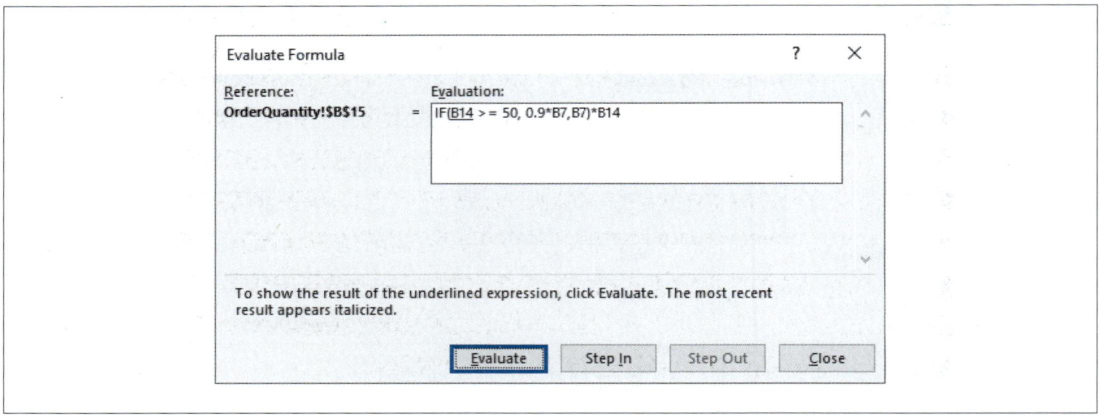

그림 A.29 갬브럴 제조회사 모형의 셀 B15에 대한 Evaluate Formula(수식 계산) 대화상자

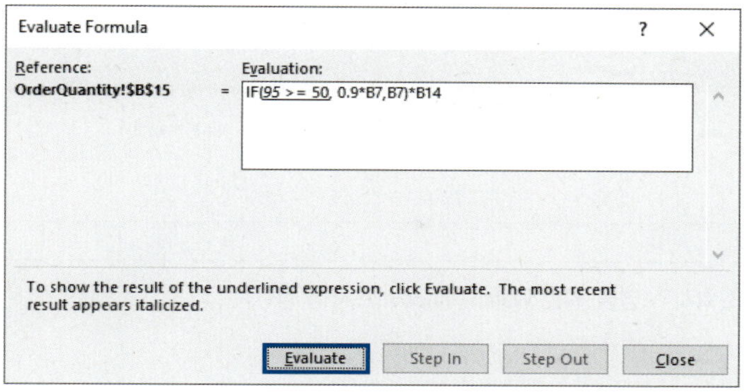

그림 A.30　갬브럴 제조회사 모형의 셀 B15에 대하여 계산 버튼을 한 번 눌렀을 때의 수식 계산

Evaluate Formula(수식 계산) 도구는 수식에서의 정확한 오류의 위치를 파악하는 데 도움이 된다.

오류 검사

Error Checking(오류 검사) 버튼(

)은 워크시트의 수식에서 수학적인 오류를 자동으로 검사한다. **Error Checking** 버튼을 클릭하면 워크시트의 모든 수식에 대하여 계산 오류를 검사하게 된다. 오류가 발견되면 **Error Checking** 대화상자가 나타난다. 그림 A.31은 0으로 나누는 가상적인 예를 보여준다. 이전 절의 **Evaluate Formula**(수식 계산)에서와 마찬가지로 대화상자에서 수식이 편집될 수 있고 계산 단계를 볼 수도 있다.

조사식 창

Formulas Auditing(수식 분석) 그룹의 **Watch Window**(조사식 창)는 **Watch Window** 상

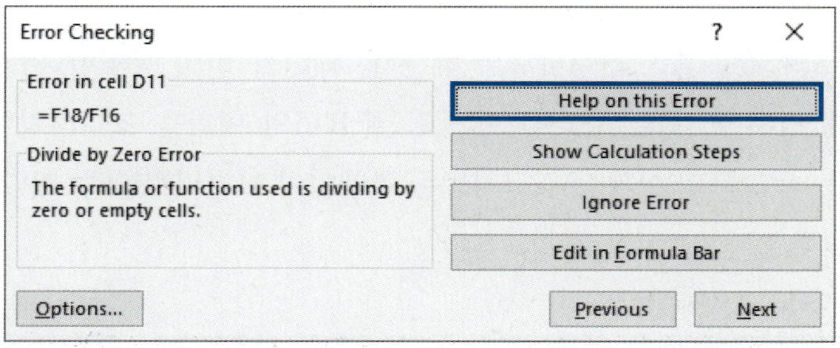

그림 A.31　0으로 나누기를 할 경우의 오류에 대한 Error Checking 대화상자

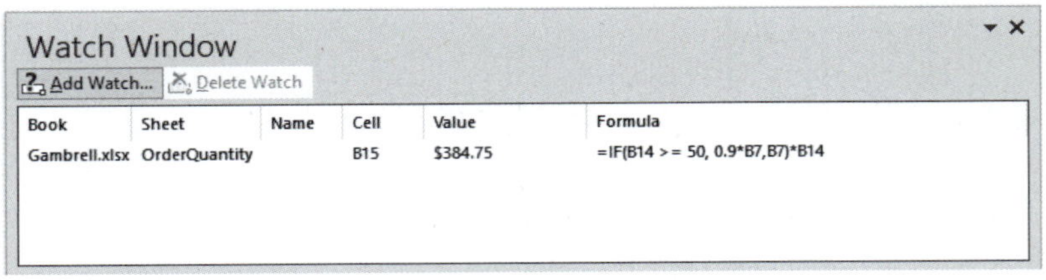

그림 A.32 갬브럴 제조회사 모형을 위한 Watch Window(조사식 창)

자의 목록에 있는 셀의 값들을 볼 수 있게 해준다. **Watch Window**는 하나의 창에서 모형 모두를 볼 수 없는 대형 모형의 경우나 다수의 워크시트가 이용될 경우에 유용하다. 모형에서의 특정 변화가 다른 셀에 어떠한 변화를 일으키는지 워크시트 전체를 조사하거나 혹은 여러 워크시트를 왔다 갔다 하면서 조사하지 않고 모니터링할 수 있다.

그림 A.32는 갬브럴 제조회사 모형에 대한 **Watch Window**를 보여준다. 다음은 OrderQuantity 워크시트의 셀 B15를 조사 목록에 추가하는 절차를 보여준다.

1단계: **Formulas**(수식) 탭을 선택한다.

2단계: **Formulas Auditing**(수식 분석) 그룹의 **Watch Window**(조사식 창)를 선택한다.

Watch Window가 나타난다.

3단계: **Add Watch**(조사식 추가)를 선택한다.

4단계: 조사 목록에 추가하려는 셀을 클릭한다(이 경우에는 셀 B15).

그림 A.32에 나타나듯이 워크북 이름과 워크시트 이름, 셀 이름(사용되었을 경우), 셀 위치, 셀 값, 셀 수식을 확인할 수 있다. 조사 목록에서 셀을 삭제하기 위해서는 목록에서 삭제하려는 것을 선택하고 **Watch Window**의 상단에 있는 **Delete Watch**(조사식 삭제) 버튼을 클릭한다.

그림 A.32에서와 같이 **Watch Window**는 워크시트의 다른 곳에서 변화가 생길 경우에 셀 B15의 값을 모니터링하도록 해준다. 게다가 만일 동일한 워크북에 다른 워크시트가 있을 경우에 다른 워크시트에서도 셀 B15의 변화를 모니터링할 수 있다. **Watch Window**는 워크북의 어떠한 워크시트든 관계없이 모니터링할 수 있다.

요약

이 부록에서는 엑셀을 이용하여 효과적인 스프레드시트 모형을 구축하는 방법을 살펴보았다. 워크북과 워크시트에 대한 개요를 제시하였고 유용한 엑셀 함수에 대해 상세하게 설명하였다. 또한 좋은 모형을 만들기 위한 원칙과 스프레드시트 검사 도구에 대해서도 논의하였다.

B 표준정규분포 영역

APPENDIX

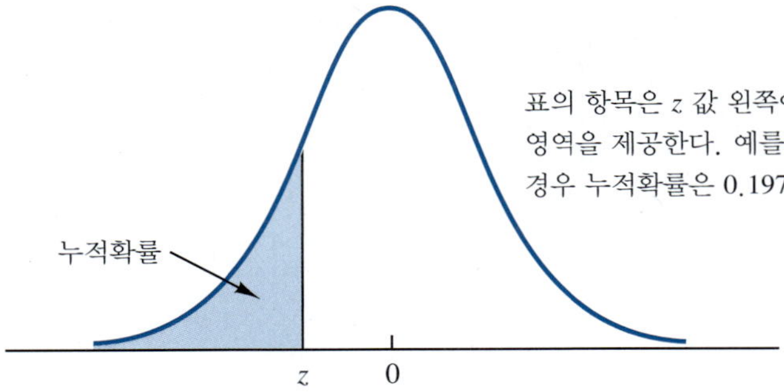

표의 항목은 z 값 왼쪽에 있는 곡선 아래 영역을 제공한다. 예를 들어, $z = -0.85$인 경우 누적확률은 0.1977이다.

z	0.00	0.01	0.02	0.03	0.04	0.05	0.06	0.07	0.08	0.09
−3.0	0.0013	0.0013	0.0013	0.0012	0.0012	0.0011	0.0011	0.0011	0.0010	0.0010
−2.9	0.0019	0.0018	0.0018	0.0017	0.0016	0.0016	0.0015	0.0015	0.0014	0.0014
−2.8	0.0026	0.0025	0.0024	0.0023	0.0023	0.0022	0.0021	0.0021	0.0020	0.0019
−2.7	0.0035	0.0034	0.0033	0.0032	0.0031	0.0030	0.0029	0.0028	0.0027	0.0026
−2.6	0.0047	0.0045	0.0044	0.0043	0.0041	0.0040	0.0039	0.0038	0.0037	0.0036
−2.5	0.0062	0.0060	0.0059	0.0057	0.0055	0.0054	0.0052	0.0051	0.0049	0.0048
−2.4	0.0082	0.0080	0.0078	0.0075	0.0073	0.0071	0.0069	0.0068	0.0066	0.0064
−2.3	0.0107	0.0104	0.0102	0.0099	0.0096	0.0094	0.0091	0.0089	0.0087	0.0084
−2.2	0.0139	0.0136	0.0132	0.0129	0.0125	0.0122	0.0119	0.0116	0.0113	0.0110
−2.1	0.0179	0.0174	0.0170	0.0166	0.0162	0.0158	0.0154	0.0150	0.0146	0.0143
−2.0	0.0228	0.0222	0.0217	0.0212	0.0207	0.0202	0.0197	0.0192	0.0188	0.0183
−1.9	0.0287	0.0281	0.0274	0.0268	0.0262	0.0256	0.0250	0.0244	0.0239	0.0233
−1.8	0.0359	0.0351	0.0344	0.0336	0.0329	0.0322	0.0314	0.0307	0.0301	0.0294
−1.7	0.0446	0.0436	0.0427	0.0418	0.0409	0.0401	0.0392	0.0384	0.0375	0.0367
−1.6	0.0548	0.0537	0.0526	0.0516	0.0505	0.0495	0.0485	0.0475	0.0465	0.0455
−1.5	0.0668	0.0655	0.0643	0.0630	0.0618	0.0606	0.0594	0.0582	0.0571	0.0559
−1.4	0.0808	0.0793	0.0778	0.0764	0.0749	0.0735	0.0721	0.0708	0.0694	0.0681
−1.3	0.0968	0.0951	0.0934	0.0918	0.0901	0.0885	0.0869	0.0853	0.0838	0.0823
−1.2	0.1151	0.1131	0.1112	0.1093	0.1075	0.1056	0.1038	0.1020	0.1003	0.0985
−1.1	0.1357	0.1335	0.1314	0.1292	0.1271	0.1251	0.1230	0.1210	0.1190	0.1170
−1.0	0.1587	0.1562	0.1539	0.1515	0.1492	0.1469	0.1446	0.1423	0.1401	0.1379
−0.9	0.1841	0.1814	0.1788	0.1762	0.1736	0.1711	0.1685	0.1660	0.1635	0.1611
−0.8	0.2119	0.2090	0.2061	0.2033	0.2005	0.1977	0.1949	0.1922	0.1894	0.1867
−0.7	0.2420	0.2389	0.2358	0.2327	0.2296	0.2266	0.2236	0.2206	0.2177	0.2148
−0.6	0.2743	0.2709	0.2676	0.2643	0.2611	0.2578	0.2546	0.2514	0.2483	0.2451
−0.5	0.3085	0.3050	0.3015	0.2981	0.2946	0.2912	0.2877	0.2843	0.2810	0.2776
−0.4	0.3446	0.3409	0.3372	0.3336	0.3300	0.3264	0.3228	0.3192	0.3156	0.3121
−0.3	0.3821	0.3783	0.3745	0.3707	0.3669	0.3632	0.3594	0.3557	0.3520	0.3483
−0.2	0.4207	0.4168	0.4129	0.4090	0.4052	0.4013	0.3974	0.3936	0.3897	0.3859
−0.1	0.4602	0.4562	0.4522	0.4483	0.4443	0.4404	0.4364	0.4325	0.4286	0.4247
−0.0	0.5000	0.4960	0.4920	0.4880	0.4840	0.4801	0.4761	0.4721	0.4681	0.4641

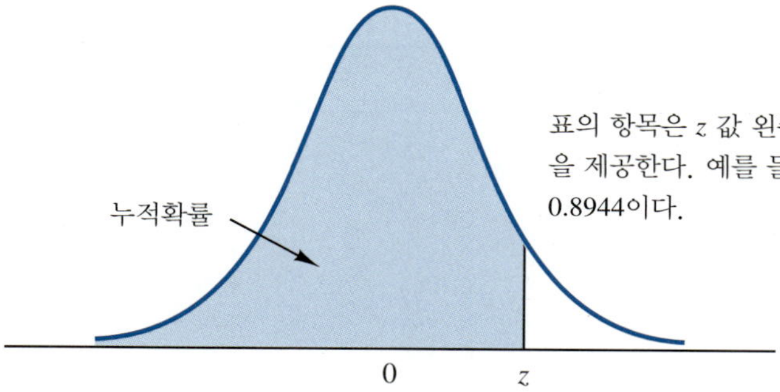

표의 항목은 z 값 왼쪽에 있는 곡선 아래 영역을 제공한다. 예를 들어, $z=1.25$, 누적확률은 0.8944이다.

z	0.00	0.01	0.02	0.03	0.04	0.05	0.06	0.07	0.08	0.09
0.0	0.5000	0.5040	0.5080	0.5120	0.5160	0.5199	0.5239	0.5279	0.5319	0.5359
0.1	0.5398	0.5438	0.5478	0.5517	0.5557	0.5596	0.5636	0.5675	0.5714	0.5753
0.2	0.5793	0.5832	0.5871	0.5910	0.5948	0.5987	0.6026	0.6064	0.6103	0.6141
0.3	0.6179	0.6217	0.6255	0.6293	0.6331	0.6368	0.6406	0.6443	0.6480	0.6517
0.4	0.6554	0.6591	0.6628	0.6664	0.6700	0.6736	0.6772	0.6808	0.6844	0.6879
0.5	0.6915	0.6950	0.6985	0.7019	0.7054	0.7088	0.7123	0.7157	0.7190	0.7224
0.6	0.7257	0.7291	0.7324	0.7357	0.7389	0.7422	0.7454	0.7486	0.7517	0.7549
0.7	0.7580	0.7611	0.7642	0.7673	0.7704	0.7734	0.7764	0.7794	0.7823	0.7852
0.8	0.7881	0.7910	0.7939	0.7967	0.7995	0.8023	0.8051	0.8078	0.8106	0.8133
0.9	0.8159	0.8186	0.8212	0.8238	0.8264	0.8289	0.8315	0.8340	0.8365	0.8389
1.0	0.8413	0.8438	0.8461	0.8485	0.8508	0.8531	0.8554	0.8577	0.8599	0.8621
1.1	0.8643	0.8665	0.8686	0.8708	0.8729	0.8749	0.8770	0.8790	0.8810	0.8830
1.2	0.8849	0.8869	0.8888	0.8907	0.8925	0.8944	0.8962	0.8980	0.8997	0.9015
1.3	0.9032	0.9049	0.9066	0.9082	0.9099	0.9115	0.9131	0.9147	0.9162	0.9177
1.4	0.9192	0.9207	0.9222	0.9236	0.9251	0.9265	0.9279	0.9292	0.9306	0.9319
1.5	0.9332	0.9345	0.9357	0.9370	0.9382	0.9394	0.9406	0.9418	0.9429	0.9441
1.6	0.9452	0.9463	0.9474	0.9484	0.9495	0.9505	0.9515	0.9525	0.9535	0.9545
1.7	0.9554	0.9564	0.9573	0.9582	0.9591	0.9599	0.9608	0.9616	0.9625	0.9633
1.8	0.9641	0.9649	0.9656	0.9664	0.9671	0.9678	0.9686	0.9693	0.9699	0.9706
1.9	0.9713	0.9719	0.9726	0.9732	0.9738	0.9744	0.9750	0.9756	0.9761	0.9767
2.0	0.9772	0.9778	0.9783	0.9788	0.9793	0.9798	0.9803	0.9808	0.9812	0.9817
2.1	0.9821	0.9826	0.9830	0.9834	0.9838	0.9842	0.9846	0.9850	0.9854	0.9857
2.2	0.9861	0.9864	0.9868	0.9871	0.9875	0.9878	0.9881	0.9884	0.9887	0.9890
2.3	0.9893	0.9896	0.9898	0.9901	0.9904	0.9906	0.9909	0.9911	0.9913	0.9913
2.4	0.9916	0.9920	0.9922	0.9925	0.9927	0.9929	0.9931	0.9932	0.9934	0.9936
2.5	0.9938	0.9940	0.9941	0.9943	0.9945	0.9946	0.9948	0.9949	0.9951	0.9952
2.6	0.9953	0.9955	0.9956	0.9957	0.9959	0.9960	0.9961	0.9962	0.9963	0.9964
2.7	0.9965	0.9966	0.9967	0.9968	0.9969	0.9970	0.9971	0.9972	0.9973	0.9974
2.8	0.9974	0.9975	0.9976	0.9977	0.9977	0.9978	0.9979	0.9979	0.9980	0.9981
2.9	0.9981	0.9982	0.9982	0.9983	0.9984	0.9984	0.9985	0.9985	0.9986	0.9986
3.0	0.9987	0.9987	0.9987	0.9988	0.9988	0.9989	0.9989	0.9989	0.9990	0.9990

C $e^{-\lambda}$의 값

APPENDIX

λ	$e^{-\lambda}$	λ	$e^{-\lambda}$	λ	$e^{-\lambda}$
0.05	0.9512	2.05	0.1287	4.05	0.0174
0.10	0.9048	2.10	0.1225	4.10	0.0166
0.15	0.8607	2.15	0.1165	4.15	0.0158
0.20	0.8187	2.20	0.1108	4.20	0.0150
0.25	0.7788	2.25	0.1054	4.25	0.0143
0.30	0.7408	2.30	0.1003	4.30	0.0136
0.35	0.7047	2.35	0.0954	4.35	0.0129
0.40	0.6703	2.40	0.0907	4.40	0.0123
0.45	0.6376	2.45	0.0863	4.45	0.0117
0.50	0.6065	2.50	0.0821	4.50	0.0111
0.55	0.5769	2.55	0.0781	4.55	0.0106
0.60	0.5488	2.60	0.0743	4.60	0.0101
0.65	0.5220	2.65	0.0707	4.65	0.0096
0.70	0.4966	2.70	0.0672	4.70	0.0091
0.75	0.4724	2.75	0.0639	4.75	0.0087
0.80	0.4493	2.80	0.0608	4.80	0.0082
0.85	0.4274	2.85	0.0578	4.85	0.0078
0.90	0.4066	2.90	0.0550	4.90	0.0074
0.95	0.3867	2.95	0.0523	4.95	0.0071
1.00	0.3679	3.00	0.0498	5.00	0.0067
1.05	0.3499	3.05	0.0474	5.05	0.0064
1.10	0.3329	3.10	0.0450	5.10	0.0061
1.15	0.3166	3.15	0.0429	5.15	0.0058
1.20	0.3012	3.20	0.0408	5.20	0.0055
1.25	0.2865	3.25	0.0388	5.25	0.0052
1.30	0.2725	3.30	0.0369	5.30	0.0050
1.35	0.2592	3.35	0.0351	5.35	0.0047
1.40	0.2466	3.40	0.0334	5.40	0.0045
1.45	0.2346	3.45	0.0317	5.45	0.0043
1.50	0.2231	3.50	0.0302	5.50	0.0041
1.55	0.2122	3.55	0.0287	5.55	0.0039
1.60	0.2019	3.60	0.0273	5.60	0.0037
1.65	0.1920	3.65	0.0260	5.65	0.0035
1.70	0.1827	3.70	0.0247	5.70	0.0033
1.75	0.1738	3.75	0.0235	5.75	0.0032
1.80	0.1653	3.80	0.0224	5.80	0.0030
1.85	0.1572	3.85	0.0213	5.85	0.0029
1.90	0.1496	3.90	0.0202	5.90	0.0027
1.95	0.1423	3.95	0.0193	5.95	0.0026
2.00	0.1353	4.00	0.0183	6.00	0.0025
				7.00	0.0009
				8.00	0.000335
				9.00	0.000123
				10.00	0.000045

참고문헌

APPENDIX D

CHAPTER 01_ 들어가면서

Churchman, C. W., R. L. Ackoff, and E. L. Arnoff. *Introduction to Operations Research*. Wiley, 1957.

Horner, Peter. "The Sabre Story," *OR/MS Today* (June 2000).

Leon, Linda, Z. Przasnyski, and K. C. Seal. "Spreadsheets and OR/MS Models: An End-User Perspective," *Interfaces* (March/April 1996).

Powell, S. G. "Innovative Approaches to Management Science," *OR/MS Today* (October 1996).

Savage, S. "Weighing the Pros and Cons of Decision Technology and Spreadsheets," *OR/MS Today* (February 1997).

Winston, W. L. "The Teachers' Forum: Management Science with Spreadsheets for MBAs at Indiana University," *Interfaces* (March/April 1996).

CHAPTER 02~06_ 선형계획법, 정수계획법

Ahuja, R. K., T. L. Magnanti, and J. B. Orlin. *Network Flows, Theory, Algorithms, and Applications*. Prentice Hall, 1993.

Bazarra, M. S., J. J. Jarvis, and H. D. Sherali. *Linear Programming and Network Flows*, 4th ed. Wiley, 2009.

Carino, H. F., and C. H. Le Noir, Jr. "Optimizing Wood Procurement in Cabinet Manufacturing," *Interfaces* (March/April 1988): 10–19.

Dantzig, G. B. *Linear Programming and Extensions*. Princeton University Press, 1963.

Davis, Morton D. *Game Theory: A Nontechnical Introduction*. Dover, 1997.

Evans, J. R., and E. Minieka. *Optimization Algorithms for Networks and Graphs*, 2d ed. Marcel Dekker, 1992.

Ford, L. R., and D. R. Fulkerson. *Flows and Networks*. Princeton University Press, 1962.

Geoffrion, A., and G. Graves. "Better Distribution Planning with Computer Models," *Harvard Business Review* (July/August 1976).

Greenberg, H. J. "How to Analyze the Results of Linear Programs—Part 1: Preliminaries," *Interfaces* 23, no. 4(July/August 1993): 56–67.

Greenberg, H. J. "How to Analyze the Results of Linear Programs—Part 2: Price Interpretation," *Interfaces* 23, no. 5(September/October 1993): 97–114.

Greenberg, H. J. "How to Analyze the Results of Linear Programs—Part 3: Infeasibility Diagnosis," *Interfaces* 23, no. 6 (November/December 1993): 120–139.

Lillien, G., and A. Rangaswamy. *Marketing Engineering: Computer-Assisted Marketing Analysis and Planning*. Addison-Wesley, 1998.

Martin, R. K. *Large Scale Linear and Integer Optimization: A Unified Approach*. Kluwer Academic Publishers, 1999.

McMillian, John. *Games, Strategies, and Managers*. Oxford University Press, 1992.

Myerson, Roger B. *Game Theory: Analysis of Conflict*. Harvard University Press, 1997.

Nemhauser, G. L., and L. A. Wolsey. *Integer and Combinatorial Optimization*. Wiley, 1999.

Osborne, Martin J. *An Introduction to Game Theory*. Oxford University Press, 2004.

Sherman, H. D. "Hospital Efficiency Measurement and Evaluation," *Medical Care* 22, no. 10 (October 1984): 922–938.

Winston, W. L., and S. C. Albright. *Practical Management Science*, 6th ed. Cengage, 2018.

CHAPTER 07_ 프로젝트 스케줄링: PERT/CPM

Moder, J. J., C. R. Phillips, and E. W. Davis. *Project Management with CPM, PERT and Precedence Diagramming*, 3d ed. Blitz, 1995.

Wasil, E. A., and A. A. Assad. "Project Management on the PC: Software, Applications, and Trends,"

Interfaces 18, no. 2 (March/April 1988): 75–84.
Wiest, J., and F. Levy. *Management Guide to PERT-CPM*, 2d ed. Prentice Hall, 1977.

CHAPTER 08_ 대기행렬 모형

Bunday, B. D. *An Introduction to Queueing Theory*. Wiley, 1996.
Gross, D., and C. M. Harris. *Fundamentals of Queueing Theory*, 3d ed. Wiley, 1997.
Hall, R. W. *Queueing Methods: For Services and Manufacturing*. Prentice Hall, 1997.
Hillier, F., and G. J. Lieberman. *Introduction to Operations Research*, 7th ed. McGraw-Hill, 2000.
Kao, E. P. C. *An Introduction to Stochastic Processes*. Duxbury, 1996.

CHAPTER 09_ 시뮬레이션

Banks, J., J. S. Carson, B. L. Nelson, and D. M. Nicol. *Discrete-Event System Simulation*, 5th ed. Pearson, 2009.
Bell, P. *Brent-Harbridge Developments, Inc*. Richard Ivey School of Business, University of Western Ontario, 1998.
Law, A. M. *Simulation Modeling and Analysis*, 5th ed. McGraw-Hill, 2014.
Ross, S. *Simulation*. Academic Press, 2013.
Savage, S. L., *Flaw of Averages*. Wiley, 2012.
Talib, N.N. *Fooled by Randomness*. Random House, 2004.
Wainer, H. *Picturing the Uncertain World*. Princeton University Press, 2009.
Winston, W. *Decision Making Under Uncertainty*. Palisade Corporation, 2007.

CHAPTER 10_ 의사결정 분석

Berger, J. O. *Statistical Decision Theory and Bayesian Analysis*, 2d ed. Springer-Verlag, 1985.
Chernoff, H., and L. E. Moses. *Elementary Decision Theory*. Dover, 1987.
Clemen, R. T., and T. Reilly. *Making Hard Decisions with Decision Tools*. Duxbury, 2001.
Goodwin, P., and G. Wright. *Decision Analysis for Management Judgment*, 2d ed. Wiley, 1999.
Gregory, G. *Decision Analysis*. Plenum, 1988.
Pratt, J. W., H. Raiffa, and R. Schlaifer. *Introduction to Statistical Decision Theory*. MIT Press, 1995.
Raiffa, H. *Decision Analysis*. McGraw-Hill, 1997.
Schlaifer, R. *Analysis of Decisions Under Uncertainty*. Krieger, 1978.

CHAPTER 11_ 다기준 의사결정

Dyer, J. S. "A Clarification of Remarks on the Analytic Hierarchy Process," *Management Science* 36, no. 3 (March 1990): 274–275.

찾아보기

ㅌ

ㅍ

ㅎ

기타

역자 소개

김종원_ 동의대학교 경영정보학과 교수(jokim@deu.ac.kr)

학력 인하대학교 경영학 학사, 네브래스카 대학교 MBA 및 경영학 박사

경력 동의대학교 상경대학 학장, 경영대학원 원장, 한국산업정보학회 편집위원장, 한국정보시스템학회 회장, 한국산업정보학회 회장, 한국인터넷전자상거래학회 회장, 한국경영정보학회 회장

논문 「지각된 혜택과 이용자 충성도 분석모형–대학의 온라인 수업 시스템」(경영정보학연구, 2023) 외 다수

저서 및 역서 『글로벌전략』(초아출판사), 『서비스 경영』(도서출판 청람), 『경영학의 이해』(초아출판사), 『생산운영관리』(한경사), 『경영과학의 이해』(센게이지러닝코리아), 『경영전략과 기업혁신』(도서출판 청람), 『경영의 이해』(초아출판사), 『생산운영관리』(교보문고), 『서비스 운영관리』(도서출판 청람)

권영훈_ 경남대학교 경영학부 교수(pomguy@kyungnam.ac.kr)

학력 한양대학교 경영학 학사, 서강대학교 경영학 석사 및 박사

경력 경남대학교 경영대학 학장

논문 「소셜 빅데이터 분석을 통한 'Covid-19'상황에서의 경남 관광트랜드 분석」(지역산업연구, 2022) 외 다수

저서 및 역서 『서비스운영관리』(한경사), 『품질경영』(한경사), 『경영경제통계학』(한티미디어), 『엣센스 생산관리』(경남대학교 출판부), 『SPSS와 Lisrel을 활용한 통계자료 분석』(경남대학교 출판부), 『6시그마 원리와 사례』(경남대학교 출판부), 『서비스 개선활동의 성공적 운영』(경남대학교 출판부)

김길환_ 계명대학교 경영학과 교수(gilwhan@kmu.ac.kr)

학력 중앙대학교 경제학 학사, 고려대학교 경제학 석사, 뉴욕 주립대학교 버펄로 캠퍼스 경영학 박사

경력 에너지경제연구원 부연구위원

논문 「Evaluating the performance of US manufacturing and service operations in the presence of IT: a Bayesian stochastic production frontier approach」(*International Journal of Production Research*, 2015) 외 다수

저서 및 역서 『경영학 연구방법』(경문사)

김상원_ 울산대학교 경영학부 교수(studyksw@ulsan.ac.kr)

학력 고려대학교 산업공학 학사, POSTECH 산업공학 석사, 웨스턴온타리오 대학교 경영학 박사

경력 국방과학연구소 연구원, 선임연구원, 한국항공경영학회 이사, 한국경영과학회지 편집위원, 울산 선거여론조사 공정심사위원회 위원

논문 「The impact of customer buying behavior on the optimal allocation decision」(*International Journal of Production Economics*, 2015) 외 다수

저서 및 역서 『엑셀을 활용한 경영통계학』(비즈프레스), 『경영기술혁신과 적용사례』(한경사), 『경영학의 이해』(초아출판사), 『비즈니스 케이스』(초아출판사)

이순희_ 한국외국어대학교 경영대학 교수(shlee2016@hufs.ac.kr)

학력 KAIST 산업공학 학사, 조지아 공과대학교 OR 석사, 노스웨스턴 대학교 IEMS 박사

경력 한국외국어대학교 경영대학 부학장, 학부장, 경영대학원 경영금융학과장

저서 및 역서 『생산운영관리』(맥그로힐), 『경영과학의 이해』(센게이지러닝코리아), 『경영학으로의 초대』(박영사), 『포스트 코로나 시대의 공급망 관리』(스콜라케이션), 『영속적인 불확실성 시대의 공급망 관리』(스콜라케이션)

이영찬_ 동국대학교 정보경영학과 교수(chanlee@dongguk.ac.kr)

학력 서강대학교 경영학 학사, 석사 및 박사(경영과학 전공)

경력 동국대학교 WISE 캠퍼스 국제교류처장, 법무부 사회통합위원, 한국정보시스템학회 회장, 교육부 대학구조개혁 이행점검 위원 및 대학기본역량 진단위원, 정보시스템연구 편집위원장

논문 「The effect of live streaming commerce quality on customers' purchase intention: extending the elaboration likelihood model」(*Behaviour and Information Technology*, 2023) 외 다수

저서 및 역서 『전자상거래에서의 선점효과에 관한 새로운 접근과 분석』(한국학술정보), 『전사적 자원관리』(홍릉과학출판사), 『TQM과 6시그마』(홍릉과학출판사), 『현대 생산관리』(홍릉과학출판사), 『기업의 사회적 자본과 인적자원개발』(한국직업능력개발원), 『중소기업 정보화 실무 가이드』(아해미래)